NomosKommentar

Prof. Dr. Astrid Epiney | Stefan Diezig
PD Dr. Benedikt Pirker | Stefan Reitemeyer

Aarhus-Konvention

Handkommentar

Prof. Astrid Epiney, Inhaberin des Lehrstuhls für Europarecht, Völkerrecht und öffentliches Recht und geschäftsführende Direktorin des Instituts für Europarecht an der Universität Freiburg i. Üe. | **Stefan Diezig**, wissenschaftlicher Mitarbeiter der Geschäftsprüfungskommission der Parlamentsdienste der Schweizer Bundesversammlung | **PD Dr. Benedikt Pirker**, Lehr- und Forschungsrat am Lehrstuhl für Europarecht, Völkerrecht und öffentliches Recht und am Institut für Europarecht an der Universität Freiburg i. Üe. | **Stefan Reitemeyer**, Richter am Amtsgericht Mannheim

Nomos MANZ Helbing Lichtenhahn Verlag

Die Deutsche Nationalbibliothek verzeichnet diese Publikation in der Deutschen Nationalbibliografie; detaillierte bibliografische Daten sind im Internet über http://dnb.d-nb.de abrufbar.

ISBN 978-3-8487-4409-1 (Nomos Verlag, Baden-Baden)

ISBN 978-3-7190-4029-1 (Helbing Lichtenhahn Verlag, Basel)

ISBN 978-3-214-09190-3 (MANZ'sche Verlags- u. Universitätsbuchhandlung GmbH, Wien)

1. Auflage 2018

Vorwort

1998 wurde das UNECE-Übereinkommen über den Zugang zu Informationen, die Öffentlichkeitsbeteiligung an Entscheidungsverfahren und den Zugang zu Gerichten in Umweltangelegenheiten („Aarhus-Konvention") unterzeichnet. Die Konvention wurde sowohl von der EU als auch den EU-Mitgliedstaaten und einigen weiteren Staaten, darunter auch die Schweiz, ratifiziert. Damit geht bzw. ging in Bezug auf die in der Konvention geregelten Bereiche wohl eine neue Etappe in der Entwicklung des Umweltvölkerrechts einher. Bei den normativ bedeutenden Vorgaben der Konvention sind in erster Linie die „drei Pfeiler" der Konvention von Bedeutung: Zugang zu Umweltinformationen, Beteiligung der Öffentlichkeit an bestimmten Entscheidungsverfahren und gerichtlicher Zugang. Die Aarhus-Konvention sieht auch vor, dass die Einhaltung ihrer Vorgaben durch ein sog. *Compliance Committee* überwacht wird, das nicht verbindliche Stellungnahmen bzw. Empfehlungen abgeben kann und bereits eine beachtliche Aktivität entfaltet hat.

Der vorliegende Kommentar zur Aarhus-Konvention soll nunmehr – aufbauend und unter Berücksichtigung der bereits durchgeführten Untersuchungen – umfassend die rechtliche Tragweite der Konvention analysieren, wobei insbesondere Wert auf den Einbezug der Praxis des *Compliance Committee* und die Rechtsprechung des EuGH gelegt wird.

Der Kommentierung der einzelnen Artikel bzw. Abschnitte des Abkommens – wobei dieses der besseren Übersichtlichkeit halber zusammenhängend abgedruckt ist – wird eine Einführung vorangestellt, in der es – neben einem Überblick über das Abkommen – insbesondere um die Entstehungsgeschichte, die Einbettung der Konvention in das (Umwelt-) Völkerrecht sowie um die für die Auslegung der Konvention maßgeblichen Grundsätze geht.

Die vorliegende Untersuchung ist im Zuge der Durchführung eines vom Schweizerischen Nationalfonds zur Förderung der wissenschaftlichen Forschung geförderten Projekts entstanden und enthält deren wichtigste Ergebnisse. Für die großzügige Unterstützung und das dem Forschungsteam entgegengebrachte Vertrauen sei hiermit sehr herzlich gedankt. Für die tatkräftige Unterstützung bei der Finalisierung des Manuskripts danken wir Herrn *Raffael Gnädinger*, BLaw.

Fribourg, im September 2017

Astrid Epiney
Stefan Diezig
Benedikt Pirker
Stefan Reitemeyer

Inhaltsverzeichnis

Vorwort 5

Literaturverzeichnis 9

Verzeichnis der Rechtsakte und Materialien 25

Abkürzungsverzeichnis 29

Vertragstext 33

Einführung 61

Artikel 1 Ziel 89

Artikel 2 Begriffsbestimmungen 94

Artikel 3 Allgemeine Bestimmungen 120

Vor Art. 4–5 130

Artikel 4 Zugang zu Informationen über die Umwelt 131

Artikel 5 Erhebung und Verbreitung von Informationen über die Umwelt 170

Vor Art. 6–8 189

Artikel 6 Öffentlichkeitsbeteiligung an Entscheidungen über bestimmte Tätigkeiten 194

Artikel 6bis Öffentlichkeitsbeteiligung an Entscheidungen über eine absichtliche Freisetzung gentechnisch veränderter Organismen in die Umwelt und ein Inverkehrbringen solcher Organismen 196

Artikel 7 Öffentlichkeitsbeteiligung bei umweltbezogenen Plänen, Programmen und Politiken 243

Artikel 8 Öffentlichkeitsbeteiligung während der Vorbereitung exekutiver Vorschriften und/oder allgemein anwendbarer rechtsverbindlicher normativer Instrumente 256

Artikel 9 Zugang zu Gerichten 260

Artikel 10 Tagung der Vertragsparteien 312

Artikel 11 Stimmrecht 315

Artikel 12 Sekretariat 316

Artikel 13 Anhänge 316

Artikel 14 Änderungen des Übereinkommens 316

Artikel 15 Überprüfung der Einhaltung der Bestimmungen des Übereinkommens 319

Artikel 16 Beilegung von Streitigkeiten 321

Artikel 17 Unterzeichnung 323

Artikel 18 Verwahrer 323
Artikel 19 Ratifikation, Annahme, Genehmigung und Beitritt 323
Artikel 20 Inkrafttreten 324
Artikel 21 Rücktritt 324
Artikel 22 Verbindliche Wortlaute 325

Stichwortverzeichnis 329

Literaturverzeichnis

Alge, Thomas: Der Aarhus Convention Compliance-Mechanismus, RdU 2011, 136 ff.

Alge, Thomas: Aarhus-Entscheidung: Österreich unter Handlungsdruck, RdU 2012, 109 ff.

Arndt, Ulrich: Die Bürgerbeteiligung im Allgemeinen Verwaltungsrecht, DVBl. 2015, 6 ff.

Arnstein, Sherry: A Ladder of Citizen Participation, Journal of the American Institute for Planners 1969, 216 ff.

Arroyo Jiménez, Luis: Infrastructure Planning in Spain – Public Participation and Legal Protection, JEEPL 2014, 232 ff.

Ayer, Ariane: Droit international de l'environnement: responsabilité de l'Etat pour inactivité législative et droits des particuliers, Basel 2001.

Bándi, Gyula: Introduction to the Concept of 'Environmental Democracy', in: Bándi, Gyula (Hrsg.), Environmental Democracy and Law, Groningen 2014, 1 ff.

Bándi, Gyula: The Three Pillars of Environmental Democracy in a European Perspective, in: Bándi, Gyula (Hrsg.), Environmental Democracy and Law, Groningen 2014, 37 ff.

Bándi, Gyula: Right to Environment – Procedural Guarantees, in: Bándi, Gyula (Hrsg.), Environmental Democracy and Law, Groningen 2014, 77 ff.

Beckmann, Martin: Öffentlichkeitsbeteiligung vor der Zulassung bergbaulicher Vorhaben, UPR 2014, 206 ff.

Beier, Arno: Paukenschlag aus Luxemburg? Die gerichtliche Überprüfung von Zulassungsentscheidungen für UVP-pflichtige Projekte, UPR 2016, 48 ff.

Beierle, Thomas C./Cayford, Jerry: Democracy in Practice: Public Participation in Environmental Decisions, Baltimore 2002.

Berkemann, Jörg: Der slowakische Braunbär im deutschen Prozessrecht – eine Analyse von EUGHE 2011, I-1255, DVBl. 2013, 1137 ff.

Berkemann, Jörg: Vollkontrolle der Umweltverbandsklage! „Empfehlung" des *Compliance Committee* 2013/2014 der Aarhus-Konvention, DVBl. 2015, 389 ff.

Berkemann, Jörg: Querelle d'Allemand. Deutschland verliert die dritte Runde im Umweltverbandsrecht vor dem EuGH, DVBl. 2016, 205 ff.

Berl, Florian: Die Präklusion nach dem Urteil des EuGH in der Rs. C-137/14, RdU 2016, 9 ff.

Berthier, Anais: Rulings in Joined Cases C-401/12P to C-403/12 P and Joined Cases C-404/12 P and C-405/12 P: The Lack of Proper Implementation of Article 9(3) of the Aarhus Convention, JEEPL 2015, 207 ff.

Bétaille, Julien: La contribution du droit aux effets de la prise en considération des résultats de la participation, RJE 2010, 197 ff.

Beyerlin, Ulrich/Marauhn, Thilo: International Environmental Law, Oxford 2011.

Bieber, Roland/Epiney, Astrid/Haag, Marcel/Kotzur, Markus: Die Europäische Union. Europarecht und Politik, 12. Aufl., Baden-Baden 2016 (zit.: *Verfasser*, in: Bieber/Epiney/Haag/Kotzur, EU).

Bittner, Philip/Schusterschitz, Gregor: Der Beitrag der EU zur Entwicklung des allgemeinen Völkerrechts, EuR 2012, Beiheft 2, 233 ff.

Bodansky, Daniel/Brunnée, Jutta/Hey, Ellen (Hrsg.): The Oxford Handbook of International Environmental Law, Oxford 2007 (zit.: *Verfasser*, in: Bodansky et al., Oxford Handbook of International Environmental Law).

Boyle, Alan: Developments in the International Law of Environmental Impact Assessments and their Relation to the Espoo Convention, RECIEL 2011, 227 ff.

Brady, Katy: New Convention on Access to Information and Public Participation in Environmental Matters, Environmental Policy and Law 28 (1998), 69 ff.

Brauneck, Jens: Kein Zugang zu Dokumenten: Politischer Handlungsspielraum der EU-Kommission in Gefahr?, NVwZ 2016, 489 ff.

Brennecke, Volker: Frühe Öffentlichkeitsbeteiligung zwischen Rechtsvorschrift und Selbstregulierung – Die neue Richtlinie VDI 7000, VerwArch 2015, 34 ff.

Breuer, Marten/Riegger, Stephan: Die Reichweite der Pflicht der EU zur Umsetzung der Aarhus-Konvention, EurUP 2014, 293 ff.

Bunge, Thomas: Zum Anwendungsbereich der strategischen Umweltprüfung, NuR 2012, 593 ff.

Bunge, Thomas: Rechtsfolgen von Verfahrensfehlern bei der Umweltverträglichkeitsprüfung. Zum Urteil des Gerichtshofs der Europäischen Union vom 7. November 2013 (C-72/12, Gemeinde Altrip), NuR 2014, 305 ff.

Bunge, Thomas: Rechtsbehelfe in Umweltangelegenheiten: Vorgaben der Aarhus-Konvention und deutsches Recht, NuR 2014, 605 ff.

Bunge, Thomas: Der Rechtsschutz in Umweltangelegenheiten in Deutschland – Stand und offene Fragen, ZUR 2015, 531 ff.

Bunge, Thomas: Weiter Zugang zu Gerichten nach der UVP- und der Industrieemissions-Richtlinie: Vorgaben für das deutsche Verwaltungsprozessrecht, NuR 2016, 11 ff.

Bünger, Dirk: What's up and What's Next in the Arena of Pollution Control? The New E-PRTR as a Tool towards Innovative Climate and Environmental Conservation Approaches, JEEPL 2010, 177 ff.

Butt, Mark Eric: Die Ausweitung des Rechts auf Umweltinformationen durch die Aarhus-Konvention, Stuttgart 2001.

Calliess, Christian: Rechtsstaat und Umweltstaat, Tübigen, 2001.

Calliess, Christian: Die umweltrechtliche Verbandsklage nach der Novellierung des Bundesnaturschutzgesetzes, NJW 2003, 97 ff.

von Danwitz, Thomas: Aarhus-Konvention: Umweltinformation, Öffentlichkeitsbeteiligung, Zugang zu Gerichten, NVwZ 2004, 272 ff.

Davies, Ben: Does it make sense for the law to confer rights *on* the environment, Environmental Law & Management 2011, 122 ff.

Donat, Martin et al.: Stellungnahme zum dritten Österreichischen Umsetzungsbericht zur Aarhus-Konvention, RdU 2013, 196 ff.

Dörr, Oliver/Schmalenbach, Kirsten (Hrsg.): Vienna Convention on the Law of Treaties – A Commentary, Berlin 2012 (zit.: *Verfasser*, in: Dörr/ Schmalenbach, Vienna Convention).

Drummond, Lorna: The Aarhus Convention in Scotland, in: Banner, Charles (Hrsg.), The Aarhus Convention – A Guide for UK Lawyers, Oxford 2015, 41 ff.

Durner, Wolfgang: Rechtspolitische Spielräume im Bereich der dritten Säule: Prüfungsumfang, Kontrolldichte, prozessuale Ausgestaltung und Fehlerfolgen, in: Durner, Wolfgang/Walter, Christian (Hrsg.), Rechtspolitische Spielräume bei der Umsetzung der Aarhus-Konvention, Berlin 2005, 64 ff.

Ebbesson, Jonas: The Notion of Public Participation in International Environmental Law, YIEL 1997, 51 ff.

Ebbesson, Jonas: Access to Justice at the National Level. Impact of the Aarhus Convention and European Union Law, in: Pallemaerts, Marc (Hrsg.), The Aarhus Convention at Ten. Interactions and Tensions between conventional International Law and EU Environmental Law, Groningen 2011, 245 ff.

Ebbesson, Jonas: A Modest Contribution to Environmental Democracy and Justice in transboundary Contexts: The Combined Impact of the Espoo Convention and Aarhus Convention, RECIEL 2011, 246 ff.

Ebbesson, Jonas/Gaugitsch, Helmut/Jendroska, Jerzy/Stec, Stephen/Marshall, Fiona: The Aarhus Convention – An Implementation Guide, 2. Aufl., New York 2014.

Ekardt, Felix: Nach dem Altrip-Urteil: Von der Klagebefugnis zu Verfahrensfehlern, Abwägungsfehlern und Individualklage, NVwZ 2014, 393 ff.

Enserink, Bert: Setting the Scene – Concepts, Purposes, Principles, and Guidelines of Public Participation in EIA, in: Alberton, Mariachiara (Hrsg.), Public Participation in Environmental Decision-Making in the EU and in China – The Case of Environmental Impact Assessment, Baden-Baden 2014, 51 ff.

Epiney, Astrid: EG-rechtliche Impulse für einen integrierten Umweltschutz, in: Umweltbundesamt (Hrsg.), Nationale und internationale Perspektiven der Umweltordnung, Berlin 2000, 47 ff.

Epiney, Astrid: UN/ECE-Konvention über den Zugang zu Informationen, die Öffentlichkeitsbeteiligung an Entscheidungsverfahren und den Zugang zu Gerichten in Umweltangelegenheiten („Aarhus-Konvention"), Kommentar, in: Fluck, Jürgen/Fischer, Kristian/Fetzer, Thomas (Hrsg.), Informationsfreiheitsrecht mit Umweltinformations- und Verbraucherinformationsrecht IFG/UIG, Kommentar, Band 2, F.II., 2003 (zit.: *Epiney*, in: Fluck/Fischer/Fetzer, Kommentar Aarhus-Konvention).

Epiney, Astrid: Zu den Anforderungen der Aarhus-Konvention an das europäische Gemeinschaftsrecht, ZUR 2003, 176 ff.

Epiney, Astrid: Verwaltungsgerichtlicher Rechtsschutz in Umweltangelegenheiten in Europa, EurUP 2006, 242 ff.

Epiney, Astrid: Zur Rechtsprechung des EuGH im Umweltrecht im Jahr 2009, EurUP 2010, 134 ff.

Epiney, Astrid: Zur Reichweite des gerichtlichen Zugangs im Falle der Verletzung verfahrensrechtlicher Vorgaben des EU-Umweltrechts, FS Dieter H. Scheuing, Baden-Baden 2011, 309 ff.

Epiney, Astrid: Rechtsprechung des EuGH zur Aarhus-Konvention und Implikationen für die Schweiz, AJP 2011, 1505 ff.

Epiney, Astrid: Informationsrechte in der EU. Zu den Vorgaben der Aarhus-Konvention und des Unionsrechts im Bereich des Informationsrechts, in: Schröder, Meinhard (Hrsg.), Aktuelle Rechtsfragen und Probleme des freien Informationszugangs, insbesondere im Umweltschutz, Berlin 2011, 27 ff.

Epiney, Astrid: Zur Rechtsprechung des EuGH im Umweltrecht im Jahr 2011, EurUP 2012, 88 ff.

Epiney, Astrid: Umweltrecht der Europäischen Union, 3. Aufl., Baden-Baden 2013.

Epiney, Astrid: Zur Rechtsprechung des EuGH im Umweltrecht im Jahr 2013, EurUP 2014, 53 ff.

Epiney, Astrid: Verwaltungsgerichtlicher Rechtsschutz im Umweltrecht im Rechtsvergleich, NVwZ 2014, 465 ff.

Epiney, Astrid: Verordnung (EG) Nr. 1049/2001 des Europäischen Parlaments und des Rates vom 30. Mai 2001 über den Zugang der Öffentlichkeit zu Dokumenten des Europäischen Parlaments, des Rates und der Kommission, in: Fluck, Jürgen/Fischer, Kristian/Fetzer, Thomas (Hrsg.), Informationsfreiheitsrecht mit Umweltinformations- und Verbraucherinformationsrecht IFG/UIG, Kommentar, D III 2.2, 69 S., Oktober 2014 (zit.: *Epiney*, in: Fluck/Fischer/Fetzer, Kommentar VO 1049/2001).

Epiney, Astrid: Zur Rechtsprechung des EuGH im Umweltrecht im Jahr 2014, EurUP 2015, 47 ff.

Epiney, Astrid: Zur Rechtsprechung des EuGH im Umweltrecht im Jahr 2015, EurUP 2016, 2 ff.

Epiney, Astrid/Fasnacht, Tobias/Pirker, Benedikt/Reitemeyer, Stefan: Aktive behördliche Information in Umweltangelegenheiten, Zürich 2014.

Epiney, Astrid/Gross, Dominique: Zur Abgrenzung der Kompetenzen zwischen der Gemeinschaft und den Mitgliedstaaten bei der Durchführung völkerrechtlicher Verträge – unter besonderer Berücksichtigung des Umweltrechts -, EurUP 2005, 2 ff.

Epiney, Astrid/Metz, Beate/Pirker, Benedikt: Zur Parallelität der Rechtsentwicklung in der EU und in der Schweiz – Ein Beitrag zur rechtlichen Tragweite der „Bilateralen Abkommen“, Zürich 2012.

Epiney, Astrid/Reitemeyer, Stefan: Verwaltungsgerichtlicher Rechtsschutz im Umweltrecht – Vorgaben der Aarhus-Konvention und des EU-Rechts und Rechtsvergleich, in: Gesellschaft für Umweltrecht (Hrsg.), Dokumentation zur 37. Wissenschaftlichen Fachtagung der Gesellschaft für Umweltrecht eV, Berlin 2014, 71 ff.

Epiney, Astrid/Scheyli, Martin: Strukturprinzipien des Umweltvölkerrechts, Baden-Baden 1998.

Epiney, Astrid/Scheyli, Martin: Die Aarhus-Konvention. Rechtliche Tragweite und Implikationen für das schweizerische Recht, Freiburg 2000.

Epiney, Astrid/Scheyli, Martin: Umweltvölkerrecht. Völkerrechtliche Bezugspunkte des schweizerischen Umweltrechts, Bern 2000.

Epiney, Astrid/Sollberger, Kaspar: Zugang zu Gerichten und gerichtliche Kontrolle im Umweltrecht. Rechtsvergleich, völker- und europarechtliche Vorgaben und Perspektiven für das deutsche Recht, Berlin 2002.

Errass, Christoph: Die Aarhus-Konvention und ihre Umsetzung ins schweizerische Recht, URP/DEP 2004, 47 ff.

Feldmann, Mirja: Neue Wege bei der Bürger- und Öffentlichkeitsbeteiligung und mehr Transparenz im Umweltbereich, NVwZ 2015, 321 ff.

Fellenberg, Frank: Weiter frischer Wind aus Luxemburg – Zu den Klagemöglichkeiten im Umweltrecht, NVwZ 2015, 1721 ff.

Ferreira, Sofia de Abreu: The Fundamental Right of Access to Environmental Information in the EC: A Critical Analysis of WWF-EPO v. Council, JEL 2007, 399 ff.

Fisahn, Andreas: Effektive Beteiligung solange noch alle Optionen offen sind – Öffentlichkeitsbeteiligung nach der Aarhus-Konvention, ZUR 2004, 136 ff.

Fluck, Jürgen/Theuer, Andreas: § 7 UIG, in: Fluck, Jürgen/Fischer, Kristian/Fetzer, Thomas (Hrsg.): Informationsfreiheitsrecht, 7. Aufl., Pfungstadt 2002.

Fluck, Jürgen: Der Schutz von Unternehmensdaten im Umweltinformationsgesetz, NVwZ 1994, 1048 ff.

Franzius, Claudio: Stärkungen des Verfahrensrechtsschutzes im Umweltrecht, EurUP 2014, 283 ff.

Frommelt, Felix: „Offensichtlich missbräuchlich" im Sinne der Aarhus-Konvention, RdU 2015, 106 ff. RdU 2015, 106 ff.

Fritz, Simone: Integrierter Umweltschutz im Völkerrecht, Berlin 2009.

Gächter-Alge, Marie-Louise: Mehrsprachigkeit im Völkervertragsrecht: von der Ausarbeitung zur Auslegung, Bamberg 2011.

Garçon, Geneviève: Access to Environmental Information versus Protection of Confidential Business Information. Recent Case-law of the CJEU and of Administrative Courts in Germany, EurUP 2013, 100 ff.

Garçon, Geneviève: Public Access to Information in the Area of Product Legislation – All in Balance Now?, EurUP 2017, 31 ff.

Gardiner, Richard: Treaty Interpretation, Oxford 2008.

Gärditz, Klaus F.: Europäisierter Umweltrechtsschutz als Laboratorium des Verwaltungsprozessrechts: Entwicklungspfade zwischen Prozeduralisierung, Objektivierung und Subjektivierung, EurUP 2015, 196 ff.

Giera, Ulrike: Individualrechte im europäischen Umweltrecht und ihre Durchsetzung im nationalen Recht, Baden-Baden 2015.

Glaser, Andreas: Die Öffentlichkeitsbeteiligung bei umweltrelevanten Vorhaben im schweizerischen und internationalen Recht, in: Epiney, Astrid/ Hehemann, Lena (Hrsg.), Schweizerisches Jahrbuch für Europarecht 2016/2017, Zürich 2017 (im erscheinen, Beitrag wird nach Manuskript zitiert).

Glaser, Andreas/Hunkemöller, Pia: Öffentlichkeitsbeteiligung im Verwaltungsverfahren und direkte Demokratie bei kontroversen Infrastrukturprojekten – Erfahrungen aus der Schweiz, EurUP 2015, 12 ff.

Goby, Barbara: Anmerkung, RdU 2015, 75 ff.

Greim, Jeanine: Das Urteil des EuGH in der Rechtssache Altrip – Meilenstein oder Mosaikstein auf dem Weg zum gebotenen Individualrechtsschutz bei UVP-Fehlern, NuR 2014, 81 ff.

Grunow, Moritz/Salzborn, Nadja: Zum Prüfungsumfang der Umweltverbandsklage, ZUR 2015, 156 ff.

Guckelberger, Annette: Formen von Öffentlichkeit und Öffentlichkeitsbeteiligung im Umweltverwaltungsrecht, VerwArch 2012, 31 ff.

Guckelberger, Annette: Funktionswandel der Verwaltungsgerichtsbarkeit unter dem Einfluss des Unionsrechts – Umfang des Verwaltungsrechtsschutzes auf dem Prüfstand, in: Ständige Deputation des Deutschen Juristentages (Hrsg.), Verhandlungen des 71. Deutschen Juristentages, Band II/1, Sitzungsberichte – Referate und Beschlüsse, Münschen 2017, 9 ff.

Guckelberger, Annette/Geber, Frederic: Präklusion unter dem Einfluss der Aarhus-Konvention, EurUP 2014, 167 ff.

Häfelin, Ulrich/Haller, Walter/Keller, Helen: Schweizerisches Bundesstaatsrecht, 8. Aufl., Zürich/Basel/Genf 2012.

Häfelin, Ulrich/Müller, Georg/Uhlmann, Felix: Allgemeines Verwaltungsrecht, 7. Aufl., Zürich/St. Gallen 2016.

Haller, Walter/Kölz, Alfred/Gächter, Thomas: Allgemeines Staatsrecht, 5. Aufl., Zürich/Basel/Genf 2013.

Hallo, Ralph: Access to Environmental Information, in: Pallemaerts, Marc (Hrsg.): The Aarhus Convention at Ten, Groningen 2011, 55 ff.

Hangartner, Yvo: Recht auf Rechtsschutz, AJP 2002, 131 ff.

Hectors, Kristof: The Chartering of Environmental Protection: Exploring the Boundaries of Environmental Protection as Human Right, EELR 2008, 165 ff.

Hendler, Reinhard: Zum Begriff der Pläne und Programme in der EG-Richtlinie zur strategischen Umweltprüfung, DVBl. 2003, 227 ff.

Hendler, Reinhard: Frühzeitige Öffentlichkeitsbeteiligung an der Standortplanung und Zulassung von Großprojekten, in: Ewer, Wolfgang et al. (Hrsg.), Methodik – Ordnung – Umwelt. Festschrift für Hans Joachim Koch, Berlin 2014, 269 ff.

Hendler, Reinhard/Wu, Mei: Öffentlichkeitsbeteiligung im Umweltrecht der Europäischen Union, DVBl. 2014, 78 ff.

Herdegen, Matthias: Völkerrecht, 13. Aufl., München 2014.

Heselhaus, Sebastian: Europa-Fenster, URP/DEP 2011, 269 ff.

Heselhaus, Sebastian: Frühe Öffentlichkeitsbeteiligung und Energiewende, FS für Hans Joachim Koch, Berlin 2014, 297 ff.

Hofmann, Ekkehard: Der Funktionswandel der Verwaltungsgerichtsbarkeit – nur eine Frage des Umweltrechts?, EurUP 2015, 266 ff.

Hofmann, Ekkehard: Der Abschied von der (ohnehin meist falsch verstandenen) Verfahrensautonomie der Mitgliedstaaten? Anmerkung zu EuGH 15.10.2015 – Rs. C-137/14, EuR 2016, 188 ff.

Holder, Jane: Environmental Assessment: The Regulation of Decision Making, Oxford 2005.

Ipsen, Knut (Hrsg.): Völkerrecht, 6. Aufl., München 2014 (zit.: *Verfasser*, in: Ipsen, Völkerrecht).

Janssen, Katleen: The Availability of Spatial and Environmental Data in the European Union, Alphen aan den Rijn 2010.

Jarass, Hans D.: Bundes-Immissionsschutzgesetz, 10. Aufl., München 2013.

Jeder, Petra: Neue Entwicklungen im Umweltrecht vor dem Hintergrund der Aarhus-Konvention, UTR 2002, 145 ff.

Jendroska, Jerzy: Aarhus Convention and Community: the Interplay, JEEPL 2005, 12 ff.

Jendroska, Jerzy: Public Participation in the Preparation of plans and programs: some reflections on the scope of obligations under Article 7 of the Aarhus Convention, JEEPL 2009, 495 ff.

Jendroska, Jerzy: Aarhus Convention Compliance Committee: Origins, Status and Activities, JEEPL 2011, 301 ff.

Jendroska, Jerzy: Citizen's Rights in European Environmental Law: Stock-Taking of Key Challenges and Current Developments in Relation to Public Access to Information, Participation and Access to Justice, JEEPL 2012, 71 ff.

Jendroska, Jerzy: Public Participation under Article 6 of the Aarhus Convention – Role in Tiered Decision-Making and Scope of Application, in: Bándi, Gyula (Hrsg.), Environmental Democracy and Law, Groningen 2014, 113 ff.

Jennings, Robert/Watts, Arthur: Oppenheim's International Law, 9. Aufl., Harlow 1992.

Kahl, Wolfgang/Dubber, Charlotte: Der Begriff der „informationspflichtigen Stelle" (§ 2 Abs. 1 UIG) im Lichte der neueren Judikatur aus Luxemburg, EurUP 2014, 215 ff.

Kämmerer, Jörn Axel: Der rechtliche Rahmen für die Öffnung des Zugangs zu Informationen sowie das Erscheinungsbild zugänglicher Informationen unter besonderer Berücksichtigung der Umweltinformationsrichtlinie 2003/4/EG und ihrer Umsetzung in deutsches Recht, in: Schröder, Meinhard (Hrsg.), Aktuelle Rechtsfragen und Probleme des freien Informationszugangs, insbesondere im Umweltschutz, Berlin 2011, 123 ff.

Ka Ruddie, Brian: The Aarhus Convention in England and Wales, in: Banner, Charles (Hrsg.), The Aarhus Convention – A Guide for UK Lawyers, Oxford 2015, 13 ff.

Kälin, Walter/Künzli, Jörg: Universeller Menschenrechtsschutz, Der Schutz des Individuums auf globaler und regionaler Ebene, 3. Aufl., Basel 2013.

Kiss, Alexandre/Shelton, Dinah: International Environmental Law, 3. Aufl., Leiden 2004.

Kiss, Alexandre: Environmental Information and Public Participation in Decision-Making, in: Kiss, Alexandre/Shelton, Dinah/Ishibashi, Kanami (Hrsg.), Economic Globalization and Compliance with International Environmental Agreements, Den Hag 2003, 193 ff.

Klein, Daniel R.: Umweltinformation im Völker- und Europarecht, Tübingen 2011.

Klein, Eckart: Zur Auslegung von völkerrechtlichen Verträgen der EG mit Drittstaaten, in: Epiney, Astrid/ Rivière, Florence (Hrsg.), Auslegung und Anwendung von „Integrationsverträgen": zur Übernahme des gemeinschaftlichen Besitzstandes durch Drittstaaten, insbesondere die Schweiz, Zürich 2006, 1 ff.

Klinger, Remo: Der slowakische Braunbär im Dickicht des deutschen Verwaltungsprozessrechts. Zur Umsetzung des Urteils des EuGH vom 8.3.2011, Rs. C-240/09 „Lesoochranarske zoskupenie VLK" in das deutsche Recht, EurUP 2013, 95 ff.

Klinger, Remo: Das Rechtsschutzgebot des Art. 9 Abs. 3 Aarhus-Konvention und seine Umsetzung in deutsches Recht, EurUP 2014, 177 ff.

Kment, Martin: Die Überformung des deutschen Planungsrechts durch EU-Recht – Hat die Präklusion eine Zukunft?, UPR 2016, 487 ff.

Kment, Martin/Lorenz, Christina: Eckpfeiler des deutschen Verwaltungsrechts auf europäischem Prüfstand, EurUP 2016, 47 ff.

Koch, Hans-Joachim: Die Verbandsklage im Umweltrecht, NVwZ 2007, 369 ff.

Koester, Veit: Review of Compliance under the Aarhus Convention: a Rather Unique Compliance Mechanism JEEPL 2005, 31 ff.

Koester, Veit: Le comité d'examen du respect des dispositions de la Convention d'Aarhus: un panorama des procédures et de la jurisprudence, REDE 2007, 251 ff.

Kokott, Juliane/Sobotta, Christoph: Rechtsschutz im Umweltrecht – Weichenstellungen in der Rechtsprechung des Gerichtshofs der Europäischen Union, DVBl. 2014, 132 ff.

Kölz, Alfred/Häner, Isabelle/Bertschi, Martin: Verwaltungsverfahren und Verwaltungsrechtspflege des Bundes, 3. Aufl., Zürich 2013.

Koppensteiner, Franz A.M.: Die Transparenzverordnung im Wandel der Zeit, EuR 2014, 594 ff.

Krämer, Ludwig: The Aarhus Convention and the European Union, in: Banner, Charles (Hrsg.), The Aarhus Convention – A Guide for UK Lawyers, Oxford 2015, 79 ff.

Krämer, Ludwig: Accès à la justice en matière d'environnement – La double mesure de la Cour de justice de l'Union européenne, RDUE 2017, 13 ff.

Kravchenko, Svitlana: The Aarhus Convention and Innovations in Compliance with Multilateral Environmental Agreements, YEEL 2007, 1 ff.

Kremer, Peter: Zur Unionsrechtswidrigkeit der immissionsschutzrechtlichen Präklusionsvorschriften, ZUR 2013, 89 ff.

Kumin, Andreas J./Bittner, Philip: Die „gemischten" Abkommen zwischen der Europäischen Union und ihren Mitgliedstaaten einerseits und dritten Völkerrechtssubjekten andererseits, EuR 2012, Beiheft 2, 75 ff.

Le Bonniec, Nina: La reconnaissance d'un droit fondamental à un environnement sain dans l'ordre juridique de l'Union européenne: simple possibilité ou réelle nécessité?, RUE 2016, 211 ff.

Lerman, Peggy: The International Context, in: Alberton, Mariachiara (Hrsg.), Public Participation in Environmental Decision-Making in the EU and in China – The Case of Environmental Impact Assessment, Baden-Baden 2014, 11 ff.

Marsden, Simon: Public Participation in Transboundary Environmental Impact Assessment: Closing the Gap between International and Public Law?, in: Jessup, Brad/Rubenstein, Kim (Hrsg.), Environmental Discourses in Public and International Law, Cambridge 2012, 238 ff.

Mayer, Christoph: Neues aus Luxemburg in Sachen Gerichtszugang in Umweltangelegenheiten, NuR 2016, 106 ff.

Mendelson, Maurice: The International Court of Justice and the Sources of International Law, in: Lowe, Vaughan/Fitzmaurice, Malgosia (Hrsg.), Fifty Years of the International Court of Justice, Cambridge 1996, 63 ff.

Meßerschmidt, Klaus: Europäisches Umweltrecht, München 2011.

Meyer, Frank: Art. 6 EMRK, in: Karpenstein, Ulrich/Mayer, Franz (Hrsg.): EMRK – Kommentar zum Schutz der Menschenrechte und Grundfreiheiten, 2. Aufl., München 2015.

Moolenaar, Thirza/Nobrega, Sandra: Access to Justice: Environmental Non-Governmental Organisations according to the Aarhus Regulation, elni 2/2016, 76 ff.

Morgera, Elisa: An Update on the Aarhus Convention and its Continued Global Relevance, RECIEL 2005, 138 ff.

Nolte, Georg (Hrsg.) : Treaties and Subsequent Practice, Oxford 2013.

Nolte, Georg: Jurisprudence of the International Court of Justice and Arbitral Tribunals of Ad Hoc Jurisdiction Relating to Subsequent Agreements and Subsequent Practice, in: Nolte, Georg (Hrsg.), Treaties and Subsequent Practice, Oxford 2013, 169 ff.

Onida, Marco: The EU Framework, in: Alberton, Mariachiara (Hrsg.), Public Participation in Environmental Decision-Making in the EU and in China – The Case of Environmental Impact Assessment, Baden-Baden 2014, 23 ff.

Orth, Erika Elisabeth: Ein Grundrecht auf Umweltschutz in Europa?, Eine rechtsdogmatische Einordnung des Art. 37 GRC, Frankfurt am Main2007.

Pechstein, Matthias: EU-Prozessrecht, 4. Aufl., Tübingen 2011.

Pernice-Warnke, Silvia: Effektiver Zugang zu Gericht, Die Klagebefugnis für Individualkläger und Verbände in Umweltangelegenheiten unter Reformdruck, Baden-Baden 2009.

Peters, Birgit: Die Auslegung von Art. 6-8 der Aarhus-Konvention durch das Aarhus Compliance Committee und die Auswirkungen im europäischen Umweltrecht, EurUP 2014, 185 ff.

Pirker, Benedikt: Access to Justice in Environmental Matters and the Aarhus Convention's Effects in the EU Legal Order: No Room for Nuanced Self-executing Effect?, RECIEL 1/16, 81 ff.

Pirker, Benedikt/Reitemeyer, Stefan: Between Discursive and Exclusive Autonomy – Opinion 2/13, the Protection of Fundamental Rights and the Autonomy of EU Law, in: Armstrong, Kenneth (Hrsg.): Cambridge Yearbook of European Legal Studies, 17. Aufl., Cambridge 2015, 168 ff.

Pitea, Cesare: Procedures and Mechanisms for Review under the 1998 Aarhus Convention, in: Treves, Tullio/Pineschi, Laura/Tanzi, Attila/Pitea, Cesare/Ragni, Chiara/Jacur, Francesca Romanin (Hrsg.): Non-Compliance Procedures and Mechanisms and the Effectiveness of International Environmental Agreements, Den Haag 2009, 221 ff.

Poelzig, Dörte: Die Neuregelung der Offenlegungsvorschriften durch die Marktmissbrauchsverordnung, Neue Zeitschrift für Gesellschaftsrecht 2016, 761 ff.

Poto, Margherita: Strengths and Weaknesses of Environmental Participation Under the Aarhus Convention: What Lies Beyond Rhetorical Proceduralisation?, in: Lohse, Eva Julia/Poto, Margherita (Hrsg.), Participatory Rights in the Environmental Decision-Making Process and the Implementation of the Aarhus Convention: A Comparative Perspective, Berlin 2015, 93 ff.

Radespiel, Liane: Die naturschutzrechtliche Verbandsklage – Theoretische Grundlagen und empirische Analyse, Baden-Baden 2007.

Radespiel, Liane: Entwicklungen des Rechtsschutzes im Umweltrecht aufgrund völker- und europarechtlicher Vorgaben – insbesondere das Umwelt-Rechtsbehelfsgesetz, EurUP 2007, 118 ff.

Renn, Ortwin et al.: Öffentlichkeitsbeteiligung bei Vorhaben der Energiewende – Neun Thesen zum Einsatz und zur Gestaltung der Öffentlichkeitsbeteiligung, ZUR 2014, 281 ff.

Rennert, Klaus: Verwaltungsrechtsschutz auf dem Prüfstand, DVBl. 2017, 69 ff.

Ricketts, Simon/Munn, Juliet: Public Participation in Environmental Decision-Making, Plan-Making and Executive Regulations – Articles 6, 7 and 8 of the Aarhus Convention, in: Banner, Charles (Hrsg.), The Aarhus Convention – A Guide for UK Lawyers, Oxford 2015, 121 ff.

Riemann, Frank: Die Transparenz der Europäischen Union. Das neue Recht auf Zugng zu Dokumenten von Parlament, Rat und Kommission, Berlin 2004.

Rietzler, Andreas: Behörden- und Öffentlichkeitsbeteiligung bei ausländischen Vorhaben im Lichte der Espoo-Konvention, NVwZ 2015, 483 ff.

Röckinghausen, Marc: Das neue Schadstoffregister PRTR – ein weiterer Baustein im Konzept der informierten Öffentlichkeit, ZUR 2009, 19 ff.

Rodenhoff Vera: The Aarhus Convention and its Implications for the ‚Institutions' of the European Community, RECIEL 2002, 343 ff.

Rodenhoff, Vera: Die EG und ihre Mitgliedstaaten als völkerrechtliche Einheit bei umweltvölkerrechtlichen Übereinkommen, Baden-Baden 2008.

Rossi, Matthias: Schutzpositionen von Unternehmen im Informationsfreiheitsrecht, in: Hecker, Bernd/Hendler, Reinhard/Proelß, Alexander/Reiff, Peter (Hrsg.): Aktuelle Rechtsfragen und Probleme des freien Informationszugangs, insbesondere im Umweltschutz, Berlin 2011, 197 ff.

Rossi, Matthias: Geologische Daten als Betriebs- und Geschäftsgeheimnisse?, EurUP 2016, 352 ff.

de Sadeleer, Nicolas: The Precautionary Principle in EC Health and Environmental Law, ELJ 2006, 139 ff.

de Sadeleer, Nicolas/Roller, Gerhard/Dross, Miriam: Access to Justice in Environmental Matters and the Role of NGOs, Empirical Findings and Legal Appraisal, Groningen 2005.

Sands, Philippe/Peel, Jacqueline: Principles of International Environmental Law, 3. Aufl., Cambridge 2012.

Saxler, Barbara: Zugang zu Gerichten bei fehlerhafter UVP, EurUP 2014, 222 ff.

Schenderlein, Kristin: Rechtsschutz und Partizipation im Umweltrecht – Europa- und völkerrechtliche Bürgerfreundlichkeit versus nationale Verfahrensbeschleunigung – Insbesondere zur Aarhus-Konvention, Marburg 2013.

Scheyli, Martin: Aarhus-Konvention über Informationszugang, Öffentlichkeitsbeteiligung und Rechtsschutz in Umweltbelangen, ArchVR 2000, 217 ff.

Schink, Alexander: Die Aarhus-Konvention und das deutsche Umweltrecht, EurUP 2003, 27 ff.

Schink, Alexander: EU-rechtliche Spielräume für eine Begrenzung der Öffentlichkeitsbeteiligung in UVP-pflichtigen Verfahren, EurUP 2014, 112 ff.

Schlacke, Sabine: Stärkung überindividuellen Rechtsschutzes zur Durchsetzung des Umweltrechts, ZUR 2011, 312 ff.

Schlacke, Sabine/Schrader, Christian/Bunge, Thomas: Informationsrechte, Öffentlichkeitsbeteiligung und Rechtsschutz im Umweltrecht. Aarhus-Handbuch, Berlin 2010 (zitiert: *Verfasser*, in: Schlacke/Schrader/Bunge, Aarhus-Handbuch).

Schoch, Friedrich: Umweltpolitik durch Informationsfreiheit. Zugang zu amtlichen Informationen nach allgemeinem und bereichsspezifischem Informationsrecht, in: Schröder, Meinhard (Hrsg.), Aktuelle Rechtsfragen und Probleme des freien Informationszugangs, insbesondere im Umweltschutz, Berlin 2011, 81 ff.

Schomerus, Thomas: Access to Information on Legislative Proceedings – Case Note on Judgment of the Court (2nd Chamber) of 18 July 2013 – C-515/11, JEEPL 2013, 397 ff.

Schomerus, Thomas: Der Ausbau erneuerbarer Energien im Lichte der Aarhus-Konvention, EurUP 2014, 196 ff.

Schrader, Christian: § 8. Ausschluss und Beschränkungen, in: Schomerus, Thomas/Schrader, Christian/Wegener, Bernhard W. (Hrsg.): Umweltinformationsgesetz, 2. Aufl. Baden-Baden 2002.

Schüren, Jonas/Kramer, Malte: EuGH-Entscheidung zum UmwRG: Das Aus für materielle Präklusion und traditionelle Verfahrensfehlerfolgenlehre?, ZUR 2016, 400 ff.

Schwab, Joachim: Frühe Öffentlichkeitsbeteiligung und behördliche Genehmigungsverfahren, UPR 2014, 281 ff.

Schwerdtfeger, Angela: Der deutsche Verwaltungsrechtsschutz unter dem Einfluss der Aarhus-Konvention, Tübingen 2010.

Seelig, Robert/Gründling, Benjamin: Die Verbandsklage im Umweltrecht – Aktuelle Entwicklungen und Zukunftsperspektiven im Hinblick auf die Novelle des Bundesnaturschutzgesetzes und supranationale und internationale rechtliche Vorgaben, NVwZ 2002, 1033 ff.

Seifert, Ulrich: Ausweitung des Rechtsschutzes im Umweltrecht – fehlerhaft durchgeführte UVP kann Aufhebungsanspruch begründen. Anmerkungen zum EuGH-Urteil vom 7.11.2013 – Rs. C-72/12 (Gemeinde Altrip), AbfallR 2014, 49 ff.

Seifert, Ulrich: Fortschritte beim Rechtsschutz in Umweltangelegenheiten nach Art. 9 Abs. 3 Aarhus-Konvention? – Jüngste Lösungsansätze von EuGH und BVerwG, ZEuS 2016, 49 ff.

Siegel, Thorsten: Die Präklusion im europäisierten Verwaltungsrecht, NVwZ 2016, 337 ff.

Skouris, Vassilios: Auswirkungen der Rechtsprechung des EuGH auf die Funktion der deutschen Verwaltungsgerichtsbarkeit – Zur Reichweite des Urt. v. 15.10.2015 – C-137/14 -, DVBl. 2016, 937 ff.

Spagnuolo, Francesca: Beyond Participation: Administrative-Law Type Mechanisms in Global Environmental Governance – Toward a New Basis of Legitimacy?, EPL 2009, 49 ff.

Stec, Stephen/Casey-Lefkowitz, Susan: The Aarhus Convention: An Implementation Guide, New York/Genf 2000.

Steinberg, Rudolf: Die Bürgerbeteiligung bei Infrastrukturvorhaben – Entwicklungen – Funktionen – Grenzen, in: Ewer, Wolfgang et al. (Hrsg.), Methodik – Ordnung – Umwelt. Festschrift für Hans Joachim Koch, Berlin 2014, 253-267.

Szabó, Marcel: Public Participation – Human Right or an Instrument of International Administrative Law, in: Bándi, Gyula (Hrsg.), Environmental Democracy and Law, Groningen 2014, 95 ff.

Tanzi, Attila/Pitea, Cesare: The Interplay between EU Law and International Law Procedures in Controlling Compliance with the Aarhus Convention by EU Member States, in: Pallemaerts, Marc (Hrsg.), The Aarhus Convention at Ten – Interactions and Tensions between Conventional International Law and EU Environmental Law, Groningen 2011, 367 ff.

Thurnherr, Daniela: Öffentlichkeit und Geheimhaltung von Umweltinformationen, Zürich 2003.

Torre-Schaub, Marta: La construction du droit européen de l'environnement: quelle place pour le « droit à un environnement sain »?, Mélanges Georges Vandersanden, Brüssel 2008, 523 ff.

Treves, Tullio: The Settlement of Disputes and Non-Compliance Procedures, in: Treves, Tullio et al. (Hrsg.), Non-Compliance Procedures and Mechanisms and the Effectiveness of International Environmental Agreements, Den Haag 2009, 499 ff.

Tschannen, Pierre: Staatsrecht der Schweizerischen Eidgenossenschaft, 3. Aufl., Bern 2011.

Tschannen, Pierre/Zimmerli, Ulrich/Müller, Markus: Allgemeines Verwaltungsrecht, 4. Aufl., Bern 2014.

UNECE: Guidance on Implementation of the Protocol on Pollutant Release and Transfer Registers, New York 2008.

Verschuuren, Jonathan: Public Participation regarding the Elaboration and Approval of Projects in the EU after the Aarhus Convention, YEEL 2004, 29 ff.

Villiger, Mark: Customary international law and treaties: A manual on the theory and practice of the interrelation of sources, 2. Aufl., Zürich 1997.

Villiger, Mark: Commentary on the 1969 Vienna Convention on the Law of Treaties, Leiden/Boston 2009.

Vinuales, Jorge: Legal Techniques for Dealing with Scientific Uncertainty: The Contribution of International Environmental Law, Vanderbilt Journal of Transnational Law 2010, 437 ff.

Wagner, Christian: Ringen um Umweltinformationen – EuGH-Urteile zu grundlegenden Fragen der Aarhus-Bestimmungen, EuZW 2017, 95 ff.

Wagner, Julian: Die jüngsten Änderungen der UVP-Richtlinie im Überblick, EurUP 2014, 122 ff.

Wates, James: The Aarhus Convention: a Driving Force for Environmental Democrazy, JEEPL 2005, 2 ff.

Wegener, Bernhard: Die Aarhus-Konvention in der Rechtsprechung des EuGH, EurUP 2014, 226 ff.

Wegener, Bernhard: Kein „Mund auf – Augen zu" – Der freie Zugang zu Informationen über Emissionen in die Umwelt, ZUR 2017, 146 ff.

Wienhues, Sigrid: Drei Antworten und eine offengebliebene Frage: Die Altrip-Entscheidung des Gerichtshofs der Europäischen Union, NuR 2013, 875 ff.

Winter, Gerd: Theoretical Foundations of Public Participation in Administrative Decision-Making, in: Bándi, Gyula (Hrsg.), Environmental Democracy and Law, Groningen 2014, 21 ff.

Wollenschläger, Ferdinand: Verfassung im allgemeinen Verwaltungsrecht: Bedeutungsverlust durch Europäisierung und Emanzipation?, VVDStRL 75 (2016), 187 ff.

Zeissler, Christian/Schmitz, Vera: Das Urteil des EuGH vom 15.10.2015 in der Rechtssache C-137/14 als Ende der umweltrechtlichen Präklusion?, UPR 2016, 1 ff.

Ziekow, Jan: Verfahrensfehler im Umweltrecht – notwendige Nachjustierungen im deutschen Verwaltungsrecht, in: Kloepfer, Michael (Hrsg.), Rechtsschutz im Umweltrecht, Berlin 2014, 117 ff.

Ziekow, Jan: Verfahrensfehler im Umweltrecht – notwendige Nachjustierungen im deutschen Verwaltungsrecht, NuR 2014, 229 ff.

Zimmermann, Andreas et al. (Hrsg.): The Statute of the International Court of Justice, Oxford 2012 (zit.: *Verfasser*, in: Zimmermann et al., Statute of the ICJ).

Zschiesche, Michael: Die Aarhus-Konvention – mehr Bürgerbeteiligung durch umweltrechtliche Standards?, Zeitschrift für Umweltrecht (ZUR) 2001, 177 ff.

Zschiesche, Michael: Öffentlichkeitsbeteiligung in umweltrelevanten Zulassungsverfahren. Status quo und Perspektiven, Berlin 2015.

Verzeichnis der Rechtsakte und Materialien

I. Völkerrechtliche Verträge

Wiener Übereinkommen über das Recht der Verträge (fortan: Wiener Vertragsrechtskonvention, WVRK), abgeschlossen in Wien am 23.5.1969 (SR 0.111).

Übereinkommen der Vereinten Nationen zur Bekämpfung der Wüstenbildung in den von Dürre und/oder Wüstenbildung schwer betroffenen Ländern, insbesondere in Afrika, abgeschlossen in Paris am 17.6.1994 (SR 0.451.1).

UNESCO Übereinkommen zum Schutz des Kultur- und Naturgutes der Welt (fortan: Welterbekonvention), abgeschlossen in Paris am 23.11.1972 (SR 0.451.41).

Übereinkommen über die Biologische Vielfalt, abgeschlossen in Rio de Janeiro am 5.6.1992 (SR 0.451.43).

Protokoll von Cartagena über die biologische Sicherheit zum Übereinkommen über die biologische Vielfalt, abgeschlossen in Montreal am 29.1.2000 (SR 0.451.431).

Seerechtsübereinkommen der Vereinten Nationen (fortan: Seerechtsübereinkommen), abgeschlossen in Montego Bay am 10.12.1982 (SR 0.747.305.15).

Rahmenübereinkommen der Vereinten Nationen über Klimaänderungen (fortan: Klimarahmenkonvention), abgeschlossen in New York am 9.5.1992 (SR 0.814.01).

Montrealer Protokoll über Stoffe, die zu einem Abbau der Ozonschicht führen (fortan: Protokoll von Montreal), abgeschlossen in Montreal am 16.9.1987 (SR 0.814.021).

Übereinkommen über die grenzüberschreitenden Auswirkungen von Industrieunfällen, abgeschlossen in Helsinki am 17.3.1992 (SR 0.814.04).

Basler Übereinkommen über die Kontrolle der grenzüberschreitenden Verbringung gefährlicher Abfälle und ihrer Entsorgung (fortan: Basler Übereinkommen), abgeschlossen in Basel am 22.3.1989 (SR 0.814.05).

Übereinkommen über die Umweltverträglichkeitsprüfung im grenzüberschreitenden Rahmen (fortan: Espoo-Konvention), abgeschlossen in Espoo am 25.2.1991 (SR 0.814.06).

Kiev-Protokoll über die strategische Umweltprüfung zum Übereinkommen über die Umweltverträglichkeitsprüfung, abgeschlossen in Kiew am 21.5.2003 (nicht in SR vorhanden, da die Schweiz nicht Vertragspartei ist; in Kraft getreten am 11.7.2010; vgl. für eine Übersicht unter anderem der Vertragsparteien www.unece.org/env/eia/sea_protocol.html [zuletzt eingesehen am 26.6.2017]).

Übereinkommen über den Zugang zu Informationen, die Öffentlichkeitsbeteiligung an Entscheidungsverfahren und den Zugang zu Gerichten in Umweltangelegenheiten (fortan: Aarhus-Konvention, Übereinkommen von Aarhus), abgeschlossen in Aarhus am 25.6.1998 (SR 0.814.07).

Übereinkommen zum Schutz und zur Nutzung grenzüberschreitender Wasserläufe und internationaler Seen, abgeschlossen in Helsinki am 17.3.1992 (SR 0.814.20).

Protokoll über Wasser und Gesundheit zu dem Übereinkommen von 1992 zum Schutz und zur Nutzung grenzüberschreitender Wasserläufe und internationaler Seen, abgeschlossen in London am 17.6.1999 (SR 0.814.201).

II. Sekundärrecht der Europäischen Union

RL 92/43 zur Erhaltung der natürlichen Lebensräume sowie der wildlebenden Tiere und Pflanzen, ABl. 1992 L 206, 7.

RL 2000/60 zur Schaffung eines Ordnungsrahmens für Maßnahmen der Gemeinschaft im Bereich der Wasserpolitik, ABl. 2001 L 331, 1.

VO 41/2001 zum Schutz natürlicher Personen bei der Verarbeitung personenbezogener Daten durch die Organe und Einrichtungen der Gemeinschaft und zum freien Datenverkehr, ABl. 2001 L 8, 1.

VO 1049/2001 über den Zugang der Öffentlichkeit zu Dokumenten des Europäischen Parlaments, des Rates und der Kommission, ABl. 2001 L 145, 43.

RL 2001/18 über die absichtliche Freisetzung genetisch veränderter Organismen in die Umwelt, ABl. 2001 L 106, 1.

RL 2001/42 über die Prüfung der Umweltauswirkungen bestimmter Pläne und Programme, ABl. 2001 L 197, 30.

RL 2003/4 über den Zugang der Öffentlichkeit zu Umweltinformationen und zur Aufhebung der Richtlinie 90/313 des Rates, ABl. 2003 L 41, 26.

RL 2003/35 über die Beteiligung der Öffentlichkeit bei der Ausarbeitung bestimmter umweltbezogener Pläne und Programme, ABl. 2003 L 156, 17.

RL 2003/87 über ein System für den Handel mit Treibhausgasemissionszertifikaten in der Gemeinschaft und zur Änderung der Richtlinie 96/61, ABl. 2003 L 275, 32.

VO 596/2014 über Marktmissbrauch, ABl. 2014 L 173, 1.

VO 166/2006 über die Schaffung eines Europäischen Schadstofffreisetzungs- und -verbringungsregisters, ABl. 2006 L 33, 1.

VO 1367/2006 über die Anwendung der Bestimmungen des Übereinkommens von Aarhus über den Zugang zu Informationen, die Öffentlichkeitsbeteiligung an Entscheidungsverfahren und den Zugang zu Gerichten in Umweltangelegenheiten auf Organe und Einrichtungen der Gemeinschaft, ABl. 2006 L 264, 13.

RL 2008/50 über Luftqualität und saubere Luft für Europa, ABl. 2008 L 152, 1.

RL 2009/147 über die Erhaltung der wildlebenden Vogelarten, ABl. 2009 L 20, 7.

RL 2010/75 über Industrieemissionen (integrierte Vermeidung und Verminderung der Umweltverschmutzung), ABl. 2010 L 334, 17.

RL 2011/92 über die Umweltverträglichkeitsprüfung bei bestimmten öffentlichen und privaten Projekten, ABl. 2012 L 26, 1.

III. Materialien und unverbindliche Dokumente

Action Plan for the Human Environment, 16.6.1972, angenommen durch die Generalversammlung der Vereinten Nationen mit GV-Res. 2994 (XXVII), 15.12.1972, UN-Doc. A/CONF.48/14/Rev. 1, ILM 11 (1972), 1421 ff.

Declaration of the United Nations Conference on the Human Environment, 16.6.1972, angenommen durch die Generalversammlung der Vereinten Nationen mit GV-Res. 2994 (XXVII), 15.12.1972, UN-Doc. A/CONF.48/14/Rev. 1, ILM 11 (1972), 1416 ff.

World Charter for Nature, angenommen durch die Generalversammlung der Vereinten Nationen mit GV-Res. 37/7, 28.10.1982, UN-Doc. A/RES/37/7, ILM 22 (1983), 455 ff.

Our Common Future, Report of the World Commission on Environment and Development, 4.8.1987, angenommen durch die Generalversammlung der Vereinten Nationen mit GV-Res. 42/187, 11.12.1987, UN-Doc. A/42/427.

Agenda 21, 3.6.1992–14.6.1992, angenommen durch die Generalversammlung der Vereinten Nationen mit GV-Res. 47/190, 22.12.1992, UN-Doc. A/CONF.151/4.

Declaration of the Rio Conference on Environment and Development, 3.6.1992–14.6.1992, angenommen durch die Generalversammlung der Vereinten Nationen mit GV-Res. 47/190, 22.12.1992, UN-Doc. A/CONF.151/5/Rev. 1, ILM 31 (1992), 876 ff.

Guidelines on the Access to Environmental Information and Public Participation in Environmental Decision-Making (Sofia-Guidelines), 23.10.1995–25.10.1995, UN-Doc. ECE/CEP/24.

Mitteilung der Kommission vom 28.4.2017 über den Zugang zu Gerichten in Umweltangelegenheiten, KOM (2017) 2616 endg.

Abkürzungsverzeichnis

AbfallR	Abfallrecht
ACCC	Aarhus Convention Compliance Committee
AEUV	Vertrag über die Arbeitsweise der Europäischen Union
AK	Aarhus-Konvention
Aufl.	Auflage
aA	anderer Ansicht
ABl.	Amtsblatt der Europäischen Union
Abs.	Absatz / Absätze
AJP	Aktuelle Juristische Praxis
AöR	Archiv des öffentlichen Rechts
ArchVR	Archiv des Völkerrechts
Art.	Artikel
Aufl.	Auflage
BBl	Bundesblatt(Schweiz)
Bd./Bde	Band / Bände
BGBl	Bundesgesetzblatt (Deutschland)
BGE	Entscheidungen des Schweizerischen Bundesgerichts (Amtliche Sammlung)
BV	Bundesverfassung der Schweizerischen Eidgenossenschaft vom 18. April 1999 (SR 101)
BVerfG	Bundesverfassungsgericht
BVerwG	Bundesverwaltungsgericht
bzgl.	bezüglich
bzw.	beziehungsweise
CDE	Cahiers de droit européen
CEP	Committee on Environmental Policy
CMLRev.	Common Market Law Review
ders./dies.	derselbe/dieselbe
dh	das heißt
Diss.	Dissertation
DÖV	Die Öffentliche Verwaltung
DVBl.	Deutsches Verwaltungsblatt
ebd.	ebenda
EELR	European Environmental Law Review
EG	Europäische Gemeinschaft
EGMR	Europäischer Gerichtshof für Menschenrechte
EJIL	European Journal of International Law
ELR	European Law Review
EMRK	Europäische Konvention zum Schutz der Menschenrechte und Grundfreiheiten
ELJ	European Law Journal
endg.	endgültig
EP	Europäisches Parlament
EPL	European Public Law
Erw.	Erwägung
et. al.	et alii (und weitere)
EU	Europäische Union

EuG	Gericht erster Instanz
EuGH	Gerichtshof der Europäischen Union
EuGRZ	Europäische Grundrechtezeitschrift
EuR	Europarecht (Zeitschrift)
EurUP	Europäisches Umwelt- und Planungsrecht
EUV	Vertrag über die Europäische Union
EuZW	Europäische Zeitschrift für Wirtschaftsrecht
EWS	Europäisches Wirtschafts- und Steuerrecht
f./ff.	folgende/fortfolgende
Fn.	Fußnote
FS	Festschrift
GATT	General Agreement on Tariffs and Trade
GfU	Gesellschaft für Umweltrecht
ggf.	gegebenenfalls
GV-Res.	Resolution der Generalversammlung der Vereinten Nationen
h.L.	herrschende Lehre
Hs.	Halbsatz
Hrsg.	Herausgeber
IAEA	International Atomic Energy Agency (Internationale Atomenergie- Organisation)
ICJ	International Court of Justice
i.Erg.	im Ergebnis
ieS	im engeren Sinn
IFG	Informationsfreiheitsgesetz
IGH	Internationaler Gerichtshof
ILC	International Law Commission
ILM	International Legal Materials
insb.	insbesondere
iSd / iSv	im Sinne des / im Sinne von
iVm	in Verbindung mit
iwS	im weiteren Sinn
JEEPL	Journal of European Environmental and Planning Law
JEL	Journal of Environmental Law
JuS	Juristische Schulung
JZ	Juristenzeitung
lit.	litera
m.a.W.	mit anderen Worten
mwN	mit weiteren Nachweisen
NJW	Neue Juristische Wochenschrift
Nr.	Nummer
NuR	Natur und Recht
NVwZ	Neue Zeitschrift für Verwaltungsrecht
o.ä.	oder ähnlich
OCDE	Organisation de coopération et de développement économiques
OECD	Organisation für wirtschaftliche Zusammenarbeit und Entwicklung / Organization for Economic Co-operation and Development
PRTR	Pollutant release and transfer register
RdU	Recht der Umwelt

RDUE	Revue du droit de l'Union européenne
REACH	Registration, Evaluation and Autorisation of Chemicals
RECIEL	Review of European Community & International Environmental Law
REDE	Revue européenne de droit de l'environnement
RJE	Revue juridique de l'environnement
RL	Richtlinie
Rn.	Randnummer
Rs.	Rechtssache
Rspr.	Rechtsprechung
RTDE	Revue Trimestrielle de droit européen
RUE	Revue de l'Union européenne
S.	Satz
s./s. o.	siehe; siehe oben
sog.	sogenannt(e)
SR	Systematische Sammlung des Bundesrechts
ua	und andere; unter anderem
uä	und ähnliches
UIG	Umweltinformationsgesetz
UNCIO	United Nations Conference on International Organization
UN-Doc.	United Nations Document
UNECE	United Nations Economic Commission for Europe
UNESCO	United Nations Education, Scientific and Cultural Organisation
UPR	Umwelt- und Planungsrecht
URP/DEP	Umweltrecht in der Praxis / Droit de l'environnement dans la pratique
UTR	Umwelt- und Technikrecht (Jahrbuch)
UVP	Umweltverträglichkeitsprüfung
v.	vom
v.a.	vor allem
VCLR	Vienna Convention on the Law of Treaties
Verw	Die Verwaltung
VerwArch	Verwaltungsarchiv
vgl.	vergleiche
VO	Verordnung
VwGO	Verwaltungsgerichtsordnung
VwVfG	Verwaltungsverfahrensgesetz
VVDStRL	Veröffentlichungen der Vereinigung der Deutschen Staatsrechtslehrer
WVRK	Wiener Vertragsrechtskonvention
WWF	World Wild Life Fund
YEEL	Yearbook of European Envrionmental Law
YIEL	Yearbook of International Environmental Law
zB	zum Beispiel
ZBl	Schweizerisches Zentralblatt für Staats- und Verwaltungsrecht
Ziff.	Ziffer
zit.	Zitiert
ZUR	Zeitschrift für Umweltrecht

Vertragstext

Übereinkommen über den Zugang zu Informationen, die Öffentlichkeitsbeteiligung an Entscheidungsverfahren und den Zugang zu Gerichten in Umweltangelegenheiten[1]

Die Vertragsparteien dieses Übereinkommens –

unter Hinweis auf Grundsatz 1 der Erklärung von Stockholm über die Umwelt des Menschen;

auch unter Hinweis auf Grundsatz 10 der Erklärung von Rio über Umwelt und Entwicklung;

ferner unter Hinweis auf die Resolution 37/7 der Generalversammlung der Vereinten Nationen vom 28. Oktober 1982 über die Weltcharta für die Natur und auf die Resolution 45/94 der Generalversammlung der Vereinten Nationen vom 14. Dezember 1990 über die Notwendigkeit, eine gesunde Umwelt für das Wohl der Menschen zu sichern;

unter Hinweis auf die Europäische Charta Umwelt und Gesundheit, die am 8. Dezember 1989 auf der ersten Europäischen Konferenz über Umwelt und Gesundheit der Weltgesundheitsorganisation in Frankfurt am Main (Deutschland) verabschiedet wurde;

in Bekräftigung der Notwendigkeit, den Zustand der Umwelt zu schützen, zu erhalten und zu verbessern und eine nachhaltige und umweltverträgliche Entwicklung zu gewährleisten;

in der Erkenntnis, dass ein angemessener Schutz der Umwelt für das menschliche Wohlbefinden und die Ausübung grundlegender Menschenrechte, einschließlich des Rechts auf Leben, unabdingbar ist;

ferner in der Erkenntnis, dass jeder Mensch das Recht hat, in einer seiner Gesundheit und seinem Wohlbefinden zuträglichen Umwelt zu leben, und dass er sowohl als Einzelperson als auch in Gemeinschaft mit anderen die Pflicht hat, die Umwelt zum Wohle gegenwärtiger und künftiger Generationen zu schützen und zu verbessern;

in Erwägung dessen, dass Bürger zur Wahrnehmung dieses Rechts und zur Erfüllung dieser Pflicht Zugang zu Informationen, ein Recht auf Beteiligung an Entscheidungsverfahren und Zugang zu Gerichten in Umweltangelegenheiten haben müssen, und in Anbetracht der Tatsache, dass sie in dieser Hinsicht gegebenenfalls Unterstützung benötigen, um ihre Rechte wahrnehmen zu können;

in der Erkenntnis, dass im Umweltbereich ein verbesserter Zugang zu Informationen und eine verbesserte Öffentlichkeitsbeteiligung an Entscheidungsverfahren die Qualität und die Umsetzung von Entscheidungen verbessern, zum Bewusstsein der Öffentlichkeit in Umweltangelegenheiten

1 Der Text des Abkommens findet sich in ILM 38 (1999), 517 ff. Eine deutsche Fassung findet sich im BGBl. II 794, abgedruckt auch in *Schlacke/Schrader/Bunge*, Aarhus-Handbuch, 484 ff.

beitragen, der Öffentlichkeit die Möglichkeit geben, ihre Anliegen zum Ausdruck zu bringen, und es den Behörden ermöglichen, diese Anliegen angemessen zu berücksichtigen;

mit dem Ziel, die Verantwortlichkeit und Transparenz bei Entscheidungsverfahren zu fördern und die öffentliche Unterstützung für Entscheidungen über die Umwelt zu stärken;

in der Erkenntnis, dass es wünschenswert ist, Transparenz in allen Bereichen der öffentlichen Verwaltung zu erzielen, und mit der Aufforderung an die gesetzgebenden Körperschaften, die Grundsätze dieses Übereinkommens in ihren Verfahren umzusetzen;

auch in der Erkenntnis, dass sich die Öffentlichkeit der Verfahren zur Öffentlichkeitsbeteiligung an umweltbezogenen Entscheidungen bewusst sein, freien Zugang zu ihnen haben und wissen muss, wie sie genutzt werden können;

ferner in der Erkenntnis der wichtigen Rolle, die einzelne Bürger, nichtstaatliche Organisationen[2] und der private Sektor im Umweltschutz spielen können;

in dem Wunsch, die Umwelterziehung zu fördern, um das Verständnis für die Umwelt und eine nachhaltige Entwicklung zu vertiefen und um das Bewusstsein einer breiten Öffentlichkeit für Entscheidungen, die Auswirkungen auf die Umwelt und eine nachhaltige Entwicklung haben, zu schärfen sowie deren Beteiligung an diesen Entscheidungen zu unterstützen;

in Kenntnis der Wichtigkeit, in diesem Zusammenhang von den Medien und von elektronischen oder anderen, künftigen Kommunikationsformen Gebrauch zu machen;

in der Erkenntnis der Bedeutung einer vollständigen Einbeziehung umweltbezogener Überlegungen in staatliche Entscheidungsverfahren und der daraus folgenden Notwendigkeit, dass Behörden über genaue, umfassende und aktuelle Informationen über die Umwelt verfügen;

in Anerkennung dessen, dass Behörden über Informationen über die Umwelt im öffentlichen Interesse verfügen;

mit dem Anliegen, dass die Öffentlichkeit, einschließlich Organisationen, Zugang zu wirkungsvollen gerichtlichen Mechanismen haben soll, damit ihre berechtigten Interessen geschützt werden und das Recht durchgesetzt wird;

in Kenntnis der Wichtigkeit, den Verbrauchern geeignete Produktinformationen zu geben, damit sie eine sachkundige, am Umweltschutz orientierte Auswahl treffen können;

in Anerkennung der Sorge der Öffentlichkeit über die absichtliche Freisetzung gentechnisch veränderter Organismen in die Umwelt und in Erkenntnis der Notwendigkeit einer größeren Transparenz und stärkeren Öffentlichkeitsbeteiligung an Entscheidungsverfahren in diesem Bereich;

2 A: Nichtregierungsorganisationen.

in der Überzeugung, dass die Durchführung dieses Übereinkommens zur Stärkung der Demokratie in der Region der Wirtschaftskommission der Vereinten Nationen für Europa (ECE) beitragen wird;

im Bewusstsein der Rolle, welche die ECE hierbei spielt, und unter Hinweis unter anderem auf die ECE-Leitlinien über den Zugang zu Informationen über die Umwelt und die Öffentlichkeitsbeteiligung an Entscheidungsverfahren im Umweltbereich, die in der auf der dritten Ministerkonferenz "Umwelt für Europa" am 25. Oktober 1995 in Sofia (Bulgarien) angenommenen Ministererklärung gebilligt wurden;

eingedenk der einschlägigen Bestimmungen des Übereinkommens über die Umweltverträglichkeitsprüfung im grenzüberschreitenden Rahmen, das am 25. Februar 1991 in Espoo (Finnland) beschlossen wurde, des Übereinkommens über die grenzüberschreitenden Auswirkungen von Industrieunfällen und des Übereinkommens zum Schutz und zur Nutzung grenzüberschreitender Wasserläufe und internationaler Seen, die beide am 17. März 1992 in Helsinki (Finnland) beschlossen wurden, sowie anderer regionaler Übereinkünfte;

in dem Bewusstsein, dass die Annahme dieses Übereinkommens einen Beitrag zur weiteren Stärkung des Prozesses "Umwelt für Europa" und zu den Ergebnissen der im Juni 1998 in Aarhus (Dänemark) stattfindenden vierten Ministerkonferenz geleistet haben wird –

sind wie folgt übereingekommen:

Artikel 1 Ziel

Um zum Schutz des Rechts jeder männlichen/weiblichen Person gegenwärtiger und künftiger Generationen auf ein Leben in einer seiner/ihrer Gesundheit und seinem/ihrem Wohlbefinden zuträglichen Umwelt beizutragen, gewährleistet jede Vertragspartei das Recht auf Zugang zu Informationen, auf Öffentlichkeitsbeteiligung an Entscheidungsverfahren und auf Zugang zu Gerichten in Umweltangelegenheiten in Übereinstimmung mit diesem Übereinkommen.

Artikel 2 Begriffsbestimmungen

Im Sinne dieses Übereinkommens

1. bedeutet „Vertragspartei“, soweit sich aus dem Wortlaut nichts anderes ergibt, eine Vertragspartei dieses Übereinkommens;
2. bedeutet „Behörde“
   a) eine Stelle der öffentlichen Verwaltung auf nationaler, regionaler und anderer Ebene;
   b) natürliche oder juristische Personen, die aufgrund innerstaatlichen Rechts Aufgaben der öffentlichen Verwaltung, einschließlich bestimmter Pflichten, Tätigkeiten oder Dienstleistungen im Zusammenhang mit der Umwelt, wahrnehmen;
   c) sonstige natürliche oder juristische Personen, die unter der Kontrolle einer unter Buchstabe a oder Buchstabe b genannten Stelle oder einer dort genannten Person im Zusammenhang mit der Umwelt

öffentliche Zuständigkeiten haben, öffentliche Aufgaben wahrnehmen oder öffentliche Dienstleistungen erbringen;

d) die Einrichtungen aller in Artikel 17 näher bestimmten Organisationen der regionalen Wirtschaftsintegration, die Vertragsparteien dieses Übereinkommens sind.

Diese Begriffsbestimmung umfasst keine Gremien oder Einrichtungen, die in gerichtlicher oder gesetzgebender Eigenschaft handeln;

3. bedeutet „Informationen über die Umwelt" sämtliche Informationen in schriftlicher, visueller, akustischer, elektronischer oder sonstiger materieller Form über
   a) den Zustand von Umweltbestandteilen wie Luft und Atmosphäre, Wasser, Boden, Land, Landschaft und natürliche Lebensräume, die Artenvielfalt und ihre Bestandteile, einschließlich gentechnisch veränderter Organismen, sowie die Wechselwirkungen zwischen diesen Bestandteilen;
   b) Faktoren wie Stoffe, Energie, Lärm und Strahlung sowie Tätigkeiten oder Maßnahmen, einschließlich Verwaltungsmaßnahmen, Umweltvereinbarungen, Politiken, Gesetze, Pläne und Programme, die sich auf die unter Buchstabe a genannten Umweltbestandteile auswirken oder wahrscheinlich auswirken, sowie Kosten-Nutzen-Analysen und sonstige wirtschaftliche Analysen und Annahmen, die bei umweltbezogenen Entscheidungsverfahren verwendet werden;
   c) den Zustand der menschlichen Gesundheit und Sicherheit, Bedingungen für menschliches Leben sowie Kulturstätten und Bauwerke in dem Maße, in dem sie vom Zustand der Umweltbestandteile oder – auf dem Weg über diese Bestandteile – von den unter Buchstabe b genannten Faktoren, Tätigkeiten oder Maßnahmen betroffen sind oder betroffen sein können;
4. bedeutet „Öffentlichkeit" eine oder mehrere natürliche oder juristische Personen und, in Übereinstimmung mit den innerstaatlichen Rechtsvorschriften oder der innerstaatlichen Praxis, deren Vereinigungen, Organisationen oder Gruppen;
5. bedeutet „betroffene Öffentlichkeit" die von umweltbezogenen Entscheidungsverfahren betroffene oder wahrscheinlich betroffene Öffentlichkeit oder die Öffentlichkeit mit einem Interesse daran; im Sinne dieser Begriffsbestimmung haben nichtstaatliche Organisationen,[1] die sich für den Umweltschutz einsetzen und alle nach innerstaatlichem Recht geltenden Voraussetzungen erfüllen, ein Interesse.

Artikel 3 Allgemeine Bestimmungen

(1) Jede Vertragspartei ergreift die erforderlichen Gesetzgebungs-, Regelungs- und sonstigen Maßnahmen, einschließlich Maßnahmen zur Harmonisierung der Bestimmungen zur Umsetzung der in diesem Übereinkommen enthaltenen Bestimmungen über Informationen, Öffentlichkeitsbeteiligung und Zugang zu Gerichten, sowie geeignete Maßnahmen zum Vollzug,

1 A: Nichtregierungsorganisationen.

um einen klaren, transparenten und einheitlichen Rahmen zur Durchführung dieses Übereinkommens herzustellen und aufrechtzuerhalten.

(2) Jede Vertragspartei bemüht sich, sicherzustellen, dass öffentlich Bedienstete und Behörden der Öffentlichkeit Unterstützung und Orientierungshilfe für den Zugang zu Informationen, zur Erleichterung der Öffentlichkeitsbeteiligung an Entscheidungsverfahren und für den Zugang zu Gerichten in Umweltangelegenheiten geben.

(3) Jede Vertragspartei fördert die Umwelterziehung und das Umweltbewusstsein der Öffentlichkeit insbesondere in Bezug auf die Möglichkeiten, Zugang zu Informationen zu erhalten, sich an Entscheidungsverfahren zu beteiligen und Zugang zu Gerichten in Umweltangelegenheiten zu erhalten.

(4) Jede Vertragspartei sorgt für angemessene Anerkennung und Unterstützung von Vereinigungen, Organisationen oder Gruppen, die sich für den Umweltschutz einsetzen, und stellt sicher, dass ihr innerstaatliches Rechtssystem mit dieser Verpflichtung vereinbar ist.

(5) Dieses Übereinkommen lässt das Recht einer Vertragspartei unberührt, Maßnahmen beizubehalten oder zu ergreifen, die einen weitergehenden Zugang zu Informationen, eine umfangreichere Öffentlichkeitsbeteiligung an Entscheidungsverfahren und einen weitergehenden Zugang zu Gerichten in Umweltangelegenheiten ermöglichen, als dies aufgrund dieses Übereinkommens erforderlich ist.

(6) Dieses Übereinkommen verlangt keine Verdrängung geltender Rechte auf Zugang zu Informationen, auf Öffentlichkeitsbeteiligung an Entscheidungsverfahren und auf Zugang zu Gerichten in Umweltangelegenheiten.

(7) Jede Vertragspartei fördert die Anwendung der Grundsätze dieses Übereinkommens bei internationalen umweltbezogenen Entscheidungsverfahren sowie im Rahmen internationaler Organisationen in Angelegenheiten, die im Zusammenhang mit der Umwelt stehen.

(8) Jede Vertragspartei stellt sicher, dass Personen, die ihre Rechte im Einklang mit diesem Übereinkommen ausüben, hierfür nicht in irgendeiner Weise bestraft, verfolgt oder belästigt werden. Diese Bestimmung berührt nicht die Befugnis innerstaatlicher Gerichte, in Gerichtsverfahren angemessene Gerichtskosten zu erheben.

(9) Im Rahmen der einschlägigen Bestimmungen dieses Übereinkommens hat die Öffentlichkeit Zugang zu Informationen, die Möglichkeit, an Entscheidungsverfahren teilzunehmen, und Zugang zu Gerichten in Umweltangelegenheiten, ohne dabei wegen Staatsangehörigkeit, Volkszugehörigkeit oder Wohnsitz benachteiligt zu werden; eine juristische Person darf nicht aufgrund ihres eingetragenen Sitzes oder aufgrund des tatsächlichen Mittelpunkts ihrer Geschäftstätigkeit benachteiligt werden.

Artikel 4 Zugang zu Informationen über die Umwelt

(1) Jede Vertragspartei stellt sicher, dass die Behörden nach Maßgabe der folgenden Absätze dieses Artikels und im Rahmen der innerstaatlichen Rechtsvorschriften der Öffentlichkeit Informationen über die Umwelt auf

Antrag zur Verfügung stellen; hierzu gehören, wenn dies beantragt wird und nach Maßgabe des Buchstaben b, auch Kopien der eigentlichen Unterlagen, die derartige Informationen enthalten oder die aus diesen Informationen bestehen; dies geschieht

a) ohne Nachweis eines Interesses;
b) in der erwünschten Form, es sei denn,
   i) es erscheint der Behörde angemessen, die Informationen in anderer Form zur Verfügung zu stellen, was zu begründen ist, oder
   ii) die Informationen stehen der Öffentlichkeit bereits in anderer Form zur Verfügung.

(2) Die in Absatz 1 genannten Informationen über die Umwelt werden so bald wie möglich, spätestens jedoch einen Monat nach Antragstellung zur Verfügung gestellt, es sei denn, der Umfang und die Komplexität der Informationen rechtfertigen eine Fristverlängerung auf bis zu zwei Monate nach Antragstellung. Der Antragsteller wird über jede Verlängerung sowie über die Gründe hierfür informiert.

(3) Ein Antrag auf Informationen über die Umwelt kann abgelehnt werden, wenn

a) die Behörde, an die der Antrag gerichtet ist, nicht über die beantragten Informationen über die Umwelt verfügt;
b) der Antrag offensichtlich missbräuchlich ist oder zu allgemein formuliert ist oder
c) der Antrag Material betrifft, das noch fertiggestellt werden muss, oder wenn er interne Mitteilungen von Behörden betrifft, sofern eine derartige Ausnahme nach innerstaatlichem Recht vorgesehen ist oder gängiger Praxis entspricht, wobei das öffentliche Interesse an der Bekanntgabe dieser Informationen zu berücksichtigen ist.

(4) Ein Antrag auf Informationen über die Umwelt kann abgelehnt werden, wenn die Bekanntgabe negative Auswirkungen hätte auf

a) die Vertraulichkeit der Beratungen von Behörden, sofern eine derartige Vertraulichkeit nach innerstaatlichem Recht vorgesehen ist;
b) internationale Beziehungen, die Landesverteidigung oder die öffentliche Sicherheit;
c) laufende Gerichtsverfahren, die Möglichkeit einer Person, ein faires Verfahren zu erhalten, oder die Möglichkeit einer Behörde, Untersuchungen strafrechtlicher oder disziplinarischer Art durchzuführen;
d) Geschäfts- und Betriebsgeheimnisse, sofern diese rechtlich geschützt sind, um berechtigte wirtschaftliche Interessen zu schützen. In diesem Rahmen sind Informationen über Emissionen, die für den Schutz der Umwelt von Bedeutung sind, bekanntzugeben;
e) Rechte auf geistiges Eigentum;
f) die Vertraulichkeit personenbezogener Daten und/oder Akten in Bezug auf eine natürliche Person, sofern diese der Bekanntgabe dieser Informationen an die Öffentlichkeit nicht zugestimmt hat und sofern eine derartige Vertraulichkeit nach innerstaatlichem Recht vorgesehen ist;
g) die Interessen eines Dritten, der die beantragten Informationen zur Verfügung gestellt hat, ohne hierzu rechtlich verpflichtet zu sein oder ver-

pflichtet werden zu können, sofern dieser Dritte der Veröffentlichung des Materials nicht zustimmt, oder

h) die Umwelt, auf die sich diese Informationen beziehen, wie zum Beispiel die Brutstätten seltener Tierarten.

Die genannten Ablehnungsgründe sind eng auszulegen, wobei das öffentliche Interesse an der Bekanntgabe sowie ein etwaiger Bezug der beantragten Informationen zu Emissionen in die Umwelt zu berücksichtigen sind.

(5) Verfügt eine Behörde nicht über die beantragten Informationen über die Umwelt, so informiert sie den Antragsteller so bald wie möglich darüber, bei welcher Behörde er ihres Erachtens die gewünschten Informationen beantragen kann, oder sie leitet den Antrag an diese Behörde weiter und informiert den Antragsteller hierüber.

(6) Jede Vertragspartei stellt sicher, dass für den Fall, dass Informationen, die aufgrund des Absatzes 3 Buchstabe c und des Absatzes 4 von der Bekanntgabe ausgenommen sind, ohne Beeinträchtigung der Vertraulichkeit der dieser Ausnahme unterliegenden Informationen ausgesondert werden können, die Behörden den jeweils nicht von dieser Ausnahme betroffenen Teil der beantragten Informationen über die Umwelt zur Verfügung stellen.

(7) Die Ablehnung eines Antrags bedarf der Schriftform, wenn der Antrag selbst schriftlich gestellt wurde oder wenn der Antragsteller darum ersucht hat. In der Ablehnung werden die Gründe für die Ablehnung des Antrags genannt sowie Informationen über den Zugang zu dem nach Artikel 9 vorgesehenen Überprüfungsverfahren gegeben. Die Ablehnung erfolgt so bald wie möglich, spätestens nach einem Monat, es sei denn, die Komplexität der Informationen rechtfertigt eine Fristverlängerung auf bis zu zwei Monate nach Antragstellung. Der Antragsteller wird über jede Verlängerung sowie über die Gründe hierfür informiert.

(8) Jede Vertragspartei kann ihren Behörden gestatten, für die Bereitstellung von Informationen eine Gebühr zu erheben, die jedoch eine angemessene Höhe nicht übersteigen darf. Behörden, die beabsichtigen, eine derartige Gebühr für die Bereitstellung von Informationen zu erheben, stellen den Antragstellern eine Übersicht über die Gebühren, die erhoben werden können, zur Verfügung, aus der hervorgeht, unter welchen Umständen sie erhoben oder erlassen werden können und wann die Bereitstellung von Informationen von einer Vorauszahlung dieser Gebühr abhängig ist.

Artikel 5 Erhebung und Verbreitung von Informationen über die Umwelt

(1) Jede Vertragspartei stellt sicher, dass

a) Behörden über Informationen über die Umwelt verfügen, die für ihre Aufgaben relevant sind, und dass sie diese Informationen aktualisieren;

b) verbindliche Systeme geschaffen werden, damit Behörden in angemessenem Umfang Informationen über geplante und laufende Tätigkeiten, die sich erheblich auf die Umwelt auswirken können, erhalten;

c) im Fall einer unmittelbar bevorstehenden, durch menschliche Tätigkeiten oder natürliche Ursachen hervorgerufenen Gefahr für die menschliche Gesundheit oder die Umwelt den möglicherweise betroffenen Mitgliedern der Öffentlichkeit unverzüglich und ohne Aufschub alle einer Behörde vorliegenden Informationen übermittelt werden, welche die Öffentlichkeit in die Lage versetzen könnten, Maßnahmen zur Vermeidung oder Begrenzung des durch die Gefahr verursachten Schadens zu ergreifen.

(2) Jede Vertragspartei stellt sicher, dass die Behörden im Rahmen der innerstaatlichen Rechtsvorschriften der Öffentlichkeit Informationen über die Umwelt auf transparente Art und Weise zur Verfügung stellen und dass ein effektiver Zugang zu Informationen über die Umwelt besteht; dazu gehört unter anderem, dass

a) sie die Öffentlichkeit ausreichend über Art und Umfang der den zuständigen Behörden vorliegenden Informationen über die Umwelt, über die grundlegenden Bedingungen, unter denen diese zur Verfügung gestellt und zugänglich gemacht werden, und über das für deren Erlangung maßgebliche Verfahren informiert;
b) sie praktische Vorkehrungen trifft und beibehält wie zum Beispiel
   i) das Führen öffentlich zugänglicher Listen, Register oder Datensammlungen;
   ii) die Verpflichtung öffentlich Bediensteter, die Öffentlichkeit in dem Bemühen um Zugang zu Informationen aufgrund dieses Übereinkommens zu unterstützen, sowie
   iii) die Benennung von Kontaktstellen und
c) sie gebührenfreien Zugang zu den Informationen über die Umwelt gewährt, die in den unter Buchstabe b Ziffer i genannten Listen, Registern oder Datensammlungen enthalten sind.

(3) Jede Vertragspartei stellt sicher, dass Informationen über die Umwelt zunehmend in elektronischen Datenbanken, die der Öffentlichkeit über die öffentlichen Telekommunikationsnetze leicht zugänglich sind, zur Verfügung stehen. Zu den in dieser Form zugänglichen Informationen sollte folgendes gehören:

a) die in Absatz 4 genannten Berichte über den Zustand der Umwelt;
b) Texte von Umweltgesetzen oder von Gesetzen mit Umweltbezug;
c) soweit angemessen Politiken, Pläne und Programme über die Umwelt oder mit Umweltbezug sowie Umweltvereinbarungen und
d) sonstige Informationen in dem Umfang, in dem die Verfügbarkeit dieser Informationen in dieser Form die Anwendung innerstaatlichen Rechts, das dieses Übereinkommen umsetzt, erleichtern würde, sofern diese Informationen bereits in elektronischer Form zur Verfügung stehen.

(4) Jede Vertragspartei veröffentlicht und verbreitet in regelmäßigen Abständen von nicht mehr als drei oder vier Jahren einen nationalen Bericht über den Zustand der Umwelt, der Angaben über die Qualität der Umwelt und über Umweltbelastungen enthält.

(5) Jede Vertragspartei ergreift im Rahmen ihrer Rechtsvorschriften Maßnahmen, um unter anderem folgendes zu verbreiten:

a) Gesetze und politische Dokumente, wie zum Beispiel Dokumente über Strategien, Politiken, Programme und Aktionspläne mit Umweltbezug, sowie auf verschiedenen Ebenen der öffentlichen Verwaltung erstellte Berichte über Fortschritte bei ihrer Umsetzung;

b) völkerrechtliche Verträge, Übereinkünfte und Vereinbarungen zu Umweltfragen und

c) soweit angemessen sonstige wichtige internationale Dokumente zu Umweltfragen.

(6) Jede Vertragspartei ermutigt die Betreiber, deren Tätigkeiten erhebliche Auswirkungen auf die Umwelt haben, die Öffentlichkeit regelmäßig über die Umweltauswirkungen ihrer Tätigkeiten und Produkte zu informieren, soweit angemessen im Rahmen freiwilliger Systeme wie des Umweltzeichens, des Öko-Audits oder sonstiger Maßnahmen.

(7) Jede Vertragspartei

a) veröffentlicht die Tatsachen und Tatsachenanalysen, die ihres Erachtens bei der Ausarbeitung wichtiger umweltpolitischer Vorschläge relevant und wesentlich sind;

b) veröffentlicht verfügbares erläuterndes Material über ihren Umgang mit der Öffentlichkeit in Angelegenheiten, die unter dieses Übereinkommen fallen, oder macht dieses Material auf andere Art und Weise zugänglich und

c) stellt in geeigneter Form Informationen über die Wahrnehmung öffentlicher Aufgaben oder die Erbringung öffentlicher Dienstleistungen im Zusammenhang mit der Umwelt durch alle Ebenen der öffentlichen Verwaltung zur Verfügung.

(8) Jede Vertragspartei entwickelt Strukturen, um sicherzustellen, dass der Öffentlichkeit ausreichende Produktinformationen zur Verfügung gestellt werden, welche die Verbraucher in die Lage versetzen, eine sachkundige, am Umweltschutz orientierte Auswahl zu treffen.

(9) Jede Vertragspartei ergreift Maßnahmen, um schrittweise und gegebenenfalls unter Berücksichtigung internationaler Entwicklungen ein zusammenhängendes, landesweites System von Verzeichnissen oder Registern zur Erfassung der Umweltverschmutzung in Form einer strukturierten, computergestützten und öffentlich zugänglichen Datenbank aufzubauen; diese Datenbank wird anhand von standardisierten Berichten erstellt. Ein derartiges System kann Einträge, Freisetzungen und Übertragungen bestimmter Stoff- und Produktgruppen, einschließlich Wasser, Energie und Ressourcenverbrauch, aus bestimmten Tätigkeitsbereichen in Umweltmedien sowie in Behandlungs- und Entsorgungsstätten am Standort und außerhalb des Standorts umfassen.

(10) Dieser Artikel lässt das Recht der Vertragsparteien unberührt, die Bekanntgabe bestimmter Informationen über die Umwelt nach Artikel 4 Absätze 3 und 4 abzulehnen.

Artikel 6 Öffentlichkeitsbeteiligung an Entscheidungen über bestimmte Tätigkeiten

(1) Jede Vertragspartei

a) wendet diesen Artikel bei Entscheidungen darüber an, ob die in Anhang I aufgeführten geplanten Tätigkeiten zugelassen werden;
b) wendet diesen Artikel in Übereinstimmung mit ihrem innerstaatlichen Recht auch bei Entscheidungen über nicht in Anhang I aufgeführte geplante Tätigkeiten an, die eine erhebliche Auswirkung auf die Umwelt haben können. Zu diesem Zweck bestimmen die Vertragsparteien, ob dieser Artikel Anwendung auf eine derartige geplante Tätigkeit findet;
c) kann – auf der Grundlage einer Einzelfallbetrachtung, sofern eine solche nach innerstaatlichem Recht vorgesehen ist – entscheiden, diesen Artikel nicht auf geplante Tätigkeiten anzuwenden, die Zwecken der Landesverteidigung dienen, wenn diese Vertragspartei der Auffassung ist, dass sich eine derartige Anwendung negativ auf diese Zwecke auswirken würde.

(2) Die betroffene Öffentlichkeit wird im Rahmen umweltbezogener Entscheidungsverfahren je nach Zweckmäßigkeit durch öffentliche Bekanntmachung oder Einzelnen gegenüber in sachgerechter, rechtzeitiger und effektiver Weise frühzeitig unter anderem über folgendes informiert:

a) die geplante Tätigkeit und den Antrag, über den eine Entscheidung gefällt wird;
b) die Art möglicher Entscheidungen oder den Entscheidungsentwurf;
c) die für die Entscheidung zuständige Behörde;
d) das vorgesehene Verfahren, einschließlich der folgenden Informationen, falls und sobald diese zur Verfügung gestellt werden können:
   i) Beginn des Verfahrens;
   ii) Möglichkeiten der Öffentlichkeit, sich zu beteiligen;
   iii) Zeit und Ort vorgesehener öffentlicher Anhörungen;
   iv) Angabe der Behörde, von der relevante Informationen zu erhalten sind, und des Ortes, an dem die Öffentlichkeit Einsicht in die relevanten Informationen nehmen kann;
   v) Angabe der zuständigen Behörde oder der sonstigen amtlichen Stelle, bei der Stellungnahmen oder Fragen eingereicht werden können, sowie der dafür vorgesehenen Fristen und
   vi) Angaben darüber, welche für die geplante Tätigkeit relevanten Informationen über die Umwelt verfügbar sind;
e) die Tatsache, dass die Tätigkeit einem nationalen oder grenzüberschreitenden Verfahren zur Umweltverträglichkeitsprüfung unterliegt.

(3) Die Verfahren zur Öffentlichkeitsbeteiligung sehen jeweils einen angemessenen zeitlichen Rahmen für die verschiedenen Phasen vor, damit ausreichend Zeit zur Verfügung steht, um die Öffentlichkeit nach Absatz 2 zu informieren, und damit der Öffentlichkeit ausreichend Zeit zur effektiven Vorbereitung und Beteiligung während des umweltbezogenen Entscheidungsverfahrens gegeben wird.

(4) Jede Vertragspartei sorgt für eine frühzeitige Öffentlichkeitsbeteiligung zu einem Zeitpunkt, zu dem alle Optionen noch offen sind und eine effektive Öffentlichkeitsbeteiligung stattfinden kann.

(5) Jede Vertragspartei sollte, soweit angemessen, künftige Antragsteller dazu ermutigen, die betroffene Öffentlichkeit zu ermitteln, Gespräche aufzunehmen und über den Zweck ihres Antrags zu informieren, bevor der Antrag auf Genehmigung gestellt wird.

(6) Jede Vertragspartei verpflichtet die zuständigen Behörden, der betroffenen Öffentlichkeit – auf Antrag, sofern innerstaatliches Recht dies vorschreibt – gebührenfrei und sobald verfügbar Zugang zu allen Informationen zu deren Einsichtnahme zu gewähren, die für die in diesem Artikel genannten Entscheidungsverfahren relevant sind und zum Zeitpunkt des Verfahrens zur Öffentlichkeitsbeteiligung zur Verfügung stehen; das Recht der Vertragsparteien, die Bekanntgabe bestimmter Informationen nach Artikel 4 Absätze 3 und 4 abzulehnen, bleibt hiervon unberührt. Zu den relevanten Informationen gehören zumindest und unbeschadet des Artikels 4

a) eine Beschreibung des Standorts sowie der physikalischen und technischen Merkmale der geplanten Tätigkeit, einschließlich einer Schätzung der erwarteten Rückstände und Emissionen;
b) eine Beschreibung der erheblichen Auswirkungen der geplanten Tätigkeit auf die Umwelt;
c) eine Beschreibung der zur Vermeidung und/oder Verringerung der Auswirkungen, einschließlich der Emissionen, vorgesehenen Maßnahmen;
d) eine nichttechnische Zusammenfassung der genannten Informationen;
e) ein Überblick über die wichtigsten vom Antragsteller geprüften Alternativen und
f) in Übereinstimmung mit den innerstaatlichen Rechtsvorschriften die wichtigsten Berichte und Empfehlungen, die an die Behörde zu dem Zeitpunkt gerichtet wurden, zu dem die betroffene Öffentlichkeit nach Absatz 2 informiert wird.

(7) In Verfahren zur Öffentlichkeitsbeteiligung hat die Öffentlichkeit die Möglichkeit, alle von ihr für die geplante Tätigkeit als relevant erachteten Stellungnahmen, Informationen, Analysen oder Meinungen in Schriftform vorzulegen oder gegebenenfalls während einer öffentlichen Anhörung oder Untersuchung mit dem Antragsteller vorzutragen.

(8) Jede Vertragspartei stellt sicher, dass das Ergebnis der Öffentlichkeitsbeteiligung bei der Entscheidung angemessen berücksichtigt wird.

(9) Jede Vertragspartei stellt sicher, dass die Öffentlichkeit, sobald die Behörde die Entscheidung gefällt hat, unverzüglich und im Einklang mit den hierfür passenden Verfahren über die Entscheidung informiert wird. Jede Vertragspartei macht der Öffentlichkeit den Wortlaut der Entscheidung sowie die Gründe und Erwägungen zugänglich, auf die sich diese Entscheidung stützt.

(10) Jede Vertragspartei stellt sicher, dass bei einer durch eine Behörde vorgenommenen Überprüfung oder Aktualisierung der Betriebsbedingungen für eine in Absatz 1 genannte Tätigkeit die Absätze 2 bis 9 sinngemäß und soweit dies angemessen ist Anwendung finden.

(11) Unbeschadet des Artikels 3 Absatz 5 werden die Bestimmungen dieses Artikels nicht bei Entscheidungen darüber angewandt, ob eine absichtliche Freisetzung gentechnisch veränderter Organismen in die Umwelt und ein Inverkehrbringen solcher Organismen genehmigt werden.

Artikel 6bis Öffentlichkeitsbeteiligung an Entscheidungen über eine absichtliche Freisetzung gentechnisch veränderter Organismen in die Umwelt und ein Inverkehrbringen solcher Organismen

(1) Jede Vertragspartei sorgt nach den in Anhang I^{bis} festgelegten Modalitäten für eine frühzeitige und effektive Information und Öffentlichkeitsbeteiligung, bevor sie eine Entscheidung darüber trifft, ob eine absichtliche Freisetzung gentechnisch veränderter Organismen in die Umwelt und ein Inverkehrbringen solcher Organismen genehmigt werden.

(2) Die von den Vertragsparteien nach Absatz 1 festgelegten Vorschriften sollen im Einklang mit den Zielen des Protokolls von Cartagena über die biologische Sicherheit die Bestimmungen ihres innerstaatlichen Rechts auf dem Gebiet der biologischen Sicherheit ergänzen und sich wechselseitig stützen.

Artikel 7 Öffentlichkeitsbeteiligung bei umweltbezogenen Plänen, Programmen und Politiken

Jede Vertragspartei trifft angemessene praktische und/oder sonstige Vorkehrungen dafür, dass die Öffentlichkeit, nachdem ihr zuvor die erforderlichen Informationen zur Verfügung gestellt worden sind, in einem transparenten und fairen Rahmen während der Vorbereitung umweltbezogener Pläne und Programme beteiligt wird. In diesem Rahmen findet Artikel 6 Absätze 3, 4 und 8 Anwendung. Die zuständige Behörde ermittelt die Öffentlichkeit, die sich beteiligen kann, wobei die Ziele dieses Übereinkommens zu berücksichtigen sind. Jede Vertragspartei bemüht sich im angemessenen Umfang darum, Möglichkeiten für eine Beteiligung der Öffentlichkeit an der Vorbereitung umweltbezogener Politiken zu schaffen.

Artikel 8 Öffentlichkeitsbeteiligung während der Vorbereitung exekutiver Vorschriften und/oder allgemein anwendbarer rechtsverbindlicher normativer Instrumente

Jede Vertragspartei bemüht sich, zu einem passenden Zeitpunkt und solange Optionen noch offen sind eine effektive Öffentlichkeitsbeteiligung während der durch Behörden erfolgenden Vorbereitung exekutiver Vorschriften und sonstiger allgemein anwendbarer rechtsverbindlicher Bestimmungen, die eine erhebliche Auswirkung auf die Umwelt haben können, zu fördern. Zu diesem Zweck sollten folgende Maßnahmen ergriffen werden:

a) Für eine effektive Beteiligung ausreichende zeitliche Rahmen sollten festgelegt werden;
b) Vorschriftenentwürfe sollten veröffentlicht oder anderweitig öffentlich zugänglich gemacht werden, und
c) die Öffentlichkeit sollte unmittelbar oder über sie vertretende und beratende Stellen die Möglichkeit zur Stellungnahme erhalten.

Das Ergebnis der Öffentlichkeitsbeteiligung wird so weit wie möglich berücksichtigt.

Artikel 9 Zugang zu Gerichten

(1) Jede Vertragspartei stellt im Rahmen ihrer innerstaatlichen Rechtsvorschriften sicher, dass jede Person, die der Ansicht ist, dass ihr nach Artikel 4 gestellter Antrag auf Informationen nicht beachtet, fälschlicherweise ganz oder teilweise abgelehnt, unzulänglich beantwortet oder auf andere Weise nicht in Übereinstimmung mit dem genannten Artikel bearbeitet worden ist, Zugang zu einem Überprüfungsverfahren vor einem Gericht oder einer anderen auf gesetzlicher Grundlage geschaffenen unabhängigen und unparteiischen Stelle hat.

Für den Fall, dass eine Vertragspartei eine derartige Überprüfung durch ein Gericht vorsieht, stellt sie sicher, dass die betreffende Person auch Zugang zu einem schnellen, gesetzlich festgelegten sowie gebührenfreien oder nicht kostenaufwendigen Überprüfungsverfahren durch eine Behörde oder Zugang zu einer Überprüfung durch eine unabhängige und unparteiische Stelle, die kein Gericht ist, hat.

Nach Absatz 1 getroffene endgültige Entscheidungen sind für die Behörde, die über die Informationen verfügt, verbindlich. Gründe werden in Schriftform dargelegt, zumindest dann, wenn der Zugang zu Informationen nach diesem Absatz abgelehnt wird.

(2) Jede Vertragspartei stellt im Rahmen ihrer innerstaatlichen Rechtsvorschriften sicher, dass Mitglieder der betroffenen Öffentlichkeit,
(a) die ein ausreichendes Interesse haben oder alternativ
(b) eine Rechtsverletzung geltend machen, sofern das Verwaltungsprozessrecht[1] einer Vertragspartei dies als Voraussetzung erfordert,

Zugang zu einem Überprüfungsverfahren vor einem Gericht und/oder einer anderen auf gesetzlicher Grundlage geschaffenen unabhängigen und unparteiischen Stelle haben, um die materiellrechtliche und verfahrensrechtliche Rechtmäßigkeit von Entscheidungen, Handlungen oder Unterlassungen anzufechten, für die Artikel 6 und – sofern dies nach dem jeweiligen innerstaatlichen Recht vorgesehen ist und unbeschadet des Absatzes 3 – sonstige einschlägige Bestimmungen dieses Übereinkommens gelten.

Was als ausreichendes Interesse und als Rechtsverletzung gilt, bestimmt sich nach den Erfordernissen innerstaatlichen Rechts und im Einklang mit dem Ziel, der betroffenen Öffentlichkeit im Rahmen dieses Übereinkommens einen weiten Zugang zu Gerichten zu gewähren. Zu diesem Zweck

1 A: Verwaltungsverfahrensrecht.

gilt das Interesse jeder nichtstaatlichen Organisation[2], welche die in Artikel 2 Nummer 5 genannten Voraussetzungen erfüllt, als ausreichend im Sinne des Buchstaben a. Derartige Organisationen gelten auch als Träger von Rechten, die im Sinne des Buchstaben b verletzt werden können.

Absatz 2 schließt die Möglichkeit eines vorangehenden Überprüfungsverfahrens vor einer Verwaltungsbehörde nicht aus und lässt das Erfordernis der Ausschöpfung verwaltungsbehördlicher Überprüfungsverfahren vor der Einleitung gerichtlicher Überprüfungsverfahren unberührt, sofern ein derartiges Erfordernis nach innerstaatlichem Recht besteht.

(3) Zusätzlich und unbeschadet der in den Absätzen 1 und 2 genannten Überprüfungsverfahren stellt jede Vertragspartei sicher, dass Mitglieder der Öffentlichkeit, sofern sie etwaige in ihrem innerstaatlichen Recht festgelegte Kriterien erfüllen, Zugang zu verwaltungsbehördlichen oder gerichtlichen Verfahren haben, um die von Privatpersonen und Behörden vorgenommenen Handlungen und begangenen Unterlassungen anzufechten, die gegen umweltbezogene Bestimmungen ihres innerstaatlichen Rechts verstoßen.

(4) Zusätzlich und unbeschadet des Absatzes 1 stellen die in den Absätzen 1, 2 und 3 genannten Verfahren angemessenen und effektiven Rechtsschutz und, soweit angemessen, auch vorläufigen Rechtsschutz sicher; diese Verfahren sind fair, gerecht, zügig und nicht übermäßig teuer. Entscheidungen nach diesem Artikel werden in Schriftform getroffen oder festgehalten. Gerichtsentscheidungen und möglichst auch Entscheidungen anderer Stellen sind öffentlich zugänglich.

(5) Um die Effektivität dieses Artikels zu fördern, stellt jede Vertragspartei sicher, dass der Öffentlichkeit Informationen über den Zugang zu verwaltungsbehördlichen und gerichtlichen Überprüfungsverfahren zur Verfügung gestellt werden; ferner prüft jede Vertragspartei die Schaffung angemessener Unterstützungsmechanismen, um Hindernisse finanzieller und anderer Art für den Zugang zu Gerichten zu beseitigen oder zu verringern.

Artikel 10 Tagung der Vertragsparteien

(1) Die erste Tagung der Vertragsparteien wird spätestens ein Jahr nach Inkrafttreten dieses Übereinkommens einberufen. Danach finden ordentliche Tagungen der Vertragsparteien mindestens alle zwei Jahre statt, es sei denn, die Vertragsparteien haben etwas anderes beschlossen oder eine Vertragspartei ersucht schriftlich um einen früheren Termin; allerdings muss dieses Ersuchen innerhalb von sechs Monaten, nachdem es vom Exekutivsekretär der Wirtschaftskommission der Vereinten Nationen für Europa allen Vertragsparteien mitgeteilt wurde, von mindestens einem Drittel der Vertragsparteien unterstützt werden.

(2) Auf ihren Tagungen überprüfen die Vertragsparteien auf der Grundlage regelmäßiger Berichterstattung durch die Vertragsparteien ständig die Durchführung dieses Übereinkommens; vor diesem Hintergrund

2 A: Nichtregierungsorganisation.

a) überprüfen sie die Politiken sowie rechtliche und methodische Konzepte für den Zugang zu Informationen, für die Öffentlichkeitsbeteiligung an Entscheidungsverfahren und für den Zugang zu Gerichten in Umweltangelegenheiten im Hinblick auf ihre weitere Verbesserung;
b) tauschen sie Informationen über ihre Erfahrungen aus dem Abschluss und der Durchführung zweiseitiger und mehrseitiger Übereinkünfte oder sonstiger Vereinbarungen aus, die für die Zwecke dieses Übereinkommens von Belang sind und deren Vertragsparteien eine oder mehrere von ihnen sind;
c) erbitten sie gegebenenfalls die Dienste der zuständigen ECE-Gremien sowie sonstiger zuständiger internationaler Gremien und Fachausschüsse für alle Fragen im Zusammenhang mit der Erfüllung der Zwecke dieses Übereinkommens;
d) setzen sie, wenn sie dies für notwendig erachten, Nebengremien ein;
e) erarbeiten sie gegebenenfalls Protokolle zu diesem Übereinkommen;
f) prüfen sie nach Artikel 14 Vorschläge zur Änderung dieses Übereinkommens und nehmen sie an;
g) prüfen und treffen sie zusätzliche Maßnahmen, die sich zur Erfüllung des Zwecks dieses Übereinkommens als notwendig erweisen könnten;
h) beraten sie auf ihrer ersten Tagung eine Geschäftsordnung für ihre Tagungen und für die Tagungen von Nebengremien und beschließen sie durch Konsens;
i) überprüfen sie auf ihrer ersten Tagung ihre Erfahrungen bei der Durchführung des Artikels 5 Absatz 9 und prüfen, welche Maßnahmen notwendig sind, um das in dem genannten Absatz erwähnte System unter Berücksichtigung internationaler Vorgänge und Entwicklungen weiterzuentwickeln; dazu gehört die Ausarbeitung eines angemessenen Instruments betreffend Register oder Verzeichnisse zur Erfassung der Umweltverschmutzung, das diesem Übereinkommen als Anhang beigefügt werden könnte.

(3) Die Tagung der Vertragsparteien kann, soweit notwendig, die Schaffung finanzieller Regelungen auf der Grundlage einer Konsensentscheidung prüfen.

(4) Die Vereinten Nationen, deren Sonderorganisationen, die Internationale Atomenergie- Organisation und alle nach Artikel 17 zur Unterzeichnung dieses Übereinkommens berechtigten Staaten oder Organisationen der regionalen Wirtschaftsintegration, die nicht Vertragsparteien dieses Übereinkommens sind, sowie alle zwischenstaatlichen Organisationen, die in den Bereichen, auf die sich dieses Übereinkommen bezieht, qualifiziert sind, haben die Berechtigung, als Beobachter an den Tagungen der Vertragsparteien teilzunehmen.

(5) Jede nichtstaatliche Organisation[1], die in den Bereichen, auf die sich dieses Übereinkommen bezieht, qualifiziert ist und die den Exekutivsekretär der Wirtschaftskommission der Vereinten Nationen für Europa über ihren Wunsch informiert hat, bei einer Tagung der Vertragsparteien vertreten zu sein, hat die Berechtigung, als Beobachter teilzunehmen, wenn nicht

1 A: Nichtregierungsorganisation.

mindestens ein Drittel der auf der Tagung anwesenden Vertragsparteien dagegen Einwände erhebt.

(6) Für die Zwecke der Absätze 4 und 5 sieht die in Absatz 2 Buchstabe h genannte Geschäftsordnung praktische Vorkehrungen für das Zulassungsverfahren sowie andere einschlägige Bestimmungen vor.

Artikel 11 Stimmrecht

(1) Jede Vertragspartei dieses Übereinkommens hat eine Stimme, sofern nicht in Absatz 2 etwas anderes bestimmt ist.

(2) Organisationen der regionalen Wirtschaftsintegration üben in Angelegenheiten ihrer Zuständigkeit ihr Stimmrecht mit der Anzahl von Stimmen aus, die der Anzahl ihrer Mitgliedstaaten entspricht, welche Vertragsparteien dieses Übereinkommens sind. Diese Organisationen üben ihr Stimmrecht nicht aus, wenn ihre Mitgliedstaaten ihr Stimmrecht ausüben, und umgekehrt.

Artikel 12 Sekretariat

Der Exekutivsekretär der Wirtschaftskommission für Europa erfüllt folgende Sekretariatsaufgaben:

a) Er beruft die Tagungen der Vertragsparteien ein und bereitet sie vor;
b) er übermittelt den Vertragsparteien Berichte und sonstige Informationen, die er aufgrund dieses Übereinkommens erhalten hat und
c) er nimmt sonstige ihm von den Vertragsparteien zugewiesene Aufgaben wahr.

Artikel 13 Anhänge

Die Anhänge dieses Übereinkommens sind Bestandteil des Übereinkommens.

Art. 14 Änderungen des Übereinkommens

(1) Jede Vertragspartei kann Änderungen dieses Übereinkommens vorschlagen.

(2) Der Wortlaut einer vorgeschlagenen Änderung dieses Übereinkommens wird dem Exekutivsekretär der Wirtschaftskommission für Europa schriftlich vorgelegt; dieser übermittelt ihn allen Vertragsparteien spätestens neunzig Tage vor der Tagung der Vertragsparteien, auf der er zur Beschlussfassung vorgeschlagen wird.

(3) Die Vertragsparteien unternehmen alle Bemühungen, um über alle vorgeschlagenen Änderungen dieses Übereinkommens eine Einigung durch Konsens zu erzielen. Sind alle Bemühungen, einen Konsens zu erreichen, ausgeschöpft und wurde hierbei keine Einigung erzielt, so wird die Änderung notfalls mit Dreiviertelmehrheit der auf der Tagung anwesenden und abstimmenden Vertragsparteien beschlossen.

(4) Nach Absatz 3 beschlossene Änderungen dieses Übereinkommens übermittelt der Verwahrer allen Vertragsparteien zur Ratifikation, Genehmigung oder Annahme. Änderungen dieses Übereinkommens, bei denen es sich nicht um Änderungen eines Anhangs handelt, treten für die Vertragsparteien, die sie ratifiziert, genehmigt oder angenommen haben, am neunzigsten Tag nach dem Eingang der Notifikation ihrer Ratifikation, Genehmigung oder Annahme durch mindestens drei Viertel dieser Vertragsparteien beim Verwahrer in Kraft. Danach treten sie für jede andere Vertragspartei am neunzigsten Tag nach dem Zeitpunkt in Kraft, zu dem diese Vertragspartei ihre Urkunde über die Ratifikation, Genehmigung oder Annahme der Änderungen hinterlegt hat.

(5) Jede Vertragspartei, die eine Änderung eines Anhangs zu diesem Übereinkommen nicht genehmigen kann, notifiziert dies dem Verwahrer schriftlich innerhalb von zwölf Monaten nach dem Tag der Übermittlung des Änderungsbeschlusses. Der Verwahrer notifiziert allen Vertragsparteien unverzüglich den Eingang jeder derartigen Notifikation. Eine Vertragspartei kann jederzeit ihre frühere Notifikation durch eine Annahme ersetzen; für diese Vertragspartei treten die Änderungen dieses Anhangs mit Hinterlegung einer Annahmeurkunde beim Verwahrer in Kraft.

(6) Eine Änderung eines Anhangs tritt zwölf Monate nach ihrer in Absatz 4 vorgesehenen Übermittlung durch den Verwahrer für die Vertragsparteien in Kraft, die dem Verwahrer keine Notifikation nach Absatz 5 vorgelegt haben, sofern nicht mehr als ein Drittel der Vertragsparteien eine derartige Notifikation vorgelegt hat.

(7) Im Sinne dieses Artikels bedeutet "anwesende und abstimmende Vertragsparteien" die Vertragsparteien, die anwesend sind und eine Ja- oder Neinstimme abgeben.

Artikel 15 Überprüfung der Einhaltung der Bestimmungen des Übereinkommens

Die Tagung der Vertragsparteien trifft durch Konsensentscheidung Regelungen über eine freiwillige, nichtstreitig angelegte, außergerichtliche und auf Konsultationen beruhende Überprüfung der Einhaltung der Bestimmungen dieses Übereinkommens. Diese Regelungen lassen eine angemessene Einbeziehung der Öffentlichkeit zu und können die Möglichkeit beinhalten, Stellungnahmen von Mitgliedern der Öffentlichkeit zu Angelegenheiten im Zusammenhang mit diesem Übereinkommen zu prüfen.

Artikel 16 Beilegung von Streitigkeiten

(1) Entsteht eine Streitigkeit zwischen zwei oder mehreren Vertragsparteien über die Auslegung oder Anwendung dieses Übereinkommens, so bemühen sich diese, durch Verhandlung oder andere für die Streitparteien annehmbare Mittel der Streitbeilegung eine Lösung herbeizuführen.

(2) Bei der Unterzeichnung, der Ratifikation, der Annahme oder der Genehmigung dieses Übereinkommens oder beim Beitritt zu ihm oder jederzeit danach kann eine Vertragspartei dem Verwahrer schriftlich erklären,

dass sie für eine nicht nach Absatz 1 beigelegte Streitigkeit eines der folgenden Mittel der Streitbeilegung oder beide gegenüber jeder anderen Vertragspartei, welche dieselbe Verpflichtung übernimmt, als obligatorisch anerkennt:

a) die Vorlage der Streitigkeit beim Internationalen Gerichtshof;
b) ein Schiedsverfahren nach dem in Anhang II festgelegten Verfahren.

(3) Haben die Streitparteien beide in Absatz 2 genannten Mittel der Streitbeilegung anerkannt, so darf die Streitigkeit nur dem Internationalen Gerichtshof vorgelegt werden, sofern die Parteien nichts anderes vereinbaren.

Artikel 17 Unterzeichnung

Dieses Übereinkommen liegt am 25. Juni 1998 in Aarhus (Dänemark) und danach bis zum 21. Dezember 1998 am Sitz der Vereinten Nationen in New York für die Mitgliedstaaten der Wirtschaftskommission für Europa, für Staaten, die nach den Nummern 8 und 11 der Entschließung 36 (IV) des Wirtschafts- und Sozialrats vom 28. März 1947 bei der Wirtschaftskommission für Europa beratenden Status haben, und für Organisationen der regionalen Wirtschaftsintegration, die aus souveränen Staaten, welche Mitglieder der Wirtschaftskommission für Europa sind, gebildet werden und denen ihre Mitgliedstaaten die Zuständigkeit für die von dem Übereinkommen erfassten Angelegenheiten, einschließlich der Zuständigkeit, über diese Angelegenheiten Verträge zu schließen, übertragen haben, zur Unterzeichnung auf.

Artikel 18 Verwahrer[1]

Der Generalsekretär der Vereinten Nationen nimmt die Aufgaben des Verwahrers[2] dieses Übereinkommens wahr.

Artikel 19 Ratifikation, Annahme, Genehmigung und Beitritt

(1) Dieses Übereinkommen bedarf der Ratifikation, Annahme oder Genehmigung durch die Unterzeichnerstaaten und die Organisationen der regionalen Wirtschaftsintegration.

(2) Dieses Übereinkommen steht vom 22. Dezember 1998 an für die in Artikel 17 genannten Staaten und Organisationen der regionalen Wirtschaftsintegration zum Beitritt offen.

(3) Jeder nicht in Absatz 2 genannte Staat, der Mitglied der Vereinten Nationen ist, kann dem Übereinkommen mit Genehmigung der Tagung der Vertragsparteien beitreten.

(4) Jede in Artikel 17 genannte Organisation, die Vertragspartei dieses Übereinkommens wird, ohne dass einer ihrer Mitgliedstaaten Vertragspartei ist, ist durch alle Verpflichtungen aus dem Übereinkommen gebunden. Ist ein Mitgliedstaat oder sind mehrere Mitgliedstaaten einer solchen Orga-

1 CH: Depositar.
2 CH: Depositars.

nisation Vertragspartei des Übereinkommens, so entscheiden die Organisation und ihre Mitgliedstaaten über ihre jeweiligen Verantwortlichkeiten hinsichtlich der Erfüllung ihrer Verpflichtungen aus dem Übereinkommen. In diesen Fällen sind die Organisation und die Mitgliedstaaten nicht berechtigt, die Rechte aus dem Übereinkommen gleichzeitig auszuüben.

(5) In ihren Ratifikations-, Annahme-, Genehmigungs- oder Beitrittsurkunden erklären die in Artikel 17 genannten Organisationen der regionalen Wirtschaftsintegration den Umfang ihrer Zuständigkeiten in Bezug auf die durch dieses Übereinkommen erfassten Angelegenheiten. Diese Organisationen teilen dem Verwahrer[1] auch jede wesentliche Änderung des Umfangs ihrer Zuständigkeiten mit.

Artikel 20 Inkrafttreten

(1) Dieses Übereinkommen tritt am neunzigsten Tag nach dem Tag der Hinterlegung der sechzehnten Ratifikations-, Annahme-, Genehmigungs- oder Beitrittsurkunde in Kraft.

(2) Für die Zwecke des Absatzes 1 zählt eine von einer Organisation der regionalen Wirtschaftsintegration hinterlegte Urkunde nicht als zusätzliche Urkunde zu den von den Mitgliedstaaten der Organisation hinterlegten Urkunden.

(3) Für alle in Artikel 17 bezeichneten Staaten oder Organisationen, die nach Hinterlegung der sechzehnten Ratifikations-, Annahme-, Genehmigungs- oder Beitrittsurkunde dieses Übereinkommen ratifizieren, annehmen oder genehmigen oder ihm beitreten, tritt das Übereinkommen am neunzigsten Tag nach dem Tag der Hinterlegung der Ratifikations-, Annahme-, Genehmigungs- oder Beitrittsurkunde durch den Staat oder die Organisation in Kraft.

Artikel 21 Rücktritt

Eine Vertragspartei kann jederzeit nach Ablauf von drei Jahren nach dem Tag, an dem dieses Übereinkommen für sie in Kraft getreten ist, durch eine an den Verwahrer[1] gerichtete schriftliche Notifikation von dem Übereinkommen zurücktreten. Der Rücktritt wird am neunzigsten Tag nach dem Tag des Eingangs der Notifikation beim Verwahrer[2] wirksam.

Artikel 22 Verbindliche Wortlaute

Die Urschrift dieses Übereinkommens, dessen englischer, französischer und russischer Wortlaut gleichermaßen verbindlich ist, wird beim Generalsekretär der Vereinten Nationen hinterlegt.

---

1 CH: Depositar.
1 CH: Depositar.
2 CH: Depositar.

Anhang I Liste der in Artikel 6 Absatz 1 Buchstabe a genannten Tätigkeiten

(1) Energiebereich

- Mineralöl- und Gasraffinerien;
- Vergasungs- und Verflüssigungsanlagen;
- Wärmekraftwerke und andere Verbrennungsanlagen mit einer Feuerungswärmeleistung von mindestens 50 Megawatt (MW);
- Kokereien;
- Kernkraftwerke und andere Kernreaktoren einschließlich der Demontage oder Stilllegung solcher Kraftwerke oder Reaktoren[1] (mit Ausnahme von Forschungseinrichtungen zur Erzeugung und Bearbeitung von spaltbaren und brutstoffhaltigen Stoffen, deren Höchstleistung 1 kW thermische Dauerleistung nicht übersteigt);
- Anlagen zur Wiederaufarbeitung bestrahlter Kernbrennstoffe;
- Anlagen
  - mit dem Zweck der Erzeugung oder Anreicherung von Kernbrennstoffen;
  - mit dem Zweck der Aufarbeitung bestrahlter Kernbrennstoffe oder hochradioaktiver Abfälle;
  - mit dem Zweck der endgültigen Beseitigung bestrahlter Kernbrennstoffe;
  - mit dem ausschließlichen Zweck der endgültigen Beseitigung radioaktiver Abfälle;
  - mit dem ausschließlichen Zweck der (für mehr als 10 Jahre geplanten) Lagerung bestrahlter Kernbrennstoffe oder radioaktiver Abfälle an einem anderen Ort als dem Produktionsort.

(2) Herstellung und Verarbeitung von Metallen

- Röst- oder Sinteranlagen für Metallerz einschließlich sulfidischer Erze;
- Anlagen für die Herstellung von Roheisen oder Stahl (Primär- oder Sekundärschmelzung) einschließlich Stranggießen mit einer Kapazität von mehr als 2,5 t pro Stunde;
- Anlagen zur Verarbeitung von Eisenmetallen durch
  i) Warmwalzen mit einer Leistung von mehr als 20 t Rohstahl pro Stunde;
  ii) Schmieden mit Hämmern, deren Schlagenergie 50 Kilojoule pro Hammer überschreitet, bei einer Wärmeleistung von über 20 MW;
  iii) Aufbringen von schmelzflüssigen metallischen Schutzschichten mit einer Verarbeitungskapazität von mehr als 2 t Rohstahl pro Stunde;
- Eisenmetallgießereien mit einer Produktionskapazität von über 20 t pro Tag;

1 Kernkraftwerke und andere Kernreaktoren gelten nicht mehr als solche, wenn der gesamte Kernbrennstoff und andere radioaktiv kontaminierte Komponenten auf Dauer vom Standort der Anlage entfernt wurden.

- Anlagen
  - i) zur Gewinnung von Nichteisenrohmetallen aus Erzen, Konzentraten oder sekundären Rohstoffen durch metallurgische, chemische oder elektrolytische Verfahren;
  - ii) zum Schmelzen, einschließlich Legieren, von Nichteisenmetallen, darunter auch Wiedergewinnungsprodukte (Raffination, Gießen usw.) mit einer Schmelzkapazität von mehr als 4 t pro Tag bei Blei und Kadmium oder 20 t pro Tag bei allen anderen Metallen;
- Anlagen zur Oberflächenbehandlung von Metallen und Kunststoffen durch ein elektrolytisches oder chemisches Verfahren, wenn das Volumen der Wirkbäder 30 m^3 übersteigt.

(3) Mineralverarbeitende Industrie

- Anlagen zur Herstellung von Zementklinkern in Drehrohröfen mit einer Produktionskapazität von über 500 t pro Tag oder von Kalk in Drehrohröfen mit einer Produktionskapazität von über 50 t pro Tag oder in anderen Öfen mit einer Produktionskapazität von über 50 t pro Tag;
- Anlagen zur Gewinnung von Asbest und zur Herstellung von Erzeugnissen aus Asbest;
- Anlagen zur Herstellung von Glas einschließlich Anlagen zur Herstellung von Glasfasern mit einer Schmelzkapazität von über 20 t pro Tag;
- Anlagen zum Schmelzen mineralischer Stoffe einschließlich Anlagen zur Herstellung von Mineralfasern mit einer Schmelzkapazität von über 20 t pro Tag;
- Anlagen zur Herstellung von keramischen Erzeugnissen durch Brennen, und zwar insbesondere von Dachziegeln, Ziegelsteinen, feuerfesten Steinen, Fliesen, Steinzeug oder Porzellan mit einer Produktionskapazität von über 75 t pro Tag und/oder einer Ofenkapazität von über 4 m3 und einer Besatzdichte pro Ofen von über 300 kg/m3.

(4) Chemische Industrie

Herstellung im Sinne der Kategorien von Tätigkeiten unter Nummer 4 bedeutet die Herstellung der unter den Buchstaben a bis g genannten Stoffe oder Stoffgruppen durch chemische Umwandlung im industriellen Umfang:

a) Chemieanlagen zur Herstellung von organischen Grundchemikalien wie
   - i) einfachen Kohlenwasserstoffen (linearen oder ringförmigen, gesättigten oder ungesättigten, aliphatischen oder aromatischen);
   - ii) sauerstoffhaltigen Kohlenwasserstoffen wie Alkoholen, Aldehyden, Ketonen, Carbonsäuren, Estern, Acetaten, Ethern, Peroxiden, Epoxiden;
   - iii) schwefelhaltigen Kohlenwasserstoffen;
   - iv) stickstoffhaltigen Kohlenwasserstoffen wie Aminen, Amiden, Nitroso-, Nitrooder Nitratverbindungen, Nitrilen, Cyanaten, Isocyanaten;
   - v) phosphorhaltigen Kohlenwasserstoffen;
   - vi) halogenhaltigen Kohlenwasserstoffen;
   - vii) metallorganischen Verbindungen;

viii) Basiskunststoffen (Polymeren, Chemiefasern, Fasern auf Zellstoffbasis);
ix) synthetischen Kautschuken;
x) Farbstoffen und Pigmenten;
xi) Tensiden;

b) Chemieanlagen zur Herstellung von anorganischen Grundchemikalien wie
   i) Gasen wie Ammoniak, Chlor oder Chlorwasserstoff, Fluor oder Fluorwasserstoff, Kohlenstoffoxiden, Schwefelverbindungen, Stickstoffoxiden, Wasserstoff, Schwefeldioxid, Phosgen;
   ii) Säuren wie Chromsäure, Flusssäure, Phosphorsäure, Salpetersäure, Salzsäure, Schwefelsäure, Oleum, schwefeligen Säuren;
   iii) Basen wie Ammoniumhydroxid, Kaliumhydroxid, Natriumhydroxid;
   iv) Salzen wie Ammoniumchlorid, Kaliumchlorat, Kaliumkarbonat, Natriumkarbonat, Perborat, Silbernitrat;
   v) Nichtmetallen, Metalloxiden oder sonstigen anorganischen Verbindungen wie Kalziumkarbid, Silicium, Siliciumkarbid;
c) Chemieanlagen zur Herstellung von phosphor-, stickstoff- oder kaliumhaltigen Düngemitteln (Einnährstoff- oder Mehrnährstoffdüngern);
d) Chemieanlagen zur Herstellung von Ausgangsstoffen für Pflanzenschutzmittel und von Bioziden;
e) Anlagen zur Herstellung von Grundarzneimitteln unter Verwendung eines chemischen oder biologischen Verfahrens;
f) Chemieanlagen zur Herstellung von Explosivstoffen;
g) Chemieanlagen, in denen chemische oder biologische Verfahren zur Herstellung von Zusatzstoffen in Eiweißfuttermitteln, Fermenten und anderen Eiweißstoffen angewandt werden.

(5) Abfallbehandlung

- Anlagen zur Verbrennung, Verwertung, chemischen Behandlung oder Deponierung gefährlicher Abfälle;
- Müllverbrennungsanlagen für Siedlungsmüll mit einer Kapazität von über 3 t pro Stunde;
- Anlagen zur Beseitigung ungefährlicher Abfälle mit einer Kapazität von über 50 t pro Tag;
- Deponien mit einer Aufnahmekapazität von über 10 t pro Tag oder einer Gesamtkapazität von über 25.000 t, mit Ausnahme der Deponien für Inertabfälle.

(6) Abwasserbehandlungsanlagen mit einer Leistung von mehr als 150.000 Einwohnerwerten.

(7) Industrieanlagen zur Herstellung von

a) Zellstoff aus Holz oder anderen Faserstoffen;
b) Papier und Pappe, deren Produktionskapazität 20 t pro Tag übersteigt.

(8)

a) Bau von Eisenbahn-Fernverkehrsstrecken und Flughäfen[2] mit einer Start- und Landebahngrundlänge von 2.100 m und mehr;
b) Bau von Autobahnen und Schnellstraßen;[3]
c) Bau von neuen vier- oder mehrspurigen Straßen oder Verlegung und/oder Ausbau von bestehenden ein- oder zweispurigen Straßen zu vier- oder mehrspurigen Straßen, wenn diese neue Straße oder dieser verlegte und/oder ausgebaute Straßenabschnitt eine durchgehende Länge von 10 km oder mehr aufweisen würde.

(9)

a) Wasserstraßen und Häfen für die Binnenschifffahrt, die für Schiffe mit mehr als 1.350 t zugänglich sind;
b) Seehandelshäfen, mit Binnen- und Außenhäfen verbundene Landungsstege (mit Ausnahme von Landungsstegen für Fährschiffe) zum Laden und Löschen, die Schiffe mit mehr als 1.350 t aufnehmen können.

(10) Grundwasserentnahme- oder künstliche Grundwasserauffüllungssysteme mit einem jährlichen Entnahme- oder Auffüllungsvolumen von mindestens 10 Mio. m3.

(11)

a) Bauvorhaben zur Umleitung von Wasserressourcen von einem Flusseinzugsgebiet in ein anderes, wenn durch die Umleitung Wassermangel verhindert werden soll und mehr als 100 Mio. m3 pro Jahr an Wasser umgeleitet werden;
b) in allen anderen Fällen Bauvorhaben zur Umleitung von Wasserressourcen von einem Flusseinzugsgebiet in ein anderes, wenn der langjährige durchschnittliche Wasserdurchfluss des Flusseinzugsgebiets, dem Wasser entnommen wird, 2.000 Mio. m3 pro Jahr übersteigt und mehr als 5 Prozent dieses Durchflusses umgeleitet werden.

In beiden Fällen wird der Transport von Trinkwasser in Rohren nicht berücksichtigt.

(12) Gewinnung von Erdöl und Erdgas zu gewerblichen Zwecken mit einem Fördervolumen von mehr als 500 t pro Tag bei Erdöl und von mehr als 500.000 m3 pro Tag bei Erdgas.

(13) Stauwerke und sonstige Anlagen zur Zurückhaltung oder dauerhaften Speicherung von Wasser, in denen über 10 Mio. m3 Wasser neu oder zusätzlich zurückgehalten oder gespeichert werden.

(14) Öl-, Gas- und Chemikalienpipelines mit einem Durchmesser von mehr als 800 mm und einer Länge von mehr als 40 km.

---

2 „Flughäfen" im Sinne dieses Übereinkommens sind Flughäfen nach der Begriffsbestimmung des Abkommens von Chicago von 1944 zur Errichtung der Internationalen Zivilluftfahrt-Organisation – Abkommen über die Internationale Zivilluftfahrt – (Anhang 14).

3 „Schnellstraßen" im Sinne dieses Übereinkommens sind Schnellstraßen nach der Begriffsbestimmung des Europäischen Übereinkommens vom 15. November 1975 über die Hauptstraßen des internationalen Verkehrs (AGR).

(15) Anlagen zur Intensivhaltung oder -aufzucht von Geflügel oder Schweinen mit mehr als

a) 40.000 Plätzen für Geflügel;
b) 2.000 Plätzen für Mastschweine (Schweine über 30 kg) oder
c) 750 Plätzen für Säue.

(16) Steinbrüche und Tagebau auf einer Abbaufläche von mehr als 25 Hektar oder Torfgewinnung auf einer Fläche von mehr als 150 Hektar.

(17) Bau von Hochspannungsfreileitungen für eine Stromstärke von 220 kV oder mehr und mit einer Länge von mehr als 15 km.

(18) Anlagen zur Lagerung von Erdöl, petrochemischen oder chemischen Erzeugnissen mit einer Kapazität von 200.000 t und mehr.

(19) Sonstige Tätigkeiten:

- Anlagen zur Vorbehandlung (zum Beispiel Waschen, Bleichen, Merzerisieren) oder zum Färben von Fasern oder Textilien, deren Verarbeitungskapazität 10 t pro Tag übersteigt;
- Anlagen zum Gerben von Häuten oder Fellen mit einer Verarbeitungskapazität von mehr als 12 t Fertigerzeugnissen pro Tag;
  a) Anlagen zum Schlachten mit einer Schlachtkapazität (Tierkörper) von mehr als 50 t pro Tag;
  b) Behandlungs- und Verarbeitungsanlagen zur Herstellung von Nahrungsmittelerzeugnissen aus
     i) tierischen Rohstoffen (mit Ausnahme von Milch) mit einer Produktionskapazität von mehr als 75 t Fertigerzeugnissen pro Tag;
     ii) pflanzlichen Rohstoffen mit einer Produktionskapazität von mehr als 300 t Fertigerzeugnissen pro Tag (Vierteljahresdurchschnittswert);
  c) Anlagen zur Behandlung und Verarbeitung von Milch, wenn die eingehende Milchmenge 200 t pro Tag übersteigt (Jahresdurchschnittswert);
- Anlagen zur Beseitigung oder Verwertung von Tierkörpern und tierischen Abfällen mit einer Verarbeitungskapazität von mehr als 10 t pro Tag;
- Anlagen zur Oberflächenbehandlung von Stoffen, Gegenständen oder Erzeugnissen unter Verwendung organischer Lösungsmittel, insbesondere zum Appretieren, Bedrucken, Beschichten, Entfetten, Imprägnieren, Kleben, Lackieren, Reinigen oder Tränken, mit einer Verbrauchskapazität von mehr als 150 kg Lösungsmitteln pro Stunde oder von mehr als 200 t pro Jahr;
- Anlagen zur Herstellung von Kohlenstoff (Hartbrandkohle) oder Elektrographit durch Brennen oder Graphitieren.

(20) Jede Tätigkeit, die nicht durch die Nummern 1 bis 19 erfasst ist, wenn für sie eine Öffentlichkeitsbeteiligung aufgrund eines Verfahrens zur Umweltverträglichkeitsprüfung nach den innerstaatlichen Rechtsvorschriften vorgesehen ist.

(21) Artikel 6 Absatz 1 Buchstabe a dieses Übereinkommens findet keine Anwendung auf die genannten Vorhaben, wenn sie ausschließlich oder

hauptsächlich zur Forschung, Entwicklung und Erprobung neuer Methoden oder Produkte über einen Zeitraum von weniger als zwei Jahren durchgeführt werden, es sei denn, sie würden wahrscheinlich erhebliche nachteilige Auswirkungen auf die Umwelt oder die Gesundheit haben.

(22) Jede Änderung oder Erweiterung von Tätigkeiten unterliegt Artikel 6 Absatz 1 Buchstabe a dieses Übereinkommens, wenn sie für sich betrachtet die Kriterien/Schwellenwerte in diesem Anhang erreicht. Jede sonstige Änderung oder Erweiterung von Tätigkeiten unterliegt Artikel 6 Absatz 1 Buchstabe b dieses Übereinkommens.

Anhang I^bis In Artikel 6bis genannte Modalitäten

(1) Jede Vertragspartei trifft im Rahmen der für sie geltenden Rechtsvorschriften Vorkehrungen für eine effektive Information über Entscheidungen nach Artikel 6bis und eine effektive Öffentlichkeitsbeteiligung an diesen Entscheidungen; diese umfassen einen angemessenen zeitlichen Rahmen, um der Öffentlichkeit ausreichend die Möglichkeit zu geben, ihre Meinung zu solchen geplanten Entscheidungen zum Ausdruck zu bringen.

(2) Eine Vertragspartei kann gegebenenfalls in den für sie geltenden Rechtsvorschriften Ausnahmen von dem in diesem Anhang festgelegten Verfahren zur Öffentlichkeitsbeteiligung vorsehen, und zwar

a) im Fall einer absichtlichen Freisetzung eines gentechnisch veränderten Organismus (GVO) in die Umwelt zu einem anderen Zweck als dem seines Inverkehrbringens, sofern
   i) eine solche Freisetzung unter vergleichbaren biogeografischen Bedingungen bereits im Rahmen der für die betreffende Vertragspartei geltenden Rechtsvorschriften genehmigt worden ist und
   ii) vorher genügend Erfahrungen mit der Freisetzung des betreffenden GVO in vergleichbaren Ökosystemen gesammelt worden sind;
b) im Fall eines Inverkehrbringens eines GVO, sofern
   i) es bereits im Rahmen der für die betreffende Vertragspartei geltenden Rechtsvorschriften genehmigt worden ist oder
   ii) es für Forschungszwecke oder das Anlegen von Stammsammlungen bestimmt ist.

(3) Unbeschadet der geltenden Rechtsvorschriften in Bezug auf die Vertraulichkeit nach Artikel 4 stellt jede Vertragspartei der Öffentlichkeit in Übereinstimmung mit ihrem innerstaatlichen Recht auf dem Gebiet der biologischen Sicherheit in sachgerechter, rechtzeitiger und effektiver Weise eine Zusammenfassung der Anmeldung, die eingereicht wurde, um eine Genehmigung für eine absichtliche Freisetzung eines GVO in die Umwelt oder für ein Inverkehrbringen eines GVO in ihrem Hoheitsgebiet zu erhalten, sowie, soweit vorhanden, den Bewertungsbericht zur Verfügung.

(4) Die Vertragsparteien dürfen folgende Informationen nicht als vertraulich betrachten:

a) eine allgemeine Beschreibung des betreffenden gentechnisch veränderten Organismus oder der betreffenden genetisch veränderten Organismen, den Namen und die Anschrift des Antragsstellers, der um die Genehmigung für die absichtliche Freisetzung ersucht, die vorgesehenen Verwendungszwecke und gegebenenfalls den Ort der Freisetzung.

b) die Verfahren und Pläne für die Überwachung des betreffenden gentechnisch veränderten Organismus oder der betreffenden gentechnisch veränderten Organismen und für Notmaßnahmen;
c) die Umweltverträglichkeitsprüfung.

(5) Jede Vertragspartei stellt die Transparenz von Entscheidungsverfahren sicher und gewährt der Öffentlichkeit Zugang zu den einschlägigen verfahrenstechnischen Informationen. Zu diesen Informationen könnte beispielsweise Folgendes gehören:

i) die Art möglicher Entscheidungen;
ii) die für die Entscheidung zuständige Behörde;
iii) nach Absatz 1 getroffene Vorkehrungen für die Öffentlichkeitsbeteiligung;
iv) Angabe der Behörde, von der relevante Informationen zu erhalten sind;
v) Angabe der Behörde, bei der Stellungnahmen eingereicht werden können, sowie der für die Übermittlung von Stellungsnahmen vorgesehenen Fristen.

(6) Die nach Artikel 1 festgelegten Bestimmungen geben der Öffentlichkeit die Möglichkeit, alle von ihr für eine geplante absichtliche Freisetzung einschließlich eines Inverkehrbringens als relevant erachteten Stellungnahmen, Informationen, Analysen oder Meinungen in geeigneter Form vorzulegen.

(7) Jede Vertragspartei bemüht sich sicherzustellen, dass bei Entscheidungen darüber, ob eine absichtliche Freisetzung von GVO in die Umwelt einschließlich des Inverkehrbringens genehmigt wird, das Ergebnis des Verfahrens zur Öffentlichkeitsbeteiligung nach Absatz 1 angemessen berücksichtigt wird.

(8) Die Vertragsparteien sorgen dafür, dass, sobald eine Behörde eine diesem Anhang unterliegende Entscheidung gefällt hat, der Wortlaut der Entscheidung sowie die Gründe und Erwägungen, auf die sie sich stützt, der Öffentlichkeit zugänglich gemacht werden.

Anhang II Schiedsverfahren

(1) Wird eine Streitigkeit einem Schiedsverfahren nach Artikel 16 Absatz 2 dieses Übereinkommens unterworfen, so teilt die Vertragspartei oder teilen die Vertragsparteien dem Sekretariat den Gegenstand des Schiedsverfahrens mit und geben insbesondere die Artikel des Übereinkommens an, deren Auslegung oder Anwendung strittig ist. Das Sekretariat leitet die eingegangenen Mitteilungen an alle Vertragsparteien des Übereinkommens weiter.

(2) Das Schiedsgericht besteht aus drei Mitgliedern. Sowohl die antragstellende(n) Partei(en) als auch die andere(n) Streitpartei(en) bestellen einen Schiedsrichter; die so bestellten Schiedsrichter ernennen einvernehmlich den dritten Schiedsrichter zum Präsidenten des Schiedsgerichts. Dieser darf weder Staatsangehöriger einer der Streitparteien sein, seinen gewöhnlichen Aufenthalt im Hoheitsgebiet einer dieser Parteien haben, im Dienst einer

derselben stehen noch in anderer Eigenschaft mit der Sache befasst gewesen sein.

(3) Ist der Präsident des Schiedsgerichts nicht binnen zwei Monaten nach Bestellung des zweiten Schiedsrichters ernannt worden, so ernennt der Exekutivsekretär der Wirtschaftskommission für Europa den Präsidenten auf Antrag einer der Streitparteien binnen weiterer zwei Monate.

(4) Bestellt eine der Streitparteien nicht innerhalb von zwei Monaten nach Eingang des Antrags einen Schiedsrichter, so kann die andere Partei den Exekutivsekretär der Wirtschaftskommission für Europa davon in Kenntnis setzen; dieser ernennt den Präsidenten des Schiedsgerichts binnen weiterer zwei Monate. Nach seiner Ernennung fordert der Präsident des Schiedsgerichts die Partei, die noch keinen Schiedsrichter bestellt hat, auf, diese Bestellung binnen zwei Monaten vorzunehmen. Kommt die Partei dieser Aufforderung innerhalb dieser Frist nicht nach, so unterrichtet der Präsident den Exekutivsekretär der Wirtschaftskommission für Europa, der die Bestellung binnen weiterer zwei Monate vornimmt.

(5) Das Schiedsgericht trifft seine Entscheidungen nach Maßgabe des Völkerrechts und dieses Übereinkommens.

(6) Ein nach diesem Anhang gebildetes Schiedsgericht gibt sich eine Verfahrensordnung.

(7) Das Schiedsgericht entscheidet über verfahrensrechtliche und materiellrechtliche Fragen mit der Mehrheit seiner Mitglieder.

(8) Das Schiedsgericht kann zur Feststellung der Tatsachen alle geeigneten Maßnahmen ergreifen.

(9) Die Streitparteien erleichtern die Arbeit des Schiedsgerichts; insbesondere werden sie ihm mit allen ihnen zur Verfügung stehenden Mitteln

a) alle sachdienlichen Schriftstücke vorlegen, Erleichterungen einräumen und Auskünfte erteilen und
b) die Möglichkeit geben, soweit nötig Zeugen oder Sachverständige zu laden und ihre Aussagen einzuholen.

(10) Die Parteien und die Schiedsrichter wahren die Vertraulichkeit aller während des Verfahrens vor dem Schiedsgericht vertraulich erhaltenen Mitteilungen.

(11) Das Schiedsgericht kann auf Antrag einer der Parteien einstweilige Schutzmaßnahmen empfehlen.

(12) Erscheint eine der Streitparteien nicht vor dem Schiedsgericht oder unterlässt sie es, sich zur Sache zu äußern, so kann die andere Partei das Gericht ersuchen, das Verfahren fortzuführen und seine endgültige Entscheidung zu fällen. Abwesenheit oder das Versäumnis einer Partei, sich zur Sache zu äußern, stellt kein Hindernis für das Verfahren dar.

(13) Das Schiedsgericht kann über Gegenklagen, die mit dem Streitgegenstand unmittelbar im Zusammenhang stehen, verhandeln und entscheiden.

(14) Sofern das Schiedsgericht nicht wegen der besonderen Umstände des Einzelfalls etwas anderes beschließt, werden die Kosten des Gerichts, einschließlich der Vergütung seiner Mitglieder, von den Streitparteien zu glei-

chen Teilen getragen. Das Gericht verzeichnet alle seine Kosten und legt den Parteien eine Schlussabrechnung vor.

(15) Hat eine Vertragspartei dieses Übereinkommens ein rechtliches Interesse an dem Streitgegenstand und kann sie durch die Entscheidung des Falles berührt werden, so kann sie mit Zustimmung des Gerichts dem Verfahren beitreten.

(16) Das Schiedsgericht fällt seinen Schiedsspruch binnen fünf Monaten nach dem Zeitpunkt, zu dem es gebildet wurde; hält es jedoch eine Verlängerung dieser Frist für notwendig, so soll diese fünf Monate nicht überschreiten.

(17) Der Schiedsspruch des Schiedsgerichts ist mit einer Begründung zu versehen. Er ist endgültig und für alle Streitparteien bindend. Das Schiedsgericht übermittelt den Schiedsspruch den Streitparteien und dem Sekretariat. Dieses leitet die eingegangene Mitteilung an alle Vertragsparteien dieses Übereinkommens weiter.

(18) Streitigkeiten zwischen den Parteien über die Auslegung oder Vollstreckung des Schiedsspruchs können von jeder Partei dem Schiedsgericht, das den Schiedsspruch gefällt hat, oder, falls dieses Gericht nicht befasst werden kann, einem anderen Gericht, das zu diesem Zweck auf die gleiche Weise gebildet wird wie das erste, unterbreitet werden.

Einführung

I. **Die Aarhus-Konvention: Überblick über Regelungsgehalt und Systematik** 4
II. **Entstehungsgeschichte** 6
III. **Einbettung in das Umweltvölkerrecht** 14
1. Zur Espoo-Konvention ... 15
2. Andere relevante Instrumente 23
IV. **Zur Auslegung der Aarhus-Konvention** 26
1. Auslegung völkerrechtlicher Verträge: Grundsätze 27
2. Insbesondere: zur Relevanz der Stellungnahmen des Compliance Committee 34
3. Insbesondere: zur Relevanz der Rechtsprechung höchster Gerichte der Vertragsparteien, unter besonderer Berücksichtigung des EuGH 39
V. **Fazit** 44

Das UNECE-Übereinkommen[1] über den Zugang zu Informationen, die Öffentlichkeitsbeteiligung an Entscheidungsverfahren und den Zugang zu Gerichten in Umweltangelegenheiten („Aarhus-Konvention“, AK) wurde am 25. Juni 1998 im dänischen Aarhus unterzeichnet,[2] womit in Bezug auf die in der Konvention geregelten Bereiche wohl eine neue Etappe in der Entwicklung des Umweltvölkerrechts einhergeht. Denn nunmehr sind auf der Ebene eines **multilateralen völkerrechtlichen Vertrages** – Vertragsparteien sind neben der EU alle EU-Mitgliedstaaten sowie einige weitere europäische Staaten – **allgemeine Grundsätze** über die **Beteiligung der Bürgerinnen und Bürger an Entscheidungsverfahren mit Umweltbezug** (dies in einem weiteren Sinn, so unter Einbezug des Zugangs zu Umweltinformationen sowie des Rechtsschutzes) festgelegt. 1

Wohl nicht zuletzt auch angesichts dieses insgesamt innovativen Charakters der Konvention (im Vergleich zu den bis dahin bestehenden völkerrechtlichen Vorgaben), aber auch vor dem Hintergrund des Umstands, dass neben zahlreichen Staaten auch die Europäische Union Vertragspartei ist, wirft die Konvention – wie sich bereits bald nach ihrem Inkrafttreten zeigte – zahlreiche **(Auslegungs-) Fragen** auf, denen im Folgenden in den **Kommentierungen** zu den einzelnen Artikeln nachgegangen werden soll. 2

Die Kommentierung erfolgt dabei Artikel für Artikel, wobei jedoch bei den für völkerrechtliche Verträge üblichen Verfahrens- und Schlussbestimmungen (Art. 10-22 AK), die sich in dieser oder ähnlicher Form in den meisten völkerrechtlichen Verträgen finden, gewisse Artikel gemeinsam kommentiert werden; im Übrigen werden die Art. 10-22 AK aufgrund ihrer untergeordneten Bedeutung für die Verpflichtungen der Vertragsparteien auch nur eher knapp erläutert. Schließlich erfolgt keine eigene Kommentierung der Präambel und der Anhänge; erstere wird im Zusammenhang mit Art. 1 erläutert, letztere werden bei den jeweiligen Artikeln berücksichtigt.

---

1 Die Aarhus-Konvention ist also ein regionales Übereinkommen, das im Rahmen der Wirtschaftskommission der Vereinten Nationen für Europa (UNECE) ausgearbeitet wurde.

2 Die Konvention ist nach der Ratifikation von 16 Staaten (vgl. Art. 20 Abs. 1 AK) am 30.10.2001 in Kraft getreten. Inzwischen haben insgesamt 49 Staaten die Aarhus-Konvention unterzeichnet oder / und ratifiziert (Stand am 4.3.2014).

3 Dabei muss diese Auslegung der einzelnen Abkommensbestimmungen notwendigerweise vor dem Hintergrund einiger **allgemeiner Parameter** erfolgen. Zu diesen gehören – neben einem **Überblick über den Regelungsgehalt** der Konvention (I.) – ihre **Entstehungsgeschichte** (II.), ihre **Einbettung in das Umweltvölkerrecht** (III.) sowie die für ihre **Auslegung** maßgeblichen (völkerrechtlichen) Grundsätze (IV.). Der Abschnitt endet mit einem kurzen Fazit (V.).

I. Die Aarhus-Konvention: Überblick über Regelungsgehalt und Systematik

4 Die Konvention ist nicht in Kapitel oder Abschnitte unterteilt, sondern die Artikel sind (nur) durchnummeriert. Gleichwohl ist eine gewisse **Systematik** erkennbar:

- **Art. 1-3 AK** enthalten **allgemeine, bereichsübergreifende Bestimmungen**: Während Art. 1 AK die Zielsetzung der Konvention beinhaltet, sind Art. 2 AK zahlreiche Begriffsbestimmungen zu entnehmen, die häufig für die rechtliche Tragweite anderer (materieller) Vorschriften der Konvention von Bedeutung sind. Art. 3 AK enthält sodann eine Reihe allgemeiner Verpflichtungen, deren normativer Gehalt häufig eher gering ausfällt.
- **Art. 4, 5 AK** ist den **Umweltinformationen** gewidmet.
- In **Art. 6-8 AK** geht es um die **Öffentlichkeitsbeteiligung** an behördlichen Entscheidungen.
- **Art. 9 AK** sind die Vorgaben betreffend den **Rechtsschutz** bzw. den gerichtlichen Zugang zu entnehmen.
- Schließlich enthalten **Art. 10-22 AK** organisatorische Bestimmungen sowie diverse **Schlussbestimmungen.** Im Einzelnen geht es hier um die Tagung der Vertragsparteien und die Ausübung des Stimmrechts in dieser (Art. 10, 11 AK), das Sekretariat (Art. 12 AK), die Klarstellung, dass die Anhänge integraler Bestandteil des Abkommens sind (Art. 13 AK), Modifikationen der Konvention und den Rücktritt einer Vertragspartei (Art. 14, 21 AK), die Überprüfung der Einhaltung des Übereinkommens und die Beilegung von Streitigkeiten (Art. 15, 16 AK) sowie die üblichen Schlussbestimmungen über Unterzeichnung, Verwahrer, Ratifikation, Annahme, Genehmigung und Beitritt, Inkrafttreten und verbindliche Wortlaute (Art. 17, 18, 19, 20, 22 AK).

5 Bei den normativ bedeutenden Vorgaben der Konvention[3] sind in erster Linie die „drei Pfeiler" der Konvention von Bedeutung, die in der Literatur[4] häufig als die Schlüsselelemente der Umweltdemokratie bezeichnet werden:

---

3 Aus zahlreichen in der Konvention verankerten „Pflichten" können an sich kaum Vorgaben für die Vertragsstaaten abgeleitet werden, da sie im Hinblick auf ihre Verpflichtungswirkung nicht hinreichend präzise formuliert sind, so dass sie eher als Postulate bezeichnet werden können. Sie sollen hier nicht berücksichtigt werden. Vgl. schon mit Hinweisen auf einige Beispiele *Epiney/Scheyli,* Aarhus-Konvention, 26. Auf diesen Aspekt wird bei den einzelnen Kommentierungen zurückzukommen sein.

4 *Jendroska*, JEEPL 2012, 71 ff.; *Bándi*, in: Environmental Democracy and Law, 1 (5), jeweils mwN.

Zugang zu Umweltinformationen, Beteiligung der Öffentlichkeit an bestimmten Entscheidungsverfahren und gerichtlicher Zugang:

- Als erster Pfeiler des Übereinkommens werden durch Art. 4 und 5 AK Verpflichtungen der Vertragsparteien hinsichtlich des **Zugangs zu Umweltinformationen** statuiert.[5] Art. 4 Abs. 1 AK verlangt, dass die Vertragsparteien im Rahmen ihres innerstaatlichen Rechts einen **Anspruch** der Öffentlichkeit auf Zugang zu Umweltinformationen anerkennen bzw. einräumen und diesem Anspruch zur Durchsetzung verhelfen. Von besonderer Bedeutung ist dabei, dass die Aktivlegitimation des Anspruchs an kein besonderes Interesse geknüpft ist bzw. werden darf (Art. 4 Abs. 1 lit. a) AK), so dass das Zugangsrecht zwingend als Popularanspruch auszugestalten ist. Ausnahmen sind nur in abschließend aufgeführten Fällen möglich (Art. 4 Abs. 3, 4 AK), wobei dem Verhältnismäßigkeitsgrundsatz Rechnung zu tragen ist.
  Damit der nach Art. 4 AK zu gewährleistende Zugang der Öffentlichkeit zu umweltrelevanten Informationen auch praktisch sichergestellt werden kann, muss dafür gesorgt werden, dass überhaupt geeignetes Informationsmaterial zur Verfügung steht. Daher statuiert Art. 5 AK ergänzend zu den Prinzipien betreffend den Zugang zu Umweltinformationen bestimmte Verpflichtungen der Vertragsparteien hinsichtlich der Erhebung und der Weitergabe von Umweltinformationen. Dabei kommt eine eigentliche **Pflicht zur Informationsbeschaffung** auf Seiten der Behörden zum Ausdruck.
- Der zweite Pfeiler betrifft Verpflichtungen hinsichtlich einer **Beteiligung der Öffentlichkeit an verschiedenen Entscheidungsprozessen**, womit in bestimmtem minimalem Umfang eine politische und rechtliche Nutzung der verfügbaren Informationen durch die Öffentlichkeit gewährleistet werden soll. Eine Beteiligung der Öffentlichkeit ist dabei für konkrete Entscheidungen über bestimmte umweltrelevante Tätigkeiten (Art. 6), in Bezug auf Entscheidungen über die Freisetzung und das Inverkehrbringen von GVO (Art. 6bis AK),[6] bei Plänen, Programmen und Politiken mit Umweltbezug (Art. 7) sowie bei der Vorbereitung bestimmter normativer Vorgänge (Art. 8) zu gewährleisten.
  Dabei sind die Vorgaben hinsichtlich der Beteiligung an bestimmten Tätigkeiten, die erhebliche Auswirkungen auf die Umwelt entfalten können, am präzisesten ausgestaltet. Hier wird einerseits der Anwen-

5 Die Konvention inspirierte sich ersichtlich von der (ursprünglichen) Umweltinformationsrichtlinie der Europäischen Union (RL 90/313, ABl. 1990 L 158, 56), geht jedoch auch in einigen Punkten über diese hinaus. So wurde die RL 90/313 denn auch durch die RL 2003/4 ersetzt, dies im Hinblick auf die Anpassung der Rechtslage in der Union an die Vorgaben der Aarhus-Konvention. S. die Zusammenstellung der hauptsächlichen Modifikationen der RL 2003/4 im Vergleich zur RL 90/313 bei *Epiney*, Umweltrecht, 6. Kap., Rn. 39.

6 Dieser Artikel geht auf einen Beschluss der Vertragsparteien auf ihrer zweiten Tagung vom 25. bis 27. Mai 2005 in Almaty (Kasachstan) zurück. Er regelt die Beteiligung der Öffentlichkeit an den Entscheidungsverfahren für gentechnisch veränderte Organismen (GVO) detaillierter und soll die spezifischen Modalitäten der Öffentlichkeitsbeteiligung bei Entscheidungen über die absichtliche Freisetzung in die Umwelt und das Inverkehrbringen von GVO festlegen. Vgl. die Ratifikation dieser Änderung durch die Union mit dem Beschluss des Rates vom 18. Dezember 2006 (2006/957/EG), ABl. 2006 L 386, 46.

dungsbereich durch eine Liste im Anhang I definiert, und andererseits sind der Konvention relativ genaue Vorgaben über die Art und Weise der Öffentlichkeitsbeteiligung zu entnehmen. In Bezug auf umweltbezogene Pläne, Programme und Politiken (Art. 7) sowie normative Instrumente (Art. 8) enthält die Konvention lediglich eher grundsätzliche Vorgaben.

- Der dritte Pfeiler schließlich (Art. 9 AK) enthält Standards im Hinblick auf den **Zugang zu gerichtlichen oder anderen Überprüfungsverfahren** und damit zu Mitteln der Kontrolle von Verletzungen insbesondere (aber nicht nur) der zuvor statuierten Rechte. Dabei ist zwischen drei Konstellationen zu unterscheiden:
  - Erstens muss der Rechtsweg gegen die **Verletzung des Anspruchs auf Zugang zu Umweltinformationen** (Art. 4 AK) offen stehen (Art. 9 Abs. 1 AK).
  - Zweitens muss – unter bestimmten Voraussetzungen – die **Rechtmäßigkeit von Entscheidungen über Tätigkeiten, die erhebliche Auswirkungen auf die Umwelt entfalten können**, einem unabhängigen Überprüfungsverfahren zugänglich sein (Art. 9 Abs. 2 AK). Die erfassten Tätigkeiten betreffen jedenfalls behördliche Entscheidungen über die in Anhang I aufgeführten Tätigkeiten, bei denen es sich um Genehmigungsentscheidungen in Bezug auf besonders umweltrelevante Vorhaben handelt. Allerdings ist dieser gerichtliche Zugang nicht jedermann zu gewähren, sondern die Vertragsstaaten können vorsehen, dass nur **Mitgliedern der betroffenen Öffentlichkeit, die ein ausreichendes Interesse** haben (1. Alternative), oder – soweit dies im Verwaltungsprozessrecht der jeweiligen Vertragspartei vorgesehen ist – die ein **rechtlich geschütztes Interesse** geltend machen können (2. Alternative), ein solcher Zugang zu gewähren ist (Art. 9 Abs. 2 Uabs. 1 AK). Darüber hinaus hält Art. 9 Abs. 2 Uabs. 2 S. 2, 3 AK ausdrücklich fest, dass Nichtregierungsorganisationen, die sich für Umweltbelange einsetzen und allfällige zusätzliche Voraussetzungen des innerstaatlichen Verfahrensrechts im Sinne des Art. 2 Nr. 5 AK erfüllen, jedenfalls als potenzielle Trägerinnen der entsprechenden Rechte legitimiert sind bzw. sein müssen, sowohl ein ausreichendes tatsächliches Interesse als auch eine Rechtsverletzung geltend zu machen. M.a.W. muss für diese jedenfalls – im erwähnten Anwendungsbereich der Bestimmung (also nur in Bezug auf die Geltendmachung der Rechtswidrigkeit von Entscheidungen über bestimmte Tätigkeiten) – der Rechtsweg eröffnet sein, so dass die Konvention im Ergebnis die Pflicht zur Einführung bzw. Beibehaltung einer umweltrechtlichen (altruistischen) **Verbandsklage** impliziert.[7]

7 Vgl. schon *Epiney*, in: Fluck/Fischer/Fetzer, Kommentar Aarhus-Konvention, Art. 9, Rn. 10 ff.; ebenso *Koch*, NVwZ 2007, 369 (376 f.); *Schlacke*, in: Schlacke/Schrader/Bunge, Aarhus-Handbuch, 375 (421); *Radespiel*, EurUP 2007, 118 (122); mit umfassenden Nachweisen und ausführlicher Begründung ebenso *Schwerdtfeger*, Verwaltungsrechtsschutz, 266 ff. So auch die Rechtsprechung des EuGH, vgl. EuGH, Rs. C-115/09 (Bund für Umwelt und Naturschutz Deutschland), ECLI:EU:C:2011:289 (Trianel). S. im Einzelnen auch noch Art. 9 Rn. 19 ff., 23.

- Schließlich sieht Art. 9 Abs. 3 AK – drittens – vor, dass Mitglieder der Öffentlichkeit (unter die auch Umweltverbände fallen, vgl. Art. 2 Nr. 4 AK) Zugang zu verwaltungsbehördlichen oder gerichtlichen Verfahren haben müssen, um die von Privatpersonen und/oder Behörden vorgenommenen Handlungen und begangenen Unterlassungen anzufechten, die gegen **umweltbezogene Bestimmungen des nationalen Rechts** verstoßen. Nähere Einzelheiten in Bezug auf Voraussetzungen und Ausgestaltung dieses Rechtsschutzes enthält die Konvention nicht; immerhin präzisiert sie aber, dass dieser zusätzlich und unbeschadet zu den beiden anderen Varianten des Rechtsschutzes eröffnet sein muss.[8]

II. Entstehungsgeschichte

Die soeben[9] skizzierten drei Säulen, die für die Aarhus-Konvention zentral sind – Zugang zu Informationen, Öffentlichkeitsbeteiligung bei Entscheidungen und Zugang zu Gerichten – finden bzw. fanden sich mehr oder weniger deutlich auch bereits in einer Reihe von relevanten anderen umweltvölkerrechtlichen Dokumenten und Rechtsakten. Insofern fügt sich die Unterzeichnung der Aarhus-Konvention durchaus in einen **geschichtlichen Kontext** ein.[10] 6

Grundelemente der Aarhus-Konvention lassen sich ansatzweise bereits in vormodernen Zeiten finden. Bereits im elften Jahrhundert sah so das Rüstringer Recht in Nordeuropa erste Vorgaben bezüglich einer Konsultation der Öffentlichkeit bei menschlichem Eingreifen in Küstengebiete und Meereskanäle vor.[11]

So lassen sich bereits vor der Unterzeichnung der Aarhus-Konvention mehrere Etappen und Instrumente eines eher prozedural orientierten Umweltschutzes auf völkerrechtlicher Ebene identifizieren.[12] Ansatzweise enthalten hier bereits Bestimmungen der **Allgemeinen Erklärung der Menschenrechte** und des **Internationalen Paktes über bürgerliche und politische Rechte** erste Hinweise auf Beteiligungsrechte der Bürger an Entscheidungsprozessen.[13] Im umweltvölkerrechtlichen Rahmen der **Konferenz der Vereinten Nationen über die menschliche Umwelt** im Jahre 1972 wurden in der Folge allgemeine Überlegungen zur Bedeutung von umweltrelevanten Informationen angestellt, die letztlich in Grundsatz 19 der Stockholm-Deklaration[14] ihren Niederschlag fanden.[15] Danach stellt Bildung in Umweltangelegen- 7

8 Der EuGH hat aus dieser Bestimmung jedoch recht weitgehende Pflichten abgeleitet. S. im Einzelnen Art. 9 Rn. 35 ff.
9 Einführung Rn. 5.
10 Vgl. besonders instruktiv zu diesen „Vorläufern“ bzw. zu dieser geschichtlichen Verortung *Scheyli*, ArchVR 2000, 217 ff.; *Schenderlein*, Rechtsschutz und Partizipation, 114 ff.; s. ansonsten zur Entstehungsgeschichte der Konvention zB *Zschiesche*, ZUR 2001, 177 f.; *Butt*, Umweltinformation, 33 ff.
11 *Szabó*, in: Environmental Democracy and Law, 95 (97).
12 Vgl. auch die Übersicht in *Ebbesson et al.*, Aarhus Convention Implementation Guide, 16 f.
13 *Szabó*, in: Environmental Democracy and Law, 95 (97).
14 Declaration of the United Nations Conference on the Human Environment, UN-Doc. A/CONF.48/14/Rev. 1.
15 Vgl. *Schenderlein*, Rechtsschutz und Partizipation, 116.

heiten die Grundlage für eine aufgeklärte Meinung und verantwortungsbewusstes Handeln von Individuen, Unternehmen und Gemeinschaften beim Schutz und der Verbesserung der menschlichen Umwelt dar.

Im dazugehörigen Aktionsplan wird darüber hinaus unterstrichen, dass die Regierungen den Individuen die Möglichkeit eröffnen sollen, selbst die eigene Umwelt positiv zu beeinflussen, was insbesondere durch den Zugang zu relevanten Informationen geschehen solle.[16]

8 Über den Zugang zu Informationen hinausgehend enthält die **Weltcharta für die Natur**, die 1982 von der Generalversammlung der Vereinten Nationen angenommen wurde,[17] auch erstmals Elemente bezüglich einer Beteiligung der Öffentlichkeit und bezüglich gerichtlicher Kontrolle.[18] Grundsätze 15, 18 und 21 lit. a) befassen sich dabei mit ökologischer Bildung, der uneingeschränkten Verbreitung wissenschaftlicher Erkenntnisse über die Umwelt und zwischenstaatlichem Austausch von Informationen und Konsultation. Grundsatz 16 verlangt die strategische Sammlung und Veröffentlichung von Informationen bezüglich der Auswirkungen geplanter Politiken und Aktivitäten auf die Umwelt, wobei die Information der Öffentlichkeit auf angemessene Art (*by appropriate means*) und rechtzeitig (*in time*) erfolgen soll, um eine effektive Konsultation und Partizipation der Öffentlichkeit zu erlauben. Grundsatz 23 räumt allen Personen die Möglichkeit ein, sich individuell oder zusammen mit anderen bei der Formulierung von Entscheidungen, die direkt ihre Umwelt betreffen, zu beteiligen. Zuletzt sieht derselbe Grundsatz auch vor, dass alle Personen Zugang zu Rechtsmitteln haben sollen, wenn ihre Umwelt beeinträchtigt wurde.

9 Auch im 1987 veröffentlichten **„Brundtland-Report"** der von den Vereinten Nationen gegründeten Weltkommission für Umwelt und Entwicklung ist der Vorschlag enthalten, prozedurale Rechte (wie insbesondere jene auf Informationszugang, auf Konsultation und auf Beteiligung an der Entscheidungsfindung) sowie den gerichtlichen Zugang auszuweiten bzw. zur Verfügung zu stellen, wenn die eigene Gesundheit oder Umwelt geschädigt wurde.[19] Weiter nennt die im Rahmen der Konferenz der Vereinten Nationen für Umwelt und Entwicklung in Rio de Janeiro 1992 verabschiedete **Rio-Deklaration**[20] in ihrem Grundsatz 10 Informationszugang, Öffentlichkeitsbeteiligung und Zugang zu Gerichts- und Verwaltungsverfahren gemeinsam und hebt damit ihre Verbundenheit als Pfeiler des Umweltschutzes durch Verfahren hervor.[21] Dieselbe dreistufige Auflistung findet sich auch im beiliegenden Aktionsplan, der „Agenda 21".[22]

16 Action Plan for the Human Environment, UN-Doc. A/CONF.48/14/Rev. 1., Empfehlung Nr. 7. Vgl. auch *von Danwitz*, NVwZ 2004, 272 f.
17 World Charter for Nature, UN-Doc. A/RES/37/7.
18 Vgl. *Schenderlein*, Rechtsschutz und Partizipation, 117.
19 Our Common Future, Report of the World Commission on Environment and Development, UN-Doc. A/42/427, Kapitel 12 Rn. 82.
20 Declaration of the Rio Conference on Environment and Development, UN-Doc. A/CONF.151/5/Rev. 1.
21 Vgl. etwa *Scheyli*, ArchVR 2000, 217 (223); *Jendroska*, JEEPL 2005, 12.
22 Agenda 21, UN-Doc. A/CONF.151/4, vgl. etwa Kapitel 8 Rn. 8.4.f. und 8.18.

Im europäischen Raum setzte sich die Entwicklung in Form des UNECE-Prozesses „Environment for Europe" fort.[23] 1990 wurde im Rahmen der UNECE bereits ein Entwurf einer Charta über Umweltrechte und -pflichten verfasst, der, obwohl nicht angenommen, bereits wichtige Grundsätze beinhaltete, die sich später in der Aarhus-Konvention wiederfinden sollten.[24] Aus der dritten Umweltministerkonferenz des Prozesses gingen 1995 die sogenannten **„Sofia-*Guidelines*"** hervor.[25] Diese beziehen sich in ihrer Präambel auf den erwähnten Grundsatz 10 der Rio-Deklaration. Im Hauptteil teilen sich die *Guidelines* dann bereits in die drei Säulen Zugang zu Umweltinformationen, Öffentlichkeitsbeteiligung und Rechtschutz auf, die sich später in der Aarhus-Konvention wiederfinden.[26] 10

Weiter formulierte der Kongress der Gemeinden und Regionen des Europarates in seiner Resolution Nr. 171 (1986) bereits detaillierte Bestimmungen zur Öffentlichkeitsbeteiligung bei Entscheidungsverfahren im Umweltbereich.[27]

Auch gewisse Entwicklungen im **Unionsrecht** können als Teil des geschichtlichen Entstehungskontexts der Aarhus-Konvention verstanden werden. Hierzu zählen die UVP-Richtlinie von 1985,[28] die Umweltzeichenverordnung von 1992,[29] die Verordnung über Umweltmanagement und Umweltbetriebsprüfung von 1993,[30] die IVU-Richtlinie von 1996[31] und die Umweltinformationsrichtlinie von 1990.[32] Die Schaffung derartiger verfahrensrechtlicher Instrumente im Unionsrecht – wobei die erwähnten Rechtsakte inzwischen revidiert bzw. neu gefasst wurden – dürfte erfolgt sein, um trotz des Fehlens eigener Vollzugsbehörden der Union die Durchsetzung der materiellrechtlichen Umweltschutzstandards des Unionsrechts sicherzustellen.[33] Zugleich wurden die drei Säulen auch verstärkt in politischen Programmen der Union angesprochen.[34] 11

Die Entscheidung, eine völkerrechtliche Konvention auszuarbeiten, die auf den Ergebnissen der Sofia-Konferenz und der Rio-Deklaration beruhen sollte, wurde an einer Sondersitzung der UNECE am 17.1.1996 getroffen.[35] Die folgenden Verhandlungen fanden in zehn Runden von Juni 1996 bis März 1998 statt, wobei (wie bereits bei den Sofia-*Guidelines*) umfassend nichtstaatliche Organisationen beigezogen wurden.[36] Der aus- bzw. 12

23 Vgl. hierzu *Schenderlein*, Rechtsschutz und Partizipation, 121 und Fußnote 327.
24 *Ebbesson et al.*, Aarhus Convention Implementation Guide, 16.
25 Guidelines on the Access to Environmental Information and Public Participation in Environmental Deci-sion-Making (Sofia-Guidelines), UN-Doc. ECE/CEP/24. Vgl. hierzu auch *Jendroska*, JEEPL 2005, 12 (14).
26 Sofia-Guidelines, 3, 4 und 5.
27 *Ebbesson et al.*, Aarhus Convention Implementation Guide, 121.
28 RL 85/337, ABl. 1985 L 175, 40 ff.
29 VO 880/92, ABl. 1992 L 99, 1 ff.
30 VO 1836/93, ABl. 1993 L 168, 1 ff.
31 RL 96/61/EG, ABl. 1996 L 257, 26 ff.
32 RL 90/313/EWG, ABl. 1990 L 158, 56 ff.
33 *Schenderlein*, Rechtsschutz und Partizipation, 123.
34 S. etwa zum vierten Umweltaktionsprogramm der EU *Bándi*, in: Environmental Democracy and Law, 37 (40).
35 United Nations Economic Commission for Europe, Committee on Environmental Policy, Report on the Special Session (17.1.1996), UN-Doc. ECE/CEP/18, 8.2.1996.
36 *Klein*, Umweltinformation, 47.

überarbeitete Konventionsentwurf konnte schließlich im Rahmen der vierten Ministerkonferenz „*Environment for Europe*" im Juni 1998 als **„Übereinkommen über den Zugang zu Informationen, die Öffentlichkeitsbeteiligung an Entscheidungsverfahren und den Zugang zu Gerichten in Umweltangelegenheiten"** angenommen werden.[37] Gemäß Art. 20 Abs. 1 AK trat die Konvention am neunzigsten Tag der Hinterlegung der sechzehnten Ratifikationsurkunde am 30.10.2001 in Kraft und zählt heute 47 Vertragsparteien.[38]

13 Die Unterzeichnung und das Inkrafttreten sowie die (in Europa) weite Verbreitung der Konvention stellen einen **bedeutenden Schritt im prozeduralen Umweltvölkerrecht** dar. Die große Bedeutung der Konvention beruht wohl in erster Linie auf fünf Faktoren (in Bezug auf welche die Konvention denn auch deutlich über die bis dahin bestehenden Abkommen bzw. Verpflichtungen hinausgeht, dies zumindest soweit man diese Faktoren zusammen betrachtet):

- Erstens verpflichtet sie die Vertragsparteien **verbindlich**, den Vorgaben der skizzierten[39] drei Säulen entsprechende Bestimmungen in ihr internes Recht einzufügen, so dass es nicht nur um unverbindliche Empfehlungen oder Grundsätze geht.
- Zweitens beziehen sich die Verpflichtungen der Konvention auch auf den rein **innerstaatlichen Bereich** und sind nicht auf grenzüberschreitende Aspekte beschränkt.
- Drittens sind die Vorgaben in entscheidenden Teilen recht **präzise** formuliert, so dass den Vertragsparteien bei der Umsetzung insoweit kein allzu großer Gestaltungsspielraum verbleibt.
- Viertens beziehen sich die Vorgaben der Konvention nicht (nur) auf einen bestimmten abgegrenzten Teilbereich des Umwelt(völker)rechts, sondern erstrecken sich **allgemein** auf **Umweltinformationen** und **umweltrelevante Tätigkeiten** eines gewissen Ausmaßes.
- Schließlich sind – fünftens – eigentliche **Individualrechte** verankert (so dass nicht nur staatliche Institutionen berechtigt und verpflichtet werden), dies unter Einbezug des Rechts auf gerichtlichen Rechtsschutz.

Vor diesem Hintergrund überrascht es auch nicht, dass der damalige Generalsekretär der Vereinten Nationen, *Kofi Annan*, anlässlich der Unterzeichnung der Konvention vom „ehrgeizigsten" Unterfangen, das bislang im Bereich der Umweltdemokratie unter dem Dach der Vereinten Nationen unternommen worden sei, sprach.[40] Nicht nur die Beteiligung von nichtstaatlichen Organisationen am Verhandlungsprozess der Konvention, sondern auch der Hintergrund des Umbruchs in Europa in Folge des Zusammenbruchs der Sowjetunion und des Übergangs der mittel- und osteuropäischen Staaten zu Demokratie und Marktwirtschaft vermag das politisch günstige Klima zu erklären,

37 Convention on Access to Information, Public Participation in Decision-making and Access to Justice in Environmental Matters, 25.6.1998, 38 ILM (1999), 517 ff. Vgl. auch *Zschiesche*, ZUR 2001, 177 ff.; *Epiney*, ZUR 2003, 176 ff.; *von Danwitz*, NVwZ 2004, 272 ff.

38 S. www.unece.org/env/pp/ratification.html.

39 Einführung Rn. 5.

40 Vgl. *Szabó*, in: Environmental Democracy and Law, 95 (100).

das zweifellos ein wichtiges Element für das Gelingen der Erarbeitung der Aarhus-Konvention darstellte.[41]

III. Einbettung in das Umweltvölkerrecht

Die Aarhus-Konvention stellt – wie dargelegt[42] – einen zentralen Schritt hin zur völkerrechtlichen Verankerung eines prozeduralen Umweltschutzes dar. Gleichzeitig fügt sie sich aber auch in einen Kontext anderer umweltvölkerrechtlicher Dokumente und Verträge ein, welche ebenfalls prozedurale Aspekte betreffen, so dass sie jeweils auch im Zusammenhang mit diesen Bestimmungen zu sehen ist. Von Bedeutung ist hier erster Linie die sog **Espoo-Konvention** über die **Umweltverträglichkeitsprüfung** im grenzüberschreitenden Rahmen (1.). Darüber hinaus enthalten aber auch weitere Instrumente Bestimmungen zu einzelnen oder mehreren der drei Säulen Zugang zu Information, Öffentlichkeitsbeteiligung und Zugang zu Gerichten in Umweltangelegenheiten (2.).[43] 14

Hinzuweisen ist in diesem Zusammenhang auch auf den Umstand, dass Erw. 22 und 23 Präambel AK ebenfalls eine Einbettung der Konvention in das völkerrechtliche Umfeld vornehmen: So erfolgt ein Bezug auf die bereits angesprochenen[44] Sofia-*Guidelines* sowie die Espoo-Konvention und weitere umweltvölkerrechtliche Instrumente.

1. Zur Espoo-Konvention

Die Espoo-Konvention (UNECE-Übereinkommen über die Umweltverträglichkeitsprüfung im grenzüberschreitenden Zusammenhang)[45] wurde, von der UNECE initiiert, am 25.2.1991 unterzeichnet und trat 1997 in Kraft. Sie zählt 45 Vertragsparteien.[46] Ziel der Konvention ist es, in Anbetracht des Zusammenhangs zwischen wirtschaftlicher Tätigkeit und Umweltfolgen derselben die internationale Zusammenarbeit im grenzüberschreitenden Kontext zu verbessern, frühzeitig bei der Vermeidung und Verminderung bedeutender negativer Umweltauswirkungen tätig zu werden und so im nationalen Recht die Durchführung von Umweltverträglichkeitsprüfungen zu verankern.[47] In diesem Sinn gibt die Konvention den Vertragsstaaten auf, alle angemessenen und effektiven Maßnahmen zu ergreifen, um **erhebliche grenzüberschreitende Umweltbeeinträchtigungen** durch bestimmte Aktivitäten zu verhindern, zu reduzieren bzw. zu kontrollieren. Dementsprechend haben die Staaten in Bezug auf **bestimmte Aktivitäten**, die erhebliche grenzüberschreitende Umweltbeeinträchtigungen entfalten könnten, eine Umweltverträglichkeitsprüfung durchzuführen. Weiter enthält die Konvention Vorgaben zur Information und Konsultation der anderen Vertragsparteien und der Öffentlichkeit. Ursprünglich ausschließlich 15

41 *Klein*, Umweltinformation, 48.
42 Einführung Rn. 6 ff.
43 Vgl. besonders instruktiv zur Einbettung der Aarhus-Konvention in das bestehenden völkerrechtliche Umfeld *Scheyli*, ArchVR 2000, 217 ff.
44 Einführung Rn. 10.
45 UN ECE Convention on Environmental Impact Assessment in a Transboundary Context, 25.2.1991, 30 ILM (1991), 802 ff.
46 https://treaties.un.org/Pages/ViewDetails.aspx?src=TREATY&mtdsg_no=XXVII-4&chapter=27&lang=en (zuletzt besucht am 15.8.2017).
47 Vgl. Präambel der Espoo-Konvention.

für Projekte vorgesehen, wurde die Verpflichtung zur Durchführung einer UVP durch ein Protokoll aus dem Jahr 2003 (Kiewer Protokoll) auch auf Pläne und Programme ausgedehnt.

Bereits vor der Unterzeichnung der Konvention fand der Grundgedanke einer UVP im Rahmen der Konferenz der Vereinten Nationen über die menschliche Umwelt im Jahre 1972 Eingang in Grundsatz 21 der Erklärung über die menschliche Umwelt:[48] Danach sollen die Staaten sicherstellen, dass Aktivitäten auf ihrem Territorium der Umwelt anderer Staaten keinen Schaden zufügen. Dieser Pflicht kann aber nur nachgekommen werden, wenn im Falle drohender erheblicher Umweltauswirkungen bestimmter Projekte diese auch im Vorfeld abgeklärt werden, können doch nur auf diese Weise erhebliche grenzüberschreitende Umweltbeeinträchtigungen effektiv verhindert werden. Daher kann die Pflicht zur Durchführung einer UVP – zumindest bei möglichen grenzüberschreitenden Auswirkungen – auch als Bestandteil bzw. Ausfluss des Verbots erheblicher grenzüberschreitender Umweltbeeinträchtigungen angesehen werden, ganz abgesehen davon, dass das Prinzip auch eine konsequente Anwendung des Vorsorgegrundsatzes darstellt. Auch der bereits angesprochene Grundsatz 10 der Rio-Deklaration[49] kann hier als einschlägig erachtet werden.

Darüber hinaus spricht (inzwischen) Vieles dafür, dass die Pflicht zur Durchführung einer Umweltverträglichkeitsprüfung jedenfalls bei Projekten, bei denen mit einer gewissen Wahrscheinlichkeit wesentliche grenzüberschreitende Auswirkungen zu erwarten sind, Teil des Völkergewohnheitsrechts ist.[50]

16 Im Einzelnen können die **Vorgaben der Konvention** in Bezug auf die Durchführung einer UVP für Projekte wie folgt zusammengefasst werden:

- Der **Anwendungsbereich** ergibt sich aus Art. 2 Abs. 2. Danach greift die Verpflichtung zur Durchführung einer UVP unter zwei Voraussetzungen: Erstens muss die entsprechende Aktivität im Anhang I aufgeführt sein, und zweitens muss sie erhebliche grenzüberschreitende Umweltauswirkungen entfalten können. Anhang I umfasst eine weite Palette von Aktivitäten, und auch die für die Frage, ob erhebliche grenzüberschreitende Umweltbeeinträchtigungen zu gewärtigen sind, maßgeblichen Begriffsdefinitionen werden in Art. 1 recht weit gefasst. Insgesamt ist damit die Pflicht zur Durchführung einer UVP eher umfassend ausgestaltet. Sobald jedoch ein Projekt nicht in Anhang I figuriert, greift lediglich eine prozedurale Pflicht, und hier ist eine UVP nur durchzuführen, wenn die betroffenen Staaten dem zustimmen.

48 Declaration of the United Nations Conference on the Human Environment, UN-Doc. A/CONF.48/14/Rev. 1.

49 Einführung Rn. 9.

50 Vgl. schon *Epiney/Scheyli*, Strukturprinzipien, 126 ff.; ebenso etwa *Tarlock*, in: Bodansky et al., Oxford Handbook of International Environmental Law, 574 (592); *Boyle*, RECIEL 2011, 227 f.; *Sands/Peel*, International Environmental Law, 622; s. auch *Beyerlin*, in: Bodansky et al., Oxford Handbook of International Environmental Law, 439 ff., der jedenfalls davon ausgeht, dass eine Regel des regionalen Völkergewohnheitsrechts (in Europa) existiert, aber offenbar auch der Ansicht ist, dass gute Gründe für die Geltung einer entsprechenden universellen völkergewohnheitsrechtlichen Norm sprechen; hierfür auch *dissenting opinion* des Richters *Palmer*, im Atomtestfall, ICJ Rep. 1995, 288 (412). Auch der IGH dürfte in den Urteilen *Gabcikovo/Nagymaros* (ICJ Rep. 1997, 7, insbesondere Ziff. 130 ff.) und *Pulp Mills* (IGH, Argentinien/Uruguay, Urt. v. 20.4.2010, Ziff. 204) von einer solchen grundsätzlichen Pflicht ausgehen.

- Nach Art. 2 Abs. 4 muss jedes geplante Vorhaben, das in den Anwendungsbereich der Konvention fällt, den (potenziell) betroffenen Staaten **notifiziert** werden, wobei die Konvention recht detaillierte Vorgaben über das hierbei zu beachtende Verfahren enthält. Nach Art. 5 haben zwischen der notifizierenden Vertragspartei und den möglicherweise betroffenen Staaten **Konsultationen** stattzufinden.
- Weiter sind der Konvention einige Bestimmungen in Bezug auf das **Verfahren der UVP** selbst zu entnehmen. So hat die UVP im Vorfeld der Genehmigung des betreffenden Projekts zu erfolgen (Art. 2 Abs. 3), ist die Öffentlichkeitsbeteiligung in nicht diskriminierender Weise sicherzustellen (Art. 2 Abs. 6, Art. 3 Abs. 8),[51] hat die UVP-Dokumentation bestimmten Mindestanforderungen zu genügen (Art. 4 iVm Anhang II), und die Ergebnisse der UVP müssen bei der Entscheidung über die betreffende Tätigkeit berücksichtigt werden.
- Art. 7 iVm Anhang V sieht ein *follow up*-**Prozedere** vor. So müssen die Vertragsparteien auf Antrag einer anderen Vertragspartei über die Durchführung einer Analyse der genehmigten Tätigkeit (unter Einschluss der Überwachung sowie der grenzüberschreitenden Umweltbeeinträchtigungen) entscheiden. Falls diese Analyse ergibt, dass mit erheblichen grenzüberschreitenden Umweltbeeinträchtigungen zu rechnen ist, müssen sich die involvierten Vertragsparteien über die notwendigen Maßnahmen im Hinblick auf die Reduktion oder Vermeidung derartiger Auswirkungen konsultieren.
- Schließlich ist auf das in Anhang IV vorgesehene **Untersuchungsverfahren** hinzuweisen. Danach kann eine Vertragspartei einer Untersuchungskommission (die aus drei Personen besteht, nämlich aus zwei Vertretern der beiden involvierten Vertragsparteien sowie einer dritten, von den beiden erstgenannten im gegenseitigen Einvernehmen bestimmten Person) die Frage unterbreiten, ob ein in einer anderen Vertragspartei geplantes Projekt, das in Anhang I aufgeführt ist, mögli-

51 Primär geht es dabei darum, dass der von einem UVP-pflichtigen Vorhaben unmittelbar betroffenen Bevölkerung die Möglichkeit zustehen soll, sich im Rahmen des Verfahrens der UVP aktiv zu äußern. Dies bedingt eine entsprechende Information der Öffentlichkeit – sowohl frühzeitig über das geplante Projekt und den Gang der Planung als auch später über die Entscheidung der Behörden, mitsamt deren ausschlaggebenden Erwägungen. Art. 2 Abs. 6 und Art. 3 Abs. 8 des Übereinkommens sehen solche Mitspracherechte der Öffentlichkeit etwa im grenzüberschreitenden Verhältnis vor. Im Hinblick auf Vorhaben, die wahrscheinlich erhebliche, grenzüberschreitende nachteilige Auswirkungen auf die Umwelt zur Folge haben, verlangt Art. 2 Abs. 2 des Übereinkommens die Schaffung eines Verfahrens, das eine Öffentlichkeitsbeteiligung ermöglicht. Art. 2 Abs. 6 des Übereinkommens präzisiert dies insofern, als der Öffentlichkeit in den voraussichtlich betroffenen Gebieten vom Ursprungsstaat Gelegenheit zur Mitwirkung am UVP-Verfahren zu geben und zugleich sicherzustellen ist, dass dabei die Öffentlichkeiten des Ursprungs- wie auch eines betroffenen anderen Staates gleichermaßen einbezogen werden. Dies impliziert über die eigentliche Verfahrensbeteiligung hinaus notwendigerweise auch die Information der Öffentlichkeit. Art. 3 Abs. 8 des Übereinkommens verlangt denn auch folgerichtig, dass die Öffentlichkeit in den von den umweltgefährdenden Auswirkungen eines Vorhabens voraussichtlich betroffenen Gebieten informiert wird. Entsprechend muss die zu jeder UVP auszuarbeitende Dokumentation gemäß Art. 4 Abs. 2 des Übereinkommens auch der Öffentlichkeit der betroffenen Gebiete zugänglich gemacht werden.

cherweise erhebliche grenzüberschreitende Umweltauswirkungen entfaltet. Die Untersuchungskommission entscheidet innerhalb von zwei Monaten auf der Grundlage wissenschaftlicher Erkenntnisse über diese Frage, und das Ergebnis wird den involvierten Vertragsparteien sowie dem Sekretariat mitgeteilt. Der formelle Charakter dieses Verfahrens spricht dafür, dass die Stellungnahme der Untersuchungskommission für die involvierten Vertragsparteien zumindest grundsätzlich verbindlich ist.

17 In unserem Zusammenhang von besonderer Bedeutung sind die Bestimmungen der Konvention, welche die **Öffentlichkeitsbeteiligung** betreffen: So ist sowohl auf nationaler als auch auf internationaler Ebene die Beteiligung der Öffentlichkeit im Entscheidungsprozess sicherzustellen (Art. 2-4 Espoo-Konvention). Ausnahmen hiervon sind nur erlaubt, wenn eine Öffentlichkeitsbeteiligung Betriebs- oder Geschäftsgeheimnisse oder Interessen der nationalen Sicherheit schädigen könnte (Art. 2 Abs. 8 Espoo-Konvention). Im Einzelnen muss ein Staat einem anderen, durch die Auswirkungen einer Tätigkeit betroffenen Staat und dessen Behörden, aber auch der dortigen Öffentlichkeit, die Gelegenheit geben, Stellungnahmen und auch Einsprüche einzubringen.[52] Dabei sind **gleichwertige Bedingungen der Öffentlichkeitsbeteiligung** anzustreben wie jene, die der eigenen Bevölkerung offenstehen (Art. 2 Abs. 6 Espoo-Konvention). Die Dokumentation für die Umweltverträglichkeitsprüfung ist der Öffentlichkeit in der Gegend, die wahrscheinlich betroffen sein dürfte, zugänglich zu machen (Art. 3 Abs. 5, 6, Art. 4 Abs. 2 Espoo-Konvention).

Die der Reihe nach zu beachtenden Schritte für einen Vertragsstaat bestehen darin, ein Projekt zu notifizieren, Informationsmaterial zu teilen, Gelegenheit zur Stellungnahme zu geben und zuletzt über die gefällte Entscheidung zu informieren.[53] Für die Öffentlichkeitsbeteiligung sieht die Konvention vor, dass diese in „angemessener" Frist vor der endgültigen Entscheidung über eine Tätigkeit stattfinden muss (Art. 4 Abs. 2 Espoo-Konvention).[54] Auch muss der Entscheidungsträger Stellungnahmen und die Ergebnisse der Umweltverträglichkeitsprüfung „angemessen berücksichtigen" (*due account*), vgl. Art. 6 Abs. 1 Espoo-Konvention, und muss zu diesem Zweck die Gründe und Erwägungen angeben, auf die die Entscheidung gestützt wurde (Art. 6 Abs. 2 Espoo-Konvention).[55]

52 Vgl. ausführlich hierzu (etwa auch zur Pflicht, Übersetzungen von Dokumenten anzufertigen) *Rietzler*, NVwZ 2015, 483 (487).

53 Vgl. auch *Lerman*, in: Public Participation in Environmental Decision-Making, 11 (14 f.).

54 Genauer schreibt hier das sogleich noch zu diskutierende Protokoll über die strategische Umweltprüfung vor, dass frühe, zeitgerechte und effektive (*early, timely and effective*) Gelegenheit zur Beteiligung zu gewähren ist, wenn noch alle Optionen offen stehen, vgl. Protocol on Strategic Environmental Assessment to the Convention on Environmental Impact Assessment in a Transboundary Context, 21.5.2003 (Extraordinary Meeting of the Parties), Art. 8 Abs. 1.

55 S. auch *Rietzler*, NVwZ 2015, 483 (489). Wiederum geht das Protokoll über die strategische Umweltprüfung hier weiter und schreibt vor, dass die Entscheidung auch eine Stellungnahme enthalten soll, die zusammenfasst, wie Umwelterwägungen integriert wurden, wie Kommentare berücksichtigt wurden und warum das Projekt im Lichte angemessener Alternativen betrachtet dennoch so beschlossen wurde, Protocol on Strategic Environmental Assessment to the Convention on En-

Eine erste, 2014 in Kraft getretene Änderung der Konvention[56] erweitert den möglichen Kreis der Vertragsparteien um Nicht-UNECE Staaten und fügt als **Teil der Öffentlichkeit** auch **Verbände, Organisationen oder Gruppen nach nationalem Recht** hinzu, was insbesondere Umweltschutzorganisationen betrifft.[57] 18

Eine zweite, noch nicht in Kraft getretene Änderung der Konvention erweitert vor allem den Anhang I, der Tätigkeiten auflistet, die einer Umweltverträglichkeitsprüfung zu unterziehen sind, aber auch die Bestimmungen zur Überprüfung der Einhaltung der Verpflichtungen aus der Konvention.[58]

Das im Jahr 2003 unterzeichnete **Kiewer Protokoll** zur Espoo-Konvention[59] – das seit 2010 in Kraft ist[60] – dehnt die Pflicht zur Durchführung einer UVP auf **Pläne und Programme** aus, die erhebliche grenzüberschreitende Umweltbeeinträchtigungen entfalten können (Strategische Umweltprüfung, *Strategic Environmental Assessment*). Auch dieses Protokoll sieht relativ präzise Vorgaben für die durchzuführende Umweltverträglichkeitsprüfung der erfassten Pläne und Programme vor, wenn auch einzelne Bestimmungen (so insbesondere Art. 13 in Bezug auf öffentliche Politiken und Gesetzgebung) eher „weich" formuliert sind, so dass ihnen keine eigentlichen Verpflichtungen der Vertragsparteien entnommen werden können. 19

Die **wesentlichen Elemente des Protokolls** können durch folgende Punkte zusammengefasst werden: 20

- Art. 1 des Protokolls umschreibt die **Zielsetzung** des Protokolls, wobei die Sicherstellung eines hohen Umweltschutzniveaus den Ausgangspunkt bildet. Zu diesem soll durch die UVP von Plänen und Projekten (die in einem transparenten Verfahren und unter Beteiligung der Öffentlichkeit erfolgen soll) beigetragen werden, so dass umweltpolitische Anliegen in der Erarbeitung von Politiken und Gesetzgebungsakten vermehrt berücksichtigt werden.
- Nach Art. 4 Abs. 1 ist eine UVP für in **Art. 4 Abs. 2 erwähnte Pläne und Programme** unter der Voraussetzung durchzuführen, dass sie **erhebliche Umweltauswirkungen** entfalten können.[61] Für andere Pläne

vironmental Impact Assessment in a Transboundary Context, 21.5.2003 (Extraordinary Meeting of the Parties), Art. 11 Abs. 2.

56 Amendment to Convention on Environmental Impact Assessment in a Transboundary Context, 27.2.2001 (Decision II/14, Second Meeting of the Parties).

57 In Kraft getreten am 26.8.2014, s. https://treaties.un.org/Pages/ViewDetails.aspx?src= TREATY&mtdsg_no=XXVII-4-a&chapter=27&lang=en (zuletzt besucht am 15.8.2017).

58 Second Amendment to Convention on Environmental Impact Assessment in a Transboundary Context, 4.6.2004 (Decision III/7, Third Meeting of the Parties).

59 Protocol on Strategic Environmental Assessment to the Convention on Environmental Impact Assessment in a Transboundary Context, 21.5.2003 (Extraordinary Meeting of the Parties).

60 https://treaties.un.org/Pages/ViewDetails.aspx?src=TREATY&mtdsg_no=XXVII-4-b&chapter =27&lang=en (Stand 5.6.2015; zuletzt besucht am 15.8.2017).

61 In Art. 4 Abs. 2 werden Pläne und Programme in folgenden Bereichen aufgeführt: Land- und Forstwirtschaft, Fischerei, Energie, Industrie, Verkehr, Regionalentwicklung, Abfallbewirtschaftung, Wassermanagement, Telekommunikation, Tourismus, Raumplanung und Pläne, die den Rahmen für bestimmte, in Anhang I aufgeführte (große) Projekte setzen.

und Programme soll eine UVP durchgeführt werden, wenn festgestellt wird, dass sie erhebliche Umweltauswirkungen entfalten können, wobei dies im Einzelfall oder unter Anwendung generalisierender Kriterien festgestellt werden kann (Art. 5 Abs. 1). Pläne und Programme in gewissen Bereichen (wie etwa nationale Verteidigung) sind vom Anwendungsbereich des Protokolls ausgeschlossen (Art. 5 Abs. 1).

- Wird eine UVP durchgeführt, so impliziert dies die Erstellung eines **Umweltberichts**, der die möglichen (erheblichen) Umweltauswirkungen identifiziert, beschreibt und evaluiert sowie in Betracht kommende Alternativen aufzeigt (Art. 7 iVm Anhang IV).
- Die **Öffentlichkeitsbeteiligung** gemäß Art. 8 ist zu einem Zeitpunkt durchzuführen, in dem noch alle Optionen offen stehen, der Plan oder das Programm also noch nicht verabschiedet oder sonstwie inhaltlich determiniert ist.
- Art. 9 und 10 sehen diverse **Konsultationspflichten** vor, insbesondere für den Fall zu erwartender erheblicher grenzüberschreitender Umweltauswirkungen.
- Bei der Entscheidung über den Plan oder das Programm müssen die **Ergebnisse des Umweltberichts**, insbesondere die dort ggf. erwähnten Maßnahmen, im Hinblick auf eine Verhinderung, Reduktion oder Anpassung der bzw. an die Umweltauswirkungen, **berücksichtigt** werden; Gleiches gilt für die **Ergebnisse der Konsultationen und der Öffentlichkeitsbeteiligung** (Art. 11).
- Die Umsetzung des Plans oder Programms ist einem **Monitoring** zu unterwerfen, um seine Umweltauswirkungen zu evaluieren und ggf. angemessene Maßnahmen ergreifen zu können (Art. 12).
- Schließlich sollen die Vertragsparteien allgemein darauf achten, dass **Umweltanliegen** bei der Vorbereitung von Politiken und Gesetzgebung **einbezogen** werden (Art. 13).

Das Protokoll spezifiziert nicht, wer die UVP durchzuführen hat, sondern hebt in Art. 3 Abs. 1 lediglich hervor, dass die Vertragsstaaten diejenigen gesetzgeberischen und sonstigen Maßnahmen zu ergreifen haben, die notwendig sind, um die Vorgaben des Protokolls durchzuführen. Grundsätzlich wird die UVP wohl von staatlichen Behörden durchgeführt werden, die ja auch die Pläne und Programme selbst annehmen; andere Lösungen erscheinen jedoch nicht *a priori* ausgeschlossen. Bemerkenswert ist weiter (auch im Verhältnis zur Hauptkonvention), dass das Protokoll kein Verfahren zur Klärung des Anwendungsbereichs des Protokolls vorsieht, so dass dieser angesichts der häufig bestehenden Unsicherheit, ob ein bestimmter Plan oder ein bestimmtes Programm tatsächlich erhebliche Umweltauswirkungen entfaltet, bis zu einem gewissen Grad präzisierungsbedürftig bleibt bzw. seine Reichweite unsicher ist.

21 Die Erfüllung der Verpflichtungen aus der Espoo-Konvention wird von einem *Implementation Committee* überwacht.[62] Auch im Rahmen der Espoo-Konvention ist durch die Tätigkeit des *Implementation Committee*

62 Decision II/4 (Second Meeting of the Parties), abgeändert durch Decision III/2 (Third Meeting of the Parties).

eine gewisse eigene Spruchpraxis entstanden, die bei der Auslegung der Konvention zu Rate gezogen werden kann bzw. sollte.[63]

Insgesamt ist die Espoo-Konvention schon deshalb bemerkenswert, weil sie relativ detaillierte Vorgaben für die Art und Weise der Durchführung einer UVP erkennen lässt. Die Anhänge sind recht ausführlich gestaltet, und die Vorgaben auch insgesamt vergleichsweise präzise, insbesondere soweit verfahrensrechtliche Aspekte betroffen sind (s. etwa Art. 3 in Bezug auf die Notifizierung, Art. 4 iVm Anhang II in Bezug auf die der zuständigen Behörde zu übermittelnden Informationen und Art. 5 hinsichtlich der Konsultationen zwischen den Vertragsparteien). Von besonderer Bedeutung ist sodann, dass Art. 6 ausdrücklich vorgibt, die Ergebnisse der UVP (unter Einschluss der Resultate der Konsultationen und der Öffentlichkeitsbeteiligung) bei der Genehmigungsentscheidung über das Projekt zu berücksichtigen. Damit leistet auch die Espoo-Konvention einen **bedeutenden Beitrag zur Verankerung prozeduralen Umweltschutzes**, wenngleich als Kritikpunkt teils die Schwäche der materiellrechtlichen Vorgaben bemängelt wird, wie etwa die Unmöglichkeit für die Öffentlichkeit, die Frage der Bedeutung eines Projekts aufzuwerfen und deren Überprüfung anzuregen.[64] Auch bei einer Tätigkeit, die mehrerer Genehmigungen bedarf, erstrecken sich die Verpflichtungen der Espoo-Konvention nur auf jene Entscheidungen, die der Umweltverträglichkeitsprüfung unterliegen, dh typischerweise Baugenehmigungen und nicht etwa wie bei der Aarhus-Konvention auch weitergehend auf Umwelt- und Verschmutzungskontrollentscheidungen.[65] 22

2. Andere relevante Instrumente

Abgesehen von der Espoo-Konvention gibt es eine Reihe weiterer völkerrechtlicher Instrumente, die in der Aarhus-Konvention enthaltene Elemente enthalten bzw. aufgreifen und sich teilweise sogar an die Aarhus-Konvention anlehnen. 23

Berücksichtigt werden dabei im Folgenden nur völkerrechtlich verbindliche Abkommen, wobei auch hier kein Anspruch auf Vollständigkeit erhoben wird.

Im Einzelnen kann insbesondere auf folgende völkerrechtliche Abkommen hingewiesen werden: 24

- Die **Klimarahmenkonvention der Vereinten Nationen** sieht in Art. 6 lit. a) Ziff. ii und iii als Teil der Schaffung eines öffentlichen Bewusstseins den öffentlichen Zugang zu Informationen über Klimaänderungen und deren Folgen und die Beteiligung der Öffentlichkeit an der Beschäftigung mit den Klimaänderungen, deren Folgen und geeigneter Gegenmaßnahmen vor.[66]

63 Vgl. hierzu mehr unter http://www.unece.org/env/eia/implementation/implementation_ committee.html (zuletzt besucht am 15.8.2017).
64 *Lerman*, in: Public Participation in Environmental Decision-Making, 11 (16).
65 *Jendroska*, in: Environmental Democracy and Law, 113 (131).
66 Rahmenübereinkommen der Vereinten Nationen über Klimaänderungen, 9.5.1992, 31 ILM (1992), 851 ff.

- Die **UNECE Industrieunfallkonvention**[67] verlangt in Art. 9, die Öffentlichkeit in Gegenden, die von einem Industrieunfall aufgrund einer gefährlichen Tätigkeit betroffen sein könnten,
  - angemessen zu informieren (Abs. 1);
  - „soweit möglich und angemessen" (*whenever possible and appropriate*) der Öffentlichkeit in derartigen Gegenden die Möglichkeit der Teilnahme an relevanten Entscheidungsverfahren zu geben, so dass diese ihre Ansichten und Bedenken bezüglich Prävention und Vorbereitungsmaßnahmen äußern kann (Abs. 2);
  - und zuletzt, den Zugang Betroffener oder potenziell Betroffener zu administrativen und gerichtlichen Verfahren zu gleichwertigen (*equivalent*) Bedingungen im Vergleich zu den Personen im eigenen Zuständigkeitsbereich zu gewähren, damit eine Klagemöglichkeit zur Sicherung betroffener Rechte besteht.
- Das **Übereinkommen der Vereinten Nationen zur Bekämpfung der Wüstenbildung**[68] enthält ebenfalls Ansätze zur Information und Beteiligung der Öffentlichkeit. Art. 3 lit. a) sieht als Ziel vor, dass die Vertragsparteien bezüglich Entscheidungen über Programme zur Bekämpfung von Wüstenbildung und Dürren die Beteiligung der Bevölkerung und lokaler Gemeinschaften sicherstellen sollten (*should*). Art. 10 Abs. 2 lit. e) schreibt unter anderem vor, dass der Zugang der ansässigen Bevölkerung zu angemessenen (*appropriate*) Informationen erleichtert werden soll. Nach Art. 10 Abs. 2 lit. f.) soll zudem eine effektive Beteiligung auf lokaler, nationaler und regionaler Ebene durch nichtstaatliche Organisationen und die ansässige Bevölkerung bei der Planung von Politiken, Entscheidungsverfahren und der Umsetzung und Überprüfung nationaler Aktionsprogramme gewährleistet werden.
- Direkt von der Aarhus-Konvention inspiriert sich[69] das **Protokoll über Wasser und Gesundheit**[70] zur UNECE Wasserkonvention.[71] Bereits die Präambel des Protokolls verweist auf die Aarhus-Konvention.[72] Art. 5 Ziff. i zählt dann die drei Säulen auf, wie sie sich in der Aarhus-Konvention finden. Als zu beachtende Grundsätze seien der Zugang zu Informationen und die Beteiligung der Öffentlichkeit bei Entscheidungsverfahren bezüglich Wasser- und Gesundheitsangelegenheiten erforderlich, um die Qualität der Entscheidungen und deren Umsetzung zu verbessern, ein öffentliches Bewusstsein zu schaffen, die Gelegenheit zum Ausdruck von Bedenken zu bieten und den Behörden die Möglichkeit zu geben, auf solche Bedenken einzugehen. Darüber hinaus sollten

67 UNECE Convention on the Transboundary Effects of Industrial Accidents, 17.3.1992, 31 ILM (1992), 1333 ff.

68 Übereinkommen der Vereinten Nationen zur Bekämpfung der Wüstenbildung in den von Dürre und/oder Wüstenbildung schwer betroffenen Ländern, insbesondere in Afrika.

69 *Ebbesson et al.*, Aarhus Convention Implementation Guide, 121.

70 Protocol on Water and Health to the 1992 Convention on the Protection and Use of Transboundary Watercourses and International Lakes, 17.6.1999, 38 ILM (1999), 1708 ff.

71 UNECE Convention on the Protection and Use of Transboundary Watercourses and International Lakes, 17.3.1992, 31 ILM (1992), 1312 ff.

72 S. 9. Erw. der Präambel.

(*should*) diese beiden Elemente ergänzt werden durch angemessenen (*appropriate*) Zugang zu gerichtlichen und verwaltungsrechtlichen Verfahren zur Überprüfung derartiger Entscheidungen.

- Als Beispiel für aktive Informationspflichten im Umweltbereich können auch gewisse Bestimmungen des **Übereinkommens zum Schutz des Kultur- und Naturerbes der Welt**[73] der Organisation der Vereinten Nationen für Erziehung, Wissenschaft und Kultur (UNESCO) genannt werden. In Art. 27, 28 des Übereinkommens sind Erziehungsprogramme und Bewusstseinsbildung als aktive Informationspflichten bezüglich der Achtung des Kultur- und Naturerbes bzw. hinsichtlich einzelner, international unterstützter Objekte des Weltkultur- und Weltnaturerbes vorgesehen.
- Ähnliche Verpflichtungen enthalten in Bezug auf Schutzzonen die sogenannten *Regional Seas Conventions.*[74]
- Zur Zusammenarbeit zur Förderung der Öffentlichkeitsaufklärung verpflichten daneben noch das **Protokoll von Montreal**[75] und das **Basler Übereinkommen.**[76]
- Auch nicht direkt im Umweltvölkerrecht verankerte völkerrechtliche Bestimmungen enthalten der Aarhus-Konvention ähnliche Verpflichtungen. Im Bereich der Menschenrechte urteilte der Europäische Gerichtshof für Menschenrechte (EGMR), dass sich aus **Art. 8 EMRK**, dem Recht auf Achtung des Privat- und Familienlebens, ein Recht auf Aufklärung über Umweltgefahren bzw. Zugang zu Informationen ergeben könne, so zB im Zusammenhang mit einer Chemiefabrik, von der Umweltgefahren ausgingen, bzw. der Weigerung der zuständigen Behörden, Zugang zu Informationen zu gewähren.[77]

Insgesamt erweist sich die Aarhus-Konvention somit als in einen **reichen Kontext umweltvölkerrechtlicher und umweltvölkerrechtlich relevanter Instrumente eingebettet**, und es erscheint nicht übertrieben festzustellen, dass ein Mindestmaß solcher prozeduraler Rechte im Umweltbereich nicht nur zum Standard moderner umweltvölkerrechtlicher Verträge gehören, sondern auch auf dem Weg sind, zumindest regionales Völkergewohnheitsrecht zu werden, wobei die genauen Konturen hier allerdings unscharf bleiben. Dies unterstreicht einmal mehr die Bedeutung der Aarhus-Konvention. 25

73 UNESCO Convention Concerning the Protection of the World Cultural and Natural Heritage, 23.11.1972, 11 ILM (1972), 1358 ff.

74 S. zB Protocol Concerning Mediterranean Specially Protected Areas, 3.4.1982; Protocol for the Conservation and Management of Protected Marine and Coastal Areas of the South-East Pacific, 21.9.1989; Protocol Concerning Specially Protected Areas and Wildlife to the Convention for the Protection and Development of the Marine Environment of the Wider Caribbean Region, 18.1.1990.

75 Montreal Protocol on Substances that Deplete the Ozone Layer, 16.9.1987, 26 ILM (1987), 1550 ff., Art. 9 Abs. 2.

76 Basel Convention on the Control of Transboundary Movements of Hazardous Wastes and Their Disposal, 22.5.1989, 28 ILM (1989), 649 ff., Art. 10 Abs. 4.

77 EGMR, *Guerra ua/Italien*, Urt. v. 19.2.1998, Reports of Judgments and Decisions 1998-I, 210-249, Rn. 56 ff. Vgl. auch zum Recht der Öffentlichkeit auf Information im Rahmen des Art. 2 EMRK über das Recht auf Leben EGMR, *Öneryildiz/Türkei*, Urt. v. 30.11.2004, Beschwerdenummer 48939/99, Rn. 89 ff.

IV. Zur Auslegung der Aarhus-Konvention

26 Die Aarhus-Konvention stellt einen „normalen" völkerrechtlichen Vertrag dar. Daher ist sie nach den für völkerrechtliche Verträge einschlägigen Regeln auszulegen. Vor diesem Hintergrund sollen nachfolgend zunächst die **völkerrechtlichen Auslegungsregeln** für Verträge skizzziert werden (1.), um den Kontext aufzuzeigen, in dem die Auslegung der Aarhus-Konvention erfolgen muss.[78] Daran anschließend ist insbesondere auf die auslegungstechnische **Relevanz von späterer Auslegung der Vertragsbestimmungen** durch vertragliche Streitbeilegungsmechanismen (2.) sowie durch Höchstgerichte von Vertragsstaaten und -parteien (in unserem Zusammenhang in erster Linie der EuGH) einzugehen (3.). Dieser Aspekt ist zwar durchaus auch allgemein bei völkerrechtlichen Verträgen relevant; ihm kommt aber im Zusammenhang mit der Aarhus-Konvention insofern besondere Bedeutung zu, als sich in den vergangenen Jahren gezeigt hat, dass das *Compliance Committee* eine beachtliche Aktivität entwickelt und sich zu zahlreichen grundlegenden Fragen der Auslegung der Konvention geäußert hat. Zudem ist die Rolle höchstgerichtlicher Rechtsprechung der Vertragsparteien im Zusammenhang mit der Aarhus-Konvention vor dem Hintergrund zu sehen, dass aufgrund des Status der Europäischen Union als Vertragspartei und der Umsetzung der konventionsrechtlichen Vorgaben auf Unionsebene mit dem EuGH ein höchstes Gericht einer Vertragspartei zu Fragen der Auslegung der Konvention Stellung nimmt, dessen Urteile für 28 (von 47) Vertragsparteien verbindlich sind, so dass ihm eine besondere Bedeutung zukommt.

1. Auslegung völkerrechtlicher Verträge: Grundsätze

27 Die zentralen Bestimmungen für die Auslegung völkerrechtlicher Verträge finden sich in **Art. 31 bis 33 der Wiener Vertragsrechtskonvention**[79] (WVRK). Die in diesen Bestimmungen enthaltenen Regeln basieren auf vorherigem Völkergewohnheitsrecht, was – wie andere internationale Gerichtshöfe[80] – auch der Internationale Gerichtshof (IGH) in seiner Rechtsprechung wiederholt anerkannt hat.[81] Daher können diese Bestimmungen

78 Vgl. zur Anwendbarkeit völkerrechtlicher Regeln im Kontext der Aarhus-Konvention auch ausdrücklich das *Compliance Committee*, ACCC/C/2012/77 Vereinigtes Königreich und Nordirland, Rn. 79. Das *Compliance Committee* betont, dass die üblichen Vorgaben des Völkerrechts wie etwa jene, nach der keine Berufung auf innerstaatliches Recht zulässig sei, um die Nichterfüllung von Vertragspflichten zu rechtfertigen, für die Mitgliedstaaten als Vertragsparteien gälten.

79 Wiener Übereinkommen über das Recht der Verträge vom 23.5.1969 (SR 0.111); Vienna Convention on the Law of Treaties, 23.5.1969, 8 ILM (1969), 679 ff.

80 S. mwN *Dörr*, in: Dörr/Schmalenbach, Vienna Convention, Art. 31, 524 mit Fußnoten 15 ff. S. ansonsten zum Charakter der Art. 31 ff. WVRK als Völkergewohnheitsrecht zB, mwN, *Klein*, in: Auslegung und Anwendung von Integrationsverträgen, 1 (5); *Villiger*, Customary International Law, Rn. 484 ff.

81 ICJ, Arbitral Award of 31 July 1989 (Guinea Bissau v. Senegal), ICJ Reports 1991, p. 53, Rn. 48; ICJ, Territorial Dispute (Libya v. Chad), ICJ Reports 1994, p. 6, Rn. 41; ICJ, Kasikili/Sedudu Island (Botswana v. Namibia), ICJ Reports 1999, p. 1045, Rn. 18; ICJ, LaGrand (Germany v. United States), ICJ Reports 2001, p. 466, Rn. 99; ICJ, Legal Consequences of the Construction of a Wall in the Occupied Palestinian Territory (Advisory Opinion), ICJ Reports 2004, p. 136, Rn. 94; ICJ, Dispute Regarding Navigational and Related Rights (Costa Rica v. Nicaragua), ICJ

in der Sache auch auf Verträge angewandt werden, deren Vertragsparteien nicht (alle) Vertragspartei auch der Wiener Vertragsrechtskonvention sind oder die (auch) von Internationalen Organisationen ratifiziert worden sind.

Nach der Grundregel des **Art. 31 Abs. 1 WVRK** ist ein Vertrag „nach Treu und Glauben in Übereinstimmung mit der gewöhnlichen, seinen Bestimmungen in ihrem Zusammenhang zukommenden Bedeutung und im Lichte seines Zieles und Zweckes auszulegen“.[82] **Zentrale Anknüpfungspunkte** für die Auslegung sind somit **Treu und Glauben, Wortlaut, systematischer Zusammenhang bzw. Kontext und Gegenstand und Zweck** eines Vertrages. 28

Grundsätzlich folgt Art. 31 WVRK einem **objektiven Ansatz**, weswegen Ziel und Zweck bei der teleologischen Auslegung nicht anhand der subjektiven Absichten der Vertragsparteien ermittelt werden, wie sie sich zB in *travaux préparatoires* widerspiegeln könnten,[83] sondern aus der Präambel, der Art und – soweit vorhanden – den ausdrücklichen Zielbestimmungen eines Vertrages.

Art. 31 Abs. 2 WVRK führt **weitere Elemente** als Teil des Zusammenhangs auf, wie etwa Übereinkünfte zwischen allen Vertragsparteien anlässlich des Vertragsabschlusses oder von Vertragsparteien abgefasste Urkunden, die von den anderen Parteien als auf den Vertrag bezogen akzeptiert wurden. Darüber hinaus erweitert Art. 31 Abs. 3 WVRK den Kreis der Mittel, die neben dem Zusammenhang berücksichtigt werden sollen. Es handelt sich hierbei um spätere Übereinkünfte über die Auslegung zwischen den Vertragsparteien sowie jede spätere Übung, die Aufschlüsse über eine Übereinstimmung in Bezug auf eine bestimmte Auslegung des Vertrages erkennen lässt (Art. 31 Abs. 3 lit. a) und b) WVRK).[84] Die Parteien können auch einzelnen Bestimmungen eine besondere Bedeutung geben (Art. 31 Abs. 4 WVRK). 29

Letztlich sind darüber hinaus auch sämtliche in den Beziehungen zwischen den Vertragsparteien anwendbaren einschlägigen Völkerrechtssätze („*relevant rules of international law*“) zu berücksichtigen. Für diese ist keine besondere Nähebeziehung zum Vertrag erforderlich. Die entsprechenden Völkerrechtssätze müssen jedoch anwendbar, dh bindend für die Vertragsparteien, sowie einschlägig, dh sachlich relevant für den auszulegenden Vertragsbegriff, sein.[85] Zweck ist, eine Auslegung der gewöhnlichen Bedeutung von Vertragsbegriffen im Lichte der aktuellen Entwicklung des Völkerrechts sicherzustellen.[86]

Reports 2009, p. 213, Rn. 47; ICJ, Pulp Mills on the River Uruguay (Argentina v. Uruguay), ICJ Reports 2010, p. 14, Rn. 65.

82 *Klein,* in: Auslegung von Integrationsverträgen, 1 (5), weist zutreffend darauf hin, dass diese Formulierung am Ende wenig geglückt ist und man statt von „Ziel und Zweck“ eher von „Gegenstand und Zweck“ sprechen solle.

83 Zur Rolle derartiger Erkenntnisquellen jedoch Art. 32 WVK, hierzu sogleich Einführung Rn. 30.

84 Bei der späteren Übung ist insbesondere das stillschweigende Einverständnis der anderen Vertragsparteien zu untersuchen, s. hierzu ILC, Yearbook of the International Law Commission 1966 Vol. II, 98, Rn. 18. Vgl. umfassend zum Thema der späteren Übung die Beiträge in *Nolte*, Treaties and Subsequent Practice, *passim.*

85 *Villiger*, VCLT Commentary, 433, Rn. 25.

86 S. zur Rolle von Art. 31 Abs. 3 lit. c) ausführlich ILC, Yearbook of the International Law Commission 2006 Vol. II, 413 ff., Rn. 251 ff. Bereits 1966 strich die Völkerrechtskommission die bis dahin verwendete Formulierung „*in force at the time*

30 Als einzige **hierarchisierende Vorgabe**[87] ist **Art. 32 WVRK** zu nennen. Die in dieser Bestimmung aufgeführten ergänzenden Auslegungsmittel, wie „insbesondere" die vorbereitenden Arbeiten (*travaux préparatoires*) oder andere Umstände des Vertragsabschlusses, sind nur heranzuziehen, wenn nach Anwendung des Art. 31 WVRK die Bedeutung weiterhin „mehrdeutig oder dunkel" bleibt oder zu einem „offensichtlich sinnwidrigen oder unvernünftigen Ergebnis" führt. In diesem Sinne ist auch bei der Ermittlung des Ziels und Zwecks eines Vertrages im Rahmen des Art. 31 Abs. 1 WVRK nicht in erster Linie nach den subjektiven Absichten der Vertragsparteien vorzugehen, wie sie sich aus den *travaux préparatoires* ergeben, sondern aufgrund von Präambel, Art und gegebenenfalls ausdrücklichen Zielbestimmungen eines Vertrages.[88]

31 Schließlich befasst sich **Art. 33 Abs. 1 WVRK** mit Verträgen, bei denen der **Vertragstext in mehreren Sprachen** als authentisch festgelegt worden ist: Nach dieser Vorschrift ist in solchen Fällen der Text in jeder dieser Sprachen als maßgebend anzusehen, solange keine anderslautende ausdrückliche Vorgabe besteht.[89]

Die gewöhnliche Bedeutung der Bestimmungen eines Vertrages ist selbstredend regelmäßig ein erster und wesentlicher Anknüpfungspunkt für die Auslegung eines Vertrages. Ein Begriff ist so nach seiner üblichen Bedeutung auszulegen. Da diese in aller Regel abstrakt kaum festzustellen ist bzw. neben allgemeinem auch fachspezifischer Sprachgebrauch umfasst sein kann, ist ein Rückgriff auf den Zusammenhang mit anderen Begriffen sowie die Zielsetzungen eines Abkommens meist unumgänglich.[90] Zugleich ist zu berücksichtigen, dass sich die gewöhnliche Bedeutung eines Begriffs im Laufe der Zeit verändern kann. Ob derartige Bedeutungsänderungen als relevant aufzufassen sind, ist im Lichte der Auslegung nach Treu und Glauben – ein Grundsatz der insbesondere eine missbräuchliche Vertragsauslegung verhindern soll – zu beurteilen. So kann insbesondere durch den Rückgriff auf Gattungsbegriffe im Vertragstext eine solche dynamische Auslegung ermöglicht bzw. nahegelegt werden. Dies ist dann der Fall, wenn bei einem auf lange Dauer abgeschlossenen Vertrag davon ausgegangen werden kann, dass die Vertragsparteien nicht die historische, sondern eine sich entwickelnde Bedeutung zugrunde legen wollten.[91] Auch der Zusammenhang eines Vertrages ist weit zu verstehen und umfasst neben dem gesamten Vertragstext auch die Präambel und Anhänge eines Vertrages.[92]

32 Insgesamt sind diese Grundsätze – deren Bedeutungsgehalt hier nicht im Einzelnen nachgegangen werden kann – somit recht **abstrakt und allgemein formuliert**; insbesondere können die verschiedenen, nicht in einer

of its conclusion" (vgl. noch ILC, Yearbook of the International Law Commission 1966 Vol. II, 222, Rn. 16).

87 Vgl. auch zur gleichrangigen Behandlung des Wortlautes mit anderen Auslegungselementen im Gegensatz zu anderen Ansichten *Villiger*, VCLT Commentary, 436, Rn. 29.

88 *Epiney/Metz/Pirker*, Parallelität der Rechtsentwicklung, 7.

89 S. allgemein zu Mehrsprachigkeit bei völkerrechtlichen Verträgen *Gächter-Alge*, Mehrsprachigkeit im Völkervertragsrecht, *passim*.

90 *Heintschel von Heinegg*, in: Ipsen, Völkerrecht, § 12, Rn. 6 f.

91 ICJ, Dispute Regarding Navigational and Related Rights (Costa Rica v. Nicaragua), ICJ Reports 2009, p. 213, Rn. 66.

92 *Villiger*, VCLT Commentary, 427 Rn. 10.

strengen hierarchischen Reihenfolge stehenden Auslegungsmethoden in verschiedener Weise kombiniert und gewichtet werden, womit den **Spezifizitäten des jeweils auszulegenden völkerrechtlichen Vertrages** Rechnung getragen werden kann. Insofern dürften sie eine **hohe Flexibilität** aufweisen, so dass den erörterten Anknüpfungspunkten keine wirklich eindeutigen Vorgaben zu entnehmen sind, sondern sie gewisse **Spielräume** einräumen, womit Art. 31 ff. WVRK inhaltlich lediglich einen Rahmen für die Auslegung eines Vertrages vorgeben, während letztlich seinen Spezifizitäten (etwa hinsichtlich Zielsetzung, Inhalt oder auch Zusammenhang mit anderen Verträgen) eine nicht zu unterschätzende Bedeutung zukommen dürfte.[93]

So ist bei der Reihung und Gewichtung der Auslegungsmethoden (durch ein Gericht) vor allem den Besonderheiten des jeweiligen auszulegenden Vertrages Rechnung zu tragen. Es kann durchaus unterschieden werden zwischen verschiedenen Tendenzen bei der auf die genannten Methoden gestützten Auslegung. Generell wird beispielsweise durch den IGH die **teleologische Auslegung** bei „legislativen" Verträgen, dh Satzungen internationaler Organisationen, im Sinne des *effet utile*, dh der Förderung der Vertragsziele, betont; ebenso erfolgt durch andere Gerichtshöfe, wie den EGMR, bei Menschenrechtsverträgen verstärkt eine ähnlich teleologische – auch oft als dynamisch bezeichnete – Auslegung.[94] Gerade bei umweltvölkerrechtlichen Fragestellungen greift auch der IGH auf diese Form der Auslegung zurück.[95]

Spezifisch bezugnehmend auf die **Aarhus-Konvention** erscheinen vor dem Hintergrund der skizzierten allgemeinen Grundsätze sowie ihrer beachtlichen Flexibilität folgende Aspekte von besonderer Bedeutung: 33

- Angesichts der untergeordneten Bedeutung der vorbereitenden Arbeiten (Art. 32 WVRK) drängt sich eine allzu umfassende Untersuchung der **Entstehung einzelner Bestimmungen nicht** auf.[96]
- Hingegen ist schon aufgrund von Art. 31 Abs. 2 WVRK, der die Präambel als Teil des maßgeblichen Zusammenhangs nennt, die **Präambel** bei der Auslegung der einzelnen vertraglichen Vorgaben – soweit sachdienlich – in die Erwägungen einzubeziehen.
- Daneben und vor allem ist die in Art. 1 AK ausdrücklich formulierte **Zielsetzung** der Konvention bei der Auslegung aller vertraglicher Bestimmungen entsprechend zu berücksichtigen.
- Die Bedeutung **späterer Übung** ist im Zusammenhang mit der Auslegung der Aarhus-Konvention kaum zu überschätzen; auf sie wird nachfolgend im Zusammenhang mit der Praxis des *Compliance Committee* sowie der Höchstgerichte gesondert eingegangen.[97]
- Im Fall der Aarhus-Konvention sind der **englische**, der **französische** und der **russische Wortlaut verbindlich** (Art. 22 AK). In der Folge wird

93 Vgl. hierzu instruktiv mit einigen Beispielen *Klein*, in: Auslegung und Anwendung von Integrationsverträgen, 1 (5 ff.).

94 *Herdegen*, Völkerrecht, 134-135 mwN; vgl. auch in der Rechtsprechung des Internationalen Gerichtshofes ICJ, Dispute Regarding Navigational and Related Rights (Costa Rica v. Nicaragua), ICJ Reports 2009, p. 213, Rn. 63 ff.; ICJ, Pulp Mills on the River Uruguay (Argentina v. Uruguay), ICJ Reports 2010, p. 14, Rn. 193 ff.

95 ICJ, Case concerning the Gabčikovo-Nagymaros Project (Hungary/Slovakia), ICJ Reports 1997, p. 7, Rn. 112.

96 Vgl. zur Entstehungsgeschichte der Konvention oben Einführung Rn. 6 ff.

97 Vgl. sogleich unten Einführung Rn. 34 ff.

im Rahmen der Kommentierung der einzelnen Bestimmungen der Konvention jeweils auf die unterschiedlichen Sprachfassungen eingegangen, wenn sich daraus Schwierigkeiten bei der Auslegung ergeben. Art. 33 Abs. 4 WVRK legt hierfür die Regel fest, dass bei Bedeutungsunterschieden jene Bedeutung zugrunde zu legen ist, die unter Berücksichtigung von Ziel und Zweck die Wortlaute am besten miteinander in Einklang bringt.[98]

2. Insbesondere: zur Relevanz der Stellungnahmen des Compliance Committee

34 Das auf der Grundlage von Art. 15 AK gebildete *Compliance Committee*[99] ist kein Gericht und trifft **keine bindenden Entscheidungen**. Vielmehr kann es lediglich Empfehlungen zuhanden der Vertragsparteien bzw. unter bestimmten Umständen an einzelne Parteien aussprechen.[100] Auch sind andere Auslegungsinstanzen nicht unmittelbar an die Auslegungsansichten des *Compliance Committee* gebunden. Denn Grundlage für letztere ist, wie sich bereits aus Art. 15 AK ergibt, eine „freiwillige, nichtstreitig angelegte, außergerichtliche und auf Konsultationen beruhende Überprüfung" eines bestimmten Handelns einer Vertragspartei auf die Vereinbarkeit mit der Konvention hin.[101] Der „unverbindliche Charakter" der Empfehlungen des *Compliance Committee* wird darüber hinaus durch Art. 16 AK, der den nichtverbindlichen Mechanismen des Art. 15 AK die „klassische" Form der völkerrechtlichen, verbindlichen Streitbeilegung vor dem Internationalen Gerichtshof oder im Rahmen eines schiedsgerichtlichen Verfahrens gegenüberstellt, bestätigt.[102]

35 Dieser **unverbindliche Charakter** der Empfehlungen des *Compliance Committee* **bedeutet** jedoch **nicht**, dass sie für die Auslegung der Aarhus-Konvention **unbeachtlich** wären. So stellte der Internationale Gerichtshof in Bezug auf die Empfehlungen des Ausschusses des Internationalen Paktes über bürgerliche und politische Rechte fest, dass er zwar nicht verpflichtet sei, der Auslegung eines solchen unabhängigen Organs zu folgen, das zur Überwachung der Anwendung eines völkerrechtlichen Vertrags eingerichtet wurde. Dennoch erachtete er die Erkenntnisse des Ausschusses als relevant, um die notwendige Klarheit, Beständigkeit und Rechtssicherheit zu erreichen, die den durch einen Vertrag berechtigten Individuen sowie verpflichteten Staaten zustehe.[103]

---

98 Vgl. auch ICJ, LaGrand (Germany v. United States), ICJ Reports 2001, p. 466, Rn. 101.

99 Vgl. im Detail zum *Compliance Committee*, insbesondere zu Aufbau und Verfahren, Art. 15 Rn. 1 ff.

100 Vor diesem Hintergrund wurde die Rolle des *Compliance Committee* auch in der Lehre im Vergleich zu anderen Verfahren im nationalen Umweltrecht mitunter unterschätzt, vgl. mwN aus der US-amerikanischen Literatur *Marsden*, in: Environmental Discourses in Public and International Law, 238 (244).

101 Vgl. hierzu auch *Treves*, in: Non-Compliance Procedures and Mechanisms, 499 (508).

102 S. Art. 16 Rn. 1 ff.

103 ICJ, Ahmadou Sadio Diallo (Guinea v. Democratic Republic of the Congo), ICJ Reports 2010, p. 664, Rn. 66. S. zu einer solchen „Steuerungswirkung" näher *Peters*, EurUP 2014, 185 (187). S. auch, auf die Praxis des *Compliance Commit-*

So spricht denn auch Vieles dafür, die Ansichten des *Compliance Committee* als **„spätere Übung“** (*subsequent practice*) im Sinne des Art. 31 Abs. 3 lit. b) WVRK einzuordnen und sie dementsprechend als relevant für die Auslegung einzustufen.[104] So wurden bislang sämtliche Erkenntnisse (*findings*) im Rahmen der Treffen der Vertragsparteien im Konsens bestätigt oder in anderer Form angenommen. Insbesondere falls – was durchaus vorkommt – eine Bestimmung der Konvention konstant gleich ausgelegt wird, ohne dass durch Parteien bei Treffen der Vertragsparteien Bedenken geäußert werden, ist das Vorliegen einer solchen späteren Übung wohl kaum zu bestreiten.[105] Im Übrigen haben die Vertragsparteien bereits früh ihre generelle Zustimmung zur Arbeit des *Compliance Committee* signalisiert.[106] 36

Anzumerken ist hier, dass das *Compliance Committee* über sanften Druck oft erreicht, dass Vertragsparteien seine Empfehlungen akzeptieren, da das *Compliance Committee* ansonsten die eigenen Lösungen und Empfehlungen dem Treffen der Vertragsparteien vorzulegen droht; bei einer Annahme der Empfehlungen können daher eventuelle Fortschritte der Vertragspartei bereits bei der Mitteilung des *Compliance Committee* an das Treffen der Vertragsparteien berücksichtigt werden.[107] Somit werden die Schlussfolgerungen des *Compliance Committee* von den Vertragsstaaten im Allgemeinen befolgt; Ausnahmen betreffen meist Fälle schwerer innerstaatlicher Probleme, die oft auf einem unterentwickelten Rechtsstaat fußen.[108]

Zwar könnte auch in Erwägung gezogen werden, die entsprechende Entscheidung der Vertragsparteien im Rahmen des Treffens der Vertragsparteien in Bezug auf eine Empfehlung des *Compliance Committee* sollte – sofern ihr Inhalt relevant für die Auslegung der Konvention ist – als eine Art **„spätere Übereinkunft“** zwischen den Vertragsparteien im Sinne des Art. 31 Abs. 3 lit. a) WVRK angesehen werden.[109] Einer solchen kommt im Gegensatz zu einer späteren „Übung“ ein höherer „Beweiswert“ zu, da eine Übereinkunft selbst eine authentische Auslegung des Vertrages darstellt, während sich eine solche Auslegung aus einer Übung erst ergeben muss.[110] Allerdings wurde in der Rechtsprechung die Unterscheidung zwi- 37

tee zurückgreifend, Schlussanträge der Generalanwältin *Kokott*, EuGH, Rs. C-260/11 (Edwards), ECLI:EU:C:2012:645, Rn. 8. Vgl. hingegen zu den zurückhaltenderen Stellungnahmen der britischen Gerichte *Ka Ruddie*, in: The Aarhus Convention, 13 (14).

104 In diese Richtung *Treves*, in: Non-Compliance Procedures and Mechanisms, 499 (509); *Jendroska*, JEEPL 2012, 71 (75). S. auch *Alge*, RdU 2011, 136 (141).

105 So wohl *Tanzi/Pitea*, in: The Aarhus Convention at Ten, 367 (380).

106 Vgl. *Jendroska*, JEEPL 2011, 301 (305).

107 *Koester*, REDE 2007, 251 (260).

108 *Alge*, RdU 2012, 109 (110), der als Beispiele für die Nichtbefolgung von Stellungnahmen des *Compliance Committee* solche in Bezug auf Turkmenistan, Kasachstan und die Ukraine nennt.

109 Vgl. in diese Richtung gehende Erwägungen bei *Treves*, in: Non-Compliance Procedures and Mechanisms, 499 (509), der jedoch nicht eindeutig Stellung bezieht, ob es sich wirklich um eine „spätere Übereinkunft“ im Sinne des Art. 31 Abs. 3 lit. a) WVRK handeln soll.

110 Hierzu ICJ, (Kasikili/Sedudu Island (Botswana v. Namibia)), ICJ Reports 1999, p. 1045, Rn. 63.

schen den beiden Handlungsformen nicht immer eindeutig getroffen;[111] dies ändert aber nichts daran, dass die Unterscheidung in Art. 31 Abs. 3 WVRK dafür spricht, zwischen beiden Konstellationen zu differenzieren, wobei das Abgrenzungskriterium wohl in der Art und Weise des Agierens zu sehen sein dürfte: So sollten nur ausdrückliche Übereinkünfte, die auch darauf abzielen, als Auslegungshilfe für einen völkerrechtlichen Vertrag zu dienen, als spätere Übereinkünfte angesehen werden, während alle anderen späteren Handlungsformen als spätere Übung aufgefasst werden sollten.[112]

38 Im Ergebnis stellen somit die Empfehlungen des *Compliance Committee* – jedenfalls soweit sie durch entsprechendes zustimmendes Verhalten der Vertragsparteien bestätigt werden – eine **spätere Übung der Parteien im Sinne des Art. 31 Abs. 3 lit. b) WVRK** dar. Obwohl damit den genannten Ansichten nicht die Wirkung einer durch die Parteien vereinbarten authentischen Auslegung des Vertrages zukommt, sind sie damit für die Auslegung der Aarhus-Konvention von maßgeblicher Bedeutung und sollen auch im Rahmen der vorliegenden Kommentierung umfassend berücksichtigt werden.[113]

Die Bedeutung der Ansichten des *Compliance Committee* unterstreichend, sprach hier auch sein Vorsitzender bisweilen von der „Rechtsprechung“ (*jurisprudence*) des *Compliance Committee.*[114] Demgegenüber kritisierten die Vereinigten Staaten von Amerika, obwohl sie die Konvention nicht unterzeichnet hatten, 2002 die Schaffung des Mechanismus des *Compliance Committee* wegen der Vielzahl unüblicher Rollen, die nichtstaatlichen und nicht den Vertragsparteien angehörenden Akteuren eingeräumt würden, was die Ernennung von Mitgliedern des *Compliance Committee* und die Möglichkeit, bestimmte Mitteilungsverpflichtungen der Vertragsparteien auszulösen, umfasse.[115] Zu heftigen Debatten führte es, als in der Folge die Vereinigten Staaten ausschlossen, das *Compliance Committee* bzw. seine Erkenntnisse als Präjudizien (*precedent*) anzuerkennen.[116]

3. Insbesondere: zur Relevanz der Rechtsprechung höchster Gerichte der Vertragsparteien, unter besonderer Berücksichtigung des EuGH

39 Etwas anders stellt sich die Rechtslage bei der Auslegung der Aarhus-Konvention durch nationale Höchstgerichte und den EuGH dar. Hierbei handelt es sich, da jeweils nur ein – gerichtliches – **Organ einer Vertragspartei** handelt, typischerweise nicht um eine spätere Übereinkunft oder **Übung der Vertragsparteien** im Sinne von Art. 31 Abs. 3 lit. a) oder b) WVRK.

111 ICJ, Case concerning the Gabčikovo-Nagymaros Project (Hungary/Slovakia), ICJ Reports 1997, p. 7, Rn. 138; ICJ, Territorial Dispute (Libya v. Chad), ICJ Reports 1994, p. 6, Rn. 66 ff.

112 So *Nolte*, in: Treaties and Subsequent Practice, 174; *Gardiner*, Treaty Interpretation, 209.

113 So wohl im Ergebnis auch *Jendroska*, JEEPL 2012, 71 (75), der von einer „indirekten“ Maßgeblichkeit der Ansichten des *Compliance Committee* ausgeht.

114 *Bétaille*, RJE 2010, 197 (202).

115 Statement by the Delegation of the United States with Respect to the Establishment of the Compliance Mechanism, Anhang zum Bericht über das erste Treffen der Vertragsparteien, U.N.Doc. ECE/MP.PP/2, 17.12.2002, 19 f.

116 *Kravchenko*, YEEL 2007, 1 (2).

Allerdings sind **gerichtliche Entscheidungen** als eigenständige **Quelle des Völkerrechts** relevant. Art. 38 Abs. 1 lit. d) des Statuts des Internationalen Gerichtshofs[117] nennt neben völkerrechtlichen Verträgen, Völkergewohnheitsrecht und allgemeinen Rechtsgrundsätzen auch **richterliche Entscheidungen als Hilfsmittel zur Feststellung von Rechtsnormen.** Zumindest die Entscheidungen internationaler Gerichte und von Schiedsgerichten werden auch in anerkannter Praxis weithin zitiert und verwendet, um die Regeln des geltenden Völkerrechts zu präzisieren.[118] Zwar gibt es in Bezug auf die Rechtsprechung nationaler Gerichte – was möglicherweise auch für den EuGH gelten könnte – teils Auffassungen, dass solche Rechtsprechung nur als Übung im Rahmen des Entstehungsprozesses von Völkergewohnheitsrecht einzustufen sei.[119] Auf der anderen Seite wird aber auch vertreten, dass der Rechtsprechung nationaler Gerichte dasselbe völkerrechtliche Gewicht beigemessen werden sollte wie jener internationaler Schiedsgerichte und Gerichte.[120] Angesichts des Wortlauts des Art. 38 Abs. 1 lit. d) des Statuts des Internationalen Gerichtshofs und des Charakters dieser Urteile als „Hilfsmittel" erscheint jedenfalls ein Einbezug in diese Bestimmung als zwingend, was nichts daran ändert, dass man im Einzelfall hier eine abgestufte Gewichtung vornehmen kann. 40

Somit stellen jedenfalls Urteile höchster nationaler Gerichte sowie internationaler und supranationaler Gerichte in Bezug auf völkerrechtliche Verträge gewichtige Anhaltspunkte für deren rechtliche Tragweite und Auslegung dar, so dass zumindest eine Auseinandersetzung mit diesen Urteilen erfolgen muss bzw. müsste.

Darüber hinaus ist im Zuge gerichtlicher Entscheidungen eine **Übung der Vertragsparteien** im Sinne von Art. 31 Abs. 3 lit. b) WVRK zu bejahen, wenn die **Vertragsparteien** sich auf der Grundlage solcher gerichtlichen Entscheidungen **entsprechend verhalten**, so dass sie jedenfalls insoweit als auslegungsrelevante spätere Übung anzusehen sind. 41

Soweit die in unserem Zusammenhang besonders bedeutende **Rechtsprechung des EuGH** betroffen ist,[121] ist auf zwei Aspekte hinzuweisen: 42

- Erstens bezieht sich die Rechtsprechung des Gerichtshofs mitunter nicht direkt auf die Aarhus-Konvention, sondern auf Bestimmungen des **EU-Sekundärrechts**, welche die **Aarhus-Konvention umsetzen** sollen und sich oft auch im Wortlaut sehr stark an die Formulierungen der Konvention anlehnen. Auch in solchen Konstellationen sind die entsprechenden Aussagen jedenfalls grundsätzlich auch für die Auslegung der Konvention relevant, da nach dem Grundsatz der völkerrechtskonformen Auslegung des Unionsrechts Sekundärrechtsakte im Einklang

117 Statute of the International Court of Justice, 26.6.1945, UNCIO vol. 15 p. 355.

118 Vgl. auch mwN aus der Rechtsprechung des IGH *Pellet*, in: Zimmermann et al., The Statute of the ICJ, art. 38, Rn. 317 ff.

119 *Mendelson*, in: Fifty Years of the International Court of Justice, 63 (81); *Pellet*, in: Zimmermann et al., The Statute of the ICJ, art. 38, Rn. 321.

120 *Jennings/Watts*, International Law, 41 f.

121 Vgl. in diesem Zusammenhang auch die Zusammenfassung und Bewertung der bis 2014 ergangenen Rechtsprechung des EuGH zur Aarhus-Konvention bei *Wegener*, EurUP 2014, 226 ff.; spezifisch zum Rechtsschutz auch *Kokott/Sobotta*, DVBl. 2014, 132 ff.

mit durch die Union abgeschlossenen völkerrechtlichen Verträgen auszulegen sind.[122] Daher dürfte der EuGH auch Sekundärrecht im Bereich der Aarhus-Konvention im Einklang mit den Bestimmungen der Konvention auslegen, was sowohl auf Ebene der Union als auch der Mitgliedstaaten eine Auslegung gemäß den Art. 31 ff. WVRK – und somit wie zuvor erörtert auch unter Berücksichtigung der Erkenntnisse des *Compliance Committee* – umfasst.[123] Hinzu kommt, dass sich das EU-Sekundärrecht – soweit es Vorgaben der Aarhus-Konvention umsetzen soll – mitunter wörtlich an die entsprechenden Artikel der Aarhus-Konvention anlehnt bzw. deren Wortlaut übernimmt, so insbesondere im Bereich des Rechtsschutzes. Vor diesem Hintergrund überrascht es denn auch nicht, dass der EuGH bei der Auslegung sekundärrechtlicher Bestimmungen, die (auch) auf die Aarhus-Konvention zurückgehen bzw. diese umsetzen sollen, explizit auf die Aarhus-Konvention und ihre rechtliche Tragweite Bezug nimmt und das Sekundärrecht entsprechend auslegt,[124] so dass entsprechende Aussagen regelmäßig auch Aufschluss über die Auslegung der jeweiligen abkommensrechtlichen Bestimmungen geben bzw. sich direkt auf diese beziehen.

- Zweitens legt der EuGH die Aarhus-Konvention bzw. das entsprechende Sekundärrecht in verbindlicher Form für die 28 **EU-Mitgliedstaaten** aus. Damit kann davon ausgegangen werden, dass Urteile des EuGH grundsätzlich eine Übung der Vertragsparteien im Sinne von Art. 31 Abs. 3 lit. b) WVRK darstellen, auch wenn nicht alle Vertragsparteien dieser Übung ausdrücklich folgen, geht es doch immerhin um die Mehrheit der Vertragsparteien. Selbst wenn sich hier im Einzelfall (möglicherweise mit guten Gründen, so zB, wenn ein Urteil des EuGH ausdrücklich von mehreren anderen Vertragsparteien abgelehnt wird) eine andere Meinung aufdrängen könnte, wäre das betreffende Urteil aber jedenfalls auf der Grundlage des Art. 38 Abs. 1 lit. d) des Statuts des Internationalen Gerichtshofs zu berücksichtigen.

Soweit die **EU-Mitgliedstaaten** betroffen sind, haben sie als Vertragsparteien jedenfalls auch selbst die sich aus der Aarhus-Konvention ergebenden Verpflichtungen zu erfüllen. Dies gilt auch dann, wenn die unionsrechtlichen Vorgaben diesbezüglich Lücken aufweisen sollten. Eine solche Pflicht dürfte sich im Übrigen auch aus dem Unionsrecht selbst ergeben, sind völkerrechtliche Abkommen der Union doch integraler Bestandteil der Unionsrechtsordnung und somit durch die Mitgliedstaaten zu beachten.

Allerdings entbindet diese unionsrechtliche Pflicht die **Union** selbst nicht davon, im Sekundärrecht für eine **vollständige Umsetzung der Vorgaben der Aarhus-Konvention** zu sorgen, wie das *Compliance Committee* im Zusam-

122 EuGH, Rs. C-61/94 (Kommission/Deutschland), ECLI:EU:C:1996:313, Rn. 52; EuGH, Rs. C-341/95 (Safety Hi-Tech), ECLI:EU:C:1998:353, Rn. 20.

123 *Tanzi/Pitea*, in: The Aarhus Convention at Ten, 367 (380 f.).

124 S. insbesondere und grundlegend EuGH, Rs. C-115/09 (Bund für Umwelt und Naturschutz Deutschland), ECLI:EU:C:2011:289 (Trianel); s. sodann etwa EuGH, Rs. C-524/09 (Ville de Lyon), ECLI:EU:C:2012:822; EuGH, Rs. C-204/09 (Flachglas Torgau), ECLI:EU:C:2012:71; EuGH, Rs. C-182/10 (Solvay), ECLI:EU:C:2012:82; besonders deutlich EuGH, Rs. C-279/12 (Fish Legal), ECLI:EU:C:2013:853.

menhang mit der UVP-Richtlinie und der IVU-Richtlinie befand.[125] In der Tat spricht Vieles dafür, auch in Bereichen geteilter Kompetenzen zwischen Union und Mitgliedstaaten in Bezug auf die Durchführung gemischter Abkommen zumindest dann eine auch völker- und unionsrechtliche Pflicht der Union zum Erlass entsprechenden (vollständigen) Sekundärrechts anzunehmen, wenn sie im Anwendungsbereich von für sie verbindlichen völkerrechtlichen Verträgen gesetzgeberisch tätig wird.[126]

Deutlich wird damit, dass es auch im Rahmen der Aarhus-Konvention ein gewisses **Nebeneinander von verschiedenen Entscheidungsgremien** gibt. Zwar ist zu erwarten, dass diese aufeinander Rücksicht nehmen und insbesondere der EuGH – wie erwähnt – grundsätzlich die Praxis des *Compliance Committee* als maßgeblich erachtet, wendet er doch bei der Auslegung völkerrechtlicher Verträge auch völkerrechtliche Grundsätze an.[127] Allerdings können auch dadurch *a priori* unterschiedliche Auslegungen durch den EuGH auf der einen und das *Compliance Committee* auf der anderen Seite nicht in jedem Fall vermieden werden bzw. bleiben solche möglich. EU-Mitgliedstaaten sind nun in Fällen, in denen der EuGH die Konvention auslegt, an dessen Urteile gebunden. Vor diesem Hintergrund erscheint es bei unterschiedlichen Auslegungen derselben Konventionsbestimmung durch den EuGH und das *Compliance Committee* zumindest theoretisch denkbar, dass die EU-Mitgliedstaaten die Auslegungsansicht des EuGH durchsetzen, indem sie Entscheidungen des Treffens der Vertragsparteien, die eine Dreiviertelmehrheit erfordern, blockieren.[128] 43

V. Fazit

Die genaue Analyse der verschiedenen Vorgaben der Aarhus-Konvention in dieser Kommentierung zeigt, dass die Konvention einen ausgesprochen **bedeutenden Schritt in der Entwicklung des Umweltvölkerrechts** darstellt. Nicht nur geht sie mit den in ihr enthaltenen Vorgaben neue Wege bzw. entwickelt bereits bestehende Ansätze in verschiedener Hinsicht weiter; vielmehr verdeutlicht gerade auch die Analyse der Spruchpraxis des *Compliance Committee* und der Rechtsprechung des EuGH, dass ihre mitunter durchaus weit formulierten Vorgaben **Präzisierungen** zugänglich sind, so dass ihr insgesamt – auch im Vergleich zu anderen internationalen Verträgen – recht genaue Verpflichtungen zu entnehmen sind. 44

Zwar sind die Empfehlungen des *Compliance Committee* grundsätzlich nicht rechtlich verbindlich; sie stellen jedoch ein bedeutendes Element für die Auslegung der Konvention dar. Die Rechtsprechung des EuGH hingegen ist für die EU-Mitgliedstaaten verbindlich, so dass ihr angesichts des Umstands, dass die Mehrzahl der Vertragsparteien auch EU-Mitgliedstaaten sind, eine kaum zu

125 ACCC/C/2006/17 Europäische Gemeinschaft, Rn. 58; das *Compliance Committee* verwies hier auf die Verpflichtung der Vertragsparteien, eine klare, transparente und konsistente Rechtslage sicherzustellen.

126 Vgl. im Einzelnen zum Problemkreis *Epiney/Gross*, EurUP 2005, 2 (9 ff.); spezifisch in Bezug auf die Aarhus-Konvention *Breuer/Riegger*, EurUP 2014, 293 ff. Hierzu auch noch Art. 9 Rn. 39.

127 Vgl. im Einzelnen hierzu, mwN, *Epiney/Metz/Pirker*, Parallelität der Rechtsentwicklung, 5 ff.

128 *Koester*, JEEPL 2005, 31 (43).

überschätzende Bedeutung zukommt, dies letztlich auch für Nicht-EU-Mitgliedstaaten.[129]

45 Zwar sind der Aarhus-Konvention „lediglich" **prozedurale Vorgaben** zu entnehmen, während materiellrechtliche Anforderungen an die „Umweltverträglichkeit" des staatlichen und privaten Verhaltens nicht Gegenstand der in ihr niedergelegten Pflichten sind. Insofern ist die Konvention also keinesfalls ein Ersatz für materielles Recht. Dies ändert aber nichts daran, dass die Effektivität materiellrechtlicher Vorschriften auch von entsprechenden und ausreichenden verfahrensrechtlichen Garantien abhängt. Insoweit ist die Konvention dann eben auch Ausdruck des Grundgedankens, dass ein **effektiver Umweltschutz** ua **durch Verfahren** gefördert werden kann und muss, ganz abgesehen davon, dass solche Verfahren auch Ausfluss des allgemeinen Grundsatzes der Rechtsstaatlichkeit sind.

46 Daran anschließend ist zu betonen, dass es im Übrigen ebenso sinnvoll wie notwendig erscheint, solche Garantien **völkervertragsrechtlich verbindlich** festzulegen, wird auf diese Weise doch nicht nur ein entsprechender Mindeststandard in allen Vertragsstaaten, sondern auch eine gewisse Nachhaltigkeit gewährleistet.

47 Die Herausforderung in den nächsten Jahren (und Jahrzehnten) wird darin bestehen, die Garantien der Konvention in allen Staaten auch in jeder Beziehung **effektiv anzuwenden und umzusetzen.** Dass hier mitunter noch ein gewisser Nachholbedarf besteht, illustriert die in der Kommentierung zu den verschiedenen Artikeln erwähnte Praxis des *Compliance Committee.*

Nicht bewahrheitet hat sich übrigens offenbar die These, die verschiedenen Vorgaben der Konvention führten zu übermäßiger Belastung der Behörden oder/und zu einer Flut von Klagen.

48 Einen Beitrag zu einer weitergehenden Effektivität der Beachtung der Vorgaben der Konvention könnte im Übrigen zweifellos eine Stärkung bzw. **Aufwertung der Rolle des** *Compliance Committee* leisten: So wäre denkbar, dieses in Richtung einer eigentlichen obligatorischen Gerichtsbarkeit auszubauen, letztlich nach dem Vorbild des Europäischen Gerichtshofs für Menschenrechte. Dieser auf den ersten Blick möglicherweise überraschende Gedanke kann insbesondere mit dem grundrechtlichen Charakter der in der Konvention verankerten Rechte Einzelner begründet werden: Zwar dürfte ein „Grundrecht auf Umweltschutz" – sofern es als subjektives Abwehr- oder Leistungsrecht gegen den Staat (sowie ggf. gar Private) verstanden wird – aus verschiedenen Gründen nicht sachgerecht und wohl auch nicht hilfreich sein;[130] soweit jedoch gewisse prozedurale Aspekte betroffen sind, erscheint die Verankerung von echten Rechten Einzelner sowohl dem Umweltschutz dienend als auch rechtstechnisch realisierbar, können diese Rechte doch – wie die Aarhus-Konvention illustriert – hinreichend konkretisiert werden. Insofern könnte ein „Aarhus-Gerichtshof" auch als **„Europäischer Gerichtshof für Umweltmenschenrechte"** gesehen werden, dessen

129 S. hierzu oben Einführung Rn. 26 ff.
130 Dies ändert nichts daran, dass sich gewisse Rechte Einzelner auf eine „gesunde Umwelt" aus Art. 8 EMRK ergeben können. Hierzu, mwN, *Epiney*, Umweltrecht, 3. Kap., Rn. 3.

Aufgabe es wäre, in seinem Anwendungsbereich einen Mindeststandard zu garantieren.

Artikel 1 Ziel

Um zum Schutz des Rechts jeder männlichen/weiblichen Person gegenwärtiger und künftiger Generationen auf ein Leben in einer seiner/ihrer Gesundheit und seinem/ihrem Wohlbefinden zuträglichen Umwelt beizutragen, gewährleistet jede Vertragspartei das Recht auf Zugang zu Informationen, auf Öffentlichkeitsbeteiligung an Entscheidungsverfahren und auf Zugang zu Gerichten in Umweltangelegenheiten in Übereinstimmung mit diesem Übereinkommen.

Sowohl **Art. 1 AK** als auch die **Präambel** der Konvention lassen deutlich die Ziele der Aarhus-Konvention erkennen. Die **Zielsetzung eines völkerrechtlichen Vertrages** ist – wie bereits erörtert[1] – ein maßgebliches Element, das zu seiner **Auslegung** heranzuziehen ist. Art. 31 Abs. 2 WVRK erwähnt überdies ausdrücklich die Präambel als Teil des ebenfalls zu berücksichtigenden Zusammenhangs. Insofern vermag sowohl der Zielbestimmung des Art. 1 AK als auch der Präambel durchaus eine rechtliche Bedeutung zukommen, wenn auch primär im Zusammenhang bzw. bei der Anwendung anderer vertraglicher Bestimmungen. 1

Die **Präambel** der Aarhus-Konvention betont insbesondere zwei Konzepte. Sie verbindet einerseits **„Umweltrechte" mit Menschenrechten**, da ein angemessener Schutz der Umwelt unerlässlich für die Ausübung der grundlegenden Menschenrechte sei; andererseits verknüpft sie nachhaltige und aus Umweltsicht vernünftige Entwicklung mit effektiven **Entscheidungsfindungsprozessen**, die zu diesem Zweck notwendigerweise auf Eingaben der **Öffentlichkeit** gestützt werden bzw. unter Beteiligung der Öffentlichkeit erfolgen müssen.[2] 2

Die Präambel listet weiter bereits angesprochene[3] Bestimmungen umweltvölkerrechtlicher Meilensteine auf, wie die Erklärung von Stockholm, die Erklärung von Rio de Janeiro oder die Weltcharta für die Natur. Bemerkenswert ist auch die Betonung des Konzepts der nachhaltigen Entwicklung in Erw. 5 der Präambel. Dies spiegelt auch entsprechende Rechtsprechung des IGH wider, die sich immer stärker mit dem Konzept auseinandergesetzt hat.[4] Diese umfassenden **Verweise auf Soft Law** in der Präambel können die normative Kraft derartiger Normen stärken, wie auch der allgemein zukunftsweisende, weitreichende Inhalt einer Präambel häufig den Weg für künftige Rechtsentwicklungen vorwegnimmt.[5]

---

1 Einführung Rn. 27 ff.
2 *Ebbesson et al.*, Aarhus Convention Implementation Guide, 18.
3 S. o. Einführung Rn. 6 ff.
4 Vgl. etwa ICJ, Case concerning the Gabčikovo-Nagymaros Project (Hungary/Slovakia), ICJ Reports 1997, p. 7, Rn. 140; ICJ, Pulp Mills on the River Uruguay (Argentina v. Uruguay), ICJ Reports 2010, p. 14, Rn. 177.
5 *Ebbesson et al.*, Aarhus Convention Implementation Guide, 22.

3 Aus der **Präambel** können als solche **keine rechtlichen Verpflichtungen** abgeleitet werden;[6] hingegen kann sie zur **Auslegung** anderer Bestimmungen der Konvention herangezogen werden, so dass ihr insoweit durchaus eine rechtlich relevante Bedeutung zukommt. So greift auch das *Compliance Committee* regelmäßig auf in der Präambel figurierende Erwägungen zurück, um die genaue rechtliche Tragweite bestimmter Vorgaben der Konvention zu eruieren;[7] aber auch in den Schlussanträgen von Generalanwälten des EuGH finden sich entsprechende Bezugnahmen auf die Präambel.[8] Erwähnenswert ist dabei auch, dass die Präambel herangezogen werden kann, um die Reichweite des den Vertragsstaaten durch die Konvention eingeräumten **Gestaltungsspielraums** zu präzisieren.

Relevant wurde dies zB im Zusammenhang mit Art. 7 S. 3 AK: Danach ermittelt die zuständige Behörde die Öffentlichkeit, der im Fall von umweltbezogenen Plänen, Programmen und Politiken eine Beteiligung zu ermöglichen ist, wobei „die Ziele dieses Übereinkommens zu berücksichtigen sind". Das *Compliance Committee* beurteilte in der Folge die Ermessensausübung einer Behörde als fehlerhaft, da diese zwar im einschlägigen Sektor tätigen Interessensvertretern umfassend die Möglichkeit zur Beteiligung bot, bei der allgemeinen Öffentlichkeit jedoch wesentlich restriktiver vorging, ohne dass dies durch sachliche Gründe gerechtfertigt erschien.[9] Damit sei die Behörde bei der Ausübung des gewährten Ermessens nicht der Zielsetzung gerecht geworden, „das Bewusstsein einer breiten Öffentlichkeit für Entscheidungen, die Auswirkungen auf die Umwelt und eine nachhaltige Entwicklung haben, zu schärfen sowie deren Beteiligung an diesen Entscheidungen zu unterstützen".[10]

Im Übrigen kann in Bezug auf diese Stellungnahme des *Compliance Committee* nicht geltend gemacht werden, die Zielsetzung der Konvention habe hier nur deshalb eine Rolle spielen können, da Art. 7 S. 3 AK ausdrücklich deren Berücksichtigung gebietet. Denn eine Auslegung völkervertragsrechtlicher Bestimmungen hat – auf der Grundlage der erörterten[11] allgemeinen Auslegungsregeln – regelmäßig auch und gerade im Lichte der Zielsetzung zu erfolgen, so dass allgemein davon auszugehen ist, dass auch ohne einen solchen ausdrücklichen Hinweis die Zielsetzungen bei der Auslegung aller Bestimmungen der Konvention zu beachten sind, dies unter Einschluss derjenigen

---

6 ACCC/C/2009/38 Vereinigtes Königreich, Rn. 68.

7 So hielt das *Compliance Committee* fest, dass bei der Prüfung der nationalen Bestimmungen über den Zugang zu Gerichten für Umweltorganisationen gemäß Art. 9 Abs. 3 AK diese Bestimmung unter anderem auch im Licht des in der Präambel niedergelegten Zwecks zu lesen sei. Erw. 18 sehe hier vor, dass „die Öffentlichkeit, einschließlich Organisationen, Zugang zu wirkungsvollen gerichtlichen Mechanismen haben soll, damit ihre berechtigten Interessen geschützt werden und das Recht durchgesetzt wird", vgl. ACCC/C/2005/11 Belgien, Rn. 34.

8 Vgl. Schlussanträge der Generalanwältin *Sharpston*, EuGH, Rs. C-240/09 (Lesoochranárske), ECLI:EU:C:2010:436, Rn. 3, wo sich die Generalanwältin auf die Präambel der Konvention, insbesondere deren siebten Erwägungsgrund, bezog, um die Konvention auszulegen. Sie hielt diesbezüglich fest, dass jeder Mensch das Recht habe, in einer der Gesundheit zuträglichen Umwelt zu leben und als Einzelperson und in Gemeinschaft die Pflicht zum Schutz der Umwelt habe, wozu Zugang zu Informationen, ein Recht auf Beteiligung an Entscheidungsverfahren und Zugang zu Gerichten erforderlich seien.

9 ACCC/C/2012/70 Tschechische Republik, Rn. 58 f.

10 ACCC/C/2012/70 Tschechische Republik, Rn. 59.

11 Einführung Rn. 27 ff.

Konstellationen, in denen die Konvention den Vertragsparteien Gestaltungsspielräume einräumt, so dass deren genaue Schranken immer auch unter Beachtung der Zielsetzungen der Konvention zu präzisieren sind.

Art. 1 AK – dem als Teil des Haupttextes der Konvention ein höheres Gewicht als die Präambel zukommt[12] – formuliert die **Zielsetzung der Konvention:** Danach gewährleistet jede Vertragspartei die in der Konvention vorgesehenen Rechte in Übereinstimmung mit dem Übereinkommen und zwar im Hinblick darauf, zum Schutz des Rechts jedes Einzelnen (gegenwärtiger oder künftiger Generationen) auf ein Leben in einer seiner Gesundheit und seinem Wohlbefinden zuträglichen Umwelt beizutragen. Dabei verdeutlicht die Bestimmung, dass die Konvention die Verwirklichung eines Rechts auf eine gesunde Umwelt verfolgt, wobei nicht nur gegenwärtige, sondern auch künftige Generationen geschützt werden sollen. Im Übrigen verknüpft Art. 1 AK – statt sich mit einem eher abstrakten Postulat eines Rechts auf eine gesunde Umwelt zu begnügen – dieses Recht mit konkreten Möglichkeiten bzw. Rechten, die dem Individuum offenstehen sollen bzw. einzuräumen sind und die in den drei Säulen der Aarhus-Konvention ausdifferenziert werden. 4

In diesem Sinn bezieht sich die Aarhus-Konvention auf **sämtliche Umweltgüter und Umweltsektoren**, und sie wirkt somit bereichsübergreifend bzw. verfolgt einen integrierten Ansatz. Allerdings werden die Umweltsektoren und Umweltgüter nicht direkt geschützt, sondern über die Einräumung einer Reihe von Rechten Einzelner soll quasi indirekt auch ein verbesserter Umweltschutz erreicht werden. Insofern hängt der „Erfolg" dieses Ansatzes auch maßgeblich davon ab, ob und inwieweit die Einzelnen von den ihnen eingeräumten Rechten Gebrauch machen.[13]

Art. 1 AK knüpft im Übrigen an die **Präambel** an. So erwähnt Erw. 7 der Präambel das Recht, in einer der Gesundheit zuträglichen Umwelt zu leben, was auch dazu geführt hat, dass auf Ebene des nationalen Verfassungsrechts in mehreren Vertragsstaaten die Existenz eines Rechts auf Umwelt zumindest in Betracht gezogen wurde.[14] Erw. 8 schafft eine Verbindung zwischen dem zuvor festgestellten Recht und den dafür notwendigen Voraussetzungen des Zugangs zu Informationen, der Öffentlichkeitsbeteiligung und des Zugangs zu Gerichten, und weist auch darauf hin, dass der Staat die Bürger ggf. bei der Wahrnehmung ihrer Rechte unterstützen muss. Erw. 11, 18 und 21 sprechen Transparenz auf allen Ebenen der öffentlichen Verwaltung, die Zugänglichkeit gerichtlicher Mechanismen und die Stärkung der Demokratie an und gehen dabei über das Gebiet des Umweltschutzes hinaus.[15] Dies ist auch und gerade vor dem Hintergrund zu sehen, dass die drei in der Aarhus-Konvention primär geregelten Säulen (Informationszugang, Beteiligung an Entscheidungsverfahren und gerichtlicher Zugang) nicht nur für das Umweltrecht bzw. den Umweltschutz von Bedeutung sind, sondern letztlich wesentliche Elemente des demokratischen Rechtsstaats bilden.[16]

---

12 *Ebbesson et al.*, Aarhus Convention Implementation Guide, 42.
13 Vgl. in diesem Zusammenhang bzw. zu diesem Aspekt etwa *Fritz*, Integrierter Umweltschutz, 197.
14 *Ebbesson et al.*, Aarhus Convention Implementation Guide, 28 f.
15 *Ebbesson et al.*, Aarhus Convention Implementation Guide, 32.
16 Vgl. hierzu, mwN, *Epiney*, in: Aktuelle Probleme und Rechtsfragen des freien Informationszugangs, 27 ff.; *Glaser*, SJER 2016/2017, 2 (zitiert nach Manuskript); ausführlich zum Hintergrund insbesondere der Öffentlichkeitsbeteiligung *Zschiesche*, Öffentlichkeitsbeteiligung, 33 ff.

5 Bemerkenswert ist in jedem Fall, dass Art. 1 AK nicht lediglich darauf hinweist, dass die durch die Konvention eingeräumten Rechte bzw. deren Wahrnehmung insgesamt zu einem besseren Schutz der Umwelt führen (sollen), sondern die Konvention einen Bezug zu einem **„Recht auf eine gesunde Umwelt"** herstellt und wie selbstverständlich davon auszugehen scheint, dass es ein solches Recht gebe,[17] was bislang in der völkerrechtlichen (Vertrags-) Praxis eher die Ausnahme darstellte. Es ist denn auch erheblichen Zweifeln unterworfen, ob ein solches „Recht auf eine gesunde Umwelt" wirklich – wie Art. 1 AK nahezulegen scheint – Teil des Völker(gewohnheits)rechts ist: Diesbezügliche Zweifel erheben sich schon deshalb, weil die genaue rechtliche Tragweite eines solchen Rechts kaum definierbar ist. So ist schon unklar, was mit dem Begriff „Umwelt" gemeint ist, ganz abgesehen davon, dass die „Gesundheit" der Umwelt kaum einer allgemein-abstrakten Definition zugänglich ist. Daran anknüpfend ist nicht ersichtlich, wie diejenigen Maßnahmen präzisiert werden sollen, zu denen der Staat (und/oder Private?) verpflichtet sein sollen. Insgesamt ist daher bereits der Schutzbereich dieses „Grundrechts" kaum normativ bestimmbar; sollen aber Rechte Einzelner tatsächlich gewährleistet und durchsetzbar sein, muss ihr Inhalt unabhängig vom Einzelfall bestimmt werden können. Vor diesem Hintergrund könnte ein „Umweltgrundrecht" die in es gesetzten Erwartungen kaum erfüllen. Da sich im Übrigen in der völkerrechtlichen Praxis kaum Hinweise auf die Anerkennung eines solchen Rechts – von Ausnahmen abgesehen[18] – finden lassen, muss der teilweise vertretenen Ansicht, ein derartiges eigenständiges Recht existiere auf völkerrechtlicher Ebene,[19] mit großer Skepsis begegnet werden.

6 Im Übrigen ist die **Formulierung des Art. 1 AK** bei näherem Hinsehen **weniger eindeutig** als teilweise[20] angenommen: Denn wenn man mit der Garantie von Verfahrensrechten zum „Schutz des Rechts jeder Person" auf eine gesunde Umwelt „beitragen" muss, impliziert das auch, dass ein solches Recht jedenfalls als unmittelbar verpflichtendes Individual- oder Kollektivrecht nicht existiert, denn in diesem Fall könnte ja dieses Recht durchgesetzt werden, ohne dass der Umweg über die Garantie von Verfah-

17 Vgl. zur Problematik etwa *Epiney/Scheyli,* Umweltvölkerrecht, 158 ff.; *Orth,* Grundrecht auf Umweltschutz in Europa, insbesondere 115 ff.; *Torre-Schaub,* Mélanges Vandersanden, 523 ff.; *Hectors,* EELR 2008, 165 ff.; *Davies,* Environmental Law & Management 2011, 122 ff.; *Le Bonniec,* RUE 2016, 211 ff., jeweils mit zahlreichen weiteren Nachweisen.

18 Vgl. bereits die Nachweise bei *Epiney/Scheyli,* Umweltvölkerrecht, 158 ff.; s. sodann *Rodenhoff,* RECIEL 2002, 343 (344).

19 In diese Richtung offenbar *Ayer,* Droit international de l'environnement, 57 ff. Die übrigen in Fn. 159 zitierten Autoren lehnen die Existenz eines solchen Rechts – sei es nun als subjektives Recht eines Einzelnen oder als „Kollektivrecht" – hingegen im Ergebnis ab.

20 S. insbesondere die Bemerkungen von *Rodenhoff,* RECIEL 2002, 343 (344), die davon ausgehen dürfte, dass Art. 1 eine Art Anerkennung eines „Rechts auf eine gesunde Umwelt" impliziere, wobei sie die inhaltlichen Konturen eines solchen Rechts jedoch nicht umschreibt. Unklar *Butt,* Umweltinformation, 40 ff., der zwar ein subjektives Recht des Einzelnen auf eine gesunde Umwelt verneinen dürfte, jedoch – zumindest missverständlich – dann davon spricht, das Recht auf Umweltinformation nach der Aarhus-Konvention könne somit nunmehr als „Ausprägung eines Rechts auf Leben in einer gesunden Umwelt angesehen werden" (48 f.). Nicht ganz klar auch *Scheyli,* ArchVR 2000, 217 (221, Fn. 13).

rensrechten, die zum Schutz dieses Rechts „beitragen“, gegangen werden müsste. In dieser Perspektive könnte die Formulierung des Art. 1 AK sogar gegen die Anerkennung eines „Rechts auf eine gesunde Umwelt“ angeführt werden. Jedenfalls aber stellt sie klar, dass ein solches Recht nicht als subjektives Recht Einzelner oder von Gruppen vorstellbar ist, sondern dass es – wenn überhaupt – allenfalls um die Anerkennung einer eher umfassenden und als solchen nicht operationellen Zielsetzung geht, die dann ihrerseits durch den Erlass bzw. die Anerkennung einer ganzen Palette von Verpflichtungen und Rechten – zu denen dann eben auch die Garantie von Verfahrensrechten gehört – verwirklicht werden muss.

Vor diesem Hintergrund liegt es nahe, die Bezugnahme (in Art. 1 AK) auf 7
ein „Recht auf gesunde Umwelt“ dahin auszulegen, dass es weniger um die Anerkennung eines bereits existierenden „Rechts“, denn um die Klarstellung des Stellenwerts der in der Konvention garantierten Verfahrensrechte geht: Diese stellen gerade keinen Selbstzweck dar, sondern über das Durchlaufen von Verfahren und die Einräumung gewisser Verfahrensrechte Einzelner soll dem Schutz der Umwelt als solcher Vorschub geleistet werden.[21] Insofern – und dieser Aspekt vermag angesichts der teilweisen Anlehnung der Konvention an einzelne EU-Rechtsakte, insbesondere die (damals geltende) RL 90/313 kaum zu überraschen – dürfte der im EU-Recht insbesondere in den letzten ca. 20 Jahren immer weiter entwickelte Gedanke, dass ein effektiver Umweltschutz nicht nur die Definition materieller Standards, sondern auch die Beachtung gewisser **verfahrensrechtlicher Anforderungen** bedingt,[22] auch der Aarhus-Konvention zugrunde liegen. Deutlich wird damit auch, dass die Konvention selbstverständlich insofern einen **menschen- bzw. grundrechtlichen Ansatz** verfolgt, als die auf ihrer Grundlage zu garantierenden Rechte zumindest teilweise als **subjektive Rechte Einzelner** auszugestalten sind. Insofern erscheint es letztlich überzeugender, zwar kein Recht auf gesunde Umwelt als solches anzuerkennen, jedoch die ua in der Aarhus-Konvention niedergelegten prozeduralen Rechte als rechtlich fassbare und Ausprägungen der Idee eines Umweltgrundrechts anzusehen.[23]

Vor diesem Hintergrund erschließt sich auch, dass **Art. 1 AK** eine **reine** 8
Zielbestimmung darstellt, aus der als solche keine Verpflichtungen der Vertragsparteien abgeleitet werden können, was nichts daran ändert, dass sie – ebenso wie die Präambel – bei der Auslegung der anderen Bestimmungen der Konvention zu berücksichtigen ist. Selbstständige Wirkung und Bedeutung (unabhängig von anderen Bestimmungen der Konvention) dürfte Art. 1 AK hingegen nicht zukommen.

21 Vgl. auch *Butt*, Umweltinformation, 40, der darauf hinweist, dass im Umweltvölkerrecht der Begriff „right“ häufig verwendet werden, um einem bestimmten Interesse ein höheres Gewicht zu verleihen oder einen bestimmten Status zuzuschreiben, während er nicht notwendigerweise ein gerichtlich durchsetzbares Recht bezeichne.

22 Dieser Grundsatz hat denn auch in zahlreichen EU-Rechtsakten Niederschlag gefunden. Vgl. zu diesen Tendenzen im EU-Recht *Epiney*, in: Nationale und internationale Perspektiven der Umweltordnung, 47 ff., mwN S. sodann die Zusammenstellung der geltenden Rechtsakte bei *Epiney*, Umweltrecht, 6. Kap., Rn. 39 ff.

23 Vgl. etwa das Plädoyer für ein solches prozedurales Umweltgrundrecht bei *Calliess*, Rechtsstaat und Umweltstaat, 463 ff.

In diesem Sinn unterscheidet auch das *Compliance Committee* zwischen der Zielbestimmung des Art. 1 AK und den „operativen" Bestimmungen der Konvention. So stellte es gegenüber dem Vorbringen, eine bestimmte Rechtslage stelle auch eine Verletzung des Art. 1 AK dar, fest, dass jede Verletzung der „operativen" Bestimmungen der Konvention im Widerspruch zum Ziel der Konvention, wie es in Art. 1 AK niedergelegt sei, stehe.[24]

Artikel 2 Begriffsbestimmungen

Im Sinne dieses Übereinkommens

1. bedeutet „Vertragspartei", soweit sich aus dem Wortlaut nichts anderes ergibt, eine Vertragspartei dieses Übereinkommens;
2. bedeutet „Behörde"
   a) eine Stelle der öffentlichen Verwaltung auf nationaler, regionaler und anderer Ebene;
   b) natürliche oder juristische Personen, die aufgrund innerstaatlichen Rechts Aufgaben der öffentlichen Verwaltung, einschließlich bestimmter Pflichten, Tätigkeiten oder Dienstleistungen im Zusammenhang mit der Umwelt, wahrnehmen;
   c) sonstige natürliche oder juristische Personen, die unter der Kontrolle einer unter Buchstabe a oder Buchstabe b genannten Stelle oder einer dort genannten Person im Zusammenhang mit der Umwelt öffentliche Zuständigkeiten haben, öffentliche Aufgaben wahrnehmen oder öffentliche Dienstleistungen erbringen;
   d) die Einrichtungen aller in Artikel 17 näher bestimmten Organisationen der regionalen Wirtschaftsintegration, die Vertragsparteien dieses Übereinkommens sind.

   Diese Begriffsbestimmung umfasst keine Gremien oder Einrichtungen, die in gerichtlicher oder gesetzgebender Eigenschaft handeln;
3. bedeutet „Informationen über die Umwelt" sämtliche Informationen in schriftlicher, visueller, akustischer, elektronischer oder sonstiger materieller Form über
   a) den Zustand von Umweltbestandteilen wie Luft und Atmosphäre, Wasser, Boden, Land, Landschaft und natürliche Lebensräume, die Artenvielfalt und ihre Bestandteile, einschließlich gentechnisch veränderter Organismen, sowie die Wechselwirkungen zwischen diesen Bestandteilen;
   b) Faktoren wie Stoffe, Energie, Lärm und Strahlung sowie Tätigkeiten oder Maßnahmen, einschließlich Verwaltungsmaßnahmen, Umweltvereinbarungen, Politiken, Gesetze, Pläne und Programme, die sich auf die unter Buchstabe a genannten Umweltbestandteile auswirken oder wahrscheinlich auswirken, sowie Kosten-Nutzen-Analysen und sonstige wirtschaftliche Analysen und Annahmen, die bei umweltbezogenen Entscheidungsverfahren verwendet werden;
   c) den Zustand der menschlichen Gesundheit und Sicherheit, Bedingungen für menschliches Leben sowie Kulturstätten und Bauwerke in dem Maße, in dem sie vom Zustand der Umweltbestandteile

24 ACCC/C/2004/3 und ACCC/S/2004/1 Ukraine, Rn. 36.

oder – auf dem Weg über diese Bestandteile – von den unter Buchstabe b genannten Faktoren, Tätigkeiten oder Maßnahmen betroffen sind oder betroffen sein können;

4. bedeutet „Öffentlichkeit" eine oder mehrere natürliche oder juristische Personen und, in Übereinstimmung mit den innerstaatlichen Rechtsvorschriften oder der innerstaatlichen Praxis, deren Vereinigungen, Organisationen oder Gruppen;
5. bedeutet „betroffene Öffentlichkeit" die von umweltbezogenen Entscheidungsverfahren betroffene oder wahrscheinlich betroffene Öffentlichkeit oder die Öffentlichkeit mit einem Interesse daran; im Sinne dieser Begriffsbestimmung haben nichtstaatliche Organisationen,[1] die sich für den Umweltschutz einsetzen und alle nach innerstaatlichem Recht geltenden Voraussetzungen erfüllen, ein Interesse.

I. „Vertragspartei" (Ziff. 1) 3
II. „Behörde" (Ziff. 2) 7
1. Zum Erfordernis einer administrativen Tätigkeit 9
2. Zum Behördenbegriff 11
a) Stellen der öffentlichen Verwaltung 11
b) Natürliche und juristische Personen 14
c) Einrichtungen von Organisationen der regionalen Wirtschaftsintegration 20
d) Fazit 22
III. „Informationen über die Umwelt" (Ziff. 3) 23
IV. „Öffentlichkeit" (Ziff. 4) 27
V. „Betroffene Öffentlichkeit" (Ziff. 5) 30

Art. 2 AK enthält eine Reihe von **Begriffsbestimmungen**, die gemäß dem ersten Teilsatz des Art. 2 AK („im Sinne dieses Übereinkommens") für das vorliegende Vertragswerk gelten, so dass Art. 2 AK die verwandten Begriffe autonom definiert, diese somit nach der jeweiligen Begriffsbestimmung auszulegen sind und es damit letztlich um die Entwicklung internationaler Standards für das nationale Recht geht.[2] Vor diesem Hintergrund sind die Begriffsdefinitionen denn auch zumindest teilweise insofern von großer Bedeutung, als sich über die Definition von Begriffen – zB der Anspruchsberechtigten – die **rechtliche Tragweite** einer Reihe von Bestimmungen der Konvention oder auch ihr genauer Anwendungsbereich (mit) erschließt.[3] So determiniert der Begriff der „Behörde" (Art. 2 Ziff. 2 AK) den Anspruchsgegner des Anspruchs auf Umweltinformation, während der Begriff der „Umweltinformation" (Art. 2 Ziff. 3 AK) den Gegenstand dieses Anspruchs umschreibt. Die Aktivlegitimation für diesen Anspruch wird durch den Begriff der „Öffentlichkeit" (Art. 2 Ziff. 4 AK) bestimmt, und der Begriff der „betroffenen Öffentlichkeit" (Art. 2 Ziff. 5 AK) schließlich ist im Zusammenhang mit der Beteiligung an Entscheidungsverfahren und dem gerichtlichen Zugang von Bedeutung. 1

---

1 A: Nichtregierungsorganisationen.
2 *Ebbesson et al.*, Aarhus Convention Implementation Guide, 32.
3 Da die Konvention von vielen Staaten unterzeichnet oder ratifiziert wurde und somit in sehr verschiedenen Rechtssystemen umgesetzt werden muss, kann die Bedeutung einer präzisen und genauen Begriffsbestimmung der Kernbegriffe der Konvention kaum überschätzt werden, vgl. *Ebbesson et al.*, Aarhus Convention Implementation Guide, 32.

Interessanterweise enthält Art. 2 AK aber keine Definition des Begriffs „in Übereinstimmung mit innerstaatlichem Recht“ oder ähnlicher Wendungen;[4] häufig verweisen die Artikel der Konvention nämlich unter Rückgriff auf teilweise unterschiedliche Formulierungen auf das innerstaatliche Recht, so dass sich die Frage stellt, was damit gemeint ist. U.E. kann dieser Verweis nicht einheitlich für alle Artikel definiert werden, sondern hängt von dem Zusammenhang und dem Charakter der Verpflichtung ab, in Bezug auf die er gebraucht wird, so dass im Zusammenhang mit der Kommentierung der einzelnen Artikel noch auf diese Hinweise zurückzukommen sein wird. Insofern erscheint dann auch der Verzicht auf eine Begriffsbestimmung in Art. 2 AK konsequent.

2 Ein Blick auf die **Entstehungsgeschichte** dieser Bestimmung zeigt, dass die Definitionen im ersten Entwurf aus dem Jahre 1996 noch in Art. 1 geregelt waren, während sie nun in Art. 2 AK figurieren.[5] Inhaltlich erfuhren im Wesentlichen die Definitionen der Begriffe der „Behörde“ und der „Informationen über die Umwelt“ im Laufe der Erarbeitung der Konvention Modifikationen.[6]

In Bezug auf den Begriff der **Behörde** (*public authority*) war im ersten Entwurf aus dem Jahr 1996 vorgesehen, dass dieser Terminus (a) die öffentliche Verwaltung auf nationaler, regionaler und lokaler Ebene, (b) andere Behörden und Personen, welchen eine öffentliche Verantwortung in Bezug auf die Umwelt zukommt und (c) jede andere Institution/Körperschaft, der in Bezug auf die Umwelt eine öffentliche Verantwortung zukommt, aber weder unter (a) noch (b) subsumierbar sind, jedoch unter der Kontrolle einer solchen Stelle oder Person stehen, einschließt. Lit. a) wurde dahingehend geändert, dass der Begriff der lokalen Ebene durch jenen der anderen Ebene (*other level* anstatt *local level*) ersetzt wurde.[7] Lit. b) wurde stark verändert. So sollte bzw. soll der Begriff der Behörde auch all diejenigen natürlichen oder juristischen Personen umfassen, welche „aufgrund innerstaatlichen Rechts Aufgaben der öffentlichen Verwaltung, einschließlich bestimmter Pflichten, Tätigkeiten oder Dienstleistungen im Zusammenhang mit der Umwelt wahrnehmen“ (Art. 2

4 S. insoweit auch den Hinweis bei *Ebbesson et al.*, Aarhus Convention Implementation Guide, 32 f.

5 Economic and Social Council, Draft 1996, Art. 1. Erstmals werden die Begriffsbestimmungen im Report der sechsten Session (CEP/AC.3/12, Annex II, 7) – mit der Einfügung der Zielbestimmung in Art. 1 – in Art. 2 geführt.

6 Auch der Begriff der Vertragspartei (Art. 2 Ziff. 1 AK) wurde aus dem Entwurf von 1996 ohne Änderungen übernommen. Die russische Föderation hatte die Definition der Vertragspartei im Report der vierten Session (UNECE CEP/AC.3/8 Annex VIII, 20) kritisiert: Diese Definition sei inhaltsleer und solle deshalb entweder als selbstredend gelöscht werden oder aber dahingehend geändert werden, dass nur Vertragspartei sein könne, wer ein Staat oder ein anderes Völkerrechtssubjekt sei, der/das sich zur Einhaltung der Aarhus-Konvention verpflichtet habe und für welchen/welches die Konvention auch in Kraft getreten sei. Dies sollte aber zugleich auch die einzige Kritik bleiben und setzte sich demzufolge nicht durch.

7 Dabei wurde im Report der ersten Session (CEP/AC.3/2Annex III, 6) vorgeschlagen, dass auch die internationale Ebene hinzugefügt werden solle. Die russische Föderation bezeichnete im Report der vierten Session (UNECE CEP/AC.3/8 Annex VIII, 20 f.) die Definition der Behörde („public authority“) als zu weit gefasste Begriffsbestimmung und brachte vor, dass die Methode einer aufzählenden Liste zum Schluss verleiten lasse, dass diese abschließend sei. Im Report der sechsten Session taucht erstmals die Änderung der „anderen Ebene“ auf.

Ziff. 2 lit. b) AK).[8] Damit wurde die bisherige Bestimmung konkretisiert, ausgedehnt und lässt kein Zweifel daran, dass auch eine natürliche oder juristische Person eine Behörde im Sinne der Aarhus-Konvention sein kann. Lit. c) wurde zum selben Zeitpunkt in der heutigen Form verabschiedet. Dieser erfuhr – mit Blick – auf den ersten Entwurf etwas geringfügigere Änderungen als lit. b). Zwar wurde lit. c) grammatikalisch stark umformuliert und gestrafft, in seinem materiellen Gehalt jedoch nur minimal verändert. Der Begriff der „anderen Institution/Körperschaft" wurde dabei auch hier durch denjenigen der „natürliche[n] oder juristische[n] Person" ersetzt. Art. 2 Ziff. 2 lit. d) AK hingegen wurde komplett neu hinzugefügt: Die in Art. 17 AK definierten Organisationen der regionalen Wirtschaftsintegration, welche Vertragsparteien der Konvention sind, gelten ebenso als Behörden im Sinne des Übereinkommens.[9] Schließlich wurde in der Bestimmung klargestellt, dass rechtsprechende und gesetzgebende Gremien oder Einrichtungen nicht als Behörden im Sinne der Aarhus-Konvention zu qualifizieren sind.[10] Diese Ausnahmen wurden zwar im ersten Entwurf von 1996 noch nicht erwähnt, sie waren jedoch sehr früh bereits Bestandteil der konventionalen Bestimmungen.[11]

Die in Art. 2 Ziff. 3 AK figurierende Definition des Begriffs der **Informationen über die Umwelt** geht im Großen und Ganzen auf den Entwurf zurück. Materiellrechtlich wurde diese Bestimmung nur geringfügig geändert, formell hingegen stark überarbeitet sowie neu und übersichtlicher strukturiert. Als einleitender Satz wird festgeschrieben, dass Informationen sämtlicher Art und auf sämtlichen Medien erfasst sein sollen. Dieser Ansatz geht bereits auf den Entwurf aus dem Jahre 1996 zurück. Allerdings wurde dieser in einer stark vereinfachten Form in die Konvention übernommen, beinhaltete er im Entwurf doch auch noch eine Aufzählung der erfassten Medien, da ohnehin alle Medien erfasst sein sollen. Enthielt der Entwurf noch keine weitere Unterteilung, so wurde die Bestimmung neben dem einleitenden Vermerk in drei Teile aufgeteilt: (a) Zustand von Umweltbestandteilen, (b) Faktoren, welche sich auf die Umweltbestandteile auswirken, und (c) Zustand der menschlichen Gesundheit, sowie Kulturstätten und Bauwerke.[12]

---

8 Diese Begriffsbestimmung findet sich erstmals so im Report der sechsten Session (CEP/AC.3/12) und geht auf einen Vorschlag unter der Führung Italiens zurück, das mit der Neufassung der damals noch in Art. 1 geregelten Definitionen beauftragt worden war (CEP/AC.3/10, 2). Sie wurde im Anschluss daran beibehalten und nicht mehr abgeändert.

9 Diese Bestimmung war in einem früheren Entwurf noch viel weiter gefasst, so dass sie internationale Gremien umfasste, welche einer Vertragspartei unterstanden oder ausschließlich aus solchen bestanden (CEP/AC.3/12, Annex I 3). Im Report zur neunten Session (CEP/AC.3/18, Annex II, 12) tauchte erstmals die heute gültige Fassung in Bezug auf die Organisationen der regionalen wirtschaftlichen Integration in den offiziellen Dokumenten auf.

10 Report der vierten Session, CEP/AC.3/8, Annex VIII, 21, ua.

11 Im Report der dritten Session (CEP/AC.3/6, Annex III) wurde bereits festgehalten, dass rechtsprechende Entscheidungen nicht in den Anwendungsbereich der Konvention fallen sollen. Dies war unter dem Begriff des *environmental decision-making* definiert, ein Begriff der so nicht mehr in der Aarhus-Konvention figuriert. Auch die Exklusion der legislativen Entscheidung findet erstmals im Bericht der dritten Session ihren Ursprung (CEP/AC.3/6, Annex III). Im Bericht zur vierten Session ist auch die Exklusion der legislativen Tätigkeit aufgenommen und erstmals auch dem Begriff der Behörde zugeordnet worden (CEP/AC.3/8, Annex VIII). Umgesetzt wurden diese Vorschläge erstmals im Bericht der sechsten Session (CEP/AC.3/12, Annex I).

12 Bereits im Bericht der ersten Session wurden einige Änderungen diskutiert: So sollten die Begriffe *economic or financial analysis* und entweder *historical monuments*

I. „Vertragspartei" (Ziff. 1)

3 Gemäß Art. 2 Ziff. 1 AK bezieht sich die Nennung des Begriffs der Vertragspartei auf eine **Vertragspartei der Aarhus-Konvention**, dies soweit sich aus der Konvention selbst bzw. aus dem Wortlaut einer Bestimmung nicht etwas anderes ergibt.

Im englischen Vertragstext taucht unter anderem auch der Begriff der *third party* auf (Art. 4 Abs. 4 lit. g) AK). Dabei bezeichnet der Begriff *party* nicht eine Vertragspartei der Aarhus-Konvention.[13] Der Begriff der dritten Partei bezeichnet eine Person, die zwar nicht Vertragspartei der Konvention ist, jedoch auch Interessen und Rechte aus der Konvention ableiten kann.[14] In der deutschsprachigen Fassung stellt sich dieses Problem nicht, da die Abgrenzung mit der Wortwahl klarer gefasst wurde und somit nicht wie im englischen Text bloß auf *party* und *third party*, sondern auf den Begriff der „Vertragspartei" und den Begriff der „Dritten" abgestellt wird, was einer besseren Unterscheidung dient. Die deutsche Fassung wurde demnach an die französische Fassung angelehnt, welche von den Begriffen der *partie* und des *tiers* ausgeht.

4 Die Frage, ab wann bzw. unter welchen **Voraussetzungen** ein Staat als Vertragspartei der Aarhus-Konvention anzusehen ist, wird von Art. 2 Ziff. 1 AK nicht beantwortet. Maßgebend muss hier sein, ob ein Staat völkerrechtlich an die Konvention gebunden ist, was sich nach der Wiener Vertragsrechtskonvention bzw. den entsprechenden völkerrechtlichen Regeln richtet, wobei Art. 19, 20 AK diesbezüglich spezifische Regeln enthalten.[15]

5 Ist ein **Staat** Vertragspartei, ist dieser als Ganzes gebunden, so dass alle Staatsfunktionen erfasst sind, ohne Unterscheidung zwischen legislativer, rechtsprechender und exekutiver Tätigkeit. In **föderalen Staaten** bedeutet dies auch, dass der Bundesstaat auch für das Verhalten aller verschiedenen, vertikalen Ebenen völkerrechtlich verantwortlich ist, dies unabhängig davon, ob ihm im Innenverhältnis – also nach nationalem Verfassungsrecht – die Kompetenz zukommt, entsprechende Regeln zu erlassen.

---

oder *cultural heritage or socio-economic conditions* gestrichen werden und dafür *genetically modified organisms*, *technical analysis*, *landscape*, *atmosphere* und *information related to national and technological hazards* in den Konventionstext aufgenommen werden (CEP/AC.3/2, Annex III). Der Bericht der dritten Session widmete sich schwerpunktmäßig dem Begriff der *environmental information*: Die Koalition der NGOs schlug zwei Optionen vor, wobei die erste eine Definition des Umweltbegriffs und eine Definition der Umweltinformationen vorsah. Kroatien, Ungarn und das Vereinigte Königreich unterstützten diesen Ansatz. Der zweite Ansatz sah vor, einen komplett neuen Entwurf der Konvention auszufertigen. Diese zweite Option wurde von Albanien unterstützt, fand hingegen keine Mehrheit. Es setzten sich nur wenige geringfügige Änderungen durch, die hier nicht zu erwähnen sind (CEP/AC.3/6, Annex I). Die vereinfachte Darstellung des einleitenden Satzes erhielt seine heutige Form ebenso wie der dreiteilige Aufbau der Bestimmung in diesem Bericht der dritten Session (CEP/AC.3/6, Annex VIII). Der genaue Inhalt war weiter umstritten, wurde aber im Bericht der vierten Session bereits der heute gültigen Fassung sehr ähnlich redigiert (CEP/AC.3/8, Annex III). Der Bericht zur sechsten Session schließlich enthält – mit wenigen Ausnahmen – den aktuell gültigen Konventionstext.

13 *Ebbesson et al.*, Aarhus Convention Implementation Guide, 34.
14 *Ebbesson et al.*, Aarhus Convention Implementation Guide, 34.
15 S. zu diesen Art. 17-22 Rn. 3 ff.

6 In Bezug auf **internationale Organisationen** – wobei dies im vorliegenden Zusammenhang für die **Europäische Union**, die Vertragspartei der Konvention ist, relevant ist – könnte sich hingegen die Frage stellen, ob und inwieweit diese völkerrechtlich verantwortlich sind, wenn die **Mitgliedstaaten** (in ihrem Kompetenzbereich) die Vorgaben der Konvention nicht beachten. Auch diese Frage ist auf der Grundlage der einschlägigen völkerrechtlichen Regeln zu beantworten, wobei der ILC-Entwurf über die völkerrechtliche Verantwortlichkeit internationaler Organisationen[16] eine besondere Rolle spielt. Es handelt sich hier jedoch um eine auch allgemein äußerst komplexe Frage, der vorliegend nicht im Einzelnen nachgegangen werden soll,[17] so dass nur die allgemeinen Grundsätze bezugnehmend auf die Aarhus-Konvention skizziert werden sollen:

- Soweit es um das **Verhalten von Unionsorganen** oder um die Beachtung der Vorgaben der Konvention durch die Union bzw. ihre Organe geht, ist (nur) diese auch völkerrechtlich verantwortlich.
- Soweit es klar um Bereiche geht, die nicht vom Unionsrecht geregelt werden (dürfen) und somit auch **nur das Verhalten nationaler Organe** zur Debatte steht, ist die Union nicht für mitgliedstaatliches Verhalten völkerrechtlich verantwortlich.
- Soweit eine **„Gemengelage"** vorliegt (wie etwa bei der Durchführung von Unionsrecht durch die Mitgliedstaaten), ist im **Einzelfall** zu entscheiden, um welches Verhalten es genau geht und welcher Ebene dieses **zugerechnet** werden kann, wobei hier auch eine völkerrechtliche Verantwortlichkeit sowohl der EU als auch des betreffenden Mitgliedstaats (allerdings wegen unterschiedlicher Verhaltensweisen) in Betracht kommt.

II. „Behörde" (Ziff. 2)

7 Art. 2 Ziff. 2 AK unterscheidet verschiedene Konstellationen bzw. fasst verschiedene Stellen, Personen und Einrichtungen unter den **Begriff der „Behörde"** (wobei nach Art. 2 Ziff. 2 *in fine* AK gerichtliche und gesetzgebende Einheiten nicht als Behörden im Sinne dieser Bestimmung anzusehen sind):

- Erstens sind die Stellen der „öffentlichen Verwaltung auf nationaler, regionaler und anderer Ebene" erfasst (lit. a).
- Zweitens sind auch „natürliche oder juristische Personen, die aufgrund innerstaatlichen Rechts Aufgaben der öffentlichen Verwaltung, einschließlich bestimmter Pflichten, Tätigkeiten oder Dienstleistungen im Zusammenhang mit der Umwelt, wahrnehmen" als Behörden im Sinn des Art. 2 Ziff. 2 AK anzusehen (lit. b).
- Drittens werden „sonstige natürliche oder juristische Personen, die unter der Kontrolle einer unter Buchstabe a oder Buchstabe b genannten Stelle oder einer dort genannten Person im Zusammenhang mit der

16 Aus dem Jahr 2011, vgl. UN Doc. A/66/10, 54 ff.

17 Vgl. – neben den allgemeinen völkerrechtlichen Abhandlungen zum Thema der Verantwortlichkeit internationaler Organisationen – zB *Bittner/Schusterschitz*, EuR 2012, Beiheft 2, 233 (242 ff.); *Kumin/Bittner*, EuR 2012, Beiheft 2, 75 (81 f.).

Umwelt öffentliche Zuständigkeiten haben, öffentliche Aufgaben wahrnehmen oder öffentliche Dienstleistungen erbringen" genannt (lit. c).

- Schließlich sind auch – viertens – die „Einrichtungen" der in Art. 17 AK erwähnten Organisationen der regionalen Wirtschaftsintegration, die Vertragsparteien dieses Übereinkommens sind, erfasst (lit. d).

8 Diese Begriffsdefinition ist für die Tragweite diverser Vorgaben der Konvention insofern von großer Bedeutung, als sie den **Kreis der Verpflichteten** bzw. der Anspruchsgegner umreißt.[18] Im Folgenden sollen – ausgehend vom Erfordernis der administrativen bzw. exekutiven Tätigkeit (aa.) – die verschiedenen „Behördenkategorien" im Einzelnen erörtert werden (bb.), bevor ein kurzes Fazit gezogen wird (cc.).

Dabei ist in diesem Zusammenhang auch darauf hinzuweisen, dass nicht alle Bestimmungen der Konvention an die Behörden gerichtet sind bzw. deren Pflichten und Rechte statuieren. Vielmehr nehmen zahlreiche Bestimmungen der Konvention (so zB Art. 3, 9 AK) Bezug auf die Vertragsstaaten, die insoweit umfassend in die Pflicht genommen werden, so dass dem Behördenbegriff insoweit keine Bedeutung zukommt.[19]

1. Zum Erfordernis einer administrativen Tätigkeit

9 Gemäß Art. 2 Ziff. 2 *in fine* AK sind Gremien und Einrichtungen, welche in gesetzgebender oder gerichtlicher Funktion tätig sind, nicht als Behörden im Sinne der Konvention anzusehen.[20] Im Gegenschluss folgt daraus, dass es um die **Wahrnehmung administrativer bzw. exekutiver Befugnisse** gehen muss. Somit geht die Konvention vom klassischen Begriff bzw. Einteilung der verschiedenen Gewalten in Legislative, Judikative und Exekutive aus. Notwendig ist somit die Abgrenzung von exekutiven Befugnissen einerseits von legislativen und judikativen Befugnissen andererseits, eine Abgrenzung, die – wenn auch im Ansatz überzeugend – angesichts der Aufgabenverflechtung im modernen Staat durchaus im Einzelfall Schwierigkeiten bereiten kann.[21]

10 Hervorzuheben ist jedoch, dass es um die wahrgenommene **Funktion** – nicht jedoch um den (pauschalen) Ausschluss bestimmter Staatsorgane vom Behördenbegriff der Konvention – geht.[22] Insofern ist jeweils danach zu fragen, in welcher Eigenschaft das jeweilige Organ handelt, so dass –

18 S. insoweit *Ebbesson et al.*, Aarhus Convention Implementation Guide, 35; *Butt*, Umweltinformation, 51.

19 S. insoweit *Ebbesson et al.*, Aarhus Convention Implementation Guide, 39.

20 *Ebbesson et al.*, Aarhus Convention Implementation Guide, 38, begründen diesen Ausschluss wie folgt: Die Legislative werde direkt durch das Volk gewählt, womit sich die Öffentlichkeit genügend in den Prozess miteinbringen könne, und im Übrigen sei die Legislative der Bevölkerung direkt rechenschaftspflichtig (ein Argument, das allenfalls teilweise stichhaltig ist, da es letztlich auf die wahrgenommene Funktion bzw. Befugnis ankommt, vgl. noch Art. 2 Rn. 10). In Bezug auf die Judikative sei zu beachten, dass die gerichtlichen Instanzen das Recht unparteiisch und fachgerecht anzuwenden hätten, was eine Beteiligung der Öffentlichkeit *per se* ausschließe. Die Konvention sei weiter in vielen Bestimmungen darauf angelegt, dass eine unabhängige Justiz richten könne und damit die Rechte Einzelner direkt beeinflusst werden könnten.

21 Vgl. auch *Scheyli*, ArchVR 2000, 217 (231).

22 ACCC/C/2011/61 Vereinigtes Königreich, Rn. 53 f. Insofern missverständlich noch *Epiney*, in: Fluck/Fischer/Fetzer, Kommentar Aarhus-Konvention, Art. 1-3, Rn. 12.

bei Vorliegen der Voraussetzungen des Art. 2 Ziff. 2 lit. a) AK – alle Staatsorgane (unter Einschluss legislativer und judikativer Organe) als Behörden anzusehen sein können, dies unter der zusätzlichen Voraussetzung, dass sie in Wahrnehmung administrativer oder exekutiver Kompetenzen (und nicht in gerichtlicher oder gesetzgebender Eigenschaft) handeln.

Insofern können zB also auch Gerichte Behörden im Sinne der Konvention sein, dies soweit sie exekutive Befugnisse wahrnehmen.[23] So können – nach der Rechtsprechung des EuGH in Bezug auf Art. 2 Nr. 2 S. 2 RL 2003/4, der es den Mitgliedstaaten erlaubt, „Gremien oder Einrichtungen", die in gesetzgebender Eigenschaft handeln, vom Anwendungsbereich der Richtlinie auszunehmen – auch Ministerien gesetzgebende Gewalt ausüben, soweit sie am Gesetzgebungsverfahren (zB durch die Vorlage von Gesetzesentwürfen) beteiligt sind, dies allerdings von vornherein nur bis zum Abschluss des Gesetzgebungsverfahrens.[24]

Unter Gesetzgebungsverfahren sind nach der Rechtsprechung des EuGH[25] – der auch auf die Aarhus-Konvention Bezug nimmt – nur solche Verfahren zu verstehen, in denen das Parlament tätig wird, die also, m.a.W., in ein Gesetz im formellen Sinn münden, so dass zB Exekutivbehörden auch dann Behörden im Sinne des Art. 2 Ziff. 2 AK sind, falls sie legislative Befugnisse wahrnehmen. Denn nur im Rahmen eines ordentlichen Gesetzgebungsverfahrens sei gewährleistet, dass die Öffentlichkeit aufgrund der besonderen Charakteristika dieses Verfahrens hinreichend informiert ist, wodurch letztlich die Ausnahmebestimmung begründet sei, ein Ansatz, der durch Wortlaut und Systematik der Aarhus-Konvention, die zwischen Dokumenten im Besitz von in gesetzgebender Eigenschaft handelnden Behörden und der Öffentlichkeitsbeteiligung zur Vorbereitung exekutiver Vorschriften unterscheidet, bestätigt werde.

Aufsichtsrechliche Entscheidungen sind – so das *Compliance Committee* – grundsätzlich als administrative und nicht als rechtsprechende Tätigkeiten anzusehen, so dass die Vorgaben der Konvention insoweit vollumfänglich zum Zuge kommen. Insofern seien die in Art. 2 Abs. 2 VO 1367/2006 vorgesehenen Ausnahmen zu eng.[26]

Im Übrigen ist die Frage, ob eine gesetzgeberische Tätigkeit vorliegt oder nicht, insofern materiell zu beurteilen, als der Gesetzgeber tatsächlich die letztliche Entscheidung treffen muss, wie die Konstellation in der Rs. C-182/10[27] – in dem der Gerichtshof nicht nur auf das EU-Sekundärrecht (nämlich Art. 1 Abs. 4 RL 2011/92 (UVP-Richtlinie), sondern auch auf Art. 2 Ziff. 2 AK Bezug nimmt – verdeutlicht: Bei projektbezogenen Entscheidungen sei eine legislative Tätigkeit nur dann anzunehmen, wenn das betreffende Projekt im Einzelnen durch einen mitgliedstaatlichen Gesetzgebungsakt genehmigt wurde. Unter Rückgriff auf Sinn und Zweck der in Frage stehenden Bestimmungen betont der Gerichtshof, dies könne nur dann angenommen wer-

23 S. insoweit auch *Ebbesson et al.*, Aarhus Convention Implementation Guide, 38. S. auch (in Bezug auf die RL 90/313, die Vorläuferrichtlinie der heuteigen Umweltinformationsrichtlinie, RL 2003/4) EuGH, Rs. C-217/97 (Kommission/Deutschland), ECLI:EU:C:1999:395, Rn. 20 ff., wo der Gerichtshof festhält, auch Gerichte könnten Behörden im Sinne der Richtlinie sein, sofern sie außerhalb ihrer Rechtsprechungstätigkeit agieren.

24 EuGH, Rs. C-204/09 (Flachglas Torgau), ECLI:EU:C:2012:71.

25 EuGH, Rs. C-515/11 (Deutsche Umwelthilfe), ECLI:EU:C:2013:523. Zu diesem Urteil etwa *Kahl/Dubber*, EurUP 2014, 215 ff.; *Schomerus*, JEEPL 2013, 397 ff.

26 ACCC/C/2008/32 Part II Europäische Gemeinschaft, Rn. 106 ff.

27 EuGH, Rs. C-182/10 (Solvay), ECLI:EU:C:2012:82. S: auch EuGH, verb. Rs.C-128-131(09, C-134-135/09 (Boxus), ECLI:EU:C:2011:667.

den, wenn der Gesetzgeber über Angaben verfügt, die denjenigen gleichwertig sind, die einer Behörde im Rahmen eines behördlichen Genehmigungsverfahrens vorzulegen wären, so dass es sich um einen besonderen gesetzgeberischen Akt handeln müsse; diese Voraussetzung sei dann nicht gegeben, wenn der gesetzgeberische Akt lediglich einen Verwaltungsakt „ratifiziere", ohne dass ein eigentliches, die Sachfragen betreffendes Gesetzgebungsverfahren durchgeführt wurde.[28] Gleiches muss in Bezug auf Rechtsverordnungen, die der parlamentarischen Zustimmung bedürfen, gelten. Diese Rechtsprechung bestätigte der Gerichtshof in der Rs. C-48/15 und betonte hier noch zusätzlich, der Gesetzgebungsakt müsse die gleichen Merkmale wie eine Genehmigung im Sinne der RL 2011/92 aufweisen.[29]

2. Zum Behördenbegriff

a) Stellen der öffentlichen Verwaltung

11 Nach Art. 2 Ziff. 2 lit. a) AK sind unter „Behörden" zunächst **alle Stellen der öffentlichen Verwaltung** (auf nationaler, regionaler oder anderer Ebene) zu verstehen. Bemerkenswert ist dabei, dass es hier nicht darauf ankommt, ob Aufgaben im Bereich der Umweltpflege wahrgenommen werden; vielmehr werden umfassend alle Stellen der öffentlichen Verwaltung – ohne dass es relevant wäre, welche konkrete Tätigkeit einer Stelle übertragen ist – erfasst.[30] Insoweit geht die Aarhus-Konvention über den ursprünglichen Regelungsgehalt der entsprechenden Richtlinie auf Unionsebene hinaus, wonach nur Behörden, die Aufgaben im Bereich der Umweltpflege wahrnehmen, verpflichtet werden mussten (Art. 2 lit. b) RL 90/313).[31]

12 Der Zusammenhang mit Art. 2 Ziff. 2 lit. b) AK verdeutlicht im Übrigen, dass hier die **Verwaltung im organisatorischen Sinn** (und nicht im funktionalen Sinn)[32] gemeint ist, wofür auch der englische und französische Vertragstext (die die Begriffe *government* bzw. *administration publique* ver-

28 Weiter hielt der Gerichtshof fest, dass die Frage, ob ein Gesetzgebungsakt die Voraussetzungen der Ausnahme erfüllt, gerichtlich überprüfbar sein müsse, wobei er insbesondere auf die Effektivität des Art. 9 AK Bezug nimmt. S. insoweit auch schon EuGH, verb. Rs.C-128-131/09, C-134-135/09 (Boxus), ECLI:EU:C:2011:667.

29 EuGH, Rs. C-48/15 (Stadt Wiener), ECLI:EU:C:2016:882. In diesem Urteil stellte der Gerichtshof darüber hinaus noch klar, dass die Ausnahme des Art. 1 Abs. 4 RL 2011/92 dann nicht zum Zuge kommen könne, wenn es um eine gesetzliche Bestimmung geht, wonach ein in Bestandskraft erwachsener, jedoch unter Verletzung der Pflicht zur Durchführung einer UVP ergangener Genehmigungsbescheid als rechtmäßig genehmigt gilt. Damit können über die Berufung auf diese Ausnahme nicht allgemein unter Missachtung der UVP-Pflicht ergangene Genehmigungsbescheide legalisiert werden.

30 S. insoweit auch *Ebbesson et al.*, Aarhus Convention Implementation Guide, 35; *Schrader*, in: Schlacke/Schrader/Bunge, Aarhus-Handbuch, § 1, Rn. 77; *Epiney/Scheyli*, Aarhus-Konvention, 29 f.

31 RL 90/313 über den freien Zugang zu Informationen über die Umwelt, ABl. 1990 L 158, 56, durch die RL 2003/4 aufgehoben. Art. 2 Abs. 2 lit. a) RL 2003/4 definiert den Begriff der Behörden jedoch (inzwischen) im Einklang mit der Aarhus-Konvention.

32 Während die Verwaltung im funktionalen Sinn diejenigen Stellen bezeichnet, die zur Besorgung gesetzlich übertragener Staatsaufgaben durch das Gemeinwesen beauftragt sind, bezieht sich der organisatorische Verwaltungsbegriff auf die Verwaltungsbehörden und damit die eigentlichen Verwaltungsorgane, vgl. hierzu nur (mit

wenden) sprechen.[33] Damit sind durchaus verschiedene Arten von Gremien der öffentlichen Verwaltung erfasst, die denn auch – je nach der Verwaltungsorganisation in den Vertragsstaaten – unterschiedlich ausfallen und unterschiedlich bezeichnet (so zB als Agenturen, Dienststellen, Institutionen, Departemente, Ämter o.ä.) werden.[34] Gleichzeitig ist der Begriff der öffentlichen Verwaltung auf den öffentlichen Sektor im „formellen" bzw. organisatorischen Sinn beschränkt, so dass Private bzw. „Verwaltungen" und „Verwaltungstätigkeiten" im privaten Sektor – ob sie nun öffentliche Aufgaben wahrnehmen oder nicht – von vornherein nicht unter Art. 2 Ziff. 2 lit. a) AK fallen.

Der „Zusatz" der **nationalen, regionalen und anderen Ebene** soll den Begriff der Stelle der öffentlichen Verwaltung näher bestimmen und klarstellen, dass es um die öffentliche Verwaltung auf allen Ebenen – sowohl im vertikalen als auch im horizontalen Gefüge – geht.[35] 13

Während die nationale Ebene diejenigen Behörden der öffentlichen Verwaltung einschließt, welche einem Staat selbst zuzuordnen sind (also all jene Stellen, die auf der obersten Stufe eines Staates geschaffen worden sind, um Staatsaufgaben zu erfüllen), impliziert die vertikale Geltung die Erfassung aller Behörden von Gebietskörperschaften, was vor allem für Staaten mit einem föderalistischen Staatsaufbau von Bedeutung ist. Dabei beschränkt sich der Begriff der regionalen Ebene auf die innerstaatliche Struktur eines Staates.[36] Der Vorschlag, wonach auch der Begriff der internationalen Ebene in Art. 2 Ziff. 2 lit. a) AK aufgenommen werden sollte,[37] konnte sich nicht durchsetzen. Hingegen wurde die Bestimmung um die Bezugnahme auf jede „andere Ebene" ergänzt, womit offenbar eine Art Auffangbestimmung geschaffen werden sollte, dies möglichweise angesichts unterschiedlicher Verwaltungsstrukturen in den Vertragsstaaten, die es als zweifelhaft erscheinen lassen könnten, ob eine bestimmte Stelle der „nationalen" oder der „regionalen" Ebene zuzuordnen ist. Insoweit dürfte dieser Ergänzung in erster Linie insofern eine eigenständige Bedeutung zukommen, als sie klarstellt, dass tatsächlich umfassend alle mit Hoheitsgewalt ausgestattete Behörden – auf welcher Ebene auch immer sie angesiedelt sind – in den Behördenbegriff der Bestimmung einzubeziehen sind, womit die konkrete Verwaltungsstruktur eines Staates keine Rolle spielt.

Das *Compliance Committee* hatte sich verschiedentlich mit der Frage befasst, ob bestimmte Stellen als Behörden im Sinne des Art. 2 Ziff. 2 lit. a) AK anzusehen sind und bejahte dies zB für folgende Stellen: *Almaty Sanitary-Epidemiological Department* und *Almaty City Territorial Department on Environ-*

Bezug zum schweizerischen Recht) *Häfelin/Müller/Uhlmann,* Verwaltungsrecht, Rn. 10 ff.

33 Dabei machte die polnische Regierung darauf aufmerksam, dass sie den englischen Begriff als *public administration* gleich wie den französischen Begriff (*administration publique*) – verstehe. Auch die deutsche Version („Stelle der öffentlichen Verwaltung") ist wohl der französischen Beschreibung nachgebildet. Dies ist insbesondere deswegen zu begrüßen, weil dieser Begriff näher umrissen ist als der englische, da dieser übersetzt Regierung bedeutet und damit viel offener formuliert ist.

34 Vgl. *Butt,* Ausweitung des Rechts auf Umweltinformation, 52; *Ebbesson et al.,* Aarhus Convention Implementation Guide, 35, die von *political power* sprechen.

35 *Ebbesson et al.,* Aarhus Convention Implementation Guide, 35.

36 Report of the first Session (CEP/AC.3/2), Annex III, 6.

37 Report of the first Session (CEP/AC.3/2), Annex III, 6.

mental Protection (kommunale Departemente);[38] *State Real Estate Cadastre Committee* (eine Exekutivbehörde Armeniens im Bereich des Landschaftsschutzes) und *Office of the Mayor of Yerevan* (die Gemeindeexekutive der Stadt Yerevan);[39] *Moldsilva State Forestry Agency* (eine staatliche, moldawische Agentur im Forst- und Jagdbereich).[40]

b) Natürliche und juristische Personen

14 Nach Art. 2 Ziff. 2 lit. b), c) AK können auch **Private** vom Behördenbegriff erfasst sein, wobei **zwei Konstellationen** unterschieden werden:

- Erstens sind natürliche und juristische Personen als Behörden im Sinne der Konvention anzusehen, wenn sie aufgrund innerstaatlichen Rechts Aufgaben der öffentlichen Verwaltung wahrnehmen (lit. b).
- Zweitens sind darüber hinaus auch all jene natürlichen oder juristischen Personen erfasst, die „unter der Kontrolle einer der in lit. a) oder b) genannten Stelle oder einer dort genannten Person im Zusammenhang mit der Umwelt öffentliche Zuständigkeiten haben, öffentliche Aufgaben wahrnehmen oder öffentliche Dienstleistungen erbringen" (lit. c).

Der Vertragstext spricht nicht von „Privaten", sondern von **„natürlichen und juristischen Personen"** („natural or legal persons"). Letztlich geht es dabei darum, umfassend zumindest alle rechtsfähigen Personen zu erfassen, die nicht Teil der öffentlichen Verwaltung im organisatorischen Sinn sind. Welche Voraussetzungen erfüllt sein müssen, damit eine juristische Person gegeben ist, bestimmt sich im Einzelfall nach dem nationalen Recht, wobei eine juristische Person im Sinne der Konvention jedenfalls immer dann zu bejahen ist, wenn ihr nach internem Recht Rechtspersönlichkeit zukommt;[41] darüber hinaus spricht Vieles – insbesondere Sinn und Zweck der Konvention sowie die Systematik des Art. 2 Ziff. 2 AK – dafür, dass der Begriff natürliche und juristische Personen gesamthaft einerseits Einzelpersonen, andererseits „organisierte Personenverbindungen" erfassen dürfte, unabhängig davon, ob diesen nach innerstaatlichem Recht Rechtspersönlichkeit zukommt.[42] Deshalb würde ein Vertragsstaat gegen die Konvention verstoßen, der gewisse juristische oder andere Entitäten und Personenverbindungen vom Begriff der juristischen Person ausschließen würde, so dass diese unter anderem nicht vom Anwendungsbereich der Aarhus-Konvention erfasst würden.

15 **Art. 2 Ziff. 2 lit. b) AK** nennt **zwei Voraussetzungen**, bei deren Vorliegen Private als Behörden im Sinne der Konvention anzusehen sind:

- Erstens müssen sie **Aufgaben der öffentlichen Verwaltung** wahrnehmen. Hierunter fallen alle „klassischen" Staatsaufgaben sowie sonstige Dienstleistungen im öffentlichen Interesse, wobei der systematische Zusammenhang mit Art. 2 Ziff. 2 lit. c) AK dafür spricht, dass es hier

---

38 ACCC/C/2004/06 Kasachstan, Rn. 23.
39 ACCC/C/2004/08 Armenien, Rn. 19 und 21.
40 ACCC/C/2008/30 Moldawien, Rn. 13 und 28. S. auch ACCC/C/2005/12 Albanien, Rn. 72 in Bezug auf den nationalen Rat für die Territorialregulierung.
41 *Ebbesson et al.*, Aarhus Convention Implementation Guide, 35.
42 Interessant ist in diesem Zusammenhang, dass im EU-Recht der in Art. 263 Abs. 4 AEUV verwandte Begriff der juristischen Person ebenfalls untechnisch in dem Sinn verstanden wird, dass hierunter alle vom innerstaatlichen Recht vorgesehene Personengesellschaften fallen, unabhängig davon, ob sie formell Rechtspersönlichkeit besitzen, *Epiney*, in: Bieber/Epiney/Haag/Kotzur, EU, § 9, Rn. 41.

(nur, aber immerhin) um hoheitliche Aufgaben gehen muss, so dass die Privaten kraft besonderer hoheitlicher Befugnisse handeln und somit mit Befugnissen ausgestattet sein müssen, die über die normalerweise im Verhältnis zwischen Privaten geltenden Regeln hinausgehen.[43]
Die wahrgenommenen öffentlichen Aufgaben müssen – trotz der Nennung von Aktivitäten im Zusammenhang mit der Umwelt – **nicht zwingend die Umweltpflege** betreffen, wie sich schon aus dem Wortlaut der Vorschrift, der diese Erwähnung lediglich beispielhaft erwähnt, ergibt.[44] Diese Auslegung wird auch durch die *ratio legis* der Vorschrift bestätigt: Offenbar geht es hier darum, dass die betreffenden Vorgaben der Konvention nicht allein deshalb nicht zum Zuge kommen sollen, weil öffentliche Aufgaben auf Private „ausgelagert" wurden.[45] Eine Beschränkung nun der Erfassung Privater auf diejenigen Konstellationen, in denen diese Aufgaben der Umweltpflege wahrnehmen, stünde daher im Widerspruch zu Sinn und Zweck der Konvention, könnte doch die effektive Durchsetzung der in der Konvention vorgesehenen Rechte durch eine „einfache" Auslagerung öffentlicher Aufgaben auf Private unterlaufen werden. Daher kommt es bei Art. 2 Ziff. 2 lit. b) AK – insofern wie im Rahmen des Art. 2 Ziff. 2 lit. a) AK, stellt lit. b) doch letztlich das „Spiegelbild" von lit. a) dar – nicht darauf an, ob Aktivitäten im Rahmen der Umweltpflege betroffen sind.[46]

- Zweitens muss diese Wahrnehmung von Aufgaben der öffentlichen Verwaltung **„aufgrund innerstaatlichen Rechts"** erfolgen, so dass ein eigentlicher Übertragungsakt, der unterschiedliche Formen annehmen kann (zB eine Delegation in einem Gesetz, aber auch ein verwaltungsrechtlicher Vertrag), und damit in irgendeiner Form eine gesetzliche Grundlage vorliegen muss.[47] Obwohl die Bestimmung auf das „innerstaatliche Recht" verweist, sprechen die besseren Gründe dafür, auch dann eine entsprechende Übertragung anzunehmen, wenn diese nach innerstaatlichem Recht unzulässig gewesen wäre, jedoch von einer Behörde ausging.

Insgesamt ist damit der Anwendungsbereich des Art. 2 Ziff. 2 lit. b) AK eher weit gefasst, so dass in aller Regel jedenfalls Unternehmen, die Versorgungsaufgaben (zB im Bereich des Wassers oder des Stroms, aber auch des Verkehrs, der Post oder des Internet) auf der Grundlage einer innerstaatlichen Rechtsvorschrift wahrnehmen, erfasst sein können; entscheidend wird in der Regel sein, ob den Privaten besondere (hoheitliche) Befugnisse eingeräumt werden.

---

43 So auch EuGH, Rs. C-279/12 (Fish Legal), ECLI:EU:C:2013:853. Zu diesem Aspekt des Urteils *Kahl/Dubber*, EurUP 2014, 215 (217 ff.).

44 Der französische und der englische Wortlaut der Vorschrift legen ebenfalls nahe, dass es sich um eine beispielhafte Erwähnung handelt.

45 Vgl. *Butt*, Ausweitung des Rechts auf Umweltinformation, 52; ähnlich etwa *Epiney*, in: Fluck/Fischer/Fetzer, Kommentar Aarhus-Konvention, Art. 1-3, Rn. 8.

46 Ebenso *Ebbesson et al.*, Aarhus Convention Implementation Guide, 35; aA aber noch *Epiney*, in: Fluck/Fischer/Fetzer, Kommentar Aarhus-Konvention, Art. 1-3, Rn. 8 f., sowie *Scheyli*, ArchVR 2000, 217 (230).

47 So auch EuGH, Rs. C-279/12 (Fish Legal), ECLI:EU:C:2013:853. Hierzu auch *Kahl/Dubber*, EurUP 2014, 215 (217 ff.).

16 **Art. 2 Ziff. 2 lit. c) AK** weitet den Begriff der Behörde auch auf natürliche oder juristische Personen aus, welche nicht von Art. 2 Ziff. 2 lit. b) AK erfasst werden, wobei **drei Voraussetzungen** gegeben sein müssen:

- Erstens müssen die Privaten **„unter der Kontrolle"** einer der von Art. 2 Ziff. 2 lit. a), b) AK erfassten Stellen handeln. Dabei kann diese Kontrolle wohl sehr verschiedene Formen annehmen; eine besondere Form und eine bestimmte Intensität werden nicht verlangt, so dass eine ins Gewicht fallende Einflussnahme ausreichen dürfte.[48] Die staatliche Einflussnahme beruht hier also nicht auf einer gesetzlichen Grundlage bzw. innerstaatlichem Recht, sondern ausreichend (aber auch notwendig) ist eine Kontrolle, wobei auch eine Behörde im Sinne von lit. b) als kontrollierende Stelle auftreten kann und somit keine staatliche Kontrolle im eigentlichen Sinne vorliegen muss.[49]
- Zweitens ist eine Tätigkeit **„im Zusammenhang mit der Umwelt"** notwendig, dies somit insoweit im Gegensatz zu den anderen Konstellationen des Art. 2 Ziff. 2 AK. An diesen Zusammenhang werden keine besonderen Anforderungen gestellt, so dass wohl auch ein eher loser Zusammenhang ausreichen dürfte. Damit genügt es wohl, wenn die Tätigkeit in irgendeiner Art und Weise dem Schutz der Umwelt zu dienen vermag bzw. einen nicht vernachlässigenden Zusammenhang mit der Umwelt oder eine gewisse Umweltrelevanz aufweist, so dass es nicht notwendig ist, dass es um eigentliche „Umweltaufgaben" geht.[50] Auf dieser Grundlage dürften etwa auch Transportunternehmen grundsätzlich erfasst sein.
- Schließlich müssen sie **öffentliche Zuständigkeiten** haben, **öffentliche Aufgaben** wahrnehmen oder **öffentliche Dienstleistungen** erbringen. Aus dem Zusammenhang mit Art. 2 Ziff. 2 lit. b) AK ergibt sich, dass es sich dabei nicht um eine Aufgabe der öffentlichen Verwaltung handeln muss, so dass es nicht um eine hoheitliche Tätigkeit gehen muss.[51]

17 Da die Definition einer Behörde in Art. 2 Ziff. 2 lit. c) AK auf eine Person oder Stelle abstellt, die unter der Kontrolle einer Behörde im Sinne der lit. a) oder b) steht, muss eine **doppelte Prüfung** durchgeführt werden: Um beurteilen zu können, ob eine natürliche oder juristische Person als Behörde im Sinne von lit. c) zu qualifizieren ist, muss gleichzeitig geprüft werden, ob diese einer Behörde im Sinne von lit. a) oder lit. b) untersteht bzw. von dieser kontrolliert wird. Dies bedeutet, dass die kontrollierende Stelle selber eine Behörde im Sinne der Aarhus-Konvention (lit. a) oder b), nicht jedoch lit. d) sein muss.

---

48 Norwegen, Dänemark und Belgien sprachen sich dafür aus, dass der Begriff der Kontrolle dahingehend auszulegen sei, dass Grundsatzentscheide der juristischen oder natürlichen Person einer Genehmigung bzw. eines Entscheids durch die kontrollierende Behörde bedürfen, vgl. Economic and Social Council, Report of the eight session, CEP.AC.3/16, Rn. 12. S. in diesem Zusammenhang auch EuGH, Rs. C-279/12 (Fish Legal), ECLI:EU:C:2013:853, der betont, es seien alle diejenigen Einrichtungen erfasst, die nicht in echter Autonomie bestimmen könnten, wie sie die ihr übertragenen Aufgaben im Umweltbereich erfüllen.

49 *Ebbesson et al.*, Aarhus Convention Implementation Guide, 36.

50 In diese Richtung wohl auch *Butt*, Ausweitung des Rechts auf Umweltinformation, 54.

51 *Butt*, Ausweitung des Rechts auf Umweltinformation, 53.

Ganz allgemein dürfte die Formulierung des Art. 2 Ziff. 2 lit. c) AK es nahelegen, dass der Behördenbegriff dieser Bestimmung immer schon dann erfüllt ist, wenn es um die Wahrnehmung öffentlicher Aufgaben im Umweltbereich geht, die von staatlichen Stellen in der einen oder anderen Weise „kontrolliert" – also wohl beaufsichtigt – werden. Damit dürften grundsätzlich auch etwa (privatisierte) Energieversorgungsunternehmen oder Wasserversorgungsunternehmen unter den Behördenbegriff des Art. 2 fallen.[52] Deutlich wird damit auch, dass in denjenigen Konstellationen, in denen die Voraussetzungen des Art. 2 Ziff. 2 lit. b) AK nicht erfüllt sind, Privaten also insbesondere keine besonderen (hoheitlichen) Befugnisse eingeräumt werden, bei **Dienstleistungen im öffentlichen Interesse häufig, wenn nicht gar in aller Regel, eine Behörde im Sinne des Art. 2 Ziff. 2 lit. c) AK** anzunehmen sein wird. Denn derartige Dienstleistungen werden regelmäßig zumindest maßgeblich von der öffentlichen Hand (mit-)finanziert und in der einen oder anderen Weise kontrolliert. Zu beachten ist allerdings, dass die Aufgaben oder Dienstleistungen „im Zusammenhang mit der Umwelt" wahrgenommen bzw. erbracht werden müssen. 18

In den Empfehlungen des *Compliance Committee* wird die Frage, ob eine Behörde im Sinne der Konvention vorliegt oder nicht, nur am Rande diskutiert. Dabei fällt auf, dass das *Compliance Committee* sehr oft nicht unterscheidet, ob eine Behörde unter lit. b) oder lit. c) zu subsumieren ist.

So bezeichnet das *Compliance Committee* in der ersten Empfehlung überhaupt[53] die *National Atomic Company Kazatomprom* als rechtliche Person, welche Aufgaben der Verwaltung gemäß nationalem Recht wahrnehme. Sie führe Aktivitäten im Zusammenhang mit der Umwelt durch, und stehe unter der Kontrolle einer staatlichen Aufsicht. Des Weiteren gehöre das Unternehmen vollends dem Staat. Daher handle es sich um eine Behörde im Sinne von Art. 2 Ziff. 2 lit. b) und c) AK.[54] Dabei fällt auf, dass sowohl Tatbestandsmerkmale von lit. b) als auch deren von lit. c) aufgezählt werden und das *Compliance Committee* das Unternehmen nicht der einen oder anderen Kategorie von Behörden zuordnet.

Ähnlich verhält es sich in einem weiteren Fall, wo das *Compliance Committee* ein ungarisches Unternehmen als Behörde qualifiziert, weil die nötige rechtliche Grundlage bestehe und es sich im Besitz des Staates befinde.[55] Auch hier entscheidet das *Compliance Committee* nicht, ob lit. b) oder c) zur Anwendung kommt. Dabei hält das Komitee fest, dass ein Staat, der zur Erledigung gewisser ihm zugewiesener Aufgaben ein Unternehmen gründet und diesem Verwaltungsaufgaben delegiert, nicht gegen die Konvention verstoße.[56] In der Tat trägt Art. 2 Ziff. 2 AK solchen „Delegationen" insofern Rechnung, als der Behördenbegriff entsprechend weit gefasst wird, so dass derartige Auslagerungen gerade nicht dazu führen, dass die sich aus der Konvention ergebenden Pflichten und die nach ihren Vorgaben einzuräumenden Rechte relativiert werden könnten.

In Fortführung dieser Praxis stellte das *Compliance Committee* in einer weiteren Empfehlung klar, dass ein Staat nicht gegen die Aarhus-Konvention ver-

52 AA *Jeder,* UTR 2002, 145 (151); wie hier *Butt,* Ausweitung des Rechts auf Umweltinformation, 52 ff.; ebenso wohl *Zschiesche,* ZUR 2001, 177 (179).
53 ACCC/C/2004/01 Kasachstan.
54 ACCC/C/2004/01 Kasachstan, Rn. 17.
55 ACCC/C/2004/04 Ungarn, Rn. 10.
56 ACCC/C/2004/04 Ungarn, Rn. 10.

stößt, wenn dieser gewisse Verwaltungsaufgaben in Bezug auf Pflege und Verteilung von Umweltinformationen zur Ausführung auf private Gebilde überträgt; diese fallen sodann in den Anwendungsbereich der Konvention.[57] Das *Compliance Committee* lässt hierbei wiederum offen, ob lit. b) oder lit. c) zur Anwendung kommt.

19 Denkt man den damit in Art. 2 Ziff. 2 lit. b), c) AK zum Ausdruck kommenden funktionalen Gedanken konsequent zu Ende, müssen uE grundsätzlich auch diejenigen privatrechtlichen Subjekte erfasst werden, die – wenn auch nicht direkt mit hoheitlicher Befugnis ausgestattet – zwecks **Vermeidung drohender gesetzlicher Regelungen freiwillig**, dh im Rahmen von Selbstbeschränkungsvereinbarungen oder Kooperationslösungen, umweltrelevanten Tätigkeiten, wie etwa dem Sammeln und Wiederaufbereiten von Stoffen, nachgehen. Voraussetzung ist hier jedoch immer, dass öffentliche, also gemeinwohlrelevante Aufgaben im Bereich der Umweltpflege wahrgenommen werden.[58] Entsprechende Vereinbarungen oder Kooperationslösungen ergehen nämlich überwiegend unter dem Damoklesschwert einer möglichen Legiferierung, dh mit Blick auf die Vermeidung hoheitlicher Vorschriften, und sind somit letztlich ein *aliud* ansonsten notwendiger rechtlich verbindlicher Vorschriften, das aber ähnlichen öffentlichen Interessen Rechnung trägt. Vor diesem Hintergrund ist bei derartigen Fallkonstellationen durchaus davon auszugehen, dass die Privaten die öffentlichen Aufgaben im Umweltbereich „unter der Kontrolle“ einer öffentlichen Verwaltung oder einer ausdrücklich durch Gesetz beauftragten natürlichen oder juristischen Person wahrnehmen, so dass die Voraussetzungen von Art. 2 Ziff. 2 lit. c) AK erfüllt sind.

Ein und dieselbe natürliche oder juristische Person kann **sowohl Aufgaben der öffentlichen Verwaltung bzw. öffentliche Zuständigkeiten oder Aufgaben** im Sinne der Art. 2 Ziff. 2 lit. b), c) AK **als auch rein private Aufgaben** wahrnehmen. Da die Wahrnehmung von Aufgaben der öffentlichen Verwaltung bzw. öffentlicher Aufgaben eine Voraussetzung dafür ist, dass Private auf der Grundlage des Art. 2 Ziff. 2 lit. b), c) AK als Behörden im Sinne der Konvention angesehen werden können, könnten Private in den Bereichen, in denen sie eben keine Aufgaben der öffentlichen Verwaltung oder keine öffentlichen Aufgaben wahrnehmen, auf den ersten Blick auch nicht als Behörden anzusehen sein.[59] Allerdings stößt dieser Ansatz zumindest dann an Grenzen, wenn die Tätigkeiten einer natürlichen oder juristischen Person nicht mit einem genügend hohen Maß an Transparenz organisiert sind, kann diesfalls doch nicht verlässlich festgestellt werden, in welcher Eigenschaft die Privaten handeln. Jedenfalls in solchen Konstellationen spricht daher Vieles – insbesondere die Gefahr der Aushebelung der durch die Konvention garantierten Rechte und

57 ACCC/C/2009/37 Weissrussland, Rn. 67 und 78.

58 Wobei diese Voraussetzung wohl nicht nur dann vorliegen dürfte, wenn die Tätigkeit unmittelbar dem Umweltschutz dient oder dienen soll, sondern auch in den Fällen, in denen Umweltschutzbelange zu beachten sind, wie etwa bei der Wasserversorgung. Nur auf diese Weise kann dem Ziel der Konvention, eine möglichst weitgehende Transparenz durch den Informationszugangsanspruch zu erreichen, Rechnung getragen werden.

59 So *Ebbesson et al.*, Aarhus Convention Implementation Guide, 36: Danach sollen generell nur die Aufgaben der öffentlichen Verwaltung in den Anwendungsbereich der Konvention fallen bzw. die Privaten nur bei ihrer Wahrnehmung als Behörden im Sinne der Konvention anzusehen sein. Wenig berücksichtigt wird dabei allerdings die Frage der Transparenz, vgl. diesbezüglich die Bemerkungen im Text.

damit deren Effektivität – dafür, die betreffenden natürlichen und juristischen Personen umfassend als Behörden im Sinne der Konvention anzusehen. Der EuGH geht noch darüber hinaus und betont, dass in Konstellationen des Art. 2 Ziff. 2 lit. b) AK davon auszugehen sei, dass die betreffende Einrichtung vollumfänglich durch die Konvention (bzw. die RL 2003/4) verpflichtet sei, so dass auch diejenigen Aktivitäten erfasst seien, die nicht die Voraussetzungen der genannten Bestimmung erfüllen. Eine irgendwie geartete „hybride" Auslegung des Behördenbegriffs brächte erhebliche Abgrenzungsprobleme und damit Unsicherheiten in der praktischen Anwendung mit sich und stünde im Gegensatz zum Ziel der Aarhus-Konvention und der RL 2003/4, eine möglichst umfassende und systematische Verfügbarkeit und Verbreitung der bei Behörden vorhandenen Umweltinformationen sicherzustellen.[60]

c) Einrichtungen von Organisationen der regionalen Wirtschaftsintegration

Im Zusammenhang mit Art. 17 AK ergibt sich aus Art. 2 Ziff. 2 lit. d) AK außerdem, dass auch entsprechende **Organe der Europäischen Union** als Behörden im Sinne des Übereinkommens gelten.[61] 20

Nach Art. 2 Ziff. 2 lit. d) AK sind unter „Behörden" auch Einrichtungen der in Art. 17 AK näher bestimmten Organisationen der regionalen Wirtschaftsintegration, welche Vertragsparteien der Konvention sind, zu verstehen. Diese Bestimmung ist derzeit nur für die Europäische Union relevant; andere von Art. 17 AK erfasste Organisationen der regionalen Wirtschaftsintegration, welche auch Vertragspartei der Konvention wären, gibt es zurzeit nicht.[62]

Die Europäische Union hat die Aarhus-Konvention am 17. Februar 2005 ratifiziert.[63] Erfasst sind grundsätzlich alle **Haupt- und Nebenorgane der Union** sowie die **sonstigen Einrichtungen**, also die in Art. 13 EUV genannten Organe (Europäisches Parlament, Europäischer Rat, Rat, Europäische Kommission, Gerichtshof der Europäischen Union, Europäische Zentralbank und Rechnungshof), der Europäische Wirtschafts- und Sozialausschuss und der Ausschuss der Regionen (Art. 300 ff. AEUV), die Europäische Investitionsbank (Art. 308 f. AEUV) und die verschiedenen Agenturen der Europäischen Union. Aufgrund der Einschränkung, wonach gerichtliche und gesetzgebende Gremien nicht als Behörden einzustufen sind,[64] werden gewisse Organe der Europäischen Union gleichwohl grundsätzlich nicht als Behörden im Sinn der Konvention anzusehen sein, so insbesondere der Europäische Gerichtshof. Zahlreiche weitere Institutionen nehmen 21

60 Vgl. EuGH, Rs. C-279/12 (Fish Legal), ECLI:EU:C:2013:853.

61 S. auch *Brady*, Environmental Policy and Law 1998, 69 (70); *Ebbesson*, YIEL 1997, 51 (92); ausführlich hierzu in Bezug auf die in der EU erfassten Organe *Rodenhoff*, RECIEL 2002, 343 (350 f.).

62 *Ebbesson et al.*, Aarhus Convention Implementation Guide, 37; *Butt*, Ausweitung des Rechts auf Umweltinformation, 55. Dabei ist zu vermerken, dass die Europäische Union mit ihren Institutionen bislang zwar die einzige Organisation der regionalen Wirtschaftsintegration, welche zugleich Vertragspartei der Aarhus-Konvention ist, darstellt, es ist jedoch nicht ausgeschlossen, dass in Zukunft weitere hinzukommen können.

63 Um den Anforderungen der Aarhus-Konvention Rechnung zu tragen, musste das Sekundärrecht der Union angepasst werden. So wurden insbesondere die RL 2003/4 (Umweltinformationsrichtlinie) und die VO 1367/2006 (Aarhus-Verordnung) erlassen und diverse Bestimmungen der RL 2010/75 (Industrieemissionsrichtlinie) sowie die RL 2011/92 (UVP-Richtlinie) revidiert.

64 S. Art. 2 Rn. 9 f.

sowohl legislative als auch exekutive Befugnissen wahr (so zB der Rat, der Ausschuss der Regionen und der Wirtschafts- und Sozialausschuss, aber auch etwa die Europäische Kommission). In diesen Fällen ist vor dem Hintergrund einer weiten, funktionalen Auslegung im Einzelfall zu entscheiden, ob die jeweilige Einrichtung legislative oder exekutive Befugnisse wahrnimmt.[65]

d) Fazit

22 Insgesamt fällt die Definition des **Begriffs der Behörden** also **weit** aus, womit insbesondere sichergestellt werden kann, dass im Ergebnis all diejenigen Stellen oder Personen, die Aufgaben der öffentlichen Verwaltung wahrnehmen, erfasst werden (es sei denn, es gehe um legislative oder judikative Befugnisse). Von Bedeutung ist dies insbesondere insofern, als damit der Anwendungsbereich des Umweltinformationsanspruchs im Hinblick auf den Anspruchsgegner sehr umfassend ausgestaltet ist.

III. „Informationen über die Umwelt" (Ziff. 3)

23 Der in Art. 2 Ziff. 3 AK definierte Begriff „Informationen über die Umwelt" betrifft den Gegenstand des Anspruchs auf Umweltinformationen. Die sehr weit ausgefallene Formulierung[66] in diesem Absatz impliziert, dass dieser Begriff praktisch **jede erdenkliche Information mit Umweltbezug** erfasst.

Dieser Begriffsbestimmung kommt gerade wegen der Abgrenzung des Anspruchsgegenstandes eine zentrale Bedeutung zu. Die Nennung der oder der direkte Verweis auf Informationen über die Umwelt in der Präambel, in den Art. 4, 5, 6 Abs. 2 lit. d) und Art. 9 AK verdeutlichen diese wichtige Rolle. Dabei impliziert die Begriffsbestimmung nur (aber immerhin), dass mindestens zu den unter sie zu subsumierenden Informationen Zugang zu gewähren ist bzw. mindestens diese von den entsprechenden Bestimmungen der Konvention erfasst sein müssen; es steht den Vertragsstaaten aber offen, einen weiteren Begriff zugrundezulegen.[67]

Da der Begriff der Umwelt durch die Aarhus-Konvention nicht definiert wird bzw. sich ein entsprechender Vorschlag im Ausarbeitungsprozess der Konven-

---

65 Ebenso *Rodenhoff*, RECIEL 2002, 343 (351). S. insoweit auch schon oben Art. 2 Rn. 9 f.

66 Vgl. insoweit schon *Epiney*, in: Fluck/Fischer/Fetzer, Kommentar Aarhus-Konvention, Art. 1-3, Rn. 12. S. auch – in Bezug auf die RL 2003/4 – den Überblick bei *Epiney*, Umweltrecht, 6. Kap., Rn. 43. Illustrativ zur Weite des Begriffs in Anknüpfung an die Rechtslage in Deutschland mit zahlreichen Beispielen aus der Rechtsprechung *Schoch*, in: Aktuelle Rechtsfragen und Probleme des freien Informationszugangs, 81 (96 f.); zu umstrittenen Aspekten etwa *Kämmerer*, in: Aktuelle Rechtsfragen und Probleme des freien Informationszugangs, 123 (129 ff.).

67 *Ebbesson et al.*, Aarhus Convention Implementation Guide, 40: Die Bestimmung in der Konvention stellt in diesem Sinne einen Mindeststandard dar. Die Autoren listen einige Staaten – darunter Finnland, die Niederlande und Schweden – auf, welche ein generelles Recht auf Zugang zu bei Behörden befindlichen Informationen kennen und damit nicht nach Umweltinformationen und anderen Informationen zu unterscheiden sei, da ein Zugang auf jeden Fall gewährt werden müsse. Dabei gibt es auch Staaten – zum Beispiel Dänemark, aber auch die EU – welche zwar ein generelles Recht kennen, dieses aber auf gewisse Medien oder Informationen beschränkt sei, womit in Bezug auf Umweltinformationen auf das spezifischere Zugangsrecht zurückzugreifen sei.

tion nicht durchsetzen konnte, lassen sich aus der Definition des Begriffs der „Informationen über die Umwelt“ darüber hinaus gewisse, wichtige Anhaltspunkte für das Verständnis des Begriffs der Umwelt entnehmen.[68]

In Bezug auf die **Form** (bzw. das Medium) wird jede technisch mögliche Variante der Informationsspeicherung (schriftliche, mündliche, elektronische oder sonstige Form) erfasst (Art. 2 Ziff. 3 AK *in initio*), wobei die Aufzählung in der Bestimmung beispielhaft ist,[69] wie die Ergänzung in „sonstiger materieller Form“ verdeutlicht. Jedenfalls muss die Information aber in irgendeiner Form auf einem **Datenträger** festgehalten sein (also in „materieller Form“ vorhanden sein),[70] so dass „nur“ im menschlichen Gehirn – der kein „Datenträger“ im Sinne der Konvention ist – enthaltene Informationen, wie zB behördliche Würdigungen oder Erläuterungen (immer, soweit sie nicht ihrerseits auf Datenträgern festgehalten sind), nicht unter den Begriff der Umweltinformation fallen.[71] 24

Erfasst sind somit unter anderem folgende Medien: Dokumente in Papierform, Fotos, Illustrationen, Bilder, Videos, akustische Aufnahmen (egal auf welchem Medienträger) und digitale Dokumente. Eine bestimmte Form der Verarbeitung der Information verlangt die Konvention nicht, so dass auch „rohe“ oder unbearbeitete Informationen in den Anwendungsbereich von Art. 2 Ziff. 3 erster Satz Aarhus-Konvention fallen.[72]

Ebenfalls eingeschlossen sind Informationen, die von Dritten – und nicht von der Behörde, bei der sie sich befinden – erstellt wurden, wie bereits der Zusammenhang mit Art. 4 Abs. 4 lit. g) AK verdeutlicht.

In **materieller Hinsicht** unterscheidet Art. 2 Ziff. 3 AK drei unterschiedliche „Kategorien“ von Informationen über die Umwelt: 25

- Erstens wird der **Zustand der Umwelt** (im Sinne der natürlichen Lebensgrundlagen) an sich erfasst, wobei die Konvention ausdrücklich in einer nicht abschließenden Aufzählung einzelne Umweltbestandteile, die Artenvielfalt sowie die ökologischen Wechselwirkungen zwischen den verschiedenen Elementen nennt (Art. 2 Ziff. 3 lit. a) AK).[73] Auch

68 *Ebbesson et al.*, Aarhus Convention Implementation Guide, 40.

69 Ein Grund weshalb man sich für eine offene, nicht abschliessende Bestimmung ausgesprochen hat, ist darin zusehen, dass auch zukünftige heute noch nicht existierende Medienspeicher erfasst sein sollen, ohne dass eine Änderung der Konvention nötig ist, vgl. *Ebbesson et al.*, Aarhus Convention Implementation Guide, 40.

70 Ebenso *Ferreira*, JEL 2007, 399 (408).

71 S. insoweit auch EuG, Rs. T-264/04 (WWF European Policy Programme/Rat), ECLI:EU:T:2007:114, Rn. 76, wo das Gericht das Recht auf Zugang zu bestimmten Informationen verweigerte, da ein Einsichtsrecht nur dann zu gewähren sei, wenn die „Angaben in Schriftstücken enthalten sind, was die Existenz solcher Schriftstücke“ voraussetze. In dem Urteil ging es darum, dass eine Nichtregierungsorganisation Zugang zu Informationen des Rates der Europäischen Union verlangte, welche nachweislich nicht auf einem Träger gespeichert worden waren, da während der Sitzung kein Protokoll erstellt worden ist.

72 *Ebbesson et al.*, Aarhus Convention Implementation Guide, 40.

73 Die Bestimmung nennt folgende Elemente: „Luft und Atmosphäre, Wasser, Boden, Land, Landschaft und natürliche Lebensräume, die Artenvielfalt und ihre Bestandteile, einschließlich gentechnisch veränderter Organismen, sowie die Wechselwirkungen zwischen diesen Bestandteilen“. Mit dem Begriff der Luft und der Atmosphäre wird sowohl diejenige im Freien und jene in Gebäuden (zum Beispiel am Arbeitsplatz) als auch die ganze Atmosphäre angesprochen, womit der Begriff in

gentechnisch veränderte Organismen werden vom Begriff der Umwelt erfasst, aber nicht weiter definiert.[74]

In ACCC/C/2011/63 (Österreich) hielt das *Compliance Committee* fest, dass in Konstellationen, in denen gewisse Bestandteile der Biodiversität von ihrem Habitat entfernt worden sind, dies nicht zwingend die Konsequenz nach sich ziehe, dass diese nicht mehr von Art. 2 Ziff. 3 lit. a) AK erfasst wären (als Bestandteil der natürlichen Lebensgrundlagen oder der Artenvielfalt).[75]

- Sodann gehören zu den erfassten Inhalten alle möglichen **externen Faktoren** (unter Einschluss von Tätigkeiten oder Maßnahmen, so dass sowohl physikalische und natürliche Komponenten als auch menschliche Aktivitäten einbezogen sind, ohne dass eine Beschränkung auf behördliche Aktivitäten erfolgte), die in irgendeiner Weise auf die **natürlichen Lebensgrundlagen einwirken oder wahrscheinlich einwirken** (Art. 2 Ziff. 3 lit. b),[76] wobei solche Faktoren in einer nicht abschließenden Liste aufgezählt werden.[77] Erfasst sind damit auch Informationen über möglicherweise umweltschädigende Produkte. Erforderlich ist aller-

---

der Aarhus-Konvention weiter geht als jener der RL 2008/50 (Luftqualitätsrichtlinie), wonach mit Luft nur die Außenluft in der Troposphäre bezeichnet wird (Art. 2 Ziff. 1 RL 2008/50). Wasser ist in seiner gesamten Verbreitung (Meer, Seen, Bäche Flüsse) und in sämtlichen Formen (Eis, Schnee, Wasser, Niederschlag) von der Bestimmung erfasst. Boden, Land, Landschaft und die natürlichen Lebensräume bilden eine Gruppe. Dabei nimmt der Begriff des natürlichen Lebensraums nicht nur auf die national rechtlich geschützten Habitate – wie zum Beispiel ein Nationalpark – Bezug, sondern auf jegliches Element, das einen Lebensraum darstellt. Der Begriff der Landschaft und der natürlichen Lebensräume ist nicht auf den Boden und das Land beschränkt, da sowohl die Luft als auch das Wasser ebenso wichtige Lebensräume darzustellen vermögen. Die Artenvielfalt und ihre Bestanteile werden gemeinhin als Biodiversität bezeichnet. Dabei stehen die Artenvielfalt und die Lebensräume in einem engen Verhältnis, da die Artenvielfalt nur über einen effektiven Schutz ihrer Lebensräume geschützt werden kann. Das in diesem Zusammenhang erwähnenswerte Übereinkommen über die Biologische Vielfalt definiert in Art. 2 die biologische Vielfalt wie folgt: „die Variabilität unter lebenden Organismen jeglicher Herkunft, darunter unter anderem Land-, Meeres- und sonstige aquatische Ökosysteme und die ökologischen Komplexe, zu denen sie gehören; dies umfasst die Vielfalt innerhalb der Arten und zwischen den Arten und die Vielfalt der Ökosysteme." Vgl. zum Ganzen *Ebbesson et al.*, Aarhus Convention Implementation Guide, 41.

74 S. in diesem Zusammenhang aber *Ebbesson et al.*, Aarhus Convention Implementation Guide, 41, wo auf die Begriffsdefinitionen im Protokoll von Cartagena über die biologische Sicherheit zum Übereinkommen über die biologische Vielfalt und auf die RL 2001/18 (Freisetzungsrichtlinie) verwiesen wird.

75 ACCC/C/2011/63 Österreich, Rn. 54.

76 In Bezug auf die Wortwahl „... auswirken oder wahrscheinlich auswirken ..." findet sich gemäß *Ebbesson et al.*, Aarhus Convention Implementation Guide, 42, in den offiziellen Sprachen der Konvention ein Widerspruch: In der englischen Version ist von *likely to affect* die Rede, während die französische und russische Version von – ins Englische übertragen – *may affect* ausgehen. Damit seien die Versionen nicht deckungsgleich, da die französische und russische Wortwahl weiter gefasst seien. Im Ergebnis scheint jedenfalls eine solche weitere Fassung überzeugender, da sie dem Anliegen der Konvention, einen möglichst weiten Zugang zu Umweltinformationen zu garantieren, Rechnung trägt und damit ihrem Sinn und Zweck besser entsprechen dürfte.

77 Die Aufzählung betrifft explizit das Handeln von Behörden, was jedoch das Handeln Privater keineswegs ausschließt, im Gegenteil: So werden Umweltvereinbarungen oft zwischen Behörden und Privaten abgeschlossen. Der Begriff der Informa-

dings in jedem Fall ein irgendwie gearteter (möglicher) Umweltbezug.[78] Darüber hinaus werden aber auch Informationen über Analysen und Annahmen, die bei umweltbezogene Entscheidungsverfahren verwendet werden, wie Kosten/Nutzen- oder Wirtschaftsanalysen, genannt.[79] Der Begriff der „Informationen über die Umwelt" geht somit (weit) über die verschiedenen Umweltbestandteile hinaus. Hintergrund dieser weiten Fassung des Begriffs der „Informationen über die Umwelt" ist letztlich, dass auch alle Ursachen und Einwirkungen von außen auf die Umwelt erfasst werden sollen.

Auch **Stellungnahmen,** die im Rahmen verwaltungsbehördlicher Verfahren (zB einer Umweltverträglichkeitsprüfung) abgegeben werden, stellen „Informationen über die Umwelt" dar,[80] ist ihnen doch ein Aussagewert über den Zustand der Umwelt oder über bestimmte diesbezügliche Tätigkeiten zu entnehmen. Hieran vermag auch die Tatsache nichts zu ändern, dass derartige Stellungnahmen eigene Wertungen enthalten können, denn gerade (zukünftige) Umweltauswirkungen können durchaus unterschiedlich bewertet und eingeschätzt werden. Für diese Sicht spricht auch der Sinn der Konvention, einen verbesserten Schutz

---

tionen über die Umwelt ist somit unabhängig davon, ob die Information ihren Ursprung bei Privaten oder bei öffentlichen Behörden hat; vielmehr stellt dieser Begriff ausschließlich auf den Inhalt der Informationen ab. So muss sich auch nicht aus der Bezeichnung solcher Maßnahmen oder Tätigkeiten ergeben, dass ein Zusammenhang zur Umwelt gegeben ist, da nicht die Bezeichnung, sondern vielmehr die (wahrscheinlichen) Auswirkungen auf die Umwelt von zentraler Bedeutung sind. Vgl. zum Ganzen *Ebbesson et al.,* Aarhus Convention Implementation Guide, 43. S. auch EuGH, Rs. C-233/00 (Kommission/Frankreich), ECLI:EU:C:2003:371, wo der Gerichtshof eine Regelung, welche nur „Verwaltungsdokumente" als Umweltinformationen erachtet, für mit der Umweltinformationsrichtlinie (der damaligen RL 90/313) nicht in Einklang stehend erachtete.

78 S. insoweit EuGH, Rs. C-316/01 (Glawischnig), ECLI:EU:C:2003:343, wonach ua Angaben über den Hersteller eines Produkts nicht unbedingt als Umweltinformationen im Sinne der RL 90/313 (der damaligen Umweltinformationsrichtlinie, die Vorgängerrichtlinie der RL 2003/4) anzusehen sind. Ebenfalls keine Umweltinformationen stellen die sog Transaktionsdaten dar, die im Rahmen der Emissionshandelsrichtlinie der EU (RL 2003/87) erhoben werden und insbesondere die Namen der Inhaber von übertragenden Konten und von Empfängerkonten für Transaktionen mit Emissionszertifikaten enthalten, vgl. EuGH, Rs. C-524/09 (Ville de Lyon), ECLI:EU:C:2010:822. Hingegen können sonstige, im Rahmen der Anwendung der RL 2003/87 von den Mitgliedstaaten an die Kommission übermittelte Daten durchaus Umweltinformationen im Sinne der Konvention darstellen, dies soweit sie im Zusammenhang mit Treibhausgasemissionen stehen, da es hier um Informationen über Verwaltungsmaßnahmen zum Schutz des Zustands von Umweltbestandteilen geht, so überzeugend EuG, Rs. T-476/12 (Saint Gobai Glass Deutschland), ECLI:EU:T:2014:1059 (ein Rechtsmittel ist hängig, vgl. Rs. C-60/15 P). S. zur Problematik des Umweltbezugs auch *Kämmerer,* in: Aktuelle Rechtsfragen und Probleme des freien Informationszugangs, insbesondere im Umweltschutz, 123 (129 ff.).

79 Der Hintergrund des Einbezugs dieser Aspekte ist darin zu sehen, dass die Ergebnisse wirtschaftlicher Analysen einen großen Einfluss auf die Weiterführung von Projekten entfalten (können) und es daher für die Öffentlichkeit von Bedeutung sein kann, Kenntnis von solchen Analysen zu erhalten. Vgl. insgesamt zu dieser weiten Fassung der Bestimmung *Ebbesson et al.,* Aarhus Convention Implementation Guide, 43.

80 So auch (in Bezug auf die RL 90/313) EuGH, Rs. C-321/96 (Mecklenburg/Kreis Pinneberg), ECLI:EU:C:1998:300.

der Umwelt über Verfahrensgestaltung und (Vollzugs-) Kontrolle zu erreichen: Stellungnahmen fließen regelmäßig in den Abwägungsvorgang der Behörden ein; diese aber sind für die effektive Beachtung umweltrechtlicher Vorgaben entscheidend, so dass die diesbezüglichen Informationen vom Informationsanspruch erfasst werden müssen, ermöglichen sie es doch dem Bürger, bis zu einem gewissen Grad den Entscheidungsprozess der Behörde zu rekonstruieren.[81]

Da der Gesetzgeber als legislatives Organ gemäß Art. 2 Ziff. 2 letzter Satz AK keine Behörde im Sinne der Konvention und somit keinen Anspruchsgegner darstellt (soweit er legislativ handelt), mag es ein wenig erstaunen, dass Art. 2 Ziff. 3 lit. b) AK explizit auch Gesetze aufzählt, welche als Informationen über die Umwelt bezeichnet werden. Dies kann deshalb nur dahingehend ausgelegt werden, dass die konkrete Ausarbeitung eines Gesetzes durch das Parlament nicht vom Anwendungsbereich der Konvention erfasst ist, wohl aber die Vorarbeiten, die Umsetzung und die Durchführung eines Gesetzes durch die exekutiven Behörden, allerdings auch hier nur dann, wenn diese Behörde nicht gesetzgeberisch tätig wird.[82]

Art. 2 Ziff. 3 lit. b) AK war bereits verschiedentlich Gegenstand der Erörterungen des *Compliance Committee*:

- So hielt das Komitee in ACCC/C/2004/01 (Kasachstan) fest, dass die geforderten Informationen von *Kazatomprom*, insbesondere die Durchführbarkeitsstudie zum Entwurf eines Gesetzes über den Import und die Entsorgung von radioaktiven Abfällen, als Informationen über die Umwelt im Sinne von Art. 2 Ziff. 3 lit. b) AK zu qualifizieren seien.[83]
- In ACCC/C/2004/08 (Armenien) stellte das *Compliance Committee* klar, dass Informationen über eine bestimmte Kategorie eines Grundstücks, über dessen Größe, über die planungsrechtliche Zonenzuteilung, über die Verwendung dieses Bodens und dessen Dauer und über die ausgearbeiteten Pläne und Programme für ein Grundstück unter den Begriff der Informationen über die Umwelt im Sinne von Art. 2 Ziff. 3 lit. b) AK fallen.[84]
- In ACCC/C/2007/21 (Europäische Gemeinschaft) ging es um die Frage, ob eine Finanzierungsvereinbarung auch Gegenstand von Umweltinformationen im Sinne der Aarhus-Konvention sein kann. Dabei argumentierte der Anspruchsgegner, dass der betreffende Vertrag praktisch keine Informationen über die Umwelt enthalte, weshalb dieser nicht in den Anwendungsbereich der Aarhus-Konvention fallen solle. Das *Compliance Committee* bekräftigt in dieser Stellungnahme, dass die Aufzählung in Art. 2 Ziff. 3 lit. b) AK nicht abschließend sei, so dass auch andere, nicht aufgelistete Aktivitäten und Maßnahmen von der Bestimmung erfasst seien.[85] In diesem Sinne könnten auch Finanzierungsvereinbarungen Maßnahmen oder Aktivitäten beinhalten, welche sich auf Umweltbestandteile auswirken (können).

---

81 S. insoweit schon *Epiney*, in: Fluck/Fischer/Fetzer, Kommentar Aarhus-Konvention, Art. 1-3, Rn. 15.

82 Hierzu Art. 2 Rn. 9 f.

83 ACCC/C/2004/01 Kasachstan, Rn. 2 und 18.

84 ACCC/C/2004/08 Armenien, Rn. 10, 13 und 20: Im vorliegenden Fall handelte es sich um ein Dekret der Exekutivbehörden, welches die Verwendung und Planung des Bodens in Dalma Orchards regeln sollte.

85 ACCC/C/2007/21 Europäische Gemeinschaft, Rn. 30 b.

- Auch ein Mietvertrag über Grundstücke, wie im vorliegenden Fall dasjenige des *State Forestry Fund*, könne vom Begriff der Umweltinformationen im Sinne der Aarhus-Konvention zu erfasst sein.[86]

- Schließlich wird der Begriff der Umwelt insofern über die natürlichen Lebensgrundlagen hinaus ausgedehnt, als auch die spezifische – auch etwa durch Bauwerke gestaltete – **Lebenswelt des Menschen** miteinbezogen wird, soweit sie durch die Umweltelemente im engeren Sinn (im Sinne des Art. 2 Ziff. 3 lit. a) AK) oder irgendwelche umweltrelevante Faktoren (im Sinne des Art. 2 Ziff. 3 lit. b) AK) betroffen ist bzw. sein könnte. Erfasst sind auch Informationen über den Zustand der menschlichen Gesundheit und Sicherheit[87] und von Kulturstätten[88] (Art. 2 Ziff. 3 lit. c) AK). Dabei muss eine gewisse Verbindung zwischen diesen unterschiedlichen Einflüssen bestehen.[89]

Unter den Begriff der Umweltinformationen fallen auch **unrichtige Angaben**,[90] können doch auch ihnen Anhaltspunkte über die Qualität des Vollzuges des Umweltrechts oder sonstige umweltrelevante Umstände entnommen werden, wie etwa das Beispiel unrichtiger Angaben durch Betriebe im Rahmen der UVP zeigt.[91] Die Behörden sind grundsätzlich jedoch nicht für die inhaltliche Richtigkeit der Umweltinformationen verantwortlich, vermitteln sie doch nur bestehende Informationen, ohne dass sie diese notwendigerweise selbst beschaffen und bearbeiten. Allerdings dürfte nach den einschlägigen nationalen Gesetzen eine Verantwortlichkeit dann in Betracht kommen, wenn die Informationsvermittlung nicht durch Gewährung von Akteneinsicht, sondern in einer von den Behörden bearbeiteten Form, wie etwa durch fehlerhafte Zusammenfassungen oder die Gesamtin- 26

---

86 ACCC/C/2008/30 Moldawien, Rn. 29.

87 Der Begriff der menschlichen Gesundheit beinhaltet sowohl Krankheiten als auch andere gesundheitsrelevante Umstände, welche direkt oder indirekt auf Veränderungen der Umwelt zurückzuführen sind. Die menschliche Sicherheit bezieht sich auf schädliche Substanzen (Chemikalien, Strahlung und weitere natürliche oder durch den Menschen geschaffene Zustände), welche die Sicherheit des Menschen zu beeinträchtigen vermögen, vgl. zum Ganzen *Ebbesson et al.*, Aarhus Convention Implementation Guide, 45. S. insoweit auch EuGH, Rs. C-266/09 (Stichting Natuur en Milieu), ECLI:EU:C:2010:779, wo der Gerichtshof in Bezug auf die RL 2003/4 festhielt, der Begriff der Umweltinformationen umfasse auch Informationen, die im Rahmen eines nationalen Verfahrens zur (Ausdehnung der) Zulassung eines Pflanzenschutzmittels im Hinblick auf die Festsetzung der in Ess- oder Trinkwaren zulässigen Höchstmenge eines Schädlingsbekämpfungsmittels, eines Bestandteils hiervon oder von Abbauprodukten übermittelt werden (im Ausgangsfall ging es um Rückstände eines Pflanzenschutzmittels auf Lebensmitteln, konkret Salat). Vgl. zu diesem Urteil *Garçon*, EurUP 2017, 31 (38 f.).

88 Kulturstätten sind Objekte, denen ein gewisser kultureller Wert zugeschrieben wird. Sie müssen nicht unbedingt nur durch den Menschen geschaffen worden sein, um als solche zu gelten, vgl. zum Ganzen *Ebbesson et al.*, Aarhus Convention Implementation Guide, 45, die auch auf die Definition der Kulturstätten in der Welterbekonvention (Unesco-Konvention) hinweisen.

89 *Ebbesson et al.*, Aarhus Convention Implementation Guide, 45.

90 Dem Wortlaut des Art. 2 Abs. 3 AK ist auch keine diesbezügliche Einschränkung zu entnehmen.

91 Zudem könnte durch eine Ausklammerung der „unrichtigen" Information einer unkontrollierbaren Handhabung des Informationszugangsrechts durch die Behörden Tür und Tor geöffnet werden, könnten sich diese doch in vielen Fällen auf die (wirkliche oder vermeintliche) Unrichtigkeit der Daten berufen.

formation verfälschende Teilabzüge, erfolgt. Hier dürfte denn auch eine Verletzung des durch die Konvention garantierten Anspruchs auf Zugang zu Umweltinformationen vorliegen.[92]

IV. „Öffentlichkeit" (Ziff. 4)

27 Der Begriff der **„Öffentlichkeit"** ist insofern von großer Bedeutung, als er letztlich für die Bestimmung des Kreises der Anspruchsberechtigten für den Zugang zu Umweltinformationen maßgeblich ist. Er wird denn auch denkbar weit definiert.[93]

28 Erfasst ist zunächst jede **natürliche oder juristische Person**, unabhängig von irgendwelchen besonderen Eigenschaften oder der Existenz besonderer Interessen.

29 Unter der Voraussetzung, dass dies von der jeweiligen nationalen Gesetzgebung oder Verwaltungspraxis vorgesehen ist, sind auch **Verbände, Organisationen oder Gruppen** als Teil der Öffentlichkeit anzusehen. Diese Bezugnahme auf das innerstaatliche Recht dürfte – in Anknüpfung an die Zielsetzung der Konvention, einen möglichst weitgehenden Informationszugang zu gewährleisten, und unter Berücksichtigung der Formulierung des Art. 2 Ziff. 4 AK, der von einem Grundsatz der Einbeziehung von Nichtregierungsorganisationen ausgehen dürfte, sofern das nationale Recht dem nicht grundsätzlich entgegensteht – im Ergebnis dahingehend auszulegen sein, dass nicht natürliche oder juristische Personen immer dann aktivlegimiert sein müssen, wenn das innerstaatliche Recht ihnen grundsätzlich eine gewisse Antrags- und/oder Beschwerdebefugnis – ggf. in bestimmten Belangen – zuerkennt. In diesem Fall steht es damit den Vertragsstaaten gerade nicht frei, im Bereich des Zugangs zu Umweltinformationen einschränkendere Regelungen vorzusehen. Insofern dürfte dieser Teilgehalt des Art. 2 Ziff. 4 AK als eine Art **Diskriminierungsverbot** auszulegen sein.

Der Begriff der Öffentlichkeit im Sinne von Art. 2 Ziff. 4 AK umfasst auch Personen aus einer Gemeindeverwaltung, wie dies das *Compliance Committee* festgestellt hat. [94]

V. „Betroffene Öffentlichkeit" (Ziff. 5)

30 Zur „betroffenen Öffentlichkeit" – ein Begriff der in erster Linie für die Öffentlichkeitsbeteiligung nach Art. 6 AK[95] sowie für den gerichtlichen Zugang nach Art. 9 Abs. 2 AK[96] relevant ist und insofern einen zentralen Bezugspunkt verschiedener Vorgaben der Konvention darstellt[97] – gehört nach Art. 2 Ziff. 5 AK die von umweltbezogenen Entscheidungsverfahren **konkret betroffene oder wahrscheinlich konkret betroffene Öffentlichkeit,** außerdem jene Öffentlichkeit, die ein **Interesse an diesen Verfahren** hat.

92 S. insoweit schon *Epiney*, in: Fluck/Fischer/Fetzer, Kommentar Aarhus-Konvention, Art. 1-3, Rn. 17.
93 S. insoweit auch *Ebbesson et al.*, Aarhus Convention Implementation Guide, 45 f.
94 ACCC/C/2012/68 Europäische Union und Vereinigtes Königreich von Großbritannien, Rn. 83.
95 S. hierzu noch Art. 6 Rn. 1 ff.
96 S. hierzu noch Art. 9 Rn. 17 ff.
97 Vgl. insoweit auch *Schenderlein*, Rechtsschutz und Partizipation, 132 ff., die auch auf die große Bedeutung des Begriffs hinweist.

Gegenüber der (allgemeinen) Öffentlichkeit handelt es sich also um Teile derselben, die durch eine spezifische Betroffenheit definiert werden.

Nach dem zweiten Halbsatz wird dabei bei **Verbänden** („Nicht-Regierungsorganisationen"), die sich für Umweltschutzbelange einsetzen, von vornherein ein solches Interesse angenommen.[98] Letzteres steht allerdings unter dem Vorbehalt, dass derartige Verbände allfällige weitere, nach innerstaatlichem Recht geforderte Voraussetzungen erfüllen. Diese dürfen aber jedenfalls nicht unzumutbar sein, würde doch ansonsten die effektive Wirkung dieser Bestimmung beeinträchtigt. Dieser Schluss drängt sich auch vor dem Hintergrund von Art. 3 Abs. 4 AK auf, wonach jede Vertragspartei für angemessene Anerkennung und Unterstützung von Verbänden, die sich für den Umweltschutz einsetzen, sorgt und ihr innerstaatliches Recht dementsprechend ausgestaltet.[99] 31

In ACCC/C2004/05 (Turkmenistan)[100] hielt das *Compliance Committee* fest, dass Nichtregierungsorganisationen, welche eigentlich nur lokal tätig sind, nicht alleine aufgrund der regional beschränkten Tätigkeit von der Teilnahme an Prozessen in anderen Teilen des Staates oder von Projekten nationaler Bedeutung ausgeschlossen werden dürfen.[101] Dieser Anspruch auf Öffentlichkeitsbeteiligung impliziert auch das Recht auf gerichtlichen Zugang nach Art. 9 Abs. 2 AK.[102]

Hingegen sei es grundsätzlich mit den Vorgaben der Konvention vereinbar, wenn ein Verband in Bezug auf Aktivitäten, die nicht in seinen satzungsmäßigen Aufgabenbereich fallen, nicht als Teil der „betroffenen Öffentlichkeit" angesehen wird.[103] Denn Art. 2 Ziff. 5 AK eröffne den Staaten einen gewissen Gestaltungsspielraum. Auch sei ein solches Kriterium genügend klar und stelle kein unüberwindbares Hindernis für Nichtregierungsorganisationen dar, zumal die Statuten von der Organisation selber geändert werden können.[104] Dieses zusätzliche innerstaatliche Erfordernis laufe auch nicht dem Ziel der Konvention, einen möglichst weiten Zugang zu Gerichten zu gewähren, zuwider.[105]

Auch der EuGH äußerte sich bereits zur Reichweite bzw. zu den Grenzen des mitgliedstaatlichen Gestaltungsspielraums in Bezug auf die Anforderungen,

---

98 Womit der Kreis der Verbände angesichts des weiten Umweltbegriffs ebenfalls sehr breit ist, vgl. insoweit auch *Ebbesson et al.*, Aarhus Convention Implementation Guide, 48.

99 S. insoweit auch *Ebbesson et al.*, Aarhus Convention Implementation Guide, 48, wonach der Zugang zum Kreis der Anspruchsberechtigten für Nichtregierungsorganisationen durch die innerstaatlichen Regeln nicht übermäßig erschwert werden dürfe. Dies gehe dabei bereits daraus hervor, dass Nichtregierungsorganisationen bei der Umsetzung der Aarhus-Konvention eine wesentliche Rolle spielen. Zudem dürften die innerstaatlichen Bestimmungen keine diskriminierenden Regelungen enthalten.

100 ACCC/C/2004/05 Turkmenistan.

101 ACCC/C/2004/05 Turkmenistan, Rn. 19.

102 Hierzu Art. 9 Rn. 19 ff., insbesondere Rn. 23.

103 ACCC/C/2008/31 Deutschland, Rn. 71 ff.: Das *Compliance Committee* erachtet eine solche Vorgabe für legitim bzw. sieht sie nicht als übermäßige Voraussetzung an und weist darauf hin, dass die Nichtregierungsorganisation ihren Tätigkeitsbereich normalerweise in den Statuten niedergeschrieben habe und diese relativ einfach zu ändern und damit an einen anderen Zweck angepasst werden könnten.

104 ACCC/C/2008/31 Deutschland, Rn. 72.

105 ACCC/C/2008/31 Deutschland, Rn. 73; s. dazu auch ACCC/C/2009/43 Armenien, Rn. 81.

die das nationale Recht an Nichtregierungsorganisationen in diesem Zusammenhang stellen darf, wobei er als Ausgangspunkt darauf hinweist, dass nationale Rechtsvorschriften insbesondere nicht die praktische Wirksamkeit der jeweiligen Bestimmungen des Unionsrechts (die von der Aarhus-Konvention übernommen wurden) beeinträchtigen dürften. Insoweit könne ein nationales Gesetz verlangen, dass eine Nichtregierungsorganisation natur- und umweltschutzbezogene Zielsetzungen verfolgt. Auch könne eine Mindestzahl an Mitgliedern begründet sein, um sicherzustellen, dass die Vereinigung tatsächlich existiert und tätig ist. Allerdings führe eine Mindestmitgliederzahl von 2'000 Personen letztlich dazu, dass auf lokaler Ebene organisierten Vereinigungen jede Möglichkeit der gerichtlichen Anfechtung genommen werde, Daher stehe ein solches Erfordernis nicht mit den Vorgaben der Richtlinie in Einklang, woran auch der Umstand, dass sich lokale Vereinigungen an größere Vereinigungen zwecks Klageerhebung wenden könnten, nichts ändere, führe ein solches System doch zwangsläufig zu einer mit den Zielen der Richtlinie nicht vereinbaren Filterung der umweltbezogenen Anfechtungen.[106] In letzter Konsequenz impliziert dieser Ansatz des Gerichtshofs, dass jedenfalls ein System, wonach nur Umweltverbände von nationaler Bedeutung zum Zweck der Klageerhebung anerkannt werden, nicht mit der Richtlinie in Einklang steht, so dass die von den Mitgliedstaaten aufgestellten Kriterien es ermöglichen müssen, dass auch lokale Organisationen gerichtlichen Zugang erhalten können.

Insgesamt kann man aus dieser Rechtsprechung wohl ableiten, dass die vom nationalen Recht aufgestellten Kriterien letztlich nur dazu dienen dürfen, die „Ernsthaftigkeit" der Nichtregierungsorganisation zu überprüfen, wozu insbesondere ihre tatsächliche Existenz, die Verfolgung entsprechender Ziele und wohl auch eine gewisse Dauerhaftigkeit gehören dürften. Hingegen liefe es der Richtlinie wohl zuwider, wenn die Mitgliedstaaten die (klagebefugten) Nichtregierungsorganisationen nach sonstigen Kriterien „filterten".

32 Während damit Verbände quasi „automatisch" – soweit sie sich für Umweltbelange einsetzen und die allenfalls bestehenden Erfordernisse des innerstaatlichen Rechts erfüllen – als „betroffen" im Sinne des Art. 2 Ziff. 5 AK anzusehen sind, bleiben die Voraussetzungen, unter denen **Einzelne** betroffen sind, eher unklar, ist das Erfordernis der „Betroffenheit" oder des „Interesses" doch unscharf, und die mitgliedstaatlichen Rechtsordnungen legen hier doch sehr unterschiedliche Konzepte zugrunde.[107] Immerhin legen sowohl die Formulierung dieser Bestimmung als auch die Nennung der „betroffenen Öffentlichkeit" neben der „Rechtsverletzung" in Art. 9 Abs. 2 AK[108] den Schluss nahe, dass es jedenfalls nicht (nur) um Personen gehen kann, die über ein rechtlich zuerkanntes Recht („subjektives Recht") verfügen, sondern entscheidend soll offenbar das Interesse bzw. die tatsächliche Betroffenheit der Personen sein. Darüber hinaus deutet die Bezugnahme sowohl auf die „betroffene Öffentlichkeit" als auch auf die Öffentlichkeit mit einem „Interesse" an einem Entscheidungsverfahren darauf hin, dass es hier um ein eher weit gefasstes Interesse gehen soll, so dass auch quantitativ eher viele Personen erfasst sein können (wie zB bei bedeu-

106 EuGH, Rs. C-263/08 (Djurgarden), ECLI:EU:C:2009:631.
107 Vgl. hierzu, mwN, *Epiney/Reitemeyer*, in: GfU, Dokumentation zur 37. Wissenschaftlichen Fachtagung, 71 ff.; *Epiney*, NVwZ 2014, 465 ff.
108 Vgl. noch Art. 9 Rn. 19 ff.

tenden Projekten).[109] Ein solches Interesse kann auch dann gegeben sein, wenn die betroffenen Personen in einem anderen Staat wohnen, so dass der Begriff der „betroffenen Öffentlichkeit“ jedenfalls auch Teile der Bevölkerung eines angrenzenden Staates erfassen kann.[110]

Neben dem Recht auf Eigentum kann auch eine Verletzung „sozialer Rechte“ Einzelner ein maßgebliches Interesse begründen wie etwa in dem Fall, in dem Mieter in gleichem Maße als betroffen anzusehen sind wie Eigentümer.[111] Auch das zu erwartende räumliche Ausmaß der Umweltauswirkungen eines Projekts ist zu berücksichtigen.[112] So hielt das *Compliance Committee* fest, dass Personen, die entlang einer geplanten Starkstromleitung wohnen, auf jeden Fall Teil der betroffenen Öffentlichkeit seien und gemäß Art. 6 Abs. 2 AK zu öffentlichen Anhörungen eingeladen werden müssten.[113] Bezüglich des Begriffs der betroffenen Öffentlichkeit merkte das *Compliance Committee* in einem anderen Fall Bedenken in Bezug auf eine nationale Regelung an, in der teils von der „Öffentlichkeit“, von der „betroffenen Öffentlichkeit“ und teils von „interessierten Personen“ die Rede war; hieraus könne sich Verwirrung ergeben.[114] Dies dürfte die Annahme nahelegen, dass die Vertragsparteien für eine eindeutige gesetzliche Regelung sorgen müssen.

Im Übrigen ist auch bei der Frage nach dem Kreis der „betroffenen Öffentlichkeit“ im Sinne des Art. 2 Ziff. 5 AK das Diskriminierungsverbot des Art. 3 Abs. 9 AK zu beachten.[115] Danach darf bei der Anwendung der einschlägigen Bestimmungen des Abkommens über den Zugang zu Umweltinformationen, die Öffentlichkeitsbeteiligung oder den Zugang zu Gerichten keine Benachteiligung aufgrund der Staatsangehörigkeit, der Volkszugehörigkeit, des Wohnsitzes, des eingetragenen Sitzes oder aufgrund des tatsächlichen Mittelpunktes der Geschäftstätigkeit erfolgen. Bei der Eruierung ob eine natürliche oder juristische Person ein Interesse aufweist bzw. von einem umweltbezogenen Entscheidungsverfahren betroffen sein könnte, darf somit nicht auf eines dieser Merkmale abgestellt werden.

Das *Compliance Committee* befasste sich zB in ACCC/C/2004/03 mit dieser Problematik. Ausgangspunkt der Empfehlung war eine Eingabe Rumäniens, das geltend machte, die Ukraine habe gegen die Aarhus-Konvention verstoßen, indem diese bei der Planung eines Kanals durch ein international anerkanntes Feuchtgebiet die Stellungnahmen mehrerer ukrainischer, rumänischer und internationaler Nichtregierungsorganisationen nicht berücksichtigt habe. Rumänien berief sich sowohl auf Art. 2 Ziff. 5 AK als auch auf Art. 3 Abs. 9 AK. Das *Compliance Committee* befand, dass auch ausländische oder internationale Nichtregierungsorganisationen, welche ihr Interesse kundtun, unter den Begriff der betroffenen Öffentlichkeit fallen.[116] Mit anderen Worten be-

109 S. insoweit auch *Ebbesson et al.*, Aarhus Convention Implementation Guide, 47, der auch auf die Espoo-Konvention hinweist, die ebenfalls auf den Begriff der Betroffenheit abstellt. Auch das *Compliance Committee* spricht sich für eine weite Auslegung des Begriffs der „betroffenen Öffentlichkeit“ aus, vgl. ACCC/C/2004/11 Belgien, Rn. 27. S. auch *Peters*, EurUP 2014, 185 (188), die vom rechtlichen Interesse spricht.

110 *Koester*, REDE 2007, 251 (260).

111 ACCC/C/2010/50 Tschechische Republik, Rn. 67.

112 So etwa zur Unterscheidung zwischen einem Atomkraftwerk und einer Forststraße ACCC/C/2012/68, Vereinigtes Königreich und Nordirland, Rn. 97.

113 ACCC/C/2004/2 Kasachstan, Rn. 23.

114 ACCC/C/2010/59 Kasachstan, Rn. 47.

115 S. insoweit auch *Ebbesson et al.*, Aarhus Convention Implementation Guide, 47.

116 ACCC/C/2004/03 Ukraine, Rn. 5 und 26.

deutet dies, dass das Informationsrecht nicht allein deshalb verweigert werden darf, weil eine Person ihren (Wohn-)Sitz im Ausland hat.

Artikel 3 Allgemeine Bestimmungen

(1) Jede Vertragspartei ergreift die erforderlichen Gesetzgebungs-, Regelungs- und sonstigen Maßnahmen, einschließlich Maßnahmen zur Harmonisierung der Bestimmungen zur Umsetzung der in diesem Übereinkommen enthaltenen Bestimmungen über Informationen, Öffentlichkeitsbeteiligung und Zugang zu Gerichten, sowie geeignete Maßnahmen zum Vollzug, um einen klaren, transparenten und einheitlichen Rahmen zur Durchführung dieses Übereinkommens herzustellen und aufrechtzuerhalten.

(2) Jede Vertragspartei bemüht sich, sicherzustellen, dass öffentlich Bedienstete und Behörden der Öffentlichkeit Unterstützung und Orientierungshilfe für den Zugang zu Informationen, zur Erleichterung der Öffentlichkeitsbeteiligung an Entscheidungsverfahren und für den Zugang zu Gerichten in Umweltangelegenheiten geben.

(3) Jede Vertragspartei fördert die Umwelterziehung und das Umweltbewusstsein der Öffentlichkeit insbesondere in Bezug auf die Möglichkeiten, Zugang zu Informationen zu erhalten, sich an Entscheidungsverfahren zu beteiligen und Zugang zu Gerichten in Umweltangelegenheiten zu erhalten.

(4) Jede Vertragspartei sorgt für angemessene Anerkennung und Unterstützung von Vereinigungen, Organisationen oder Gruppen, die sich für den Umweltschutz einsetzen, und stellt sicher, dass ihr innerstaatliches Rechtssystem mit dieser Verpflichtung vereinbar ist.

(5) Dieses Übereinkommen lässt das Recht einer Vertragspartei unberührt, Maßnahmen beizubehalten oder zu ergreifen, die einen weitergehenden Zugang zu Informationen, eine umfangreichere Öffentlichkeitsbeteiligung an Entscheidungsverfahren und einen weitergehenden Zugang zu Gerichten in Umweltangelegenheiten ermöglichen, als dies aufgrund dieses Übereinkommens erforderlich ist.

(6) Dieses Übereinkommen verlangt keine Verdrängung geltender Rechte auf Zugang zu Informationen, auf Öffentlichkeitsbeteiligung an Entscheidungsverfahren und auf Zugang zu Gerichten in Umweltangelegenheiten.

(7) Jede Vertragspartei fördert die Anwendung der Grundsätze dieses Übereinkommens bei internationalen umweltbezogenen Entscheidungsverfahren sowie im Rahmen internationaler Organisationen in Angelegenheiten, die im Zusammenhang mit der Umwelt stehen.

(8) Jede Vertragspartei stellt sicher, dass Personen, die ihre Rechte im Einklang mit diesem Übereinkommen ausüben, hierfür nicht in irgendeiner Weise bestraft, verfolgt oder belästigt werden. Diese Bestimmung berührt nicht die Befugnis innerstaatlicher Gerichte, in Gerichtsverfahren angemessene Gerichtskosten zu erheben.

(9) Im Rahmen der einschlägigen Bestimmungen dieses Übereinkommens hat die Öffentlichkeit Zugang zu Informationen, die Möglichkeit, an Ent-

scheidungsverfahren teilzunehmen, und Zugang zu Gerichten in Umweltangelegenheiten, ohne dabei wegen Staatsangehörigkeit, Volkszugehörigkeit oder Wohnsitz benachteiligt zu werden; eine juristische Person darf nicht aufgrund ihres eingetragenen Sitzes oder aufgrund des tatsächlichen Mittelpunkts ihrer Geschäftstätigkeit benachteiligt werden.

I. Allgemeine Maßnahmen (Abs. 1) 2
II. Unterstützung durch Behörden (Abs. 2) 6
III. Umwelterziehung und Umweltbewusstsein (Abs. 3) .. 8
IV. Anerkennung und Unterstützung von Umweltorganisationen (Abs. 4) 10
V. Weitergehende Rechte der Öffentlichkeit (Abs. 5) 15
VI. Fortbestand bestehender Rechte (Abs. 6) 16
VII. Förderung der Grundsätze der Konvention (Abs. 7) 17
VIII. Benachteiligungsverbot (Abs. 8) 19
IX. Diskriminierungsverbot (Abs. 9) 20

Art. 3 AK enthält unter dem Titel „allgemeine Bestimmungen" eine Reihe **allgemeiner Verpflichtungen**, die sich auf die Gesamtheit der sich aus der Konvention ergebenden Pflichten beziehen, so dass sie einen „allgemeinen Teil" der drei Pfeiler der Konvention darstellen. Dabei variiert die normative Dichte der in diesem Artikel enthaltenen Vorgaben beträchtlich; neben durchaus normativ fassbaren Pflichten der Vertragsparteien (vgl. Art. 3 Abs. 8, 9 AK) finden sich in der Bestimmung auch eher vage Handlungsanweisungen (s. etwa Art. 3 Abs. 2 AK), und zahlreiche Vorgaben weisen eher den Charakter rechtlich nicht konkretisierbarer Postulate auf,[1] die aber bei der Auslegung der anderen Bestimmungen des Abkommens eine gewisse Rolle spielen (können).[2] Eine selbstständige, über die in den einzelnen Säulen hinausgehende rechtliche Bedeutung kann zahlreichen der in Art. 3 AK enthaltenen Vorgaben allenfalls in Ausnahmefällen bzw. Ausnahmekonstellationen zukommen. 1

In diesem Zusammenhang scheint insbesondere die Annahme überhöht, Art. 3 Abs. 1 AK stelle die wichtigste Vorschrift des Abkommens dar, da die dort aufgeführten Verpflichtungen die Kernaufgaben der Verwaltung und Gerichtsbarkeit der Vertragsparteien beträfen.[3] Denn auch ohne die Vorschrift des Art. 3 Abs. 1 AK enthalten die Regelungen der drei Säulen bereits vollumfänglich die konkreten Verpflichtungen der Vertragsparteien, so dass mit Blick auf den *effet utile* der drei Säulen, die Verpflichtungen aus Art. 3 Abs. 1 AK eher eine Art wiederholende bzw. zusammenfassende Funktion haben.[4]

1 Schon die verwandten Formulierungen weisen teilweise auf die fehlende rechtliche Konkretisierbarkeit hin, so etwa, wenn sich die Vertragsparteien „bemühen" müssen oder bestimmte Verhaltensweisen oder Zielsetzungen zu „fördern" seien. Damit soll nicht die Nützlichkeit solcher Bestimmungen grundsätzlich abgestritten werden; angesichts der sehr weichen Formulierungen ist es aber kaum vorstellbar, dass man einem Staat einen Verstoß gegen eine solche Pflicht nachweisen kann.

2 S. auch *Butt*, Ausweitung des Rechts auf Umweltinformation, 57, der davon spricht, dass die in Art. 3 AK enthaltenen allgemeinen Bestimmungen bei der Umsetzung der Konvention zu beachten seien.

3 So wohl *Ebbesson et al.*, Aarhus Convention Implementation Guide, 59.

4 Zu Art. 3 Abs. 1 AK noch sogleich Art. 3 Rn. 2 ff.

I. Allgemeine Maßnahmen (Abs. 1)

2 Art. 3 Abs. 1 AK hält die Vertragsstaaten an, die **notwendigen und geeigneten Maßnahmen** zu treffen, um den sich aus der **Konvention ergebenden Verpflichtungen nachkommen** zu können; hier geht es also im Wesentlichen um normative und auf den Vollzug ausgerichtete Maßnahmen (Art. 3 Abs. 1 AK). Zwar scheint die Bestimmung auf den ersten Blick zwischen vier „Kategorien" von Anforderungen zu unterscheiden (nämlich die Anpassung des Gesetzesrahmens innerhalb der Vertragsparteien, die Kohärenz der Umsetzungsbestimmungen, das Ergreifen geeigneter Maßnahmen zum Vollzug sowie die Sicherstellung eines klaren, transparenten und einheitlichen Rahmens zur Durchführung des Abkommens); in der Sache und im Ergebnis geht es jedoch nicht um jeweils eigenständige Verpflichtungen, sondern darum klarzustellen, dass die Vorgaben des Abkommens vollumfänglich einzuhalten sind und alle hierfür geeigneten Maßnahmen zu ergreifen sind.

Insofern kommt Art. 3 Abs. 1 AK also kaum eine eigenständige Funktion zu,[5] was jedoch nichts daran ändert, dass die Vorschrift bei der Auslegung der genauen Verpflichtungswirkung der materiellen Vorgaben der Konvention durchaus von Bedeutung sein kann.

3 In diesem Sinn lassen sich aber durchaus **präzisierende allgemeine Aussagen** zu den **Anforderungen an die mitgliedstaatliche Durchführung** treffen. Ausgangspunkt ist dabei, die in Art. 3 Abs. 1 *in fine* AK formulierte, sich auf alle Durchführungsmaßnahmen beziehdende Anforderung, einen „klaren, transparenten und einheitlichen Rahmen zur Durchführung" des Übereinkommens sicherzustellen. Zum Ausdruck kommt damit letztlich die übergreifende Anforderung einer Durchführung, die im Ergebnis die Beachtung der Vorgaben der Konvention sicherzustellen vermag und somit **effektiv** ist.

Wie auch das *Compliance Committee* festhielt, lässt sich schon aufgrund der allgemeinen völkerrechtlichen Grundsätze ein Verstoß gegen die Implementierungspflicht der Aarhus-Konvention keinesfalls durch interne verfassungsrechtliche Strukturen rechtfertigen: Eine Vertragspartei könne sich gemäß Art. 27 der WVRK nicht auf innere Umstände – einschließlich eine föderale Staatsorganisation sowie die Ausgestaltung der Gewaltenteilung – berufen, um die Erfüllung eines völkerrechtlichen Vertrages zu verweigern.[6]

4 Auf dieser Grundlage haben die Vertragsparteien alle Maßnahmen – welcher Art auch immer – zu ergreifen, die zur **effektiven Durchführung**, Anwendung und Beachtung der Vorgaben der Konvention notwendig sind. Diese Maßnahmen umfassen sowohl **Legislativakte** als auch geeignete **Vollzugsmaßnahmen und ggf. sonstige Maßnahmen**, wie Art. 3 Abs. 1 AK denn auch ausdrücklich festhält.

In Bezug auf die genaue Ausgestaltung dieser Maßnahmen kommt den Vertragsstaaten ein gewisser Gestaltungsspielraum zu, womit den unterschiedlichen Rechtstraditionen und Rechtsordnungen Rechnung getragen werden kann. Allerdings muss jedenfalls die Wirkung der ergriffenen Maßnahmen die effektive Anwendung der Vorgaben der Konvention sicherstellen. In der Regel

5 S. schon Art. 3 Rn. 1.
6 ACCC/C/2005/11 Belgien, Rn. 41.

wird dies den Erlass von legislativen Maßnahmen erfordern, wobei jedoch auch andere Maßnahmen *a priori* denkbar sind, soweit ihnen ein Legislativakten vergleichbarer Grad der Verbindlichkeit für die Behörden zukommt. Vorstellbar wären zB verbindliche Handlungs- oder Verwaltungsrichtlinien für Behörden.[7]

In Staaten mit einem monistischen Verständnis des Verhältnisses von Völkerrecht und Landesrecht ist es grundsätzlich denkbar, dass die effektive Anwendbarkeit völkervertragsrechtlicher Vorgaben durch den Grundsatz der direkten Anwendbarkeit sichergestellt werden kann. Allerdings setzt dies jedenfalls eine hinreichende Bestimmtheit der jeweiligen völkervertragsrechtlichen Verpflichtungen voraus, eine Voraussetzung, die in Bezug auf die Vorgaben der Aarhus-Konvention zumindest bei den meisten Bestimmungen grundsätzlich nicht anzunehmen ist.[8]

Dieser **Grundsatz der Effektivität** entfaltet auf verschiedenen Ebenen Rückwirkungen und impliziert insbesondere dreierlei: 5

- Erstens verlangt er einen **klaren und damit verständlichen Rahmen** und entsprechende Verfahrensabläufe, so dass die Öffentlichkeit ihre Rechte im Rahmen der drei Säulen effektiv und vollumfänglich wahrnehmen kann.

  So sah das *Compliance Committee* zum Beispiel einen Verstoß gegen das Erfordernis eines klaren rechtlichen Rahmens in Zusammenhang mit der Umsetzung von Art. 6 AK, da keine genauen gesetzlichen Vorgaben zur frühen Information der möglicherweise beteiligten Öffentlichkeit vorlagen.[9] Ebenso bemängelte das *Compliance Committee* in diesem Fall fehlende Verfahrensvorgaben zur Bestimmung der betroffenen Öffentlichkeit sowie zu deren Beteiligung und Berücksichtigung in Verfahren gemäß Art. 6 AK. In einem anderen Fall hob das *Compliance Committee* die Bedeutung einer klaren Ausgestaltung der Durchführungsanweisungen von Umweltverträglichkeitsstudien hervor, die insbesondere den Zeitrahmen für eine Beteiligung der Öffentlichkeit und Vorgaben für die spätere Verwendung der Ergebnisse vorsehen müssten.[10]

- Zweitens muss die **gesamte Rechtsordnung** in Einklang mit der Aarhus-Konvention stehen, wie sich auch aus dem Erfordernis der Einheitlichkeit in Art. 3 Abs. 1 *in fine* AK und demjenigen der „Harmonisierung" der Bestimmungen zur Umsetzung[11] in Art. 3 Abs. 1 AK ergibt.

7 S. dazu *Ebbesson et al.*, Aarhus Convention Implementation Guide, 60, mit einem Hinweis auf Österreich, welches die Umsetzung der Aarhus-Konvention auch durch solche Handlungsanweisung vornahm. S. *ebenda*, 62.

8 So ist wohl die Empfehlung in ACCC/C/2005/11 Belgien, Rn. 43, zu verstehen, wo etwas apodiktisch festgestellt wird, Art. 3 Abs. 1 AK verlange eine aktive Implementierung der Vorgaben der Konvention, so dass ein Verweis in der Verfassung auf die direkte Anwendbarkeit und den Vorrang von Völkerrecht nicht ausreiche, soweit nicht auch die notwendigen Gesetzes- und/oder Verordnungsbestimmungen erlassen werden.

9 ACCC/C/2005/12 Albanien, Rn. 87.

10 ACCC/C/2004/3 Ukraine, Rn. 40.

11 Die deutschsprachige Version ist mit der Formulierung „zur Harmonisierung der Bestimmungen zur Umsetzung der in diesem Übereinkommen enthaltenen Bestimmungen" ungenau, da sich der Begriff der Harmonisierung sowohl auf die Relation der Umsetzungsmaßnahmen zu den Vorgaben der Konvention als auch auf die Umsetzungsmaßnahmen untereinander in einer Vertragspartei selbst beziehen kann. Die englischsprachige Fassung hingegen beschränkt die Harmonisierung mit

So haben die Vertragsparteien Sorge zu tragen, dass auch Rechtsakte und Vorschriften, die nicht direkt der Umsetzung der Aarhus-Konvention dienen, keine einschränkenden Effekte auf die Wirksamkeit der sich aus dieser ergebenden Verpflichtungen entfalten.[12] Dabei reichen schon nur geringe (einschränkende) Auswirkungen auf die Informations-, Beteiligungs- und Rechtschutzrechte in Umweltsachen von Individuen und der Öffentlichkeit nach der Aarhus-Konvention aus, um einen Verstoß gegen Art. 3 Abs. 1 AK zu begründen.[13]

Weiter ist darauf zu achten, dass die umsetzenden Bestimmungen untereinander kompatibel sind, so dass jede der drei Säulen zur vollen Entfaltung in den Vertragsparteien gelangen kann und insgesamt eine gewisse Kohärenz gewährleistet ist.[14]

- Drittens schließlich muss sichergestellt sein, dass **alle Staatsorgane** – unter Einschluss der Judikative – die Vorgaben der Konvention umfassend beachten.

Daher kann die Unabhängigkeit der Richter nicht als Rechtfertigung einer Vertragspartei dienen, Vorgaben der Konvention nicht zu beachten, selbst wenn dazu die Rechtsprechung angepasst werden müsste.[15] Insbesondere haben Vertragsparteien mit Systemen des subjektiven Rechtsschutzes im Bereich des gerichtlichen Zugangs unter den Voraussetzungen des Art. 9 Abs. 3 AK Sorge zu tragen, dass Mitgliedern der Öffentlichkeit der Zugang zu Gericht eröffnet wird, auch wenn kein subjektives Recht betroffen ist. Im Übrigen haben Vertragsparteien mit Systemen des subjektiven Rechtsschutzes die Möglichkeit sogenannter altruistischer Verbandsklagen im Regelungsbereich der ersten und zweiten Säule zu schaffen.[16]

II. Unterstützung durch Behörden (Abs. 2)

6 Nach Art. 3 Abs. 2 AK haben die Vertragsparteien die **Öffentlichkeit** bei der Wahrnehmung ihrer Rechte aus den drei Säulen zu **unterstützen**. Die Formulierung ist dabei insgesamt eher vage gehalten und verpflichtet die Vertragsparteien lediglich, sich zu „bemühen", eine „Unterstützung" durch die Behörden „sicherzustellen", so dass ihr normativer Gehalt ausgesprochen vage ausfällt und damit ein Verstoß gegen die Bestimmung kaum denkbar ist.

---

compatibility between the provisions implementing lediglich auf die letztere Auslegungsmöglichkeit und somit auf die Wechselwirkungen der Umsetzungsmaßnahmen in einer Vertragspartei zu anderen Umsetzungsmaßnahmen der Aarhus-Konvention.

12 ACCC/C/2004/5 Turkmenistan, Rn. 22.

13 S. dazu auch *Ebbesson et al.*, Aarhus Convention Implementation Guide, 60.

14 Dies kann insbesondere dann problematisch sein, wenn eine Vertragspartei mit dem Beitritt zur Aarhus-Konvention vollständig neue Rechtsstrukturen und Rechtspraxen schaffen muss. Die Rechte auf Information, Partizipation und Zugang zum Rechtsweg können in vielen Vertragsparteien neue Berührungspunkte verschiedener Rechts- und Verwaltungsmaterien mit sich bringen, die vorher so noch nicht bestanden, vgl. insoweit *Ebbesson et al.*, Aarhus Convention Implementation Guide, 61.

15 ACCC/C/2005/11 Belgien, Rn. 43.

16 S. insoweit auch noch Art. 9 Rn. 23, 35 ff.

Art. 3 Abs. 2 AK knüpft an Erw. 8 Präambel AK an, wonach bei Bürgern die Notwendigkeit von Unterstützung durch die Behörden bei der Wahrnehmung ihrer Rechte aus der Aarhus-Konvention bestehen kann.

Dabei wird Art. 3 Abs. 2 AK in verschiedenen **weiteren Vertragsbestimmungen** in Zusammenhang mit den aktiven Pflichten der Vertragsparteien und deren Behörden aufgegriffen und damit auch präzisiert,[17] womit Art. 3 Abs. 2 AK im Wesentlichen im Zusammenhang mit anderen Vertragsbestimmungen zum Zuge kommen kann und dieser Bestimmung daher letztlich **keine eigenständige Bedeutung** zukommt. 7

Auch in der Praxis des *Compliance Committee* spielt Art. 3 Abs. 2 AK keine selbstständige Rolle, sondern diese Bestimmung wird nur (aber immerhin) im Zusammenhang mit anderen, den Grundgedanken des Art. 3 Abs. 2 AK präzisierenden Vorgaben herangezogen. So erachtete das *Compliance Committee* beispielsweise einen Verstoß gegen die Begründungspflicht für Ablehnungen nach Art. 4 Abs. 7 AK ebenfalls als Verstoß gegen Art. 3 Abs. 2 AK.[18]

III. Umwelterziehung und Umweltbewusstsein (Abs. 3)

Art. 3 Abs. 3 AK verpflichtet die Vertragsparteien, die **Umwelterziehung** und das **Umweltbewusstsein** der Öffentlichkeit im Allgemeinen und ebenso im Besonderen in Bezug auf die Aarhus-Konvention zu **„fördern"**. 8

Während die Umwelterziehung auf eine allgemeine „Umweltbildung"[19] abzielt, ist das Umweltbewusstsein eher themenbasiert und beinhaltet die Beziehung des Menschen zur Umwelt.[20]

Die Verpflichtung zur „Förderung" der Umwelterziehung und des Umweltbewusstseins beinhaltet jedoch keine „messbare" Mindestpflicht, die über ein irgendwie geartetes Tätigwerden (das regelmäßig zu bejahen sein wird) hinausgeht und dürfte somit eher **deklaratorischer Natur** sein. 9

Das Anliegen des Art. 3 Abs. 3 AK wird zumindest implizit in verschiedenen weiteren Vertragsbestimmungen aufgegriffen, so insbesondere in den aktiven Informationspflichten der Vertragsparteien. Diese aktiven Informationspflichten umfassen nicht nur solche nach Art. 5 AK,[21] sondern finden sich auch in Art. 6 Abs. 2 und Art. 9 Abs. 5 AK.

IV. Anerkennung und Unterstützung von Umweltorganisationen (Abs. 4)

Art. 3 Abs. 3 AK fordert von den Vertragsparteien die **„angemessene" Anerkennung und Unterstützung** von Vereinigungen, Organisationen und Gruppen, die sich für den Umweltschutz einsetzen und bezieht sich damit insbesondere auf **Nichtregierungsorganisationen**, die im Gefüge der Aarhus-Konvention eine wichtige Rolle einnehmen. 10

Die **Anerkennung** der Vereinigungen, Organisationen und Gruppen steht im Zusammenhang mit Art. 2 Ziff. 4, 5 AK,[22] wonach diese als Teil der 11

17 Hier sind insbesondere Art. 4 Abs. 7, Art. 5 Abs. 1, 2, 3, 5, 7, 8, 9, Art. 6 Abs. 2 und Art. 9 Abs. 5 AK zu nennen.
18 ACCC/C/2008/30 Republik Moldau, Rn. 39.
19 Der verbindliche englischsprachige Text verwendet den Begriff *education*.
20 *Ebbesson et al.*, Aarhus Convention Implementation Guide, 64.
21 Hier sind insbesondere Abs. 1 lit. b), c), Abs. 2 lit. a) sowie Abs. 3-8 zu nennen.
22 S. zu Art. 2 Nr. 4 und 5 AK ausführlich Art. 2 Rn. 27 ff.

Öffentlichkeit anzusehen sind und somit in den Genuss der nach Art. 4-9 AK der Öffentlichkeit zu gewährenden Rechte kommen. Insbesondere ist ihnen gemäß Art. 9 Abs. 3 AK das Recht auf Zugang zu gerichtlichen Überprüfungsverfahren zu gewähren. Daraus folgt, dass die Rechtsordnungen der Vertragsparteien grundsätzlich die Möglichkeit vorsehen müssen, dass sich solche Vereinigungen, Organisationen und Gruppen mit dem Zweck des Umweltschutzes bilden können. Entscheidend ist insoweit die rechtliche Handlungsfähigkeit, so dass die Vereinigungen, Organisationen und Gruppen ihre Rechte nach der Aarhus-Konvention ausüben können.

12 Eine Pflicht der Vertragsparteien, eine besondere **Rechtsform** für solche Vereinigungen, Organisationen und Gruppen zu schaffen, besteht hingegen nicht, wenn die Rechtsordnung eine Anerkennung und somit ein Tätigwerden der Vereinigungen, Organisationen und Gruppen auch anderweitig zulässt. Eine anderweitige und verbreitete Form der Zulassung ist zum Beispiel die Registrierung von solchen Vereinigungen, Organisationen und Gruppen.[23]

13 Die Vertragsparteien dürfen die Anerkennung von Vereinigungen, Organisationen und Gruppen an Voraussetzungen knüpfen, soweit diese **angemessen** sind. Das *Compliance Committee* nimmt hier allerdings keine ausführliche Verhältnismäßigkeitsprüfung vor, sondern überprüft lediglich, ob die Vereinigungen, Organisationen und Gruppen ihre Rechte aus der Aarhus-Konvention effektiv wahrnehmen können. Letztlich dürfen die Anerkennungsmodalitäten nicht so ausgestaltet sein, dass sie im Ergebnis die Tätigkeiten der Nichtregierungsorganisationen verhindern oder erschweren können, so dass diese die ihnen nach der Konvention zustehenden Rechte nicht wahrnehmen können.

So wertete das *Compliance Committee* ein Verbot des Tätigwerdens von Vereinigungen, Organisationen und Gruppen als unangemessen, wenn diese nicht vorab eine schwierige bzw. komplizierte Registrierung bei öffentlichen Stellen durchlaufen haben.[24] Inwiefern ein Tätigkeitsverbot im Falle des Unterlassens einer einfachen Registrierung in Form einer bloßen Bekanntgabe der Tätigkeit oder ein kompliziertes Registrierungsverfahren mit bloßen (einfachen) administrativen Sanktionen für vorgängiges Tätigwerden, ohne hingegen ein Verbot darzustellen, als angemessen im Sinne des Art. 3 Abs. 4 AK zu sehen sind, lässt das *Compliance Committee* offen. Da die Wahrnehmung der Rechte, bzw. ein Tätigwerden möglich wäre, dürften solche Voraussetzungen für die Anerkennung von Vereinigungen und Organisationen mit Art. 3 Abs. 4 AK vereinbar sein, dies zumindest soweit das Registrierungsverfahren nicht allzu komplex ausgestaltet ist und insbesondere keine faktische Unmöglichkeit des Tätigwerdens oder eine übermäßige Erschwernis darstellt.[25]

---

23 S. dazu *Ebbesson et al.*, Aarhus Convention Implementation Guide, 66.

24 ACCC/C/2004/5 (Turkmenistan), Rn. 21.

25 S. aber auch *Ebbesson et al.*, Aarhus Convention Implementation Guide, 66, die darauf hinweisen, dass Art. 3 Abs. 4 AK auch Gruppen mit einschließe, die sich im Gegensatz zu Vereinigungen und Organisationen durch einen geringeren Grad der Strukturierung auszeichnen und auch nur vorübergehend gebildet werden könnten. Die formelle Hürde einer Registrierung könne dabei zu hoch sein und die Bildung und Tätigkeit insbesondere vorübergehender Gruppen derart erschweren, dass die Rechte nach der Aarhus-Konvention nicht ausgeübt werden könnten. Es müsse daher für vorübergehende Gruppen auch andere Möglichkeiten der Anerkennung ge-

Aus der Rechtsprechung des EuGH ergibt sich, dass die vom nationalen Recht aufgestellten Kriterien für eine Anerkennung letztlich nur dazu dienen dürfen, die „Ernsthaftigkeit“ der Nichtregierungsorganisation zu überprüfen, wozu insbesondere ihre tatsächliche Existenz, die Verfolgung entsprechender Ziele und möglicherweise auch eine gewisse Dauerhaftigkeit – je nach den Umständen des Einzelfalls – gehören dürften. Hingegen liefe es der Richtlinie wohl zuwider, wenn die Mitgliedstaaten die (klagebefugten) Nichtregierungsorganisationen nach sonstigen Kriterien „filterten“.[26]

Die angemessene **Unterstützung** von Vereinigungen, Organisationen und Gruppen ist in mehreren Varianten und Möglichkeiten denkbar. Im Vordergrund hat dabei die Förderung der Wahrnehmung der Rechte nach der Aarhus-Konvention zu stehen, so dass sowohl Zuwendungen[27] als auch Informationen über die Umwelt oder zur Wahrnehmung der Rechte denkbar sind. Zumindest sollten die Vertragsparteien über einen rechtlichen Rahmen verfügen, welcher eine Rechtsgrundlage für angemessene Unterstützung dient.[28] 14

V. Weitergehende Rechte der Öffentlichkeit (Abs. 5)

Nach Art. 3 Abs. 5 AK – der zusammen mit Art. 3 Abs. 6 AK[29] das Verhältnis der Konvention zu den Rechtsordnungen der Vertragsparteien regelt – stellen die sich aus dem Abkommen ergebenden Verpflichtungen bzw. die durch sie postulierten Rechte auf Zugang zu Informationen, Beteiligung an Entscheidungsverfahren und Zugang zu Gerichten in Umweltsachen in den Vertragsparteien jedenfalls **Mindeststandards** dar. Den Vertragsparteien steht es somit frei, weitergehende Rechte in diesen Bereichen einzuräumen oder beizubehalten, so dass die Aarhus-Konvention als *„floor, not a ceiling“*[30] zu verstehen ist und den Vertragsparteien somit einen Gestaltungsspielraum bei der Umsetzung einräumt, gleichzeitig aber den Spielraum „nach unten“ beschränkt. 15

Auch das *Compliance Committee* legt Art. 3 Abs. 5 AK so aus, dass die Aarhus-Konvention den unteren Rahmen für die Umsetzung bildet. Soweit die Vertragsparteien diesen einhalten, können sie weitergehende Rechte gewähren oder weitergehende Rechte bis zu eben dieser Grenze (wieder) reduzieren. In jedem Fall ist Art. 3 Abs. 5 (in Verbindung mit Art. 3 Abs. 6) AK nicht das generelle Verbot zu entnehmen, einen höheren Standard bis zum Mindeststandard zu senken.[31]

---

ben, wobei ein gradueller Unterschied der mit der Anerkennung verbundenen Rechte und Status möglich sein könne.

26 Vgl. EuGH, Rs. C-263/08 (Djurgarden), ECLI:EU:C:2009:631. S. hierzu schon oben Art. 2 Rn. 31.

27 In Form von direkten Geld- und Sachzuwendungen oder Steuererleichterungen bzw. Darlehen.

28 *Ebbesson et al.*, Aarhus Convention Implementation Guide, 66.

29 S. auch noch Art. 3 Rn. 16.

30 S. schon *Stec/Casey-Lefkowitz*, The Aarhus Convention – An Implementation Guide, 45.

31 ACCC/C/2004/4 Ungarn, Rn. 18.

VI. Fortbestand bestehender Rechte (Abs. 6)

16 Art. 3 Abs. 6 AK ist zu entnehmen, dass die Konvention **nicht die Verdrängung bereits bestehender Rechte** in den von der Konvention erfassten Bereichen verlangt. Da diese Rechte jedoch jedenfalls dem Mindeststandard nach Art. 3 Abs. 5 AK entsprechen müssen, sind die Vertragsparteien gleichwohl ggf. verpflichtet, bestehende Rechte anzupassen.

Nach (zutreffender) Ansicht des *Compliance Committee* ergibt sich aus Art. 3 Abs. 6 AK im Zusammenspiel mit Art. 3 Abs. 5 AK[32] auch, dass es den Vertragsparteien unbenommen bleibt, bereits bestehende Rechte auf Zugang zu Informationen, Öffentlichkeitsbeteiligung bei Entscheidungsverfahren und Zugang zu Gerichten in Umweltangelegenheiten zu verringern, soweit diese den Mindeststandards der Aarhus-Konvention genügen.[33] Dennoch empfahl das *Compliance Committee* der Tagung der Vertragsparteien, dass die Vertragsparteien von einer solchen Praxis Abstand nehmen sollten, auch wenn damit nicht gegen die Aarhus-Konvention verstoßen würde,[34] was von der Tagung der Vertragsparteien[35] jedoch nicht weiter verfolgt wurde.[36]

VII. Förderung der Grundsätze der Konvention (Abs. 7)

17 Art. 3 Abs. 7 AK verpflichtet die Vertragsparteien, die **Grundsätze der Aarhus-Konvention** in internationalen Foren zu Umweltbelangen zu **fördern** bzw. einzubringen. Diese Verpflichtung weist als solche kaum einen präzisierbaren normativen Gehalt auf.

18 Allerdings wurde ihre Tragweite anlässlich der Tagung der Vertragsparteien in Almaty im Jahr 2005 und der Annahme der *Almaty Guidelines*[37] – die seitdem unverändert sind[38] – etwas **konkretisiert**. Aber auch die sich auf alle drei Säulen der Konvention beziehenden *Almaty Guidelines*[39] formulieren lediglich generelle Richtlinien in Bezug auf die Förderung und Verbreitung der Grundsätze der Aarhus-Konvention auf der Ebene völkerrechtlicher Abkommen und internationaler Organisation, wobei sie insbesondere in Bezug auf multilaterale Umweltschutzabkommen, allgemeine Umweltschutzabkommen, Regierungskonferenzen mit Umweltschutzbezug, internationalen Politikforen und bei Entscheidungsfindungsprozessen innerhalb internationaler Organisationen angewandt werden sollen.[40]

VIII. Benachteiligungsverbot (Abs. 8)

19 Art. 3 Abs. 8 AK enthält ein **Verbot ungerechtfertigter Benachteiligung** von Personen, die ihre Rechte entsprechend den Bestimmungen des Überein-

---

32 S. dazu auch schon Art. 3 Rn. 15.
33 ACCC/C/2004/4 Ungarn, Rn. 18.
34 ACCC/C/2004/4 Ungarn, Rn. 21.
35 MP.PP/2005/2/Add.6, Rn. 3.
36 Vgl. dazu insgesamt *Ebbesson et al.*, Aarhus Convention Implementation Guide, 68.
37 S. Anhang zur Decision II/4 MP.PP/2005/2/Add.5.
38 S. Decision III/4 MP.PP/2008/2/Add.6; Decision IV/3 MP.PP/2011/CRP.5 und Decision V/4 MP.PP/2014/CRP.2.
39 S. bezüglich der drei Säulen Nr. 11 ff. Anhang zur Decision II/4 MP.PP/2005/2/Add.5. Für einen Überblick *Ebbesson et al.*, Aarhus Convention Implementation Guide, 70.
40 Nr. 4 Anhang zur Decision II/4 MP.PP/2005/2/Add.5.

kommens geltend machen. Die Vertragsparteien haben zu garantieren, dass solche Personen in keiner Weise bestraft, verfolgt oder belästigt werden.[41]

Unter **Strafe** *(penalized)* ist jede staatliche Sanktion zu verstehen, welche an die Rechtsausübung geknüpft wird. Einzuschränken ist dies jedoch in Bezug auf Gerichtskosten, bei denen die Höhe der Kosten in Abhängigkeit von der Angemessenheit bestimmt werden kann. Das *Compliance Committee* schließt in diesem Zusammenhang nicht aus, dass eine Überschreitung eines angemessenen Rahmens der Gerichtskosten als Strafe im Sinne des Art. 3 Abs. 8 AK anzusehen sein kann.[42]

Die **Verfolgung**, in Zusammenhang mit der Strafe, bezieht sich auf die Strafverfolgung durch staatliche Stellen und umfasst sowohl die Verfolgung durch die Polizei als auch durch die Geheimdienste.

Die **Belästigung** nimmt auf eine große Spannweite staatlichen Handelns Bezug, unter Einbezug von Verhaltensweisen, die (nur) indirekte negative Auswirkungen auf die Betroffenen entfalten (können). Das *Compliance Committee* erachtete zB öffentliche Beleidigungen und Unterstellungen, die Behörden in örtlichen Medien verbreiten, als unter diese Verhaltensweise fallend.[43]

IX. Diskriminierungsverbot (Abs. 9)

Nach Art. 3 Abs. 9 AK sind Benachteiligungen der Öffentlichkeit (bzw. 20
ihrer Repräsentanten) aufgrund der Staatsangehörigkeit, der Nationalität oder des Wohnortes (bei juristischen Personen aufgrund des eingetragenen Sitzes oder des tatsächlichen Geschäftszentrums) nicht zulässig. Damit muss zB in einem bestimmten Vertragsstaat grundsätzlich auch ausländischen natürlichen und juristischen Personen die Möglichkeit zustehen, die vom Übereinkommen statuierten Rechte geltend zu machen. Insoweit gilt also ein **Diskriminierungsverbot**; die der Konvention zu entnehmenden Rechte sind gleichermaßen aus- und inländischen Personen zu gewähren. Damit kommt dieser Bestimmung ein durchaus auch praktisch bedeutsamer eigener normativer Gehalt zu.

Bemerkenswert ist in diesem Zusammenhang auch, dass es die Vertragsparteien als notwendig erachteten, dieses Verbot der Diskriminierung aufgrund der Staatsangehörigkeit ausdrücklich in den Konventionstext aufzunehmen, dies obwohl das Tatbestandsmerkmal der Öffentlichkeit in Art. 2 Nr. 5 AK[44] ohne Bezug auf die Staatsangehörigkeit oder ähnlicher Merkmale definiert ist.[45]

Das Verbot der Diskriminierung umfasst nach dem *Compliance Committee* insbesondere auch die Mitgliedschaft ausländischer Personen in Vereinigungen, Organisation und Gruppen im Bereich von Umweltfragen. Bestimmungen in der Rechtsordnung einer Vertragspartei, die für die Anerkennung solcher Vereinigungen, Organisationen und Gruppen verlangt, dass diese bzw.

41 Die Auferlegung angemessener Gerichtskosten in innerstaatlichen Gerichtsverfahren gilt dabei ausdrücklich nicht als ungerechtfertigte Benachteiligung in diesem Sinn.
42 ACCC/C/2008/23 Vereinigtes Königreich, Rn. 53; ACCC/C/2008/27 Vereinigtes Königreich, Rn. 47.
43 S. ACCC/C/2009/36 Spanien, Rn. 29 und 63.
44 Vgl. dazu Art. 2 Rn. 30 ff.
45 S. *Ebbesson*, RECIEL 2011, 246 (252 ff.); *Ebbesson et al.*, Aarhus Convention Implementation Guide, 72.

ihre Mitglieder die Nationalität dieser Vertragspartei haben, verstoßen somit gegen das Diskriminierungsverbot des Art. 3 Abs. 9 AK.[46]

Vor Art. 4–5

1 Der erste Pfeiler der Aarhus-Konvention umfasst einerseits das den Einzelnen zu gewährende **Recht auf Zugang zu Umweltinformationen** (1.); andererseits sind hier auch einige Verpflichtungen der Vertragsparteien statuiert, die sicherstellen sollen, dass dieser Zugang auch effektiv ist, insbesondere dass die Behörden über geeignetes **Informationsmaterial** verfügen (2.).

Der erste Pfeiler der Konvention betrifft m.a.W. zwei Aspekte: Der das Fundament des ersten Pfeilers darstellende Art. 4 AK regelt die passiven[1] Informationspflichten gegenüber der Öffentlichkeit, so dass dieser ein Anspruch auf Zugang zu Informationen zu gewähren ist. Die zweite Seite, die aktiven Informationspflichten der Behörden, ist Gegenstand des Art. 5 AK.

2 Die **Bedeutung** und der **Hintergrund** der im ersten Pfeiler vorgesehenen Rechte und Pflichten erschließt sich aus folgenden Elementen:[2]

- Zunächst ist auf den **Zusammenhang mit dem zweiten Pfeiler** (Art. 6-8 AK) hinzuweisen. So ist die umfängliche Partizipation der Öffentlichkeit in Umweltsachen nur möglich, wenn sie über ausreichend Informationen über die Umwelt verfügt. Insofern gewährleistet der Informationszugang, dass die Einzelnen in die Lage versetzt werden, ihre Rechte effektiv geltend zu machen.
- Die Informationspflichten der Behörden sollen aber auch der Öffentlichkeit die Überwachung und Einflussnahme auf die Umweltpolitik im Allgemeinen ermöglichen, indem ein möglichst umfangreiches Informationszugangsrecht gewährt wird.[3] Insofern spielt der Zugang zu Informationen auch eine wichtige Rolle im Hinblick auf den **effektiven Vollzug** der (umwelt-) rechtlichen Vorgaben und die Effektivität der Kontrolle der Verwaltung.
- Sodann soll eine umfassende Information der Öffentlichkeit die Entwicklung eines gewissen **Umweltbewusstseins** fördern, welches wiederum zu weiterem Informationsinteresse und/oder Partizipationsinteresse der Öffentlichkeit (sowie zu einem umweltbewussteren Verhalten) führt oder führen kann.[4]

---

46 ACCC/C/2004/5 Turkmenistan, Rn. 16.

1 Zur Unterscheidung zwischen passiven und aktiven Informationspflichten *Ebbesson et al.*, Aarhus Convention Implementation Guide, 75; *Stec/Casey-Lefkowitz*, The Aarhus Convention – An Implementation Guide, 6; *Epiney/Fasnacht/Pirker/Reitemeyer*, Aktive behördliche Information in Umweltangelegenheiten, 7 f.; kritisch zur Begrifflichkeit (ohne jedoch die grundsätzliche Unterscheidung zu bestreiten) mwN *Klein*, Umweltinformation, 6.

2 Vgl. hierzu im Einzelnen, mwN, *Epiney*, in: Aktuelle Probleme und Rechtsfragen des freien Informationszugangs, 27 (28 ff.).

3 Vgl. auch *Rodenhoff*, Die EG und ihre Mitgliedstaaten als völkerrechtliche Einheit, 162.

4 Vgl. *Ebbesson et al.*, Aarhus Convention Implementation Guide, 75. Ähnlich auch für das deutsche Umweltinformationsgesetz *Schoch*, in: Aktuelle Rechtsfragen und Probleme des freien Informationszugangs, 81 (83).

- Schließlich stellt der Zugang zu Informationen und damit eine gewisse Öffentlichkeit und Transparenz des Handelns der Behörden ein wichtiges Element für die Sicherstellung der **demokratischen Legitimation** der Ausübung von Hoheitsgewalt dar.[5]

  Die erste Säule dient daher nicht nur als breites Fundament für die Partizipation der Öffentlichkeit im Rahmen der zweiten Säule der Konvention, sondern erfüllt auch den Zweck, die Umweltverwaltung einer Kontrolle zu unterziehen und es der Öffentlichkeit damit zu ermöglichen, auf Defizite bei Entscheidungen, Politiken und Planungen hinzuwiesen, sowie – zumindest in Umweltangelegenheiten – die demokratische Legitimation hoheitlichen Agierens zu stärken.[6]

  Im Übrigen besteht ein gewisser Zusammenhang mit der dritten Säule der Konvention, hängt doch die Effektivität auch der Informationsrechte von der Möglichkeit ihrer gerichtlichen Durchsetzung ab, womit die essentielle Bedeutung des Zugangs zu Gerichten als dritte Säule deutlich wird.[7]

Artikel 4 Zugang zu Informationen über die Umwelt

(1) Jede Vertragspartei stellt sicher, dass die Behörden nach Maßgabe der folgenden Absätze dieses Artikels und im Rahmen der innerstaatlichen Rechtsvorschriften der Öffentlichkeit Informationen über die Umwelt auf Antrag zur Verfügung stellen; hierzu gehören, wenn dies beantragt wird und nach Maßgabe des Buchstaben b, auch Kopien der eigentlichen Unterlagen, die derartige Informationen enthalten oder die aus diesen Informationen bestehen; dies geschieht

a) ohne Nachweis eines Interesses;

b) in der erwünschten Form, es sei denn,

i) es erscheint der Behörde angemessen, die Informationen in anderer Form zur Verfügung zu stellen, was zu begründen ist, oder

ii) die Informationen stehen der Öffentlichkeit bereits in anderer Form zur Verfügung.

(2) Die in Absatz 1 genannten Informationen über die Umwelt werden so bald wie möglich, spätestens jedoch einen Monat nach Antragstellung zur Verfügung gestellt, es sei denn, der Umfang und die Komplexität der Informationen rechtfertigen eine Fristverlängerung auf bis zu zwei Monate nach Antragstellung. Der Antragsteller wird über jede Verlängerung sowie über die Gründe hierfür informiert.

5 Vgl. hierzu, mwN, *Epiney*, in: Aktuelle Probleme und Rechtsfragen des freien Informationszugangs, 27 (28 f.).

6 S. eingehend zu den Funktionen der Gewährung von Zugang zu Umweltinformationen *Klein*, Umweltinformation, 238 ff. Vgl. auch *Thurnherr*, Öffentlichkeit und Geheimhaltung, 92 ff.

7 S. zur „Entfaltung" der Wirksamkeit von Information und Partizipation durch Zugang zu Gerichten auch *Thurnherr*, Öffentlichkeit und Geheimhaltung, 77 ff.

(3) Ein Antrag auf Informationen über die Umwelt kann abgelehnt werden, wenn

a) die Behörde, an die der Antrag gerichtet ist, nicht über die beantragten Informationen über die Umwelt verfügt;
b) der Antrag offensichtlich missbräuchlich ist oder zu allgemein formuliert ist oder
c) der Antrag Material betrifft, das noch fertiggestellt werden muss, oder wenn er interne Mitteilungen von Behörden betrifft, sofern eine derartige Ausnahme nach innerstaatlichem Recht vorgesehen ist oder gängiger Praxis entspricht, wobei das öffentliche Interesse an der Bekanntgabe dieser Informationen zu berücksichtigen ist.

(4) Ein Antrag auf Informationen über die Umwelt kann abgelehnt werden, wenn die Bekanntgabe negative Auswirkungen hätte auf

a) die Vertraulichkeit der Beratungen von Behörden, sofern eine derartige Vertraulichkeit nach innerstaatlichem Recht vorgesehen ist;
b) internationale Beziehungen, die Landesverteidigung oder die öffentliche Sicherheit;
c) laufende Gerichtsverfahren, die Möglichkeit einer Person, ein faires Verfahren zu erhalten, oder die Möglichkeit einer Behörde, Untersuchungen strafrechtlicher oder disziplinarischer Art durchzuführen;
d) Geschäfts- und Betriebsgeheimnisse, sofern diese rechtlich geschützt sind, um berechtigte wirtschaftliche Interessen zu schützen. In diesem Rahmen sind Informationen über Emissionen, die für den Schutz der Umwelt von Bedeutung sind, bekanntzugeben;
e) Rechte auf geistiges Eigentum;
f) die Vertraulichkeit personenbezogener Daten und/oder Akten in Bezug auf eine natürliche Person, sofern diese der Bekanntgabe dieser Informationen an die Öffentlichkeit nicht zugestimmt hat und sofern eine derartige Vertraulichkeit nach innerstaatlichem Recht vorgesehen ist;
g) die Interessen eines Dritten, der die beantragten Informationen zur Verfügung gestellt hat, ohne hierzu rechtlich verpflichtet zu sein oder verpflichtet werden zu können, sofern dieser Dritte der Veröffentlichung des Materials nicht zustimmt, oder
h) die Umwelt, auf die sich diese Informationen beziehen, wie zum Beispiel die Brutstätten seltener Tierarten.

Die genannten Ablehnungsgründe sind eng auszulegen, wobei das öffentliche Interesse an der Bekanntgabe sowie ein etwaiger Bezug der beantragten Informationen zu Emissionen in die Umwelt zu berücksichtigen sind.

(5) Verfügt eine Behörde nicht über die beantragten Informationen über die Umwelt, so informiert sie den Antragsteller so bald wie möglich darüber, bei welcher Behörde er ihres Erachtens die gewünschten Informationen beantragen kann, oder sie leitet den Antrag an diese Behörde weiter und informiert den Antragsteller hierüber.

(6) Jede Vertragspartei stellt sicher, dass für den Fall, dass Informationen, die aufgrund des Absatzes 3 Buchstabe c und des Absatzes 4 von der Bekanntgabe ausgenommen sind, ohne Beeinträchtigung der Vertraulichkeit der dieser Ausnahme unterliegenden Informationen ausgesondert werden

können, die Behörden den jeweils nicht von dieser Ausnahme betroffenen Teil der beantragten Informationen über die Umwelt zur Verfügung stellen.

(7) Die Ablehnung eines Antrags bedarf der Schriftform, wenn der Antrag selbst schriftlich gestellt wurde oder wenn der Antragsteller darum ersucht hat. In der Ablehnung werden die Gründe für die Ablehnung des Antrags genannt sowie Informationen über den Zugang zu dem nach Artikel 9 vorgesehenen Überprüfungsverfahren gegeben. Die Ablehnung erfolgt so bald wie möglich, spätestens nach einem Monat, es sei denn, die Komplexität der Informationen rechtfertigt eine Fristverlängerung auf bis zu zwei Monate nach Antragstellung. Der Antragsteller wird über jede Verlängerung sowie über die Gründe hierfür informiert.

(8) Jede Vertragspartei kann ihren Behörden gestatten, für die Bereitstellung von Informationen eine Gebühr zu erheben, die jedoch eine angemessene Höhe nicht übersteigen darf. Behörden, die beabsichtigen, eine derartige Gebühr für die Bereitstellung von Informationen zu erheben, stellen den Antragstellern eine Übersicht über die Gebühren, die erhoben werden können, zur Verfügung, aus der hervorgeht, unter welchen Umständen sie erhoben oder erlassen werden können und wann die Bereitstellung von Informationen von einer Vorauszahlung dieser Gebühr abhängig ist.

I. Grundsatz (Abs. 1) 2
II. Modalitäten (Abs. 1, 2, 5, 8) 8
1. Form 8
2. Umfang 10
3. Frist 12
4. Weiterleitungs- und Verweisungspflicht 15
5. Gebühr 17
III. Ausnahmen (Abs. 3, 4, 6, 7) .. 21
1. „Verwaltungstechnische" Gründe (Abs. 3) 24
a) Nichtvorliegen einer Information 25
b) Offensichtlich missbräuchliche Anträge ... 26
c) Zu allgemein formulierte Anträge 29
d) In Fertigstellung befindliche Materialien und interne Behördenmitteilungen 31
2. Gegen eine Veröffentlichung bzw. einen Zugang sprechende Interessen (Abs. 4) 36
a) Vertraulichkeit der Beratungen von Behörden 40
b) Internationale Beziehungen, Landesverteidigung oder öffentliche Sicherheit 44
c) Gerichtsverfahren und andere Untersuchungen 48
d) Betriebs- und Geschäftsgeheimnis ... 52
e) Geistiges Eigentum 57
f) Vertraulichkeit persönlicher Daten 59
g) Drittinteressen bei Zurverfügungstellung von Daten 65
h) Schutz der Umwelt 70
3. Verfahrensrechtliche Aspekte (Abs. 6, 7) 71

Art. 4 AK sieht zunächst den **Grundsatz eines umfangreichen Zugangsrechts der Öffentlichkeit zu Informationen über die Umwelt** vor, das ohne den Nachweis eines spezifischen Interesses ausgeübt werden kann (Abs. 1). Eine **Einschränkung** des Zugangsrechts kann durch die Vertragsparteien nur aufgrund bestimmter öffentlicher Interessen oder überwiegender individueller oder öffentlicher Geheimhaltungsinteressen vorgesehen werden (Abs. 3 und 4). Diese Einschränkung gilt auch nur so weit, wie die ge- 1 wünschte Information diese Interessen berührt; anderenfalls ist zumindest teilweiser Zugang zu Informationen zu gewähren (Abs. 6). Das Verfahren soll spätestens einen Monat nach Antragstellung abgeschlossen sein, es sei denn, Umfang und Komplexität rechtfertigen eine Fristverlängerung auf bis zu zwei Monate (Abs. 2 und 7). Die Ablehnung des Antrags hat auf Wunsch des Antragsstellers schriftlich zu erfolgen (Abs. 7). Soweit die Informationen bei einer anderen als der adressierten Behörde verfügbar sind, ist der Antrag weiterzuleiten bzw. es ist auf jene Behörde hinzuweisen (Abs. 5). Für die Kosten des Verfahrens können angemessene Gebühren erhoben werden (Abs. 8). Nachfolgend werden diese verschiedenen Aspekte der Vorschrift aufgenommen, wobei im Anschluss an ihre inhaltliche Tragweite zwischen dem Grundsatz (I.) und den Modalitäten (II.) des Informationszugangsrechts unterschieden werden kann, bevor auf die Ausnahmen (III.) eingegangen werden soll; die verschiedenen Absätze der Bestimmung betreffen teilweise mehrere dieser Aspekte.

Art. 4 Abs. 1 AK verweist auf den **„Rahmen der innerstaatlichen Rechtsvorschriften“**, was auf den ersten Blick die Annahme nahelegen könnte, dass den Vertragsparteien ein Spielraum hinsichtlich des Inhalts und Umfangs der Verpflichtungen aus Art. 4 AK zugestanden wird oder den Vertragsparteien eine Pflicht zum Ergreifen bestimmter legislativer Maßnahmen auferlegt werden könnte. Richtigerweise ist diese Formulierung aber als Rücksichtnahme auf die verschiedenen Rechtssysteme zu werten. Den Vertragsparteien soll somit (in der Struktur ähnlich der Umsetzung von Richtlinien im Unionsrecht)[1] Flexibilität hinsichtlich der Wahl der Mittel eingeräumt werden, so dass die Umsetzung per Gesetz, aber auch per Verordnung oder Verwaltungsvorschrift vorgenommen werden kann. Inhaltich bestehen somit neben den ohnehin ausfüllungsbedürftigen Begriffen wie „öffentliche Sicherheit“ oder „Betriebs- und Geschäftsgeheimnis“ keine weiteren Spielräume für die Umsetzung. Die Annahme eines weitergehenden inhaltlichen Spielraums wäre mit Blick auf die ohnehin zahlreichen auslegungsbedürftigen Begriffe und die dann ebenfalls überflüssige Formulierung „nach Maßgabe der folgenden Absätze“ nicht überzeugend. Ebenso scheint mit Blick auf die Rechtsetzungspflichten nach Art. 3 Abs. 1 AK eine wiederholte Postulierung einer Rechtsetzungs- oder Umsetzungspflicht wenig plausibel.[2]

I. Grundsatz (Abs. 1)

2 Die Vertragsparteien haben im Rahmen der innerstaatlichen Gesetzgebung dafür zu sorgen, dass ihre Behörden der Öffentlichkeit auf Antrag den Zugang zu Umweltinformationen ermöglichen (Art. 4 Abs. 1 AK). Damit verlangt die Aarhus-Konvention, dass die Vertragsparteien im Rahmen ihres innerstaatlichen Rechts einen **Anspruch der Öffentlichkeit** auf Zugang zu Umweltinformationen anerkennen und die Durchsetzung dieses Anspruchs gewährleisten.

1 In diesem Zusammenhang sei auch auf die umfangreiche wörtliche Übereinstimmung des Art. 4 AK mit Art. 3 RL 90/313 verwiesen. Hierzu *Epiney/Scheyli*, Die Aarhus-Konvention, 34; *Hallo*, in: The Aarhus Convention at Ten, 55 (57 ff.). Zum reziproken Einfluss der Aarhus-Konvention auf das Unionsrecht *Epiney*, ZUR 2003, 176 (177).

2 S. dazu ausführlich *Butt*, Die Ausweitung des Rechts auf Umweltinformationen, 68 ff.

Im Einzelnen ist dieses Zugangsrecht – das sich sichtbar an die RL 90/313 (die Vorgängerrichtlinie der heute in der EU geltenden Umweltinformationsrichtlinie, RL 2003/4) anlehnt, wobei die Bestimmungen der Aarhus-Konvention in einigen Punkten aber weitergehende Informationsrechte implizieren,[3] ein Aspekt, dem die RL 2003/4 nunmehr Rechnung trägt – durch folgende **Elemente** charakterisiert: 3

- **Aktiv legitimiert** – also Anspruchsberechtigter – ist die **„Öffentlichkeit“**,[4] so dass das Zugangsrecht zwingend als Popularanspruch auszugestalten ist.

  In diesem Zusammenhang stellt sich die Frage, inwiefern auch **juristische Personen des öffentlichen Rechts** aktivlegitimiert sind bzw. sein können. Der weite Wortlaut des Art. 4 Abs. 1 AK ließe den Einbezug von juristischen Personen des öffentlichen Rechts grundsätzlich zu. Sodann schließt Art. 2 Nr. 4 AK den Einbezug juristischer Personen des öffentlichen Rechts in den Begriff der Öffentlichkeit[5] auch nicht aus.[6] Schließlich dürfte es Sinn und Zweck der ersten Säule, den Bereich der anspruchsberechtigten Personen auch auf juristische Personen des öffentlichen Rechts anzuwenden, entsprechen, dies jedenfalls soweit es um rechtlich „getrennte“ juristische Personen geht.[7]

- **Passiv legitimiert** – also Anspruchsgegner – sind **„Behörden“**.[8]
- **Anspruchsgegenstand** sind **„Umweltinformationen“**, wodurch letztlich jede erdenkliche Information mit Umweltbezug erfasst wird.[9] Dabei ist der Anspruch nicht als „Informationsbeschaffungsanspruch“ ausgestaltet, da er abgelehnt werden kann, wenn die Behörde nicht über die verlangten Informationen verfügt (Art. 4 Abs. 3 lit. a) AK.[10] Allerdings bezieht sich der Anspruch auch auf Informationen, die nicht von der jeweiligen Behörde selbst ermittelt oder erfasst wurden, wie schon der Zusammenhang mit dem in Art. 4 Abs. 4 lit. g) AK[11] verdeutlicht.

Die Ausübung des Informationszugangsanspruchs ist notwendigerweise an die Voraussetzung der **Antragstellung** auf Informationszugang geknüpft; weitere Voraussetzungen sollen bzw. dürfen die Vertragsparteien aber nicht vorsehen. Im Übrigen darf das Antragserfordernis von den Vertragsparteien nicht so ausgestaltet werden, dass es eine **faktische Hürde** darstellt, wel- 4

---

3 Vgl. auch die tabellarische Übersicht über die Parallelen und Unterschiede in beiden Regelungswerken bei *Stec/Casey-Lefkowitz,* The Aarhus Convention – An Implementation Guide, 65 f.
4 S. zum Begriff oben Art. 2 Rn. 27 ff.
5 Zur Öffentlichkeit in diesem Zusammenhang s. auch *Jeder*, UTR 2002, 145 (149).
6 AA allerdings *Thurnherr*, Öffentlichkeit und Geheimhaltung, 101: Die systematische Stellung der Definitionen von Behörde und Öffentlichkeit in Art. 2 Nr. 2 und Nr. 4 AK schlössen es aus, dass auch juristische Personen des öffentlichen Rechts unter den Begriff der Öffentlichkeit fallen. Die numerische Aufzählung von Definitionen ohne gegenseitige Bezugnahme lässt diese systematische Folgerung nach der hier vertretenen Ansicht allerdings nicht zu.
7 Vgl. zur Problematik insgesamt *Thurnherr*, Öffentlichkeit und Geheimhaltung, 100 ff.
8 Zum Begriff oben Art. 2 Rn. 7 ff.
9 S. zum Begriff im Einzelnen oben Art. 2 Rn. 23 ff.
10 Art. 4 Abs. 3 lit. a) AK dürfte denn auch eher die Tragweite des Anspruchs betreffen, denn eine Ausnahme darstellen.
11 Wonach unter gewissen Voraussetzungen zu durch Dritte zur Verfügung gestellten Informationen kein Zugang zu gewähren ist. Vgl. hierzu unten Art. 4 Rn. 65 ff.

che die Ausübung des Anspruchs auf Informationszugang verunmöglicht oder übermäßig erschwert, indem zum Beispiel umfangreiche oder schwer verständliche Formblätter für die Antragstellung verlangt werden. Vieles spricht aber dafür, dass grundsätzlich die Schriftform verlangt werden darf, so dass die Vertragsstaaten vorsehen können, dass die bloß mündlich erfolgende Formulierung eines Wunsches auf Zugang zu einer bestimmten Information nicht ausreicht.

5 Wie Art. 4 Abs. 1 lit. a) AK ausdrücklich betont, ist der Nachweis eines **Interesses nicht erforderlich**[12] und darf von den Behörden daher nicht verlangt werden. Hieraus folgt nach der zutreffenden Ansicht des *Compliance Committee*, dass auch keine allgemeine Begründung des Antrags auf Informationszugang gefordert werden darf.[13] Dies gilt auch dann, wenn die Begründung eines Antrags auf Informationszugang im Übrigen der allgemeinen Verwaltungspraxis einer Vertragspartei entspricht.

Die fehlende Notwendigkeit eines Interessensnachweises unterstreicht den Charakter der Aarhus-Konvention als Instrument einer Art objektiver „Überwachung" der Verwaltung in Umweltangelegenheiten. Gemeinsam mit der zweiten und dritten Säule sollen einzelne Bürger und Teile der Zivilgesellschaft in die Lage versetzt werden, ein umfangreiches oder zumindest ausreichendes Informationsniveau zu erlangen, um an umweltrelevanten, staatlichen Planungen teilzuhaben und diese mitzuverfolgen. Der Umfang des Zugangsrechts geht dabei jedoch über das für die Beteiligung der Öffentlichkeit nach Art. 6-8 AK[14] notwendige Maß hinaus, da sich das Zugangsrecht auf alle Informationen über die Umwelt – auch ohne Bezug zu bestimmten Projekten, Planungen und/oder Politiken – bezieht.

6 Der in Art. 4 Abs. 1 AK enthaltene Hinweis, der Zugang sei **„im Rahmen der innerstaatlichen Rechtsvorschriften"** sicherzustellen, kann vor dem Hintergrund des Sinns und Zwecks der Konvention, einen möglichst weitgehenden Zugang zu Umweltinformationen zu gewährleisten und angesichts der Ausgestaltung des Art. 4 AK (Formulierung eines Anspruchs, von Zugangsmodalitäten sowie von abschließenden Ausnahmetatbeständen) jedenfalls nicht dahin gehend verstanden werden, dass ein Zugangsrecht nur nach Maßgabe des innerstaatlichen Rechts zu erfolgen hätte; denn damit würde die normative Tragweite dieses Rechts sehr eingeschränkt werden und es den Vertragsstaaten überlassen, inwieweit sie ein Zugangsrecht gewähren wollen. Vielmehr dürfte dieser Zusatz im Sinne eines Nichtdiskriminierungsgebots und eines Hinweises auf die innerstaatliche Rechtsordnung, soweit die Begriffe der Konvention selbst einen Gestaltungsspielraum implizieren, auszulegen sein: Auch der Zugangsanspruch ist ja jedenfalls als Mindeststandard ausgestaltet,[15] so dass im Falle weitergehender Rechte diese eben „im Rahmen der innerstaatlichen Rechtsvorschriften" allen Personen zu gewähren sind. Sodann verwendet die Konvention teilweise unbestimmte Rechtsbegriffe (insbesondere bei den Ausnahmetatbeständen), die – immer in den von der Konvention gezogenen Grenzen – einer Konkretisierung durch nationales Recht zugänglich sind.

12 S. insoweit auch ausdrücklich ACCC/C/2009/36 Spanien, Rn. 54.
13 ACCC/C/2004/01 Kasachstan, Rn. 20.
14 S. dazu unten Vor Art. 6–8 Rn. 1 ff.
15 S. bereits oben Art. 3 Rn. 15.

Schließlich ist darauf hinzuweisen, dass den Vertragsstaaten selbstverständlich die Befugnis zukommt, die rechtstechnischen Modalitäten der Zugangsgewährung zu bestimmen.[16]

Grundsätzlich können die Behörde von der direkten Übermittlung der Informationen absehen, wenn diese **öffentlich** – etwa über Internet – **zur Verfügung stehen** (Art. 4 Abs. 1 lit. b) AK). Allerdings muss die Öffentlichkeit in zumutbarer Weise Zugang zu diesen Informationen haben, so dass ein Verweis auf das Internet etwa dann nicht statthaft ist, wenn in dem betreffenden Vertragsstaat kein hinreichend verbreiteter Netzzugang besteht.[17] 7

Diese Ausnahme dient allgemein der Effektivität des behördlichen Handelns, hat sich als Ausnahme aber wiederum am Grundsatz des Rechts auf Informationszugang messen zu lassen, so dass auch der Verweis auf die bestehende Veröffentlichung der Informationen den Zugang zu diesen Informationen im Einzelfall ermöglichen muss.

II. Modalitäten (Abs. 1, 2, 5, 8)

1. Form

Im Hinblick auf die Modalitäten des Informationszugangs wird der Gestaltungsspielraum der Behörden insofern eingeschränkt, als die Informationen grundsätzlich in der **verlangten Form zu übermitteln** sind (Art. 4 Abs. 1 AK).[18] Dies impliziert, dass die Antragsteller grundsätzlich auch **Kopien** der entsprechenden Dokumente verlangen können, wie Art. 4 Abs. 1 AK denn auch ausdrücklich festhält. 8

Für das *Compliance Committee*[19] folgt aus dem Recht des Antragstellers, **Kopien** zu verlangen auch, dass es einem Antragssteller möglich sein muss, die gewünschten Informationen auch an seinem Wohnsitz auswerten zu können. Dabei umfasse der Begriff Kopien auch die Kopie der Informationen in elektronischer Form oder auf einem Speichermedium gesichert.[20] Es sei daher zum Beispiel nicht mit Art. 4 Abs. 1 AK vereinbar, den Antragsteller auf einen Zugang an einem anderen Ort als den des Wohnorts zu verweisen, wenn der Antragsteller Kopien in elektronischer Form beantragt.

Im Umkehrschluss ist aus dem Recht Kopien zu verlangen auch zu schließen, dass den Antragstellern auch der Zugang zu den **Originaldokumenten** zu gewähren ist, soweit dies ausdrücklich beantragt ist. Gleichwohl dürfte sich das Zugangsrecht hier aber in einem Einsichtsrecht erschöpfen, so dass die tatsächliche Gewalt über die Originaldokumente bei der Behörde verbleibt bzw. verbleiben darf. Die Gefahr eines Verlustes der Originaldokumente wäre ansonsten unverhältnismäßig vergrößert.[21]

---

16 S. zu dem Hinweis auf die innerstaatlichen Rechtsvorschriften auch schon oben Art. 4 Rn. 1.
17 *Stec/Casey-Lefkowitz*, The Aarhus Convention – An Implementation Guide, 55.
18 Es sei denn, sie stünden der Öffentlichkeit schon in anderer Form zur Verfügung, s. insoweit bereits oben Art. 4 Rn. 7.
19 ACCC/C/2009/36 Spanien, Rn. 61; ACCC/C/2009/44 Weißrussland, Rn. 69.
20 Vgl. dazu auch ACCC/C/20112/69 Rumänien, Rn. 55.
21 Für ein Recht auf Einsicht in Originaldokumente auch *Klein*, Umweltinformation, 339, mwN.

9 Allerdings kann sich die Behörde unter **Angabe von Gründen**[22] für eine **andere Art der Zugänglichmachung** entscheiden (Art. 4 Abs. 1 lit. b) AK). Das in der Bestimmung jedoch zum Ausdruck kommende Regel-Ausnahme-Verhältnis legt es nahe, dass nur dann von der verlangten Form abgewichen werden darf, wenn diese für die Behörde nicht zumutbar oder aber mit unverhältnismäßigem Aufwand verbunden wäre.

Die Behörde hat so mittels einer Einzelfallabwägung die Angemessenheit einer alternativen Form zu prüfen. Dabei ist auf Seiten des Antragstellers immer das Informationsinteresse zu berücksichtigen, welches durch die Wahl der alternativen Informationsform durch die Behörde nicht eingeschränkt werden darf.[23] Die deutsche Fassung[24] ist in diesem Zusammenhang ungenau, da sie darauf schließen lassen könnte, dass es der Behörde lediglich angemessen erscheinen muss, eine andere Art der Zurverfügungstellung zu wählen. Mit anderen Worten wäre nach der deutschsprachigen Fassung ein subjektiver Maßstab der Behörde für die Angemessenheit ausreichend. Die verbindliche, englischsprachige Fassung[25] hingegen geht von einem objektiven Maßstab aus.

Festzuhalten bleibt in diesem Zusammenhang, dass die Ausnahmen des Art. 4 Abs. 1 lit. b) i) und ii) AK keine Ablehnungsgründe des Gesuchs auf Informationszugang darstellen. Die Ausnahmen bieten den Behörden der Vertragsparteien lediglich die Möglichkeit, die vom Antragssteller gewünschte Form der Zugänglichmachung zu modifizieren, ohne die Information selbst, ihren Gehalt oder ihren Umfang zu verändern.[26]

2. Umfang

10 Der Zugang zu den Informationen ist grundsätzlich im **gewünschten Maß** zu gewähren.[27] Ein geringerer Informationsumfang kann nur innerhalb der Grenzen von Art. 4 Abs. 3-6 AK gewährt werden.[28] So kann etwa der Umfang der Informationen allein kein Ausschlusskriterium für den Informationszugang sein, bzw. einen Ablehnungsgrund für das Informationsgesuch darstellen.[29]

In Fällen eines großen Informationsumfangs empfiehlt das *Compliance Committee*, die Informationen in elektronischer Form zur Verfügung zu stellen, um den Antragstellern die Informationssuche zu erleichtern.[30]

22 Die Begründung muss auch mit Blick auf eventuelle Gebühren für den Antragsteller nach Art. 4 Abs. 8 AK und die Rechte des Antragstellers aus Art. 9 AK erfolgen, vgl. ACCC/C/2007/23 Spanien, Rn. 67 ff. Im vorliegenden Fall wich die Behörde von der beantragten Form der Informationsgewährung in elektronischer Form auf einem Datenträger zu einer Gebühr von 13 EUR ab, gewährte aber Informationszugang im Rahmen von Papierkopien nur zu einer Gebühr von über 1200 EUR.

23 Verlangt zum Beispiel ein Sehbehinderter die Zugänglichmachung in elektronischer Form, um die Informationen mittels spezieller Programme für sich zugänglich zu machen, ist der Verweis auf bloße Kopien ohne Lesehilfe eine Einschränkung des individuellen Zugangsrechts und somit unangemessen.

24 „Es erscheint der Behörde angemessen, die Informationen in anderer Form zur Verfügung zu stellen […]“.

25 „It is reasonable for the public authority to make it available in another form […]“.

26 ACCC/C/2007/21 Europäische Gemeinschaft, Rn. 31 a).

27 ACCC/C/2004/08 Armenien, Rn. 2 in Verbindung mit Rn. 21.

28 S. dazu unten Art. 4 Rn. 21 ff.

29 ACCC/C/2004/3 Ukraine, Rn. 33.

30 ACCC/C/2004/3 Ukraine, Rn. 33.

Auch die Gewährung eines **zu umfangreichen Informationszugangs** kann einen denkbaren Verstoß gegen Art. 4 Abs. 1 AK darstellen. Gewährt die Behörde dem Antragsteller Informationen über den Antrag hinaus, so dass dieser sprichwörtlich nach der Nadel im Heuhaufen suchen muss, wird das Recht auf Informationszugang ausgehöhlt. 11

3. Frist

Die Behörden müssen dem Antrag sobald wie möglich, spätestens jedoch 12 grundsätzlich innerhalb einer **Frist** von **einem Monat** entsprechen (Art. 4 Abs. 2 AK). Diese Frist kann auf maximal zwei Monate verlängert werden, aber nur unter der Voraussetzung, dass Umfang und Komplexität der verlangten Informationen dies rechtfertigen. In diesem Falle besteht allerdings gegenüber den Antragstellern eine Informations- und Begründungspflicht.

Der Grad des Umfangs oder der Komplexität richten sich nach **objektiven Maßstäben**, die von einer Behörde bewältigt werden können; jedoch ist jedenfalls insgesamt der **Ausnahmecharakter einer Fristverlängerung** auf bis zu zwei Monate zu beachten.[31] Dabei ist von der Behörde ein gewisser Organisierungsgrad zu erwarten. Die Behörde wird sich in der Regel nicht auf krankheitsbedingte Engpässe berufen können, wenn diese absehbar sind. Ebenso kann von den Behörden erwartet werden, die Organisation vorausschauend zu planen. So haben die Behörden insbesondere im Vorfeld von großen Umweltprojekten oder besonderen Umweltpolitiken mit einem erhöhten Informationsinteresse der Öffentlichkeit zu rechnen und dementsprechend Personal vorzusehen.

Die Behörde hat sich somit in der Regel innerhalb eines Monats gegenüber 13 dem Antragsteller zu äußern und die positive Bescheidung oder Ablehnung gemäß Art. 4 Abs. 7 AK mitzuteilen. Die Möglichkeit eines **zustimmenden Schweigens** *(„positive silence")* schließt das *Compliance Committee* grundsätzlich sowohl im Rahmen von Art. 4 Abs. 2 AK als auch bei einer Ablehnung gemäß Art. 4 Abs. 7 AK aus.[32]

Weder Art. 4 Abs. 2 AK noch sonstige Bestimmungen der Aarhus-Konven- 14 tion treffen eine Aussage über mögliche **Wirkungen von Klagen Dritter** auf den Fristlauf.[33] Insbesondere fragt es sich, ob solche Klagen aufschiebende Wirkung entfalten dürfen. Man wird diese Frage bejahen müssen, dies nicht nur im Hinblick auf den Sinn und Zweck der in Art. 4 Abs. 2 AK geregelten Frist (welche ersichtlich die Behörden im Blick hat), sondern auch und gerade angesichts der Notwendigkeit, jedenfalls in gewissen Konstellationen, des Schutzes von Interessen und Rechten Dritter (zB von Persönlichkeitsrechten).

4. Weiterleitungs- und Verweisungspflicht

Wenn die ersuchte Behörde nicht über die verlangte Information verfügt,[34] 15 muss dem Antragsteller entweder baldmöglichst die richtige Behörde be-

31 ACCC/C/2009/36 Spanien, Rn. 56.
32 ACCC/C/2009/36 Spanien, Rn. 57 f.
33 Vgl. *Ebbesson et al.*, Aarhus Convention Implementation Guide, 92.
34 S. hierzu noch unten Art. 4 Rn. 25.

kannt gegeben werden oder der Antrag ist intern direkt an diese Behörde[35] weiterzuleiten und der Antragsteller hierüber zu informieren (Art. 4 Abs. 5 AK), dies selbstredend soweit die Informationen bei einer anderen Behörde vorhanden sind und die ersuchte Behörde hiervon Kenntnis hat oder haben müsste.

Welche der beiden Handlungsvarianten von der Behörde zu wählen ist, soll sich nach der effektivsten und zeitlich schnellsten Variante richten. In der Praxis bedeutet dies für die Behörden der Vertragsparteien, dass in der Regel der Antrag direkt an die richtige Behörde weiterzuleiten ist, worüber dann der jeweilige Antragsteller zu informieren ist.[36]

16 Die **zeitliche Vorgabe** („so bald wie möglich") kann durch die Vertragsparteien auch weiter eingegrenzt werden, indem eine Höchstdauer für die Weiterleitung oder Verweisung gesetzt wird. Die Ausgestaltung dieser Höchstfrist hat dabei allerdings mit Blick auf den *effet utile* so ausgestaltet zu sein, dass die Vorgabe der alsbaldigen Weiterleitung oder Verweisung eingehalten wird.[37]

In diesem Zusammenhang stellt sich die Frage nach der Bearbeitungsfrist der Behörden (Art. 4 Abs. 2 AK),[38] insbesondere ob diese bei einer Weiterleitung oder Verweisung von neuem zu laufen beginnt. Die Aarhus-Konvention trifft hierüber keine ausdrücklichen Aussagen. Festgehalten ist lediglich, dass das Nichtvorliegen der Information einen Ablehnungsgrund nach Art. 4 Abs. 3 lit. a) AK darstellen kann.[39] Im Ergebnis dürfte es sachgerecht sein, in solchen Konstellationen davon auszugehen, dass die Frist ab der Übermittlung an die zuständige Behörde zum Zuge kommen muss, muss doch der zuständigen Behörde die entsprechende Zeit für die Zugangsgewährung zur Verfügung stehen, zumal dies angesichts der Vorgabe der Weiterleitung „so bald wie möglich" in aller Regel nicht zu einer wirklich ungebührlichen Verlängerung für den Antragsteller führen dürfte.[40] Gleiches ist für die Fälle der Verweisung anzunehmen. Der Antrag dürfte in diesen Fällen in Bezug auf die nicht vorhandene Information abgelehnt werden und gleichzeitig würde der Antragsteller an die „richtige" Behörde verwiesen. Der (erneute) Antrag an die „richtige" Behörde wäre dann wie ein gänzlich neuer Antrag zu behandeln, für den die Monatsfrist nach Art. 4 Abs. 2 AK erneut begönne.

5. Gebühr

17 Für die Übermittlung der ersuchten Informationen darf eine angemessene Gebühr erhoben werden (Art. 4 Abs. 8 AK). Damit dürfte Bezug auf die der Verwaltung durch ein **spezifisches Gesuch anfallenden Kosten** genom-

35 Die Verweisung an Privatpersonen oder juristische Personen des Zivilrechts, welche nicht als Behörde im Sinne von Art. 2 Nr. 2 AK anzusehen sind (hierzu Rn. 59 ff.), ist nicht erfasst. ACCC/C/2009/37 Weißrussland, Rn. 66 ff.

36 So *Ebbesson et al.*, Aarhus Convention Implementation Guide, 91 f.

37 Vgl. dazu das armenische Verwaltungsverfahrensgesetz für Anträge und Bitten von Bürgern vom 12. April 1990 wonach eine Frist von fünf Tagen gilt. S. auch *Ebbesson et al.*, Aarhus Convention Implementation Guide, 92.

38 S. o. Art. 4 Rn. 12 ff.

39 S.u. Art. 4 Rn. 25.

40 Die Vertragsparteien können hier aber selbstredend einen strengeren Maßstab anlegen. So sieht zB das ungarische Gesetz CXL von 2004 zum allgemeinen Verwaltungsverfahrensrecht, Abschnitt 22 Abs. 2, vor, dass die Weiterleitung die Bearbeitungsfrist nicht von neuem beginnen lässt.

men werden. Nicht zulässig ist es daher, bei der Berechnung der Gebühr auch die allgemeinen Betriebskosten (zB Personal) oder gar die Kosten zur Erlangung der jeweiligen Umweltinformation zu berücksichtigen. Dies führte nämlich ggf. zu sehr hohen Gebühren, wodurch der effektive Zugang zu den Umweltinformationen doch zumindest sehr erschwert, in manchen Fällen gar verunmöglicht würde.

Die **Angemessenheit** der Gebühr bestimmt sich nach der Praxis des *Compliance Committee* danach, ob sie den üblichen Marktpreisen für vergleichbare Leistungen in der Privatwirtschaft, die am Ort der jeweiligen Behörde vorherrschen, sowie den üblichen Gebühren, die innerhalb der Mitgliedstaaten der UNECE praktiziert werden, entspricht.[41] Die Gebühren dürfen somit nicht von den Behörden mit dem Ziel eingesetzt werden, den Antrag auf Informationszugang zu verhindern oder zu vereiteln. Ebenfalls muss die Gebührenstruktur so beschaffen sein, dass ein effektiver Zugang der Öffentlichkeit zu Umweltinformationen möglich ist. Dabei müssen sich die Gebühren in dem für die Behörden üblichen Gebührenrahmen bewegen und dürfen in keinem kostenungünstigen Verhältnis zum Aufwand stehen. 18

Nach der **Rechtsprechung des EuGH** ist bei der Frage, ob Kosten noch „angemessen“ sind, maßgeblich, dass Einzelne durch die Höhe der Gebühren nicht davon abgehalten werden dürfen, ihr Recht auf Zugang zu diesen Informationen geltend zu machen. Dabei sei nicht lediglich auf diejenigen Personen, die konkret den Zugang beantragen, sondern auf die allgemeine Öffentlichkeit abzustellen, dies in Anbetracht des Allgemeininteresses am Zugang der Öffentlichkeit zu Umweltinformationen. Die Gebühr darf somit weder die finanzielle Leistungsfähigkeit des Betroffenen überschreiten noch objektiv unangemessen sein. In diesem Rahmen dürften aber bei der Berechnung der Kosten für die Bereitstellung der Umweltinformationen nicht nur die Kosten für Porto und Kopien, sondern auch die Kosten für die Arbeitszeit der Angestellten der jeweiligen Behörde, die diese für die Bereitstellung der Informationen aufwenden, einbezogen werden.[42]

Da die Gebühr nur im Falle der **„Übermittlung“** von Informationen erhoben werden darf, ist eine Gebührenforderung auch im Falle der Ablehnung eines Gesuchs nicht mit den Vorgaben der Konvention vereinbar.[43] Diese Auslegung erscheint darüber hinaus auch deshalb zwingend, weil mit der (teilweisen) Auferlegung der anfallenden Kosten auch im Falle einer Ablehnung des Antrages eine (ggf. erhebliche) Erschwerung des Zugangs zu Umweltinformationen einherginge. 19

Hinzuweisen ist in diesem Zusammenhang noch auf die Pflicht, eine **Übersicht** über die **Höhe der Gebühren sowie die für ihre Festsetzung maßgeblichen Kriterien** zu erstellen und den Antragstellern zur übermitteln, womit 20

41 ACCC/C/2008/24 Spanien, Rn. 79.

42 So in Bezug auf die RL 2003/4 EuGH, Rs. C-71/14 (East Sussex County Council), ECLI:EU:C:2015:656. Der EuGH hielt aber auch fest, dass bei der Berechnung der Gebühr die Kosten für das Führen einer Datenbank nicht berücksichtigt werden dürften, da nach Art. 5 Abs. 1 RL 2003/4 der Zugang zu solchen Verzeichnissen gebührenfrei zu gewähren ist; jede andere Sicht wäre angesichts der Systematik des Art. 5 RL 2003/4 widersprüchlich.

43 So auch in Bezug auf die RL 90/313 EuGH, Rs. C-217/97 (Kommission/Deutschland), ECLI:EU:C:1999:395.

die Transparenz eines Gebührensystems doch erheblich erhöht wird. Antragsteller sollen sich somit auf eventuelle Gebühren einstellen können und die Möglichkeit haben, gegebenenfalls über den Antrag die Gebührenhöhe zu steuern.

III. Ausnahmen (Abs. 3, 4, 6, 7)

21 Die Konvention zählt fakultative **Informationsverweigerungsgründe bzw. Ausnahmetatbestände abschließend** auf (Art. 4 Abs. 3, 4 AK).[44] Die Ausnahmetatbestände entsprechen – teilweise sogar wörtlich – weitgehend denjenigen, die in der RL 2003/4 und auch in der VO 1049/2001 enthalten sind. Daher kann bei der Auslegung der Ausschlussgründe auch auf die in Bezug auf diese Rechtsakte entwickelten Grundsätze sowie die einschlägige Rechtsprechung des EuGH Bezug genommen werden.[45]

Aufgrund des **abschließenden Charakters der Ausnahmegründe** nach Art. 4 Abs. 3, 4 AK können sich die Vertragsparteien nicht auf weitere Ablehnungsgründe berufen. Insbesondere ist es nicht möglich, den Schutz von Drittinteressen über das von der Konvention gewährte Maß hinaus auszudehnen. So können zum Beispiel Informationen nicht zurückgehalten werden, weil über Art. 4 Abs. 4 lit. g) AK hinaus Dritte einer Veröffentlichung nicht zustimmen, unabhängig davon, ob der Dritte eine Privatperson oder eine Behörde einer anderen Vertragspartei ist.[46] Ebenso können Informationen nicht zurückgehalten werden, die bereits Teilen der Öffentlichkeit bekannt oder zugänglich sind. Ein Verweis auf diese Informationen kann nicht als Ablehnungsgrund der Bekanntgabe herangezogen werden.[47]

Mit Blick auf den abschließenden Charakter der Ablehnungsgründe scheint die Ausnahmeregelung innerhalb der **Europäischen Union** über den Zugang zu Umweltinformationen beim Europäischen Parlament, dem Rat und der Kommission nach **Art. 4 Abs. 1 VO 1049/2001** aus zwei Gründen problematisch: Zunächst sind die aufgezählten Ausnahmegründe „absolut“ formuliert, so dass entgegen der Vorgabe von Art. 4 Abs. 4 Satz 2 AK bei Vorliegen eines Ausnahmegrundes *a priori* keine Abwägung mit dem öffentlichen Bekanntgabeinteresse stattfinden könnte, wobei jedoch schon aufgrund einer primärrechtskonformen Auslegung davon auszugehen ist, dass diese Bestimmung im Lichte des Art. 15 Abs. 3 AEUV so auszulegen ist, dass im Rahmen der Frage nach dem Vorliegen einer Beeinträchtigung der aufgeführten Anliegen dann eben doch eine Abwägung stattzufinden hat.[48] Gewichtiger ist somit der Umstand, dass bestimmte Ausnahmegründe in der VO 1049/2001 figurieren, nicht jedoch in der Aarhus-Konvention, so zB der Schutz der Finanz-, Währungs- oder Wirtschaftspolitik der Union oder eines Mitgliedstaats. Dieses Anliegen kann unter keiner der in Art. 4 Abs. 3, 4 AK aufgeführten Tatbestände subsumiert werden, insbesondere auch nicht unter Art. 4 Abs. 4 lit. b) AK,[49] da nach der VO 1049/2001 der Schutz der Finanz-, Währungs- oder Wirtschaftspolitik als Aufzählung neben der öffentlichen Sicherheit, der Ver-

---

44 Zur Abgeschlossenheit etwa ACCC/C/2008/30 Republik Moldawien, Rn. 31.

45 S. zur RL 2003/4, mwN, *Epiney*, Umweltrecht, 6. Kap., Rn. 47 ff.; zur VO 1049/2001 *Epiney*, in: Fluck/Fischer/Fetzer, Kommentar VO 1049/2001, *passim*.

46 ACCC/C/2007/21 Europäische Gemeinschaft, Rn. 31 b).

47 ACCC/C/2007/21 Europäische Gemeinschaft, Rn. 31 a).

48 S. dazu ausführlicher *Epiney*, in: Fluck/Fischer/Fetzer, Kommentar VO 1049/2001, Rn. 44 ff.

49 Zum Inhalt des Art. 4 Abs. 4 lit. b) AK s. u. Art. 4 Rn. 44 ff.

teidigung und militärischen Belangen sowie den internationalen Beziehungen einen eigenen Schutzbereich darstellt.[50]

Zu beachten ist immerhin, dass die VO 1049/2001 in Bezug auf Umweltinformationen durch die **VO 1367/2006** (die die Vorgaben der Aarhus-Konvention auf Unionsebene umsetzen soll) ergänzt wird. Die Konzeption der VO 1367/2006 geht dabei dahin, dass auch für den Zugang zu bei den Organen und Einrichtungen der Union vorhandenen Umweltinformationen grundsätzlich die VO 1049/2001 zum Zuge kommen soll, entspricht sie doch in wesentlichen Teilen den Vorgaben der Aarhus-Konvention; allerdings erwies es sich als notwendig, in den (wenigen) Bereichen, in denen den Vorgaben der Aarhus-Konvention in der VO 1049/2001 nicht hinreichend Rechnung getragen wurde, entsprechende weitergehende Vorgaben zu formulieren (vgl. Erw. 12 ff. Präambel VO 1367/2006). Insofern richtet sich also auch ein Anspruch auf Zugang zu Umweltinformationen nach der VO 1049/2001 (s. auch Art. 3 VO 1367/2006); soweit die VO 1367/2006 allerdings weitergehende oder spezifische Regelungen enthält, sind diese maßgeblich, so dass der VO 1367/2006 insofern *leges speciales* zu entnehmen sind.[51] Dieses System führt dazu, dass die Ausgestaltung des Anspruchs auf Zugang zu bei den Organen und Einrichtungen der Union vorhandenen Dokumenten bzw. Umweltinformationen zweigleisig ausgestaltet ist: Für „normale" Informationen kommt ausschließlich die VO 1049/2001 zum Zuge, während für Umweltinformationen zusätzlich die Anforderungen der VO 1367/2006 zu beachten sind.[52] Im Übrigen ist darauf hinzuweisen, dass die sich aus völkerrechtlichen Abkommen ergebenden Zugangsansprüche gemäß Art. 2 Abs. 6 VO 1049/2001 nicht berührt sind, so dass diese also jedenfalls zum Zuge kommen müssen und die Verordnung entsprechend auszulegen ist. Somit hat sich die **Auslegung der VO 1049/2001 und der VO 1367/2006** auch vor diesem Hintergrund (abgesehen von dem schon grundsätzlich zum Zuge kommenden Grundsatz der völkerrechtskonformen Auslegung) an den Vorgaben der Aarhus-Konvention zu orientieren. Dies bedeutet auch, dass die Ausnahmegründe der VO 1049/2001 (und der VO 1367/2006) dann nicht zum Zuge kommen können, wenn deren Heranziehung nicht mit der Aarhus-Konvention in Einklang steht, und jedenfalls sind die Vorgaben der VO 1367/2006 (und auch der VO 1049/2001) im Einklang mit der Aarhus-Konvention auszulegen. Die Rechtsprechung des EuGH trägt diesen Zusammenhängen nur unzureichend Rechnung, insbesondere indem sie der Konvention die unmittelbare Anwendbarkeit abspricht[53] sowie indem im Verhältnis zur Aarhus-Konvention mitunter zusätzliche Ausnahmegründe herangezogen werden,[54] womit letztlich Art. 2 Abs. 6 VO 1049/2001 ausgehebelt wird. Bedauerlich ist dies insbesondere in-

50 Zu weiteren Ausnahmegründen, die in der VO 1049/2001, nicht jedoch in der Aarhus-Konvention, figurieren, Art. 4 Rn. 50.

51 S. zum Verhältnis der VO 1367/2006 zur VO 1049/2001 EuG, Rs. T-29/08 (LPN/Kommission), ECLI:EU:T:2011:448; EuG, Rs. T-476/12 (Saint Gobai Glass Deutschland), ECLI:EU:T:2014:1059, wo das Gericht festhält, die VO 1367/2006 enthalte gegenüber der VO 1049/2001 besondere Bestimmungen, wobei letztere aber grundsätzlich anwendbar bleibe.

52 Vgl. zur VO 1367/2006 *Schwerdtfeger*, Verwaltungsrechtsschutz, 40 ff.; mit speziellem Akzent auf dem Rechtsschutz *Schlacke*, in: Schlacke/Schrader/Bunge, Aarhus-Handbuch, § 3, Rn. 196 ff.

53 S. EuG, Rs. T-111/11 (Client Earth/Kommission), ECLI:EU:T:2013:482, und das Rechtsmittelurteil in EuGH, Rs. C-612/13 P (Client Earth/Kommission), ECLI:EU:C:2015:486. Vgl. hierzu *Epiney*, EurUP 2016, 2 (7 f.).

54 EuG, Rs. T-362/08 (Internationaler Tierschutz-Fonds), ECLI:EU:T:2011:6. Das Rechtsmittelurteil des Gerichtshofs (EuGH, Rs. C-135/11 P (IFAW Internationaler Tierschutzfonds), ECLI:EU:C:2012:376) hebt das Urteil des Gerichts zwar auf, je-

sofern, als – wie erwähnt – einige der in der VO 1049/2001 aufgeführten Ausnahmegründe gerade nicht in der Aarhus-Konvention figurieren und Art. 6 VO 1367/2006 diesem Umstand nur unzureichend Rechnung trägt, da im Wesentlichen auf die Ausnahmegründe des Art. 4 VO 1049/2001 verwiesen wird.

22 Sowohl Art. 4 Abs. 3 als auch Art. 4 Abs. 4 AK betonen, dass ein Antrag auf Zugang zu Umweltinformationen abgelehnt werden **kann**, wenn die entsprechenden Ausnahmetatbestände vorliegen. Dies impliziert nicht nur, dass keine Rechtspflicht besteht, die entsprechenden Gründe anzuerkennen, sondern auch, dass der Behörde jedenfalls ein Ermessensspielraum zustehen muss und eine **Abwägung** der verschiedenen involvierten Interessen möglich sein muss. Daher stünde etwa eine Umsetzung, wonach im Falle der Einschlägigkeit einer der Ausnahmegründe ein Antrag in jedem Fall obligatorisch abzulehnen wäre, nicht mit den Vorgaben der Konvention im Einklang.[55]

Die Notwendigkeit der **Berücksichtigung des öffentlichen Interesses an der Bekanntgabe** ist im Übrigen auch ausdrücklich in Art. 4 Abs. 3 lit. c) AK sowie in Art. 4 Abs. 4 letzter UAbs. AK (für den gesamten Absatz) verankert.

23 Neben der Nennung der eigentlichen **Ausschlussgründe** in Art. 4 Abs. 3, 4 AK (1., 2.) enthält die Konvention in Art. 4 Abs. 6 AK auch noch Vorschriften über den **teilweisen Zugang** und in Art. 4 Abs. 7 AK über die **Modalitäten** einer Ablehnung (3.).

1. „Verwaltungstechnische" Gründe (Abs. 3)

24 **Art. 4 Abs. 3 AK** betrifft Ausnahmegründe, die ihren Hintergrund in der Sicherstellung **effektiven behördlichen Handelns** haben.[56] In der Regel dürfte davon auszugehen sein, dass die Vertragsparteien von der Möglichkeit Gebrauch machen, diese Ausschlussgründe vorzusehen.[57]

Aufgrund der Abgeschlossenheit der Ausnahmegründe dürfen die Vertragsparteien ein Zugangsgesuch nicht aus sonstigen „verwaltungstechnischen" Gründen ablehnen. So kann zum Beispiel der Antrag auf Zugang zu einer großen Menge Informationen eine Behörde vor verwaltungstechnische Probleme stellen, was jedoch allein ohne Vorliegen eines der in Art. 4 Abs. 3, 4 AK aufgezählten Gründe nicht zur Ablehnung eines Antrags führen darf.[58]

a) Nichtvorliegen einer Information

25 Liegen der Behörde die begehrten Umweltinformationen nicht vor, kann sie den Informationszugang verwehren (**Art. 4 Abs. 3 lit. a) AK**); ein **Informationsbeschaffungsanspruch** besteht also nicht. Ggf. – falls die Informatio-

---

doch lediglich aus verfahrensrechtlichen Gründen, ohne dass der Gerichtshof auf den hier interessierenden Aspekt eingegangen wäre.

55 So auch die Rechtsprechung des EuGH in Bezug auf die RL 2003/4 und die VO 1049/2001. Vgl. EuGH, Rs. C-266/09 (Stichting Natuur), ECLI:EU:C:2010:779, Rn. 55 ff.

56 *Epiney/Fasnacht/Pirker/Reitemeyer*, Aktive behördliche Information in Umweltangelegenheiten, 20; *Klein*, Umweltinformation, 373.

57 Für einen Überblick der Ablehnungsgründe vgl. *Thurnherr*, Öffentlichkeit und Geheimhaltung, 119 ff.; *Butt*, Ausweitung des Rechts auf Umweltinformationen, 72 ff.

58 ACCC/C/2008/30 Republik Moldawien, Rn. 31.

nen bei einer anderen Behörde vorhanden sind – kommen jedoch die Pflichten aus Art. 4 Abs. 5 AK zum Zuge.[59]

Nicht zu verkennen ist, dass dieser Ablehnungsgrund in einem gewissen Spannungsverhältnis zu Art. 5 Abs. 1 lit. a), b) AK steht, wonach Behörden zur Informationsbeschaffung in ihrem Aufgabenbereich verpflichtet sind.[60] In diesem Zusammenhang stellt die RL 2003/4 (Umweltinformationsrichtlinie) klar, dass nicht nur die bei einer Behörde vorhandenen Informationen, sondern auch die „für eine Behörde bereitgehaltenen Informationen" dem Zugangsanspruch unterliegen.[61]

Im Übrigen ist darauf hinzuweisen, dass in denjenigen Fällen, in denen die Behörde geltend macht, das verlangte Dokument existiere nicht, lediglich eine einfache Vermutung begründet wird, welche durch stichhaltige Indizien widerlegt werden kann, was zu einer Art erleichterten Beweislast für den Kläger führt. Nur diese – vom EuGH im Rahmen der VO 1049/2001 angelegte[62] – Sicht trägt dem Effektivitätsprinzip des Zugangs zu Umweltinformationen Rechnung.

b) Offensichtlich missbräuchliche Anträge

Nach **Art. 4 Abs. 3 lit. b) Variante 1 AK** können offensichtlich missbräuchliche Anträge abgelehnt werden. Die Frage, unter welchen Voraussetzungen ein offensichtlicher Missbrauch vorliegen kann, ist vor dem Hintergrund des Sinns des Informationsanspruchs zu beantworten: Dieser soll gerade die Information der Öffentlichkeit sicherstellen, so dass jede Nutzung zu diesem Zweck, einschließlich ihrer Verbreitung, keinen Missbrauch darstellen kann. Eingeschlossen ist damit auch die Information über mögliche Verursacher von Umweltbelastungen. Im Übrigen ist zu berücksichtigen, dass Art. 4 Abs. 3 AK letztlich die Effektivität der Arbeit der Behörden im Blick hat.[63] 26

Ein **missbräuchlicher Antrag** kann daher nur unter der Voraussetzung angenommen werden, dass sie „offensichtlich" – also den Umständen nach klar erkennbar – nicht einer besseren Information über Umweltbelastungen, ihre Ursachen und die Strategien zu ihrer Bekämpfung dienen soll, sondern in erster Linie **andere Zielsetzungen** verfolgt, insbesondere private Interessen des Antragstellers oder die **Behinderung der Arbeit der Behörden,**[64] wobei der Missbrauch grundsätzlich zulasten der Effektivität des behördlichen Handelns gehen muss, so dass Missbrauch zulasten Dritter grundsätzlich nur im Rahmen der Ablehnungsgründe des Art. 4 Abs. 4 AK 27

59 S. hierzu Art. 4 Rn. 15 f.
60 S. hierzu unten Art. 5 Rn. 3 ff.
61 Art. 3 Abs. 1 RL 2003/4. Vgl. auch *Klein*, Umweltinformation, 348.
62 Vgl. nur EuG, verb. Rs. T-110/03 ua (Sison/Rat), ECLI:EU:T:2005:143; s. auch das diesen Ansatz bestätigende Rechtsmittelurteil EuGH, Rs. C-266/05 P (Sison/Rat), ECLI:EU:C:2007:75.
63 S. o. Art. 4 Rn. 24.
64 Etwa dahingehend, dass nach Daten gefragt wird, über die der Antragsteller schon verfügt. Dabei ist ein Antrag einer kommerziell interessierten Person nicht von vornherein missbräuchlich, da auch sie diese Informationen nicht zwingend nur zu eigenen privaten Interessen nutzen möchte und im Übrigen jedenfalls das Erfordernis der Offensichtlichkeit gegeben sein muss. S. in diesem Zusammenhang auch *Frommelt*, RdU 2015, 106 ff., der einige (wenige) Fallgruppen entwickelt, bei welchen ein offensichtlicher Missbrauch vorliegen könne.

von Bedeutung sein kann. Offensichtlicher Missbrauch ist dagegen nicht anzunehmen, wenn der Antragsteller nicht über die begehrten Umweltinformationen verfügt und die Behinderung weiteren behördlichen Handelns lediglich eine Nebenerscheinung ist. Erst recht liegt kein offensichtlicher Missbrauch vor, wenn negative Folgen für die Effektivität behördlichen Handelns der Sphäre der Behörde entspringen.[65] Im Übrigen vermag allein der Umfang oder die Komplexität des Informationsbegehrens die Annahme dieser Ausnahme nicht begründen, wie der Zusammenhang mit Art. 4 Abs. 2 AK zeigt, wonach in solchen Fällen eine Fristverlängerung für die Gewährung des Zugangs möglich ist.

28 Da der Anspruch auf Zugang zu Informationen kein spezifisches Interesse voraussetzt und zudem Offensichtlichkeit gefordert ist, dürfte dieser Ausschlussgrund nur selten und in **Ausnahmefällen** greifen. Auch dürfte der Nachweis des offensichtlichen Missbrauchs für die Behörden häufig nur schwer zu führen sein, da es in der Regel an ausreichenden Belegen für eine solche Annahme mangeln dürfte. Dies folgt insbesondere daraus, dass Anträge auf Zugang zu Informationen keiner Begründung bedürfen und somit in der Regel keinen Anhaltspunkt für einen eventuellen Missbrauch bieten.

c) Zu allgemein formulierte Anträge

29 Der Ausschlussgrund der zu allgemein formulierten Anträge (**Art. 4 Abs. 3 lit. b) Variante 2 AK**) ist vor dem Hintergrund zu sehen, dass einem Antrag nur unter der Voraussetzung stattgegeben werden kann, dass er **genügend präzise** formuliert ist, damit die gesuchte Information auch gefunden und übermittelt werden kann. Allerdings dürfen an dieses Erfordernis keine zu hohen Anforderungen gestellt werden; ausreichend muss sein, dass aus dem Antrag ersichtlich wird, welche Informationen gemeint sind, könnte doch eine genaue Konkretisierungspflicht die Geltendmachung des Anspruchs auf Zugang zu Umweltinformationen erschweren oder gar verhindern (zumal die Behörden nach Art. 3 Abs. 2 AK gehalten sind, auf eine zweckmäßige Antragstellung hinzuwirken).

Zu allgemein formuliert sind somit Anträge, wenn diese es der Behörde objektiv nicht ermöglichen, zwischen relevanten und irrelevanten Informationen für den Antragsteller zu unterscheiden. Abzustellen ist dabei auf den Zweck des Art. 4 Abs. 3 AK, die Effektivität des behördlichen Handelns sicherzustellen. Daraus ergibt sich, dass die Bearbeitung eines solchen Antrags bedeutende negative Auswirkung auf die Erfüllung der übrigen behördlichen Aufgaben haben muss, da die Präzisierung des Antrags nicht aus dem Antrag oder den Umständen heraus für die Behörde möglich ist. Dies dürfte zumindest in solchen Fällen anzunehmen sein, in denen der überwiegende Anteil der jeweiligen Behörde über einen längeren Zeitraum nur mit der Bearbeitung des Antrags beschäftigt wäre, um die gewünschten Informationen ausfindig zu machen. Der Grad der Beeinträchtigung der behördlichen Arbeit hat dabei vergleichbar zu den offensichtlich missbräuchlichen Anträgen der Variante 1 des Art. 4Abs. 3 lit. b) AK zu sein.[66]

---

65 So zum Beispiel, wenn die Organisation einer Behörde bei anstehenden, größeren Umweltplanungen keine Personalkapazitäten für die Bearbeitung von absehbar vermehrten Informationszugangsanträgen bereithält.

66 S. hierzu oben Art. 4 Rn. 26 ff.

30 Fraglich könnte jedoch sein, ob das Verbot zu „allgemeiner" Formulierungen darüber hinaus Gesuche ausschließt, die einen zu großen Bereich betreffen. Obwohl zu **umfassend formulierte Anträge** für die Behörden möglicherweise mit gewissen Schwierigkeiten verbunden sind, sprechen sowohl teleologische Gesichtspunkte als auch Praktikabilitätsüberlegungen gegen eine derartige Einschränkung: Zunächst fiele die Bestimmung, unter welchen Voraussetzungen denn ein Anspruch in diesem Sinn „zu allgemein" formuliert ist, sehr schwer; letztlich müssten hier über die Konventionsbestimmung hinaus Kriterien gefunden bzw. erfunden werden. Vor allem aber brächte eine solche Auslegung die Gefahr der Vereitelung des Informationsanspruchs des Einzelnen mit sich: Dieser soll doch grundsätzlich zu allen Daten Zugang erhalten; eine irgendwie geartete „quantitative" Beschränkung würde dieser Zielsetzung letztlich nicht gerecht.[67]

Damit kann der gewünschte große Umfang eines Antrags auf Umweltinformationen allein nicht als Kriterium ausreichen, um einen Antrag als zu allgemein formuliert abzulehnen. So kann ein Antrag auf Informationszugang zu einem einzelnen Projekt in bestimmten Fällen eine große Informationsfülle beinhalten, dürfte aber mit der Bezeichnung des jeweiligen Projekts ausreichend präzise sein. Hingegen dürften Anträge auf Zugang zu allen vorliegenden Umweltinformationen einer Behörde unabhängig weiterer Umstände in der Regel zu allgemein formuliert sein.

d) In Fertigstellung befindliche Materialien und interne Behördenmitteilungen

31 Betrifft ein Antrag noch fertigzustellende Materialien, kann die Behörde den Zugang verweigern (**Art. 4 Abs. 3 lit. c) Variante 1 AK**). Bei der Frage, was unter **noch nicht fertig gestelltem Material** zu verstehen ist, legt es der Zusammenhang mit Art. 6 Abs. 2, 4, 6, Art. 7, 8 AK nahe, dass die Konvention davon ausgeht, dass Entwürfe zu umweltrelevanten Entscheidungsverfahren der Öffentlichkeit grundsätzlich zugänglich gemacht werden sollen. Daher spricht Vieles dafür, dass dieser Ausnahmetatbestand nur solches Material erfasst, das in **näherer Zukunft noch bearbeitet** wird. Hierfür spricht auch die englische Fassung der Konvention.[68]

Die Auslegung dieses Ablehnungsgrundes ist somit auch unter dem Gesichtspunkt der Partizipation der Öffentlichkeit an behördlichen Entscheidungen im Sinne der zweiten Säule der Aarhus-Konvention vorzunehmen. Sinn und Zweck einer möglichst frühen Partizipation können nur erreicht werden, wenn der Öffentlichkeit zu einem möglichst frühen Zeitpunkt Informationszugang gewährt wird. Die Auslegung des Ablehnungsgrundes der in Fertigstellung befindlichen Materialien steht somit in einem umgekehrt proportionalem Verhältnis zum Anwendungsbereich der Partizipation der Öffentlichkeit: Je weiter der Ablehnungsgrund gefasst wird, desto später kann die Möglichkeit der Öffentlichkeit, (detaillierte) Informationen zu erhalten und somit an der Entscheidungsfindung zu partizipieren, zum Zuge kommen.

---

67 S. insoweit auch schon *Epiney*, in: Fluck/Fischer/Fetzer, Kommentar Aarhus-Konvention, Art. 4-5, Rn. 15.

68 Vgl. im Einzelnen auch *Butt*, Ausweitung des Rechts auf Umweltinformation, 74 f.; s. auch in diese Richtung *Stec/Casey-Lefkowitz*, The Aarhus Convention – An Implementation Guide, 58.

Legte man den Ablehnungsgrund gar so weit aus, dass die Fertigstellung erst mit der behördlichen Entscheidung abgeschlossen sei, wäre eine Partizipation der Öffentlichkeit nicht mehr möglich, was weder Sinn und Zweck der Konvention noch dem Wortlaut des Art. 4 Abs. 3 lit. c) AK entspräche. Der in Art. 4 Abs. 3 lit. c) AK verwendete Begriff *„materials in the course of completion"* ist nämlich insoweit wesentlich enger gefasst als noch Art. 3 Abs. 3 RL 90/313, der von *„unfinished documents"* sprach.

Kritisch ist in diesem Zusammenhang der Wortlaut von Art. 4 Abs. 1 lit. d) RL 2003/4 zu sehen, der zwar den Wortlaut von Art. 4 Abs. 3 lit. c) AK mit *„materials in the course of completion"* übernommen hat, jedoch auch den alten Wortlaut *„unfinshed documents"* der RL 90/313 als Alternative weiterhin bestehen lässt. Diese Alternativstellung ist ohne teleologische Reduktion nicht mit den engen Vorgaben der Aarhus-Konvention vereinbar, da der Begriff *„unfinished documents"* so verstanden werden könnte, dass Schriftstücke unabhängig von ihrer Fertigstellung bis zur letzten Unterzeichnung[69] zurückgehalten werden könnten.[70]

32 Weiter ist auch hier an den Hintergrund des Art. 4 Abs. 3 AK, die **Effektivität behördlichen Handelns** zu schützen, anzuknüpfen, so dass diese durch die Zugänglichmachung der betreffenden Materialien in erheblichem Maße verringert wird. Denkbar wäre zum Beispiel der Zugang zu Rohdaten aus einer statistischen Erhebung, die sich noch in der Auswertungsphase befinden und für sich gesehen noch keinen Erkenntnisgewinn ermöglichen, deren frühzeitige Veröffentlichung aber zu neuen Tatsachenlagen führen könnte und so eine neue Datenerhebung erforderlich machen oder geplante Maßnahmen vereiteln könnte.

Sofern die Vertragsparteien den Prozess der Fertigstellung nicht über die Gesetzgebung ausgestalten, sind die unbearbeiteten und/oder noch nicht fertiggestellten Materialen nach Ansicht des *Compliance Committee* mit dem Hinweis auf fehlende Fertigstellung auf Antrag herauszugeben.[71]

Ist eine Fertigstellung erfolgt, ohne dass jedoch die noch ausstehende Genehmigung bzw. „formelle" Entgegennahme durch eine Behörde bereits stattgefunden hat, kann der Ausnahmegrund grundsätzlich nicht geltend gemacht werden. So entschied das *Compliance Committee*, dass eine extern durchgeführte Studie im Sinne von Art. 4 Abs. 3 lit. c) Variante 1 AK fertiggestellt ist, wenn sie der Behörde übergeben wird, unabhängig davon ob die Studie weiterer interner Genehmigungen oder Bearbeitungen unterzogen werden soll.[72]

Soweit Teile des in Fertigstellung befindlichen Materials zugänglich gemacht werden können, sind diese nach Art. 4 Abs. 6 als Teilinformation zu übermitteln.[73]

Nach der Rechtsprechung des EuG in Bezug auf Art. 4 Abs. 3 Uabs. 1 VO 1049/2001 reicht es aus, wenn das betreffende Organ (*in casu* die Kommission) darlegt, dass eine Bekanntgabe der fraglichen Information den Entscheidungsprozess der Behörde ernsthaft beeinträchtigen könne, wobei das Gericht auch betont, es gehe hier letztlich um eine Plausibilität, während keine eigentlichen Beweise verlangt werden. Im Übrigen sei es für die Anwendbarkeit die-

69 Was nach Ansicht des *Compliance Committee* nicht mit der Aarhus-Konvention vereinbar ist, vgl. ACCC/C/2010/51 Rumänien, Rn. 87.
70 S. insoweit auch *Klein*, Umweltinformation i, 374 f.
71 ACCC/C/2010/53 Vereinigtes Königreich, Rn. 76 f.
72 ACCC/C/2010/51 Rumänien, Rn. 87.
73 Zu Art. 4 Abs. 6 AK unten Art. 4 Rn. 71 ff.

ses Ausnahmegrundes nicht notwendig, dass die Beeinträchtigung des Entscheidungsprozesses so bedeutend ist, dass das Organ gar nicht mehr in der Lage wäre, seine Funktionen auszuüben und rechtmäßige Entscheidungen zu treffen; mögliche (und ernsthafte) Auswirkungen auf diesen seien ausreichend.[74]

Ist die Fertigstellung innerhalb von zwei Monaten nach der Antragstellung zu erwarten, kann die Behörde noch innerhalb der in Art. 4 Abs. 2 AK verankerten Frist Zugang gewähren, so dass sie den Antrag nicht nach Art. 4 Abs. 3 lit. c) Variante 1 AK ablehnen darf.

Aus der Bestimmung ergibt sich nicht, ob **nach Fertigstellung** des Materials ein **neuer Antrag** zu stellen ist oder ob die Behörde die Information sozusagen spontan zu übermitteln hat. Grundsätzlich sprechen die vorübergehende Natur dieses Ablehnungsgrundes und der Grundsatz der Gewährung des Zugangs dafür, dass der Zugang auch nachträglich ohne neuen Antrag zu gewähren ist. Bedient sich die Behörde dieses Ablehnungsgrundes, ist von ihr auch mit Blick auf die Pflichten betreffend die Fristverlängerung (Abs. 2), die Weiterleitung und Information (Abs. 5), die Teilinformation (Abs. 6) und die Begründung bei Ablehnungen (Abs. 7) zu erwarten, dass sie den Antragsteller über die Fertigstellung informiert und Zugang zu den fertiggestellten Informationen gewährt. Allerdings kann diese Verpflichtung nur soweit gehen, wie ein entsprechendes Verhalten von der Behörde nach Treu und Glauben verlangt werden kann. 33

Die **internen Mitteilungen der Behörden (Art. 4 Abs. 3 lit. c) Variante 1 AK)** dürften nur die Mitteilungen **innerhalb einer Behörde**, nicht aber zwischen verschiedenen Behörden erfassen.[75] Im Gegensatz zu den „Beratungen" ist unter einer „Mitteilung" wohl nur die Weitergabe von Informationen, nicht hingegen die verwaltungsinterne Willensbildung[76] erfasst. Der Hintergrund dieser Ausnahme liegt in der Wahrung eines einheitlichen Auftretens der Behörde nach außen. 34

Interne Mitteilungen, die von der Behörde publizierte Informationen lediglich wiedergeben und keinem anderen Ablehnungsgrund unterfallen, sind nach Sinn und Zweck des Art. 4 Abs. 3 AK nicht von der Ausnahme umfasst. Die Effektivität behördlichen Handelns dürfte in einer solchen Konstellation auch nicht beeinträchtigt werden.

Die Ausnahmegründe des Art. 4 Abs. 3 lit. c) AK können nur soweit zum Zuge kommen, wie die Ausnahme im **innerstaatlichen Recht** vorgesehen ist 35

74 EuG, Rs. T-476/12 (Saint Gobai Glass Deutschland), ECLI:EU:T:2014:1059 (ein Rechtsmittel ist hängig, vgl. Rs. C-60/15 P). S. ansonsten auch noch EuGH, Rs. C-506/08 P (Schweden/My Travel), ECLI:EU:C:2011:496, wo der Gerichtshof zwischen Dokumenten, die ein nicht abgeschlossenes Verfahren betreffen, und solchen, bei denen das Verfahren bereits abgeschlossen ist, unterscheidet: Bei letzteren sei eine Zugangverweigerung von vornherein nur möglich, wenn es um Stellungnahmen zum internen Gebrauch gehe. Hierzu *Epiney*, in: Fluck/Fischer/Fetzer, Kommentar VO 1049/2001, Rn. 61.

75 *Butt,* Ausweitung des Rechts auf Umweltinformation, 75; *Klein*, Umweltinformation, 376. S. auch schon *Epiney,* in: Fluck/Fischer/Fetzer, Kommentar Aarhus-Konvention, Art. 4-5, Rn. 16.

76 Die dann unter Art. 4 Abs. 4 lit. a) AK (Vertraulichkeit der Beratungen von Behörden) fällt. Hierzu unten Art. 4 Rn. 40 ff.

oder **gängiger Praxis** entspricht.[77] Dieses im Verhältnis zu den übrigen Ausnahmegründen zusätzliche Erfordernis ist dahin gehend zu verstehen, dass eine solche Ausnahme im Allgemeinen – und nicht nur in Bezug auf Umweltinformationen – vorgesehen bzw. praktiziert werden muss.[78] Die Implementierung der Ausnahme bezüglich interner Mitteilungen, welche nur für den Bereich der Umweltinformationen vorgesehen ist, ist daher nicht ausreichend.

Die ausdrückliche Erwähnung dieser Ausnahmemöglichkeit in Art. 4 Abs. 3 lit. c) AK deutet nämlich darauf hin, dass die Ausnahme bereits genereller in der Rechtsordnung der Vertragspartei verankert sein muss. Ansonsten wäre die Formulierung an dieser Stelle überflüssig, da die Ablehnungsgründe insgesamt einer Implementierung bedürfen. Das ausdrückliche Erfordernis einer Implementierung einer Ausnahme in diesem Zusammenhang ist daher nur sinnvoll, wenn eine solche Ausnahme im Allgemeinen von der Rechtsordnung der Vertragspartei vorgesehen ist. Ansonsten beschränkte die Rechtsordnung den Zugang zu Umweltinformationen in diesem Bereich stärker als den Zugang zu anderen Informationen, was dem Zweck der Aarhus-Konvention, den Zugang zu Umweltinformationen zu erleichtern, zuwiderliefe.

2. Gegen eine Veröffentlichung bzw. einen Zugang sprechende Interessen (Abs. 4)

36 **Art. 4 Abs. 4 AK** betrifft Ausnahmegründe zum Schutz anderer Interessen, wobei hier sowohl **öffentliche als auch private Interessen** Berücksichtigung finden. Bei der Heranziehung der Ausnahmegründe sind einige **allgemeine Vorgaben** zu beachten:

- Erstens sind die einzelnen Ausnahmegründe **eng auszulegen** (Art. 4 Abs. 4 letzter Uabs. AK).[79] Aufgrund des systematischen Zusammenhangs dürfte hier auf die inhaltliche Tragweite der einzelnen Ausnahmetatbestände Bezug genommen werden, so dass diese nicht zu weit bzw. eben eng zu fassen ist. Dies impliziert auch, dass die Ausnahmetatbestände keinesfalls auf das nationale Recht als solches verweisen, sondern ihr Bedeutungsgehalt durch die Konvention selbst umrissen wird (was einen gewissen Spielraum der Vertragsstaaten nicht ausschließt).
- Zweitens genügt es nicht, dass einer der Ausnahmetatbestände betroffen ist, sondern die Bekanntgabe der fraglichen Information muss **negative Auswirkungen** auf das durch den Ausnahmegrund geschützte Interesse entfalten (Art. 4 Abs. 4 AK, am Anfang). Daher ist bei der Prüfung eines Antrags auf Zugang zu Umweltinformationen jeweils in Bezug auf den **konkreten Einzelfall** zu eruieren, ob solche negativen Auswirkungen zu gewärtigen sind und effektiv eine Gefahr der Beeinträch-

77 Wobei weder der deutsche noch die verbindlichen englischen und französischen Wortlaute hier eindeutig sind.

78 S. dazu auch noch unten Art. 4 Rn. 48 ff. zu Art. 4 Abs. 4 lit. c) AK mit Verweis auf die Entscheidung EuGH, Rs. C-204/09 (Flachglas Torgau), ECLI:EU:C:2012:71, Rn. 59 ff., 65.

79 Vgl. auch ACCC/C/2005/15 Rumänien, Rn. 30.

tigung vorliegt, wobei jedenfalls rein hypothetische Annahmen nicht ausreichen.[80]

- Schließlich sind das **öffentliche Interesse** an der Bekanntgabe und ein etwaiger Bezug der beantragten Informationen zu **Emissionen in die Umwelt** zu berücksichtigen (Art. 4 Abs. 4 letzter Uabs. AK).

Deutlich wird damit, dass die bloße tatbestandsmäßige Erfüllung eines der Ablehnungsgründe nicht ausreicht, sondern es hat jeweils eine **konkrete Einzelfallbetrachtung** zu erfolgen hat, bei welcher umfassend[81] die in Frage stehenden Interessen gegeneinander abzuwägen sind und das Nichtveröffentlichungsinteresse das Bekanntgabeinteresse überwiegen muss.[82] Dabei ist das **Verhältnismäßigkeitsprinzip** zu beachten, wobei aber die in diesem Rahmen erforderliche Abwägung zwischen den von den Ausnahmetatbeständen erfassten Interessen und dem Recht auf Informationszugang insofern teilweise „vorweggenommen" ist, als im Zweifel das Recht auf Informationszugang stärker zu gewichten ist. Dies ergibt sich schon aus dem Grundsatz der restriktiven Auslegung, aber auch aus der ausdrücklich erwähnten besonderen Berücksichtigung des öffentlichen Interesses an der Offenlegung und des Zusammenhangs der Informationen mit Emissionstätigkeiten sowie aus dem Umstand, dass ein Antrag nur dann abgelehnt werden darf, wenn die Bekanntgabe der Informationen „negative Auswirkungen" auf die genannten Interessen entfaltete (Art. 4 Abs. 4 AK am Anfang). 37

Informationen über Emissionen in die Umwelt besitzen darüber hinaus durch die ausdrückliche Nennung in Art. 4 Abs. 4 S. 2 AK im Rahmen der Abwägung ein noch höheres Gewicht zugunsten der Bekanntgabe. Insofern sind in diesem Zusammenhang als „Ausnahme von der Ausnahme" innerhalb der

---

80 Vgl. insoweit (in Bezug auf die VO 1049/2001) EuGH, verb. Rs. C-30/05, C-52/05 P (Schweden/Turco), ECLI:EU:C:2008:374; EuGH, Rs. C-506/08 P (Schweden/My Travel), ECLI:EU:C:2011:496.

81 Nach der Rechtsprechung des EuGH sind dabei bei der Entscheidung über den Antrag auf Zugang zu Umweltinformationen die Abwägung des Zugangsinteresses bzw. des entsprechenden öffentlichen Interesses auf der einen Seite und des durch einen oder mehrere Ausnahmegründe geschützten Geheimhaltungsinteresses auf der anderen Seite die letzteren kumuliert dem Zugangsinteresse gegenüberzustellen, so dass die notwendige Interessenabwägung nicht zwingend für jeden einzelnen Grund vorgenommen werden muss, vgl. EuGH, Rs. C-71/10 (Office of Communication), ECLI:EU:C:2011:525. Im Übrigen – so der EuGH in einem anderen Urteil, ebenfalls in Bezug auf die RL 2003/4 – ändere die Pflicht zur Einzelfallabwägung und -prüfung nichts daran, dass der nationale Gesetzgeber allgemein anwendbare Kriterien formulieren dürfe, die diese Abwägung erleichtern können, sofern damit nicht eine Einzelfallprüfung verunmöglicht werde, vgl. EuGH, Rs. C-266/09 (Stichting Natuur en Milieu), ECLI:EU:C:2010:779.

82 S. dazu auch Nr. 6 der Sofia Richtlinien (ECE/CEP/24) und Art. 4 Abs. 2 UAbs. 2 RL 2003/4. Vgl. auch ausführlich *Epiney/Fasnacht/Pirker/Reitemeyer*, Aktive behördliche Information in Umweltangelegenheiten, 20. Die Rechtsprechung des EuGH trägt diesem Umstand im Rahmen der Anwendung und Auslegung der VO 1049/2001 nur unzureichend Rechnung, so, wenn der Gerichtshof (der allerdings ebenfalls grundsätzlich die Notwendigkeit einer Einzelfallprüfung betont) annimmt, aufgrund allgemeiner Erwägungen spreche für gewisse Kategorien von Dokumenten eine Vermutung der Vertraulichkeit, vgl. hierzu *Epiney*, in: Fluck/Fischer/Fetzer, Kommentar VO 1049/2001, Rn. 34, 49; *Epiney*, EurUP 2016, 2 (8 f.), jeweils mwN aus der Rechtsprechung. Ebenfalls kritisch zu dieser Rechtsprechung zB *Brauneck*, NVwZ 2016, 489 ff.; *Koppensteiner*, EuR 2014, 594 (601 ff.).

Abwägung höhere Anforderungen an die negativen Auswirkungen für das jeweils geschützte Interesse zu stellen, als bei sonstigen Umweltinformationen. Dies dürfte grundsätzlich dann anzunehmen sein, wenn die negativen Auswirkungen den Kernbereich des jeweiligen Interesses berühren. Insofern dürfte in Zusammenhang mit Informationen über Emissionen von einer Vermutung des überwiegenden öffentlichen Interesses auf eine Veröffentlichung auszugehen sein.

Interessant ist bei der Formulierung der Ausnahmetatbestände zudem, dass teilweise auch darauf abgestellt wird, dass die entsprechenden Rechtsgüter auch sonst im **innerstaatlichen Recht** geschützt sind. Auch hier ist der Konvention also in Bezug auf die Behandlung von Umweltinformationen ein **Diskriminierungsverbot** zu entnehmen.

38 Insgesamt müssen die negativen Auswirkungen auf die jeweils geschützten Interessen im Rahmen der Abwägung somit von beachtlichem Gewicht sein, bevor sie das Bekanntgabeinteresse überwiegen können. Nur in Ausnahmefällen scheint es daher vorstellbar (und bei Informationen über Emissionen über die Umwelt wohl ausgeschlossen), dass schon **abstrakte negative Auswirkungen** ausreichen können, um das Bekanntgabeinteresse zu überwiegen. Stattdessen sind nach der Konzeption von Art. 4 Abs. 4 AK zumindest **konkrete negative Auswirkungen** für das jeweils geschützte Interesse zu verlangen, um innerhalb der Abwägung genügend Gewicht zu entfalten.[83]

Nach Ansicht des *Compliance Committee*[84] können die Ablehnungsgründe des Art. 4 Abs. 4 AK nicht in Bezug auf den Zugang zu Umweltverträglichkeitsstudien im Allgemeinen und im speziellen Zusammenhang mit Art. 6 AK zum Zuge kommen. Dies ergebe sich zum einen aus der gesonderten Veröffentlichungspflicht nach Art. 6 Abs. 6 AK und zum anderen aus der enormen Bedeutung der Informationen einer solchen Studie für die Öffentlichkeit. Allenfalls könne der Zugang zu eng begrenzten Teilen oder Ausschnitten der Studie abgelehnt werden, wobei die Anforderungen an die Ablehnungsgründe insgesamt sehr hoch anzusetzen seien; die bloße Berufung auf entgegenstehende Rechte aus geistigem Eigentum reiche nicht aus.[85]

Verallgemeinert man diesen Ansatz des *Compliance Committee* können die Ablehnungsgründe des Art. 4 Abs. 4 AK in denjenigen Fällen, in denen die jeweilige Information im Rahmen der zweiten Säule zu veröffentlichen ist oder der Zugang zu Umweltverträglichkeitsstudien verlangt wird, grundsätzlich nicht geltend gemacht werden.

39 Vor diesem Hintergrund lassen sich somit **drei Stufen negativer Auswirkungen** mit Bedeutung für die Abwägung (im Einzelfall) ausmachen:

- abstrakte negative Auswirkungen, die das Bekanntgabeinteresse grundsätzlich nicht überwiegen;
- konkrete negative Auswirkungen, die das Bekanntgabeinteresse überwiegen können;
- sofern sich die beantragten Informationen auf Emissionen in die Umwelt beziehen, überwiegen negative Auswirkungen grundsätzlich nur

83 Vgl. dazu auch *Ebbesson et al.*, Aarhus Convention Implementation Guide, 90.
84 ACCC/C/2005/15 Rumänien, Rn. 30.
85 S. hierzu noch unten Art. 4 Rn. 57 f.

dann das Bekanntgabeinteresse, wenn der Kernbereich des jeweiligen Interesses berührt ist.

a) Vertraulichkeit der Beratungen von Behörden

Bei dem Ausnahmetatbestand der Vertraulichkeit der Beratungen[86] von Behörden (**Art. 4 Abs. 4 lit. a) AK**) geht es um den **Schutz der internen Willensbildung in den Behörden**, womit eine effektive und neutrale Entscheidungsfindung sichergestellt werden soll.[87] Insbesondere soll vermieden werden, Amtsträger einer Öffentlichkeit auszusetzen, die sie in der Entscheidungsfindung hemmen und beeinflussen könnte. 40

In diesem Sinn dürften von diesem Ausnahmetatbestand nur diejenigen Unterlagen bzw. Informationen erfasst sein, die den **Verlauf von Beratungen** und die **internen Stellungnahmen** der beteiligten Behörden bzw. ihrer Vertreter betreffen. Hingegen unterliegen die der Beratung zugrunde liegenden Tatsachen sowie die Ergebnisse der Beratungen (Protokolle, soweit diese nur die Ergebnisse und nicht die Stellungnahmen der einzelnen Beteiligten wiedergeben) grundsätzlich nicht dem Beratungsgeheimnis. Auch dürften Beratungen zu gebundenen Entscheidungen grundsätzlich nicht von der Ausnahme umfasst sein, da sich dort in der Regel kein besonderer, schützenswerter Beratungsspielraum ergibt und sie daher angesichts der engen Auslegung des Ausnahmetatbestands nicht einbezogen sein dürften. Ähnlich dürfte es in Fällen gelagert sein, in denen Behörden unbestimmte Rechtsbegriffe auf Tatbestandsseite auslegen, da die Auslegung von Tatbestandsmerkmalen grundsätzlich nicht einem engen Verständnis von Beratungen entsprechen dürfte. 41

Im Gegensatz dazu sind **Ermessensentscheidungen** auf Rechtsfolgenseite dem Zweck des Abs. 4 lit. a) AK nach wohl grundsätzlich als Beratungen im engeren Sinn zu qualifizieren. Hier haben Behörden nicht nur Rechtmäßigkeits- sondern auch Zweckmäßigkeitsentscheidungen zu treffen. In solchen Fällen können gerade die Veröffentlichungen von Beratungen zu Einflüssen zur Entscheidungsfindung führen, die außerhalb von Rechts- und Zweckmäßigkeitserwägungen liegen. 42

Ebenfalls fallen unter Beratungen solche, die aufgrund von Kompetenz-Konzentrationen bei der Zusammenarbeit mehrerer Behörden geführt werden, sofern sich die Beratungen auf Ermessensausübungen auf der Rechtsfolgenseite beziehen.

Beratungen auf politischer Ebene gelten ebenfalls als Beratung im Sinne des Abs. 4 lit. a) AK, sofern diese im Rahmen der behördlichen Einschätzungsprärogative bzw. des Kompetenzrahmens geführt werden.

Beratungen von Expertengremien fallen ebenso unter den Beratungsbegriff, da es insofern nur auf das Ergebnis der Beratung ankommt. Auch Beratungen im Zuge legislativer Tätigkeiten einer Behörde, die den Erlass von Normen

86 Vgl. zum Begriff „Beratungen“ auch die authentischen Begriffe aus dem Französischen *délibérations* und dem Englischen *proceedings*.

87 S. insoweit schon *Epiney*, in: Fluck/Fischer/Fetzer, Kommentar Aarhus-Konvention, Art. 4-5, Rn. 18.

unter dem Rang eines Gesetzes beinhalten,[88] sind aufgrund der zugewiesenen Einschätzungsprärogative vom Ausnahmetatbestand des Art. 4 Abs. 4 lit. a) AK erfasst.

43 Im Übrigen können **öffentliche Beratungen** von vornherein nicht **„vertraulich"** sein, so dass in solchen Fällen der Ausnahmetatbestand nicht greifen kann. Vertraulich im Sinne des Art. 4 Abs. 4 lit. a) AK sind nicht-öffentliche Beratungen, deren Teilnahme und Kenntnisnahme des inhaltlichen Gangs Dritten planmäßig verwehrt ist. Sobald Dritten der Zugang zu den Beratungen oder dem inhaltlichen Gang der Beratungen möglich ist, ist davon auszugehen, dass die Vertraulichkeit nicht mehr besteht. Dabei kommt es aufgrund der engen Auslegung der Bestimmung gemäß Abs. 4 Satz 2 grundsätzlich nicht darauf an, ob der Kreis der Dritten wiederum selbst beschränkt ist, da der Grundtatbestand der Vertraulichkeit schon nicht mehr erfüllt ist.

Die Vertraulichkeit kann sich dabei sowohl auf materielle als auch auf organisatorische Aspekte beziehen, wofür insbesondere die Bezugnahme auf innerstaatliches Recht sowie der Sinn und Zweck des Ausnahmetatbestandes, eine vertrauliche Willensbildung zu ermöglichen, sprechen.[89] Im Gegensatz zu den Mitteilungen – die die Weitergabe von Informationen betreffen – geht es also bei Beratungen um den Vorgang der behördeninternen Willensbildung.

Die Vertraulichkeit muss nach **innerstaatlichem Recht** vorgesehen sein. Die Gesetzesform ist dabei nicht zwingend erforderlich, soweit das jeweilige innerstaatliche Recht auch andere verbindliche Formen des Rechts, wie zB „Richterrecht", vorsieht und/oder zulässt. Vorgesehen ist die Vertraulichkeit insbesondere dann, wenn diese ausdrücklich angeordnet ist.

In diesem Zusammenhang entschied der EuGH zur Frage der gesetzlichen Bestimmtheit des Vertrauensschutzes behördlicher Beratungen in der Rs. C-204/09[90] zur Auslegung des Art. 4 Abs. 2 UAbs. 1 lit. a) RL 2003/4, dass eine allgemeine Regel im nationalen Recht in diesem Sinne ausreichend sei, nach der die Vertraulichkeit der Beratungen von Behörden einen Grund für die Ablehnung des Zugangs zu Umweltinformationen darstelle, wobei das nationale Recht den Begriff der Beratungen klar bestimmen müsse, wenn auch nicht alle denkbaren Umstände aufgeführt werden müssten, bei deren Vorliegen von Beratungen im Sinne der RL 2003/4 auszugehen sei. Allerdings dürfen die nationalen Gesetzgeber es nicht gänzlich den Behörden überlassen, über die Umstände des Vorliegens vertraulicher Beratungen bestimmen zu können. Insofern haben die nationalen Gesetzgeber die Reichweite des Begriffs der Beratungen, der auf abschließende Etappen des Entscheidungsprozesses der Behörden verweist, klar festzulegen.

Auch das *Compliance Committee* betonte, dass die gesetzlichen Voraussetzungen, unter denen Beratungen vertraulich sind, klar formuliert und für den Antragsteller nachvollziehbar sein müssen. Insbesondere müsse die Entscheidung der Behörde über die Berufung auf die Vertraulichkeit nachvollziehbar sein, um Willkürentscheidungen durch die Behörde zu vermeiden.[91]

---

88 Zur Abgrenzung von gesetzgeberischer Tätigkeit von exekutiver Tätigkeit s. o. Rn. 62 zu Art. 2 Nr. 2 AK und die Auslegung des EuGH in EuGH, Rs. C-515/11 (Deutsche Umwelthilfe eV), ECLI:EU:C:2013:523, Rn. 18 ff., 33 ff.
89 So auch *Butt*, Ausweitung des Rechts auf Umweltinformation, 76 f.
90 EuGH, Rs. C-204/09 (Flachglas Torgau), ECLI:EU:C:2012:71.
91 ACCC/C/2010/51 Rumänien, Rn. 89.

b) Internationale Beziehungen, Landesverteidigung oder öffentliche Sicherheit

Der Ausnahmetatbestand der besonderen staatlichen Interessen nach **Art. 4 Abs. 4 lit. b) AK** beinhaltet drei Alternativen, die den Schutz von Teilen der völkerrechtlichen Souveränität der Vertragsparteien bezwecken. Geschützt werden sowohl die **internationale Handlungsfähigkeit** als auch die **innere und äußere Sicherheit.** Diese Ausnahmetatbestände stellen eine Besonderheit dar, da sie sich nicht auf rein behördliche Interessen stützten, sondern Interessen schützen sollen, die den **Staat als Ganzes** und seine Souveränität betreffen. 44

Im Einzelnen führt Art. 4 Abs. 4 lit. b) AK drei Ausnahmegründe auf: 45

- Der Schutz der **internationalen Beziehungen** soll das Interesse der Vertragsstaaten an funktionierenden Beziehungen zu anderen Staaten und Internationalen Organisationen wahren. Die internationalen Beziehungen sind jedenfalls immer dann betroffen, wenn die Dokumente bzw. die jeweiligen Informationen in einem internationalen Kontext erstellt worden sind, in dem das Interesse des jeweiligen Vertragsstaates in Beziehung zu Drittstaaten berührt ist, zB indem der Verhandlungsspielraum beeinträchtigt ist oder werden könnte.[92] Aufzuzeigen ist weiter, dass die Verbreitung der fraglichen Dokumente im konkreten Fall tatsächlich die Gefährdung der internationalen Beziehungen nach sich ziehen könnte.[93]
- Die **Landesverteidigung** ist dann betroffen, wenn sich die beantragten Informationen auf militärische Geheimnisse beziehen, die für die Landesverteidigung von Bedeutung sind oder Rückschlüsse auf solche Geheimnisse zulassen. In der Regel ist davon auszugehen, dass das staatliche Interesse der Landesverteidigung das Interesse an der Bekanntgabe überwiegt, dies jedenfalls, wenn es um eine ernsthafte und schwerwiegende Beeinträchtigung geht.[94]

  Zu beachten ist aber auch hier der Einfluss auf die Abwägung von Emissionen in die Umwelt: Informationen über Emissionen, welche Rückschlüsse auf Belastungen der Umwelt beinhalten, bedürfen eines höheren Begründungsaufwands, wenn sich die zuständige Behörde auf den Ausnahmetatbestand berufen möchte. In der Praxis dürften insbesondere Informationen über Emissionen von Kampfstoffen und -mitteln relevant sein.

- Die **öffentliche Sicherheit** erfasst – wie sich aus dem daneben erwähnten Schutzgut der Landesverteidigung schließen lässt – nur die innere Sicherheit.[95] Negative Auswirkungen auf die öffentliche Sicherheit

92 S. aus der Rechtsprechung des EuGH zur VO 1049/2001 zB EuG, Rs. T-204/99 (Mattila), ECLI:EU:T:2001:190, Rn. 59 ff.; EuG, Rs. T-264/04 (WWF European Policy Programme), ECLI:EU:T:2007:114, Rn. 40; EuG, Rs. T-529/09 (In'T Veld/Rat), ECLI:EU:T:2012:215, sowie das das Urteil des EuG bestätigende Rechtsmittelurteil in EuGH, Rs. C-350/12 P (In'T Veld/Rat), ECLI:EU:C:2014:2039. Hierzu *Epiney*, in: Fluck/Fischer/Fetzer, Kommentar VO 1049/2001, Rn. 41.

93 In Bezug auf die VO 1049/2001 *Epiney*, in: Fluck/Fischer/Fetzer, Kommentar VO 1049/2001, Rn. 34 f., 41, mwN.

94 Vgl. im Einzelnen hierzu *Riemann*, Transparenz, 169 ff.

95 In Bezug auf die VO 1049/2001 *Epiney*, in: Fluck/Fischer/Fetzer, Kommentar VO 1049/2001, Rn. 39, mwN.

können insbesondere dann zu gewärtigen sein, wenn die Bekanntgabe der Informationen den Bestand oder die Funktionsfähigkeit der Vertragspartei oder ihrer Einrichtungen gefährdet.[96]

Die einfache Gefährdung von Individualrechtsgütern, wie sie in einigen nationalen Rechtssystemen zum Schutzbereich der öffentlichen Sicherheit gehören, kann im Zusammenhang mit der Aufzählung der Kollektivinteressen internationale Beziehungen und Landesverteidigung nicht dem Inhalt der öffentlichen Sicherheit entsprechen. Auch im Zusammenhang mit der RL 2003/4 ist ganz allgemein zu beachten, dass der Begriff der öffentlichen Sicherheit enger sein dürfte als in vielen nationalen Rechtsordnungen und letztlich nur bei Vorliegen einer tatsächlichen, gegenwärtigen und erheblichen Gefahr für ein Grundinteresse der Gesellschaft betroffen sein dürfte.[97]

Im Übrigen muss die Bekanntgabe der Information kausal für die Gefährdung der öffentlichen Sicherheit sein. Eine generell schlechte Sicherheitslage kann somit nicht ohne Weiteres als Grund für eine Ablehnung angeführt werden.

46 Auf der Grundlage des skizzierten Aussagegehalts der in Art. 4 Abs. 4 lit. b) AK genannten Anliegen dürfte die weitere inhaltliche Präzisierung der genauen Tragweite dieser Schutzgüter bis zu einem gewissen Grad im **Gestaltungsspielraum** der Vertragsstaaten liegen, wobei aber eine Beeinträchtigung einer der aufgeführten Interessen notwendig ist, so dass der Gestaltungsspielraum der Vertragsstaaten insoweit durchaus Grenzen unterliegt.

So hielt das *Compliance Committee* denn auch fest, dass die bloße Klassifizierung der Information als Staatsgeheimnis aufgrund des abschließenden Charakters des Katalogs des Art. 4 Abs. 4 lit. b) AK keinen Ablehnungsgrund darstellen könne, soweit nicht eine der drei aufgeführten besonderen Interessen beeinträchtigt ist.[98]

47 Im Übrigen muss – in Anknüpfung an die grundsätzlich enge Auslegung der Ausnahmetatbestände und unter Anwendung des Verhältnismäßigkeitsprinzips – eine Herausgabe der geforderten Informationen eine **ernsthafte Gefährdung** der genannten wesentlichen Interessen oder Schutzgüter nach sich ziehen können. Ausreichend ist aber, wenn eine **überwiegende Wahrscheinlichkeit** von negativen Auswirkungen auf die Abs. 4 lit. b) AK zugrunde liegenden Interessen besteht.

c) Gerichtsverfahren und andere Untersuchungen

48 Die Ausnahme des **Art. 4 Abs. 4 lit. c) AK** unterscheidet zwischen vier Ausnahmegründen, deren gemeinsamer Schutzzweck darin besteht, den Vertragsstaaten die Möglichkeit zu eröffnen, vor negativen Auswirkungen auf **Rechtsschutz- und Rechtsdurchsetzungsinteressen** von Dritten und Behörden durch die Bekanntgabe der beantragten Informationen zu schützen.

---

96 Vgl. dazu auch *Fluck/Theuer*, in: Fluck/Fischer/Fetzer, Informationsfreiheitsrecht, § 7 UIG, Rn. 76 f.

97 Vgl. in diesem Sinn *Kämmerer*, in: Aktuelle Rechtsfragen und Probleme des freien Informationszugangs, insbesondere im Umweltschutz, 123 (134).

98 ACCC/C/2010/51 Rumänien, Rn. 94 f.

Im Einzelnen geht es um folgende Tatbestände: 49

- Negative Auswirkungen auf ein **laufendes Gerichtsverfahren** sind bei Einflüssen, die von außen auf das Gerichtsverfahren wirken, zu gewärtigen. Damit sind sowohl die Beeinflussung der an der Entscheidungsfindung beteiligten Personen und Organe durch am Verfahren unbeteiligte Personen, als auch vom Prozessrecht nicht gedeckte Beeinflussungen durch die Parteien erfasst. Nicht in den Anwendungsbereich dieses Ausnahmetatbestands fällt somit der Versuch einer Prozesspartei, durch Beantragung auf Zugang zu Informationen Sachvorträge oder Beweise in einen Prozess einzuführen. Im Übrigen muss es sich um ein laufendes Verfahren handeln. Es reicht somit nicht aus, dass sich die beantragten Informationen auf ein abgeschlossenes Gerichtsverfahren in der Vergangenheit oder ein mögliches Verfahren in der Zukunft beziehen.[99]

  In diese Richtung tendiert wohl auch der EuGH im Zusammenhang mit der VO 1367/2006, wenn er Untersuchungen der Kommission über mögliche Vertragsverletzungen der Mitgliedstaaten in Zusammenhang mit Art. 6 Abs. 1 S. 1 VO 1367/2006 als Untersuchungen einordnet[100] und eben nicht den Ausnahmetatbestand des laufenden Gerichtsverfahrens eröffnet sieht.[101]

  Allerdings kann der Schutz laufender Gerichtsverfahren durchaus dann betroffen sein, wenn ein Vertragsverletzungsverfahren nach Art. 258 AEUV eingeleitet ist. Wenn der Gerichtshof in diesem Zusammenhang jedoch davon ausgeht, dass der Zugang zu Schriftsätzen (unter Einschluss von solchen der Kommission) grundsätzlich ohne Einzelfallprüfung verweigert werden darf,[102] dürfte dies jedoch kaum den Anforderungen der Aarhus-Konvention Rechnung tragen.[103]

- Sodann kann die Bekanntgabe der beantragten Informationen verweigert werden, soweit sie die Möglichkeit der Durchführung eines **fairen Verfahrens** beeinträchtigt. Der Schutz des fairen Verfahrens betrifft dabei nicht nur strafrechtliche Verfahren, sondern im Sinne von Art. 6 EMRK gerichtliche Verfahren jeder Art.

  Diese hier ausnahmsweise weite Auslegung des gerichtlichen Verfahrens[104] ist mit Blick auf die Auslegung des EGMR zu Art. 6 EMRK vorzunehmen, nach welcher der grundrechtliche Schutz des Rechts auf ein faires Verfahren umfassend und weit auszulegen ist und auch öffentlich-rechtliche Verfahren mit unmittelbaren Auswirkungen auf Vertragsbeziehungen umfasst.[105]

---

99 Vgl. auch *Ebbesson et al.*, Aarhus Convention Implementation Guide, 87.
100 S. hierzu auch noch unten Art. 4 Rn. 50 f.
101 EuGH, verb. Rs. C-514/07 P ua (Schwden ua/API und Kommission), ECLI:EU:C:2010:541; EuGH, Rs. C-514/11 P (LPN und Finnland/Kommission) ECLI:EU:C:2013:738.
102 EuGH, Rs. C-514/11 P (LPN und Finnland/Kommission) ECLI:EU:C:2013:738; EuGH, Rs. C-612/13 P (Client Earth), ECLI:EU:C:2015:486.
103 Vgl. im Einzelnen *Epiney*, in: Fluck/Fischer/Fetzer, Kommentar VO 1049/2001, Rn. 57; s. auch schon oben Art. 4 Rn. 36 f. sowie sogleich Rn. 50.
104 Im Englischen steht der Begriff *fair trial*.
105 EGMR, Rs. 6232/73 (König v. Deutschland), CE:ECHR:1980:0310JUD000623273, Rn. 90.

- Dem Interesse an einer effizienten Strafverfolgung sowie der ordnungsgemäßen Durchführung bzw. Vorbereitung von personalrechtlichen Maßnahmen kann im Rahmen des Ausnahmegrundes der **Untersuchungen strafrechtlicher oder disziplinarischer Art** Rechnung getragen werden.[106] Letztlich geht es bei diesem Ausnahmegrund darum, dass das Ziel der Untersuchungstätigkeiten nicht durch eine Veröffentlichung gewisser diesbezüglicher Dokumente vereitelt wird. Dementsprechend fällt das Geheimhaltungsinteresse in der Regel immer dann weg, wenn die Untersuchungstätigkeit in der einen oder anderen Form abgeschlossen ist. Im Übrigen sind von diesem Ausnahmegrund von vornherein nur Dokumente erfasst, die als solche tatsächlich Teil der Untersuchungstätigkeiten sind, so dass die Dokumente der jeweiligen Untersuchung zugeordnet werden können und im Rahmen einer solchen Untersuchung erstellt wurden.

  Auf diese Ausnahme können sich nicht nur die klassischen Strafverfolgungsbehörden wie Polizei und Staatsanwaltschaft, sondern sämtliche Behörden der Vertragsparteien, die in ihrer hoheitlichen Aufgabenübertragung strafrechtliche Untersuchungen durchzuführen haben, berufen. Gleiches gilt für Untersuchungen disziplinarischer Art.

  Untersuchungen disziplinarischer Art sind solche, die Behörden im Rahmen ihrer Personalaufsichtspflichten unternehmen. In Abgrenzung zu strafrechtlichen Untersuchungen und bloßen Ordnungsverfügungen muss demnach ein Sonderverhältnis vorliegen, das der Behörde ein Disziplinarrecht einräumt. Dies umfasst sowohl beamten- als auch arbeitsrechtliche Verhältnisse. Fraglich ist allerdings, ob auch aufsichtsrechtliche Untersuchungen gegenüber Beliehenen als Untersuchungen disziplinarischer Art gelten. Soweit den Behörden spezielle disziplinarische Befugnisse im Verhältnis zu Beliehenen eingeräumt sind, um auf Fehlverhalten zu reagieren, sind Untersuchungen in diesem Zusammenhang als Untersuchungen disziplinarischer Art anzusehen. Fehlen allerdings solche Sonderbefugnisse, so dass die Behörde lediglich im Rahmen des Ordnungsrechts handeln kann, liegen keine Untersuchungen disziplinarischer Art vor.

  Negative Auswirkungen auf Untersuchungen sind insbesondere dann anzunehmen, wenn durch die Bekanntgabe die Untersuchungen vereitelt werden könnten und somit die Strafverfolgung im jeweiligen Fall oder das Ergreifen einer adäquaten personalrechtlichen Maßnahme nicht mehr sichergestellt werden kann. Untersuchungen beziehen sich dabei auf den Beginn des jeweiligen Verfahrens, also das Vorliegen eines konkreten „Anfangsverdachts“.

  Der Ablehnungsgrund der Gefährdung strafrechtlicher oder disziplinarischer Untersuchungen verdrängt jedoch keine anderen Informationszugangsrechte, die Beteiligten durch die Rechtsordnung der jeweiligen Vertragspartei gewährt wird. Die *Ratio* der ersten Säule der Aarhus-Konvention liegt nämlich in der Schaffung eines (weiteren) Informationszugangsrechts, ohne bereits bestehende Informationsrechte zu verdrängen oder verringern.

50 Art. 4 Abs. 4 lit. c) AK beschränkt sich auf Gerichtsverfahren sowie strafrechtliche und disziplinarische Untersuchungen; **darüber hinausgehende**

106 Dies ist insbesondere für die Vertragsparteien von Interesse, in welchen die Strafverfolgungsbehörden zur Geheimhaltung von bzw. Verschwiegenheit über laufende Ermittlungen verpflichtet sind. Vgl. *Ebbesson et al.*, Aarhus Convention Implementation Guide, 87.

Untersuchungen oder sonstige Anliegen sind vom Ausnahmetatbestand **nicht umfasst.**

Insoweit trägt die **Rechtslage in der EU** den Anforderungen der Aarhus-Konvention **nicht Rechnung:** Denn Art. 4 Abs. 2 3. Spiegelstrich VO 1049/2001 führt allgemein Inspektions-, Untersuchungs- und Audittätigkeiten auf, und die Rechtsprechung des Gerichtshofs fasst auch Studien, die im Vorfeld von Vertragsverletzungsverfahren erstellt wurden und die EU-Konformität mitgliedstaatlicher Rechtsvorschriften zum Gegenstand haben, unter diesen Ausnahmetatbestand,[107] ganz abgesehen davon, dass die VO 1049/2001 – auch insoweit im Gegensatz zur Aarhus-Konvention – auch die „Rechtsberatung" als solche als Ausnahmetatbestand nennt.[108] Untersuchungen der Kommission zu möglichen Vertragsverletzungen der Mitgliedsstaaten gemäß Art. 258 AEUV stellen jedoch gerade keine strafrechtlichen oder disziplinarischen Untersuchungen dar. Denn dem Vertragsverletzungsverfahren fehlen mit seinem Mischcharakter aus Konsultations-, Feststellungs- und Sanktionsverfahren sowohl das Über-Unterordnungsverhältnis einer typischen strafrechtlichen oder disziplinarischen Untersuchung als auch das für ein Disziplinarverhältnis typische persönliche Abhängigkeits- oder Dienstverhältnis. Aus diesen Gründen dürfte es einer nach Art. 4 Abs. 4 Satz 2 AK gebotenen engen Auslegung des Ausnahmetatbestandes behördlicher Untersuchungen strafrechtlicher oder disziplinarischer Art nicht entsprechen, Untersuchungen über mögliche Verstöße gegen das Unionsrecht durch die Kommission im Zusammenhang mit Vertragsverletzungsverfahren als Ausnahmetatbestand für das Recht auf Zugang zu Umweltinformationen zu postulieren. 51

Über diese Bedenken vermag auch nicht die Argumentation des EuGH hinweg helfen, welche auf die rechtliche Besonderheit der Europäischen Union als Organisation der regionalen Wirtschaftsintegration abstellt und daher eine enge Auslegung der Untersuchungen „strafrechtlicher und disziplinarischer Art" nicht zu bestimmten Verpflichtungen des Unionsgesetzgeber führen könnte. Somit sei es daher zulässig, die Untersuchungen der Kommission zu möglichen Vertragsverletzungen der Mitgliedstaaten als Untersuchungen im Sinne von Art. 4 Abs. 4 lit. c) AK zu verstehen.[109] Denn auch die Rechtsordnungen der Mitgliedstaaten kennen mit dem Vertragsverletzungsverfahren vergleichbare Fachaufsichtsverfahren gegenüber untergeordneten Behörden. Zudem verfügt auch die Europäische Union über ein eigenes Disziplinarrecht in Bezug auf die Bediensteten der Europäischen Union, so dass in diesem Fall keine besonderen Unterschiede zu den Rechtsordnungen der Staaten als Vertragspartei zur Aarhus-Konvention bestehen. Lediglich in Bezug auf strafrechtliche Untersuchungen verfügt die EU über keine mit denen der Staaten

107 EuGH, Rs. C-514/11 P (LPN und Finnland/Kommission) ECLI:EU:C:2013:738; EuGH, Rs. C-612/13 P (Client Earth), ECLI:EU:C:2015:486. Vgl. ansonsten zur Auslegung dieses Ausnahmetatbestands in der VO 1049/2001, mwN, *Epiney*, in: Fluck/Fischer/Fetzer, Kommentar VO 1049/2001, Rn. 59 f.

108 Unter das Anliegen der Rechtsberatung fallen nach der Rechtsprechung des EuGH zB Rechtsgutachten der Juristischen Dienste der Unionsorgane, vgl. EuGH, verb. Rs. C-30/05, C-52/05 P (Schweden/Turco), ECLI:EU:C:2008:374; EuGH, Rs. C-506/08 P (Schweden/My Travel), ECLI:EU:C:2011:496. Hierzu, mwN, *Epiney*, in: Fluck/Fischer/Fetzer, Kommentar VO 1049/2001, Rn. 58.

109 EuGH, Rs. C-612/13 P (Client Earth), ECLI:EU:C:2015:486, Rn. 40, 42. Kritisch dazu auch schon *Epiney*, EurUP 2016, 2 (7 ff.). S. auch schon oben Art. 4 Rn. 21.

vergleichbaren Kompetenzen. Dies allein vermag jedoch keinen überzeugenden Grund darzustellen, der eine über den Wortlaut hinausgehende Auslegung der strafrechtlichen und disziplinarischen Untersuchungen auf das Vertragsverletzungsverfahren rechtfertigen könnte, zumal dieser Umstand zum Zeitpunkt der Ausarbeitung der Konvention bekannt war.

Im Übrigen ist ganz allgemein bedenklich, dass die VO 1049/2001 im Verhältnis zur Aarhus-Konvention auch im Bereich der Gerichtsverfahren und der Untersuchungstätigkeiten weitergehende Ausnahmetatbestände aufführt, ohne dass deren Nichtanwendbarkeit durch die VO 1367/2006 klargestellt würde.[110]

Schließlich sei hier noch auf eine Relativierung sowohl des Grundsatzes der engen Auslegung der Ausnahmetatbestände als auch der Verpflichtung der Einzelfallprüfung[111] durch eine neuere Rechtsprechung des EuGH in Bezug auf die VO 1049/2001 und die VO 1367/2006 hingewiesen: In den verb. Rs. C-514/11 P, C-605/11 P[112] bestätigte der Gerichtshof den Ansatz des Gerichts, dass die Kommission den Zugang zu Dokumenten, die ein laufendes Vertragsverletzungsverfahren im Umweltsektor betreffen, aus Gründen des Schutzes des Zwecks von Inspektions-, Untersuchungs- und Audittätigkeiten verweigern durfte, und zwar auch ohne eine vollumfängliche konkrete und individuelle Prüfung aller Dokumente, zu denen Zugang beantragt wurde. Denn eine solche habe unterbleiben können, da es offenkundig sei, dass alle fraglichen Dokumente, was ihren gesamten Inhalt betrifft, zu derselben Dokumentenkategorie gehören und dass der Zugang zu diesen aufgrund der geltend gemachten Ausnahme verweigert werden könne. Insbesondere bringe eine Verbreitung der Dokumente die Gefahr mit sich, dass die Natur und der Ablauf des Verfahrens modifiziert würden, da es sich als noch schwieriger erweisen könnte, einen Verhandlungsprozess in Gang zu setzen und zu einem Einvernehmen mit dem Mitgliedstaat zu kommen, womit eine Klageerhebung vermieden werden könnte. An diesem Schluss ändere auch die VO 1367/2006 nichts, da die in Art. 6 VO 1367/2006 vorgesehenen gesetzlichen Vermutungen und der Grundsatz der engen Auslegung der Ausnahmegründe sich nicht auf Vertragsverletzungsverfahren bezögen. Zu überzeugen vermag dies freilich nicht, denn dieser Ansatz impliziert eine eher weite Auslegung der Ausnahmetatbestände, da das Urteil im Ergebnis von einem Grundsatz der Nichtzugänglichkeit von Stellungnahmen der Kommission während laufender Vertragsverletzungsverfahren (zumindest bis zur mündlichen Verhandlung) ausgeht, dies wohlgemerkt, ohne dass eine Einzelfallprüfung notwendig wäre. Auch der Hinweis auf die geordnete Rechtspflege und den Schutz der Kommission vor Außeneinflüssen vermag nicht zu überzeugen, ist doch nicht ersichtlich, warum diese Interessen regelmäßig bei Vertragsverletzungsverfahren betroffen sein sollen und regelmäßig das Zugangsinteresse überwiegen sollen, zumal die Ingangsetzung von Vertragsverletzungsverfahren sowieso veröffentlicht wird, so dass die vom EuGH zugelassene „Globalberufung" auf eine Zugangsverweigerung nicht überzeugt.

d) Betriebs- und Geschäftsgeheimnis

52 Dem **Schutz wirtschaftlicher Interessen** trägt die Erwähnung der Betriebs- und Geschäftsgeheimnisse in **Art. 4 Abs. 3 lit. d) AK** Rechnung. Diese kön-

110 S. insoweit auch schon Art. 4 Rn. 21.
111 Hierzu oben Art. 4 Rn. 36 f.
112 EuGH, verb. Rs. C-514/11 P, C-605/11 P (LPN und Finnland/Kommission) ECLI:EU:C:2013:738.

nen von vornherein nur dann eine Ausnahme vom Anspruch auf Informationszugang begründen, wenn sie „rechtlich geschützt sind, um berechtigte wirtschaftliche Interessen zu schützen", wobei dieser Ausnahmegrund nicht in Bezug auf Informationen über Emissionen, die für den Umweltschutz von Bedeutung sind, greifen kann.

Der **Begriff** der Geschäfts- und Betriebsgeheimnisse wird von der Konven- 53
tion **nicht definiert.**[113] Zusammen mit den weiteren Tatbestandsmerkmalen deutet die fehlende Definition darauf hin, dass den Vertragsparteien hier ein gewisser **Gestaltungsspielraum** eingeräumt wird. Allerdings ist zu beachten, dass der Zweck des Anspruchs auf Informationszugang nicht vereitelt werden darf und Art. 4 Abs. 4 S. 2 AK zudem eine enge Auslegung auch dieses Ausnahmegrundes vorgibt, so dass der Konvention gleichwohl Grenzen in Bezug auf die Ausgestaltung dieses Spielraums zu entnehmen sind.[114]

Betriebs- und/oder Geschäftsgeheimnis ist jede Tatsache, die im Zusam- 54
menhang mit einem wirtschaftlichen Geschäftsbetrieb steht, nur einem begrenzten Personenkreis bekannt ist, nach dem Willen des Unternehmens geheim gehalten werden soll[115] und die den Gegenstand eines berechtigten wirtschaftlichen Interesses des Unternehmens bildet.[116]

Umfasst sind daher Geheimnisse, welche sich sowohl auf die Herstellung und Fertigung (Betrieb) als auch auf Geschäftspraktiken und -strategien (Geschäft) beziehen. Die inhaltliche Ausgestaltung des Begriffs der Geschäfts- und Betriebsgeheimnisse entnimmt die Lehre dem Wettbewerbsrecht und versteht darunter zunächst alle nicht offenkundigen geschäftlichen Tatsachen, die nach dem Willen des Informationsinhabers geheim gehalten werden sollen, wobei geschäftlich dem kaufmännischen Bereich und betrieblich dem technischen Bereich zugeordnet wird.[117]

Ein Geheimnis liegt vor, wenn (unbefugte) Dritte keinen Zugang zu den geheimen Informationen besitzen, ohne selbst Geheimnisträger zu sein oder einer Verpflichtung zur Geheimhaltung zu unterliegen. Sobald demnach Dritte auch mit größerem Aufwand legal Zugang zu Geschäfts- oder Betriebsgeheimnissen erlangen können, ist diese Voraussetzung nicht mehr gegeben, da die weitere Verbreitung des Geheimnisses nicht mehr verhindert werden kann.[118] Auf die Bekanntheit der Information von einer breit(er)en Öffentlichkeit kann mit Blick auf Art. 4 Abs. 4 S. 2 AK hingegen nicht abgestellt werden, weil der Anwendungsbereich dieser Ausnahme ansonsten zu weit ausfallen würde. Prak-

---

113 So auch ACCC/C/2010/51 Rumänien, Rn. 90.

114 So auch ACCC/C/2007/21 Europäische Gemeinschaft, Rn. 30 c). Vgl. dazu *Epiney/Fasnacht/Pirker/Reitemeyer*, Aktive behördliche Information in Umweltangelegenheiten, 23. S. im Einzelnen zu dieser Ausnahme – mit Bezug auf die RL 2003/4 – *Meßerschmidt*, Europäisches Umweltrecht, § 9, Rn. 42 ff.; unter Bezugnahme auf die Rechtsprechung des EuGH auch *Garçon*, EurUP 2013, 100 ff.; s. sodann – mit Bezug zum deutschen Recht – instruktiv zur Problematik dieser Ausnahme *Rossi*, EurUP 2016, 352 ff.

115 Der Geheimhaltungswille des Geheimnisträgers kann sich auch konkludent aus den Umständen der Behandlung der jeweiligen Information ergeben. Der Geheimhaltungswille unterscheidet das Geheimnis vom bloß unbekannten Tatsachen. Vgl. *Fluck*, NVwZ 1994, 1048 (1053).

116 S. zB *Jeder*, UTR 2002, 145 (153).

117 Vgl. *Fluck*, NVwZ 1994, 1048 (1052 f.); *Klein*, Umweltinformation, 359.

118 Vgl. auch *Fluck*, NVwZ 1994, 1048 (1053).

tisch könnte dann fast jede Information noch als Geschäfts- oder Betriebsgeheimnis eingestuft werden, obwohl diese bereits den Kreis des jeweiligen Unternehmens verlassen hat, da bei der heutigen Informationsfülle eine effektive Kenntnisnahme durch eine breitere Öffentlichkeit häufig ausgeschlossen oder fraglich sein wird.

Die in der Literatur zum Teil diskutierte Frage, ob oder inwiefern außerhalb des Betriebsgeländes gemessene Emissionen als Geschäfts- und Betriebsgeheimnis gewertet werden können[119] ist im Rahmen des Art. 4 Abs. 4 lit. d) AK mit der (weit auszulegenden) Gegenausnahme für emissionsbezogene Umweltinformationen nicht relevant.[120]

Abzugrenzen sind die Geschäfts- und Betriebsgeheimnisse vom geistigen Eigentum, da dieses einem separaten Ablehnungsgrund unterfällt, der nicht der strengen Einschränkung des Emissionsbezugs unterliegt.[121]

55 Die beantragten Informationen müssen in der jeweiligen **Rechtsordnung** als **Geschäfts- und Betriebsgeheimnis** geschützt werden. Maßgeblich ist somit nicht nur die bloße Qualifizierung als Geschäft- oder Betriebsgeheimnis, sondern ob die jeweilige Art der Information auch vom rechtlichen Schutz umfasst ist.[122] Damit dürfte nicht eine ausdrückliche gesetzliche Regelung gemeint sein, sondern auf das Erfordernis Bezug genommen werden, dass die **Rechtsordnung** die entsprechenden Rechtsgüter schützt und zwar zum **Zweck berechtigter**[123] **wirtschaftlicher Interessen.** Dieser Schutz kann aber auch auf dem Weg der Auslegung einschlägiger gesetzlicher Bestimmungen durch die Rechtsprechung erfolgen.

Die inhaltliche Ausgestaltung berechtigter wirtschaftlicher Interessen findet durch die jeweilige Rechtsordnung der Vertragsparteien statt. Dabei spielen insbesondere wettbewerbs- und ordnungsrechtliche Gesichtspunkte eine bedeutende Rolle. Soweit die jeweilige Rechtsordnung bestimmte wirtschaftliche Interessen mit Blick auf den Wettbewerb, den Markt oder die öffentliche Ordnung für nicht oder wenig schützenswert erachtet, kann dieses Interesse auch nicht einem Antragsteller entgegengehalten werden, um den Informationszugang zu verwehren.

Neben qualitativen Kriterien deutet der Wortlaut „berechtigte“ (wirtschaftliche Interessen) daraufhin, dass die wirtschaftlichen Interessen auch quantitativ eine gewisse Rolle spielen müssen. So ist davon auszugehen, dass die Interessen nicht nur in einem gewissen Umfang durch die Bekanntgabe beeinträchtigt werden müssen, sondern dass diese Interessen selbst einen spürbaren Umfang im Gesamtinteresse des von der Bekanntgabe betroffenen Unternehmens darstellen müssen.

Des Weiteren muss die Bekanntgabe der beantragten Informationen die wirtschaftlichen Interessen konkret beeinträchtigen können. Die Beeinträchtigung muss daher konkrete Folge einer Bekanntgabe sein, bzw. eine große Wahrscheinlichkeit der Beeinträchtigung zur Folge haben. Die bloß abstrakte Möglichkeit einer Beeinträchtigung ist hingegen nicht mit dem Zweck des Art. 4 Abs. 1 AK und der engen Auslegung des Art. 4 Abs. 4 S. 2 AK vereinbar.

119 Hierzu *Fluck*, NVwZ 1994, 1048 (1053), mwN; s. auch *Klein*, Umweltinformation, 364.
120 Hierzu noch Art. 4 Rn. 56.
121 Hierzu noch Art. 4 Rn. 57 ff.
122 *Ebbesson et al.*, Aarhus Convention Implementation Guide, 87 f.
123 Im Englischen wird der Begriff *legitimate* verwendet.

Diese Anforderung ist insoweit als weitere Einschränkung des Tatbestandsmerkmals der Geschäfts- und Betriebsgeheimnisse zu sehen, um den Ausnahmecharakter des Ablehnungsgrundes zu verdeutlichen. So soll in der Praxis verhindert werden, dass mit dem bloßen Verweis auf das Bestehen eines Geschäfts- oder Betriebsgeheimnisses die beantragte Information nicht bekanntgegeben wird, ohne dass die Behörde darlegen muss, um welche Art von Geheimnis es sich handelt und inwiefern dieses rechtlich geschützt ist.

Informationen über Emissionen, die für den Schutz der Umwelt von Bedeu- 56
tung sind (was in aller Regel der Fall sein wird, zumal der Begriff der Emissionen als Ausnahme von der Ausnahme weit auszulegen ist),[124] sind auch dann bekannt zu geben, wenn sie das Geschäfts- und Betriebsgeheimnis berühren.[125] Dies muss auch dann gelten, wenn diese Geheimnisse in spezialgesetzlichen Rechtsakten geschützt sind, unabhängig davon, ob diese später erlassen wurden oder nicht, könnte doch ansonsten das Informationsfreiheitsrecht ausgehebelt werden.[126]

Emissionen sind in diesem Zusammenhang nicht nur Emissionen von Stoffen in festem, flüssigem oder gasförmigem Zustand, sondern auch Emissionen von Schall, Licht und weiteren Energieformen.[127] Im Gegensatz zu Art. 5 Abs. 9 S. 2 AK stellt Art. 4 Abs. 4 lit. d) S. 2 AK nicht auf anlagen- oder produktbezogene Emissionen ab,[128] so dass auch sonstige Emissionen unter die Ausnahme der Ausnahme fallen.[129]

Ausgehend von diesem eher weiten Begriff der Emissionen sind damit auch – so der EuGH unter ausdrücklicher Bezugnahme auf die Aarhus-Konvention (welche durch die VO 1367/2006 und die RL 2003/4 umgesetzt werden sollte, so dass die Konvention bei deren Auslegung maßgeblich zu berücksichtigen sei) in zwei neueren Urteilen[130] – Informationen über Art und Auswirkungen der Freisetzung eines Produkts (wie zB ein Pestizid) in die Luft, das Wasser, den Boden oder auf Pflanzen erfasst, dies sofern dieses Freisetzen unter normalen oder realistischen Bedingungen der Anwendung des Produkts oder des Stoffes tatsächlich stattfindet oder vorhersehbar ist. Der Begriff „Informationen über Emissionen in die Umwelt" sei somit insbesondere weder von den Begriffen „Freisetzen" und „Ableitung" zu unterscheiden noch auf

124 Vgl. auch *Ebbesson et al.*, Aarhus Convention Implementation Guide, 88, die davon ausgehen, dass es kaum vorstellbar sei, dass eine Emission nicht umweltrelevant ist.

125 Zu dieser „Ausnahme von der Ausnahme" auch *Jeder*, UTR 2002, 145 (155); *Butt*, Ausweitung des Rechts auf Umweltinformation, 79 f.

126 Der EuGH hielt dies denn auch ausdrücklich in Bezug auf das Unionsrecht fest, vgl. EuGH, Rs. C-442/14 (Bayer CropScience), ECLI:EU:C:2016:890; EuGH, Rs. C-673/13 P (Kommission/Stichting Greenpeace), ECLI:EU:C:2016:889. Zu diesem Aspekt der Urteile *Wegener*, ZUR 2017, 146 (148 f.); *Wagner*, EuZW 2017, 95 (97 f.).

127 Z.B. in Form von Wärme oder verschiedenen Strahlungen. Vgl. zum Begriff der Emissionen auch Art. 3 Nr. 4 RL 2010/75 (IVU- bzw. IE-Richtlinie). S. zusammenfassend auch *Epiney/Fasnacht/Pirker/Reitemeyer*, Aktive behördliche Information in Umweltangelegenheiten, 22, mwN.

128 So auch, in Bezug auf die VO 1367/2001, EuGH, Rs. C-673/13 P (Kommission/Stichting Greenpeace), ECLI:EU:C:2016:889, Rn. 56 ff., wonach Informationen, die „Emissionen in die Umwelt betreffen", nicht auf Informationen über Emissionen aus bestimmten Industrieanlagen beschränkt seien. S. noch sogleich im Text.

129 *Epiney/Fasnacht/Pirker/Reitemeyer*, Aktive behördliche Information in Umweltangelegenheiten, 22.

130 EuGH, Rs. C-442/14 (Bayer CropScience), ECLI:EU:C:2016:890; EuGH, Rs. C-673/13 P (Kommission/Stichting Greenpeace), ECLI:EU:C:2016:889.

Emissionen aus Industrieanlagen (wie beispielsweise Fabriken oder Kraftwerke) zu begrenzen, sondern erfasse auch Emissionen aufgrund der Absprühung eines Produkts – wie eines Pflanzenschutzmittels oder Biozidprodukts – in die Luft oder seiner Anwendung auf Pflanzen, im Wasser oder auf dem Boden. Damit lehnt es der Gerichtshof (übrigens auch ausdrücklich) ab, den Begriff der „Emissionen in die Umwelt" (wie von der Kommission gefordert) eng auszulegen, sollten doch die VO 1049/2001, die VO 1367/2006 und die RL 2003/4 einen größtmöglichen Zugang zu bei den Behörden vorhandenen Informationen garantieren, womit eine enge Auslegung gerade im Widerspruch stehe. Im Übrigen erfassten die VO 1367/2006 und die RL 2003/4 nicht nur Informationen, die einen Bezug zu tatsächlichen Emissionen haben, sondern auch Informationen in Bezug auf vorhersehbare Emissionen des fraglichen Produkts in die Umwelt, nicht hingegen Informationen über rein hypothetische Emissionen. Sodann fielen unter die Begriffe „Informationen, die Emissionen in die Umwelt betreffen/über Emissionen in die Umwelt" nicht nur Informationen über die Emissionen als solche (also Angaben über Art, Zusammensetzung, Menge, Zeitpunkt und Ort der Emissionen), sondern auch die Informationen, die es der Öffentlichkeit ermöglichen nachzuprüfen, ob die Bewertung der tatsächlichen oder vorhersehbaren Emissionen, auf deren Grundlage die zuständige Behörde das fragliche Produkt oder den fraglichen Stoff zugelassen hat, und der Daten über die mehr oder weniger langfristigen Auswirkungen dieser Emissionen auf die Umwelt zutreffend ist. Daher seien insbesondere auch Informationen über die Rückstände in der Umwelt nach der Anwendung des betreffenden Produkts und Studien zur Messung bei dieser Anwendung, unabhängig davon, ob diese Daten aus Feldstudien, aus Laboruntersuchungen oder aus Translokationsstudien stammen, einbezogen.[131]

e) Geistiges Eigentum

57 Das geistige Eigentum (**Art. 4 Abs. 4 lit. e) AK**) überschneidet sich teilweise mit dem Betriebs- und Geschäftsgeheimnis, kann aber insofern darüber hinaus gehen, als in manchen Fällen zwar das geistige Eigentum betroffen sein kann, ohne dass die erwähnten Voraussetzungen für das Vorliegen eines Betriebs- und Geschäftsgeheimnisses gegeben sind. Von Bedeutung ist die **selbstständige Erwähnung** dieses Ausnahmetatbestandes auch deshalb, weil die Einschlägigkeit des Betriebs- und Geschäftsgeheimnisses eine „Ausnahme von der Ausnahme" vorsieht.[132]

58 Die **inhaltliche Ausgestaltung** der Rechte auf geistiges Eigentum, die einer Bekanntgabe entgegenstehen können, bleibt den Vertragsparteien überlassen. Insofern finden sich keine Vorgaben der Konvention.

131 EuGH, Rs. C-442/14 (Bayer CropScience), ECLI:EU:C:2016:890; EuGH, Rs. C-673/13 P (Kommission/Stichting Greenpeace), ECLI:EU:C:2016:889, Rn. 56 ff. Gleichzeitig hält der Gerichtshof – insoweit im Gegensatz zum Gericht – fest, es reiche nicht aus, dass ein hinreichend unmittelbarer Bezug zu Emissionen in die Umwelt bestehe (vgl. Rs. C-673/13 P, Rn. 77 ff.). Dies ändert aber nichts an dem weiten Emissionsbegriff und daran, dass jedenfalls bei Produkten, die in die Umwelt freigesetzt werden sollen, Informationen über Emissionen in die Umwelt regelmäßig auch solche über die Produktzusammensetzung erfassen. Ebenso *Wegener*, ZUR 2017, 146 ff., insbesondere 151; ansonsten zu diesen Urteilen zB *Wagner*, EuZW 2017, 95 ff.; *Garçon*, EurUP 2017, 31 (41 ff.).

132 Art. 4 Rn. 55.

Jedoch ist der Rückgriff auf diesen Ausnahmetatbestand im Zusammenhang mit Umweltverträglichkeitsstudien[133] oder archäologischen Studien,[134] die im öffentlichen Auftrag erstellt wurden, nach Ansicht des *Compliance Committee* eingeschränkt. Insbesondere könne in solchen Fällen schon mit Blick auf Art. 6 Abs. 6 AK[135] kein allgemeiner Rückgriff auf Rechte aus geistigem Eigentum zur Ablehnung führen, wenn die Umweltverträglichkeitsstudie in der behördlichen Entscheidungsfindung berücksichtigt wird. Im Ergebnis ist somit der Rückgriff auf Rechte auf geistiges Eigentum als Ablehnungsgrund in denjenigen Fällen unzulässig, in denen die jeweilige Information im Rahmen der zweiten Säule zu veröffentlichen wäre.

Zu den Rechten am geistigen Eigentum zählen in der Regel die gewerblichen Schutzrechte wie Patente und Markenrechte sowie Urheberrechte oder auch geographische Herkunftsbezeichnungen. Kollisionen derartiger Rechte mit dem öffentlichen Informationsinteresse dürften insgesamt eher selten vorliegen. Die Sicherung der gewerblichen Schutzrechte ist in der Regel mit einer verpflichtenden Veröffentlichung im jeweiligen Marken- oder Patentregister verbunden. Daneben zielt der Urheberschutz nicht auf den Schutz vor Veröffentlichung, sondern schützt in aller Regel vor der unbefugten Verwertung durch Dritte.[136]

f) Vertraulichkeit persönlicher Daten

Der Ausnahmetatbestand der Vertraulichkeit persönlicher Daten (**Art. 4 Abs. 4 lit. f.) AK**) schützt personenbezogene Daten und/oder Akten, allerdings nur, soweit die betroffene Person der Bekanntgabe dieser Informationen an die Öffentlichkeit nicht zugestimmt hat und sofern eine derartige Vertraulichkeit nach innerstaatlichem Recht vorgesehen ist. 59

Die Konvention enthält keine Definition des **Begriffs der personenbezogenen Daten** bzw. Akten, so dass den Vertragsparteien auch hier ein gewisser Spielraum eingeräumt wird, wobei grundsätzlich an den datenschutzrechtlichen Begriff angeknüpft werden dürfte.[137] Danach ist entscheidend, dass es um Daten oder Angaben geht, die auf eine bestimmte oder eine bestimmbare Person bezogen sind. 60

Zu beachten ist in diesem Zusammenhang, dass der Schutz personenbezogener Daten auch eine Grundrechtsdimension aufweist, so dass im Einzelfall das Interesse an Transparenz und das Recht auf informationelle Selbstbestimmung zum Ausgleich zu bringen sind.

Vertraulich sind die personenbezogenen Daten und Akten, falls sie der Öffentlichkeit nicht bekannt sind bzw. sein können. Soweit es zB um personenbezogene Daten zu bekannten Persönlichkeiten geht, können die entsprechenden Informationen bereits öffentlich bekannt sein und sind somit nicht mehr vertraulich, so dass der Ausnahmegrund des Art. 4 Abs. 4 lit. f.) AK nicht zum Zuge kommen kann. 61

Der Hinweis auf Daten und/oder Akten ist in Zusammenhang mit Abs. 6 zu sehen, wonach Teilinformationen herauszugeben sind, bezüglich derer kein

133 ACCC/C/2005/15 Rumänien, Rn. 28 ff.
134 ACCC/C/2012/69 Rumänien, Rn. 58.
135 S. dazu Art. 6 Rn. 44 ff.
136 Vgl. zum Ganzen *Klein*, Umweltinformation, 367.
137 Vgl. insoweit, mwN, *Epiney*, in: Fluck/Fischer/Fetzer, Kommentar VO 1049/2001, Rn. 43.

Ablehnungsgrund nach Art. 4 Abs. 4 AK vorliegt. Der Bezug auf Daten und/oder Akten ist daher lediglich ein Hinweis, dass sowohl einzelne Informationen als auch umfangreichere Informationssammlungen von der Bekanntgabe ausgenommen werden können, soweit sie personenbezogene Daten zum Gegenstand haben.

62 Die Bekanntgabe der personenbezogenen Daten und/oder Akten kann nach Art. 4 Abs. 4 lit. f.) AK nur abgelehnt werden, sofern die von diesen Daten betroffene Person der Bekanntgabe **nicht zugestimmt** hat. Damit kann sich die Behörde nicht nur dann nicht auf die Vertraulichkeit berufen, wenn die betroffene Person einer Bekanntgabe zustimmt. Vielmehr impliziert diese Voraussetzung mit Blick auf die Verpflichtung der Vertragsparteien, die Ziele der Konvention zu fördern, auch, dass Behörden in den Fällen, in denen sie eine Bekanntgabe aufgrund des Art. 4 Abs. 4 lit. f.) AK ablehnen wollen, nach Möglichkeit um eine solche Zustimmung des Betroffenen ersuchen müssen.

Ein etwaiges behördliches Versäumnis in diesem Zusammenhang stellte dann einen Verfahrensfehler dar, der in der Sache jedoch nicht zu einer Bekanntgabe führen kann, da der Verfahrensfehler nicht die Rechte und Interessen Dritter überlagert. Dennoch steht den Antragstellern im Fall eines solchen Versäumnisses der Rechtsweg nach Art. 9 Abs. 1 AK[138] offen, um die Behörde zur Anfrage bezüglich einer Zustimmung zur Bekanntgabe zu verpflichten.

63 Die Vertraulichkeit der jeweiligen personenbezogenen Daten muss im **Rechtssystem der betreffenden Vertragspartei vorgesehen** sein. Die Gesetzesform ist dabei nicht zwingend erforderlich, soweit das jeweilige innerstaatliche Recht auch andere verbindliche Formen des Rechts vorsieht und/oder zulässt. Letztlich muss das nationale Recht damit den Schutz solcher Daten im Ergebnis vorsehen, während eine ausdrückliche abschließende Aufzählung nicht erforderlich ist. Ein anderer Ansatz führte letztlich dazu, dass nicht gewährleistet wäre, dass tatsächlich schutzwürdige Interessen auch erfasst würden, so dass Sinn und Zweck dieser Bestimmung kaum Rechnung getragen würde. Damit genügt letztlich eine allgemeine Umschreibung.

64 Schließlich kann dieser Ausnahmetatbestand nur in Bezug auf Daten **natürlicher Personen**, nicht hingegen in Bezug auf solche juristischer Personen, geltend gemacht werden.

Nach der Rechtsprechung des EuGH in Bezug auf die VO 1049/2001 bzw. die VO 41/2001 kann der Ausnahmegrund des Schutzes personenbezogener Daten nicht in Bezug auf den Zugang von Umweltschutzorganisationen zu Informationen über Sachverständige (*in casu* der Europäischen Behörde für Lebensmittelsicherheit) geltend gemacht werden, dies auch soweit sich der Zugangsantrag auf die Zuordnung der jeweiligen Stellungnahmen zu einzelnen Sachverständigen bezieht. Denn zwar handle es sich um personenbezogene Daten; Art. 8 lit. b VO 41/2001 sehe jedoch eine Bekanntgabe gleichwohl vor, wenn der Antragsteller die Notwendigkeit der Datenübermittlung nachweist und kein Grund zur Annahme besteht, dass die berechtigten Interessen der betroffenen Person beeinträchtigt werden könnten. Der Gerichtshof erachtete diese Voraussetzungen angesichts der Rolle der Transparenz des Verfahrens im Hinblick auf den Erlass eines Leitfadens der Behörde (um den es ging) für

138 Hierzu Art. 9 Rn. 12 ff.

gegeben, dies im Gegensatz zum Gericht. Insbesondere sei nicht nachgewiesen worden, dass die Verbreitung der Information in einer für die Integrität und das Privatleben der betreffenden Sachverständigen schädlichen Weise verwendet werden würden bzw. könnten. Allgemeine Erwägungen genügten in diesem Zusammenhang nicht.[139] Das Urteil ist von großer grundsätzlicher Bedeutung, denn es impliziert, dass Sachverständigentätigkeiten im Rahmen von Gesetzgebungsvorhaben oder auch sonstigen behördlichen Tätigkeiten nicht grundsätzlich aus datenschutzrechtlichen Gründen geheim gehalten werden können, ein Ansatz, der angesichts der Bedeutung solcher Tätigkeiten in jeder Beziehung überzeugt (den Klägern in dem Verfahren ging es denn auch genau darum zu eruieren, ob die Mehrzahl der Sachverständigen mit gewissen Lobbies liiert waren und ihre Stellungnahmen entsprechend ausfielen).

g) Drittinteressen bei Zurverfügungstellung von Daten

Art. 4 Abs. 4 lit. g) AK betrifft die Konstellation der **„freiwilligen Information durch Dritte“**, in der Dritte der Behörde Informationen übermitteln, welche die Behörde ohne diese Bereitschaft Dritter nicht hätte erlangen können. Damit soll der Informationsfluss zwischen Behörden und Bürgern (unter Einschluss der Wirtschaft) geschützt werden,[140] da eine gute Zusammenarbeit hier oft nicht auf einer rechtlichen Grundlage beruht und häufig für die Behörde nützliche Angaben freiwillig übermittelt werden. Den Behörden der Vertragsparteien steht damit die Möglichkeit zur Vertrauensbildung gegenüber Dritten offen, indem Informationen und Informationsquellen nur mit Zustimmung der Dritten geteilt werden. Diese Vertrauensbildung steht somit auch im Zusammenhang mit der zweiten Säule, da mit der Vertrauensbildung zur Information gleichzeitig auch die Partizipation von einzelnen Personen oder Teilen der Öffentlichkeit in Umweltbelangen einhergeht. 65

Der Wortlaut der Vorschrift („Interessen eines Dritten, der die beantragten Informationen zur Verfügung gestellt hat“) lässt in Bezug auf den Begriff der **„Interessen“** einen weiten Raum für die Auslegung zu. Mit Blick auf die nach Art. 4 Abs. 4 S. 2 AK vorzunehmende enge Auslegung auch dieses Ausnahmetatbestandes muss hier jedoch eine Beschränkung auf **legitime** Interessen des Dritten erfolgen. 66

Ließe man jegliches Interesse von informationsgebenden Dritten ausreichen, geriete der Ablehnungsgrund als Ausnahme vom Grundsatz des Informationszugangs so weit, dass das Tatbestandsmerkmal immer dann erfüllt wäre, wenn ein Dritter die beantragten Informationen zur Verfügung gestellt hat. Die Vertragsparteien haben somit in der Ausgestaltung dieses Ablehnungsgrundes einer engen Auslegung des Begriffs Interessen Rechnung zu tragen. Denkbar wäre zum Beispiel eine Beschränkung auf rechtliche oder wirtschaftliche Interessen. Bloße ideelle Interessen sind nach der hier vertretenen Auslegung nicht ausreichend.

Dritter im Sinne dieses Ablehnungsgrundes ist jede Person, die nicht der Behörde oder dem Antragsteller zuzurechnen ist und die beantragten Informationen zur Verfügung gestellt hat.[141] 67

139 EuGH, Rs. C-615/13 P (Client Earth), ECLI:EU:C:2015:489. S. auch EuGH, Rs. C-28/08 (Bavarian Lager), ECLI:EU:C:2010:378.
140 Vgl. *Ebbesson et al.*, Aarhus Convention Implementation Guide, 89.
141 S. dazu auch *Ebbesson et al.*, Aarhus Convention Implementation Guide, 89.

68 Im Weiteren darf den Dritten **keine rechtliche Pflicht** treffen, der Behörde die Information zur Verfügung zu stellen bzw. die Behörde könnte ihn nicht zur Übermittlung der Information verpflichten. Dieses Tatbestandsmerkmal verdeutlicht die Zielrichtung des in Art. 4 Abs. 4 lit. g) AK verankerten Ausnahmegrundes, im Zuge der freiwilligen Zurverfügungstellung von Informationen einen gewissen Vertrauensschutz zu gewährleisten.[142]

Der **Umfang möglicher rechtlicher Verpflichtungen** zur Information von Behörden im Zusammenhang mit Informationen über die Umwelt, bleibt dabei grundsätzlich den **Vertragsparteien** überlassen. Je umfangreicher die rechtlichen Verpflichtungen ausgestaltet sind, desto geringer ist jedoch der mögliche Anwendungsbereich dieses Ablehnungsgrundes. Die Vertragsparteien bestimmen somit den Raum, der einer freiwilligen Information und somit auch freiwilligen Partizipation in Umweltbelangen gelassen wird.

69 Auch im Rahmen des Art. 4 Abs. 4 lit. g) AK ist eine Berufung auf diesen Ausnahmetatbestand ausgeschlossen, wenn der betroffene Dritte der Bekanntgabe **zugestimmt** hat. Parallel zur Rechtslage nach Art. 4 Abs. 4 lit. f.) AK impliziert dieses Erfordernis die Verpflichtung der Behörde, den jeweiligen Dritten um die Zustimmung zur Veröffentlichung zu ersuchen.[143]

h) Schutz der Umwelt

70 Schließlich darf die Informationsübermittlung auch dann verweigert werden, wenn gerade dadurch **negative Auswirkungen auf die Umwelt** zu befürchten wären (**Art. 4 Abs. 4 lit. h) AK**). Die Konvention nennt als Beispiel die Angabe von Brutstätten seltener Tierarten. Letztlich geht es bei dieser Bestimmung um eine Art Auffangtatbestand, der es den Behörden ermöglicht, eine Abwägung zwischen Umweltschutzaspekten und dem Recht auf Zugang zu Umweltinformationen vorzunehmen.[144]

Obwohl die Ablehnungstatbestände des Art. 4 Abs. 4 AK restriktiv auszulegen sind, nahm das *Compliance Committee* in einem Fall, bei dem einem Antragsteller der Zugang zu Informationen in Zusammenhang mit Art. 6 Abs. 6 AK zum Standort von geschützten Süßwassermuscheln versagt worden war, eine eher weite Auslegung des Ablehnungsgrundes vor.[145] Die Problematik bestand für das *Compliance Committee* in jenem Fall darin, dass der Antrag auf Informationszugang in Zusammenhang mit Art. 6 Abs. 6 AK gestellt worden war und so neben der antragstellenden Person auch anderen Mitgliedern der betroffenen Öffentlichkeit das Zugangsrecht zur Information über den Standort der geschützten Süßwassermuscheln zu gewähren gewesen wäre. Dabei stellte das *Compliance Committee* klar, dass in Fällen in Zusammenhang mit Art. 4 Abs. 4 lit. h) AK die persönliche Eignung und Vertrauenswürdigkeit des Antragsstellers, die Informationen nicht zu missbrauchen, berücksichtigt werden könne. Allerdings sei bei Anträgen nach Art. 6 Abs. 6 AK nicht auszuschließen, dass andere Personen, die auch zur betroffenen Öffentlichkeit gehören, weniger vertrauenswürdig oder geeignet seien als die antragstellende Person. Dieser Umstand sei in die Auslegung des Ablehnungsgrundes im jeweiligen Fall mit einzubeziehen. Somit sei auch die Gefahr eines Missbrauchs

142 Art. 4 Rn. 65.
143 S. insoweit schon Art. 4 Rn. 62.
144 *Ebbesson et al.*, Aarhus Convention Implementation Guide, 89.
145 ACCC/C/2009/38 Vereinigtes Königreich, Rn. 69 ff.

der Informationen und eine daraus resultierende Gefährdung der Umwelt mit in die Auslegung der Ablehnungsgründe einzubeziehen.

Im Ergebnis bedeutet dies, dass die restriktive Auslegung nach Art. 4 Abs. 4 S. 2 AK faktisch nicht auf den Ablehnungsgrund des Art. 4 Abs. 4 lit. h) AK in Verbindung mit Art. 6 Abs. 6 AK angewandt wird, da dem Umweltschutz ein generell höheres Gewicht einzuräumen ist als dem Informationsbedürfnis der betroffenen Öffentlichkeit.

3. Verfahrensrechtliche Aspekte (Abs. 6, 7)

Ist eine beantragte Information nur **teilweise** von einem **Ablehnungsgrund** 71
betroffen, ist demnach eine Ablehnung nur teilweise notwendig und gleichzeitig eine teilweise Beantwortung des Antrags möglich, so hat die Behörde dies zu berücksichtigen und entsprechend einen teilweisen Zugang zu gewährten (Art. 4 Abs. 6 AK).

Mit dieser „Pflicht zur Teilinformation" stellt Art. 4 Abs. 6 AK sicher, dass trotz des Vorliegens von Ablehnungsgründen ein hohes Maß an Information der Öffentlichkeit erreicht wird. Die Behörden der Vertragsparteien können sich demnach nicht auf die Prüfung beschränken, ob ein Ablehnungsgrund vorliegt, sondern müssen auch der Frage nachgehen, welche Informationen jeweils von den Ablehnungsgründen betroffen sind. Art. 4 Abs. 6 AK verlangt somit eine eingehende Prüfung des gesamten Informationsmaterials, soll auf die in der Konvention vorgesehenen Ablehnungsgründe zurückgegriffen werden. Informationen, die nicht von einem der Ablehnungsgründe erfasst sind, sind dann von der Behörde zu veröffentlichen.

Eine Ablehnung muss **schriftlich** erfolgen, sofern bereits der Antrag schrift- 72
lich gestellt war oder der Antragsteller dies verlangt. Sie ist außerdem zu begründen, mit einer Rechtsmittelbelehrung (auf die nach Art. 9 AK vorgesehenen Möglichkeiten) [146] zu versehen und muss ebenfalls innerhalb einer **Frist** von einem Monat (ausnahmsweise von zwei Monaten) erfolgen (Art. 4 Abs. 7 AK).

Die **Schriftform** ist in diesem Zusammenhang somit ausdrücklich nur vorgesehen, wenn der Antrag selbst dieser Form entspricht oder die Schriftform der Absage gewünscht wird. In der Praxis dürfte allerdings die Schriftform der Ablehnung die vorzugswürdigste Form darstellen, da ansonsten der Nachweis der Ablehnungsbegründung und der Rechtsmittelbelehrung kaum geführt werden kann.[147] Darüber hinaus fragt es sich, ob der Antragsteller auch in anderen Konstellationen als der Ablehnung des Antrags von der Behörde eine schriftliche Entscheidung verlangen kann. Von Bedeutung kann dies für den Antragsteller insbesondere im Zusammenhang mit dem Rechtsschutz nach Art. 9 Abs. 1 AK sein, so etwa, wenn er eine unzulängliche Beantwortung des Antrags oder eine sonstige Verletzung des Art. 4 AK geltend macht, ohne dass der Antrag abgelehnt worden wäre. Da Art. 4 Abs. 7 AK die Schriftform ausdrücklich nur für die Ablehnung eines Antrags erwähnt, erscheint es wenig stimmig, darüber hinaus allgemein ein Recht des Antragstellers auf eine schriftliche Entscheidung anzunehmen. Allerdings muss er jedenfalls dann eine schriftliche Entscheidung verlangen können, wenn er ansonsten seine in der Konvention verankerten Rechte nicht geltend machen könnte, so dass ihre Effektivität beeinträchtigt wäre, eine Konstellation, der gerade im Rahmen

146 Hierzu ACCC/C/2010/48 Österreich, Rn. 56.
147 S. insoweit auch *Ebbesson et al.*, Aarhus Convention Implementation Guide, 92 f.

der Möglichkeit eines effektiven Rechtsschutzes nach Art. 9 Abs. 1 AK häufig gegeben sein wird.

Die **Begründungsanforderungen** sind unabhängig von der Form durch die Behörde zu erfüllen und haben vollständig die Gründe der Ablehnung zu enthalten. Ausgeschlossen ist in jedem Fall, bloßes Schweigen als Form der Ablehnung zu verwenden, da dies nicht mit der Begründungspflicht der Ablehnung vereinbar ist.[148]

Der Mindestinhalt der **Rechtsmittelbelehrung** hat Informationen über den nach der Aarhus-Konvention vorgesehenen Zugang zu Rechtsmitteln zu enthalten. Die genaue Ausgestaltung der Belehrung ist den Vertragsparteien überlassen und kann von bloßen Informationen über die Rechtsmittel bis zu einer genauen Beschreibung der anzurufenden Stelle und der Art und Weise der Einlegung des Rechtsmittels reichen.[149] So soll insbesondere sichergestellt werden, dass Antragsteller ihre Rechte aus Art. 9 AK vollumfänglich wahrnehmen können und die Überprüfung der Ablehnungsentscheidung nicht durch unzuständige Behörden oder Gerichte durchgeführt wird.[150]

Sofern die Rechtsordnung einer Vertragspartei bestimmte Formanforderungen an ein behördliches Ablehnungsschreiben stellt, um gegen dieses gerichtlichen Rechtsschutz zu erlangen, hat die Ablehnung nach Art. 4 Abs. 7 AK diesen Formerfordernissen zu entsprechen.[151] Die Rechtsordnung der jeweiligen Vertragspartei limitiert somit das Auswahlermessen der Behörde bezüglich der Form der Ablehnung auf diejenige Form, welche zum Gegenstand eines Rechtsschutzverfahrens nach Art. 9 AK gemacht werden kann.

Artikel 5 Erhebung und Verbreitung von Informationen über die Umwelt

(1) Jede Vertragspartei stellt sicher, dass

a) Behörden über Informationen über die Umwelt verfügen, die für ihre Aufgaben relevant sind, und dass sie diese Informationen aktualisieren;

b) verbindliche Systeme geschaffen werden, damit Behörden in angemessenem Umfang Informationen über geplante und laufende Tätigkeiten, die sich erheblich auf die Umwelt auswirken können, erhalten;

c) im Fall einer unmittelbar bevorstehenden, durch menschliche Tätigkeiten oder natürliche Ursachen hervorgerufenen Gefahr für die menschliche Gesundheit oder die Umwelt den möglicherweise betroffenen Mitgliedern der Öffentlichkeit unverzüglich und ohne Aufschub alle einer Behörde vorliegenden Informationen übermittelt werden, welche die Öffentlichkeit in die Lage versetzen könnten, Maßnahmen zur Vermeidung oder Begrenzung des durch die Gefahr verursachten Schadens zu ergreifen.

(2) Jede Vertragspartei stellt sicher, dass die Behörden im Rahmen der innerstaatlichen Rechtsvorschriften der Öffentlichkeit Informationen über die Umwelt auf transparente Art und Weise zur Verfügung stellen und dass

148 ACCC/C/2009/36 Spanien, Rn. 58.
149 S. insoweit auch *Ebbesson et al.*, Aarhus Convention Implementation Guide, 92 f.
150 ACCC/C/2007/21 Europäische Gemeinschaft, Rn. 31 d).
151 ACCC/C/2010/48 Österreich, Rn. 56.

ein effektiver Zugang zu Informationen über die Umwelt besteht; dazu gehört unter anderem, dass

a) sie die Öffentlichkeit ausreichend über Art und Umfang der den zuständigen Behörden vorliegenden Informationen über die Umwelt, über die grundlegenden Bedingungen, unter denen diese zur Verfügung gestellt und zugänglich gemacht werden, und über das für deren Erlangung maßgebliche Verfahren informiert;
b) sie praktische Vorkehrungen trifft und beibehält wie zum Beispiel
   i) das Führen öffentlich zugänglicher Listen, Register oder Datensammlungen;
   ii) die Verpflichtung öffentlich Bediensteter, die Öffentlichkeit in dem Bemühen um Zugang zu Informationen aufgrund dieses Übereinkommens zu unterstützen, sowie
   iii) die Benennung von Kontaktstellen und
c) sie gebührenfreien Zugang zu den Informationen über die Umwelt gewährt, die in den unter Buchstabe b Ziffer i genannten Listen, Registern oder Datensammlungen enthalten sind.

(3) Jede Vertragspartei stellt sicher, dass Informationen über die Umwelt zunehmend in elektronischen Datenbanken, die der Öffentlichkeit über die öffentlichen Telekommunikationsnetze leicht zugänglich sind, zur Verfügung stehen. Zu den in dieser Form zugänglichen Informationen sollte folgendes gehören:

a) die in Absatz 4 genannten Berichte über den Zustand der Umwelt;
b) Texte von Umweltgesetzen oder von Gesetzen mit Umweltbezug;
c) soweit angemessen Politiken, Pläne und Programme über die Umwelt oder mit Umweltbezug sowie Umweltvereinbarungen und
d) sonstige Informationen in dem Umfang, in dem die Verfügbarkeit dieser Informationen in dieser Form die Anwendung innerstaatlichen Rechts, das dieses Übereinkommen umsetzt, erleichtern würde, sofern diese Informationen bereits in elektronischer Form zur Verfügung stehen.

(4) Jede Vertragspartei veröffentlicht und verbreitet in regelmäßigen Abständen von nicht mehr als drei oder vier Jahren einen nationalen Bericht über den Zustand der Umwelt, der Angaben über die Qualität der Umwelt und über Umweltbelastungen enthält.

(5) Jede Vertragspartei ergreift im Rahmen ihrer Rechtsvorschriften Maßnahmen, um unter anderem folgendes zu verbreiten:

a) Gesetze und politische Dokumente, wie zum Beispiel Dokumente über Strategien, Politiken, Programme und Aktionspläne mit Umweltbezug, sowie auf verschiedenen Ebenen der öffentlichen Verwaltung erstellte Berichte über Fortschritte bei ihrer Umsetzung;
b) völkerrechtliche Verträge, Übereinkünfte und Vereinbarungen zu Umweltfragen und
c) soweit angemessen sonstige wichtige internationale Dokumente zu Umweltfragen.

(6) Jede Vertragspartei ermutigt die Betreiber, deren Tätigkeiten erhebliche Auswirkungen auf die Umwelt haben, die Öffentlichkeit regelmäßig über

die Umweltauswirkungen ihrer Tätigkeiten und Produkte zu informieren, soweit angemessen im Rahmen freiwilliger Systeme wie des Umweltzeichens, des Öko-Audits oder sonstiger Maßnahmen.

(7) Jede Vertragspartei

a) veröffentlicht die Tatsachen und Tatsachenanalysen, die ihres Erachtens bei der Ausarbeitung wichtiger umweltpolitischer Vorschläge relevant und wesentlich sind;
b) veröffentlicht verfügbares erläuterndes Material über ihren Umgang mit der Öffentlichkeit in Angelegenheiten, die unter dieses Übereinkommen fallen, oder macht dieses Material auf andere Art und Weise zugänglich und
c) stellt in geeigneter Form Informationen über die Wahrnehmung öffentlicher Aufgaben oder die Erbringung öffentlicher Dienstleistungen im Zusammenhang mit der Umwelt durch alle Ebenen der öffentlichen Verwaltung zur Verfügung.

(8) Jede Vertragspartei entwickelt Strukturen, um sicherzustellen, dass der Öffentlichkeit ausreichende Produktinformationen zur Verfügung gestellt werden, welche die Verbraucher in die Lage versetzen, eine sachkundige, am Umweltschutz orientierte Auswahl zu treffen.

(9) Jede Vertragspartei ergreift Maßnahmen, um schrittweise und gegebenenfalls unter Berücksichtigung internationaler Entwicklungen ein zusammenhängendes, landesweites System von Verzeichnissen oder Registern zur Erfassung der Umweltverschmutzung in Form einer strukturierten, computergestützten und öffentlich zugänglichen Datenbank aufzubauen; diese Datenbank wird anhand von standardisierten Berichten erstellt. Ein derartiges System kann Einträge, Freisetzungen und Übertragungen bestimmter Stoff- und Produktgruppen, einschließlich Wasser, Energie und Ressourcenverbrauch, aus bestimmten Tätigkeitsbereichen in Umweltmedien sowie in Behandlungs- und Entsorgungsstätten am Standort und außerhalb des Standorts umfassen.

(10) Dieser Artikel lässt das Recht der Vertragsparteien unberührt, die Bekanntgabe bestimmter Informationen über die Umwelt nach Artikel 4 Absätze 3 und 4 abzulehnen.

I. **Informationserhebungspflichten** ... 3
II. **Pflicht zur aktiven Information** ... 13
1. Allgemeine Informationspflicht ... 14
2. Pflicht zur aktiven Information im Gefahrfall ... 16
3. Spezifische Informationspflichten ... 23
III. **Pflichten betreffend die Art und Weise der Zurverfügungstellung von Informationen** ... 27
IV. **Ausnahmen** ... 32

1 **Art. 5 AK** enthält eine Reihe von insgesamt relativ detailliert ausgestalteten Verpflichtungen zur **Erhebung von Informationen**, sowie zur **aktiven Verbreitung von Informationen**, welche für die meisten Vertragsparteien einen gewissen Handlungsbedarf implizierten, insbesondere auch vor dem Hintergrund, dass die aufgeführten zu ergreifenden Maßnahmen einen Min-

deststandard darstellen. Die Bestimmung ist im Zusammenhang mit der Gewährleistung des Zugangs zu Informationen über die Umwelt nach Art. 4 AK zu sehen, da erst die Verfügbarkeit von Umweltinformationen bei den Behörden gewährleistet, dass der Anspruch des Einzelnen auf Zugang nicht ins Leere läuft, so dass Art. 5 AK letztlich auch sicherstellt, dass die Einzelnen auch effektiv die Möglichkeit haben, sich über den Zustand der Umwelt und damit zusammenhängende Aspekte zu informieren und somit die Schaffung der für den Zugang notwendigen Voraussetzungen betrifft.[1] Auch kann es sinnvoll bzw. notwendig sein, die Öffentlichkeit in bestimmten Situationen aktiv und unabhängig von der Geltendmachung eines Anspruchs über bestimmte Gegebenheiten zu informieren.

Die in Art. 5 AK verankerten aktiven Pflichten der Vertragsparteien können in **drei Kategorien** unterteilt werden (I.), (II.), (III.), wobei die Bekanntgabe aber auch eingeschränkt werden kann (IV.): 2

- Die **Informationserhebungspflichten** sollen sicherstellen, dass den Behörden nicht nur ausreichend und aktuelle Informationen für ihre Tätigkeiten vorliegen, sondern auch Systeme geschaffen werden, welche eine stetige Ansammlung von Umweltinformationen ermöglichen.
- Die **aktiven Informationspflichten** sollen sicherstellen, dass gewisse Umweltinformationen „automatisch" an die Öffentlichkeit bzw. die Betroffenen gelangen, dies im Hinblick auf eine allgemein verbesserte Öffentlichkeit der Umweltinformationen einerseits sowie zur Gefahrenabwehr andererseits. Sie können in drei verschiedene Informationspflichten eingeteilt werden: Veröffentlichung substantieller[2] Umweltinformationen, Veröffentlichung von Metainformationen[3] und die aktive Information im Notfall.
- Die Verpflichtung zur Vornahme **praktischer Vorkehrungen** und zur **Installation technischer Einrichtungen** zum Informationszugang soll es ermöglichen, dass die Öffentlichkeit ständig und ohne weitere Kosten Zugang zu einem Grundstock an Informationen hat. Die interessierte Öffentlichkeit soll sich so einen Überblick über die Informationslage verschaffen können, um im nächsten Schritt gezielter und/oder mit weniger Aufwand Zugang zu Umweltinformationen beantragen zu können.

Im Gegensatz zu Art. 4 AK, der sich generell auf Informationen über die Umwelt bezieht, unterscheidet Art. 5 AK somit zwischen substantiellen Umweltinformationen, Meta- oder prozeduralen Informationen sowie Gefahr- oder Notfallinformationen, an welche verschiedene Pflichten geknüpft sind.[4]

Im Übrigen unterscheiden sich die **funktionalen Wirkrichtungen der Art. 4, 5 AK**: Während nach Art. 4 AK ein eigentliches individuelles Recht auf Zugang

1 Vgl. insoweit auch *Bunge*, in: Schlacke/Schrader/Bunge, Aarhus Handbuch, Einleitung, Rn. 20; *Epiney/Scheyli*, Aarhus-Konvention, 35.
2 Substantielle Umweltinformationen sind Informationen nach Art. 2 Ziff. 3 AK. S. dazu oben Art. 2 Rn. 23 ff. Vgl. auch *Epiney/Fasnacht/Pirker/Reitemeyer*, Aktive behördliche Information in Umweltangelegenheiten, 16.
3 Dies sind Informationen über Ablauf und Verfahren sowie Art und Umfang der substantiellen Umweltinformationen. Vgl. *Epiney/Fasnacht/Pirker/Reitemeyer*, Aktive behördliche Information in Umweltangelegenheiten, 16.
4 *Ebbesson et al.*, Aarhus Convention Implementation Guide, 95.

zu Umweltinformationen einzuräumen ist (passive oder reaktive Informationspflicht), betrifft Art. 5 AK von Amtes wegen wahrzunehmende Verpflichtungen zur Erhebung und Bekanntgabe (aktive Informationspflicht).[5]

Art. 4 AK soll also das Informationsbedürfnis der partizipationswilligen Öffentlichkeit stillen, wobei dies kein Selbstzweck ist, sondern auch und gerade im Zusammenhang mit der demokratischen Legitimation öffentlichen Handelns, der Sicherstellung eines effektiven Vollzugs rechtlicher Vorgaben, der Möglichkeit gerichtlicher Geltendmachung von Rechten Einzelner sowie ganz allgemein der Beteiligung Einzelner an Verwaltungsverfahren steht.[6] Art. 5 AK bezweckt – neben der Gewährleistung der Verfügbarkeit gewisser (wichtiger) Umweltinformationen – die Steigerung des Partizipationswillens der Öffentlichkeit durch eine aktive Informationsübermittlung/-bereitstellung. Auch soll die Öffentlichkeit durch die Verbreitung von Informationen über die Umwelt zu einem umweltbewussten Verhalten angeregt werden,[7] und schließlich sind gewisse aktive Informationspflichten im Zusammenhang mit dem Gefahrenschutz zu sehen.

Die Bestimmung steht aktiven Veröffentlichungen von Umweltinformationen nicht entgegen, welche nicht von den Pflichten nach Art. 5 AK erfasst sind: Art. 3 Abs. 5 AK lässt das Recht der Vertragsparteien unberührt, weitergehende Maßnahmen zur Information der Öffentlichkeit beizubehalten oder zu ergreifen, so dass auch die Informationspflichten der Konvention (nur) als Mindeststandard ausgestaltet sind.[8] So bleibt es den Vertragsparteien der Aarhus-Konvention unbenommen, den Behörden ein Recht zur aktiven Information einzuräumen. Darüber hinaus bleibt zu beachten, dass die Ausnahmetatbestände nach Art. 4 Abs. 3, 4 und Art. 5 Abs. 10 AK auch in diesem Zusammenhang nur dispositiver Natur sind. Aus der Aarhus-Konvention kann keine Pflicht abgeleitet werden, wonach im Falle der Einschlägigkeit eines Ausnahmetatbestandes eine aktive oder passive Veröffentlichung zu unterlassen wäre.[9] Zu beachten sind hier allerdings ggf. bestehende sonstige Vorgaben, auch solche des nationalen Rechts, die einer aktiven Information entgegenstehen können.

I. Informationserhebungspflichten

3 Jede Behörde muss im Rahmen ihrer Zuständigkeit bei der Besorgung öffentlicher Aufgaben im Umweltbereich über die hierfür benötigten Informationen verfügen (**Art. 5 Abs. 1 lit. a) AK**). Damit kommt eine eigentliche **Pflicht zur Informationsbeschaffung bzw. Informationserhebung** auf Seiten der Behörden zum Ausdruck, die allerdings nicht mit einem subjektiven Recht der Öffentlichkeit korrespondiert.

4 Im Einzelnen formuliert Art. 5 Abs. 1 lit. a) AK somit im Wesentlichen zwei Vorgaben für die Behörden:

5 *Klein*, Umweltinformation, 7; *Bunge*, in: Schlacke/Schrader/Bunge, Aarhus Handbuch, Einleitung, Rn. 14 ff.

6 Zu diesen Hintergründen des Rechts auf Zugang zu Informationen, mwN, *Epiney*, in: Aktuelle Rechtsfragen und Probleme des freien Informationszugangs, 27 (28 ff.). S. auch schon Vor Art. 4–5 Rn. 2.

7 *Klein*, Umweltinformation, 77 f.; s. auch Vor Art. 4–5 Rn. 2.

8 S. schon oben Art. 3 Rn. 15.

9 S. dazu ausführlicher *Epiney/Fasnacht/Pirker/Reitemeyer*, Aktive behördliche Information in Umweltangelegenheiten, 26 f.

- Erstens müssen sie dafür sorgen, dass sie über diejenigen **Umweltinformationen verfügen**, die für ihre Tätigkeit relevant sind, also mit ihrer Aufgabenerfüllung in Zusammenhang stehen, wobei es auch zu den Aufgaben der Behörden gehört, auf Antrag Zugang zu Umweltinformationen nach Art. 4 Abs. 1 AK zu gewähren.[10]

  Das Merkmal der Relevanz für den Aufgabenbereich der Behörde erweitert dabei den Umfang der bereit zu haltenden Umweltinformationen erheblich, da auch schon mittelbar für die Aufgabenerfüllung bedeutsame Umweltinformationen relevant im Sinne des Art. 5 Abs. 1 lit. a) AK sind. Das *Compliance Committee* erachtet in diesem Zusammenhang insbesondere solche Umweltinformationen als relevant, welche die jeweilige Behörde in ihre Entscheidungen mit einbezieht.[11] Nach Ansicht des *Compliance Committee* müssen die Behörden jedenfalls (soweit es um entsprechende Vorhaben geht) über Umweltverträglichkeitsstudien verfügen, welche ebenfalls Informationen über Methodik und Auswertung der Informationen sowie der verwendeten Modelle zu umfassen haben.[12] Deutlich wird die Reichweite des Mindestumfangs in Betrachtung von Art. 6 Abs. 6 AK,[13] der für die Öffentlichkeitsbeteiligung relevante Informationen auflistet, die in diesem Zusammenhang einen Mindestumfang der vorliegenden Umweltinformationen umschreiben.[14]

- Zweitens sind diese Umweltinformationen ständig **aktuell** zu halten.

  Die Aktualisierungspflicht der bei den Behörden befindlichen Umweltinformationen enthält keine weiteren Vorgaben, so dass die Ausgestaltung der Aktualisierungen durch die Vertragsparteien gestaltet werden kann. Denkbar sind periodische (regelmäßige) Überprüfungen der Aktualität. Ebenfalls möglich sind nicht periodische Aktualisierungen, wonach eine Aktualisierungsüberprüfung dann vorgenommen wird, wenn die jeweilige Information gebraucht oder angefordert wird. Dazu gilt im Sinne des *effet utile* des Art. 5 Abs. 1 lit. a) AK, dass die Aktualisierung innerhalb eines Zeitraumes vorgenommen werden können muss, der keine negativen Auswirkungen auf die Bearbeitungsfrist des Art. 4 Abs. 2 AK entfaltet.

Art. 5 Abs. 1 lit. a) AK unterscheidet die Umweltinformationen nicht nach 5
der **Urheberschaft**, so dass die Behörden (soweit möglich bzw. zulässig) auch verpflichtet sind, Umweltinformationen aus privaten Quellen oder von anderen Vertragsparteien zu besitzen, soweit die Umweltinformationen für die Aufgaben der Behörde relevant und verfügbar sind.[15]

Bedeutsam ist die Urheberschaft der Informationen lediglich in Bezug auf die Weitergabe nach Art. 5 Abs. 10 und Art. 4 Abs. 4 AK, wenn der Urheber der Information einer Bekanntgabe rechtmäßig widerspricht.[16]

Die Pflicht, über Informationen zu verfügen und zu aktualisieren, bedingt 6
die Schaffung bestimmter **verbindlicher Strukturen bzw. Systeme**, die sicherstellen, dass der Behörde die notwendigen Informationen über umwelterhebliche Tätigkeiten, seien sie erst geplant oder bereits im Gang, zur Ver-

10 Vgl. insoweit auch *Ebbesson et al.*, Aarhus Convention Implementation Guide, 97.
11 ACCC/C/2004/3 Ukraine, Rn. 31.
12 ACCC/C/2005/15 Rumänien, Rn. 27.
13 S. dazu ausführlich unten Art. 6 Rn. 44 ff.
14 Ähnlich auch ACCC/C/2005/15 Rumänien, Rn. 30.
15 ACCC/C/2004/3 Ukraine, Rn. 30 f. Vgl. dazu auch *Ebbesson et.al.*, Aarhus Convention Implementation Guide, 97.
16 Zu den Ablehnungsgründen der Bekanntgabe s. o. Art. 4 Rn. 65 ff.

fügung stehen (**Art. 5 Abs. 1 lit. b) AK**). So verpflichtet Art. 5 Abs. 1 lit. b) AK die Vertragsstaaten, Systeme für die Informationsbeschaffung zu implementieren, denen ebenfalls eine Pflicht der Behörden vorausgeht, diese Systeme auch zur Informationserhebung zu nutzen. Die in Art. 5 Abs. 1 lit. b) AK vorgesehene Schaffung verbindlicher Systeme impliziert die Verpflichtung der Vertragsparteien, sowohl **Rechtsgrundlagen** für die Erhebung der entsprechenden Daten zu schaffen, als auch **Strukturen** aufzubauen, die diese Daten erheben und auch verarbeiten können.

7 **Gegenstand** der Pflichten nach Art. 5 Abs. 1 lit. b) AK sind Daten über geplante und laufende **Tätigkeiten**, die sich **erheblich auf die Umwelt** auswirken können, wobei dieser Informationserhebungspflicht in **„angemessenem Umfang"** nachzukommen ist.

Das Merkmal der **Tätigkeiten, die sich erheblich auf die Umwelt auswirken können**, ist im Zusammenhang mit Art. 6 Abs. 1 lit. b) AK und Anhang I AK[17] auszulegen, so dass jedenfalls Tätigkeiten, die in Anhang I AK aufgeführt sind oder in ihren Auswirkungen mit den dort genannten Tätigkeiten vergleichbar sind, erfasst sind.

Art. 5 Abs. 1 lit. b) AK bezieht sich bei den zu erhebenden Informationen zwar nicht ausdrücklich auf Umweltinformationen; jedoch sind Informationen über Tätigkeiten, welche erhebliche Auswirkungen auf die Umwelt entfalten können, nach der Legaldefinition gemäß Art. 2 Ziff. 3 lit. b) AK als Umweltinformationen zu qualifizieren.

8 Auch wenn die Vertragsstaaten somit ausdrücklich zur Informationsbeschaffung verpflichtet werden, bleiben die genauen Konturen dieser in Art. 5 Abs. 1 lit. a), b) AK verankerten Verpflichtungen doch eher **vage**: So wird schon die Frage, welche Informationen für die Erfüllung der Aufgaben einer Behörde relevant sind, in zahlreichen Konstellationen nicht eindeutig zu beantworten sein. Auch die Verpflichtung zur Schaffung verbindlicher Systeme zur Informationserhebung über bestimmte Tätigkeiten bleibt insofern offen formuliert, als ihr Umfang und ihre Tragweite auch durch die unbestimmten Begriffe „angemessener Umfang" und „erheblich" umschrieben wird. Insofern dürfte den Vertragsstaaten bei der Erfüllung der sich aus Art. 5 Abs. 1 lit. a), b) AK ergebenden Pflichten ein eher **weiter Gestaltungsspielraum** zukommen, wenn auch freilich der Rahmen dieser Vorschriften und ihr *effet utile* zu beachten sind.

9 Nichtsdestotrotz bleibt festzuhalten, dass jedenfalls eine allgemeine diesbezügliche Untätigkeit sowie das Unterlassen der Erhebung von für die effektive Erfüllung der behördlichen Aufgaben klar erforderlichen Umweltinformationen nicht mit Art. 5 Abs. 1 lit. a) AK in Einklang stünde. Im Rahmen des Art. 5 Abs. 1 lit. b) AK wäre zumindest die Erhebung von belanglosen Informationen über Tätigkeiten nicht ausreichend, und jedenfalls impliziert die Schaffung von „Systemen" in irgendeiner Form **institutionalisierte „Routinemechanismen"**, so dass rein punktuelles Agieren nicht ausreicht. Zu denken ist etwa an Berichtssysteme von Anlagenbetreibern über Emissionen und Immissionen.[18]

17 S. zu Art. 6 Abs. 1 AK unten Art. 6 Rn. 2 ff.
18 Vgl. *Stec/Casey-Lefkowitz*, The Aarhus Convention – An Implementation Guide, 68 f.; *Butt*, Ausweitung des Rechts auf Umweltinformationen, 88.

Der Pflicht zur Informationserhebung zuzurechnen ist auch die Pflicht zur Einrichtung eines landesweiten **Schadstoffemissionsregisters** (**Art. 5 Abs. 9 AK**), ein sog PRTR (*pollutant release and transfer register*). Die Verpflichtung ist insgesamt generell gehalten und gibt nur allgemeine Vorgaben zu den Inhalten und der Struktur der PRTR vor, mit denen eine strukturierte und öffentlich zugängliche Erfassung von Umweltverschmutzungen ermöglicht werden soll. 10

Die Aufzählung bestimmter Inhalte der PRTR nach Art. 5 Abs. 9 AK stellt für die Vertragsparteien nur einen Anhaltspunkt für die Ausgestaltung eines nationalen PRTR dar, die Art. 5 Abs. 9 AK aber weitestgehend den Vertragsparteien überlässt. Ein Mindestmaß an Informationen haben die PRTR jedoch in Bezug auf Wasserverschmutzung sowie Energie- und Ressourcenverbrauch insbesondere von Abfallverwertungsstätten zu enthalten. Dies ergibt sich schon aus der gesonderten Nennung neben den allgemeinen Stoff- und Produktgruppen und Tätigkeitsbereichen in Umweltmedien.

Eine genauere Ausgestaltung von PRTR ergibt sich jedoch aus dem **Kiew-Protokoll** zur Aarhus-Konvention vom 21. Mai 2003 zu *Pollutant Release and Transfer Registers* (PRTR-Protokoll). Danach ist nicht nur die Einrichtung selbst verbindlich, sondern es werden auch die Struktur und der Mindestinhalt präzisiert (Art. 4, 5 PRTR-Protokoll).[19] 11

Ziel des Protokolls ist die Information der Öffentlichkeit durch PRTR, um Partizipation in öffentlichen Umweltbelangen zu fördern und einer Verschmutzung der Umwelt entgegen zu wirken (Art. 1 PRTR-Protokoll), so dass die staatliche Überwachung der gesetzlich normierten Grenzwerte von Schadstoffen und der Zugang der Öffentlichkeit zu Informationen über die Umwelt erleichtert werden soll.[20] Dazu sollen die zeichnenden Vertragsparteien öffentliche und landesweite Registersysteme einführen, die nach Anlagen, Emittierungsquellen, Schadstoffarten, betroffenen Umweltmedien aufgeschlüsselt sowie benutzerfreundlich sind und in regelmäßigen Abständen aktualisiert werden (Art. 4 PRTR-Protokoll). Die übrigen Bestimmungen zum Zugang zu Informationen durch die Öffentlichkeit in Art. 11 und der Beschränkung des Zugangs in Art. 12 des PRTR-Protokolls sind im Übrigen gleich ausgestaltet wie die der Aarhus-Konvention.

Sofern Vertragsparteien der Konvention das Kiew-Protokoll umsetzten, dürften sie die Vorgaben des Art. 5 Abs. 9 AK erfüllen. Daneben dient das Protokoll auch für nicht durch das Protokoll verpflichtete Vertragsparteien als **Anhaltspunkt für die Umsetzung der Verpflichtung aus Art. 5 Abs. 9 AK**, was sich insbesondere aus der vorgeschriebenen Berücksichtigung der internationalen Entwicklungen ergibt.[21] 12

Die Umsetzung der Vorgaben von Art. 5 Abs. 9 AK ist mit Inkrafttreten des Kiew-Protokolls stark vorangetrieben worden.[22] Der Entwicklung des Kiew-Protokolls zu PRTR gingen eine Reihe von Datenbanken über die Emittierung

19 Innerhalb der EU wurden die sich aus diesem Protokoll ergebenden Verpflichtungen durch die VO 166/2006 umgesetzt. Vgl. hierzu etwa *Thurnherr*, Öffentlichkeit und Geheimhaltung von Umweltinformationen, 149 ff. Speziell zur VO 166/2006 *Röckinghausen*, ZUR 2009, 19 ff.; *Bünger*, JEEPL 2010, 177 ff.

20 *Thurnherr*, Öffentlichkeit und Geheimhaltung, 151; *Butt*, Ausweitung des Rechts auf Umweltinformationen, 101.

21 S. auch *Ebbesson et al.*, Aarhus Convention Implementation Guide, 115.

22 *Ebbesson et al.*, Aarhus Convention Implementation Guide, 95.

von Giftstoffen voraus, die zum Teil als Reaktion auf die verheerenden Folgen des Bhopal-Unglücks im Jahr 1984 in Indien eingeführt worden waren. Die USA entwickelten dazu mit dem *Toxics Release Inventory* als erste Nation Mitte der 1980er Jahre ein nationales Register, in welchem Betreiber von Anlagen die Emittierung von über 600 chemischen Stoffen veröffentlichen mussten. Das erste vergleichbare Instrument in Europa entstand 1990 in den Niederlanden, in welchem Betreiber freiwillig Informationen über den Ausstoß von Giftstoffen veröffentlichen konnten. Ein erstes staatenübergreifendes, verpflichtendes Register in Europa führte 1996 die damalige EG mit dem *European Pollutant Emission Register* (EPER) im Rahmen der RL 96/61 ein.[23]

Die Initiative zum Kiew-Protokoll ist auf Art. 10 Abs. 2 lit. i) AK zurückzuführen, wonach die Vertragsparteien auf ihrem ersten Treffen die Erfahrungen mit der Umsetzung von Art. 5 Abs. 9 AK austauschen sollten und die Entwicklung eines gemeinsamen Instruments zur Umsetzung der Vorgaben von Art. 5 Abs. 9 AK voranzutreiben hatten.[24]

II. Pflicht zur aktiven Information

13 Art. 5 AK verankert eine Reihe mehr oder weniger spezifisch ausgestalteter Pflichten zur **effektiven aktiven Umweltinformation.** Die Hintergründe dieser Informationsverpflichtungen sind unterschiedlich: Teilweise sollen sie sicherstellen, dass die Einzelnen ihre Zugangsrechte effektiv wahrnehmen können, teilweise dienen sie der unmittelbaren Gefahrenvorsorge oder -abwehr, teilweise der allgemeinen Information der Öffentlichkeit.[25] Insgesamt sollen auch sie zu einer umfassenden und effektiven Information der Öffentlichkeit beitragen.

Der Inhalt der zu verbreitenden Informationen lässt sich auch in prozedurale und substantielle Informationen über die Umwelt unterteilen.[26] Substantielle Informationen über die Umwelt sind Informationen, wie sie in Art. 2 Nr. 3 AK beschrieben sind. Inhaltlich sind somit der Zustand von Umweltbestandteilen und beeinflussende Faktoren umfasst.[27] Prozedurale Informationen über die Umwelt sind Informationen ohne direkten Umweltbezug. Sie beinhalten Informationen über den Ablauf der behördlichen Verfahren, Art und Umfang der substantiellen Informationen,[28] über die relevanten rechtlichen Vorschriften sowie die Voraussetzungen der maßgeblichen Umweltverfahren.[29]

---

23 RL 96/61 über die integrierte Vermeidung und Verminderung der Umweltverschmutzung, ABl. 1996 L 257, 26 ff. Heute gilt die RL 2010/75 über Industrieemissionen (integrierte Vermeidung und Verminderung der Umweltverschmutzung), und zur Umsetzung des Protokolls wurde die VO 166/2006 erlassen.

24 S. zur Entstehungsgeschichte des Kiew-Protokolls *UNECE*, Guidance on Implementation of the Protocol on Pollutant Release and Transfer Registers, 1 ff.; *Ebbesson et al.*, Aarhus Convention Implementation Guide, 114 ff.

25 S. insoweit auch schon *Epiney/Fasnacht/Pirker/Reitemeyer*, Aktive behördliche Information in Umweltangelegenheiten, 7 f., 13 f.

26 Zur allgemeinen Einteilung der Informationen im Umweltvölkerrecht vgl. *Klein*, Umweltinformationen, 81 ff.

27 Zum Begriff der Umweltinformation oben Art. 2 Rn. 23 ff.

28 Auch „Meta-Informationen" genannt, vgl. *Thurnherr*, Öffentlichkeit und Geheimhaltung, 147.

29 Vgl. insgesamt *Thurnherr*, Öffentlichkeit und Geheimhaltung von Umweltinformationen, 147; *Butt*, Ausweitung des Rechts auf Umweltinformationen, 90 ff.; *Scheyli*, ArchVR 2000, 217 (232 f.).

1. Allgemeine Informationspflicht

Nach **Art. 5 Abs. 2 AK** haben die Behörden ganz allgemein sicherzustellen, dass der Öffentlichkeit **Umweltinformationen auf transparente Art und Weise** zur Verfügung gestellt werden und das Recht auf **Zugang zu Umweltinformationen auch effektiv wahrgenommen** werden kann. Die Behörden haben die hierfür erforderlichen Maßnahmen zu ergreifen, wozu auch sachdienliche Informationen über die vorhandenen Umweltinformationen und gewisse Verfahren gehören. 14

Insbesondere haben die Behörden nach **Art. 5 Abs. 2 lit. a) AK** über Art und Umfang der bei den Behörden vorhandenen Umweltinformationen zu informieren, was implizit auch Informationen über die Zuständigkeitsverteilungen der Behörden und deren internen Aufbau umfasst. Daneben ist auch über die Voraussetzungen für einen Antrag auf Informationszugang sowie die Verfahrensabläufe, über die Zurverfügungstellung und Zugänglichmachung von Umweltinformationen sowie über das für den Zugang maßgebliche Verfahren zu informieren. **Gegenstand der Informationspflicht** sind somit Meta- oder prozedurale Informationen und damit Informationen, die Aufschluss über die vorhandenen Umweltinformationen bei den Behörden geben, nicht hingegen substantielle Umweltinformationen. 15

Die Art und Weise der Ausgestaltung der aktiven Information ist den Vertragsparteien überlassen, denen hier somit ein sehr weiter **Gestaltungsspielraum** eingeräumt wird. Ein Qualitätsminimum der aktiven Information dürfte sich jedoch aus dem Zusammenhang mit dem Zweck der Förderung des Zugangsrechts nach Art. 4 Abs. 1 AK ergeben: So muss die Information nach Art. 5 Abs. 2 lit. a) AK im Ergebnis so ausgestaltet werden, dass das Stellen eines Gesuchs auf Zugang möglich ist.

In diesem Zusammenhang ist auch auf die Möglichkeit der Einrichtung von sogenannten *public reading rooms* hinzuweisen, wie sie zum Teil US-Behörden einsetzten, um der Öffentlichkeit anhand systematischer Informationskataloge Informationen zur Verfügung stellen, so dass ein Antragsteller eine von den Bearbeitungszeiten der Behörde unabhängige Materialsuche vornehmen kann.[30]

2. Pflicht zur aktiven Information im Gefahrfall

Nach **Art. 5 Abs. 1 lit. c) AK** sind den möglicherweise betroffenen Mitgliedern der Öffentlichkeit unverzüglich alle relevanten, bei der betreffenden Behörde vorhandenen Informationen zu übermitteln, falls eine **unmittelbar bevorstehende Gefahr für die menschliche Gesundheit oder die Umwelt** besteht, damit Maßnahmen zur Vermeidung oder Begrenzung des möglicherweise eintretenden Schadens getroffen werden können. 16

Art. 5 Abs. 1 lit. c) AK bildet eine direkte Schnittstelle zwischen Information und Partizipation, da aus der Information heraus eine Partizipation der Öffentlichkeit zur Gefahrvermeidung oder Schwächung erreicht werden soll.

Allerdings überrascht die systematische Stellung des Art. 5 Abs. 1 lit. c) AK, stehen doch die Informationserhebung und die Gefahrenfallinformation allenfalls in einem losen Zusammenhang. Letztlich lässt sich die Stellung der Bestimmung durch die späte Integration der Informationspflicht im Gefahrenfall

30 Vgl. *Klein*, Umweltinformation, 341.

in die Verhandlungen zur Aarhus-Konvention erklären,[31] und funktional bzw. systematisch stellt Art. 5 Abs. 1 lit. c) AK daher eher einen eigenen Absatz dar.[32]

17 Ob eine solche Gefahr vorliegt, ist unter Berücksichtigung aller Umstände des Einzelfalls und der Vorgaben des Vorsorgeprinzips zu beurteilen, wobei der Behörde jedoch auch hier ein gewisser **Gestaltungsspielraum** einzuräumen ist. Festzuhalten bleibt aber jedenfalls, dass auf eine **akute** („unmittelbar bevorstehende") **Gefahr** Bezug genommen wird, so dass zB die allgemeine (potenzielle) Gefährlichkeit eines Stoffes grundsätzlich für die Bejahung dieser gefahrenbezogenen Informationspflicht nicht ausreicht.

Allerdings dürfte der Wortlaut der deutschen Fassung („unmittelbar bevorstehend") im Vergleich zum verbindlichen englischen (*imminent*) und französischen (*imminente*) Wortlaut zu eng gewählt sein. Der englische und französische Wortlaut lassen jeweils auch die Bedeutung *drohend* im Deutschen zu, welche einen wesentlich weiteren zeitlichen Rahmen setzt. Der deutsche Wortlaut *unmittelbar* impliziert hingegen neben der Bedeutung ohne weitere Zwischenschritte auch, dass die drohende Gefahr in der Zukunft durch keinen oder kaum einen zeitlichen Abstand von der Gegenwart getrennt ist. Dies ist in systematischer Hinsicht mit Blick auf die Rechtsfolge zu eng gewählt und kaum mit dem Sinn und Zweck der Gefahreninformation vereinbar. Wenn die zu übermittelnden Informationen die betroffene Öffentlichkeit in die Lage versetzen sollen, drohenden Schaden zu vermeiden oder zu begrenzen, ist es widersprüchlich, die Informationspflicht erst in dem Moment entstehen zu lassen, in welchem das Zeitfenster zur Erreichung des Zwecks der Information fast (wieder) geschlossen ist. In diesem Sinne ist der *imminent threat* als drohende oder bevorstehende Gefahr zu verstehen, welche sich durch wenige weitere Zwischenschritte oder in zeitlich naher Zukunft in einem Schaden für die menschliche Gesundheit oder Umwelt realisieren kann.

Für die Praxis der Behörden ist insofern auf eine Einzelfallabwägung abzustellen, in der sowohl die Anzahl weitere Zwischenschritte und die zu erwartende Dauer bis zur Schadensrealisierung als auch die Realisierbarkeit der Information und Möglichkeit der betroffenen Öffentlichkeit, geeignete Maßnahmen zur Schadensvermeidung oder -minderung vorzunehmen, einzubeziehen ist.

18 Der **Ursprung der Gefahr** ist unbeachtlich, so dass die Informationspflicht unabhängig von der Verursachung der Gefahr durch menschliche Tätigkeiten oder durch natürliche Ursachen besteht. Des Weiteren löst bereits die unmittelbare Gefahr einer **„einfachen" Beeinträchtigung** für Gesundheit und Umwelt die Informationspflicht aus, so dass keine Erheblichkeitsschwelle formuliert wird. Dies folgt aus dem Vergleich von Art. 5 Abs. 1 lit. c) und Art. 5 Abs. 1 lit. b) AK. Letzterer geht nämlich von erheblichen Auswirkungen auf die Umwelt aus, während Art. 5 Abs. 1 lit. c) AK dazu keine weitere Aussage trifft.

19 Sind die erörterten tatbestandlichen Voraussetzungen gegeben, haben die Behörden den möglicherweise Betroffenen die entsprechenden **Informationen zu übermitteln.** Somit räumt Art. 5 Abs. 1 lit. c) AK den Behörden der

31 So fand sich in den *Draft Elements for the Convention on Access to Environmental Information and Public Participation in Environmental Decision-Making* vom 11.4.1996 noch kein Hinweis auf eine aktive Informationspflicht im Gefahrenfall.

32 Vgl. dazu auch *Butt*, Die Ausweitung des Rechts auf Umweltinformationen durch die Aarhus-Konvention, 89.

Vertragsparteien kein Entschließungsermessen bezüglich der Frage ein, ob Informationen zu übermitteln sind. Den Behörden verbleibt lediglich ein Auswahlermessen in Bezug auf die Adressaten sowie Umfang und Inhalt der jeweiligen Informationen.

Anders als das Recht auf Informationszugang nach Art. 4 Abs. 1 AK, bedarf es keines Antrags eines Mitglieds der Öffentlichkeit um diese Informationspflicht auszulösen.[33]

Der **Inhalt der zu verbreitenden Informationen** ist weit gefasst, da „alle einer Behörde vorliegenden Informationen [...] welche die Öffentlichkeit in die Lage versetzen könnten, Maßnahmen zur Vermeidung oder Begrenzung des durch die Gefahr verursachten Schadens zu ergreifen" an die möglich betroffene Öffentlichkeit weiterzuleiten sind.[34] Um die notwendigen Informationen effektiv zu verbreiten, sind allfällige Notfall- und Katastrophenpläne vorzubereiten sowie Empfehlungen und Notfallübungen für örtliche Behörden zum Verhalten im Gefahrenfall.[35] Eine solche Vorbereitung drängt sich insbesondere vor dem Hintergrund des Effektivitätsgrundsatzes auf, da auf diese Weise Fehlinterpretationen der Informationen vermieden werden können, welche die Situation im Gefahrenfall ansonsten weiter verschlechtern könnten.[36] Ganz allgemein hat sich die Information jedenfalls am jeweiligen Einzelfall zu orientieren, wobei das Anliegen, das höchstmögliche Maß an Selbstschutz der Betroffenen zu erreichen, berücksichtigt werden sollte. 20

Die Formulierung verzichtet ansonsten auf eine rechtsverbindliche Konkretisierung des Mindestinhalts der zu verbreitenden Informationen. Dies hängt zum einen mit dem Bestehen speziellerer Übereinkommen zur Unfallverhütung und -bekämpfung zur Zeit der Verhandlungen und zum anderen mit der späten Integrierung in die aktiven Umweltinformationspflichten zusammen, sah doch Art. 4 des Entwurfs[37] der Arbeitsgruppe zur Aarhus-Konvention noch keine Informationsverpflichtungen im Gefahrenfall vor.[38]

Die Vermeidung oder Begrenzung des durch die Gefahr „verursachten" Schadens ist in der deutschen Fassung sprachlich ungenau, da sich eine Gefahr beim Schadenseintritt bereits realisiert hat und folglich nicht mehr vermieden werden kann. Daher ist mit Blick auf die jeweils verbindliche englische (*harm arising from the threat*) oder französische (*prévenir ou limiter d'éventuels dommages*) Fassung die Rechtsfolge so zu lesen, dass die betroffene Öffentlichkeit Maßnahmen zur Vermeidung oder Begrenzung des durch die Gefahr drohenden Schadens ergreifen kann.[39]

Die Gefahrinformation hat sich an die möglicherweise betroffenen Mitglieder der Öffentlichkeit zu richten,[40] so dass den Vertragsstaaten auch bezüglich des **Adressatenkreises** ein gewisser Gestaltungsspielraum einge- 21

33 ACCC/C/2009/38 Vereinigtes Königreich, Rn. 78.
34 Vgl. auch *Klein*, Umweltinformationen, 145.
35 Vgl. auch *Ebbesson et al.*, Aarhus Convention Implementation Guide, 94.
36 *Butt*, Ausweitung des Rechts auf Umweltinformationen, 90.
37 *Draft Elements for the Convention on Access to Environmental Information and Public Participation in Environmental Decision-Making* vom 11. April 1996.
38 Vgl. hierzu *Klein*, Umweltinformationen, 146.
39 S. dazu auch *Butt*, Die Ausweitung des Rechts auf Umweltinformationen durch die Aarhus-Konvention, 89.
40 S. zum Begriff der (betroffenen) Öffentlichkeit oben Art. Rn. 27 ff.

räumt wird. Jedenfalls lässt Art. 5 Abs. 1 lit. c) AK eine Begrenzung des Adressatenkreises zu. Die gesamte Öffentlichkeit ist somit nur in Ausnahmefällen zu informieren.[41] Die Betroffenheit ergibt sich dabei aus der Gefahr sowie dem drohenden Schaden und ist im Einzelfall zu bestimmen. Die Bestimmung des Adressatenkreises ist somit eine Prognoseentscheidung, deren Überprüfung – übrigens ebenso wie bezüglich des Umfangs und Inhalts der Informationen – aus objektiver ex-ante Sicht vorzunehmen ist.

22 Die Information hat **unverzüglich** (*immediately*) zu erfolgen. Die inhaltliche Ausgestaltung der Unverzüglichkeit hängt vom jeweiligen Einzelfall ab und richtet sich nach der Komplexität der Gefahr und dem möglichen Adressatenkreis. So könnte es im Einzelfall notwendig sein, die Gefahr und die möglichen Auswirkungen genauer zu untersuchen, bevor die betroffene Öffentlichkeit informiert wird. Mit anderen Worten kann dem Erfordernis der Unverzüglichkeit auch dann Rechnung getragen werden, wenn die Analyse einer komplizierten Gefahrenlage mehrere Tage in Anspruch nimmt, bevor eine verlässliche Prognose bezüglich Umfang, Inhalt und Adressatenkreis getroffen werden kann – solange kein (unverhältnismäßiges) Zögern der Behörde vorliegt.

3. Spezifische Informationspflichten

23 Art. 5 Abs. 4, 5, 7 AK nennen weitere Gegenstände, über die aktiv zu informieren ist, wobei es sich – trotz der **spezifischen Nennung bestimmter Dokumente oder Gegenstände** – letztlich (auch) um eher **allgemeine Informationen** handelt.

24 Nach **Art. 5 Abs. 4 AK** ist in regelmäßigen Abständen (höchstens vier Jahre) ein **nationaler Umweltbericht** – so dass es um substantielle Umweltinformationen, die sich auf das Hoheitsgebiet der jeweiligen Vertragspartei beziehen müssen, geht – zu veröffentlichen und zu verbreiten.

Inhaltlich ist ein zusammenfassender Bericht über den Zustand der Umwelt abzugeben. Dies beinhaltet Angaben zur Qualität der Umwelt, sowie über Umweltbelastungen.[42] Der Detailreichtum der Berichte ist ansonsten nicht vorgegeben, lässt sich aber aus ihrer Funktion bestimmen. So soll die Öffentlichkeit anhand der Berichte die Entwicklung der Umwelt über mehrere Jahre ablesen und vergleichen können.[43] Dies gestattet der Öffentlichkeit, Auswirkungen von Maßnahmen besser einzuschätzen, was wiederum zu einer Verbesserung der Partizipation führen kann. Dazu hat der Bericht auch Angaben über die Umweltbelastungen zu enthalten. Mit Blick auf Sinn und Zweck des Art. 5 Abs. 4 AK, den Grad der Information in der Öffentlichkeit so zu erhöhen, dass diese effektiv von ihren weiteren Rechten im Bereich der Umweltinformation und -partizipation Gebrauch machen kann, hat der Bericht so ausführlich zu sein, dass die nach Art. 6-8 AK vorgesehene Partizipation an Um-

---

41 Ein Verzicht auf die Eingrenzung des Adressatenkreises wird in der Literatur teilweise als der Gefahrprävention abträglich angesehen, da Nichtbetroffene zu Überreaktionen oder Fehlverhalten animiert werden könnten, sowie eine langfristige Abstumpfung durch Überinformation drohen könne, vgl. *Klein*, Umweltinformation, 327.

42 Vgl. insoweit auch den Wortlaut des Art. 5 Abs. 4 AK.

43 Vgl. *Stec/Casey-Lefkowitz*, The Aarhus Convention – An Implementation Guide, 77; s. auch *Ebbesson et al.*, Aarhus Convention Implementation Guide, 108.

weltprojekten gefördert werden kann. Insofern müssen die Berichte mindestens solche Informationen über den Stand der Umwelt umfassen, welche in ihrer Intensität Projekten entsprechen, die eine Partizipation der Öffentlichkeit nach Art. 6 AK erforderte. Die nationalen Berichte sollen jedoch keine einseitigen Berichterstattungen über Errungenschaften und Verbesserungen darstellen, sondern einer gewissen Objektivität genügen. Die Anforderung der Objektivität lässt sich auch aus der Unterscheidung zwischen Berichten und Politiken in Art. 5 Abs. 3 lit. a) und lit. c) AK entnehmen. Danach sind die Berichte über die Umwelt gerade nicht Politiken im Umweltbereich.

Die Verpflichtung zur **Regelmäßigkeit der Berichterstattung** führt auch dazu, dass die Vertragsparteien durch eigenes Handeln eine Selbstverpflichtung begründen. Zum Beispiel führten regelmäßige Veröffentlichungen in Abständen von zwei Jahren dazu, dass grundsätzlich weitere Berichte in diesem Intervall zu veröffentlichen und diesbezügliche Modifikationen vorher anzukündigen sind. Der durch die Berichte abzudeckende Zeitraum umfasst die Zeit seit dem letzten Bericht. Sofern eine Vertragspartei erstmalig einen Bericht über den Zustand Umwelt verfasst, sollte – in Anknüpfung an die in der Vorschrift genannten Zeiträume – neben dem Ist-Zustand ein Zeitraum von drei bis vier Jahren umfasst sein.

Die Verpflichtung zur **Veröffentlichung und zur Verbreitung**, bedeutet nicht nur, dass die Berichte frei zugänglich zu machen sind, sondern auch weitere Maßnahmen zu ergreifen sind, um die Berichte in das Bewusstsein der Öffentlichkeit zu bringen. Verbreiten im Sinne von Art. 5 Abs. 4 AK geht über das passive Zugänglichmachen der Informationen hinaus und verlangt einen gewissen Einsatz der Vertragsparteien und deren Behörden, die Berichte der Öffentlichkeit zur Kenntnis zu bringen. Das Verbreiten umfasst dabei insbesondere Hinweise auf die Stellen, bei denen die Berichte veröffentlicht bzw. zugänglich sind. Insgesamt ist es jedoch den Vertragsparteien überlassen, die Verbreitung effektiv zu gestalten.[44]

Art. 5 Abs. 5 AK verankert die Pflicht zur Verbreitung **offizieller Dokumente** (insbesondere Pläne verschiedener Art) und **gesetzlicher Grundlagen** (national und international), so dass es hier um verschiedene prozedurale Umweltinformationen geht. 25

Verbreitung bedeutet auch hier (wie bei Art. 5 Abs. 4 AK), dass die Informationen aktiv der Öffentlichkeit unterbreitet werden müssen, so dass die bloße Veröffentlichung der prozeduralen Informationen nicht ausreicht. Zum einen ergibt sich die Veröffentlichung von Gesetzen im Allgemeinen ohnehin aus rechtsstaatlichen Gesichtspunkten. Zum anderen führt der Wortlaut des Art. 5 Abs. 5 AK – im Gegensatz zu Art. 5 Abs. 4 AK – die Veröffentlichung der Informationen nicht als weitere Pflicht auf, was dafür spricht, dass die Pflicht zur Verbreitung über die Veröffentlichung hinausgeht.[45]

Zwar nimmt Art. 5 Abs. 5 AK auf den „Rahmen“ der Rechtsvorschriften der Vertragsparteien Bezug, innerhalb dessen die Verbreitung der erfassten Dokumente sicherzustellen ist, was auf den ersten Blick den Eindruck entstehen lassen könnte, die in Art. 5 Abs. 5 AK formulierte Verpflichtung stehe ganz allgemein unter einer Art Vorbehalt des nationalen Rechts. Eine solche Sicht stünde jedoch nicht mit dem *effet utile* der Bestimmung im Einklang, implizierte sie doch, dass auf eine Verbreitung auch verzichtet werden könnte, wenn das

44 Wie auch bei Art. 5 Abs. 5 AK. S. hierzu auch *Ebbesson et al.*, Aarhus Convention Implementation Guide, 108.

45 So auch *Ebbesson et al.*, Aarhus Convention Implementation Guide, 108.

innerstaatliche Recht dies vorsieht. Vor diesem Hintergrund ist dieser „Vorbehalt“ so zu verstehen, dass sich die Modalitäten nach den einschlägigen Vorgaben des nationalen Rechts richten, jedoch der Grundsatz der Verbreitung zwingend vorzusehen ist. Nicht zu verkennen ist jedoch, dass den Vertragsstaaten bei der Frage der Art und Weise der Verbreitung ein beachtlicher Gestaltungsspielraum zusteht.

Art. 5 Abs. 5 AK teilt die zu verbreitenden Informationen in drei Gruppen auf: in nationale Gesetze und Dokumente mit Umweltbezug, völkerrechtliche Verträge sowie sonstige internationale Dokumente mit Umweltbezug. Während Dokumente der ersten beiden Kategorien jedenfalls zu verbreiten sind, ist dies bei der letzten Kategorie nur „soweit angemessen“ der Fall. Auch wenn die Angemessenheit in diesem Zusammenhang unter Rückgriff auf die Förderung des Zwecks der Aarhus-Konvention zu präzisieren und dann zu bejahen ist, wenn das jeweilige Dokument mit überwiegender Wahrscheinlichkeit von Relevanz für das öffentliche Interesse ist,[46] verbleibt den Vertragsstaaten hier doch auch in Bezug auf die Frage, ob eine Verbreitung stattzufinden hat, ein erheblicher Gestaltungsspielraum – im Gegensatz zu den beiden anderen Konstellationen, in denen eine Verbreitung jedenfalls zu erfolgen hat.

26 **Art. 5 Abs. 7 AK** sind weitere zu veröffentlichende Angaben zu entnehmen:

- **Tatsachen oder Tatsachenanalysen**, die für die Ausarbeitung wichtiger umweltpolitischer Vorschläge relevant und wesentlich sind;[47]

Die Veröffentlichung der Tatsachen und Tatsachenanalysen (also substantielle Umweltinformationen, im Gegensatz zu den beiden anderen Veröffentlichungspflichten, die prozedurale Umweltinformationen betreffen) dient in erster Linie Art. 7 AK, der für die Beteiligung der Öffentlichkeit bei der Vorbereitung umweltbezogener Pläne und Programme verlangt, dass ihr vorab die erforderlichen Informationen zur Verfügung gestellt werden. In Bezug auf die Frage, welche Tatsaschen relevant und wesentlich sind und somit im Rahmen dieser Vorabinformationen zu veröffentlichen sind, kommt den Vertragsstaaten ein beachtlicher Gestaltungsspielraum zu.[48] Soweit bestimmte Tatsachen und Tatsachenanalysen einem umweltpolitischen Vorschlag zu Grunde liegen, wird man jedoch auch von deren Relevanz und Wesentlichkeit ausgehen können.[49] Ansonsten wäre die Beteiligung im Rahmen des Art. 7 AK nicht in dem vorgesehenen Maße möglich.

Im Übrigen ist die Wichtigkeit dieser Vorschläge nicht nur in Abhängigkeit von ihren Auswirkungen auf die Umwelt zu bemessen, sondern hat auch die Größe und den Umfang der umweltpolitischen Planung zu berücksichtigen. Die deutsche Übersetzung ist insofern ungenau, als sich der englische Wortlaut (*major environmental policy proposals)* nicht nur auf die Wichtigkeit der Planungen und/oder Vorschläge bezieht, sondern auch große und umfangreiche Planungen ein *major environmental policy proposal* darstellen können.

46 *Ebbesson et al.*, Aarhus Convention Implementation Guide, 109 f.

47 Nur am Rande sei in diesem Zusammenhang erwähnt, dass die Umweltinformationsrichtlinie (RL 2003/4), die die Aarhus-Konvention in der Union umsetzen soll, diese Kategorie zu veröffentlichender Umweltinformationen in Art. 7 RL 2003/4 nicht eigens aufführt. Damit wird die Frage aufgeworfen, ob die Umsetzung dieser Verpflichtung in der Union tatsächlich den Anforderungen der Konvention entspricht.

48 S. schon *Stec/Casey-Lefkowitz*, The Aarhus Convention – An Implementation Guide, 80.

49 S. insoweit auch *Ebbesson et al.*, Aarhus Convention Implementation Guide, 108.

- erläuterndes Material (soweit verfügbar, so dass keine Pflicht zur Neuerstellung besteht) über den **Umgang mit der Öffentlichkeit** in Angelegenheiten, die unter das Abkommen fallen;

  Den Vertragsparteien steht es hier auch offen, die Informationen auf andere Art und Weise zugänglich zu machen. Hiermit dürfte in erster Linie die Einrichtung von Informationsstellen oder sog „*Helpdesks*" umfasst sein, welche das Material zur Verfügung stellen oder die Information direkt mitteilen.[50]

- Informationen über die **Wahrnehmung öffentlicher Aufgaben** oder die Erbringung öffentlicher Dienstleistungen im Zusammenhang mit der Umwelt.

  Diese Informationspflicht betrifft das Handeln der Behörden in den Vertragsparteien auf allen Ebenen der öffentlichen Verwaltung und dient der Aufklärung über die verwaltungstechnische Umsetzung der Konvention. Diese Informationen umfassen somit die allgemeinen Handlungsweisen und Handlungsmöglichkeiten der Behörden in Umweltbelangen.

  Das Ziel dieser Verpflichtung besteht damit in erster Linie darin, der Öffentlichkeit die möglichen Verwaltungsverfahren im Zusammenhang mit der Umwelt darzulegen, so dass diese jeweils die „richtigen" Verfahren bei den zuständigen Behörden initiieren und gleichzeitig eine gewisse Überwachungsfunktion wahrnehmen kann.[51] Der Wortlaut beschränkt sich dabei nicht auf Verfahren, welche die drei Säulen der Aarhus-Konvention umfassen, sondern statuiert eine Informationspflicht, die das komplette öffentliche Verfahrensspektrum mit Bezug zur Umwelt umfasst. Über die möglichen Verfahrensarten mit Umweltbezug hinaus ist Art. 5 Abs. 7 lit. c) AK jedoch keine Informationspflicht zu entnehmen.

  Die Art und Weise der Information überlässt Art. 5 Abs. 7 lit. c) AK den Vertragsparteien, gebietet aber die Geeignetheit der Form für die Wahrnehmung der Informationen durch die Öffentlichkeit. Eine mögliche Variante dürfte die Information in Form eines Tätigkeitsberichtes sein, der in Verbindung mit dem Umweltbericht gemäß Art. 5 Abs. 4 AK erstellt wird.[52] Im Gegensatz zu Art. 5 Abs. 4 AK sieht Art. 5 Abs. 7 lit. c) AK keine besonderen Intervalle vor bzw. hebt einen besonderen Aktualitätsbezug der Informationen hervor. Mit Blick auf eine effektive Umsetzung des Art. 5 Abs. 7 lit. c) AK sollten die Informationen über die Wahrnehmung der öffentlichen Aufgaben in Anlehnung an Art. 5 Abs. 4 AK regelmäßig in Abständen von nicht mehr als drei bis vier Jahren aktualisiert werden.

III. Pflichten betreffend die Art und Weise der Zurverfügungstellung von Informationen

Art. 5 AK enthält schließlich noch einige Vorgaben, die sich letztlich auf die **konkrete Art der Verfügbarmachung von Informationen** beziehen.[53] 27

---

50 Anders aber wohl *Ebbesson et al.*, Aarhus Convention Implementation Guide, 112, welche die elektronische oder Teletextveröffentlichung als Veröffentlichung auf andere Art und Weise aufführen. Diese Formen der Veröffentlichung sind jedoch schon vom Wortlaut der Veröffentlichung umfasst, so dass mit der Zugänglichmachung auf andere Art und Weise nicht die üblichen Veröffentlichungsformen umfasst sein dürften.

51 Vgl. *Ebbesson et. al.*, Aarhus Convention Implementation Guide, 112 f.

52 *Ebbesson et al.*, Aarhus Convention Implementation Guide, 112 f.

53 Vgl. im Einzelnen und ausführlich zu diesen Pflichten *Butt*, Ausweitung des Rechts auf Umweltinformation, 87 ff.

Leitmotiv dieser Vorgaben ist das Anliegen, die umweltrelevanten Informationen der Öffentlichkeit in **transparenter Weise** zugänglich zu machen, so dass ein effektiver Zugriff auf die Informationen sichergestellt werden kann.[54]

28 **Art. 5 Abs. 2 lit. b) AK** verpflichtet die Vertragsparteien, **praktische Vorkehrungen** (wie das Führen öffentlich zugänglicher Listen oder Datensammlungen oder die Benennung von Kontaktstellen) zu treffen und beizubehalten (so dass die Vorkehrungen von Dauer sein und aktuell gehalten werden müssen), um den Zugang zu Umweltinformationen zu erleichtern. Die Vertragsparteien haben sich bei der Umsetzung (auch) dieser Maßnahmen an internen Standards messen zu lassen, so dass die Art und Weise der praktischen Vorkehrungen in Angelegenheiten der Umweltinformationen mindestens dem Standard entsprechen muss, wie er auch für die übrigen Informationsanfragen gilt.[55]

Die aufgeführten **Regelbeispiele** sind nicht abschließend, stellen aber einen **Mindestgehalt** an praktischen Vorkehrungen dar. Von besonderer Bedeutung dürfte die Verpflichtung, öffentlich zugängliche Listen, Register oder Datensammlungen zu führen, sein. Allerdings räumt diese Vorgabe – wie auch die anderen in dieser Bestimmung aufgeführten Beispiele – den Vertragsstaaten einen beträchtlichen Gestaltungsspielraum ein.

29 Gemäß **Art. 5 Abs. 2 lit. c) AK** ist ein **gebührenfreier Zugang** zu öffentlich zugänglichen Listen, Registern oder Datensammlungen zu gewährleisten.

Aus systematischer Sicht ist Art. 5 Abs. 2 lit. c) AK bzw. seine Verortung wenig gelungen, steht diese Bestimmung doch in engem Zusammenhang mit Art. 5 Abs. 2 lit. b) Ziff. i) AK. Weiter sind ihr weder eine weitere Pflicht zu bestimmten praktischen Vorkehrungen zu entnehmen noch bezieht sie sich auf weitere praktische Vorkehrungen, so dass ein eigenständiger Regelungspunkt auf dieser systematischen Ebene überflüssig gewesen wäre.

30 Weiter sind Umweltinformationen **zunehmend** in **elektronischen und leicht zugänglichen Datenbanken** zur Verfügung zu stellen, wobei die Bestimmung die hiervon in jedem Fall erfassten Informationen im Einzelnen aufführt (**Art. 5 Abs. 3 AK**).

Gemeint ist damit ein barrierefreier Zugang über das **Internet**. Wichtig ist dabei jedoch, dass der elektronische Zugang zu Informationen über die Umwelt nicht oder jedenfalls nicht vollständig die traditionellen Informationswege verdrängt. Ansonsten könnten Teile der Öffentlichkeit, welche mit den neuen Informationswegen nicht vertraut sind oder die technischen Möglichkeiten aus anderen Gründen nicht nutzen können, vom Zugang zu den Informationen abgeschnitten werden.[56] Gleichzeitig ist die zeitliche Dimension bzw. die Bezugnahme auf die „zunehmende" Veröffentlichung im Internet in Abhängigkeit von der Entwicklung der Technologie sowie des Rückgriffs auf Informationstechnologie im Alltag zu bestimmen, wobei auch der jeweilige Infrastrukturstand in den verschiedenen Vertragsparteien zu berücksichtigen ist, so dass der Internetzugang zu Umweltinformationen dem jeweils vorherrschen-

54 S. schon *Epiney*, in: Fluck/Fischer/Fetzer, Kommentar Aarhus-Konvention, Art. 4-5, Rn. 31; s. auch *Thurnherr*, Öffentlichkeit und Geheimhaltung, 146.

55 Dies dürfte sich schon aus dem Diskriminierungsverbot des Art. 3 Abs. 9 AK ergeben, hierzu Art. 3 Rn. 20.

56 S. schon *Stec/Casey-Lefkowitz*, The Aarhus Convention – An Implementation Guide, 75. S. auch *Ebbesson et al.*, Aarhus Convention Implementation Guide, 105 f.

den Stand der Technik anzupassen ist. Daneben können die Vertragsparteien in Angelegenheiten der Umweltinformationen keine geringeren Standards ansetzen, als sie in übrigen behördlichen Angelegenheiten anwenden.[57]

Die Anforderung, dass der Zugang **leicht zugänglich** sein soll, bezieht sich sowohl auf die technische Ausgestaltung des Zugangs als auch auf weitere Umstände, wie eventuelle Anmeldeverfahren. Der Zugang muss nicht notwendigerweise kostenlos sein, aber ein etwaiger kostenpflichtiger Zugang hat sich im Rahmen des Art. 4 Abs. 8 AK zu bewegen.[58]

Die **erfassten Informationen** sind größtenteils allgemeine substantielle Informationen, wobei die Aufzählung nicht abschließend ist. Im Einzelnen werden folgende Dokumente erwähnt:

- die nach Art. 5 Abs. 4 AK zu erstellenden regelmäßigen Berichte über den Zustand der Umwelt (Art. 5 Abs. 3 lit. a) AK);[59]
- Texte von Umweltgesetzen oder von Gesetzen mit Umweltbezug (Art. 5 Abs. 3 lit. b) AK), wobei nicht präzisiert wird, unter welchen Voraussetzungen ein solcher Umweltbezug anzunehmen ist, wobei wohl Vieles dafür spricht, an die Definition der Umweltinformationen[60] anzuknüpfen;
- Politiken, Pläne und Programme über die Umwelt oder mit Umweltbezug sowie Umweltvereinbarungen, dies soweit angemessen (Art. 5 Abs. 3 lit. c) AK), was sich sowohl auf die Auswahl als auch den Umfang der Zugänglichkeitsmachung bezieht, wobei jeweils auch immer das öffentliche Interesse an einem vereinfachten Zugang über das Internet zu berücksichtigen ist, was etwa bei aktuellen Vorhaben relevant ist, womit der weite Gestaltungsspielraum der Vertragsstaaten etwas beschränkt wird;
- sonstige Informationen (Art. 5 Abs. 3 lit. d) AK), wobei den Vertragsstaaten hier ein erheblicher Gestaltungsspielraum verbleibt, so dass eine Verletzung dieser Pflicht nur schwer vorstellbar ist.

Deutlich wird damit, dass die skizzierten Pflichten zu geeigneten praktischen Vorkehrungen im Hinblick auf die Verbreitung von Umweltinformationen in ihrer **Ausgestaltung** insgesamt **flexibel** sind, wie insbesondere durch die Verwendung von Regelbeispielen,[61] den Verweis auf die Umsetzung nach den „innerstaatlichen Rechtsvorschriften"[62] oder auf Entwicklungsgebote[63] deutlich wird.[64] Dies ändert freilich nichts daran, dass – wie aufgezeigt – gewisse Mindestanforderungen formuliert werden können. 31

Neben den erwähnten Pflichten der Vertragsstaaten ist noch auf zwei weitere Vorgaben hinzuweisen, deren normativer Gehalt jedoch denkbar gering ist:

57 Dies dürfte sich schon aus dem Diskriminierungsverbot des Art. 3 Abs. 9 AK ergeben, hierzu Art. 3 Rn. 20.

58 S. dazu Art. 4 Rn. 17 ff.

59 Hierzu oben Art. 5 Rn. 24.

60 Hierzu oben Art. 2 Rn. 23 ff.

61 Art. 5 Abs. 2 AK („dazu gehört unter anderem"); Art. 5 Abs. 2 lit. b) AK („wie zum Beispiel"); Art. 5 Abs. 3 AK „sollte folgendes gehören".

62 Art. 5 Abs. 2 AK.

63 So zB Art. 5 Abs. 3 AK „stellt sicher, dass [...] zunehmend".

64 Zur Offenheit der genauen Verpflichtungen der Vertragsparteien etwa *Butt*, Ausweitung des Rechts auf Umweltinformationen, 96, *Thurnherr*, Öffentlichkeit und Geheimhaltung, 146.

- Gemäß **Art. 5 Abs. 6 AK** sollen die Vertragsparteien Betreiber[65] „ermutigen",[66] an einem freiwilligen System von Umweltzeichen oder Öko-Audits teilzunehmen, um der Öffentlichkeit Anhaltspunkte über die Umweltauswirkungen ihrer Tätigkeiten zu liefern. Die Verpflichtung der Vertragsparteien ist somit insgesamt eher vage gehalten und lässt auch in der Umsetzung größere Spielräume zu.[67]

  In diesem Zusammenhang ist auf Art. 17 Abs. 2 VO 596/2014 (Marktmissbrauchsverordnung) hinzuweisen, wonach die Teilnehmer am Markt und die mit diesen Teilnehmern verbundenen Unternehmen oder Mutterunternehmen für Emissionszertifikate einer Ad-hoc-Publizitätspflicht unterfallen, wenn die Emissionen und kumulativ Verbrennungen bestimmte Schwellenwerte überschreiten.[68] Der Umfang der Publizitätspflicht erstreckt sich nach Art. 17 Abs. 2 UAbs. 1 in Verbindung mit Art. 7 Abs. 1 lit. c) VO 596/2014 auf alle nicht öffentlich bekannten Informationen mit direkter oder indirekter Kursrelevanz für eines oder mehrere Emissionszertifikate. Die Mitteilungspflicht umfasst in diesem Zusammenhang insbesondere Informationen über die Kapazität und Nutzung von Emissionen emittierenden Anlagen sowie die geplante oder ungeplante Nichtverfügbarkeit dieser Anlagen (Art. 17 Abs. 2 UAbs. 1 VO 596/2014).
- **Art. 5 Abs. 8 AK** verpflichtet die Vertragsparteien zur Entwicklung von Strukturen zur Sicherstellung einer ausreichenden Information der Öffentlichkeit über Produkte, damit die Verbraucher eine sachkundige und am Umweltschutz orientierte Auswahl treffen können. Damit können die Vertragsparteien sowohl verpflichtende Regulierungsmaßnahmen ergreifen als auch auf die freiwillige Teilnahme von Herstellern an Kennzeichnungssystemen setzen. Das Ziel der Entwicklung der Informationsstrukturen und -mechanismen[69] ist, dass diese geeignet sein müssen, Verbrau-

65 Betreiber im Sinne des Art. 5 Abs. 6 AK können sowohl öffentliche als auch private Institutionen und Unternehmen sein, deren Tätigkeiten erhebliche Auswirkungen auf die Umwelt haben können. Diese sind im Zusammenhang mit Art. 6 Abs. 1 lit. b) AK und Anhang I zur AK solche Tätigkeiten, die in Anhang I aufgeführt sind oder in ihren Auswirkungen mit den dort genannten Tätigkeiten vergleichbar sind (hierzu noch unten Art. 6 Rn. 2 ff.), vgl. *Ebbesson et al.*, Aarhus Convention Implementation Guide, 110.

66 Es ist somit ausreichend, wenn die Vertragsparteien unverbindlich an die Betreiber herantreten und die Information der Öffentlichkeit lediglich bewerben. Es besteht daher keine Verpflichtung der Vertragsparteien, Betreiber zur Veröffentlichung von Umweltinformationen in Zusammenhang mit ihrer Tätigkeit zu verpflichten, vgl. *Ebbesson et al.*, Aarhus Convention Implementation Guide, 110.

67 Die Art und Weise der regelmäßigen Information lässt Art. 5 Abs. 6 AK offen und bezieht sich nur soweit angemessen auf die Teilnahme an freiwilligen Systemen wie Umweltzeichen. Festzuhalten bleibt lediglich in Abgrenzung zu Art. 5 Abs. 1 lit. b) AK, dass die Betreiber die Öffentlichkeit direkt und nicht indirekt über die Behörden informieren sollen.

68 S. dazu mit einem kurzen Überblick *Poelzig*, Neue Zeitschrift für Gesellschaftsrecht 2016, 761 (763).

69 Die englische Fassung verwendet den Begriff *mechanisms* statt *structures*, wie es die deutsche Fassung nahelegen könnte. Die deutsche nichtoffizielle Fassung des Art. 5 Abs. 8 AK ist denn auch insgesamt etwas ungenau. Im Vergleich zu den „deutschen" Strukturen stellen Mechanismen (*mechanisms* oder *mécanismes*) ein Minus dar, so dass die Verpflichtung weniger umfangreich ist, als es der deutsche Wortlaut vermuten lässt. Mechanismen bestünden in diesem Zusammenhang bereits bei der Etikettierung von Produkten, wie zum Beispiel durch Bio- oder Ökolabel, wohingegen die Schaffung einer Struktur einen umfangreicheren Verwaltungsaufwand implizierte.

cher in die Lage zu versetzen, fundierte umweltbezogene Entscheidungen zu treffen.

Die Verpflichtung ist insgesamt eher vage ausgestaltet und belässt den Vertragsparteien einen großen Gestaltungsspielraum in der Implementation von Produktinformationsmechanismen. Die in einigen Vertragsparteien eingeführten Maßnahmen sind dabei sowohl freiwilliger als auch verpflichtender Natur und umfassen insbesondere Kennzeichen wie Umwelt- oder Gesundheitslabel.[70] Zum Abschluss der vierten Versammlung der Vertragsparteien erteilten diese der Konventions-Taskforce den Auftrag, den Informationsaustausch zwischen Herstellern und der Öffentlichkeit zu fördern sowie Konzepte und Maßnahmen in diesem Zusammenhang zu entwickeln.[71]

IV. Ausnahmen

Wie sich aus **Art. 5 Abs. 10 AK** ergibt, sind die Ablehnungsgründe gemäß 32
Art. 4 Abs. 3, 4 AK[72] auch in Zusammenhang mit den Veröffentlichungspflichten nach Art. 5 AK von Bedeutung. Dies gilt – wie bereits der Wortlaut und die systematische Stellung nahelegen – auch für die „Notstandsinformationspflicht" des Art. 5 Abs. 1 lit. c) AK; entgegenstehende teleologische Gründe sind nicht ersichtlich, da die (eng auszulegenden) Ablehnungsgründe nach Art. 4 Abs. 3, 4 AK ohnehin der Abwägung zwischen Informationsinteresse und Geheimhaltungsinteresse unterliegen und somit in der Regel für die Ablehnung der Veröffentlichung von Notstandsinformationen in aller Regel wenig bis kein Raum bleiben dürfte.[73]

Vor Art. 6–8

Die zweite Säule der Konvention (Art. 6-8 AK), bereits früh als „großer 1
Fortschritt" bezeichnet,[1] betrifft die **Beteiligung der Öffentlichkeit an umweltbezogenen Verfahren und Aktivitäten** von Behörden. Sie sieht in drei verschiedenen Konstellationen eine Beteiligung der Öffentlichkeit[2] vor: bei konkreten Entscheidungen über bestimmte umweltrelevante Tätigkeiten (Art. 6 AK), bei Plänen, Programmen und Politiken mit Umweltbezug (Art. 7 AK) sowie bei der Vorbereitung bestimmter normativer Vorgänge (Art. 8 AK).[3]

---

70 *Ebbesson et al.*, Aarhus Convention Implementation Guide, 113.

71 ECE/MP.PP/2011/2/Add.1 (decision IV/1), Rn. 7, 8, 11 (a) und (b).

72 Zu diesen oben Art. 4 Rn. 21 ff.

73 Für eine einschränkende Auslegung des Art. 5 Abs. 10 AK allerdings *Ebbesson et al.*, Aarhus Convention Implementation Guide, 117.

1 *Zschiesche*, ZUR 2001, 177 (179). Insbesondere zur Rolle der Konvention in Osteuropa *Jeder*, UTR 2002, 145 (162). Vgl. auch zur Geschichte der Öffentlichkeitsbeteiligung etwa im deutschen Recht *Steinberg*, FS Koch, 253 (254 ff.).

2 Zur Bedeutung der Öffentlichkeitsbeteiligung in diesem Zusammenhang *Rodenhoff*, RECIEL 2002, 343 (346 f.).

3 Vgl. den Überblick bei *Bunge*, in Schlacke/Schrader/Bunge, Aarhus-Handbuch, Einleitung, Rn. 21; *Glaser*, SJER 2016/2017, 9 ff. (zitiert nach Manuskript); *Wates*, JEEPL 2005, 2 (5 f.); *Beyerlin/Marauhn*, International Environmental Law, 237 f. Ausführlich zur Öffentlichkeitsbeteiligung auf der Grundlage der Aarhus-Konvention *Zschiesche*, Öffentlichkeitsbeteiligung, 94 ff.

Die Ausgestaltung der Beteiligung der Öffentlichkeit in der Aarhus-Konvention folgt grob dem Konzept der „Partizipationsleiter" (*ladder of participation*),[4] ohne dass die Konvention jedoch eine bestimmte Theorie der Öffentlichkeitsbeteiligung[5] eindeutig zugrunde legen würde. So dürfte die Ausgestaltung der Öffentlichkeitsbeteiligung in der Konvention auch darauf beruhen, dass die Vorgaben in unterschiedlichen Rechtssystemen in den Vertragsstaaten praktikabel sein müssen; weiter sollte wohl einigen typischen Mängeln traditioneller Systeme der Öffentlichkeitsbeteiligung entgegengetreten werden, wie zB einer zu späten Beteiligung oder der fehlenden (Möglichkeit der) Berücksichtigung der Ergebnisse der Beteiligung.[6] Insgesamt greift die Konvention auf ein zweistufiges Konzept der Öffentlichkeitsbeteiligung bzw. der diesbezüglich eingeräumten Rechte zurück: dem Recht, gehört zu werden, und dem Recht, auf Entscheidungen Einfluss zu nehmen.[7]

Dabei beruht die Idee der Öffentlichkeitsbeteiligung grundsätzlich auf dem von *Habermas* entwickelten Ideal der deliberativen Demokratie, insofern als zur Richtigkeit und Gültigkeit von Entscheidungen dadurch beigetragen werden soll, dass Begründungen anhand der Meinungen jener, die lokales Wissen oder zumindest Interesse am Ausgang des Verfahrens haben, geprüft werden sollen.[8] Darüber hinaus sollen Beteiligungsrechte auch ein Gefühl der Eigentümerschaft (*ownership*) an der letztlich getroffenen Entscheidung herstellen, das lokale und regionale Gemeinschaften übergreift und zum harmonischen Zusammenleben und zur Bildung einer Gemeinschaft beiträgt.[9] Dadurch kann die Akzeptanz auch bei schwierigen Entscheidungen erhöht und „*not in my backyard*"-Stimmungen gegengesteuert werden.[10] Zuletzt kann Öffentlichkeitsbeteiligung auch zumindest als Teilziel dem Individualrechtsschutz dienen.[11]

In der Literatur wird überdies angeregt, neben den Vorgaben der Aarhus-Konvention auch die grundrechtsschützende Funktion des Verfahrens zur Öffentlichkeitsbeteiligung im nationalen Recht mitzudenken, dh auch zu berück-

4 S. zum Ursprung des Konzepts *Arnstein*, Journal of the American Institute for Planners 1969, 216. Vgl. hierzu näher *Enserink*, in: Public Participation in Environmental Decision-Making, 51 (56 ff.).

5 Vgl. zu solchen Theorien *Beierle/Cayford*, Democracy in Practice, *passim*.

6 *Jendroska*, JEEPL 2009, 495 (498). Vgl. zum besonderen Problemfeld von Öffentlichkeitsbeteiligung und direkter Demokratie anhand der schweizerischen Rechtslage *Glaser/Hunkemöller*, EurUP 2015, 12 ff.

7 Vgl. hierzu *Szabó*, in: Environmental Democracy and Law, 95 (101).

8 *Holder*, Environmental Assessment, 194 ff. Vgl. auch mit einer umfassenden Übersicht über die Vorteile einer Beteiligung der Öffentlichkeit *Bándi*, in: Environmental Democracy and Law, 1 (18 f.); *Schomerus*, EurUP 2014, 196 (197 f.); zum Zusammenhang zwischen der gewählten Staatstheorie und der daraus resultierenden Gestaltung von Öffentlichkeitsbeteiligung *Winter*, in: Environmental Democracy and Law, 21 (25 ff.).

9 *Enserink*, in: Public Participation in Environmental Decision-Making, 51 (55). Vgl. auch *Renn et al.*, ZUR 2014, 281 f.

10 Vgl. auch *Arroyo Jiménez*, JEEPL 2014, 232 (246 f.), der anhand der spanischen Rechtslage zeigt, dass die Verwaltungspraxis, die sich zu wenig der Öffentlichkeitsbeteiligung bedient, zu einer erhöhten Zahl von Gerichtsverfahren bei Infrastrukturprojekten führt.

11 Vgl. etwa am Beispiel des Gesundheitsschutzes als zu berücksichtigendem Interesse beim Betrieb eines Bergwerkes *Beckmann*, UPR 2014, 206 (207 f.).

sichtigen, dass auf der Ebene des nationalen Rechts Öffentlichkeitsbeteiligung auch als grundrechtlich abgesichert angesehen werden sollte bzw. könnte.[12]

Inhaltlich bleibt ein gewisser Spielraum für die Vertragsparteien bei der Umsetzung der Vorgaben zur Öffentlichkeitsbeteiligung. Die Vielfalt an Methoden und Bezeichnungen für unterschiedliche Vorgehensweisen bei der Öffentlichkeitsbeteiligung ist beträchtlich. So zählt ein Autor beispielhaft folgende Varianten auf: Aktivierende Befragungen, Bürgerpanel, *Community Organizing*, Diskurs, Demokratiewerkstatt, Fokusgruppe, Kompetenzwerkstatt, Konsensuskonferenz, Nachbarschaftstreff, *Open Space*, Planungszelle, Perspektivenwerkstatt, Runder Tisch, *Town-Hall-Meeting*, *Walt-Disney*-Methode, *World Café* und Zukunftswerkstatt.[13] Die rechtlichen Vorgaben aus der Aarhus-Konvention sind grundsätzlich unabhängig von der gewählten Methode einzuhalten, wobei aber auch keine Verpflichtung besteht, auf eine bestimmte Methode zurückzugreifen,[14] dies selbstverständlich soweit die Vorgaben der Konvention eingehalten werden.

Dabei sei an dieser Stelle auch darauf hingewiesen, dass Öffentlichkeitsbeteiligung nicht als „Allheilmittel“ zu betrachten ist. In der Literatur wird hier angemerkt, dass die Vorschriften zur Beteiligung der Öffentlichkeit in Art. 6-8 AK etwa bei bestimmten hochtechnologischen Tätigkeiten mit besonders hohem Risikopotential, wie CO_2-Sequestrierung, *Fracking*, Nanotechnologie, *Geo-Engineering* oder Atomkraftwerken, eigentlich ungeeignet seien bzw. eher Frustrationen auslösen dürften, da sich die Öffentlichkeitsbeteiligung nur auf die Phase der Suche nach einem Ort für ein Projekt bzw. dessen nähere Einzelheiten, jedoch nicht auf die Nutzung und Sicherheit solcher Tätigkeiten als solche beziehen könne.[15] Auch zeigt sich selbst bei angemessener Umsetzung der Öffentlichkeitsbeteiligung ein wohl nur schwer mit rein rechtlichen Mitteln bekämpfbares Partizipationsparadox: In der Praxis erweist sich nämlich die Bereitschaft zur Beteiligung dann am geringsten, wenn die größten Einflussmöglichkeiten bestehen; der heftigste Widerstand entsteht oft dann, wenn die wesentlichen Entscheidungen bereits getroffen sind.[16]

Die Aarhus-Konvention steht zugleich nicht allein, was Vorschriften zur Öffentlichkeitsbeteiligung betrifft. Im **völkerrechtlichen Kontext**[17] kann so auf eine Reihe von Bestimmungen in unterschiedlichen Regelwerken[18] hingewiesen werden, so die Weltcharta für die Natur,[19] die Klimarahmenkon- 2

12 *Schink*, EurUP 2014, 112 (120); *Steinberg*, FS Koch, 253 (256). Vgl. hingegen skeptisch zur Verankerung von Umweltrechten im Bereich des internationalen Menschenrechtsschutzes *Bándi*, in: Environmental Democracy and Law, 77 (83 f.).

13 *Schwab*, UPR 2014, 281 (284).

14 *Guckelberger*, VerwArch 2012, 31 (56); *Schwab*, UPR 2014, 281 (284).

15 *Jendroska*, JEEPL 2012, 71 (87).

16 *Schwab*, UPR 2014, 281 (284).

17 S. zur Einbettung der Aarhus-Konvention in das Umweltvölkerrecht bereits Einführung Rn. 14 ff.

18 S., mwN, *Kiss*, in: Economic Globalization and Compliance with International Environmental Agreements, 193 (203 f.), der neben einer Reihe weiterer bilateraler und multilateraler Abkommen auch darauf hinweist, dass entgegen dem Trend hin zu verstärkter Beteiligung der Öffentlichkeit auch vereinzelte völkerrechtliche Umweltabkommen keine entsprechenden Bestimmungen enthalten.

19 Generalversammlung der Vereinten Nationen, Beschluss A/RES/37/7, Grundsatz 23.

vention,[20] die Biodiversitäts-Konvention[21] oder insbesondere die Espoo-Konvention.[22]

Im Unionsrecht war die Verpflichtung zur Öffentlichkeitsbeteiligung bereits vor der Unterzeichnung und dem Inkrafttreten der Aarhus-Konvention verankert, so zB in der (alten) Umweltverträglichkeitsrichtlinie (RL 85/337).[23] Heute werden die Verpflichtungen der Aarhus-Konvention zur Öffentlichkeitsbeteiligung insbesondere in der RL 2001/42 (strategische Umweltprüfung) bezüglich bestimmter Pläne und Programme sowie in der RL 2011/92 (UVP-Richtlinie) und der RL 2010/75 (IVU- bzw. Industrieemissionsrichtlinie) bezüglich bestimmter Tätigkeiten bzw. bestimmter Projekte umgesetzt.[24] Genannt werden kann darüber hinaus auch die RL 2000/60 (Wasserrahmenrichtlinie), die Vorgaben für die Erstellung von Plänen und Programmen zur Verbesserung der Wasserqualität und -durchlässigkeit enthält.[25]

Gleichzeitig ist anzumerken, dass die in der zweiten Säule der Aarhus-Konvention verankerte Öffentlichkeitsbeteiligung in engem Zusammenhang mit den anderen beiden Säulen steht, wie auch das *Compliance Committee* feststellte: Eine Verletzung der Rechte auf Öffentlichkeitsbeteiligung könne so dazu führen, dass zB Einwohner eines betroffenen Gebiets sich in einer schlechteren Lage befanden, um eine Entscheidung nach Art. 9 Abs. 2 AK wegen materieller und prozeduraler Mängel anzufechten; die Verletzung von anderen entsprechenden Vorschriften durch eine bestimmte Entscheidung sei somit relevant (*has some relevance*), stelle aber nicht notwendigerweise eine Verletzung der Konvention dar.[26] Noch deutlicher äußerte sich der EuGH und hielt für die dritte Säule, dh den Bereich des Zugangs zu Gerichten, fest, dass Personen wegen der Wahrnehmung von Befugnissen zur Öffentlichkeitsbeteiligung nicht das Recht auf Anfechtung der in der Folge ergangene Entscheidung verwehrt werden dürfe.[27]

3 Die **normative Dichte** der sich aus **Art. 6, 7, 8 AK** ergebenden Verpflichtungen in Bezug auf die Beteiligung der Öffentlichkeit variiert sehr, so dass die **Abgrenzung der Anwendungsbereiche der verschiedenen Bestimmungen**

20 Rahmenübereinkommen der Vereinten Nationen über Klimaänderungen, abgeschlossen in New York am 9. Mai 1992, Art. 41 Abs. i.

21 Übereinkommen über die Biologische Vielfalt, abgeschlossen in Rio de Janeiro am 5. Juni 1992, Art. 14 Abs. 1 lit. a).

22 Übereinkommen über die Umweltverträglichkeitsprüfung im grenzüberschreitenden Rahmen, abgeschlossen in Espoo am 25. Februar 1991, s. insbesondere Art. 2 Abs. 6 über die Berücksichtigung der Umweltverträglichkeitsprüfung, die die Stellungnahmen der Privatpersonen im betroffenen Gebiet miteinschließt.

23 ABl. 1985 L 175, 40 ff.

24 Zur Umsetzung von Öffentlichkeitsbeteiligung im Unionsrecht *Epiney*, Umweltrecht, 6. Kap., Rn. 56, 188 ff.; *Schink*, EurUP 2014, 112 (115); *Krämer*, in: The Aarhus Convention, 79 (87 ff.); *Bunge*, in Schlacke/Schrader/Bunge, Aarhus-Handbuch, Einleitung, Rn. 45 ff. Vgl. im Detail zu den Änderungen durch die RL 2003/35 (ABl. 2003 L 156, 17 ff.) *Onida*, in: Public Participation in Environmental Decision-Making, 23 (26 ff.). Weitere Änderungen erfuhr die RL 2011/92 durch die RL 2014/52, ABl. 2014 L124, 1 ff. S. hierzu *Krämer*, in: The Aarhus Convention, 79 (87 f.).

25 Zu weiteren Rechtsakten bzw. dem von Seiten der Kommission im Mai 2014 wieder zurückgenommenen Vorschlag für eine Erneuerbare-Energien-Richtlinie *Peters*, EurUP 2014, 185 (186). Kritisch zur unsystematischen Umsetzung der Konvention auf Ebene des Unionsrechts bzw. ein unionsrechtliches „Umweltgesetzbuch“ befürwortend *Peters*, EurUP 2014, 185 (195).

26 ACCC/C/2004/2 Kasachstan, Rn. 29.

27 EuGH, Rs. C-263/08 (Djurgården), ECLI:EU:C:2009:631, Rn. 38.

von großer Bedeutung ist. Eine erste, grobe Abgrenzung der Anwendungsbereiche der drei Bestimmungen lässt sich anhand einer Analogie zur üblichen staats- und verwaltungsrechtlichen Systematik vornehmen: Bei Entscheidungen über Aktivitäten im Rahmen des Art. 6 AK handelt es sich dementsprechend um individuell-konkrete Hoheitsakte bzw. Verwaltungsakte, während Art. 8 AK sich auf Fälle der Öffentlichkeitsbeteiligung bei der Vorbereitung generell-abstrakter Rechtsnormen bezieht. Pläne, Programme und Politiken nach Art. 7 AK sind auf dieser Grundlage so hauptsächlich anhand der Merkmale der (fehlenden) Außenwirkung und/oder Rechtsverbindlichkeit zu identifizieren.[28]

Im Übrigen ist jedenfalls die Bezeichnung im nationalen Recht nicht entscheidend.[29] So nahm das *Compliance Committee* in Bezug auf Art. 6 AK unbeeindruckt von der Einstufung im nationalen Recht eine eigene Einstufung vor; im Fall eines „Planes“ für eine Deponieerrichtung befand das *Compliance Committee*, dass ein solcher Plan nicht wie im nationalen Recht vorgesehen unter Art. 7 AK falle, sondern unter Art. 6 AK, da er bereits die Funktion einer Genehmigung habe, ein Projekt an einer bestimmten Stelle durchzuführen und die grundlegenden Parameter des Projektes festlege.[30] Ebensowenig könne die Bezeichnung des jeweiligen Hoheitsakts als „besonderer gesetzgeberischer Akt“ (*specific legislative act*) etwas an der Einschlägigkeit des Art. 6 AK ändern, wenn es sich materiell um eine Entscheidung über eine bestimmte Tätigkeit im Sinne dieser Bestimmung handelt.[31]

Ganz allgemein ist nach Ansicht des *Compliance Committee* maßgeblich auf den Kontext, die inhaltliche Spezifizität und die **Rechtswirkung** des in Frage stehenden Hoheitsakts abzustellen, um diesen unter Art. 6, 7 oder 8 AK richtig einzustufen und somit die unterschiedlichen Anforderungen gemäß den Vorgaben der Konvention anzuwenden,[32] so dass letztlich die Rechtswirkungen und die rechtlichen Auswirkungen des betreffenden Hoheitsakts ausschlaggebend sein dürften.[33] Auf dieser Grundlage dürfte der Schwerpunkt oder das Hauptcharakteristikum des jeweiligen Hoheitsakts maßgeblich

28 *Scheyli*, ArchVR 2000, 217 (240 f.). Vgl. auch *Rodenhoff*, RECIEL 2002, 343 (348), die vorschlägt, im Lichte der Zielsetzungen der Konvention und des Anwendungsbereichs der Art. 6 und 8 AK Art. 7 AK so auszulegen, dass er alle politischen Planungsinstrumente erfasst, die nicht bereits von Art. 6 und 8 AK abgedeckt werden, wie typischerweise Planungsinstrumente mit interner Funktion ohne Bindungswirkung nach außen.

29 ACCC/C/2005/12 Albanien, Rn. 65; ACCC/C/2008/27 Vereinigtes Königreich, Rn. 56; ACCC/C/2011/61 Vereinigtes Königreich, Rn. 56. Diesen Grundsatz hatte das *Compliance Committee* bereits zuvor bei der Einordnung einer nationalen Entscheidung unter Art. 9 Abs. 2, 3 AK entwickelt, vgl. ACCC/C/2005/11 Belgien, Rn. 29, und beschloss, ihn auf die vorliegende Einstufungsfrage ebenfalls anzuwenden.

30 ACCC/C/2006/16 Litauen, Rn. 58.

31 ACCC/C/2011/61 Vereinigtes Königreich, Rn. 56.

32 ACCC/C/2010/53 Vereinigtes Königreich, Rn. 82; ACCC/C/2004/08 Armenien, Rn. 28; ACCC/C/2011/61 Vereinigtes Königreich, Rn. 53 ff. (im zuletzt genannten Fall stellte das *Compliane Committee* fest, ein „Gesetz“ falle nicht schon wegen seiner Bezeichnung und des bei seinem Erlass angewandten Verfahrens unter Art. 8 AK; vielmehr sei maßgeblich, ob es sich um eine Genehmigung für eine bestimmte Tätigkeit handle (diesfalls sei Art. 6 AK einschlägig). S. insoweit auch noch Art. 6 Rn. 4.

33 S. insoweit etwa ACCC/C/2008/26 Österreich, Rn. 50; aus der Literatur *Jendroska*, JEEPL 2012, 71 (86).

sein.[34] In diesem Rahmen wird den Vertragsstaaten durchaus ein gewisser Gestaltungsspielraum eröffnet.[35] Das nationale Recht kann so nach Ansicht des *Compliance Committee* mithilfe der Begriffe „geplante Tätigkeit“ und „Konzept“ die Unterscheidung zwischen spezifischen Entscheidungen nach Art. 6 AK und Plänen und Programmen nach Art. 7 AK widerspiegeln, da die Konvention keine eindeutige Definition der Pläne, Programme und Politiken nach Art. 7 AK enthalte und eine detaillierte Ausführung dem nationalen Gesetzgeber überlasse.[36]

Aufgrund der unterschiedlich weitgehenden Vorgaben der Art. 6-8 AK muss das nationale Recht im Übrigen grundsätzlich so ausgestaltet sein, dass klar ist, ob es sich um unter Art. 6, Art. 7 oder Art. 8 AK fallende Hoheitsakte handelt. Dementsprechend muss bei verschiedenen Rechtsakten im Rahmen eines mehrstufigen Verfahrens geklärt werden, welche Rechtswirkungen diese nach sich ziehen, dies im Hinblick auf die „Einstufung“. Die Notwendigkeit einer eindeutigen Einstufung ergibt sich hierbei (in Bezug auf Art. 6, 7 AK) daraus, dass nur bestimmte Anforderungen des Art. 6 AK auch auf Entscheidungen, die unter Art. 7 AK fallen, anwendbar sind.[37] So stellte das *Compliance Committee* in einem Fall fest, dass das nationale Recht eine Öffentlichkeitsbeteiligung zu unterschiedlichen Stadien des Entscheidungsprozesses vorsehen könne; jedoch sei es problematisch, wenn es die Eigenschaften in verschiedenen Phasen einer „Absicht zur Durchführung einer geplanten Tätigkeit“, einer „geplanten Tätigkeit“ und eines „Konzepts“ nicht genauer ausführe und auch die Wirkungen einer Genehmigungsentscheidung eines Konzeptes unklar blieben. Auch wenn die Unterscheidung zwischen Entscheidungen im Sinne des Art. 6 und 7 AK nicht immer eindeutig auf den ersten Blick zu treffen sei, müssten doch die Rechtswirkungen einzelner Akte eindeutig identifiziert werden, da nur ein Teil der Vorgaben des Art. 6 AK auch unter Art. 7 AK anwendbar seien.[38]

Artikel 6 Öffentlichkeitsbeteiligung an Entscheidungen über bestimmte Tätigkeiten

(1) Jede Vertragspartei

a) wendet diesen Artikel bei Entscheidungen darüber an, ob die in Anhang I aufgeführten geplanten Tätigkeiten zugelassen werden;

b) wendet diesen Artikel in Übereinstimmung mit ihrem innerstaatlichen Recht auch bei Entscheidungen über nicht in Anhang I aufgeführte geplante Tätigkeiten an, die eine erhebliche Auswirkung auf die Umwelt haben können. Zu diesem Zweck bestimmen die Vertragsparteien, ob dieser Artikel Anwendung auf eine derartige geplante Tätigkeit findet;

c) kann – auf der Grundlage einer Einzelfallbetrachtung, sofern eine solche nach innerstaatlichem Recht vorgesehen ist – entscheiden, diesen Artikel nicht auf geplante Tätigkeiten anzuwenden, die Zwecken der

34 S. insoweit zB ACCC/C/2005/12 Albanien, Rn. 67; ACCC/C/2008/27 Vereinigtes Königreich, Rn. 41, 53.

35 So zu einer entsprechenden Trennung im nationalen Recht ACCC/C/2009/43 Armenien, Rn. 49.

36 ACCC/C/2009/43 Armenien, Rn. 49.

37 ACCC/C/2009/43 Armenien, Rn. 52.

38 ACCC/C/2009/43 Armenien, Rn. 52.

Landesverteidigung dienen, wenn diese Vertragspartei der Auffassung ist, dass sich eine derartige Anwendung negativ auf diese Zwecke auswirken würde.

(2) Die betroffene Öffentlichkeit wird im Rahmen umweltbezogener Entscheidungsverfahren je nach Zweckmäßigkeit durch öffentliche Bekanntmachung oder Einzelnen gegenüber in sachgerechter, rechtzeitiger und effektiver Weise frühzeitig unter anderem über folgendes informiert:

a) die geplante Tätigkeit und den Antrag, über den eine Entscheidung gefällt wird;
b) die Art möglicher Entscheidungen oder den Entscheidungsentwurf;
c) die für die Entscheidung zuständige Behörde;
d) das vorgesehene Verfahren, einschließlich der folgenden Informationen, falls und sobald diese zur Verfügung gestellt werden können:
   i) Beginn des Verfahrens;
   ii) Möglichkeiten der Öffentlichkeit, sich zu beteiligen;
   iii) Zeit und Ort vorgesehener öffentlicher Anhörungen;
   iv) Angabe der Behörde, von der relevante Informationen zu erhalten sind, und des Ortes, an dem die Öffentlichkeit Einsicht in die relevanten Informationen nehmen kann;
   v) Angabe der zuständigen Behörde oder der sonstigen amtlichen Stelle, bei der Stellungnahmen oder Fragen eingereicht werden können, sowie der dafür vorgesehenen Fristen und
   vi) Angaben darüber, welche für die geplante Tätigkeit relevanten Informationen über die Umwelt verfügbar sind;
e) die Tatsache, dass die Tätigkeit einem nationalen oder grenzüberschreitenden Verfahren zur Umweltverträglichkeitsprüfung unterliegt.

(3) Die Verfahren zur Öffentlichkeitsbeteiligung sehen jeweils einen angemessenen zeitlichen Rahmen für die verschiedenen Phasen vor, damit ausreichend Zeit zur Verfügung steht, um die Öffentlichkeit nach Absatz 2 zu informieren, und damit der Öffentlichkeit ausreichend Zeit zur effektiven Vorbereitung und Beteiligung während des umweltbezogenen Entscheidungsverfahrens gegeben wird.

(4) Jede Vertragspartei sorgt für eine frühzeitige Öffentlichkeitsbeteiligung zu einem Zeitpunkt, zu dem alle Optionen noch offen sind und eine effektive Öffentlichkeitsbeteiligung stattfinden kann.

(5) Jede Vertragspartei sollte, soweit angemessen, künftige Antragsteller dazu ermutigen, die betroffene Öffentlichkeit zu ermitteln, Gespräche aufzunehmen und über den Zweck ihres Antrags zu informieren, bevor der Antrag auf Genehmigung gestellt wird.

(6) Jede Vertragspartei verpflichtet die zuständigen Behörden, der betroffenen Öffentlichkeit – auf Antrag, sofern innerstaatliches Recht dies vorschreibt – gebührenfrei und sobald verfügbar Zugang zu allen Informationen zu deren Einsichtnahme zu gewähren, die für die in diesem Artikel genannten Entscheidungsverfahren relevant sind und zum Zeitpunkt des Verfahrens zur Öffentlichkeitsbeteiligung zur Verfügung stehen; das Recht der Vertragsparteien, die Bekanntgabe bestimmter Informationen nach Artikel

4 Absätze 3 und 4 abzulehnen, bleibt hiervon unberührt. Zu den relevanten Informationen gehören zumindest und unbeschadet des Artikels 4

a) eine Beschreibung des Standorts sowie der physikalischen und technischen Merkmale der geplanten Tätigkeit, einschließlich einer Schätzung der erwarteten Rückstände und Emissionen;
b) eine Beschreibung der erheblichen Auswirkungen der geplanten Tätigkeit auf die Umwelt;
c) eine Beschreibung der zur Vermeidung und/oder Verringerung der Auswirkungen, einschließlich der Emissionen, vorgesehenen Maßnahmen;
d) eine nichttechnische Zusammenfassung der genannten Informationen;
e) ein Überblick über die wichtigsten vom Antragsteller geprüften Alternativen und
f) in Übereinstimmung mit den innerstaatlichen Rechtsvorschriften die wichtigsten Berichte und Empfehlungen, die an die Behörde zu dem Zeitpunkt gerichtet wurden, zu dem die betroffene Öffentlichkeit nach Absatz 2 informiert wird.

(7) In Verfahren zur Öffentlichkeitsbeteiligung hat die Öffentlichkeit die Möglichkeit, alle von ihr für die geplante Tätigkeit als relevant erachteten Stellungnahmen, Informationen, Analysen oder Meinungen in Schriftform vorzulegen oder gegebenenfalls während einer öffentlichen Anhörung oder Untersuchung mit dem Antragsteller vorzutragen.

(8) Jede Vertragspartei stellt sicher, dass das Ergebnis der Öffentlichkeitsbeteiligung bei der Entscheidung angemessen berücksichtigt wird.

(9) Jede Vertragspartei stellt sicher, dass die Öffentlichkeit, sobald die Behörde die Entscheidung gefällt hat, unverzüglich und im Einklang mit den hierfür passenden Verfahren über die Entscheidung informiert wird. Jede Vertragspartei macht der Öffentlichkeit den Wortlaut der Entscheidung sowie die Gründe und Erwägungen zugänglich, auf die sich diese Entscheidung stützt.

(10) Jede Vertragspartei stellt sicher, dass bei einer durch eine Behörde vorgenommenen Überprüfung oder Aktualisierung der Betriebsbedingungen für eine in Absatz 1 genannte Tätigkeit die Absätze 2 bis 9 sinngemäß und soweit dies angemessen ist Anwendung finden.

(11) Unbeschadet des Artikels 3 Absatz 5 werden die Bestimmungen dieses Artikels nicht bei Entscheidungen darüber angewandt, ob eine absichtliche Freisetzung gentechnisch veränderter Organismen in die Umwelt und ein Inverkehrbringen solcher Organismen genehmigt werden.

Artikel 6bis Öffentlichkeitsbeteiligung an Entscheidungen über eine absichtliche Freisetzung gentechnisch veränderter Organismen in die Umwelt und ein Inverkehrbringen solcher Organismen

(1) Jede Vertragspartei sorgt nach den in Anhang Ibis festgelegten Modalitäten für eine frühzeitige und effektive Information und Öffentlichkeitsbeteiligung, bevor sie eine Entscheidung darüber trifft, ob eine absichtliche Frei-

setzung gentechnisch veränderter Organismen in die Umwelt und ein Inverkehrbringen solcher Organismen genehmigt werden.

(2) Die von den Vertragsparteien nach Absatz 1 festgelegten Vorschriften sollen im Einklang mit den Zielen des Protokolls von Cartagena über die biologische Sicherheit die Bestimmungen ihres innerstaatlichen Rechts auf dem Gebiet der biologischen Sicherheit ergänzen und sich wechselseitig stützen.

I. Sachlicher Anwendungsbereich (Abs. 1 iVm Anhang I, Abs. 10, Abs. 11, Art. 6) 2
1. Allgemeines 3
2. In Anhang I AK aufgeführte Tätigkeiten 11
3. Tätigkeiten mit erheblichen Umweltauswirkungen 16
4. Ausnahmen 19
5. Gentechnisch veränderte Organismen 21

II. Modalitäten der Öffentlichkeitsbeteiligung (Art. 6 Abs. 3, 4, 7, 9) 25
1. Zeitlicher Rahmen (Abs. 3, 4) 26
2. Möglichkeit zur Stellungnahme (Art. 6 Abs. 7) 33
3. Information nach erfolgter Entscheidung (Abs. 9) 39

III. Pflicht zur Unterrichtung der Öffentlichkeit (Art. 6 Abs. 2, 6) 41

IV. Pflicht zur Berücksichtigung (Abs. 8) 50

V. Rechtsfolgen im Falle der Verletzung der Vorgaben zur Öffentlichkeitsbeteiligung 57

Am konkretesten sind die Pflichten der Vertragsstaaten in Bezug auf die Öffentlichkeitsbeteiligung im Rahmen des **Art. 6 AK** ausgestaltet. Diese Bestimmung verpflichtet die Vertragsstaaten, dafür zu sorgen, dass die betroffene Öffentlichkeit[1] bei Entscheidungen über bestimmte Projekte (I.) auf der Grundlage der Pflicht zur Unterrichtung der Öffentlichkeit (II.) nach bestimmten Modalitäten (III.) beteiligt wird, und die Ergebnisse dieser Beteiligung sind in einem gewissen Maß bei der endgültigen Entscheidung zu berücksichtigen (IV.). Schließlich ist kurz auf die Rechtsfolgen einer Verletzung der Vorgaben zur Öffentlichkeitsbeteiligung einzugehen (V.). 1

Zumindest in seinem Titel verlangt Art. 6 AK nicht ausdrücklich einen **Umweltbezug** für die Tätigkeiten, die in seinen Anwendungsbereich fallen. Jedoch kann bereits allein aufgrund des Titels der Aarhus-Konvention davon ausgegangen werden, dass nur solche Tätigkeiten erfasst sind, die umweltbezogen sind.[2] Dabei genügt – auch im Lichte des englischen Vertragstextes (*relating to*) – ein Bezug zu Umweltthemen, während etwa eine Beeinflussung der Umwelt nicht zwingend notwendig ist.[3] Diese Auslegung drängt sich auch vor

1 Zum Begriff oben Art. 2 Rn. 30 ff.

2 ACCC/C/2006/16 Litauen, Rn. 41; ACCC/C/2012/70 Tschechische Republik, Rn. 48.

3 *Ebbesson et al.*, Aarhus Convention Implementation Guide, 176, verweisen darauf, dass in einem solchen Fall etwa der Begriff *affect* hätte verwendet werden müssen. Vgl. auch zur zu engen Umsetzung des Begriffs im Unionsrecht *Krämer*, in: The Aarhus Convention, 79 (88 f.). Teilweise wird hier von einer klar mangelhaften Umsetzung im Unionsrecht ausgegangen, s. hierzu bzw. zum anhängigen Verfahren vor dem *Compliance Committee* (ACCC/C/2014/101 Europäische Union) *Ricketts/Munn*, in: The Aarhus Convention, 121 (127).

dem Hintergrund des Zusammenspiels der Art. 6, 8 AK auf, ist in diesen Bestimmungen doch – im Gegensatz zu Art. 7 S. 1 AK, der lediglich von „umweltbezogenen“ Plänen, Programmen und Politiken spricht – von „erheblichen Auswirkungen auf die Umwelt“ die Rede. Insgesamt ist somit davon auszugehen, dass sich aus dieser niedrigeren Anforderung ein weiter gefasster Anwendungsbereich der Bestimmung ergibt.[4] Infrage kommen so beispielsweise Pläne und Programme in den Bereichen Raumplanung, Güterverkehr, Tourismus, Energie, Schwer- und Leichtindustrie, Wasserwirtschaft oder Gesundheitspolitik.[5] Ein Umweltbezug liegt weiter sicher dann vor, wenn ein Antrag Maßnahmen im Energiesektor vorschlägt, die sich auf die Umwelt auswirken oder zumindest wahrscheinlich auswirken dürften.[6] Im Vergleich hierzu sind der Anwendungsbereich der RL 2001/42 (SUP-Richtlinie) sowie jener des Protokolls zur Espoo-Konvention über die strategische Umweltprüfung enger gefasst und stellen auf die Wahrscheinlichkeit ab, dass Pläne und Programme erhebliche Umweltauswirkungen entfalten.[7]

Art. 6 AK gliedert sich in insgesamt **11 Absätze**, die in der erwähnten thematischen Gruppierung nachfolgend zu erörtern sind.[8]

Neben den daher im Einzelnen zu erörternden Absätzen des Art. 6 AK ist der Vollständigkeit halber noch auf (den ansonsten ausgesparten) **Art. 6 Abs. 5 AK** hinzuweisen: Nach dieser Bestimmung sollen die Vertragsparteien künftige Antragsteller dazu zu ermutigen, bereits vor der Antragstellung selbstständig die betroffene Öffentlichkeit zu ermitteln und Gespräche zu führen sowie über den Zweck des geplanten Antrages zu informieren. Sie kann als Ansatz für die Etablierung eines offeneren Stils der politischen Entscheidungsfindung gewertet werden, bei der die zuständigen Behörden zwar die Kontrolle bewahren,[9] jedoch ihre demokratische Verantwortung mit den Ergebnissen einer umfassenden Öffentlichkeitsbeteiligung in Einklang bringen sollen.[10] Während anderenfalls sich lediglich Öffentlichkeit und Behörde gegenüberstehen, wird so darüber hinaus eine direkte Kommunikation zwischen Antragsteller und betroffener Öffentlichkeit als wünschenswert postuliert.[11] Allerdings ist der normative Gehalt der Vorschrift denkbar gering, ist die Bestimmung doch nur als „Soll-Vorschrift“ formuliert, die zudem nur „soweit angemessen“ zu erfüllen ist.[12] Ein Verstoß gegen diese Vorgabe ist daher – abgesehen von Konstellationen, in denen dem in ihr formulierten Handlungspostulat in keiner Weise nachgekommen wird – allenfalls in Ausnahmefällen denkbar.

4 *Ebbesson et al.*, Aarhus Convention Implementation Guide, 176. S. auch *Jendroska*, JEEPL 2009, 495 (509), der aufgrund der unterschiedlichen Formulierungen davon ausgeht, dass „umweltbezogene“ Pläne und Programme umfassend zu verstehen seien, dh dass eine Öffentlichkeitsbeteiligung auch erforderlich ist, wenn Pläne nicht implizit die Zustimmung zu weiteren Entwicklungsprojekten enthalten, wie zB bei Programmen über Umwelterziehung oder über die Kooperation zwischen Behörden und Umweltschutzorganisationen.

5 *Ebbesson et al.*, Aarhus Convention Implementation Guide, 176.

6 ACCC/C/2012/70 Tschechische Republik, Rn. 50.

7 *Jendroska*, JEEPL 2009, 495 (508).

8 S. für eine Kurzübersicht über die Bestimmungen von Art. 6 AK etwa *Schink*, EurUP 2003, 27 (31 f.); *Verschuuren*, YEEL 2004, 29 (34 f.).

9 Vgl. in diesem Zusammenhang zur Rolle und zu den Verpflichtungen von Behörden bzw. zur Übertragung von Verpflichtungen zur Durchführung der Öffentlichkeitsbeteiligung auf den Projektantragsteller Art. 6 Rn. 42 f.

10 *Verschuuren*, YEEL 2004, 29 (45).

11 *Fisahn*, ZUR 2004, 136 (139).

12 *Scheyli*, ArchVR 2000, 217 (251).

Aufgrund der sehr zurückhaltenden Formulierung des Art. 6 Abs. 5 AK befand auch etwa das Verwaltungsgericht von Marseille, dass der Bestimmung keine unmittelbare Wirkung in der französischen Rechtsordnung zukomme. Das *Compliance Committee* hielt hierzu fest, dass es den Vertragsparteien freistehe, die Konvention unterschiedlich umzusetzen, sei es durch gesetzgeberische Maßnahmen oder durch das Konzept der unmittelbaren Wirkung; jedoch sei „augenscheinlich" (*apparent*), dass eine Verletzung von Art. 6 Abs. 5 AK vorliege, wenn dieser nicht vollständig bzw. gar nicht im nationalen Recht der Parteien wiedergegeben (*reflected*) werde.[13]

Im Übrigen bezieht sich Art. 6 Abs. 5 AK nur auf den Zeitraum vor der Einreichung eines Projektantrags, ist doch die Rede von „künftigen" Projektantragstellern. Danach sind die anderen Verpflichtungen aus Art. 6 AK erneut voll anwendbar. So beeinflusst die Ermittlung der betroffenen Öffentlichkeit durch den künftigen Projektantragsteller nicht, wer tatsächlich später als ebensolche etwa durch die zuständige Behörde eingestuft wird.[14]

I. Sachlicher Anwendungsbereich (Abs. 1 iVm Anhang I, Abs. 10, Abs. 11, Art. 6bis)

Diejenigen Projekte, bei denen eine Beteiligung der Öffentlichkeit gemäß den Vorgaben dieses Artikels erfolgen muss, ergeben sich aus **Art. 6 Abs. 1 iVm Anhang I AK.** Art. 6 Abs. 1 AK umfasst einerseits Entscheidungen über die Zulassung von in Anhang I AK aufgeführten geplanten Tätigkeiten (Art. 6 Abs. 1 lit. a) AK) und andererseits unter bestimmten Voraussetzungen Entscheidungen über nicht in Anhang I aufgeführten Tätigkeiten, die eine erhebliche Auswirkung auf die Umwelt haben können (Art. 6 Abs. 1 lit. b) AK), wobei Ausnahmen für Tätigkeiten zu Zwecken der Landesverteidigung möglich sind (Art. 6 Abs. 1 lit. c) AK). Diese Bestimmungen sollen nachfolgend im Einzelnen erörtert werden (2., 3., 4.), dies auf der Grundlage einiger allgemeiner Ausführungen zum sachlichen Anwendungsbereich der Vorschrift (1.). Schließlich ist noch auf die in Art. 6bis AK geregelte Beteiligung der Öffentlichkeit im Zusammenhang mit der Freisetzung von gentechnisch veränderten Mechanismen einzugehen (5.). 2

1. Allgemeines

Art. 6 Abs. 1 AK bezieht sich allgemein auf „Entscheidungen" über gewisse „Tätigkeiten". Deutlich wird damit zunächst, dass es im Rahmen des Art. 6 AK um **Verwaltungsverfahren bzw. einseitige hoheitliche Handlungen** geht. Nicht von der Bestimmung erfasst werden hingegen nicht administrative Handlungen, wie etwa öffentliche und privatrechtliche Verträge und Absprachen, auch wenn sie einen Umweltbezug haben.[15] 3

Sodann wird durch eine Entscheidung über eine Tätigkeit letztlich die (verbindliche) Feststellung getroffen, dass ein bestimmtes Vorhaben durchgeführt werden darf, so dass es hier letztlich um eine Genehmigung (deren Tragweite freilich unterschiedlich ausgestaltet sein kann) und damit einen **individuell-konkreten Hoheitsakt** geht. Von Bedeutung ist dies in erster Li- 4

13 ACCC/C/2007/22 Frankreich, Rn. 49.
14 *Ebbesson et al.*, Aarhus Convention Implementation Guide, 146.
15 *Jendroska*, in: Environmental Democracy and Law, 113 (122).

nie für die **Abgrenzung des Anwendungsbereichs des Art. 6 AK** von demjenigen der **Art. 7, 8 AK.**[16]

So hielt das *Compliance Committee* in Bezug auf einen „Plan" für eine Deponieerrichtung fest, ein solcher Plan sei nicht (wie es das nationale Recht nahelegen könnte, das aber hier nicht maßgeblich sei)[17] als Plan im Sinn des Art. 7 AK anzusehen, sondern falle unter Art. 6 AK, da er bereits die Funktion einer Genehmigung habe, ein Projekt an einer bestimmten Stelle durchzuführen, und die grundlegenden Parameter des Projektes festlege.[18]

In einem anderen Fall hielt das *Compliance Committee* fest, die in Frage stehende Entscheidung sei als – im Verhältnis zu Art. 7 AK – „charakteristischer" (*more characteristic*) für Art. 6 AK anzusehen, weil sie festlege, wo die Tätigkeit stattfinden solle, auch wenn noch eine Reihe weiterer Genehmigungsentscheidungen (zB Bau-, Umwelt- und Betriebsgenehmigung) vor dem Beginn der Tätigkeit erforderlich sei. Eine solche Entscheidung beziehe sich nämlich auf die Durchführung einer Tätigkeit nach Anhang I an einem bestimmten Ort oder/und durch einen bestimmten Antragsteller.[19] Hingegen weise eine Entscheidung über einen Industrie- und Energiepark demgegenüber eher den Charakter einer „Zonenaktivität" (*zoning activity*) auf, dh sie lege fest, dass in einer bestimmten Gegend gewisse breit gefasste Arten von Tätigkeiten ausgeführt werden dürften und andere nicht. Dies falle daher eher unter Art. 7 AK.[20]

Falls ein bestimmter Hoheitsakt sowohl Entscheidungen im Sinne des Art. 6 AK als auch Pläne o.ä. im Sinne des Art. 7 AK enthält, sind jedenfalls die Anforderungen des Art. 6 AK in Bezug auf die Öffentlichkeitsbeteiligung zu beachten. So betonte auch das *Compliance Committee*, dass zwar Verordnungen, die für ein Gebiet eine bestimmte Art geschäftlicher Nutzung festlegen, typischerweise unter Art. 7 AK zu fassen seien; jedoch sei dies dann nicht der Fall, wenn Verordnungen nicht nur die allgemeine Art der Tätigkeit (zB Industrie, Landwirtschaft), sondern auch die spezielle Tätigkeit (zB Uhrenherstellung, Errichtung diplomatischer Gebäude) und sogar die Namen der Unternehmen, die die Tätigkeiten durchführen sollen, spezifizieren. Hierbei handle es sich aufgrund der jedenfalls teilweisen „Genehmigungswirkung" um Entscheidungen im Sinne des Art. 6 AK, so dass solche Verordnungen neben Rechtsakten im Sinne des Art. 7 AK auch Entscheidungen über bestimmte Tätigkeiten enthielten, woran auch der Umstand nichts ändere, dass die Konvention keine präzise Abgrenzung zwischen Entscheidungen im Sinne des Art. 6 AK und unter Art. 7 AK fallende Hoheitsakte treffe.[21]

Bei der Abgrenzung zwischen Art. 6 AK und Art. 8 AK stützte sich das *Compliance Committee* bisher schwerpunktmäßig auf die Spezifizität des geregelten Sachverhaltes bzw. die Frage, ob es um einen individuell-konkreten Rechtsakt geht. Eine den Verkehr regelnde Verordnung wurde so unter Art. 8 AK gefasst, da sie kein Rechtsakt sei, der eine besondere Tätigkeit regle, son-

16 Zur Abgrenzung bereits Vor Art. 6–8 Rn. 3.
17 S. insoweit bereits Rn. 213.
18 ACCC/C/2006/16 Litauen, Rn. 58.
19 ACCC/C/2005/12 Albanien, Rn. 67.
20 ACCC/C/2005/12 Albanien, Rn. 68.
21 ACCC/C/2004/8 Armenien, Rn. 23 ff. S. auch ACCC/C/2009/38 Vereinigtes Königreich, Rn. 87, wo das *Compliance Committee* festhält, eine eher allgemeine Zielsetzung eines Rechtsakts deute zwar auf die Einschlägigkeit des Art. 7 AK (und nicht des Art. 6 AK) hin; im konkreten Fall schloss das *Compliance Committee* jedoch in Bezug auf einen Zusammenlegungsprüfbericht, dass es sich um ein Dokument bezüglich einer bestimmten Tätigkeit handle und somit Art. 6 AK anwendbar sei.

dern allgemein auf alle Personen in einer vergleichbaren Situation anwendbar sei; darüber hinaus schaffe sie auch verbindliche Pflichten, dies im Gegensatz zu einem Plan oder Programm.[22]

Ein „Hybridgesetz", das vom Parlament nicht in seiner klassisch-legislativen Rolle, sondern aufgrund der Bedeutung des Projekts als effektive öffentliche Behörde beschlossen wird, kann hingegen trotz seines Gesetzescharakters unter Art. 6 AK fallen, kann es hier doch um eine individuell-konkrete Genehmigungsentscheidung gehen. Daher ist Art. 6 AK auch dann anwendbar, wenn es um die Genehmigung von Großprojekten durch die Legislative geht, wie auch das *Compliance Committee* festhielt, dies im Zusammenhang mit einer nationalen Regelung, die die Genehmigung bestimmter Projekte durch die Legislative vorsah, um der Regierung alle notwendigen Vollmachten zu geben, um ein solches Großprojekt in einem konsolidierten Verfahren letztlich zu genehmigen. Hieran ändere auch Art. 2 Ziff. 2 AK, der die Legislative vom Begriff der Behörden im Sinn der Konvention ausschließt, nichts, denn anderenfalls könne eine Vielzahl derartiger Großprojekte, die einer solchen parlamentarischen Genehmigung bedürfen, nicht unter die Verpflichtungen der Konvention fallen, was gegen deren Ziele verstieße.[23] Deutlich wird damit, dass es bei den in Art. 2 Ziff. 2 *in fine* AK genannten Einrichtungen um die wahrgenommene Funktion – nicht jedoch um den (pauschalen) Ausschluss bestimmter Staatsorgane vom Behördenbegriff der Konvention – geht.[24]

Bei der in Frage stehenden Entscheidung muss es sich um eine solche über die Tätigkeit handeln, womit es letztlich um die **Genehmigung** der Tätigkeit gehen muss. Daher fallen nicht alle in irgendeiner Form auf eine Tätigkeit bezogenen Entscheidungen in den Anwendungsbereich des Art. 6 AK. Vielmehr muss es sich tatsächlich um eine die Zulässigkeit der jeweiligen Tätigkeit betreffende Entscheidung handeln, und in jedem Fall muss sie umweltbezogen sein.[25] 5

Keine Entscheidung im Sinne des Art. 6 AK stellt vor diesem Hintergrund etwa eine reine Entscheidung über die Finanzierung eines Projektes, zB durch die Europäische Investitionsbank, dar. Dies begründet das *Compliance Committee* damit, dass sich die entsprechende Institution mangels eigener Kompetenzen auf die Durchführung eines Öffentlichkeitsbeteiligungsverfahrens im entsprechenden Vertragsstaat verlassen können muss.[26]

Auch bestimmte Vorentscheidungen sind nicht erfasst. So hielt das *Compliance Committee* fest, Vorentscheidungen über die Aufbereitungsmethode von Abfall und den Ort einer künftigen Anlage sowie über das durchzuführende öffentliche Ausschreibungsverfahren seien nicht erfasst, da sie nicht (*in no way*) eine Erlaubnis der Abfallaufbereitungsanlage umfassten. Jedoch müsse im Einzelfall berücksichtigt werden, inwieweit solche Vorverfahren die zur Verfügung stehenden Optionen eingeschränkt haben.[27] Je nach rechtlicher Auswirkung könne eine Öffentlichkeitsbeteiligung in verschiedenen Verfahren

22 ACCC/C/2010/53 Vereinigtes Königreich, Rn. 83.
23 ACCC/C/2011/61 Vereinigtes Königreich, Rn. 53 ff.
24 S. insoweit schon Art. 2 Rn. 9 f.
25 ACCC/C/2006/17 Europäische Gemeinschaft, Rn. 41.
26 ACCC/C/2007/21 Europäische Gemeinschaft, Rn. 36.
27 ACCC/C/2007/22 Frankreich, Rn. 32. Vgl. auch für den Fall einer Entscheidung eines regionalen Planungsrates bzw. einer Regierung eines Bundeslandes, soweit diese noch keine Erlaubnis für die in Frage stehende Tätigkeit darstellen, ACCC/C/2008/26 Österreich, Rn. 54.

für ein und dieselbe Tätigkeit erforderlich sein.[28] Diese Grundsätze seien auch auf Art. 7 AK *mutatis mutandis* anwendbar.[29]

Ebenfalls aufgrund der Rechtsfolgen stellt eine Entscheidung, keine Gewichtsbeschränkung für den Straßentransport einzuführen, keine Erlaubnisentscheidung nach Art. 6 bzw. Anhang I AK dar.[30]

Hingegen ist eine umweltrechtliche Stellungnahme (*conclusions*), die zusammen mit der Baugenehmigung von den zuständigen Behörden herausgegeben wird, zusammen mit der Genehmigung als Entscheidung im Sinne des Art. 6 AK aufzufassen.[31]

6 Genehmigungsprozesse über bestimmte Tätigkeiten erfordern häufig eine Vielzahl von einzelnen, nicht notwendigerweise eindeutig miteinander verbundener Entscheidungen. Im Fall einer solchen Vielzahl von Entscheidungen bzw. von **mehrstufigen Genehmigungsverfahren** verlangt Art. 6 AK nicht notwendigerweise die Erfüllung aller Vorgaben zur Öffentlichkeitsbeteiligung in Art. 6 Abs. 2-10 AK für jede einzelne Entscheidung. Vielmehr ist die genaue Tragweite der Verpflichtung zur Öffentlichkeitsbeteiligung bei solchen mehrstufigen Entscheidungen in Anknüpfung an die Zielsetzungen der Konvention für die jeweilige Fallgestaltung zu treffen. Maßgeblich sind in diesem Zusammenhang die Tragweite der Entscheidung sowie ihre Umweltrelevanz.

So hielt das *Compliance Committee* in Bezug auf verschiedene Genehmigungsschritte im Hinblick auf die Errichtung von Deponien fest, bei (umweltbezogenen) Zulassungsentscheidungen, die vor der Durchführung einer Tätigkeit erforderlich sind, könne es Unterschiede in ihrer Bedeutung und/oder Umweltrelevanz geben. Einige dieser Entscheidungen könnten so nur von „geringer oder peripherer Bedeutung“ (*minor or peripheral importance*) oder von beschränkter Umweltrelevanz (*limited environmental relevance*) sein und daher keines vollumfänglichen Verfahrens der Öffentlichkeitsbeteiligung bedürfen.[32] Jedoch genüge es auch nicht, bei mehreren Entscheidungen nur auf eine die Erfordernisse der Öffentlichkeitsbeteiligung anzuwenden; dies sei allenfalls zulässig, wenn eine Entscheidung alle bedeutenden Umweltimplikationen (*all significant environmental implications*) einer Tätigkeit erfasse; seien diese Implikationen hingegen auf mehrere Entscheidungen verteilt (*dispersed*), sei anhand des Einzelfalles und des Kontexts zu entscheiden, ob eine auf nur einige Entscheidungen begrenzte Öffentlichkeitsbeteiligung im Einklang mit der Konvention stehe; insbesondere sei hier zu beachten, ob eine Entscheidung tatsächlich eine Tätigkeit genehmige.[33] Als Prüfmaßstab schlägt das *Compliance Committee* vor zu untersuchen, ob eine Entscheidung oder eine Reihe von Entscheidungen alle grundlegenden Rahmenbedingungen (*basic parameters*) und die wichtigsten Umweltauswirkungen (*main environmental implications*) der Tätigkeit umfasst; nicht zulässig sei es, wenn sich die Öffentlichkeitsbeteiligung auf bestimmte Entscheidungen beschränkt, während andere umweltbezogene Zulassungsentscheidungen nicht voll der Öffentlichkeitsbeteiligung unterworfen werden, die die zuvor angesprochenen grundlegenden Rahmenbedingungen in bedeutsamem Umfang ändern könnten oder die noch

28 ACCC/C/2007/22 Frankreich, Rn. 37.
29 ACCC/C/2007/22 Frankreich, Rn. 33.
30 ACCC/C/2008/26 Österreich, Rn. 60.
31 ACCC/C/2009/37 Belarus, Rn. 74.
32 ACCC/C/2006/17 Europäische Gemeinschaft, Rn. 41.
33 ACCC/C/2006/17 Europäische Gemeinschaft, Rn. 42.

nicht erfasste, wichtige Umweltauswirkungen der Tätigkeit betreffen.[34] Auf dieser Grundlage anerkannte das *Compliance Committee* in Bezug auf die Europäische Union, dass die Kompetenzaufteilung zwischen Union und Mitgliedstaaten eine andere Herangehensweise erforderlich mache.[35] Es unterschied so zwischen den Vorgaben der Union durch die UVP- und IVU-Richtlinien und deren Umsetzung durch die Mitgliedstaaten.[36] Da im vorliegenden Fall die Richtlinien zwingend eine Öffentlichkeitsbeteiligung vorschrieben, befand das *Compliance Committee*, dass die Regeln des Unionsrechts grundsätzlich das Erreichen der Ziele der Konvention angemessen (*properly*) sicherstelle;[37] jedoch wurde das Fehlen einer exakten textlichen Grundlage in den Richtlinien für die Verpflichtung, die Öffentlichkeit „in sachgerechter, rechtzeitiger und effektiver Weise" zu informieren, sowie das Fehlen klarer Bestimmungen zur Gewährung eines effektiven, auch vorsorglichen, Rechtsschutzes gerügt. Zwar handle es sich dabei wohl nicht um eine Verletzung von Art. 3 Abs. 1 AK, jedoch könne dies die Umsetzung des Art. 6 AK negativ beeinflussen.[38]

Der EuGH legt in Bezug auf die Frage, unter welchen Voraussetzungen bei mehrstufigen Genehmigungsentscheidungen eine Pflicht zur Durchführung einer UVP besteht und damit eine Öffentlichkeitsbeteiligung stattzufinden hat, einen ähnlichen Ansatz zugrunde. So sei eine UVP schon dann durchzuführen, wenn es möglich ist, sämtliche (Umwelt-) Auswirkungen eines Projekts zu ermitteln und zu prüfen, so dass im Fall von „Grundsatzentscheidungen", die von „Durchführungsentscheidungen" gefolgt werden, die an die Grundsatzentscheidungen gebunden sind, die UVP bereits im Verfahren zum Erlass der Grundsatzentscheidungen durchzuführen sei, es sei denn, die Umweltauswirkungen des Projekts können erst im Verfahren zum Erlass der Durchführungsentscheidungen ermittelt werden.[39] M.a.W. sind danach bei einer Hauptentscheidung und einer Umsetzungsentscheidung, die nicht von den in der Hauptentscheidung festgelegten Parametern abweichen darf, die Umweltauswirkungen eines Projektes im Rahmen des Verfahrens über die Hauptentscheidung zu identifizieren und zu prüfen, so dass eine spätere Prüfung nur zulässig ist, wenn die Umweltauswirkungen vorher nicht verlässlich ermittelt werden können. Wird erst in einer späteren Phase klar, dass ein Projekt erhebliche Umweltauswirkungen haben wird, ist dann eine Öffentlichkeitsbeteiligung sicherzustellen.[40] Die Öffentlichkeitsbeteiligung ist somit der Umweltrelevanz bzw. entscheidungslenkenden Wirkung einer einzelnen Entscheidung anzupassen.

34 ACCC/C/2006/17 Europäische Gemeinschaft, Rn. 43.

35 ACCC/C/2006/17 Europäische Gemeinschaft, Rn. 44. Vgl. auch ACCC/C/2012/70 Tschechische Republik, Rn. 47; ACCC/C/2005/17 Europäische Gemeinschaft, Rn. 44 ff.; kritisch zur letzten Entscheidung, die keine Umsetzung des Kriteriums der „sachgerechten Information" durch die Union in der UVP-Richtlinie verlangt, *Peters*, EurUP 2014, 185 (190).

36 ACCC/C/2006/17 Europäische Gemeinschaft, Rn. 44-45.

37 ACCC/C/2006/17 Europäische Gemeinschaft, Rn. 46.

38 ACCC/C/2006/17 Europäische Gemeinschaft, Rn. 59.

39 EuGH, Rs. C-201/02 (Wells), ECLI:EU:C:2004:12, Rn. 51-52; EuGH, Rs. C-2/07 (Abraham/Wallonien), ECLI:EU:C:2008:133.

40 EuGH, Rs. C-508/03 (Kommission/Vereinigtes Königreich), ECLI:EU:C:2006:287; EuGH, Rs. C-290/03 (Barker), ECLI:EU:C:2006:286, Rn. 49, wobei der EuGH hier zur Verpflichtung zur Durchführung einer Umweltverträglichkeitsprüfung mitsamt Öffentlichkeitsbeteiligung im Unionsrecht Stellung bezog, dies sich jedoch als Grundsatz auf die Verpflichtung zur Öffentlichkeitsbeteiligung umlegen lässt. In diesem Sinne auch *Jendroska*, in: Environmental Democracy and Law, 113 (128).

7 Soweit dies angemessen ist, hat bei einer **Überprüfung oder Aktualisierung der Betriebsbedingungen** für in den Anwendungsbereich des Art. 6 AK fallende Anlagen „sinngemäß" nochmals eine Öffentlichkeitsbeteiligung stattzufinden (**Art. 6 Abs. 10 AK**). Der Anwendungsbereich dieser Bestimmung erschließt sich aus dem Zusammenhang mit Abs. 22 Anhang I AK, wonach in Bezug auf Art. 6 Abs. 1 lit. a) AK Änderungen und Erweiterungen einer in den Anwendungsbereich dieser Bestimmung fallenden Tätigkeit ebenfalls erfasst sind, soweit sie für sich allein die Schwellenwerte bzw. Kriterien einer in Anhang I AK aufgeführten Tätigkeiten aufweisen:[41] Während sich Abs. 22 Anhang I AK ersichtlich auf echte „materielle" Modifikationen bezieht, geht es bei Art. 6 Abs. 10 AK um nachgelagerte Verwaltungsverfahren, so dass hier die zeitliche Komponente im Vordergrund steht.[42] Besondere Bedeutung dürfte dies für Genehmigungen haben, die **zeitlich befristet** sind und die sich auf ressourcennutzende Aktivitäten beziehen, wie bei der Nutzung von Grundwasser oder beim Bergbau, wo häufig nach einer gewissen Zeitperiode eine Prüfung des Standes der genutzten Ressourcen erforderlich wird, oder bei gefährlichen Tätigkeiten, wie etwa Kernenergieerzeugung oder der Abfallwirtschaft, bei denen der technische Fortschritt bei Schutzmaßnahmen Neuerungen erforderlich machen kann.[43] Art. 6 Abs. 10 AK räumt den Vertragsstaaten zwar einen gewissen Gestaltungsspielraum ein (wird doch auf die Angemessenheit verwiesen); dieser dürfte allerdings dann überschritten sein, wenn die zur Debatte stehenden Auswirkungen auf die Umwelt ähnlich groß sind wie bei der erstmaligen Entscheidung. Dies ist etwa dann der Fall, wenn es um die Verlängerung Ressourcen nutzender Aktivitäten oder um eine echte, auch materielle Aktualisierung der Genehmigung geht und daher erhebliche Umweltauswirkungen zu erwarten sind.

In diese Richtung dürfte auch die Spruchpraxis des *Compliane Committee* gehen. Dieses versteht sowohl „sinngemäß" als auch „soweit dies angemessen ist" nicht als Aufweichung jeglicher Verpflichtung aus Art. 6 Abs. 10 AK. Eine Anwendung der Verpflichtungen aus Art. 6 Abs. 2-9 AK „*mutatis mutandis*" bzw. „sinngemäß" bedeute gerade nicht, dass den Vertragsparteien völlige Ermessensfreiheit zusteht, um zu entscheiden, ob eine Öffentlichkeitsbeteiligung vorzusehen ist oder nicht.[44] Die Formulierung „soweit dies angemessen ist" in Art. 6 Abs. 10 AK stellt für das *Compliance Committee* vielmehr eine objektive Bedingung dar, die im Lichte der Ziele der Konvention zu verstehen sei, nämlich dass „im Umweltbereich ein verbesserter Zugang zu Informationen und eine verbesserte Öffentlichkeitsbeteiligung an Entscheidungsverfahren die Qualität und die Umsetzung von Entscheidungen verbessern, zum Bewusstsein der Öffentlichkeit in Umweltangelegenheiten beitragen, der Öffentlichkeit die Möglichkeit geben, ihre Anliegen zum Ausdruck zu bringen, und es

41 Zu dieser Bestimmung noch unten Art. 6 Rn. 14.
42 So auch *Ebbesson et al.*, Aarhus Convention Implementation Guide, 158; s. aber auch den abweichenden Ansatz bei *Verschuuren*, YEEL 2004, 29 (34), der offenbar davon ausgeht, dass Art. 6 Abs. 10 AK bei jeder Modifikation der Genehmigung bzw. der Tätigkeit impliziere, dass eine Öffentlichkeitsbeteiligung zu erfolgen habe, auch wenn in Bezug auf die Änderung allein Anhang I AK nicht einschlägig ist.
43 S. in diesem Zusammenhang *Jendroska*, in: Environmental Democracy and Law, 113 (136).
44 ACCC/C/2009/41 Slowakei, Rn. 55.

den Behörden ermöglichen, diese Anliegen angemessen zu berücksichtigen" und dass „die Verantwortlichkeit und Transparenz bei Entscheidungsverfahren" gefördert und „die öffentliche Unterstützung für Entscheidungen über die Umwelt" gestärkt werden sollen (vgl. Präambel AK). Sie schließe jedenfalls nicht die Befugnis des *Compliance Committee* aus zu prüfen, ob die objektiven Kriterien erfüllt sind und die Vertragspartei eine Öffentlichkeitsbeteiligung hätte sicherstellen müssen.[45] Darüber hinaus wird vorgeschlagen, dass so Bestimmungen des Art. 6 AK „im Zweifel" angewendet werden müssen.[46]

Wohl hiervon ausgehend befürwortete das *Compliance Committee* in seiner Praxis mehrfach eine Anwendung des Art. 6 Abs. 10 AK. Wird so etwa eine Lizenz durch eine andere, spezielle Bergbaulizenz ersetzt, die länger gültig ist und die Möglichkeit, einen Konzessionsvertrag abzuschließen, eröffnet, der wiederum auf der Grundlage des nationalen Rechts besondere Betriebsbedingungen, wie zB eine reduzierte Haftung in Umweltangelegenheiten, vorsehen kann, stelle dies keine reine „Formalität" (*not a mere formality*) dar, sondern sei nach Art. 6 Abs. 10 AK zu beurteilen.[47] Dies gelte auch, wenn eine Baugenehmigung eine Neubeurteilung oder Aufdatierung (*update*) der Betriebsbedingungen eines Atomkraftwerkes mit sich bringt.[48] Eng miteinander verbundene Entscheidungen seien auch in ihren rechtlichen Auswirkungen gemeinsam zu beurteilen.[49] Bei der Prüfung der Betriebsbedingungen einer Tätigkeit einer gewissen Art und Bedeutung, wie zB eines Atomkraftwerks, die auch ernste öffentliche Bedenken (*serious public concern*) hervorruft, sei eine Öffentlichkeitsbeteiligung angemessen in Anbetracht der Änderungen und der erhöhten potenziellen Auswirkungen auf die Umwelt. Dies gelte auch, wenn die meisten, wenn nicht gar alle Änderungen eine Verschärfung der geltenden Vorschriften für die Tätigkeit mit sich bringen.[50] Dementsprechend nimmt das *Compliance Committee* hier wohl eine eher kontextbezogene Sichtweise bezüglich später hinzutretender geänderter Umstände für Überprüfungen der Betriebsbedingungen ein.

Ausgehend von dieser Spruchpraxis spricht Vieles dafür, dass eine Öffentlichkeitsbeteiligung nach Art. 6 Abs. 10 AK immer schon dann **„angemessen"** im Sinn dieser Bestimmung ist, wenn eine Aktualisierung oder eine Überprüfung der Betriebsbedingungen entweder für sich allein oder zusammen mit anderen Umständen **erhebliche Umweltauswirkungen** zeitigen kann, so dass immer eine **gesamthafte Betrachtungsweise** anzulegen ist. Auf dieser Grundlage dürften zumindest alle Aktualisierungen von Genehmigungen von Tätigkeiten, die in den Anwendungsbereich des Anhangs I AK fallen, unter Art. 6 Abs. 10 fallen.[51]

Bemerkenswert ist in diesem Zusammenhang, dass diese Problematik im EU-Recht im Zusammenhang mit der Frage, ob eine Genehmigung eines Projekts im Sinn der RL 2011/92 (UVP-Richtlinie) vorliegt, erörtert wird, wobei der EuGH davon ausgeht, eine Verlängerung einer bestehenden Genehmigung, die nicht mit Arbeiten oder Eingriffen zur Veränderung des bestehenden Zustands

45 ACCC/C/2009/41 Slowakei, Rn. 56.
46 *Ebbesson et al.*, Aarhus Convention Implementation Guide, 159.
47 ACCC/C/2009/43 Armenien, Rn. 58.
48 ACCC/C/2009/41 Slowakei, Rn. 51.
49 ACCC/C/2009/41 Slowakei, Rn. 53.
50 ACCC/C/2009/41 Slowakei, Rn. 57.
51 Vgl. insoweit auch etwa *Jendroska*, in: Environmental Democrazy and Law, 113 (136 f.).

verbunden ist, stelle kein Projekt im Sinne der RL 2011/92 dar.[52] Jedenfalls soweit damit auch pauschal keine Öffentlichkeitsbeteiligung durchgeführt wird, dürfte dies nicht mit den Vorgaben der Aarhus-Konvention in Einklang stehen (wobei sich dann noch die Frage stellt, ob daher schon die EU ihren Verpflichtungen auf Unionsebene nicht nachgekommen ist, wofür angesichts ihrer legislativen Tätigkeit Vieles spricht, oder ob diese Frage nur in Bezug auf das nationale Recht relevant ist).[53]

8 Ist auf dieser Grundlage davon auszugehen, dass eine Entscheidung über eine bestimmte Tätigkeit im Sinne des Art. 6 AK vorliegt und damit der **Anwendungsbereich** dieser Vorschrift eröffnet sein kann, ist die Frage nach der **Pflicht zur Durchführung der Öffentlichkeitsbeteiligung** ausschließlich in Anwendung des **Art. 6 Abs. 1 AK** zu bestimmen. Insofern ist die Frage der Abgrenzung zwischen der Anwendbarkeit von Art. 6 oder 7 AK von der Frage zu trennen, ob in der Folge auch tatsächlich die eigenen Voraussetzungen für die Anwendbarkeit etwa des Art. 6 AK erfüllt sind.

Stellt sich also etwa eine „Planungsvereinbarung" (*planning agreement*) als eine Entscheidung über eine spezifische Tätigkeit und als somit grundsätzlich Art. 6 AK unterworfen heraus, ist die Anwendung von Art. 7 AK ausgeschlossen, auch wenn die Tätigkeit letzten Endes deshalb nicht vom Anwendungsbereich des Art. 6 AK erfasst wird, weil sie nicht unter Art. 6 Abs. 1 lit. a), b) AK subsumiert werden kann.[54]

9 Bezüglich des **zeitlichen Anwendungsbereichs** der Verpflichtungen zur Öffentlichkeitsbeteiligung der Konvention entschied das *Compliance Committee*, eine Entscheidung, ein Projekt zu finanzieren, die vor der Ratifikation der Konvention durch die entsprechende Vertragspartei ergangen war, nicht weiter zu prüfen.[55] Jedoch erachtete es neu erlassene Betriebsbedingungen bzw. die Erlaubnis für den Weiterbetrieb eines Atomkraftwerkes, dessen ursprüngliche Baugenehmigung vor Abschluss der Konvention ergangen war, als in den Anwendungsbereich der Vorschriften über die Öffentlichkeitsbeteiligung fallend.[56]

10 Zugleich beschränkt sich auch die Prüfbefugnis des *Compliance Committee* auf die sich aus **Art. 6 AK ergebenden Verpflichtungen** und umfasst nicht möglicherweise verwandt erscheinende Aspekte. Da die Konvention keine Pflicht zur Durchführung einer **Umweltverträglichkeitsprüfung** vorsieht, konnte das *Compliance Committee* etwa nicht das Ergebnis oder die Methoden einer solchen Prüfung im Rahmen seiner Zuständigkeit untersuchen. Unabhängig davon, ob sich eine eventuelle Verletzung anderer völkerrechtlicher oder nationaler Normen ergebe, sei die Öffentlichkeitsbeteiligung zwar ein verpflichtender Bestandteil einer Umweltverträglichkeitsprüfung, aber umgekehrt eine Umweltverträglichkeitsprüfung nicht notwendigerweise Teil einer Beteiligung der Öffentlichkeit.[57]

52 EuGH, Rs. C-121/11 (Pro-Braine), ECLI:EU:C:2012:255, Rn. 38; EuGH, Rs. C-275/09 (Brussels Hoofdstedelijk Gewest), ECLI:EU:C:2011:154, Rn. 27 ff.
53 Zu dieser Problematik, mwN, Einführung Rn. 42.
54 ACCC/C/2008/27 Vereinigtes Königreich, Rn. 41.
55 ACCC/C/2006/17 Europäische Gemeinschaft, Rn. 39.
56 ACCC/C/2009/41 Slowakei, Rn. 44.
57 ACCC/C/2008/24 Spanien, Rn. 82. Vgl. auch zum unterschiedlichen Anwendungsbereich von Öffentlichkeitsbeteiligung und Umweltverträglichkeitsprüfung *Ebbesson et al.*, Aarhus Convention Implementation Guide, 122.

2. In Anhang I AK aufgeführte Tätigkeiten

Nach **Art. 6 Abs. 1 lit. a) AK** unterliegen zunächst alle im **Anhang I aufgeführten Tätigkeiten** den einschlägigen Bestimmungen der Konvention über die Öffentlichkeitsbeteiligung. Bei diesen explizit in der Konvention aufgeführten Projekten wird – im Gegensatz zu sonstigen Projekten bzw. Tätigkeiten, bei denen gemäß Art. 6 Abs. 1 lit. b) AK eigens zu prüfen ist, ob sie erhebliche Umweltauswirkungen entfalten[58] – davon ausgegangen, dass sie *per definitionem* erhebliche Auswirkungen auf die Umwelt[59] entfalten können.[60] 11

Im **Vergleich** zum Übereinkommen über die UVP im grenzüberschreitenden Rahmen (Espoo-Konvention), das eine Liste jener Projekte enthält, die die Durchführung eines UVP-Verfahrens erfordern (vgl. Anhang I des Übereinkommens), fällt diese Aufzählung **präziser** sowie bedeutend **umfassender** aus. Zudem wurde die spezifische Erheblichkeitsschwelle in der Aarhus-Konvention in verschiedenen Fällen geringer angesetzt.[61] Im Übrigen entspricht der Anhang I weitgehend – dh soweit sich der Anwendungsbereich überschneidet – Anhang I RL 2010/75 (IVU- bzw. IE-Richtlinie) und Anhang I RL 2011/92 (UVP-Richtlinie).[62] 12

Im Einzelnen umfasst der in Anhang I AK aufgeführte Katalog 19 verschiedene Tätigkeiten, die einzelne **Bereiche**, für die Vorhaben öffentlich zugelassen werden, bezeichnen.[63] Dabei sind für bestimmte Tätigkeiten **Schwellen** vorgesehen, ab denen die Vorgaben des Art. 6 Abs. 1 lit. a) AK anzuwenden sind,[64] während dies für andere nicht der Fall ist; letztere unterfallen daher unabhängig von ihrer Größe diesen Vorgaben. 13

Nach **Abs. 22 Anhang I AK** unterliegt jede **Änderung oder Erweiterung einer Tätigkeit** Art. 6 Abs. 1 lit. a) AK, falls sie für sich betrachtet die Kriterien bzw. Schwellenwerte des Anhangs I AK erreicht bzw. erfüllt; für andere Änderungen und Erweiterungen sieht Abs. 22 Anhang I AK die An- 14

58 Deutlich wird damit auch, dass das Kriterium erheblicher Auswirkungen auf die Umwelt bei beiden Bestimmungen relevant bzw. ausschlaggebend ist, vgl. *Ebbesson et al.*, Aarhus Convention Implementation Guide, 131.

59 Art. 6 AK enthält allgemein keine Definition des Begriffs „Umwelt". Frühere Anregungen des *Compliance Committee*, hierfür Empfehlungen auszuarbeiten, wurden von den Vertragsparteien nicht aufgenommen, vgl. *Koester*, REDE 2007, 251 (267). Allerdings ergeben sich aus der Definition des Begriffs der Umweltinformationen gewisse Anhaltspunkte für den von der Konvention zugrunde gelegten Umweltbegriff, s. o. Art. 2 Rn. 23 ff.

60 Vgl. auch *Rodenhoff*, RECIEL 2002, 343 (347).

61 Vgl. im Einzelnen *Scheyli*, ArchVR 2000, 217 (234 f.).

62 *Rodenhoff*, RECIEL 2002, 343 (347) weist denn auch darauf hin, dass diese beiden Richtlinien (gemeint sind wohl die Anhänge der Richtlinien) der Aarhus-Konvention (gemeint ist wohl auch hier der Anhang) als Vorbilder gedient haben. S. auch *Jeder*, UTR 2002, 145 (160 f.).

63 Vgl. auch *Zschiesche*, ZUR 2001, 177 (179 f.), der eine gute Übersichtstabelle über Anhang I bietet.

64 Vgl. etwa den Fall von Wärmekraftwerken, bei denen sich auch ein Unterschied zum Unionsrecht zeigt. Im Unionsrecht werden 300 Megawatt Feuerungswärmeleistung oder mehr verlangt, in Anhang I AK hingegen nur mindestens 50 Megawatt, um ein solches Kraftwerk den Vorgaben des Art. 6 AK zu unterwerfen, s. auch *Ricketts/Munn*, in: The Aarhus Convention, 121 (122).

wendung von Art. 6 Abs. 1 lit. b) AK[65] vor. Wenn also eine Änderung den im Anhang gesetzten Schwellenwert nicht überschreitet, sind nur die Vorgaben des Art. 6 Abs. 1 lit. b) AK anzuwenden und nicht jene des Art. 6 Abs. 1 lit. a) AK.[66] Entscheidend ist somit, ob die in Anhang I AK formulierten Merkmale gegeben sind oder nicht, so dass es unerheblich ist, ob es sich um neue Tätigkeiten oder Erweiterungen bzw. Änderungen handelt.[67]

Soweit im Anhang I AK keine Schwellenwerte vorgesehen sind, sind die Vorgaben des Art. 6 AK nach Ansicht des *Compliance Committee* auf Änderungen oder Erweiterungen zwar grundsätzlich anwendbar, da solche Änderungen oder Erweiterungen eine Überprüfung oder Aufdatierung der existierenden Genehmigung erforderlich machten, dies jedoch nur, soweit dies „angemessen" ist.[68] Die genaue Tragweite dieser Relativierung bleibt jedoch im Dunkeln; letztlich spricht Vieles dafür, jedenfalls bei mit zusätzlichen Aktivitäten verbundenen Erweiterungen die Anwendbarkeit des Art. 6 AK grundsätzlich zu bejahen, sind doch für die entsprechenden Tätigkeiten gerade keine Schwellenwerte vorgesehen. Bei Änderungen kommt es wohl darauf an, ob diese tatsächlich eine „neue" Tätigkeit implizieren.[69]

Zu unterscheiden von den durch Abs. 22 Anhang I AK erfassten Änderungen oder Erweiterungen der Tätigkeiten ist die **Überprüfung oder Aktualisierung** der Betriebsbedingungen von Tätigkeiten, die von Art. 6 Abs. 1 AK erfasst sind: Hier hat nach **Art. 6 Abs. 10 AK** nochmals eine Öffentlichkeitsbeteiligung gemäß Art. 6 AK stattzufinden, soweit dies „angemessen" ist.[70]

15 Die genaue Tragweite verschiedener Kategorien von in Anhang I AK figurierenden Tätigkeiten und damit der genaue Anwendungsbereich des Art. 6 AK war bereits verschiedentlich Gegenstand von **Stellungnahmen des** *Compliance Committee*.

So fasste das *Compliance Committee* als typische Fälle ohne Schwierigkeiten Deponien[71] und Abfallaufbereitungsanlagen[72] unter Abs. 5 Anhang I (der den Bereich der Abfallbehandlung betrifft).

Nicht von Abs. 8 lit. a) Anhang I AK erfasst war für das *Compliance Committee* ein Flughafen bzw. dessen Landebahn, da eine solche mindestens 2100 Meter lang sein müsste, was im vorliegenden Fall nicht gegeben war.[73] Unter Abs. 8 lit. c) AK falle hingegen die Errichtung einer Straße mit vier Spuren, die

65 Zu diesem unten Art. 6 Rn. 16 ff.
66 So *Jendroska*, in: Environmental Democracy and Law, 113 (132), der zugleich einen Vergleich mit den enger gefassten Vorgaben der RL 2011/92 (UVP-Richtlinie) zieht.
67 ACCC/C/2009/41 Slowakei, Rn. 52.
68 ACCC/C/2009/41 Slowakei, Rn. 58.
69 In eine ähnliche Richtung geht auch die Rechtsprechung des EuGH in Bezug auf die Eröffnung des Anwendungsbereichs der RL 2011/92 (UVP-Richtlinie). Der Gerichtshof stellt hier darauf ab, ob der neue Rechtsakt mit Arbeiten oder Eingriffen verbunden ist (was etwa bei einer reinen Verlängerung einer bereits bestehenden Betriebsgenehmigung nicht der Fall sei, dies im Gegensatz zu Tätigkeiten, die zu materiellen Veränderungen eines Umweltmediums führten), vgl. EuGH, Rs. C-2/07 (Abraham/Wallonien), ECLI:EU:C:2008:133; EuGH, Rs. C-121/11 (Pro-Braine), ECLI:EU:C:2012:225; EuGH, Rs. C-127/02 (Waddenvereniging), ECLI:EU:C:2004:482.
70 Vgl. hierzu oben Art. 6 Rn. 7.
71 ACCC/C/2006/16 Litauen, Rn. 55.
72 ACCC/C/2007/22 Frankreich, Rn. 28.
73 ACCC/C/2008/27 Vereinigtes Königreich, Rn. 38, bezüglich des Belfast City Airport.

länger als 10 km ist, wobei zugleich auch als Grund mitspielte, dass das nationale Recht eine Öffentlichkeitsbeteiligung im Rahmen einer Umweltverträglichkeitsprüfung vorsah,[74] womit Abs. 20 Anhang I AK zum Zuge kam.[75]

Unter Abs. 9 lit. a) Anhang I AK fällt – mit allen rechtlichen Konsequenzen, insbesondere der Anwendung des Art. 6 Abs. 1 lit. a) AK – das Entscheidungsverfahren über die Errichtung eines Tiefwasserschifffahrtskanals.[76]

Abs. 20 Anhang I AK schreibt vor, dass weitere Tätigkeiten unter Anhang I fallen, sofern für sie eine Öffentlichkeitsbeteiligung aufgrund eines Verfahrens zur Umweltverträglichkeitsprüfung nach innerstaatlichem Recht vorgesehen ist. Ob eine Tätigkeit unter Abs. 20 Anhang I AK fällt, ist gemäß dem *Compliance Committee* anhand von drei Kriterien, nämlich des Vorliegens von Öffentlichkeitsbeteiligung, einer Umweltverträglichkeitsprüfung, in deren Kontext die Öffentlichkeitsbeteiligung stattfindet, und nationalem Recht, das eine Umweltverträglichkeitsprüfung vorsieht, zu untersuchen.[77] Dabei sei aber nicht allzu formalistisch vorzugehen. Diese Grundsätze wurden vom *Compliance Committee* verschiedentlich angewandt:

- So falle auch eine *de facto*-Umweltverträglichkeitsprüfung unter Abs. 20 Anhang I AK, wenn das nationale Recht ein Verfahren vorsieht, das alle grundlegenden Elemente einer solchen Prüfung umfasst, aber nicht als „Umweltverträglichkeitsprüfung" bezeichnet wird; jedoch sei genau zu untersuchen, in welchem Umfang es sich tatsächlich um ein Umweltverträglichkeitsprüfungsverfahren handelt.[78] Bezüglich der Vergabe von Waldnutzungslizenzen äußerte das *Compliance Committee* hier Zweifel, da das nationale Recht für bestimmte aufgelistete Tätigkeiten durchaus eine Umweltverträglichkeitsprüfung vorschrieb und Waldnutzung nicht mit einschloss. Dies sei als Hinweis zu verstehen, dass das nationale Recht diese Tätigkeiten keiner solchen Prüfung unterwerfen wolle, weswegen Art. 6 Abs. 1 lit. a) AK nicht anwendbar sei.[79] Hingegen verwies das *Compliance Committee* nicht auf andere Elemente einer Umweltverträglichkeitsprüfung außer der Öffentlichkeitsbeteiligung, was den Schluss zulässt, dass solche weiteren Elemente die Vorbereitung gewisser Unterlagen für eine Umweltverträglichkeitsprüfung mitsamt einer Erörterung von Alternativen oder eine umfassende Prüfung der Auswirkungen auf verschiedene Umweltmedien darstellen könnten.[80]
- In einem anderen Fall legte das *Compliance Committee* das dritte Kriterium so aus, dass für eine Tätigkeit dann ein Verfahren zur Umweltverträglichkeitsprüfung nach innerstaatlichem Recht vorgeschrieben sei, wenn in einem Gesetz vorgesehen ist, dass die Ergebnisse der Öffentlichkeitsbeteiligung als Teil einer ökologischen Expertise zu präsentieren sind, auch wenn das dafür erforderliche Verfahren im Detail noch nicht beschlossen worden ist. Als zusätzlicher Hinweis diente dem *Compliance Committee* hier, dass das entsprechende Ministerium von einer Verletzung des nationalen Rechts ausging, nachdem die Prüfung des Projektes ohne Berücksichtigung der Ergebnisse einer Öffentlichkeitsbeteiligung erfolgt war, und dass das Ministerium in der Folge Anweisungen zur Durchführung von Elementen der Öffentlichkeitsbeteiligung für die zuständige Behörde er-

74 ACCC/C/2009/38 Vereinigtes Königreich, Rn. 80.
75 S. hierzu sogleich im Text.
76 ACCC/C/2004/3 und ACCC/S/2004/1 Ukraine, Rn. 25.
77 ACCC/C/2008/35 Georgien, Rn. 43.
78 ACCC/C/2008/35 Georgien, Rn. 46.
79 ACCC/C/2008/35 Georgien, Rn. 47.
80 *Jendroska*, in: Environmental Democracy and Law, 113 (131 f.).

ließ. Eine Entscheidung zur Genehmigung einer solchen Tätigkeit falle somit unter Art. 6 Abs. 1 AK.[81]

- In einem eindeutigeren Fall hingegen befand das *Compliance Committee* Abs. 20 Anhang I AK für nicht anwendbar, da im nationalen Recht eine Erhöhung der Sitzplatzzuweisung für einen Flughafen ausdrücklich nicht der Umweltverträglichkeitsprüfung unterworfen wurde.[82]

3. Tätigkeiten mit erheblichen Umweltauswirkungen

16 Bei nicht in Anhang I AK aufgeführten Tätigkeiten ist nur dann eine Beteiligung der Öffentlichkeit nach Art. 6 AK vorzusehen, wenn sie **gemäß dem innerstaatlichen Recht erhebliche Auswirkungen auf die Umwelt** entfalten können. Deutlich wird damit, dass den Vertragsstaaten hier ein erheblicher Gestaltungsspielraum eingeräumt wird, der jedoch durchaus – wie nachfolgend zu zeigen ist – Schranken kennt.[83]

Zwar stellt Art. 6 Abs. 1 lit. b) AK nicht ausdrücklich klar, dass er sich – wie Art. 6 Abs. 1 lit. a) AK – auf Genehmigungsentscheidungen bezieht. Jedoch ergibt sich dies aus seiner systematischen Stellung, da beide Bestimmungen an derselben Art von Entscheidung ansetzen und letztlich dasselbe Ziel verfolgen, nämlich eine Öffentlichkeitsbeteiligung nach Art. 6 AK bei (Genehmigungs-) Entscheidungen über Tätigkeiten, welche erhebliche Umweltauswirkungen entfalten (können), sicherzustellen. Während Art. 6 Abs. 1 lit. a) AK diesbezüglich mit einer Liste von Tätigkeiten arbeitet, stellt Art. 6 Abs. 1 lit. b) AK direkt auf das Kriterium erheblicher Umweltbeeinträchtigungen ab, so dass insofern lediglich die Vorgehensweise differiert.[84]

Deutlich wird damit auch, dass sich Art. 6 Abs. 1 lit. a) AK und Art. 6 Abs. 1 lit. b) AK nicht darin unterscheiden, dass im ersteren Fall jedenfalls voll entwickelte Genehmigungsverfahren (*sophisticated/fully developed permitting procedures*) zum Zuge kämen, während dies bei Tätigkeiten gemäß Art. 6 Abs. 1 lit. b) AK nicht üblich wäre. Vielmehr unterscheiden sich die beiden Buchstaben nicht grundlegend in der Art der anzuwendenden Genehmigungsverfahren, sondern lediglich in der Methode der Feststellung, ob erhebliche Umweltauswirkungen vorliegen, und in der Aufstellung einer entsprechenden,

81 ACCC/C/2004/2 Kasachstan, Rn. 22. Zugleich bemängelte das *Compliance Committee* die Bestimmung. Festzuhalten sei nämlich, dass diese Bestimmung nicht unbedingt zu Verpflichtungen auf Augenhöhe bzw. zu einheitlichen Standards beitrage, da die Anwendbarkeit von Abs. 20 Anhang I AK vom Vorhandensein nationaler Vorgaben zur Öffentlichkeitsbeteiligung abhängig sei. Ein Vertragsstaat könne so keine derartigen Vorgaben in den Rechtsvorschriften zur Umweltverträglichkeitsprüfung vorsehen und verletzte damit nicht die Konvention, obwohl sein Rechtssystem weniger in Einklang mit den Zielen der Konvention stünde als jenes des Vertragsstaates im vorliegenden Fall. Dies solle auch als mildernd gewertet werden bei der Beurteilung der Schwere eines Verstoßes gegen diese Bestimmung, s. Rn. 31.

82 ACCC/C/2008/27 Vereinigtes Königreich, Rn. 39.

83 So dass es zumindest missverständlich ist, wenn teilweise formuliert wird, im Rahmen dieser Bestimmung könnten die Vertragsparteien selbst bestimmen, ob der Artikel Anwendung auf eine geplante Tätigkeit finden soll oder nicht, so *Bunge*, in: Schlacke/Schrader/Bunge, Aarhus-Handbuch, Einleitung, Rn. 22. Missverständlich auch ACCC/C/2008/27 Vereinigtes Königreich, Rn. 40, wo das *Compliance Committee* festhält, eine Entscheidung falle nicht unter Art. 6 AK, wenn es weder um eine Tätigkeit nach Anhang I AK gehe noch eine Entscheidung des betreffenden Vertragsstaates, dass die Voraussetzungen des Art. 6 Abs. 1 lit. b) AK gegeben sind, vorliege.

84 *Jendroska*, JEEPL 2012, 71 (85).

nicht widerlegbaren Vermutung im Fall des Art. 6 Abs. 1 lit. a) AK, während im Rahmen des Art. 6 Abs. 1 lit. b) eine Prüfung, ob eine Tätigkeit erhebliche Auswirkungen auf die Umwelt haben wird, notwendig ist.[85] So sind bei den Tätigkeiten in Anhang I AK teilweise Schwellen vorgesehen, die jedoch nicht einen Unterschied zwischen erheblichen und nicht erheblichen Umweltauswirkungen vornehmen, sondern typischerweise zwischen Tätigkeiten, die immer erhebliche Umweltauswirkungen haben, und solchen, bei denen dies (nur) manchmal der Fall ist, differenzieren.[86]

Versucht man eine Annäherung an die genaue Tragweite des Art. 6 Abs. 1 17
lit. b) AK, so ist als Ausgangspunkt festzuhalten, dass diese Bestimmung keinesfalls so verstanden werden kann, dass sie einen allgemeinen Ausschluss jeglicher nicht in Anhang I AK aufgeführter Aktivitäten gestattete und es somit vollständig in das Belieben der Vertragsstaaten stellte, ob sie bei weiteren Tätigkeiten als den in Anhang I AK genannten eine Öffentlichkeitsbeteiligung nach den Vorgaben des Art. 6 AK vorsehen wollen oder nicht.[87] Ein solcher Ansatz widerspräche schon dem Grundsatz der Effektivität, wäre diesfalls die Bestimmung doch überflüssig bzw. ihr käme keinerlei Tragweite zu, ganz abgesehen davon, dass er es verunmöglichte, die Vertragsstaaten zu verpflichten, bei der Genehmigung von Tätigkeiten, welche erhebliche Umweltauswirkungen zeitigen (können), eine Öffentlichkeitsbeteiligung vorzusehen, so dass auch eine der wesentlichen Zielsetzungen der Konvention vereitelt würde. Daher steht jedenfalls ein **allgemeiner Ausschluss** dieser „fakultativen Tätigkeiten" aus dem Anwendungsbereich des Art. 6 AK **nicht** mit den Anforderungen der Konvention **in Einklang**, da damit nicht den potenziellen Auswirkungen auf die Umwelt Rechnung getragen werden kann.

Dieser grundsätzliche Ansatz wird auch vom EuGH hinsichtlich der Frage, unter welchen Voraussetzungen die EU-Mitgliedstaaten eine UVP aufgrund des Art. 4 Abs. 2 RL 2011/92 durchzuführen haben (wonach eine UVP-Pflichtigkeit bezüglich gewisser Projekte dann besteht, wenn die Mitgliedstaaten aufgrund einer Einzelfalluntersuchung und/oder aufgrund von Schwellenwerten oder sonstiger Kriterien zum Schluss kommen, dass diese erhebliche Umweltauswirkungen zeitigen können), angelegt: Den Mitgliedstaaten stehe es gerade nicht frei, die entsprechenden Projekte einer UVP zu unterstellen oder nicht, sondern sie haben vertretbare Kriterien aufzustellen und/oder in jedem Einzelfall zu eruieren, ob die Merkmale des jeweiligen Projekts die Durchführung einer UVP als notwendig erscheinen lassen.[88]

Daran schließt sich die Frage an, ob und inwieweit die **rechtliche Tragweite** 18
des Art. 6 Abs. 1 lit. b) AK darüber hinaus präzisiert werden kann. Vieles spricht hier dafür, an **Sinn und Zweck** der Bestimmung anzuknüpfen: Sie soll ersichtlich gewährleisten, dass im Falle von Tätigkeiten, die zwar nicht

85 Vgl. hierzu *Ebbesson et al.*, Aarhus Convention Implementation Guide, 129 ff.; wie hier auch etwa *Jendroska*, in: Environmental Democracy and Law, 113 (127).

86 *Jendroska*, in: Environmental Democracy and Law, 113 (126), am Beispiel von Schlachtanlagen mit einer Schlachtkapazität von mehr und weniger als 50 Tonnen pro Tag (vgl. Anhang I Abs. 19 lit. a) AK).

87 *Scheyli*, ArchVR 2000, 217 (235 ff.); ebenso etwa *Jendroska*, in: Environmental Democracy and Law, 113 (134).

88 S. schon EuGH, Rs. C-301/95 (Kommission/Deutschland), ECLI:EU:C:1998:493; s. sodann zB EuGH, Rs. C-87/02 (Kommission/Italien), ECLI:EU:C:2004: 363. Zur Rechtslage in der EU, mwN, *Epiney*, Umweltrecht, 6. Kap., Rn. 74.

von Anhang I AK erfasst werden, jedoch ebenfalls erhebliche Umweltauswirkungen zeitigen (können), eine Öffentlichkeitsbeteiligung entsprechend den Vorgaben des Art. 6 AK erfolgt. Auf dieser Grundlage müssen die Vertragsstaaten also materielle Vorgaben sowie Verfahren vorsehen, welche dies sicherstellen können. Hierbei steht ihnen zweifellos ein beachtlicher **Gestaltungsspielraum** zu; allerdings müssen sie aufzeigen können, dass das skizzierte **Ziel grundsätzlich erreicht** werden kann.

Dies impliziert letztlich, dass die Parteien verpflichtet sind, entweder weitere Kategorien für Tätigkeiten, die Art. 6 Abs. 1 lit. b) AK unterliegen, zu schaffen, oder den zuständigen Behörden aufzuerlegen, vor einer Genehmigungsentscheidung einer Tätigkeit, die unter Art. 6 AK fallen könnte, zu untersuchen, ob erhebliche Auswirkungen auf die Umwelt verursacht werden könnten und daher eine Beteiligung der Öffentlichkeit erforderlich ist.[89]

Daher muss das nationale Recht wohl jedenfalls eine Form von Entscheidungsverfahren vorsehen, in dem geprüft wird, ob eine nicht im Anhang I aufgeführte Tätigkeit erhebliche Umweltauswirkungen hat.[90] Dieses Verfahren kann mit dem Umweltverträglichkeitsprüfungsverfahren zusammenhängen, muss dies aber nicht und kann auch völlig selbstständig funktionieren. Alle Tätigkeiten mit potenziellen Auswirkungen auf die Umwelt sollten grundsätzlich identifiziert werden, dh solche, die in Anhang I AK aufgeführt sind, aber die notwendige Schwelle nicht erreichen, oder solche, die nach nationalem Recht einer Umweltgenehmigung, wie etwa einer Lärm-, Abfall- oder Rodungsgenehmigung, bedürfen. Dazu sollten auch Tätigkeiten gehören, die im nationalen Recht im Einzelnen geprüft werden, wie etwa Erweiterungen von genehmigten Tätigkeiten im Rahmen von Abs. 22 Anhang I AK oder Tätigkeiten, die gemäß der RL 2011/92 (UVP-Richtlinie), der RL 92/43 (Habitatrichtlinie) oder der RL 2000/60 (Wasserrahmenrichtlinie) Prüfungen unterworfen sind. Nachdem alle Tätigkeiten erfasst worden sind, sollte eine Prüfung auf erhebliche Umweltauswirkungen vorgenommen werden, die die erfassten Tätigkeiten nach Kategorien, aufgrund von Entscheidungen im Einzelfall oder aufgrund einer Mischung aus beiden Vorgehensweisen der Öffentlichkeitsbeteiligung unterwirft.[91] Bei Einzelfallentscheidungen müssten die Staaten jedenfalls im nationalen Recht eine Liste klarer Kriterien hierfür vorsehen, die insbesondere eine Prüfung auf erhebliche Umweltauswirkungen und eine Feststellung umfassen sollten, in welchem im Fall von mehreren Entscheidungsverfahren eine Öffentlichkeitsbeteiligung erforderlich ist.

Im Übrigen lässt sich aus der Rechtsprechung des EuGH ableiten, dass eine Öffentlichkeitsbeteiligung jedenfalls dann geboten ist, wenn erkennbar ist, dass die zuständigen nationalen Behörden der Ansicht sind, eine (vertiefte) Prüfung der Umweltauswirkungen eines Projekts sei angezeigt. So hielt der Gerichtshof in der Rs. C-243/15[92] fest, die in Art. 6 Abs. 3 RL 92/43 vorgesehene Pflicht, die Öffentlichkeit vor der Genehmigung eines Projekts oder Plans anzuhören, sei in Verbindung mit Art. 6 Abs. 1 lit. b) AK zu sehen, sei die Konvention doch Bestandteil der Unionsrechtsordnung. Umweltschutzorganisationen – zumal solche, die nach Art. 2 Nr. 5 AK Teil der „betroffenen Öffentlichkeit" sind – seien unter den Begriff der Öffentlichkeit im Sinn des Art. 6 AK zu subsumieren. Zwar sei die konkret in Frage stehende (geplante)

89 *Jendroska*, JEEPL 2012, 71 (86).
90 Hierzu und zum ganzen Abschnitt i.Erg. wie hier *Jendroska*, in: Environmental Democracy and Law, 113 (134 f.).
91 S. hierzu auch *Ebbesson et al.*, Aarhus Convention Implementation Guide, 132.
92 EuGH, Rs. C-243/15 (Lesoochranarske), ECLI:EU:C:2016:838.

Erweiterung eines Wildgeheges keine der in Anhang I AK aufgeführte Tätigkeit; jedoch zeige die Tatsache, dass die zuständigen nationalen Behörden entschieden haben, ein Verfahren zur Genehmigung dieses Projekts nach Art. 6 Abs. 3 RL 92/43 zu eröffnen, dass sie es für erforderlich hielten, die Erheblichkeit der Auswirkungen des Projekts auf die Umwelt im Sinne von Art. 6 Abs. 1 lit. b) AK zu prüfen, so dass diese Bestimmung zur Anwendung gelange. Dabei beziehe sich der Verweis auf das innerstaatliche Recht in Art. 6 AK nur auf die Modalitäten der Öffentlichkeitsbeteiligung, ohne das Recht selbst der Beteiligung in Frage stellen zu können. Vor diesem Hintergrund stehe einer Umweltschutzorganisation, die die Anforderungen des Art. 2 Nr. 5 AK erfüllt, ein Recht darauf zu, unter Einhaltung der Vorgaben des Art. 6 AK an einem Verfahren zum Erlass einer Entscheidung über einen Genehmigungsantrag eines Plans oder Projekts mit möglicherweise erheblichen Umweltauswirkungen beteiligt zu werden, soweit im Rahmen dieses Verfahrens eine von Art. 6 Abs. 3 RL 92/43 erfasste Entscheidung zu treffen ist.

Darüber hinaus spricht in diesem Zusammenhang Vieles dafür, dass die vom EuGH in Bezug auf Art. 4 Abs. 2 RL 2011/92 entwickelten Grenzen des Gestaltungsspielraums auch im Rahmen des Art. 6 Abs. 1 lit. b) AK fruchtbar gemacht werden können. So müssen etwa Schwellenwerte und/oder sonstige Kriterien grundsätzlich geeignet sein, die Umweltauswirkungen einer Tätigkeit zu bestimmen, so dass nicht nur auf die Größe eines Projekts abgestellt werden darf, sondern auch sein Standort zu berücksichtigen ist.[93] Jedenfalls stehe – so der Gerichtshof überzeugend in der Rs. C-427/07[94] – ein allgemeiner Ausschluss einer ganzen Kategorie von Projekten vom Anwendungsbereich der RL 2011/92 (bzw. der Vorgängerrichtlinie) mit diesen Grundsätzen nicht im Einklang. Verallgemeinert man diesen Ansatz, so können die Mitgliedstaaten zwar bestimmte allgemeine Kriterien bzw. Schwellenwerte festzulegen, nach denen zu bestimmen ist, welche unter Anhang II RL 2011/92 fallende Projekte einer UVP zu unterziehen sind. Allerdings muss jedenfalls sichergestellt sein, dass bei allen Projekten mit erheblichen Umweltauswirkungen eine UVP durchzuführen ist. Damit ist es den Mitgliedstaaten gestattet, untere Schwellenwerte festzulegen, vorausgesetzt, dass auch in ökologisch sensiblen Bereichen alle Projekte mit erheblichen Umweltauswirkungen erfasst werden; ansonsten muss (darüber hinaus) auch noch eine Einzelfallprüfung möglich sein, was jedenfalls ein alleiniges Abstellen auf „starre Schwellenwerte" häufig ausschließen wird.

Im Übrigen ist das Vorsorgeprinzip zu beachten, wonach bei einer Gefahr erheblicher Umweltschäden auch dann umweltpolitische Maßnahmen zu treffen sind, wenn keine absolute wissenschaftliche Gewissheit über das tatsächliche Eintreten solcher Schäden bzw. über den Kausalzusammenhang zwischen einem bestimmten Handeln und den befürchteten Auswirkungen besteht.[95] Vorgeschlagen wird auch, Inspiration etwa im Anhang III der Espoo-Konvention[96] und in anderen Dokumenten und Rechtsakten zu Umweltverträglichkeitsprüfungen zu suchen.[97]

Der Vollständigkeit halber sei in diesem Zusammenhang darauf hingewiesen, dass in denjenigen Konstellationen, in denen in einem Vertragsstaat eine Tätigkeit einer Umweltverträglichkeitsprüfung unterliegt, zwar sicherlich davon ausgegangen werden kann, dass sie erhebliche Umweltauswirkungen im Sinn

93 Hierzu, mwN, *Epiney*, Umweltrecht, 6. Kap., Rn. 74.
94 EuGH, Rs. C-427/07 (Kommission/Irland), ECLI:EU:C:2009:457.
95 *Scheyli*, ArchVR 2000, 217 (236).
96 Vgl. zu dieser bereits hierzu bereits Einführung Rn. 15 ff.
97 *Ebbesson et al.*, Aarhus Convention Implementation Guide, 132.

des Art. 6 Abs. 1 lit. b) AK zeitigt;[98] jedoch ist in einer solchen Konstellation Art. 6 AK in aller Regel schon deshalb anwendbar, weil in dieser Konstellation Anhang I AK (vgl. Abs. 20 Anhang I AK) zum Zuge kommt.[99]

4. Ausnahmen

19 Sowohl Art. 6 Abs. 1 lit. a) AK als auch Art. 6 Abs. 1 lit. b) AK stehen im Übrigen unter dem Vorbehalt, dass eine Vertragspartei in einem konkreten **Einzelfall nationale Verteidigungszwecke** geltend machen kann (Art. 6 Abs. 1 lit. c) AK). Falls das jeweilige innerstaatliche Recht eine derartige Vorgehensweise zulässt, können die Vertragsparteien eine solche Ausnahme aufgrund übergeordneter nationaler Interessen annehmen, wobei dies allerdings nur im Einzelfall möglich ist, so dass nicht von vornherein ganze Gruppen von Vorhaben unter diese Ausnahme subsumiert werden können.

Die Erfordernisse des Einzelfallcharakters und der gesetzlichen Grundlage im innerstaatlichen Recht sind somit kumulativ zu verstehen,[100] was sich schon aufgrund der engen Auslegung von Ausnahmetatbeständen aufdrängt. Zudem spricht für diese Sicht, dass – in Anknüpfung an die Zielsetzungen der Konvention – ein Ausschluss der Öffentlichkeitsbeteiligung nur insoweit erfolgen können soll, wie dies tatsächlich zur Wahrung der hier relevanten öffentlichen Interessen notwendig ist, was jedoch nur in Anknüpfung an den Einzelfall eruiert werden kann.

20 Deutlich wird damit, dass diese Bestimmung in materieller Hinsicht den Vertragsparteien einen erheblichen **Gestaltungsspielraum** einräumt. Immerhin muss die jeweilige Tätigkeit der Landesverteidigung „dienen“, dh in einem unmittelbaren Nutzenverhältnis zu diesem öffentlichen Interesse stehen. Zugleich muss sich die Öffentlichkeitsbeteiligung „negativ auf diese Zwecke auswirken“, wobei die Vertragspartei lediglich der „Auffassung“ sein muss, es gebe derartige negative Auswirkungen. Trotzdem muss eine Vertragspartei wohl, um den Vorgaben gerecht zu werden, zumindest die eigene Auffassung plausibel darzustellen in der Lage sein.

5. Gentechnisch veränderte Organismen

21 Darüber hinaus ist noch auf **Art. 6 Abs. 11 AK** hinzuweisen. Danach sind die Vorgaben des Art. 6 AK (ungeachtet des Art. 3 Abs. 5 AK) nicht auf Entscheidungen über die Genehmigung einer absichtlichen Freisetzung gentechnisch veränderter Organismen in die Umwelt bzw. des Inverkehrbringens solcher Organismen anwendbar; vielmehr sind diese Aspekte nunmehr in Art. 6bis mit Anhang Ibis AK geregelt.

Der Verweis auf Art. 3 Abs. 5 AK, der über die Erfordernisse der Aarhus-Konvention hinausgehende Maßnahmen ausdrücklich zulässt, soll klarstellen, dass es den Vertragsparteien auch in Bezug auf die in Art. 6bis mit Anhang Ibis AK geregelten Aspekte freisteht, darüber hinaus die Erfordernisse des Art. 6

98 ACCC/C/2010/50 Tschechische Republik, Rn. 82; ACCC/C/2010/45 und ACCC/C/2011/60 Vereinigtes Königreich, Rn. 75.
99 S. schon oben Art. 6 Rn. 11 ff.
100 So auch *Ebbesson et al.*, Aarhus Convention Implementation Guide, 133 f., die auch auf die nicht in jeder Beziehung klare englische Sprachfassung eingehen.

AK auf Entscheidungen anzuwenden, die sich auf die Freisetzung gentechnisch veränderter Organismen beziehen.[101]

Diese Bestimmung wurde im Vergleich zu der ursprünglichen Fassung des Art. 6 Abs. 11 AK neu formuliert und geht auf die 2005 beschlossene **Vertragsänderung bzw. Vertragsergänzung** (durch die auch Art. 6bis mit Anhang I^{bis} AK eingeführt wurde) zurück, welche die Konvention in Bezug auf die Genehmigung einer absichtlichen Freisetzung gentechnisch veränderter Organismen in die Umwelt modifiziert bzw. modifizieren soll.[102] 22

Bereits 1999 stellte eine dafür eingesetzte *Task Force* bedeutende Unterschiede in den nationalen Bestimmungen zur Biosicherheit der Vertragsparteien und bedeutende offene Fragen bei der Umsetzung des Art. 6 Abs. 11 AK fest. Da auch im Rahmen einer 2000 einberufenen *Working Group* keine Übereinkunft über eine bindende Regelung erzielt werden konnte, nahmen die Vertragsparteien 2002 die sogenannten „*Lucca Guidelines*" an. Auch die Umsetzung dieser Richtlinien erfolgte nicht zufriedenstellend, so dass letztlich 2005 eine Änderung der Konvention, als „GMO Amendment" oder auch als „Almaty-Amendment" bezeichnet, angenommen wurde.[103]

Die ursprüngliche Fassung des Art. 6 Abs. 11 AK sieht vor, dass – „soweit dies machbar und angemessen ist" – auch bei Entscheidungen im Zusammenhang mit der Freisetzung von gentechnisch veränderten Organismen eine Öffentlichkeitsbeteiligung vorzusehen ist. Eine verbindliche Einbeziehung dieser Entscheidungen in den Anwendungsbereich des Art. 6 AK kann bzw. konnte hieraus nicht abgeleitet werden.[104] Dies spiegelt die Unmöglichkeit wider, während der Verhandlungen der Aarhus-Konvention eine Einigung darüber zu erzielen, wie weit deren Bestimmungen auf die absichtliche Freisetzung gentechnisch veränderter Organismen in die Umwelt Anwendung finden sollten.[105]

Art. 6bis Abs. 1 AK sieht vor, dass die Vertragsparteien im Einklang mit Anhang I^{bis} AK für die **frühzeitige und effektive Information und Öffentlichkeitsbeteiligung** sorgen, bevor derartige Entscheidungen getroffen werden. Nach Art. 6bis Abs. 2 AK sollen die von den Vertragsparteien im Rahmen der Bestimmungen des Abs. 1 geschaffenen Anforderungen komplementär und gegenseitig bestärkend (*complementary and mutually supportive*) im Verhältnis zu ihren nationalen Regelungen im Bereich Biosicherheit sein und zugleich in Einklang mit den Zielen des Cartagena-Protokolls über die biologische Sicherheit stehen. **Anhang I^{bis} AK** legt die **Modalitäten** der Öffentlichkeitsbeteiligung in Bezug auf die von Art. 6bis AK erfassten Ent- 23

101 *Ebbesson et al.*, Aarhus Convention Implementation Guide, 162.

102 Decision II/1 on genetically modified organisms adopted at the second meeting of the Parties, Almaty, Kasachstan, 25.–27. Mai 2005. Wie in Art. 14 Abs. 4 AK festgelegt, treten Änderungen in Kraft, nachdem drei Viertel der Parteien sie angenommen oder ratifiziert haben. 28 der 47 Vertragsparteien haben dies bisher getan (einzusehen unter www.unece.org/environmental-policy/treaties/public-participation/aarhus-convention/about-the-convention/amendments/gmo-amendment.html).

103 Vgl. *Ebbesson et al.*, Aarhus Convention Implementation Guide,160 f.

104 *Scheyli*, ArchVR 2000, 217 (237).

105 *Ebbesson et al.*, Aarhus Convention Implementation Guide, 160.

scheidungen fest bzw. präzisiert die diesbezüglichen Vorgaben (inkl. möglicher Einschränkungen bzw. Ausnahmen).[106]

Im Einzelnen sieht Anhang I^{bis} AK vor, dass die Vertragsparteien in ihrer Rechtsordnung Mechanismen für die effektive Information und Öffentlichkeitsbeteiligung für die relevanten Entscheidungen festlegen, die auch eine angemessene Zeitspanne vorsehen müssen, um der Öffentlichkeit adäquat Möglichkeit zur Stellungnahme zu geben (**Abs. 1 Anhang I^{bis} AK**). Diese Mechanismen müssen es der Öffentlichkeit ermöglichen, auf angemessene Art jegliche Form von Stellungnahmen, Informationen, Analysen und Ansichten, die als relevant für die geplante Freisetzung, oder auch das geplante Inverkehrbringen erachtet werden, einzubringen (**Abs. 6 Anhang I^{bis} AK**).

Nach **Abs. 2 Anhang I^{bis} AK** können **Ausnahmen** von der Öffentlichkeitsbeteiligung vorgesehen werden, wobei die Bestimmung den Spielraum der Vertragsstaaten jedoch einschränkt. So ist bei allen Zwecken, die die absichtliche Freisetzung gentechnisch veränderter Organismen in die Umwelt, aber nicht deren Inverkehrbringen umfassen, eine Ausnahme zulässig, wenn eine solche Freisetzung unter vergleichbaren biogeographischen Bedingungen[107] bereits zuvor gemäß der Rechtsordnung der Vertragspartei genehmigt worden ist und genügend Erfahrung mit der Freisetzung des gentechnisch veränderten Organismus in vergleichbaren Ökosystemen bereits zuvor gesammelt wurde. Geht es um das Inverkehrbringen eines gentechnisch veränderten Organismus, ist eine Ausnahme nur zulässig, wenn dies bereits gemäß der Rechtsordnung der Vertragspartei genehmigt worden ist oder es Zwecken der Forschung oder der Kulturensammlung dient.

Unbeschadet der Vorgaben des Art. 4 AK über Vertraulichkeitsregelungen, stellt jede Vertragspartei der Öffentlichkeit auf angemessene, rechtzeitige[108] und effektive Weise eine Zusammenfassung der Notifikation, die für die Genehmigung einer Freisetzung oder eines Inverkehrbringens eines gentechnisch veränderten Organismus eingereicht wurde, und – soweit verfügbar bzw. in Einklang mit den nationalen Regeln zur Biosicherheit – einen Sachstandsbericht[109] zur Verfügung (**Abs. 3 Anhang I^{bis} AK**). Bestimmte Informationen dürfen dabei nie (*in no case*) als geheim eingestuft werden (**Abs. 4 Abs. 4 Anhang I^{bis} AK**): die allgemeine Beschreibung des Organismus, der Name und die Anschrift des Antragstellers, die beabsichtigten Verwendungen und soweit

106 Diese Regelungstechnik ist wohl vor dem Hintergrund zu sehen, dass für eine Änderung eines solchen Anhangs ein weniger aufwendiges Verfahren vorgesehen ist, vgl. *Ebbesson et al.*, Aarhus Convention Implementation Guide, 166, mit Verweis auf Art. 14 Abs. 4-6 AK im Gegensatz zu Art. 13 AK, der das Verfahren zur Änderung der Konvention selbst enthält.

107 Dies ist vor dem Hintergrund zu verstehen, dass nicht nur die Art des gentechnisch veränderten Organismus, sondern auch die vorherrschenden Umweltbedingungen, eine Rolle spielen, vgl. *Ebbesson et al.*, Aarhus Convention Implementation Guide, 167.

108 Als gute Praxis wird hier der Standard der *Lucca Guidelines* empfohlen, die vorsehen, dass die Behörden den Projektantragsteller bereits vor einer Genehmigungsentscheidung zur Diskussion mit der betroffenen Öffentlichkeit und Information derselben ermutigen sollen (vergleichbar mit den Bestimmungen des Art. 6 Abs. 5 AK), *Ebbesson et al.*, Aarhus Convention Implementation Guide, 168.

109 Dieser umfasst typischerweise die wissenschaftliche Auswertung der geplanten Verwendung gentechnisch veränderter Organismen und eine Umweltrisikoabschätzung bzw. Lebensmittelsicherheitseinschätzung, *Ebbesson et al.*, Aarhus Convention Implementation Guide, 169.

angemessen der Ort der Freisetzung,[110] die Methoden und Pläne zur Überwachung der Organismen sowie für Notfälle und zuletzt die Umweltverträglichkeitsprüfung.

Weiter stellen die Vertragsparteien (*shall ensure*) nach **Abs. 5 Anhang I^bis^ AK** die Transparenz der Entscheidungsverfahren und den Zugang der Öffentlichkeit zu relevanten verfahrensbezogenen Informationen sicher, was zB (*for example*) die Art der möglichen Entscheidungen, die zuständige Behörde, die gemäß Abs. 1 Anhang I^bis^ AK festgelegten Mechanismen zur Öffentlichkeitsbeteiligung und eine Angabe, von welcher Behörde relevante Informationen erhalten werden können und an welche Stellungnahmen übermittelt werden können sowie welcher Zeitrahmen für solche Stellungnahmen offensteht, umfassen könnte (*could*).

Nach **Abs. 7 Anhang I^bis^ AK** haben sich die Vertragsparteien bei beiden Arten von auf gentechnisch veränderte Organismen bezogenen Genehmigungsentscheidungen zu bemühen (*endeavour*) sicherzustellen, dass die Ergebnisse der Öffentlichkeitsbeteiligung gebührend berücksichtigt werden (*due account is taken*). Trifft eine Behörde eine solche Entscheidung, ist dafür zu sorgen, dass der Text dieser Entscheidung sowie die Gründe und Erwägungen besagter Entscheidung öffentlich zugänglich gemacht werden (**Abs. 8 Anhang I^bis^ AK**).[111]

Insgesamt bleiben die **Vorgaben in Bezug auf die Öffentlichkeitsbeteiligung** betreffend die Freisetzung und das Inverkehrbringen von gentechnisch veränderten Organismen damit **hinter denjenigen des Art. 6 AK zurück** bzw. den Vertragsstaaten wird hier ein wesentlich weiter gehender Gestaltungsspielraum eingeräumt. Hinzuweisen ist insbesondere auf Abs. 7 Anhang I^bis^ AK, der nur sehr „weiche" und damit normativ kaum fassbare Verpflichtungen auferlegt, und auf die weitreichenden Möglichkeiten, Ausnahmen von der Öffentlichkeitsbeteiligung vorzusehen (Abs. 2 Anhang I^bis^ AK).[112] 24

II. Modalitäten der Öffentlichkeitsbeteiligung (Art. 6 Abs. 3, 4, 7, 9)

Art. 6 AK nennt noch eine Reihe von Vorgaben, die von den Vertragsparteien im Hinblick auf die Durchführung der **Beteiligung der Öffentlichkeit bei den Entscheidungsverfahren selbst** zu beachten sind und folgende Aspekte betreffen: den zeitlichen Rahmen (1.), die Möglichkeit zur Stellungnahme (2.) sowie die Pflicht zur Information der Öffentlichkeit nach erfolgter Entscheidung (3.). 25

1. Zeitlicher Rahmen (Abs. 3, 4)

Für die einzelnen Verfahrensphasen sind **angemessene Zeiträume** vorzusehen (**Art. 6 Abs. 3 AK**), dies vor dem Hintergrund, dass die Öffentlichkeit ihre Beteiligungsmöglichkeiten effektiv nutzen kann. 26

110 Vgl. hierzu auch die Entscheidung des EuGH, Rs. C-552/07 (Azelvandre), ECLI:EU:C:2009:96, Rn. 48. Der EuGH befand hier, dass die Vorgabe des Art. 25 Abs. 4 erster Spiegelstrich RL 2001/18, der zufolge der Ort der Freisetzung nicht vertraulich behandelt werden darf, zur Veröffentlichung dieser Information verpflichtet.

111 Decision II/1, Annex „Amendment to the Convention".

112 Vgl. insoweit auch *Sands/Peel*, Principles of International Law, 654 f., die den Regelungen insgesamt eher kritisch gegenüberstehen.

Obwohl dies eher als Verpflichtung der Behörden zugunsten der Öffentlichkeit formuliert ist, können angemessene Zeitrahmen wohl auch den Behörden selbst bei der korrekten Durchführung der Öffentlichkeitsbeteiligung nützlich sein.[113]

Im Übrigen kann eine Verletzung der allgemeinen Informationspflicht nach Art. 6 Abs. 2 AK, da Mitglieder der betroffenen Öffentlichkeit gar nicht informiert wurden, auch zugleich eine Verletzung von Art. 6 Abs. 3 AK, nämlich der rechtzeitigen Information, darstellen.[114]

27 Die Bestimmung impliziert auch, dass die **unterschiedlichen Phasen eines Verfahrens** voneinander zu unterscheiden sind. So dürfte es zB kaum genügen, ein Projekt erst nach Vervollständigung der Antragsunterlagen öffentlich bekannt zu machen.[115] Damit fordert Art. 6 Abs. 3 AK eine **zeitlich umfassende Beteiligungsmöglichkeit**, so dass sich die Beteiligungsmöglichkeiten auf das gesamte Verfahren beziehen müssen.

Als Verletzung des Art. 6 Abs. 3 AK stufte das *Compliance Committee* so Beschränkungen der Möglichkeiten zur Öffentlichkeitsbeteiligung ein, die letztere nur bis zum Abschluss der Umweltverträglichkeitsprüfung vorsahen und danach Nichtregierungsorganisationen ausschlossen sowie andere Personen nur zuließen, wenn ihre Eigentumsrechte direkt betroffen waren. Das *Compliance Committee* betonte, dass sich umweltbezogene Entscheidungsprozesse nicht auf Umweltverträglichkeitsprüfungen beschränkten, sondern auch alle späteren Phasen wie jene der Entscheidung über die Landnutzung und Baugenehmigungen erfassten, sofern sie Auswirkungen auf die Umwelt hätten. Die in Frage stehende nationale Regelung führe jedoch dazu, dass Personen, die von Auswirkungen der Entscheidung betroffen würden, aber keine Eigentumsrechte hätten, ausgeschlossen seien. Art. 6 Abs. 3 AK verlange aber, dass die Öffentlichkeit auch in die endgültigen Baugenehmigungen und Entscheidungen über die Landnutzung Einsicht nehmen und Stellungnahmen einreichen können muss; auch beziehe sich die Öffentlichkeitsbeteiligung nach der Konvention nicht nur auf Umweltaspekte, sondern auf sämtliche Aspekte einer Tätigkeit, die unter Art. 6 AK fällt. Auch eine weite Auslegung des Begriffs der Personen mit Eigentumsrechten verhindere nicht den Ausschluss von Personen mit anderen Rechten und Interessen.[116]

28 Allerdings sind der Bestimmung keine Angaben darüber zu entnehmen, unter welchen Voraussetzungen ein Zeitraum **„angemessen“** ist. Ausschlaggebend dürfte hier die Erreichung des Sinns und Zwecks dieser Vorgabe – insbesondere eine rechtzeitige Information der betroffenen Öffentlichkeit und damit die Zurverfügungstellung einer ausreichenden Vorbereitungszeit zur Verfahrensbeteiligung – sein. So ist der jeweilige Zeitrahmen ua an die Art, Komplexität, Größe und den Standort der geplanten Tätigkeit anzupassen; ein angemessener Zeitrahmen für ein einfaches Projekt mit ausschließlich lokalen Auswirkungen wird so nicht angemessen sein für ein größeres, komplexes Projekt.[117] Aber auch auf dieser Grundlage steht den Vertragsstaaten hier ein beachtlicher Gestaltungsspielraum offen, wobei

113 *Ebbesson et al.*, Aarhus Convention Implementation Guide, 142.
114 ACCC/C/2004/2 Kasachstan, Rn. 24.
115 *Fisahn*, ZUR 2004, 136 (138).
116 ACCC/C/2010/50 Tschechische Republik, Rn. 70.
117 ACCC/C/2006/16 Litauen, Rn. 69. Als Startzeitpunkt dürfte sich das Datum der letzten, nach nationalem Recht erforderlichen Bekanntmachung anbieten, so *Ebbesson et al.*, Aarhus Convention Implementation Guide, 143.

sich das *Compliance Committee* mittlerweile verschiedentlich mit der Frage befasste, ob der gewählte Zeitrahmen „angemessen“ im Sinne dieser Vorschrift war.

Als problematisch erachtete es das *Compliance Committee* etwa, wenn bereits Bauarbeiten begannen, bevor eine Anhörung stattfand.[118] Auch kann eine Frist von 10 Werktagen, obwohl sie im Gesetz so festgelegt ist und in der Vergangenheit keine Beschwerden dagegen vorgebracht worden sind, im Einzelfall unzulänglich für die Vorbereitung der Beteiligung im Rahmen eines großen Deponieprojektes sein.[119] Zu berücksichtigen ist bei der Beurteilung der Angemessenheit des vorgegebenen Zeitrahmens auch, ob die entsprechende Zeitspanne während Ferienzeiten, zB im Sommer oder über die Weihnachtsfeiertage, angesetzt wurde. Im Zusammenhang damit befand das *Compliance Committee* eine 20-tägige Vorbereitungsfrist als unzulänglich gemäß Art. 6 Abs. 3 AK, da der Fristbeginn direkt vor Beginn der Weihnachtsfeiertage eingeleitet worden war.[120]

Insgesamt ist eine gewisse Tendenz, einen Monat als angemessene Frist anzusehen, festzustellen. Jeweils einen Monat Zeit für die Konsultation der Öffentlichkeit für den ursprünglichen und später den überarbeiteten Umweltbericht wurden etwa durch das *Compliance Committee* als angemessen eingestuft.[121] Auch in der abgeänderten UVP-Richtlinie im Unionsrecht ist eine Frist von 30 Tagen vorgesehen, die der Öffentlichkeit zur Stellungnahme zu gewähren ist.[122]

Zugleich geht das *Compliance Committee* aber davon aus, dass auf den Einzelfall abgestellt werden darf bzw. ggf. muss, was mit einer gewissen Flexibilität einhergeht. Die Tatsache, dass zwischen dem Einreichen des Berichts der Untersuchungskommission und der Genehmigungserteilung nur ein Monat liegt, kann daher nicht als solche ausreichen, um eine Verletzung des Art. 6 Abs. 3 AK zu begründen.[123] Während eine Minimalfrist von 30 Tagen zwischen der öffentlichen Ankündigung und dem Beginn der öffentlichen Konsultation als angemessen angesehen wurde, erachtete es das *Compliance Committee* in einem anderen Fall ausdrücklich als begrüßenswert, wenn das nationale Recht eine flexible Ausdehnung dieses Zeitrahmens je nach Art, Komplexität und Größe des betreffenden Projektes vorsehe; jedoch stehe der umgekehrte Fall, indem nur eine Maximalfrist festgelegt werde und Flexibilität zur Verkürzung bestehe, nicht im Einklang mit Art. 6 Abs. 3 AK, da hiermit in Einzelfällen das Risiko einer Festsetzung ungeeigneter Fristen einhergehe.[124]

Als zu kurz wird in der Lehre zB eine Frist von sechs Wochen öffentlicher Auflage im österreichischen Umweltverträglichkeitsprüfungsverfahren erachtet, wenn es sich um große Infrastrukturvorhaben handle, bei denen typischerweise eine umfassende Dokumentation einzusehen bzw. eine dementsprechend umfassende Stellungnahme zu verfassen sei.[125] In Zweifel gezogen wird ebenfalls etwa die Vereinbarkeit mit Art. 6 Abs. 3 AK der in Art. 9

118 ACCC/C/2004/2 Kasachstan, Rn. 25.
119 ACCC/C/2004/2 Kasachstan, Rn. 70.
120 ACCC/C/2008/24 Spanien, Rn. 90 und 92.
121 ACCC/C/2012/68 Europäische Union und Vereinigtes Königreich, Rn. 98.
122 S. Art. 6 Abs. 7 RL 2011/92 (in der Fassung der RL 2014/52/EU zur Änderung der Richtlinie 2011/92/EU, ABl. 2014 L 124, 1) bzw. *Wagner*, EurUP 2014, 122 (126).
123 ACCC/C/2007/22 Frankreich, Rn. 45.
124 ACCC/C/2009/37 Belarus, Rn. 89-90.
125 *Donat et al.*, RdU 2013, 196 (197).

Abs. 1 S. 3 des deutschen Umweltverträglichkeitsprüfungsgesetzes festgesetzten zweiwöchigen Frist für den Fall komplexer Großvorhaben.[126]

Auch die sonstigen Bedingungen sind zu berücksichtigen. Wenn die Öffentlichkeit bei einem Ölraffinerieprojekt zwischen 30 und 200 Kilometer zurücklegen muss, tausende Seiten Dokumentation auf lediglich zwei Computern einsehen kann, ohne Kopien auf CD-ROM oder DVD ziehen zu dürfen, und hierbei nur eine einmonatige Frist gewährt wird, um vor Ort Einsicht zu nehmen, stellt dies eine Verletzung des Art. 6 Abs. 3 AK dar.[127] Werden öffentliche Untersuchungen nur in drei von mehreren Gemeinden vorgesehen, sei dies hingegen nicht notwendigerweise eine Verletzung des Art. 6 Abs. 3 AK, solange sie rechtzeitig angekündigt wurden und so eine Teilnahme ermöglicht wurde.[128]

Bei der Umsetzung von Art. 6 Abs. 3 AK sollte auch berücksichtigt werden, dass dieser mit anderen Bestimmungen wie etwa Art. 4 AK in Zusammenhang steht und dafür möglicherweise Flexibilität vorgesehen werden muss. Eventuelle Wartefristen auf die Beantwortung eines Antrags auf Zugang zu Informationen sollten so nicht dazu führen, dass Mitglieder der betroffenen Öffentlichkeit nicht mehr am Verfahren zur Öffentlichkeitsbeteiligung teilnehmen können.[129]

Jedenfalls haben Entscheidungen, die nicht unter Art. 6 AK fallen, keinen Einfluss auf die Berechnung des notwendigen Zeitrahmens für die Öffentlichkeitsbeteiligung.[130]

29 Eng mit Art. 6 Abs. 3 AK im Zusammenhang stehend verpflichtet **Art. 6 Abs. 4 AK** dazu, die Mitwirkung der Öffentlichkeit so **frühzeitig im Verfahrensverlauf** durchzuführen, dass in Bezug auf den zu fällenden Entscheid noch alle Optionen offenstehen.[131] Nur unter dieser Voraussetzung ist überhaupt eine wirksame Einflussnahme der Öffentlichkeit auf die zu treffende Entscheidung und eine „effektive" Öffentlichkeitsbeteiligung möglich. Öffentlichkeitsbeteiligung muss so einen tatsächlichen Einfluss zu entfalten in der Lage sein.[132] Dieser Aspekt ist bei mehrstufigen Verfahren von besonderer Bedeutung.[133]

30 Zwar ist damit klargestellt, dass die Öffentlichkeitsbeteiligung zumindest vor dem **endgültigen Genehmigungsentscheid** erfolgen muss. Dies dürfte jedoch nicht in allen Fällen ausreichen, da vor dem Hintergrund der Effektivität der Bestimmung darüber hinaus die definitive Entscheidung auch fak-

126 *Schink*, EurUP 2014, 112 (118).

127 ACCC/C/2009/36 Spanien, Rn. 62. Vgl. ähnlich zur Notwendigkeit, die Unterlagen an einem für die Öffentlichkeit zugänglichen Ort für eine angemessene Zeitspanne zur Verfügung zu stellen, EuGH, Rs. C-255/05 (Kommission/Italien), ECLI:EU:C:2007:406, Rn. 58.

128 ACCC/C/2007/22 Frankreich, Rn. 43.

129 *Ebbesson et al.*, Aarhus Convention Implementation Guide, 144.

130 ACCC/C/2007/22 Frankreich, Rn. 44.

131 Vgl. hierzu auch die jüngere Diskussion im deutschen Verwaltungsrecht etwa bei *Brennecke*, VerwArch 2015, 34 ff.; *Arndt*, DVBl 2015, 6 ff.; skeptischer zur tatsächlich vorgenommenen Umsetzung der frühen Öffentlichkeitsbeteiligung im deutschen Recht *Feldmann*, NVwZ 2015, 321 (322).

132 *Bétaille*, RJE 2010, 197 (198). Vgl. auch *Renn et al.*, ZUR 2014, 281 (284), die eine Trennung zwischen einer analytischen Phase, in der mögliche Optionen und deren Chancen und Risiken festgestellt werden, und einer deliberativen Phase, in der eine Bewertung stattfindet, vorschlagen.

133 *Fisahn*, ZUR 2004, 136 (138); vgl. auch *Hendler*, FS Koch, 269 (272).

tisch noch offen und eine tatsächliche Berücksichtigung der Ergebnisse der Öffentlichkeitsbeteiligung möglich sein muss, so dass jedenfalls die Begründung der letztlichen Entscheidung auch die Ergebnisse der Beteiligung der Öffentlichkeit widerspiegeln muss.[134] Dennoch bleibt auch auf der Grundlage dieses Ansatzes angesichts der Offenheit dieser Kriterien ein beachtlicher Gestaltungsspielraum.[135]

Damit alle Optionen tatsächlich noch offenstehen, genügt es nicht, wenn eine Öffentlichkeitsbeteiligung nur bezüglich einer Entscheidung vorgesehen wird, bei der bereits gewisse Möglichkeiten – zB gar kein Projekt durchzuführen – nicht mehr zur Diskussion stehen.[136] Es stellt auch keine frühzeitige Öffentlichkeitsbeteiligung mehr dar, wenn bereits die Entscheidung über das Projekt selbst und den Ort seiner Durchführung getroffen wurde. Dies ist auch der Fall, wenn eine spätere, volle Umweltverträglichkeitsprüfung nur erlaubt, im Rahmen einer öffentlichen Anhörung zur Verminderung der Umweltauswirkungen des Projektes, nicht jedoch zum Projekt selbst bzw. zu seinem Ort Stellung zu nehmen.[137]

Vor diesem Hintergrund wird die Regelung der Umweltverträglichkeitsprüfung im österreichischen Recht, die zugleich das Genehmigungsverfahren eines Projektes darstellt, teilweise als problematisch erachtet: Wenn die Öffentlichkeit so nur an diesem Verfahren beteiligt wird, so erfolgt dies zu einem Zeitpunkt, zu dem nur noch „Detailfragen" zu klären sind und insbesondere keine Alternativen – auch im Sinne des Art. 6 Abs. 6 AK – mehr in Erwägung gezogen werden.[138] Aber auch in Bezug auf das deutsche Recht wird teilweise angezweifelt, ob eine Öffentlichkeitsbeteiligung nach der Antragstellung noch den Vorgaben des Art. 6 Abs. 4 AK entspricht, da zu diesem Zeitpunkt bereits eine Festlegung auf eine von mehreren geprüften Varianten stattgefunden habe.[139]

Bei der Prüfung der entsprechenden Bestimmungen der RL 2011/92 (UVP-Richtlinie) und der RL 2010/75 (IVU- bzw. IE-Richtlinie) bezüglich Deponien befand das *Compliance Committee* hingegen, dass deren Vorgaben grundsätzlich in Einklang mit Art. 6 Abs. 4 AK stehen.[140] So ergebe sich aus Art. 1 Abs. 2 und Art. 2 Abs. 1 RL 2011/92, dass die Öffentlichkeit vor einem Baubeginn beteiligt werden müsse.[141] Auch die RL 2010/75 verpflichte die Mitgliedstaaten, in Verfahren zur erneuten Genehmigung von unter die Richtlinie fallenden Anlagen frühe und effektive Gelegenheiten zur Öffentlichkeitsbeteiligung sicherzustellen.[142] Dafür sei die RL 2010/75 so auszulegen, dass sie für neue Anlagen die Erstellung einer IVU-Genehmigung nach Bauende nur gestattet, wenn die Öffentlichkeit eine Gelegenheit zur Beteiligung zu einem früheren Zeitpunkt hatte, an dem noch alle Optionen offenstanden, insbesonde-

134 In diesem Sinn auch *Bétaille*, RJE 2010, 197 (212).
135 Vgl. insoweit auch *Bétaille*, RJE 2010, 197 (206).
136 ACCC/C/2004/8 Armenien, Rn. 29.
137 ACCC/C/2009/44 Belarus, Rn. 78.
138 *Donat et al.*, RdU 2013, 196 (197).
139 *Schink*, EurUP 2014, 112 (117). Zwar werde gemäß Art. 9 Abs. 3 des deutschen Verwaltungsverfahrensgesetzes die Öffentlichkeit in vorgelagerten Verfahren rechtzeitig im Sinne des Art. 6 Abs. 4 AK informiert; jedoch gelte dies nicht im Immissionsschutzrecht, wodurch eine problematische Lücke entstehe.
140 ACCC/C/2006/17 Europäische Gemeinschaft, Rn. 55.
141 ACCC/C/2006/17 Europäische Gemeinschaft, Rn. 53.
142 ACCC/C/2006/17 Europäische Gemeinschaft, Rn. 54.

re jene Optionen bezüglich von Projekteigenschaften, die nach Bauende realistischerweise nicht mehr abgeändert werden können.[143]

Als Teil einer frühzeitigen Öffentlichkeitsbeteiligung schlägt das *Compliance Committee* auch vor bzw. empfindet es als „logisch" (*logical*), möglicherweise zu verbindende Verfahren früh auf eine Verbindung hin zu untersuchen, um den Verpflichtungen zur Öffentlichkeitsbeteiligung voll gerecht zu werden.[144]

Zu untersuchen ist auch, ob und in welchem Umfang eine Behörde durch vorangehende Entscheidungen im Entscheidungsspielraum eingeschränkt wird, so dass nicht mehr alle Optionen offen stehen.[145] Weder formell noch informell darf es dabei einer Behörde verwehrt sein, einen Genehmigungsantrag aus materiellen oder verfahrensrechtlichen Gründen gegebenenfalls vollumfänglich abzulehnen.[146] Eine rein förmliche, nur *de jure* existierende Möglichkeit der Ablehnung, die in der Praxis nie oder fast nie (*never or hardly ever*) genutzt wird, genügt nicht, damit noch alle Optionen offenstehen.[147] „Bedenken" (*concern*) äußert das *Compliance Committee* auch, wenn eine Motion einer Regionalregierung sich deutlich für eine bestimmte Durchführungsvariante eines Projekts ausspricht, da dies *de facto* die verfügbaren Optionen einschränken könne und die Öffentlichkeitsbeteiligung zu einem frühen Zeitpunkt, wenn noch alle Optionen offenstehen, behindern könne; dies gelte auch für öffentlich im Fernsehen und in der Presse geäußerte ähnliche Mitteilungen durch Regierungsmitglieder.[148]

Auch eine rein „formelle" (*formal*) Öffentlichkeitsbeteiligung genügt nicht; eine öffentliche Debatte und die Möglichkeit für die Öffentlichkeit, daran zu einem frühen Zeitpunkt teilzunehmen, wenn alle Optionen noch offenstehen und die Ergebnisse der Beteiligung noch berücksichtigt werden können, sind erforderlich.[149]

Hingegen kann keine Verletzung des Art. 6 Abs. 4 AK vorliegen, wenn bestimmte tatsächliche Ereignisse bzw. politische und wirtschaftliche Gründe faktisch bestimmte technische Optionen verunmöglichen und entsprechende Möglichkeiten dann eben nicht mehr offenstehen. Wichtig ist hier lediglich, dass die Öffentlichkeit früh genug zu einem Zeitpunkt vor diesen Ereignissen beteiligt wurde; unzulässig wäre hingegen eine Beteiligung, wenn bereits keine realistische Möglichkeit für bestimmte technische Optionen mehr bestünde, genehmigt zu werden.[150]

31 Bei **mehrstufigen Verfahren** dürfen auf jeder Verfahrensstufe im Rahmen der Öffentlichkeitsbeteiligung (die eben auf jeder Stufe zu gewährleisten ist) nur bestimmte Optionen erörtert und eine Auswahl getroffen werden, während in folgenden Verfahrensstufen nur die Themen im Rahmen der bereits getroffenen Wahl angesprochen werden.[151] Weiter ist auch – sofern eine solche Phase vorgesehen ist – in der einleitenden Phase, in der der Um-

143 ACCC/C/2006/17 Europäische Gemeinschaft, Rn. 61.
144 ACCC/C/2008/26 Österreich, Rn. 64.
145 ACCC/C/2007/22 Frankreich, Rn. 36.
146 ACCC/C/2006/17 Europäische Gemeinschaft, Rn. 38.
147 ACCC/C/2006/17 Europäische Gemeinschaft, Rn. 38.
148 ACCC/C/2008/26 Österreich, Rn. 57.
149 ACCC/C/2008/26 Österreich, Rn. 66.
150 ACCC/C/2006/16 Litauen, Rn. 74.
151 ACCC/C/2009/38 Vereinigtes Königreich, Rn. 81. Vgl. auch zum schottischen Ausgangsrechtsstreit in diesem Fall bzw. zum dem *Compliance* Committee zustimmenden schottischen Gerichtsentscheid *Drummond*, in: The Aarhus Convention, 41 (52).

fang des Projektes, der Untersuchung im Rahmen der Vorbereitung des Projektes und auch dementsprechend die zu prüfenden Alternativen festgelegt werden, eine Öffentlichkeitsbeteiligung erforderlich.[152] Sicherzustellen ist in Bezug auf eine „Nullvariante“, dh eine Nichtdurchführung des Projektes, dass diese in einer früheren Verfahrensphase im Rahmen der Öffentlichkeitsbeteiligung erörtert werden konnte, nicht jedoch in jeder – auch späteren – Phase.[153]

Das *Compliance Committee* hielt insbesondere bezüglich mehrphasiger Entscheidungsprozesse fest, dass zwar die Vertragsparteien einen gewissen Gestaltungsspielraum hätten; so könne auch festgelegt werden, welche Optionen in welcher Phase des Verfahrens zu erörtern seien. Jedoch müsse, wenn eine Öffentlichkeitsbeteiligung erforderlich sei, diese früh genug ermöglicht werden, um sicherzustellen, dass noch alle Optionen offen stünden und eine effektive Beteiligung möglich sei.[154]

Eine solche frühzeitige Beteiligung sei auch zu gewährleisten, wenn in einem Verfahren in mehreren Stufen strategische Entscheidungen getroffen werden, die unter Art. 7 AK fallen, oder nacheinander Entscheidungen, die die grundsätzlichen Parameter, den Ort, die technische Ausgestaltung und die technologischen Details genehmigen.[155] Wenn so bei der Vorbereitung von Plänen und Programmen bereits Öffentlichkeitsbeteiligung gewährt wird, kann es unter Berücksichtigung der rechtlichen Wirkung der einzelnen Entscheidungen zulässig sein, dass bei gewissen späteren Entscheidungen einige Optionen nicht mehr offenstehen, so die Art der technischen Durchführung (zB Mülldeponie statt Müllverbrennung) oder der Ausschluss aller möglichen Orte außer zwei verbleibenden Orten.[156]

Eine nur **nachträgliche Öffentlichkeitsbeteiligung** wird den **Anforderungen des Art. 6 Abs. 4 AK nicht gerecht.** 32

Der Beginn von Bauarbeiten, bevor alle Anhörungen abgehalten worden sind, ist nach Ansicht des *Compliance Committee* in dieser Hinsicht jedenfalls unvereinbar mit der Idee, dass alle Optionen noch offenstehen müssen.[157] Ebenso widerspricht es der Idee einer effektiven Beteiligung der Öffentlichkeit, wenn die notwendigen Informationen erst nach Beginn der Arbeiten am Projekt veröffentlicht werden.[158] Wurde eine Entscheidung wie die Vergabe einer Bergbaulizenz ohne Öffentlichkeitsbeteiligung getroffen, liege eine Verletzung der Bestimmung vor, auch wenn danach eine vollumfängliche Umweltverträglichkeitsprüfung durchgeführt wird, da sich die Öffentlichkeit während dieser

152 *Jendroska*, in: Environmental Democracy and Law, 113 (119).
153 ACCC/C/2009/38 Vereinigtes Königreich, Rn. 82. Insbesondere in Bezug auf Projekte, die umstrittene, da technisch riskante oder auswirkungsintensive Technologien anwenden, sollte die Diskussion einer „Nullvariante“ bereits im frühestmöglichen Stadium im Rahmen der Öffentlichkeitsbeteiligung ermöglicht werden, *Jendroska*, in: Environmental Democracy and Law, 113 (120).
154 ACCC/C/2009/41 Slowakei, Rn. 62. Vgl. auch ACCC/C/2006/17 Europäische Gemeinschaft, Rn. 51.
155 ACCC/C/2006/16 Litauen, Rn. 71.
156 ACCC/C/2006/16 Litauen, Rn. 72. Vgl. hingegen skeptisch in dieser Hinsicht etwa zur neuen Verordnung über die transeuropäischen Netze Energie (VO 347/2013, ABl. 2013 L 115, 39), die für die Erstellung einer Projektliste auf Unionsebene zuerst nur energiepolitische bzw. -technische Argumente zulässt und die Berücksichtigung von Umweltauswirkungen erst auf die spätere Phase der Genehmigung konkreter Stromtrassen verschiebt, *Heselhaus*, FS Koch, 297 (312).
157 ACCC/C/2004/2 Kasachstan, Rn. 25.
158 EuGH, Rs. C-227/01 (Kommission/Spanien), ECLI:EU:C:2004:528, Rn. 57.

nur noch in Bezug auf die Verminderung der Umweltauswirkungen des Bergbauprojektes einbringen könne, nicht mehr jedoch zur Zulassung des Bergbauprojektes als solches.[159]

Wird eine Öffentlichkeitsbeteiligung im Rahmen eines Umweltverträglichkeitsprüfungsverfahrens nach Erteilung einer Baubewilligung, jedoch vor Erteilung einer Betriebsgenehmigung erteilt, kann dies nach Ansicht des Compliance Committee nur dann mit der Konvention vereinbar sein, wenn sämtliche in der Baugenehmigung getroffenen Entscheidungen in späteren Entscheidungen erneut geprüft (*questioned*) werden können, um sicherzustellen, dass alle Optionen offenstehen. Es darf sich jedoch nicht nur um eine rein formaljuristische Möglichkeit handeln, die in der Praxis nie oder fast nie genutzt wird. Das offensichtliche Risiko bestehe darin, dass eine rechtzeitige und effektive Öffentlichkeitsbeteiligung ausgeschlossen ist, da es nach Errichtung einer Anlage aufgrund einer Baugenehmigung wahrscheinlich (*likely*) sei, dass politischer und wirtschaftlicher Druck sowie der Bedarf nach Rechtssicherheit faktisch (*effectively*) Diskussionen über das Bauprojekt selbst sowie verschiedene Optionen in Sachen Technologie und Infrastruktur verhindern.[160] Insbesondere bestehe ein beträchtliches Risiko (*considerable risk*), dass es sich für eine Behörde um eine politisch unrealistische Option handle, den Betrieb einer Anlage aufgrund von bautechnischen, technologischen oder infrastrukturbezogenen Problemen zu untersagen; darüber hinaus müsse die Öffentlichkeitsbeteiligung als Teil einer Umweltverträglichkeitsprüfung auch Teil des Genehmigungsverfahrens sein.[161]

2. Möglichkeit zur Stellungnahme (Art. 6 Abs. 7)

33 Der Öffentlichkeit muss jedenfalls die Gelegenheit gegeben werden, alle ihr relevant erscheinenden Gesichtspunkte in Schriftform vorzulegen, ggf. auch im Rahmen einer Anhörung, so dass es letztlich **zwei Möglichkeiten zur Stellungnahme** gibt.

Der Wortlaut des Art. 6 Abs. 7 AK („oder") geht davon aus, dass die beiden Möglichkeiten (nur) alternativ zu gewähren sind. Die Effektivität der Möglichkeit, Stellungnahmen abzugeben, spricht jedoch dafür, dass schriftliche Stellungnahmen grundsätzlich zulässig sein müssen, während eine Anhörung lediglich „gegebenenfalls" zu organisieren ist, was aber einen gewissen Gestaltungsspielraum für die Vertragsstaaten impliziert. Jedenfalls sind Anhörungen nicht zwingend neben der Möglichkeit schriftlicher Eingaben vorzusehen, und die genaue Ausgestaltung der Umsetzung des Art. 6 Abs. 7 AK muss dem Grundsatz der Effektivität Rechnung tragen.

So enthält beispielsweise Art. 6 Abs. 4 RL 2011/92 keine Verpflichtung zur Abhaltung eines Erörterungstermins; die Bestimmung verlangt lediglich eine Beteiligung der Öffentlichkeit in effektiver Weise, während Art. 6 Abs. 5 RL 2011/92 die öffentliche Anhörung neben der Aufforderung zur schriftlichen Stellungnahme als Beispiel anführt.[162] Auch das *Compliance Committee* erachtete es nicht als Verletzung der Bestimmung, wenn einige lokale Behörden bei Planungstreffen nur eine Öffentlichkeitsbeteiligung in der Form von schriftlichen Eingaben zulassen.[163] Auch eine Begrenzung der Zahl der öffentlichen Anhörungen stellt nach Ansicht des *Compliance Committee* nicht *per*

159 ACCC/C/2009/43 Armenien, Rn. 76.
160 ACCC/C/2009/41 Slowakei, Rn. 63.
161 ACCC/C/2009/41 Slowakei, Rn. 64.
162 Vgl. *Schink*, EurUP 2014, 112 (118).
163 ACCC/C/2010/45 und ACCC/C/2011/60 Vereinigtes Königreich, Rn. 78.

se eine Verletzung des Art. 6 Abs. 7 AK dar, soweit diese Anlässe allen offen stünden und angemessen angekündigt worden seien, so dass sie der betroffenen Öffentlichkeit angemessen Gelegenheit böten, die eigene Sichtweise einzubringen.[164]

Diese Möglichkeit muss nicht nur gegenüber der Behörde, sondern auch gegenüber dem **Antragsteller** eröffnet werden (**Art. 6 Abs. 7 AK**). Angehörige der Öffentlichkeit müssen damit (auch) die Gelegenheit erhalten, mit dem Privaten oder der staatlichen Instanz, welche(r) eine den Bestimmungen des Art. 6 AK unterliegende umwelterhebliche Tätigkeit plant, zum Zweck der Kundgabe diesbezüglicher Argumente in unmittelbaren Kontakt zu treten. 34

Allerdings bleibt die genaue **rechtliche Tragweite** dieser Bestimmung in Bezug auf das Verhältnis zum Antragsteller teilweise unklar: So ist insbesondere nicht ersichtlich, ob und inwiefern mit dem Anspruch der Öffentlichkeit auch eine reziproke Verpflichtung des Antragstellers, etwa zur Kenntnisnahme oder – noch weitergehend – zur Beantwortung der Eingabe, verbunden ist. Nach ihrem Wortlaut ist die Bestimmung allerdings derart weit gefasst, dass davon auszugehen ist, ihr werde mit der bloßen Entgegennahme eines schriftlich verfassten Texts bereits Genüge getan.

Jedenfalls – und ohne dass dies im Wortlaut klar deutlich wird – muss den **Behörden eine tragende Rolle** zukommen, und die Stellungnahmen müssen effektiv den Behörden zur Kenntnis gebracht werden können. 35

So geht das *Compliance Committee* denn auch davon aus, dass generell eine Verletzung von Art. 6 Abs. 7 AK vorliegt, wenn im nationalen Recht der Projektantragsteller anstelle der zuständigen Behörde mit der Organisation der Öffentlichkeitsbeteiligung betraut wird.[165]

Unzulässig ist es nach Ansicht des *Compliance Committee* auch, wenn das nationale Recht dem Projektantragsteller die Organisation einer öffentlichen Anhörung auferlegt, die er mit dem Berater zu veranstalten hat, der die Umweltprüfungsstellungnahme verfasst hat, und Stellungnahmen praktisch nur während der Anhörung eingebracht werden können, während keine weitere Möglichkeit zur Abgabe von Stellungnahmen im Verfahren vor der zuständigen Behörde vor Abschluss der behördlichen Umweltverträglichkeitsprüfung vorgesehen ist. Zwar schreibe das nationale Recht vor, die Stellungnahmen bei der Anhörung aufzuzeichnen und der Behörde zukommen zu lassen; dies genüge jedoch nicht, damit die zuständige Behörde direkten Zugang zu allen Stellungnahmen habe und diese angemessen berücksichtigen könne.[166] Auch die Organisation von Diskussionen über das geplante Projekt in Zeitungen und in Fernsehsendungen genüge nicht, um Art. 6 Abs. 7 AK gerecht zu werden.[167]

Die Möglichkeit zur Stellungnahme ist nicht nur der „betroffenen Öffentlichkeit", sondern allgemein der „**Öffentlichkeit**" zu gewähren, so dass der 36

164 ACCC/C/2007/22 Frankreich, Rn. 43.
165 ACCC/C/2009/44 Belarus, Rn. 82.
166 ACCC/C/2009/37 Belarus, Rn. 94.
167 ACCC/C/2009/37 Belarus, Rn. 95.

allgemeinen Öffentlichkeit – also letztlich jedermann – das Recht zur Abgabe einer Stellungnahme zukommt.[168]

Bemerkenswert ist in diesem Zusammenhang, dass in der RL 2011/92 (UVP-Richtlinie) in diesem Zusammenhang nur auf die betroffene Öffentlichkeit Bezug genommen wird.[169] Somit stellt sich die Frage, ob hier das Unionsrecht in Art. 6 Abs. 4 RL 2011/92 die Aarhus-Konvention zutreffend umsetzt.[170] Vieles dürfte für die Verneinung dieser Frage sprechen. Auch das *Compliance Committee* geht davon aus, dass eine Verletzung des Art. 6 Abs. 7 AK vorliegt, wenn nationales Recht die Möglichkeit, Stellungnahmen einzureichen, nur der betroffenen Öffentlichkeit gewährt, und vorschreibt, dass es sich bei Stellungnahmen um „begründete Vorschläge" (*motivated proposals*) handeln muss, die eine begründete Argumentation enthalten.[171]

Die Bezugnahme auf die „Öffentlichkeit" impliziert auch, dass es gegen Art. 6 Abs. 7 AK verstößt, wenn statt angemessener öffentlicher Anhörungen Diskussionen in geschlossenen Gruppen wie Berufsvereinigungen oder Belegschaften von Unternehmen oder in geschlossenen Beratungsgruppen abgehalten werden. Um Art. 6 Abs. 7 AK gerecht zu werden, muss eine solche Diskussion grundsätzlich für alle Mitglieder der Öffentlichkeit, auch Nichtregierungsorganisationen, offen sein, und der Teilnehmerkreis darf nur aufgrund von technischen Begrenzungen auf der Grundlage objektiver, nichtdiskriminierender Kriterien beschränkt werden.[172]

37 Der **Gegenstand der Stellungnahmen** wird in Art. 6 Abs. 7 AK denkbar **offen** formuliert (kann die Öffentlichkeit doch alles vorbringen, was ihr relevant erscheint), so dass hier letztlich kaum Schranken zu erkennen sind und die Öffentlichkeit alle ihr sachdienlich erscheinenden Aspekte vortragen können muss.

Daher steht eine Einschränkung, Stellungnahmen nur zu einem bestimmten Umweltverträglichkeitsprüfungsbericht einzureichen, nicht im Einklang mit Art. 6 Abs. 7 AK, da so keine Stellungnahmen zur im weiteren Sinne projektbezogenen Dokumentation eingebracht werden können, die aber für die Entscheidungsfindung relevant ist.[173]

Weiter ist Art. 6 Abs. 7 AK nach Ansicht des *Compliance Committee* verletzt, wenn bei einer öffentlichen Anhörung der organisierende Projektantragsteller Stellungnahmen nicht entgegennimmt; zwar könnten die Organisatoren einer Anhörung Vorkehrungen treffen, damit eine gewisse Ordnung bei der Verteilung von Dokumenten eingehalten wird; jedoch dürften sie nicht darüber entscheiden, ob es der Öffentlichkeit erlaubt ist, Stellungnahmen und unterstützende Dokumente in schriftlicher Form einzubringen und während der Anhörung zu verteilen.[174]

168 *Schink*, EurUP 2014, 112 (118); *Schenderlein*, Rechtsschutz und Partizipation, 139; *Hendler/Wu*, DVBl 2014, 78 (81); *Ebbesson et al.*, Aarhus Convention Implementation Guide, 153.
169 Vgl. insoweit auch die Hinweise bei *Verschuuren*, YEEL 2004, 29 (36); *Peters*, EurUP 2014, 185 (192).
170 *Schink*, EurUP 2014, 112 (118).
171 ACCC/C/2006/16 Litauen, Rn. 80.
172 ACCC/C/2009/44 Belarus, Rn. 84.
173 ACCC/C/2010/59 Kasachstan, Rn. 57.
174 ACCC/C/2009/44 Belarus, Rn. 82.

Auch eine Verpflichtung zur Begründung von Stellungnahmen der Öffentlichkeit auf der Grundlage der einsehbaren Dokumentation ist nicht zulässig und beschränkt das Recht der Öffentlichkeit, Stellungnahmen einzubringen.[175]

Die Effektivität des Rechts der Öffentlichkeit, Stellungnahmen vorzulegen, impliziert auch eine entsprechende zeitliche Planung; m.a.W. müssen **angemessene (und insbesondere nicht zu kurze) Fristen** für die Einreichung der Stellungnahmen oder/und die Durchführung einer Anhörung vorgesehen werden. 38

Das *Compliance Committee* sah eine sechswöchige Frist für das Einbringen von Stellungnahmen als zulässig an.[176]

Hingegen könne die Organisation nur einer Anhörung an einem Arbeitstag zu Arbeitszeiten in unzulässiger Weise das Beteiligungsrecht der Öffentlichkeit beschränken. Wenn eine solche Organisation unabdingbar sei, müsse der Organisator zumindest Maßnahmen treffen, um sicherzustellen, dass Personen, die aufgrund beruflicher Verpflichtungen nicht anwesend sein konnten, auf andere Art und Weise teilnehmen könnten, zB indem sie eine Aufnahme der Anhörung ansehen und später Stellungnahmen einreichen könnten, so das *Compliance Committee*.[177]

3. Information nach erfolgter Entscheidung (Abs. 9)

Die Öffentlichkeit ist **nach erfolgter Entscheidung** durch die Behörden **unverzüglich** und auf angemessene Weise **zu informieren (Art. 6 Abs. 9 AK).** 39

Das *Compliance Committee* befand hierzu, die Frist bis zur Information müsse „angemessen" sein und solle insbesondere auf die relevanten Fristen für Rechtsmittel nach Art. 9 Abs. 2 AK abstellen. Dies gelte auch für die Art und Weise der Information der Öffentlichkeit sowie der Dokumentation der Gründe und Erwägungen, auf die sich die Entscheidung stützt.[178]

Ob eine Information der Öffentlichkeit 15 Tage nach Erlass der Entscheidung als „unverzüglich" gelten könne, sei anhand der Umstände des Falles zu beurteilen, so zB der Art der Entscheidung und der Art und Bedeutung der betroffenen Tätigkeit.[179] Dieser Verpflichtung komme ein Vertragsstaat aber jedenfalls nicht ausreichend nach, wenn die fraglichen Bescheide und Verordnungen nicht veröffentlicht werden und erst später über eine elektronische Datenbank eingesehen werden können.[180] Verhindert werden muss eine Situation, in der ein Projektantragsteller über eine positive Genehmigungsentscheidung informiert wird, ein Mitglied der Öffentlichkeit jedoch so spät, dass es die Entscheidung nicht mehr anfechten kann, bevor eine Tätigkeit in der Folge durch den Projektantragsteller so weit vorangetrieben wurde, dass der vorherige Zustand nicht mehr oder nur mit hohen Kosten wiederhergestellt werden kann.[181]

Die Informationspflicht bezieht sich nicht nur auf das eigentliche **Ergebnis der Entscheidung** (wie im Entscheidungstext wiedergegeben, der öffentlich zugänglich sein muss), sondern umfasst auch eine ausreichende **Begrün-** 40

175 ACCC/C/2010/59 Kasachstan, Rn. 58.
176 ACCC/C/2007/22 Frankreich, Rn. 44.
177 ACCC/C/2009/44 Belarus, Rn. 83.
178 ACCC/C/2006/16 Litauen, Rn. 84.
179 ACCC/C/2006/16 Litauen, Rn. 82.
180 ACCC/C/2004/8 Armenien, Rn. 31.
181 *Ebbesson et al.*, Aarhus Convention Implementation Guide, 157.

dung. Diese muss wohl auch die Art und Weise der angemessenen Berücksichtigung des Ergebnisses der Öffentlichkeitsbeteiligung erkennen lassen.

In der Substanz verlangt Art. 6 Abs. 9 AK dem *Compliance Committee* zufolge nicht, dass die Entscheidung selbst veröffentlicht werden muss. Die Öffentlichkeit müsse lediglich über die Entscheidung informiert werden und habe das Recht, Zugang zur Entscheidung und zu ihrer Begründung zu haben. Zugang sei im Rahmen der „hierfür passenden Verfahren" zu gewähren, was einen gewissen Spielraum für das nationale Recht schaffe; ein ebensolcher gelte auch dafür, wie die Gründe und Erwägungen, auf die sich eine Entscheidung stützt, zu dokumentieren seien, mit Ausnahme der in Art. 6 Abs. 8 AK niedergelegten Verpflichtung, die Berücksichtigung der Ergebnisse der Öffentlichkeitsbeteiligung widerzuspiegeln.[182] Eine klare Verletzung des Art. 6 Abs. 9 AK stelle es aber dar, wenn sich die Vertragspartei überhaupt weigert, den Text der Entscheidung sowie deren Begründung zur Verfügung zu stellen und auch nicht darauf hinweist, wie ein Beschwerdeführer darauf zugreifen könnte.[183]

Es stehe auch im Widerspruch zu Art. 6 Abs. 9 AK, wenn das nationale Recht keine klare Verpflichtung enthält, die Öffentlichkeit über die Herausgabe der Schlussfolgerungen des Umweltverträglichkeitsprüfungsverfahrens und die Möglichkeiten, auf den Text und die Gründe und Erwägungen der Schlussfolgerungen zuzugreifen, zu informieren; darüber hinaus enthielt das nationale Recht im entsprechenden Fall auch keine klare Auflage für die Behörden, eine Begründung zu verfassen und die Unterlagen für die Erarbeitung der Schlussfolgerungen aufzubewahren.[184]

Keine hinreichende Umsetzung von Art. 6 Abs. 9 AK stelle es darüber hinaus dar, wenn das nationale Recht vorschreibt, dass nach Ergehen einer Entscheidung auf der Grundlage der behördlichen Umweltverträglichkeitsprüfung den interessierten Parteien (*interested parties*) die Möglichkeit zu gewähren ist (*shall be granted the opportunity*), Informationen über die Umweltverträglichkeitsprüfung gemäß den Bestimmungen des Gesetzes zu erhalten. Diese Vorgaben enthielten keine eindeutige Verpflichtung der Behörden, die Öffentlichkeit unverzüglich zu informieren, und auch in der Praxis hätten die Behörden, statt den Zugang zu einer soeben positiv abgeschlossenen Umweltverträglichkeitsprüfung zu erleichtern, diese nicht zugänglich gemacht unter Verweis auf einschränkende Gesetzesbestimmungen.[185]

III. Pflicht zur Unterrichtung der Öffentlichkeit (Art. 6 Abs. 2, 6)

41 Eine Beteiligung der Öffentlichkeit kann nur unter der Voraussetzung ihrer Unterrichtung tatsächlich erfolgen. In diesem Sinn statuiert **Art. 6 Abs. 2 AK** eine **Pflicht zur Information** der **betroffenen Öffentlichkeit.**[186]

182 ACCC/C/2006/16 Litauen, Rn. 81.
183 ACCC/C/2004/3 und ACCC/S/2004/1 Ukraine, Rn. 35.
184 ACCC/C/2009/37 Belarus, Rn. 98.
185 ACCC/C/2010/59 Kasachstan, Rn. 63.
186 Zum Begriff oben Art. 2 Rn. 30 ff. Da der Begriff der „betroffenen Öffentlichkeit" auch Teile der Bevölkerung eines angrenzenden Staates erfassen kann, ergibt sich aus Art. 6 Abs. 2 AK insoweit auch eine Informationspflicht. So befand denn auch das *Compliance Committee*, eine grenzüberschreitende Information einer betroffenen Öffentlichkeit könne erforderlich sein, wenn die Art des Projektes und das Interesse, das es hervorruft, dies rechtfertigen. So kann eine Ankündigung über die nationalen Medien sowie individuell an interessierte Organisationen erforderlich sein, auch über eine Zusammenarbeit mit den Behörden des entsprechenden Nachbarstaates. Zwar enthalte der Art. 6 Abs. 2 AK diesbezüglich

Art. 6 Abs. 2 AK findet nur **„im Rahmen umweltbezogener Entscheidungsverfahren“** Anwendung. Fraglich ist in diesem Zusammenhang, wie weit der Begriff des Umweltbezuges auszudehnen ist. Eine Reihe von Entscheidungen bezüglich der Wahl eines Standortes, der Errichtung, aber auch bezüglich Ressourcennutzung, bezüglich der notwendigen Beeinträchtigung der Tier- und Pflanzenwelt und bezüglich zu erwartenden Emissionen kommt hier in Frage, die typischerweise von Behörden auf unterschiedlichen Ebenen und mit unterschiedlichen, nicht notwendigerweise umweltbezogenen Kompetenzen getroffen werden.[187] Das *Compliance Committee* hielt fest, dass nicht alle aufgrund des nationalen Rechts erforderlichen Entscheidungen notwendigerweise unter Art. 6 AK fielen, dass es sich jedoch auch nicht nur um eine einzige die Tätigkeit erlaubende Entscheidung handeln müsse.[188] Es befand, dass somit typischerweise mehrere Entscheidungen unter Art. 6 AK einzuordnen seien, wobei jedoch stets ein Umweltbezug zu verlangen sei; in der Folge müssten aber nicht sämtliche Bedingungen von Art. 6 Abs. 2-10 AK auf jede dieser Entscheidungen angewendet werden, sondern innerhalb dieser von Art. 6 AK erfassten Entscheidungen sei bei Entscheidungen von geringfügiger oder peripherer Bedeutung (*of minor or peripheral importance*) oder nur begrenzter Umweltrelevanz (*of limited environmental relevance*) kein vollumfängliches Öffentlichkeitsbeteiligungsverfahren erforderlich.[189] Allerdings führte es nicht im Detail aus, wie diese niederschwellige Öffentlichkeitsbeteiligung in der Praxis aussehen könnte.

Die **Art und Weise** der Information – öffentliche Bekanntmachung (in geeigneter Weise) oder Information direkt gegenüber Einzelnen[190] – liegt weitgehend im Gestaltungsspielraum der Vertragsstaaten, dem allerdings auch Grenzen gesetzt sind. So muss die Information der betroffenen Öffentlichkeit in **effektiver Weise** – unter Einschluss der zeitlichen Komponente (die Öffentlichkeit ist möglichst früh und jedenfalls rechtzeitig zu unterrichten) – erfolgen (Art. 6 Abs. 2 AK), was im Einzelfall auch eine Pflicht zur Bekanntgabe gegenüber Einzelpersonen implizieren kann. Damit definiert die Bestimmung einen Mindeststandard, demzufolge die Information möglichst frühzeitig und den konkreten Umständen angepasst, sachgerecht, rechtzeitig und effektiv durchzuführen ist.[191] 42

Eine **„sachgerechte“ Information** – ein Kriterium, das sich auf den **Inhalt** der Information bezieht – der betroffenen Öffentlichkeit über Beteiligungsmöglichkeiten muss jedenfalls präzise genug sein und die Art der möglicherweise zu treffenden Entscheidungen genau genug beschreiben. Als inadäquat befand

---

keine Anleitungen, wie eine solche Beteiligung grenzüberschreitend vorzunehmen sei; jedoch scheine eine solche Anleitung notwendig, insbesondere, wenn kein Erfordernis einer grenzüberschreitenden Umweltverträglichkeitsprüfung bestehe und somit die Angelegenheit nicht unter die Espoo-Konvention falle, vgl. ACCC/C/2004/3 Ukraine, Rn. 28. Einen grundsätzlichen Einbezug einer Pflicht auch zur grenzüberschreitenden Information befürwortend auch *Verschuuren*, YEEL 2004, 29 (34), der in diesem Zusammenhang auch auf Art. 3 Abs. 8 Espoo-Konvention über die Umweltauswirkungen im grenzüberschreitenden Kontext verweist.

187 *Jendroska*, in: Environmental Democracy and Law, 113 (124).

188 ACCC/C/2006/17 Europäische Gemeinschaft, Rn. 43.

189 ACCC/C/2006/17 Europäische Gemeinschaft, Rn. 41.

190 Wobei letzteres eher angebracht sein dürfte, wenn individuelle Interessen besonders betroffen sind, vgl. so *Ebbesson et al.*, Aarhus Convention Implementation Guide, 135.

191 *Scheyli*, ArchVR 2000, 217 (238).

das *Compliance Committee*, für ein bedeutendes Abfalldeponieprojekt, das in der Nähe errichtet werden sollte, lediglich über die mögliche Beteiligung am „Entwurf des Umweltverträglichkeitsprüfungsprogramms" für die „Entwicklungsmöglichkeiten im Abfallmanagement in der Region" zu informieren.[192] Die reine Veröffentlichung einer Stellungnahme zur Umweltverträglichkeitsprüfung eines Projektes und mehrere Artikel von Journalisten, die sich allgemein zu einem Projekt in Zeitungen oder im Fernsehen äußern, könne ebenfalls nicht als ausreichende Information der Öffentlichkeit im Rahmen des Art. 6 Abs. 2 AK angesehen werden.[193] Als „sachgerechte" Information stufte das *Compliance Committee* hingegen eine Veröffentlichung der Ankündigung einer öffentlichen Untersuchung in zwei lokalen Tageszeitungen sowie von Informationen über das Entscheidungsverfahren auf der Homepage der Präfektur ein. Angaben zu Zeit und Ort der Untersuchung sowie die Orte, an denen Informationen zugänglich gemacht wurden, und die anwendbaren Fristen waren so verfügbar.[194] Als sachgerechte Information können nach Art. 6 Abs. 2 AK auch allgemein früh verfügbare Informationen über das Projekt auf der Homepage des Antragstellers und des Parlaments, in der Presse und in den Informationszentren entlang des Projektes genügen; das *Compliance Committee* stützte sich auf die hohe Zahl von eingehenden Petitionen, die Einwände gegen das Projekt und die Zerstörung von Gebäuden vorbrachten, um diese Feststellung zu treffen.[195]

Eher auf die **Form** der Information zielt das Kriterium der **„effektiven" Information** ab.[196] Für eine „effektive" Information der betroffenen Öffentlichkeit müssen die Behörden jene Mittel wählen, die sicherstellen, dass alle potenziell Betroffenen eine angemessene Chance haben, von den geplanten Tätigkeiten und den Beteiligungsmöglichkeiten zu erfahren. Wenn daher zB eine Veröffentlichung der Information in der Lokalpresse gewählt wird, ist eine verbreitete, täglich erscheinende Lokalzeitung einer Wochenzeitung mit offiziellen Verlautbarungen vorzuziehen, und eine Zeitung mit einer Auflage von 1500 jener mit einer Auflage von lediglich 500.[197] Die Art der Information der Öffentlichkeit kann als Grundsatz der Art des Projektes angepasst werden; so befand das *Compliance Committee*, dass eine Veröffentlichung in der Lokalpresse in Anbetracht der lokalen Bedeutung des Projektes angemessen sei.[198] Verschiedene Mittel können erforderlich sein, um eine „effektive" Information der betroffenen Öffentlichkeit herbeizuführen; in abgelegenen Gegenden, wo nicht typischerweise von einem Internetzugang der Bevölkerung auszugehen ist, kann eine Information über lokale Zeitungen und Lokalfernsehen, gegebenenfalls auch wiederholt, notwendig sein.[199] Ebenso kann in einem solchen Fall eine Anzeige in der Lokalpresse und Zugang zur Projektdokumentation in einer nahegelegenen Stadt den mangelnden Internetzugang der Bevölkerung kompensieren.[200] Unzulänglich ist es, wenn nur eine Verpflichtung für den Projektantragsteller besteht, Informationen in der Phase der Umweltver-

192 ACCC/C/2006/16 Litauen, Rn. 66.
193 ACCC/C/2009/37 Belarus, Rn. 86.
194 ACCC/C/2007/22 Frankreich, Rn. 42.
195 ACCC/C/2011/61 Vereinigtes Königreich, Rn. 59.
196 S. in diesem Zusammenhang zu den diesbezüglichen Neuerungen in der RL 2011/92 (durch die RL 2014/52, ABl. 2014 L 124, 1), durch die die Zugänglichmachung von Informationen auf elektronischem Wege ausgebaut werden soll (Art. 6 Abs. 5 RL 2011/92), *Wagner*, EurUP 2014, 122 (126).
197 ACCC/C/2006/16 Litauen, Rn. 67.
198 ACCC/C/2012/68 Europäische Union und Vereinigtes Königreich, Rn. 98.
199 ACCC/C/2009/43 Armenien, Rn. 70.
200 ACCC/C/2009/4 Belarus, Rn. 73.

träglichkeitsprüfung auf der Homepage des Umweltministeriums zu veröffentlichen; auch das Einreichen des eigenen Umweltverträglichkeitsprüfungsentwurfes für die staatliche Umweltverträglichkeitsprüfung später im Verfahren könne eine solche mangelhafte Information der Öffentlichkeit nicht mehr ausgleichen.[201] Im Übrigen muss – gerade in einem mehrsprachigen Umfeld – die Information in der „richtigen" Sprache erfolgen; jedenfalls kann in der Europäischen Union nicht davon ausgegangen werden, dass die Durchführung der Öffentlichkeitsbeteiligung in nur einer Amtssprache, zB Englisch, „effektiv" ist.[202]

Das Kriterium der **„rechtzeitigen" Information** wird in Art. 6 Abs. 2 AK nicht näher ausgeführt; jedoch weist Art. 6 Abs. 4 AK auf den Zweck hin, dass die Information früh erfolgen soll, damit für die Öffentlichkeit die Möglichkeit der Beteiligung besteht, wenn alle Optionen noch offenstehen und die Beteiligung daher effektiv sein kann.[203] Vom Umfang und der Komplexität des Falles abhängig ist daher die Zeitspanne anzusetzen, die dafür zwischen Information und Abhalten einer Anhörung notwendig ist. Erst nach einer angemessenen Zeitspanne kann von der Öffentlichkeit eine informierte Beteiligung erwartet werden, nämlich nachdem diese die Gelegenheit hatte, gebührend die Projektunterlagen zu analysieren.[204] Eine Woche „Vorwarnzeit", um die Umweltverträglichkeitsprüfungsunterlagen zu einem Bergbauprojekt zu untersuchen, genügte dem *Compliance Committee* jedenfalls nicht, da so die umfangreiche technische Dokumentation nicht durchgearbeitet werden könne, was eine effektive Beteiligung verunmögliche; eine zweiwöchige Frist könne für eine zweite Anhörung ausreichen, wenn die Dokumentation dieselbe wie für die erste Anhörung sei oder zumindest darauf aufbaue. Ob Parteien sich über den zu knappen Zeitrahmen beschwert haben, sei nicht maßgeblich bei der Beurteilung, ob es sich um eine „rechtzeitige" Information gehandelt habe.[205] Wird im nationalen Recht gar keine Angabe gemacht, wann die Information der Öffentlichkeit zu erfolgen habe, sei dies als „systemischer Mangel" (*systemic failure*) einzustufen, der zu willkürlicher Anwendung des nationalen Rechts führen könne.[206] Auch bei mehreren Entscheidungen, die erst im Gesamtergebnis eine Tätigkeit erlauben, müsse geprüft werden, ob die Öffentlichkeitsbeteiligung früh genug angesetzt wurde, um den Anforderungen des Art. 6 Abs. 2 AK gerecht zu werden.[207]

Darüber hinaus spezifiziert Art. 6 Abs. 2 AK einen **Mindeststandard** bezüglich des Inhalts der **offen zu legenden Informationen.** Im Einzelnen müssen danach jedenfalls[208] folgende Angaben öffentlich bekannt gegeben werden: 43

201 ACCC/C/2010/59 Kasachstan, Rn. 52.
202 *Krämer*, in: The Aarhus Convention, 79 (90).
203 S. in diesem Zusammenhang *Schink*, EurUP 2014, 112 (117), der darauf hinweist, dass eine Öffentlichkeitsbeteiligung zu einem Zeitpunkt, zu dem bereits eine Festlegung auf eine von mehreren geprüften Alternativen stattgefunden hat, nicht mit Art. 6 Abs. 2 AK in Einklang stehe, da damit nicht mehr alle Optionen offenstünden.
204 ACCC/C/2009/43 Armenien, Rn. 65.
205 ACCC/C/2009/43 Armenien, Rn. 67.
206 ACCC/C/2009/43 Armenien, Rn. 68.
207 ACCC/C/2005/12 Albanien, Rn. 71.
208 Die Aufzählung ist bereits aufgrund des Wortlautes „einschließlich der folgenden Informationen" als nicht abschließend zu erachten, *Ebbesson et al.*, Aarhus Convention Implementation Guide, 138.

- die geplante Tätigkeit, über die entschieden wird (lit. a);
- die konkret beantragte Entscheidung und die Art möglicher Entscheidungen wie auch deren Entwürfe (lit. b);
- die für die Entscheidung zuständige Behörde (lit. c);
- das vorgesehene Verfahren (lit. d);
- bezüglich des vorgesehenen Verfahrens außerdem (lit. d) i)-vi):
  - Beginn;
  - Möglichkeiten der Öffentlichkeit zur Beteiligung;
  - Zeit und Ort allfälliger öffentlicher Anhörungen;
  - Behörde und Ort, wo die relevanten Informationen eingesehen werden können;
  - Umschreibung, welche relevanten Informationen erhältlich sind;
  - Behörde, die Stellungnahmen oder Fragen der Öffentlichkeit entgegennimmt;
  - Fristen;
- (sofern gegeben) die Tatsache, dass für die geplante Tätigkeit ein innerstaatliches oder ein grenzüberschreitendes UVP-Verfahren durchgeführt werden muss (lit. e).[209]

Zur Information über die möglichen zu treffenden Entscheidungen nach Art. 6 Abs. 2 lit. b) AK hielt das *Compliance Committee* fest, dass es nicht ausreiche, über „Entwicklungsmöglichkeiten im Abfallmanagement der Region" zu informieren, wenn tatsächlich das Verfahren eine große Deponie, die in unmittelbarer Nachbarschaft errichtet werden soll, betrifft.[210]

Ganz allgemein geht das Compliance Committee davon aus, dass im Rahmen der Öffentlichkeitsbeteiligung bei Entscheidungen im Sinne von Art. 6 AK die Öffentlichkeit jedenfalls auch über die Existenz eines womöglich existierenden Planes zu informieren ist, der die Grundlage für die Entscheidungen bildet und der auch den Bestimmungen der Konvention über die Öffentlichkeitsbeteiligung, nämlich Art. 7 AK, unterliegen könnte.[211]

Im Zusammenhang mit Art. 6 Abs. 2 lit. d) Ziff. iv), v.) AK äußerte sich das *Compliance Committee* unter anderem auch zur Frage, welche Rolle die Bestimmungen zur Öffentlichkeitsbeteiligung der Aarhus-Konvention Behörden im Gegensatz zu Privatpersonen wie dem Projektantragsteller zuweisen: Im-

209 Letzteres kann sich aus dem nationalen oder supranationalem Recht, aus dem Übereinkommen über die UVP im grenzüberschreitenden Rahmen (zu diesem oben Einführung Rn. 15 ff.) oder aus allfällig bestehenden weiteren (etwa bilateralen) Abkommen oder aus Völkergewohnheitsrecht ergeben. Nach der Rechtsprechung des IGH ist eine UVP geboten, wenn eine geplante Tätigkeit erhebliche negative Auswirkungen auf die Umwelt im grenzüberschreitenden Kontext bzw. insbesondere auf gemeinsame Ressourcen haben könnte, vgl. ICJ, (Pulp Mills on the River Uruguay (Argentina v. Uruguay)), ICJ Reports 2010, p. 14, Rn. 204. Die Tatsache, dass nach Art. 6 Abs. 1 lit. a), b) AK eine Beteiligung der Öffentlichkeit erforderlich ist, bedeutet jedoch nicht von vornherein, dass das entsprechende Projekt auch einer UVP zu unterstellen ist. Aus völkerrechtlicher Sicht ergibt sich dies aus dem schon erwähnten Umstand, dass die in Anhang I UVP-Konvention enthaltene Aufzählung der Projekte, für die eine grenzüberschreitende UVP durchzuführen ist, enger ausfällt als die Auflistung der Projekte, für die gemäß Art. 6 Abs. 1 lit. a) iVm Anhang I AK eine unbedingte Verpflichtung zur Entscheidungsbeteiligung der Öffentlichkeit gilt. S. insoweit auch schon Art. 6 Rn. 10.

210 ACCC/C/2006/16 Litauen, Rn. 66.

211 ACCC/C/2005/12 Albanien, Rn. 63.

plizit gehe aus den genannten Bestimmungen der Konvention hervor, dass die relevante Information direkt von der zuständigen Behörde verfügbar zu machen seien und dass Stellungnahmen bei der zuständigen Behörde einzureichen seien.[212] Das *Compliance Committee* äußerte überdies Zweifel daran, dass es mit Art. 6 AK in Einklang stehe, dem Antragsteller bzw. Projektbetreiber die Durchführung der Beteiligung der Öffentlichkeit aufzuerlegen, da sich „implizit" aus mehreren Vorgaben des Art. 6 AK – nämlich Art. 6 Abs. 2 lit. d) Ziff. iv)-v), Art. 6 Abs. 6 AK – entnehmen lasse, dass Informationen von der Behörde zur Verfügung gestellt würden bzw. Stellungnahmen an die Behörde übermittelt werden sollten.[213] Jedoch müssen nicht alle Aufgaben in Zusammenhang mit der Beteiligung der Öffentlichkeit bei der die endgültige Genehmigungsentscheidung ausstellenden Behörde angesiedelt werden; da es in verschiedenen Vertragsstaaten unterschiedliche Modelle gebe, bei denen anderen Stellen und sogar Privatpersonen derartige Aufgaben zugewiesen werden, seien je nach genauer Rechtslage im nationalen Recht die entsprechenden Stellen oder Personen als Behörden im Sinne des Art. 6 AK anzusehen.[214] Der Projektantragsteller bzw. von ihm beauftragte Berater besäßen hingegen nicht die notwendige Unparteilichkeit, um eine angemessene Abwicklung der Beteiligung der Öffentlichkeit sicherzustellen.[215] Jedoch sei nicht ausgeschlossen, dass der Projektantragsteller in die Organisation der Öffentlichkeitsbeteiligung unter Aufsicht der Behörden mit einbezogen werde, zB beim Abhalten von öffentlichen Anhörungen, oder dass ihm Gebühren für die Kosten der Öffentlichkeitsbeteiligung auferlegt würden; weitere Vorkehrungen, um den Antragsteller zur Teilnahme an öffentlichen Debatten zu ermutigen oder gar zu verpflichten, seien ebenso mit Art. 6 Abs. 5 AK vereinbar, solange sie zusätzlich neben den verpflichtenden Normen zur Öffentlichkeitsbeteiligung zur Anwendung kommen.[216] Dies überzeugt auch vor dem Hintergrund, dass bereits in der Präambel der Konvention die Förderung eines transparenten Diskurses zwischen Öffentlichkeit und Verwaltung betont wird.[217]

In diesem Zusammenhang stellte das *Compliance Committee* überdies klar, dass Entscheidungen über die anzuwendenden Öffentlichkeitsbeteiligungsregelungen ebenfalls den Behörden vorzubehalten seien. Als generelle Abgrenzungsfrage lasse es die Konvention zwar durchaus zu, dass eine Vertragspartei für die Zwecke der Öffentlichkeitsbeteiligung etwa zwischen „nationalen" und „lokalen" Tätigkeiten unterscheide. Jedoch müsse eine solche Unterscheidung durch die Behörden und nicht durch den Projektantragsteller getroffen werden. Darüber hinaus könne ein Projekt mit bedeutenden Umweltauswirkungen nicht aufgrund einer Einstufung als lokale Tätigkeit nur den Öffent-

212 ACCC/C/2006/16 Litauen, Rn. 78. Teilweise wird aber auch darauf hingewiesen, durch die Verwendung der passiven Form in Art. 6 Abs. 2 AK werde kein bestimmter Adressat definiert, der die Information durchzuführen hat, so dass die Informationspflicht bzw. Bekanntmachungspflicht somit der letztentscheidenden Behörde, einer anderen Behörde oder auch dem Projektantragsteller auferlegt werden könne, vgl. *Ebbesson et al.*, Aarhus Convention Implementation Guide, 134.

213 ACCC/C/2009/37 Belarus, Rn. 77. Vgl. auch schon ACCC/C/2006/16 Litauen, Rn. 78.

214 ACCC/C/2009/37 Belarus, Rn. 78.

215 ACCC/C/2009/37 Belarus, Rn. 80.

216 ACCC/C/2009/37 Belarus, Rn. 81. Vgl. etwa zu Hinwirkungspflichten der Behörden in Bezug auf den Antragsteller im deutschen Recht *Schwab*, UPR 2014, 281 (282 f.).

217 *Peters*, EurUP 2014, 185 (189).

lichkeitsbeteiligungsregelungen für solche lokalen Tätigkeiten unterworfen werden.[218]

Zu den Angaben darüber, welche relevanten Informationen verfügbar sind, hielt das *Compliance Committee* fest, dass eine Verletzung des Art. 6 Abs. 2 AK vorliege, wenn die Öffentlichkeit nicht in angemessener Form darauf hingewiesen wird, dass neben dem etwa 100 Seiten langen vorläufigen Umweltverträglichkeitsprüfungsbericht, der öffentlich zugänglich gemacht wurde, auch die vollständige, mehr als 1000 Seiten lange Version des Berichts verfügbar sei.[219]

44 Über diese allgemeine Informationspflicht hinaus müssen die Vertragsparteien dafür sorgen, dass der betroffenen Öffentlichkeit zu allen für das Entscheidungsverfahren **relevanten verfügbaren Informationen ein gebührenfreier Zugang** offensteht (**Art. 6 Abs. 6 AK**).[220] Das innerstaatliche Recht kann hierfür eine Antragspflicht vorsehen. Bestimmte, in der Konvention relativ genau umschriebene Informationen sind *per definitionem* als „relevant“ anzusehen, so dass die betroffene Öffentlichkeit auf diese jedenfalls gebührenfrei Zugriff haben muss, wobei aber die in Art. 4 Abs. 3, 4 AK vorgesehenen Ausnahmetatbestände hier ebenfalls Anwendung finden.[221]

Wie bereits erwähnt[222] ist Art. 6 Abs. 6 AK zusammen mit Art. 6 Abs. 2 lit. d) Ziff. iv), v.) AK (implizit) zu entnehmen, dass es um durch die Behörden umzusetzende bzw. wahrzunehmende Verpflichtungen geht, was etwa einer vollumfänglichen Übertragung der Umsetzungsverpflichtungen auf den Projektantragsteller entgegensteht. Zusätzlich betonte das *Compliance Committe*, dass es sich um die jeweils zuständige Behörde handeln müsse. Es stellte daher eine Verletzung von Art. 6 Abs. 6 AK fest, wenn Projektinformationen nur über die Homepage des Projektantragstellers und nicht jene der entscheidenden Behörde zugänglich waren. Dabei sei unbeachtlich, dass es sich beim Projektantragsteller um eine öffentliche Behörde, im besonderen Fall das Ministerium für Transport und Kommunikation, gehandelt habe; die für die Entscheidung verantwortliche Behörde, hier das Umweltministerium, müsse die Informationen der Öffentlichkeit zugänglich machen.[223]

45 Der **gebührenfreie Zugang** impliziert nur (aber immerhin) ein Recht zur kostenlosen „Einsichtnahme“; daher darf für die Einsichtnahme vor Ort (oder über das Internet) keine Gebühr erhoben werden; jedoch ist eine Gebühr für das Anfertigen von Kopien zulässig.[224]

Im Vergleich hierzu stellt Art. 4 Abs. 1 AK, der von „Kopien“ spricht, nach Ansicht des *Compliance Committee* höhere Anforderungen: Die gesamte Dokumentation müsse hierfür in der Nähe des Wohnorts des Einsicht Nehmen-

218 ACCC/C/2009/44 Belarus, Rn. 62.
219 ACCC/C/2009/44 Belarus, Rn. 74.
220 Zugänglich zu machen sind somit Informationen, die „zum Zeitpunkt“ des Verfahrens zur Öffentlichkeitsbeteiligung zur Verfügung stehen. Die Möglichkeit, Einsicht zu nehmen, sollte so bis zum Ende der Frist zur Eingabe von Stellungnahmen offen stehen, vgl. *Ebbesson et al.*, Aarhus Convention Implementation Guide, 148.
221 Denn Art. 6 Abs. 6 S. 2 AK weist ausdrücklich darauf hin, dass diese Informationen „unbeschadet des Artikels 4“ übermittelt werden. Vgl. auch *Stec/Casey-Lefkowitz*, The Aarhus Convention – An Implementation Guide, 105.
222 Vgl. soeben Art. 6 Rn. 43 bzw. ACCC/C/2009/37 Belarus, Rn. 92.
223 ACCC/C/2010/59 Kasachstan, Rn. 53 f.
224 ACCC/C/2008/24 Spanien, Rn. 95.

den oder überhaupt in elektronischer Form zur Verfügung stehen.[225] Jedoch wurde es als Verletzung von Art. 6 Abs. 6 AK eingestuft, wenn für die Einsichtnahme eine Distanz von 30 bis 200 Kilometern zurückzulegen war, tausende Seiten Dokumentation nur auf zwei Computern eingesehen werden konnten, keine Kopien auf CD-ROM oder DVD gezogen werden durften und nur eine einmonatige Frist hierfür gewährt wurde.[226] Dies überzeugt, wird doch durch solche praktischen „Vorkehrungen" die Effektivität des Zugangs und damit der Bestimmung selbst beeinträchtigt bzw. ausgehebelt.

In einem gewissen Spannungsverhältnis zu den Vorgaben des Art. 6 Abs. 6 AK dürfte die Rechtsprechung des EuGH stehen, der davon ausgeht, es sei auch zulässig, für die Öffentlichkeitsbeteiligung allgemein eine Verwaltungsgebühr zu verlangen.[227] Diese dürfe jedoch die Ausübung der Beteiligungsrechte nicht behindern.[228]

Zugang bzw. Einsicht zu gewähren ist bezüglich sämtlicher **Informationen**, die für das **Entscheidungsverfahren „relevant"** sind. Es muss sich nicht unbedingt um Umweltinformationen handeln, und auch in formeller Hinsicht kann hier jegliche Form von Information gemeint sein, was nicht etwa nur Berichte oder Zusammenfassungen umfasst.[229] 46

Pragmatisch entschied das *Compliance Committee* in diesem Zusammenhang, dass es nicht unbedingt Art. 6 Abs. 6 AK widerspreche, wenn aufgrund des nationalen Rechts der Öffentlichkeit auf dieser Grundlage nur ein bestimmtes Dokument zugänglich gemacht wird und andere, ebenfalls als Entscheidungsgrundlage bedeutende Dokumente unter einen anderen Begriff des Gesetzes fallen und so indirekt ebenfalls als zugänglich zu machende Umweltinformationen (*environmental information*) einzustufen seien.[230] Im Übrigen war eine der Öffentlichkeit gewährte Frist von sechs Wochen, um die eigenen Rechte wie jenes der Einsichtnahme wahrzunehmen, für *das Compliance Committee* ausreichend.[231] Ähnlich pragmatisch ging das *Compliance Committee* in einem Fall vor, in dem ein Projekt durch eine Verdopplung der Fahrbahn bei einer Straße abgeändert und die Öffentlichkeit nicht am informellen Konsultationsprozess hierzu beteiligt wurde. Obwohl es sich nicht um eine reine „technische Angelegenheit" handle (*purely technical matter*), könne dieser Mangel dennoch durch eine Öffentlichkeitsbeteiligung im gesetzlich festgelegten Genehmigungsverfahren nach Veröffentlichung der Entwürfe der Schemata und Verordnungen behoben werden.[232] Deutlich wird damit, dass das *Compliance Committee* maßgeblich auf die Effektivität der Zugänglichmachung und der Öffentlichkeitsbeteiligung abstellt.

Nach Art. 6 Abs. 6 lit. a)-f.) AK ist jedenfalls zu folgenden Angaben Zugang zu gewähren (womit ein **Mindeststandard**[233] in Bezug auf die als **„relevant"** zu erachtenden Informationen definiert wird): 47

225 ACCC/C/2009/36 Spanien, Rn. 61.
226 ACCC/C/2009/36 Spanien, Rn. 62.
227 EuGH, Rs. C-216/05 (Kommission/Irland), ECLI:EU:C:2006:706, Rn. 42. Vgl. auch *Bándi*, in: Environmental Democracy and Law, 37 (60 f.).
228 EuGH, Rs. C-216/05 (Kommission/Irland), ECLI:EU:C:2006:706, Rn. 44.
229 *Ebbesson et al.*, Aarhus Convention Implementation Guide, 147.
230 ACCC/C/2009/37 Belarus, Rn. 93.
231 ACCC/C/2007/22 Frankreich, Rn. 44.
232 ACCC/C/2009/38 Vereinigtes Königreich, Rn. 85.
233 *Zschiesche*, ZUR 2001, 177 (181).

- Beschreibung des Standorts sowie die physikalischen und technischen Merkmale der geplanten Tätigkeit;
- Beschreibung der (erheblichen) Auswirkungen der geplanten Tätigkeit auf die Umwelt;
- Beschreibung der zur Vermeidung bzw. Verringerung der Auswirkungen, einschließlich der Emissionen, vorgesehenen Maßnahmen;
- nicht technische Zusammenfassung der genannten Informationen;
- Überblick über die wichtigsten vom Antragsteller geprüften Alternativen;
- in Übereinstimmung mit den innerstaatlichen Rechtsvorschriften[234] die wichtigsten Berichte und Empfehlungen, die an die Behörde zu dem Zeitpunkt gerichtet wurden, zu dem die betroffene Öffentlichkeit informiert wird.

Da sich Art. 6 Abs. 6 AK allgemein nur auf verfügbare Informationen bezieht, besteht grundsätzlich keine Pflicht tätig zu werden, um ggf. aktiv Informationen zu generieren, um einem Mindeststandard gerecht zu werden. Hingegen ist aus der Bestimmung auch und gerade eine Verpflichtung abzuleiten, konstant auch jene Informationen zugänglich zu machen, die – etwa nachdem sie zu Beginn des Öffentlichkeitsbeteiligungsverfahrens nur im Besitz des Projektantragstellers waren – womöglich erst später verfügbar werden.[235] Da die Konvention nicht klarstellt, wie die Informationen zu generieren sind bzw. durch wen die Generierung zu finanzieren ist, können die Vertragsparteien beispielsweise unter Anwendung des Verursacherprinzips Verpflichtungen zur Informationsgenerierung vorsehen und die entsprechenden Kosten dem Projektantragsteller auferlegen.[236]

Im Zusammenhang mit Art. 6 Abs. 6 lit. b) AK meldete das *Compliance Committee* Bedenken bezüglich eines Umweltauswirkungsprüfungsverfahrens an, das – entgegen dem „Geiste" (*spirit*) des Art. 6 AK – nicht alle bedeutenden Arten von Auswirkungen einer Tätigkeit auf die Umwelt erfasste. Es traf jedoch keine klare Feststellung, ob eine Verletzung der Bestimmung vorlag.[237]

Zu Art. 6 Abs. 6 lit. e) AK, dem Überblick über die wichtigsten vom Antragsteller geprüften Alternativen, hielt das *Compliance Committee* fest, dass es nicht seine Aufgabe sei, die Richtigkeit der Daten, die als Grundlage der Entscheidung dienten, zu prüfen. Die Konvention verlange, dass die zentralen Alternativen, die untersucht worden seien, zugänglich zu machen seien, jedoch schreibe sie nicht vor, welche Alternativen zu untersuchen sind. Art. 6 Abs. 6 AK verlange nur sicherzustellen, dass die Daten der Öffentlichkeit zugänglich gemacht worden seien.[238]

Die Formulierung „in Übereinstimmung mit den innerstaatlichen Rechtsvorschriften" in Art. 6 Abs. 6 lit. f) AK dürfte so zu verstehen sein, dass die wichtigsten Berichte und Empfehlungen, die an die Behörde gerichtet wurden,

234 Auch hier dürfte dieser Hinweis auf die innerstaatlichen Rechtsvorschriften letztlich nur bedeuten, dass in Bezug auf das „Wie" – also hier welche Berichte nun genau erfasst sind – den Vertragsstaaten ein gewisser Gestaltungsspielraum eingeräumt wird. Hingegen würde der Vorschrift jede effektive Wirkung genommen, wenn die Bekanntmachung der hierunter fallenden Dokumente ganz allgemein in das Belieben der Behörden gestellt würde.

235 *Ebbesson et al.*, Aarhus Convention Implementation Guide, 148.

236 *Ebbesson et al.*, Aarhus Convention Implementation Guide, 150.

237 ACCC/C/2004/2 Kasachstan, Rn. 30.

238 ACCC/C/2006/16 Litauen, Rn. 79.

wohl jene sind, die aufgrund nationalen Rechts verpflichtend bei der Behörde einzureichen sind.[239]

Art. 6 Abs. 6 AK lässt die **Verpflichtungen aus Art. 4 AK unberührt.** Somit können weitere Informationen, die nicht von Art. 6 Abs. 6 AK erfasst sind, immer noch unter die Verpflichtungen aus Art. 4 AK fallen.[240] Die Bestimmung ist überdies nur **während des Verfahrens zur Öffentlichkeitsbeteiligung** anwendbar; für den Informationszugang außerhalb dieses Zeitrahmens sind die Vorgaben des Art. 4 AK einschlägig.[241] 48

Zugleich „importiert" Art. 6 Abs. 6 AK durch den Verweis auf das Recht der Vertragsparteien, die **Bekanntgabe** bestimmter Informationen nach **Art. 4 Abs. 3, 4 AK abzulehnen**, Vorgaben aus diesen Bestimmungen, so dass auch die entsprechenden Schranken für die Geltendmachung der genannten Ausnahmen zu beachten sind.[242] 49

Dementsprechend befand das *Compliance Committee*, dass keine (*by no means*) generellen Ausnahmen von Umweltverträglichkeitsuntersuchungen von der öffentlichen Zugänglichmachung gerechtfertigt werden könnten, auch wenn *Copyright*-Gesetze auf derartige Untersuchungen anwendbar sind, die für die öffentlichen Unterlagen im Verwaltungsverfahren verfasst werden und den Behörden zur Entscheidungsfindung zur Verfügung stehen. Insbesondere könne dies nicht der Fall sein, wenn die Untersuchungen unter die nach Art. 6 Abs. 6 AK für die Öffentlichkeitsbeteiligung zugänglich zu machenden, für die Entscheidungsverfahren relevanten Informationen fallen.[243] Nur in Einzelfällen, in denen die zuständige Behörde der Ansicht ist, dass sich eine Veröffentlichung negativ auf geistige Eigentumsrechte auswirken würde, könne ein Ausschluss von der Zugänglichmachung zulässig sein; und nur selten dürfte dies bei Umweltverträglichkeitsprüfungsunterlagen der Fall sein. Selbst in diesem Fall müssten Ausnahmegründe restriktiv ausgelegt und das öffentliche Interesse an der Veröffentlichung berücksichtigt werden. Auch Entscheidungen, Teile der Dokumentation nicht zu veröffentlichen, müssten klar und transparent die Gründe der Nichtveröffentlichung ausführen. Die Veröffentlichung von Unterlagen solle so als Regel gelten, mit der Möglichkeit als Ausnahme, Teile davon auszunehmen.[244]

Ebensowenig genügte dem *Compliance Committee* das Vorbringen lediglich allgemein wirtschaftlicher Interessen des Projektantragstellers, um den Zugang zur elektronischen Kopie eines in der Behörde aufliegenden Einsichtsexemplars eines Umweltverträglichkeitsprüfungsberichtes zu verweigern.[245] Insbesondere sei in einem solchen Fall dann eine Verletzung des Art. 6 Abs. 6 AK anzunehmen, wenn bereits eine Anwendung der Ausnahme des Art. 4 Abs. 4 AK nicht erfolgreich begründet werden konnte und ein substantieller Teil der erwünschten Informationen nicht in der angeforderten Form verfügbar war, dh effektiv der Zugang nur in der Behörde ohne Kopiermöglichkeit offen stand.[246]

239 *Ebbesson et al.*, Aarhus Convention Implementation Guide, 153.
240 ACCC/C/2004/3 und ACCC/S/2004/1, Rn. 32.
241 ACCC/C/2008/24 Spanien, Rn. 96.
242 Vgl. zu den Ausnahmen oben Art. 4 Rn. 21 ff.
243 ACCC/C/2005/15 Rumänien, Rn. 29.
244 ACCC/C/2005/15 Rumänien, Rn. 30.
245 ACCC/C/2009/44 Belarus, Rn. 68-69 mit Verweis auf ACCC/C/2009/36 Spanien, Rn. 61.
246 ACCC/C/2009/44 Belarus, Rn. 69.

Auch die Rechtsprechung des EuGH geht in diese Richtung: So hielt er in der Rs. C-416/10,[247] auf der Grundlage der Auslegung der einschlägigen Bestimmung der RL 2010/75 (IVU- oder IE-Richtlinie) im Lichte der Aarhus-Konvention (deren Umsetzung sie diente), fest, die betroffene Öffentlichkeit müsse jedenfalls dann Zugang zu einer städtebaulichen Entscheidung über den Standort der betreffenden Anlage haben, wenn diese eine der Grundlagen der Genehmigungsentscheidung darstellt und sie Informationen über die Umweltverträglichkeit des Vorhabens sowie sonstige Aspekte der Anlage enthält, gehe es hier doch um für die Genehmigung der Tätigkeiten relevante Informationen im Sinne der Aarhus-Konvention und der Richtlinie. Zwar könne das Betriebs- und Geschäftsgeheimnis aufgrund des Verweises auf die Umweltinformationsrichtlinie (RL 2003/4) Einschränkungen der Beteiligung der betroffenen Öffentlichkeit begründen. Jedoch könne dies nicht die pauschale Verweigerung des Zugangs zu städtebaulichen Entscheidungen über den Standort einer in den Anwendungsbereich der RL 2010/75 fallenden Anlage begründen, da hier – selbst wenn ausnahmsweise aus einer solchen Entscheidung Geschäfts- und Betriebsgeheimnisse hervorgehen sollten – jedenfalls ein teilweiser Zugang in Frage komme. Die Verweigerung des Zugangs zu einer solchen städtebaulichen Entscheidung impliziert damit eine Verletzung der verfahrensrechtlichen Vorgaben der Richtlinie. Ein derartiger Verfahrensfehler könne allerdings in einem zweitinstanzlichen Verfahren geheilt werden, sofern die Grundsätze der Äquivalenz und der Effektivität beachtet sind, wobei letzterer von besonderer Bedeutung ist. Er impliziert nach den Aussagen des Gerichtshofs (der bei der Auslegung der einschlägigen Richtlinienbestimmungen wiederum maßgeblich auf die Aarhus-Konvention zurückgreift), dass im zweitinstanzlichen Verfahren noch alle Optionen offen sein müssen und dass trotz dieser zeitlichen Verzögerung eine effektive Öffentlichkeitsbeteiligung – die grundsätzlich möglichst frühzeitig einzusetzen habe, wozu auch ein Zugang zu den relevanten Informationen ab deren Verfügbarkeit gehöre – möglich ist. Diese letzte – häufig wohl entscheidende Anforderung – wird man wohl dahin gehend konkretisieren können, dass die Eingaben der Öffentlichkeit auch noch umfassend und tatsächlich berücksichtigt werden können, so dass zum Zeitpunkt des Zugangs weder faktisch noch rechtlich bereits Vorentscheidungen getroffen sein dürfen.

IV. Pflicht zur Berücksichtigung (Abs. 8)

50 Bei der Entscheidung über das zur Debatte stehende Vorhaben muss das Ergebnis der Öffentlichkeitsbeteiligung auch tatsächlich eine **angemessene Berücksichtigung** finden (**Art. 6 Abs. 8 AK**). Diese Verpflichtung dürfte in erster Linie vor dem Hintergrund zu sehen sein, dass einer Öffentlichkeitsbeteiligung nur dann ein Sinn zukommen kann, wenn die Ergebnisse auch in irgendeiner Form ernsthaft zur Kenntnis genommen und in die Überlegungen einbezogen werden.

51 Vor diesem Hintergrund des Sinns und Zwecks dieser Bestimmung können denn auch die Anforderungen an die nicht sehr präzise formulierte „Berücksichtigungspflicht" konkretisiert werden: Eine bloße Kenntnisnahme kann im Hinblick auf die Effektivität der Berücksichtigungspflicht nicht ausreichen. Vielmehr müssen die Behörden auch **verpflichtet** werden, sich mit den Ergebnissen der Öffentlichkeitsbeteiligung **sachlich auseinanderzusetzen.** Die „angemessene Berücksichtigung" im Sinne des Art. 6 Abs. 8 AK

247 EuGH, Rs. C-416/10 (Krizan), ECLI:EU:C:2013:8.

ist demnach so zu verstehen, dass die Behörden eine sachliche Einbeziehung der Ergebnisse der Öffentlichkeitsbeteiligung und eine Abwägung vorzunehmen haben, die sich grundsätzlich auch auf das Endergebnis der Genehmigungsentscheidung auswirken können muss.[248] Letzterer Aspekt wird auch dadurch nahegelegt, dass nach Art. 6 Abs. 4 AK die Mitwirkung der Öffentlichkeit zu einem Zeitpunkt erfolgen muss, zu dem noch nichts „vorentschieden" ist. Diese Anforderungen entfalten dann auch Auswirkungen auf die nationalen Genehmigungsgesetze: Diese müssen so gefasst sein, dass eine Grundlage für die Art und Weise der Berücksichtigung der Ergebnisse der Öffentlichkeitsbeteiligung geschaffen wird. Allerdings kann aus dieser Berücksichtigungspflicht **keine spezifische Handlungspflicht** der politischen Entscheidungsträger – etwa in dem Sinn, dass die im Rahmen der Öffentlichkeitsbeteiligung vorgebrachten Erwägungen auch tatsächlich in die letztlich gefällte Entscheidung einfließen müssen – abgeleitet werden.

Die Spruchpraxis des *Compliance Committee* geht ebenfalls in die hier vertretene Richtung: So hielt dieses fest, die zuständige Behörde müsse zwar nicht allen Stellungnahmen Folge leisten; diese dürften sich ja bereits untereinander widersprechen. Jedoch sei sie verpflichtet, alle Stellungnahmen ernsthaft in die Erwägungen einzubeziehen (*seriously consider*).[249] Eine angemessene Berücksichtigung der Ergebnisse der Öffentlichkeitsbeteiligung sei so zu verstehen, dass die begründete schriftliche Entscheidung eine Erörterung enthalten müsse, wie die Öffentlichkeitsbeteiligung berücksichtigt worden sei. Jedoch enthalte Art. 6 Abs. 8 AK kein Recht der Öffentlichkeit, ein Veto einzulegen; insbesondere sei die Bestimmung nicht so zu verstehen, dass die endgültige Entscheidung über das Schicksal und die Form eines Projektes bei der lokalen Gemeinschaft, die in der Nähe wohnt, liege, oder dass deren Einverständnis immer erforderlich sei.[250] Als Hinweis auf eine angemessene Berücksichtigung der Ergebnisse der Öffentlichkeitsbeteiligung dürfte wohl durch das *Compliance Committee* gewertet werden, wenn auf zentrale Sorgen der Öffentlichkeit, zB die Gefährdung einer bestimmten Tierart, eingegangen wird.[251]

Unzulänglich sei es aber, wenn ein Umweltverträglichkeitsgutachten unter anderem auf der Grundlage von (*also based on*) Stellungnahmen der Öffentlichkeit während eines nicht verbindlich endenden Umweltverträglichkeitsprüfungsverfahrens erstellt wird und es wiederum ohne dieses Gutachten „nicht möglich ist", eine endgültige Genehmigungsentscheidung über ein Projekt zu treffen, da so nicht sichergestellt sei, dass die Genehmigungsbehörden sich auf das Gutachten stützen; zusätzlich befand das *Compliance Committee* es auch als problematisch, dass nicht während aller Entscheidungsphasen die Möglichkeit bestand, Stellungnahmen einzubringen, und auch keine umfassende Möglichkeit gewährt wurde, Stellungnahmen zu sämtlichen Aspekten eines Projektes abgesehen von Umweltaspekten einzubringen.[252]

248 S. schon *Epiney*, ZUR 2003, 176 (177); *Epiney/Scheyli*, Aarhus-Konvention, 41. Ebenso *Glaser*, SJER 2016/2017, 9 f. (zitiert nach Manuskript); *Zschiesche*, Öffentlichkeitsbeteiligung, 98. Einige Vertragsparteien haben hierzu Richtlinien für die eigenen Behörden entwickelt, vgl. hierzu näher *Ebbesson et al.*, Aarhus Convention Implementation Guide, 155.

249 ACCC/C/2008/24 Spanien, Rn. 99.

250 ACCC/C/2012/68 Europäische Union und Vereinigtes Königreich, Rn. 93. S. auch ACCC/C/2008/24 Spanien, Rn. 98, und ACCC/C/2012/70 Tschechische Republik, Rn. 61.

251 S. ACCC/C/2012/68 Europäische Union und Vereinigtes Königreich, Rn. 98.

252 ACCC/C/2010/50 Tschechische Republik, Rn. 71.

52 Die Vertragsparteien müssen darüber hinaus allgemein sicherstellen, dass die **effektive Berücksichtigung** der Stellungnahmen der Öffentlichkeit nicht verunmöglicht wird.

Daher erachtete es das *Compliance Committee* im Hinblick auf eine angemessene Berücksichtigung der Ergebnisse einer Öffentlichkeitsbeteiligung als problematisch, wenn eine Motion einer Regionalregierung sich deutlich für eine bestimmte Durchführungsvariante eines Projektes aussprach und ein Mitglied der Regionalregierung sich in ähnlicher Weise öffentlich im Fernsehen und in der Presse äußerte.[253]

53 Zur Berücksichtigung **verpflichtet** ist die zuständige **Behörde.**

Den Vorgaben der Bestimmung wird es daher nach Ansicht des *Compliance Committee* nicht gerecht, wenn nur der Projektantragsteller und der Umweltverträglichkeitsprüfungsberater zur Berücksichtigung der Stellungnahmen der Öffentlichkeit verpflichtet sind, mitsamt einer Verpflichtung, Stellungnahmen, deren Annahme oder Zurückweisung und eine Begründung für letztere im Protokoll zu vermerken. Im Fall waren die zuständigen Behörden lediglich verpflichtet, die Schlussfolgerungen dieser ersten nichtverbindlichen Umweltverträglichkeitsprüfungsphase zu berücksichtigen. Als nichtverpflichtendes Element des Verfahrens werde diese Art der Umsetzung Art. 6 Abs. 8 AK nicht gerecht.[254] Als zumindest ein Risiko befand das *Compliance Committee* auch eine Situation, in der der Projektantragsteller voll verantwortlich für die Durchführung der Öffentlichkeitsbeteiligung und deren Ergebnisse war, so dass weitere Ergebnisse (abgesehen von jenen, die im Umweltverträglichkeitsbericht des Antragstellers aufgenommen wurden) nicht notwendigerweise in der Umweltverträglichkeitsprüfung der entscheidenden Behörde berücksichtigt würden.[255]

54 Die **Art und Weise der Berücksichtigung** hängt von den Umständen des Einzelfalls ab. Ein grundsätzlicher Unterschied ergibt sich aus der Art der Entscheidung. Während bei Abwägungsentscheidungen die Ergebnisse der Öffentlichkeitsbeteiligung jedenfalls in die Abwägung eingehen müssen, ist bei gebundenen Entscheidungen zu prüfen, ob besagte Ergebnisse einer Genehmigung entgegenstehen oder zumindest bewirken, dass einer Zulassungsentscheidung Nebenbestimmungen hinzuzufügen sind.[256] Zu beachten ist bei solchen gebundenen Entscheidungen, dass der Behörde in Bezug auf die Erteilung oder Versagung unter Umständen kein Ermessen zusteht.[257]

55 Die Vertragsparteien sind im Rahmen von Art. 6 Abs. 8 AK verpflichtet, einen **angemessenen Zeitrahmen** vorzusehen, so dass eine angemessene Berücksichtigung anhand objektiver und transparenter Kriterien gewährleistet werden kann, wobei der ersten Konsultationsrunde hierbei besondere Bedeutung zukommt.[258]

---

253 ACCC/C/2008/26 Österreich, Rn. 57.
254 ACCC/C/2009/37 Belarus, Rn. 96.
255 ACCC/C/2010/59 Kasachstan, Rn. 62.
256 *Schink*, EurUP 2014, 112 (119). Vgl. hingegen *Schwab*, UPR 2014, 281 (283), der aus rechtspolitischer Perspektive überhaupt davor warnt, bei gebundenen Entscheidungsprozessen ein partizipativ-dialogisches Verständnis überzubetonen, da etwa bei Bestehen eines Anspruchs auf eine Genehmigung lediglich mit kosmetischen Änderungen am Ende eines Beteiligungsprozesses zu rechnen sei.
257 *Beckmann*, UPR 2014, 206 (210).
258 EuG, Rs. T-374/04 (Kommission/Deutschland), ECLI:EU:T:2007:332, Rn. 17.

Nur sieben Tage Frist zwischen der Veröffentlichung des Umweltverträglichkeitsberichts und der Entscheidung kann nach Ansicht des *Compliance Committee* nicht mit Art. 6 Abs. 8 AK vereinbar sein, da dies weder der Öffentlichkeit erlaube, die Information über das Projekt zu prüfen und Stellungnahmen vorzubereiten und einzureichen, noch den zuständigen Beamten, alle Stellungnahmen in irgendeiner Form zu berücksichtigen.[259] Führt eine nationale Bestimmung dazu, dass Stellungnahmen, die aufgrund einer unzulänglichen Frist für die Einreichung zu spät eintreffen, präkludiert sind, dürfte dies als im Widerspruch zu Art. 6 Abs. 8 AK stehend einzustufen sein.[260]

In Kombination mit Art. 6 Abs. 9 AK gelesen, dürfte es den Vorgaben des 56
Art. 6 Abs. 8 AK nicht Rechnung tragen, wenn sich aus einer Endentscheidung wegen einer **fehlenden oder zu knapp gehaltenen Begründung** nicht feststellen lässt, ob die Ergebnisse der Öffentlichkeitsbeteiligung einfließen konnten.[261]

Dies bestätigte auch das *Compliance Committee*, das entschied, dass Art. 6 Abs. 8 AK im Lichte des Art. 6 Abs. 9 AK zu verstehen sei. Letzterer schreibe vor, dass die begründete Entscheidung der Öffentlichkeit zugänglich zu machen sei. Daraus lasse sich schließen, dass die Verpflichtung, die Ergebnisse der Öffentlichkeitsbeteiligung gebührend zu berücksichtigen, auch verlange, dass die schriftliche, begründete Entscheidung eine Erörterung umfasse, wie diese Ergebnisse berücksichtigt wurden.[262] Ein System, bei dem „routinemäßig" (*as a routine*) Stellungnahmen der Öffentlichkeit ignoriert oder ohne jegliche Erklärung nicht auf ihren Inhalt hin geprüft wurden, wäre jedenfalls eine Verletzung der Konvention.[263] Deutlich wird damit, dass der Nachweis der Erfüllung der Verpflichtungen aus Art. 6 Abs. 8 AK primär dadurch zu erbringen ist, dass die Vorgaben des Art. 6 Abs. 9 AK erfüllt werden.[264]

V. Rechtsfolgen im Falle der Verletzung der Vorgaben zur Öffentlichkeitsbeteiligung

Eine Verletzung der Berücksichtigungspflicht im Besonderen sowie der 57
sonstigen Vorgaben zur Öffentlichkeitsbeteiligung im Allgemeinen ist als **Verfahrensfehler** aufzufassen, der zu einer **erfolgreichen Anfechtung** der entsprechenden Entscheidung führen kann bzw. können muss,[265] dies zumindest soweit hierdurch die getroffene Entscheidung beeinflusst wurde.

In diese Richtung geht auch die Rechtsprechung des EuGH in Bezug auf die möglichen Folgen der Nichtbeachtung verfahrensrechtlicher Vorgaben der RL 2011/92 (UVP-Richtlinie): So hielt der Gerichtshof fest, der verbindliche Charakter der entsprechenden Verfahrenspflichten der RL 2011/92 impliziere, dass sich Einzelne grundsätzlich in einem hängigen Verfahren vor nationalen Gerichten auf die Einhaltung der durch die Richtlinie den Mitgliedstaaten auferlegten Verpflichtung berufen können müssten. Daraus folge notwendigerweise, dass ein nationales Gericht überprüfen könne, ob der nationale Gesetzgeber innerhalb der von der Richtlinie gezogenen Grenzen seines Entschei-

259 ACCC/C/2004/3 und ACCC/S/2004/1 Ukraine, Rn. 29.
260 *Schink*, EurUP 2014, 112 (119).
261 *Bétaille*, RJE 2010, 197 (216 f.).
262 ACCC/C/2008/24 Spanien, Rn. 100.
263 ACCC/C/2008/24 Spanien, Rn. 101.
264 ACCC/C/2012/70 Tschechische Republik, Rn. 62.
265 In diese Richtung *Ebbesson et al.*, Aarhus Convention Implementation Guide, 156.

dungsspielraums geblieben ist.[266] Dabei legen es die Ausführungen des EuGH sowie die Sicherstellung der effektiven und einheitlichen Anwendung der unionsrechtlichen Vorgaben nahe, dass das nationale Gericht diese Aspekte nicht nur berücksichtigen kann, sondern hierzu verpflichtet ist bzw. werden muss. Im Übrigen spricht das Anliegen des effektiven Schutzes der hier zur Debatte stehenden Beteiligungsrechte dafür, dass eine (mögliche) Verletzung der einschlägigen Bestimmungen der Richtlinie zur Verneinung der Rechtmäßigkeit des Verfahrens führen muss.

Auch die Folgerechtsprechung des EuGH dürfte diese Sicht bestätigen: In der Rs. C-215/06[267] ging es um eine irische Regelung, die unabhängig vom Nachweis außergewöhnlicher Umstände eine Legalisierung von rechtswidrig (unter Verstoß gegen die grundsätzlich bestehende Genehmigungspflicht) erstellten Projekten vorsieht, wobei dieser „Legalisierungsentscheidung" die gleichen Wirkungen zukommt wie einer vor der Durchführung des Projekts erteilten „ordentlichen" Genehmigung, dies obwohl die Projekte nach der RL 2011/92 einer UVP hätten unterzogen werden müssen. Der Gerichtshof hielt hier fest, dass eine derartige Möglichkeit den Vorgaben der RL 2011/92 nicht genüge: Denn sie ermögliche den betroffenen Projektträgern (und dem Mitgliedstaat), der Anwendung der RL 2011/92 zu entgehen und damit das Unionsrecht zu umgehen, sehe die RL 2011/92 die Durchführung der UVP doch vor Erstellung und Genehmigung des Projekts vor. Weiter sei das in Irland vorgesehene Sanktionssystem unzulänglich, da die Möglichkeit der Legalisierung es weitgehend wirkungslos werden lasse. Schließlich ist auf die Rs. C-72/12[268] und die Rs. C-137/14[269] hinzuweisen, in denen der Gerichtshof festhält, im Falle einer fehlerhaft durchgeführten UVP müsse die letztlich getroffene Entscheidung grundsätzlich aufgehoben werden, wobei aber von einer Aufhebung dann abgesehen werden dürfe, wenn das Gericht oder die zuständige Stelle feststellt, die Entscheidung wäre auch ohne den Verfahrensfehler nicht anders ausgefallen.[270] Interessant ist in diesem Zusammenhang auch, dass der Gerichtshof hierbei die Schwere des Fehlers als ein Kriterium aufführt, welches bei der Beantwortung der Frage, ob der Fehler die letztlich getroffene Entscheidung beeinflusst hat, zu berücksichtigen sei. Hierbei sei insbesondere zu prüfen, ob die der betroffenen Öffentlichkeit zustehenden Beteiligungsrechte in Mitleidenschaft gezogen wurden. Da der Schweregrad eines Verfahrensfehlers grundsätzlich nichts damit zu tun hat, ob er einen Einfluss auf die letztlich getroffene Entscheidung hatte, dürfte das Urteil wohl so auszulegen sein, dass die Kausalität im Falle in diesem Sinn schwerwiegender Fehler keine Rolle spielen darf und die Entscheidung in jedem Fall aufzuheben ist.[271]

---

266 Vgl. EuGH, Rs. C-287/98 (Linster), ECLI:EU:C:2000:468, Rn. 31 ff.

267 EuGH, Rs. C-215/06 (Kommission/Irland), ECLI:EU:C:2008:380.

268 EuGH, Rs. C-72/12 (Altrip), ECLI:EU:C:2013:712.

269 EuGH, Rs. C-137/14 (Kommission/Deutschland), ECLI:EU:C:2015:683.

270 Zu diesem Aspekt des Urteils zB *Kment/Lorenz*, EurUP 2016, 47 (48 f., 53 f.); vgl. auch die Ausführungen in Bezug auf das Fehlerfolgenregime bei *Gärditz*, EurUP 2015, 196 (198 ff.); *Hofmann*, EurUP 2015, 266 (267 ff.); *Ziekow*, in: Rechtsschutz im Umweltrecht, 117 ff.; *Bunge*, NuR 2014, 305 ff.; *Ziekow*, NuR 2014, 229 ff.

271 *Bunge*, ZUR 2015, 531 (537).

Artikel 7 Öffentlichkeitsbeteiligung bei umweltbezogenen Plänen, Programmen und Politiken

Jede Vertragspartei trifft angemessene praktische und/oder sonstige Vorkehrungen dafür, dass die Öffentlichkeit, nachdem ihr zuvor die erforderlichen Informationen zur Verfügung gestellt worden sind, in einem transparenten und fairen Rahmen während der Vorbereitung umweltbezogener Pläne und Programme beteiligt wird. In diesem Rahmen findet Artikel 6 Absätze 3, 4 und 8 Anwendung. Die zuständige Behörde ermittelt die Öffentlichkeit, die sich beteiligen kann, wobei die Ziele dieses Übereinkommens zu berücksichtigen sind. Jede Vertragspartei bemüht sich im angemessenen Umfang darum, Möglichkeiten für eine Beteiligung der Öffentlichkeit an der Vorbereitung umweltbezogener Politiken zu schaffen.

Art. 7 AK betrifft die **Mitwirkung bzw. Beteiligung der Öffentlichkeit im Rahmen von Plänen, Programmen und Politiken mit Umweltbezug.** Im Vergleich zu den Vorgaben des Art. 6 AK ist diese Bestimmung deutlich knapper gehalten.[1] Aufgrund der allgemein nur in **schwacher Form festgehaltenen Verpflichtungen** der Vertragsparteien handelt es sich typischerweise wohl nicht um eine in innerstaatlichen Rechtsordnungen unmittelbar justitiable Bestimmung.[2] Somit bedarf es der Schaffung **innerstaatlicher Rechtsgrundlagen**, um den Anforderungen an die Umsetzung des Art. 7 AK etwa bezüglich der angemessenen Berücksichtigung der Ergebnisse einer Öffentlichkeitsbeteiligung gerecht zu werden.[3] 1

Wie auch im Zusammenhang mit Art. 6 AK bemerkt,[4] stehen die Verpflichtungen aus Art. 7 AK in einem engen Zusammenhang mit denjenigen zur Prüfung der Umweltverträglichkeit von Plänen und Programmen (und ggf. Politiken), so wie sie zB in der RL 2001/42 (SUP-Richtlinie) oder dem Protokoll zur Espoo-Konvention über die strategische Umweltprüfung formuliert sind, ohne dass diese jedoch gleichzusetze wären: Zwar ist die Beteiligung der Öffentlichkeit ein verpflichtender Bestandteil der entsprechenden Umweltprüfungen; jedoch ist umgekehrt eine Umweltprüfung kein zwingender Bestandteil der Öffentlichkeitsbeteiligung im Rahmen des Art. 7 AK.[5]

Allerdings werden die drei genannten Objekte – und damit der **Anwendungsbereich** – der Öffentlichkeitsbeteiligung nicht näher definiert. Dieser 2

1 *Bunge*, in *Schlacke/Schrader/Bunge*, Aarhus-Handbuch, Einleitung, Rn. 29.

2 *Scheyli*, ArchVR 2000, 217 (251). Zum geringen Konkretisierungsgrad der Verpflichtungen vgl. auch *von Danwitz*, NVwZ 2004, 272 (276). Vgl. auch *Poto*, in: Participatory Rights in the Environmental Decision-Making, 93 (102), für die die Bestimmung jedenfalls keine Rechte für Individuen schafft.

3 *Ebbesson et al.*, Aarhus Convention Implementation Guide, 174. Vgl. auch zur Rolle von Art. 7 AK als Prüfmaßstab der Gerichte bezüglich der Entscheidung über ein Konsultationsverfahren zur Energieerzeugung in England und Wales *Ka Ruddie*, in: The Aarhus Convention, 13 (26). Im Unionsrecht wurde für die Umsetzung der Verpflichtungen aus der Aarhus-Konvention für die Öffentlichkeitsbeteiligung bei Plänen und Programmen ein eigener Rechtsakt, nämlich RL 2003/35/EG (ABl. 2003 L 156, 17), für erforderlich erachtet, s. *Epiney*, Umweltrecht, 6. Kap., Rn. 56. Vgl. näher zu den durch diese Richtlinie eingeführten Änderungen *Schenderlein*, Rechtsschutz und Partizipation, 128 f.; *Onida*, in: Public Participation in Environmental Decision-Making, 23 (25 f.).

4 Art. 6 Rn. 10.

5 *Jendroska*, JEEPL 2009, 495 (511).

kann zunächst[6] unter Rückgriff auf systematische Erwägungen im **Verhältnis zu Art. 6, 8 AK** eingegrenzt werden: Da konkrete Entscheidungen (mit Außenwirkung) unter Art. 6 AK fallen und exekutive sowie andere allgemein anwendbare rechtsverbindliche normative Instrumente durch den nachfolgenden Art. 8 AK erfasst werden,[7] dürfte sich Art. 7 auf politische Planungsinstrumente beziehen, die in der Regel (nur) verwaltungsinterne Wirkung entfalten.[8]

In eine ähnliche Richtung geht der in der Literatur entwickelte Kriterienkatalog, anhand desselben geprüft werden könne, ob es sich um Entscheidungen, die typischerweise unter Art. 7 AK fallen handelt und anhand welcher Merkmale diese von Entscheidungen, die in den Anwendungsbereich des Art. 6 AK fallen, abzugrenzen sind. So handle es sich bei unter Art. 7 AK fallende Hoheitsakte gewöhnlich (i) um einen allgemeinen Rechtsakt, der oft endgültig vom Gesetzgeber verabschiedet wird, der (ii) durch eine Verwaltungsbehörde initiiert wird, der (iii) – oft verbindlich – Rahmenbedingungen für bestimmte Aktivitäten festlegt und der (iv) üblicherweise nicht ausreicht, um eine bestimmte Aktivität ohne individuelle Genehmigungsentscheidung durchzuführen.[9] Wie bereits bemerkt,[10] ist die Bezeichnung für Entscheidungen im nationalen Rechtssystem nicht ausschlaggebend, sondern abzustellen ist allein auf die rechtliche Funktion und Auswirkungen einer solchen Entscheidung.[11]

Aufgrund der doch recht unterschiedlichen anvisierten Gruppe an Rechtsakten bzw. deren klar unterschiedlichen Rechtswirkungen dürften sich die Abgrenzungsschwierigkeiten zwischen Art. 7 und Art. 8 AK in Grenzen halten. In der Praxis bezog das *Compliance Committee* einmal Stellung und entschied, dass das Verfahren zur Einführung einer 7,5 Tonnen-Limit für Lastkraftwagen auf einer bestimmten Straße eindeutig kein Entscheidungsverfahren in Bezug auf einen Plan, ein Programm oder eine Politik nach Art. 7 AK, sondern ein Verfahren im Sinne von Art. 8 AK darstelle.[12]

3 Die Bestimmung der im jeweiligen Fall **beteiligungsberechtigten Öffentlichkeit** liegt im Gestaltungsspielraum der zuständigen nationalen Behörden, wobei allerdings die Ziele des Übereinkommens zu berücksichtigen sind.

4 In Bezug auf die Durchführung der Öffentlichkeitsbeteiligung im Einzelnen ist zwischen **zwei Fallgestaltungen** zu unterscheiden:[13] Pläne und Programme einerseits (I.) und Politiken andererseits (II.), wobei die Verpflichtungen der Vertragsparteien bei Politiken wesentlich weniger weitgehen,[14] womit nachfolgend auch auf die Abgrenzung beider Konstellationen einzugehen ist.

---

6 Zu der Abgrenzung zwischen Plänen und Programmen einerseits und Politiken andererseits noch unten Art. 7 Rn. 6.
7 Vgl. noch sogleich unten Art. 7 Rn. 13 ff.
8 *Scheyli*, ArchVR 2000, 217 (239). S. insoweit auch schon oben Vor Art. 6–8 Rn. 3.
9 *Jendroska*, JEEPL 2012, 71 (85). Vgl. auch *Ebbesson et al.*, Aarhus Convention Implementation Guide, 124.
10 S. Vor Art. 6–8 Rn. 3.
11 *Jendroska*, JEEPL 2012, 71 (86).
12 ACCC/C/2008/26 Österreich, Rn. 61.
13 Wobei allerdings im Unklaren bleibt, nach welchen Kriterien diese Unterscheidung im Einzelnen vorzunehmen ist.
14 *Epiney*, ZUR 2003, 176 (177).

I. Pläne und Programme

Die Konvention enthält keine **Definition der Begriffe „Pläne" und „Programme"**. Eine Präzisierung ist jedoch insofern ebenso sinnvoll wie notwendig, als das Verständnis dieser Begriffe für den Anwendungsbereich des Art. 7 AK ausschlaggebend ist und sie von demjenigen der „Politiken" abzugrenzen sind, kommen für letztere doch weniger weitgehende Verpflichtungen zum Zuge. 5

In diesem Zusammenhang wurde bereits früh angeregt, für die Definition der Begriffe Pläne und Programme auf die Erfahrung im Rahmen der Espoo-Konvention zurückzugreifen.[15] Das 2003 abgeschlossene Protokoll über die strategische Umweltprüfung sieht in der Tat in Art. 2 Abs. 5 vor, dass Pläne und Programme sowie Änderungen derselben (a) aufgrund von Gesetzes-, Verordnungs- oder Verwaltungsbestimmungen vorgeschrieben sind und (b) der Vorbereitung und/oder dem Beschluss durch eine Behörde oder der Vorbereitung durch eine Behörde zum Beschluss durch Parlament oder Regierung im Rahmen eines förmlichen Verfahrens unterliegen. Allerdings bleiben auch auf dieser Grundlage noch diverse Unklarheiten in Bezug auf das genaue Verständnis der Begriffe „Pläne" und „Programme"; Hingegen können dem Leitfaden zur Umsetzung der unionsrechtlichen RL 2001/42 (SUP-Richtlinie) gewisse Hinweise entnommen werden, was typischerweise in den EU-Mitgliedstaaten darunter verstanden wird.[16] Als Pläne werden so typischerweise Dokumente angesehen, „in denen festgelegt wird, wie eine Regelung oder Maßnahme durchgeführt oder umgesetzt werden soll", wie zB Flächennutzungspläne, in denen die Art der Erschließung bzw. Kriterien für die Neugestaltung und Entwicklung eines Gebietes niedergelegt werden, aber auch Abfall- oder Wasserbewirtschaftungspläne.[17] Häufig überschneidet sich die Begriffsverwendung von Plan und Programm in den Mitgliedstaaten, was eine Einzelfallbeurteilung erforderlich macht; jedoch wird vorgeschlagen, dass ein Programm typischerweise eine Reihe von Projekten in einem bestimmten Gebiet umfasst, wie zB eine Maßnahme zur Sanierung eines Stadtgebiets, die sich aus mehreren Bauprojekten zusammensetzt.[18]

Ausgehend von der bereits skizzierten **Abgrenzung zum Anwendungsbereich der Art. 6, 8 AK** einerseits[19] und in **Abgrenzung** zu den ebenfalls in **Art. 7 AK** aufgeführten **Politiken** andererseits sowie in Anknüpfung an die **Definition in Art. 2 lit. a) RL 2001/42** (SUP-Richtlinie)[20] liegt es nahe, den Begriff der Pläne und Programme (die selbst untereinander keiner Abgrenzung bedürfen, sind doch die rechtlichen Vorgaben parallel ausgestaltet) durch folgende Charakteristika zu präzisieren:[21] 6

15 *Stec/Casey-Lefkowitz*, The Aarhus Convention – An Implementation Guide, 113.

16 S. insoweit auch *Jendroska*, JEEPL 2009, 495 (502 f.).

17 *Europäische Kommission*, Umsetzung der Richtlinie 2001/42/EG des Europäischen Parlaments und des Rates über die Prüfungen der Umweltauswirkungen bestimmter Pläne und Programme, 2003, 7.

18 *Europäische Kommission*, Umsetzung der Richtlinie 2001/42/EG des Europäischen Parlaments und des Rates über die Prüfungen der Umweltauswirkungen bestimmter Pläne und Programme, 2003, 7 f.

19 Vor Art. 6–8 Rn. 3, Art. 7 Rn. 2.

20 Für den Rückgriff auf die RL 2001/42 als Auslegungshilfe auch *Jendroska*, JEEPL 2009, 495 (502 f., 507).

21 Ähnlich etwa *Schenderlein*, Rechtsschutz und Partizipation, 142 ff.

- Erstens darf es sich **nicht um konkrete Entscheidungen** über bestimmte Projekte handeln kann, die ja von Art. 6 AK erfasst sind.[22]
- Zweitens und in Abgrenzung zu den „Politiken" im Sinn des Art. 7 AK muss den Plänen und Projekten offenbar eine irgendwie geartete Rechtswirkung zukommen, so dass sie einen **verbindlichen Rahmen für zukünftige Projekte und deren Zulässigkeit** setzen müssen. Daher sind jedenfalls einzelne materielle Handlungen oder unvollständige Regelungen, die kein organisiertes und geregeltes System aufstellen, nicht ausreichend,[23] vermögen diese doch keinen Rahmen für die zukünftige Projektgenehmigung zu setzen.[24] Vor diesem Hintergrund beruhen Pläne und Projekte grundsätzlich auf rechtlichen bzw. gesetzlichen Verpflichtungen und müssen gewisse **rechtliche Mindestwirkungen** aufweisen.

Art. 2 lit. a) RL 2001/42 formuliert denn auch explizit, dass Pläne und Projekte auf einer gesetzlichen Pflicht beruhen müssen. Dieses Erfordernis soll sicherstellen, dass „Politiken" im Sinne von allgemeinen politischen Entscheidungen (die durchaus Ausgangspunkt für konkrete Pläne oder Programme bilden können) nicht in den Anwendungsbereich der RL 2001/42 fallen,[25] ein Aspekt, der auch im Rahmen der Aarhus-Konvention im Zusammenhang mit der Abgrenzung von Plänen und Programmen einerseits von „Politiken" andererseits eine wichtige Rolle spielt. Dabei kommt es nicht darauf an, ob für die Aufstellung des Plans ein rechtlich geregeltes Verfahren besteht; maßgebend ist allein, dass das Aufstellen des Plans oder Programms in einem Gesetz vorgesehen ist.[26]

Jedenfalls muss der Plan oder das Programm aber einen Rechtsakt darstellen, der die Kriterien und Modalitäten der Nutzung eines Gebiets festlegt und Regeln und Verfahren zur Kontrolle fixiert, denen die Durchführung eines oder mehrerer Vorhaben unterliegt,[27] eine Voraussetzung, die bei einem Vorhaben

22 S. schon oben Vor Art. 6–8 Rn. 3 sowie Art. 7 Rn. 2.

23 Vgl. in diesem Zusammenhang auch EuGH, Rs. C-387/97 (Kommission/Griechenland), ECLI:EU:C:2000:356, Rn. 76; EuGH, Rs. C-298/97 (Kommission/Spanien), ECLI:EU:C:1998:270, Rn. 16; EuGH, Rs. C-214/96 (Kommission/Spanien), ECLI:EU:C:1998:565, Rn. 30, in denen der Gerichtshof in Bezug auf den Begriff der Pläne im Abfallsektor davon ausgeht, dass „punktuelle Normierungen", die kein gegliedertes und organisiertes System darstellen, nicht als Pläne im Sinne der einschlägigen Richtlinien anzusehen seien.

24 S. insoweit auch Erw. 10 RL 2001/42 sowie Art. 3 Abs. 2 lit. a) RL 2001/42.

25 S. *Hendler*, DVBl. 2003, 227 (229, 231), der aber auch darauf hinweist, dass solche Politiken durchaus ebenfalls Umweltauswirkungen entfalten können.

26 Der Gerichtshof geht dabei davon aus, dass es ausreicht, dass die fraglichen Pläne oder Programme in nationalen Rechtsvorschriften vorgesehen sind, so dass keine Rechtspflicht der Annahme durch die zuständige Behörde bestehen muss, vgl. EuGH, Rs. C-567/10 (Inter-Environnement Bruxelles), ECLI:EU:C:2012:159, Rn. 24 ff. Zu diesem Aspekt des Urteils *Bunge*, NuR 2012, 593 (594 ff.); etwas enger aber wohl noch *Hendler*, DVBl. 2003, 227 (232 f.), der formuliert, die Rechtspflicht müsse sich auf die Erstellung des Plans oder Programms selbst beziehen. S. auch *Europäische Kommission*, Leitfaden zur Umsetzung der RL 2001/42, 2003, Ziff. 3.15.

27 EuGH, Rs. C-567/10 (Inter-Environnement Bruxelles), ECLI:EU:C:2012:159, Rn. 30 (in Bezug auf die RL 2001/42). In EuGH, verb. Rs. C-105/09, C-110/09 (Terre wallonne), ECLI:EU:C:2010:355, stellte der Gerichtshof fest, sog Aktionsprogramme im Sinne der RL 91/676 (Nitrat-Richtlinie) stellten Pläne oder Programme im Sinne der RL 2001/42 dar, dies mit Bezugnahme auf die Vorgaben der Aarhus-Konvention.

zur teilweisen Umleitung eines Flusses (das gerade keinen Rechtsakt darstellt) grundsätzlich nicht vorliegt.[28]

Auch die Spruchpraxis des *Compliance Committee* geht in diese Richtung, so wenn es feststellt, dass ein Landnutzungsplan bzw. ein Zonenentwicklungsplan für eine Industrie- und Hafenzone, die anderen Entscheidungen vorangehen, aber keine rechtlichen Auswirkungen auf die späteren Entscheidungen bzw. das spätere Projekt, eine Abfallaufbereitungsanlage, haben bzw. keine vergleichbaren Wirkungen wie andere anwendbaren Planungsinstrumente mit sich bringen und die auch nicht die Form von Programmen oder Politiken haben, nicht Art. 7 AK unterfielen, so dass im konkreten Fall keine Verletzung der Konvention vorliege, wenn keine Öffentlichkeitsbeteiligung erfolgte.[29]

Hingegen – so der EuGH – sei der Anwendungsbereich der RL 2001/42 im Falle eines Erlasses, der verschiedene Bestimmungen über die Errichtung von Windkraftanlagen enthält, eröffnet, beziehe sich diese Regelung doch auf diverse technische Normen, die Betriebsmodalitäten, die Unfall- und Brandverhütung, den Geräuschpegel, die Wiederinstandsetzung und die Sicherheit, womit sie dazu beitrage, die Voraussetzungen festzulegen, unter denen die im Anschluss daran zu errichtenden konkreten Vorhaben genehmigt werden können.[30] Interessant ist in diesem Zusammenhang insbesondere, dass es für den Gerichtshof offenbar keine Rolle spielte, dass der Erlass nicht die Raumordnung in einem bestimmten Gebiet regelte, sondern er erachtete es als ausreichend, dass der Erlass „in einem weiteren Sinne auf die Raumordnung von Gebieten oder Zonen im Allgemeinen“ abziele. Letzteres sei vorliegend der Fall, sei doch die Errichtung von Windkraftanlagen in der gesamten Region Wallonien erfasst. Etwas im Dunkeln bleibt bei dieser Begründung, unter welchen Voraussetzung ein Plan oder ein Programm im „weiteren Sinn“ die Raumordnung „im Allgemeinen“ regelt. Da sich Pläne oder Programme in aller Regel auf eine „irgendwie geartete“ Nutzung des Raums beziehen werden, dürfte dieses Kriterium regelmäßig erfüllt sein; jedenfalls fällt es schwer, sich Konstellationen vorzustellen, in denen dies nicht der Fall sein soll.

- Drittens – und mit dem vorherigen Punkt in engem Zusammenhang stehend – muss der Plan oder das Projekt federführend von einer **Behörde** ausgearbeitet worden sein, woran sich ggf. eine Annahme oder Genehmigung durch Regierung oder Parlament anschließen kann.[31] Pläne und Programme privater Akteure sind somit nicht erfasst.

Zwar könnte zumindest bei manchen, von großen Unternehmen vorbereiteten Plänen und Programmen eine Beteiligung der Öffentlichkeit wünschenswert erscheinen; dennoch legt es insbesondere Art. 7 S. 3 AK nahe, dass die zuständige Behörde die Öffentlichkeit, die sich beteiligen kann, zu ermitteln hat; somit unterfallen lediglich von Behörden vorbereitete Pläne und Programme Art. 7 S. 1 AK.[32] Auch das *Compliance Committee* befand, die Praxis von lokalen Investitionsplänen sei als solche wohl nicht von Art. 7 AK erfasst. Es

28 EuGH, Rs. C-43/10 (Nomarchiaki Aftodioikisi Aitoloakarnanias), ECLI:EU:C:2012:560, Rn. 92 ff.
29 ACCC/C/2007/22 Frankreich, Rn. 34.
30 EuGH, Rs. C-290/15 (Patrice D'Oultremont), ECLI:EU:C:2016:816.
31 So auch Art. 2 lit. a) 1. Spiegelstrich RL 2001/42. Der Behördenbegriff ist dabei aber weit zu fassen, so dass letztlich die behördliche Kontrolle ausschlaggebend ist, wobei aber jedenfalls die letztliche Annahme durch die Behörde erfolgen muss, vgl. *Europäische Kommission,* Leitfaden zur Umsetzung der RL 2001/42, 2003, Ziff. 3.12 f.
32 So auch *Jendroska,* JEEPL 2009, 495 (506 f.).

handelte sich dabei um eine freiwillige Zusammenarbeit zwischen lokalen Vertretern des öffentlichen und privaten Sektors sowie der Zivilgesellschaft; die Erstellung derartiger Pläne war nicht verpflichtend und lag im Ermessen der zuständigen Behörde. Daher sei keine Verletzung der Verpflichtungen einer Vertragspartei festzustellen; jedoch sei eine Beteiligung der Öffentlichkeit im Lichte der wachsenden Bedeutung derartiger Pläne sehr angebracht (*highly appropriate*).[33]

Das Erfordernis der Ausarbeitung durch eine Behörde schließt auch die nur von Regierung und Parlament ausgearbeiteten normativen Akte aus, so dass im Wesentlichen bestimmte politische[34] und rechtliche Planungsinstrumente erfasst sein dürften, die häufig (aber nicht zwingend) als solche nur verwaltungsinterne Wirkung entfalten.[35]

- Viertens kommt es nicht darauf an, auf welcher „Ebene" die Pläne und Programme beschlossen werden, so dass Instrumente auf **nationaler, regionaler oder lokaler Ebene** einbezogen sind.[36]
- Schließlich ist festzuhalten, dass sich Art. 7 AK jedenfalls auf die **Annahme und Änderung** der erfassten Pläne oder Programme bezieht (mangels einer Erheblichkeitsschwelle in Art. 7 AK grundsätzlich unter Einschluss auch geringfügiger Modifikationen);[37] erfasst ist aber auch auf ihre vollständige **Aufhebung**, kann diese doch ggf. erhebliche Umweltauswirkungen zeitigen.[38]

Das *Compliance Committee* hatte sich bereits gelegentlich zum Anwendungsbereich des Art. 7 AK zu äußern, und seine Stellungnahmen dürften insgesamt in die hier vertretene Richtung gehen. So hielt es fest, dass die Konvention keine Definition eines „Plans" enthalte; die Bezeichnung eines Dokuments als Plan sei jedoch für eine Einstufung als ebensolcher nach Art. 7 AK nicht notwendigerweise ausreichend bzw. ausschlaggebend. Vielmehr sei der Inhalt des Dokumentes zu prüfen.[39] Ein Gemeindeabfallplan sei so als Plan einzustufen, wenn er nicht nur die Vorgaben aus dem regionalen bzw. dem nationalen Abfallplan wiederhole, sondern besondere Vorkehrungen und Details für das lo-

33 ACCC/C/2010/45 und ACCC/C/2011/60 Vereinigtes Königreich, Rn. 81-82.

34 Es dürfte gerade nicht notwendig sein, dass Pläne und Programme als solche in jeder Beziehung rechtlich verbindlich sind, damit sie erfasst werden. Allerdings müssen sie die anderen in Art. 2 lit. a) RL 2001/42 aufgeführten Merkmale erfüllen, also insbesondere von einer Behörde aufgrund einer rechtlichen Verpflichtung ausgearbeitet worden sein. S. insoweit *Epiney*, Umweltrecht, 6. Kap., Rn. 88, mwN (in Bezug auf die RL 2001/42).

35 Damit können allerdings gewisse Unstimmigkeiten einhergehen, hierzu *Epiney*, Umweltrecht, 6. Kap., Rn. 88 (in Bezug auf die RL 2001/42). Diese Unstimmigkeiten spielen im Rahmen des Art. 7, 8 AK eine weniger große Rolle als im Rahmen der RL 2001/42, da die Aarhus-Konvention auch bei Politiken und normativen Instrumenten eine Pflicht zur Öffentlichkeitsbeteiligung vorsieht, die allerdings deutlich weniger weitgeht als diejenige für Pläne und Programme.

36 Vgl. so auch Art. 2 lit. a) 1. Spiegelstrich RL 2001/42.

37 *Jendroska*, JEEPL 2009, 495 (509 f.). Vgl. auch *Ebbesson et al.*, Aarhus Convention Implementation Guide, 176, die sich eher skeptisch zu einer formalistischen Vorgehensweise äußern, die Änderungen, weil sie nicht ausdrücklich in Art. 7 AK erwähnt werden, von dessen Anwendungsbereich ausschließen wollte.

38 S. in diesem Sinn, in Bezug auf die RL 2001/42, EuGH, Rs. C-567/10 (Inter-Environnement Bruxelles), ECLI:EU:C:2012:159, Rn. 33 ff. Zu diesem Aspekt des Urteils *Bunge*, NuR 2012, 593 (597 f.).

39 ACCC/C/2012/66 Kroatien, Rn. 35. S. auch ACCC/C/2012/70 Tschechische Republik, Rn. 49. S. insoweit auch schon oben Vor Art. 6–8 Rn. 3.

kale Abfallmanagement enthalte.[40] Unbeachtlich sei, dass das nationale Recht diese Pläne in der relevanten sektoralen Gesetzgebung nicht anführe; dies könne keinen Grund darstellen, um die Konvention nicht auf eine offensichtlich umweltbezogene Tätigkeit anzuwenden.[41]

In einem anderen Fall handelte es sich für das *Compliance Committee* um einen „Plan", wenn ein Antrag Maßnahmen für Investitionen in Ausrüstung und die Modernisierung von Infrastruktur sowie in saubere Technologien im Energiesektor über die nächsten sieben Jahre enthält und dafür die Umsetzung von einer Vielzahl von spezifischen Projekten vorsieht.[42]

Art. 7 AK schließt nicht allgemein Pläne und Programme aus, die ausschließlich auf Zwecke der Landesverteidigung oder des Zivilschutzes in Katastrophenfällen ausgerichtet sind. Jedoch dürfte sich hier die Umsetzung der Verpflichtungen als schwierig erweisen, wenn Informationen, die für die Öffentlichkeitsbeteiligung erforderlich sind, gemäß Art. 4 Abs. 4 AK von der Veröffentlichung ausgeschlossen sind.[43]

Art. 7 AK verpflichtet die Vertragsparteien bezüglich Plänen und Program- 7 men, **„angemessene praktische und/oder andere Vorkehrungen"** für eine Beteiligung der Öffentlichkeit bei deren Vorbereitung zu treffen. Wie diese Vorkehrungen konkret beschaffen sein müssen, wird nicht weiter ausgeführt, so dass hier ein gewisser Gestaltungsspielraum besteht.

Allerdings muss die Beteiligung der Öffentlichkeit in einem **transparenten** 8 **und fairen Rahmen** erfolgen. Zudem müssen der Öffentlichkeit die für eine wirksame Beteiligung erforderlichen **Informationen** rechtzeitig (nämlich bevor die Mitwirkung Tatsache werden kann) zur Verfügung gestellt werden. Darüber hinaus finden die Bestimmungen des Art. 6 AK in Bezug auf angemessene **Zeiträume** für verschiedene Verfahrensphasen (Art. 6 Abs. 3 AK), die Gewährleistung einer **frühzeitigen öffentlichen Beteiligung** im Verfahrensverlauf (Art. 6 Abs. 4 AK) sowie die Verpflichtung zur angemessenen **Berücksichtigung des Ergebnisses** der öffentlichen Mitwirkung bei der Entscheidfällung (Art. 6 Abs. 8 AK) auch hier Anwendung (Art. 7 S. 2 AK).[44]

Auch wenn diese präzisierenden Anforderungen den Vertragsstaaten 9 durchaus einen erheblichen **Gestaltungsspielraum** einräumen, formulieren sie doch auch diesbezügliche **Schranken**, so dass es hier nicht nur um das Prinzip einer irgendwie gearteten Beteiligung bei umweltbezogenen Plänen und Programmen geht. Hinzuweisen ist insoweit insbesondere auf folgende Aspekte:

- Vieles spricht dafür, dass die Beteiligung der Öffentlichkeit und ihre Modalitäten in irgendeiner Form auch **rechtlich verbindlich fixiert** sein müssen, so dass eine reine Verwaltungspraxis wohl nicht ausreichend ist. Denn nur so kann wohl gewährleistet werden, dass ein fairer und transparenter Rahmen sichergestellt werden kann.

40 ACCC/C/2012/66 Kroatien, Rn. 38-39.
41 ACCC/C/2012/66 Kroatien, Rn. 40.
42 ACCC/C/2012/70 Tschechische Republik, Rn. 51.
43 *Ebbesson et al.*, Aarhus Convention Implementation Guide, 177, verweisen allerdings zugleich darauf, dass die Ausschlussgründe des Art. 4 Abs. 4 AK eng auszulegen sind.
44 Zu diesen Bestimmungen oben Rn. 248 ff., 263 ff.

So befand auch das *Compliance Committee*, dass als Teil der Verpflichtungen unter Art. 7 S. 1 AK, auch in Zusammenhang mit dem Verweis des Art. 7 S. 2 AK auf Art. 6 Abs. 3, 4 und 8 AK, ein transparenter Rahmen für die Öffentlichkeitsbeteiligung geschaffen werden müsse.[45] Wenn im nationalen Recht vorgesehen ist, dass mittels eines Gesetzes oder einer Verordnung jene Fälle geregelt werden, die nicht der strategischen Umweltprüfung unterliegen, in denen jedoch trotzdem eine Öffentlichkeitsbeteiligung erforderlich ist, und in der Folge kein solches Gesetz bzw. keine solche Verordnung erlassen wird, entstehe eine gewisse Rechtsunsicherheit.[46] Ebenso sei es als problematisch einzustufen, wenn nur inkohärent geregelt scheint, ob die Öffentlichkeitsbeteiligung vor oder nach dem ersten Entwurf des entsprechenden Planes stattfinden soll.[47] Daraus könne sich eine Verletzung von Art. 7 AK ergeben.[48]

- Weiter ergeben sich aus den **Vorgaben des Art. 6 AK**, auf die verwiesen wird, insgesamt doch recht konkrete Anforderungen, wie oben gezeigt werden konnte.[49]

So ist auch im Rahmen des Art. 7 AK (in Anknüpfung an Art. 6 Abs. 3, 4, 8 AK, vgl. Art. 7 S. 2 AK) sicherzustellen, dass die Beteiligung der Öffentlichkeit frühzeitig zu erfolgen hat, solange noch alle Optionen offenstehen, und dass die Ergebnisse bei der Entscheidung angemessen berücksichtigt werden können.

Im Rahmen des **Art. 6 Abs. 3 AK** ist auch für Pläne und Programme ein angemessener zeitlicher Rahmen für die Öffentlichkeitsbeteiligung vorzusehen. Eine zweiwöchige Frist wurde hier vom *Compliance Committee* jedenfalls als nicht angemessen für eine effektive Beteiligung der Öffentlichkeit beurteilt, da die Komplexität des Planes zu berücksichtigen sei; auch eine gezielte Konsultation ausgewählter Interessenvertreter (*stakeholder*) könne zwar die von der Konvention geforderte Öffentlichkeitsbeteiligung sinnvoll ergänzen, sie jedoch nicht ersetzen.[50] Auch eine Frist von einer Woche für die Öffentlichkeitsbeteiligung bei einem umfassenden Antrag mitsamt zugehöriger Dokumentation über 350 konkrete Projekte wurde als nicht angemessen eingestuft.[51]

Art. 6 Abs. 4 AK verlangt eine effektive Öffentlichkeitsbeteiligung bei Plänen und Programmen, die frühzeitig erfolgen muss, so dass noch alle Optionen offen stehen. Eine klare Verletzung von Art. 7 AK, insbesondere der Verpflichtung zur effektiven Information der Öffentlichkeit, liegt für das *Compliance Committee* in diesem Zusammenhang dann vor, wenn weder die zur Beteiligung berechtigte Öffentlichkeit ermittelt wird noch Maßnahmen getroffen werden, um die Mitglieder der Öffentlichkeit zur Beteiligung am Entscheidungsverfahren zu bewegen.[52] Auch eine spätere Öffentlichkeitsbeteiligung im Rahmen der Entscheidungen über spezifische Tätigkeiten im Industrie- und Energiepark sei nicht vereinbar mit der Verpflichtung, eine frühzeitige Öffentlichkeitsbeteiligung sicherzustellen, dies zu einem Zeitpunkt, zu dem noch alle Optionen offen sind. Auch konnten so die Ergebnisse der Öffentlichkeitsbeteiligung nicht angemessen berücksichtigt werden, woraus sich eine

45 ACCC/C/2012/66 Kroatien, Rn. 43.
46 ACCC/C/2012/66 Kroatien, Rn. 49.
47 ACCC/C/2012/66 Kroatien, Rn. 50.
48 ACCC/C/2012/66 Kroatien, Rn. 51.
49 Art. 6 Rn. 26 ff., 50 ff.
50 ACCC/C/2010/54 Europäische Union, Rn. 83.
51 ACCC/C/2012/70 Tschechische Republik, Rn. 57.
52 ACCC/C/2005/12 Albanien, Rn. 73.

Verletzung von Art. 6 Abs. 3, 4 und 8 AK und somit eine Verletzung von Art. 7 AK ergebe.[53]

Art. 7 S. 2 AK verweist darüber hinaus auf **Art. 6 Abs. 8 AK**, der zu einer angemessenen Berücksichtigung des Ergebnisses der Öffentlichkeitsbeteiligung verpflichtet. Bei Art. 6 Abs. 8 AK ist zu bestimmten Tätigkeiten der Nachweis der Erfüllung der Verpflichtung, das Ergebnis der Öffentlichkeitsbeteiligung angemessen zu berücksichtigen, durch die Einhaltung von Art. 6 Abs. 9 AK zu erbringen, der die unverzügliche Information der Öffentlichkeit über eine Entscheidung der Behörde und die Zugänglichmachung des Wortlautes der Entscheidung und der diese stützenden Gründe und Erwägungen vorsieht.[54] Obwohl Art. 7 S. 2 AK eine solche Zugänglichmachung der Gründe und Erwägungen nicht vorsieht, befand das *Compliance Committee*, dass ein Staat verpflichtet sei zu zeigen, dass er die Verpflichtung des Art. 6 Abs. 8 AK auch im Rahmen von Art. 7 S. 2 AK erfüllt hat. Hierbei könne er dem in Art. 6 Abs. 9 AK vorgegebenen Verfahren folgen oder aber auf jegliche andere Art vorgehen.[55]

Im Übrigen beschränken sich die auch im Rahmen des Art. 7 AK zu beachtenden Vorgaben nicht auf diejenigen Absätze des Art. 6 AK, auf die ausdrücklich verwiesen wird; vielmehr ist auch eine **„Kettenverweisung"** in Betracht zu ziehen: So könnte sich der Verweis auf Art. 6 Abs. 3 AK auch auf die Anforderungen des Art. 6 Abs. 2 AK beziehen (verweist doch Art. 6 Abs. 3 AK auf Art. 6 Abs. 2 AK).[56] Allerdings ist zu beachten, dass Art. 6 Abs. 2 AK die Information der „betroffenen Öffentlichkeit" erfordert, während Art. 7 S. 3 AK von der von der Behörde zu ermittelnden Öffentlichkeit ausgeht.[57] Auch der Begriff des Antrages, über den entschieden werden soll, in Art. 6 Abs. 2 lit. a) AK lässt sich nur schwer auf den Fall von – typischerweise durch Behörden selbst initiierten – Plänen und Programmen übertragen.[58] Vor diesem Hintergrund spricht Vieles dafür, die Anforderungen des Art. 6 Abs. 2 nur soweit als maßgeblich anzusehen, als sie auch im Rahmen des Art. 7 AK relevant sein können. So ist der Begriff der „erforderlichen Informationen" des Art. 7 S. 1 AK, die der entsprechenden Öffentlichkeit zur Verfügung zu stellen sind, so auszulegen, dass jene Bestandteile von Art. 6 Abs. 2 AK, die für eine „effektive" Beteiligung der Öffentlichkeit, wie in Art. 6 Abs. 4 AK angesprochen, erforderlich sind, *mutatis mutandis* auch im Rahmen des Art. 7 AK angewendet werden.[59] Ähnlich kann bezüglich Art. 6 Abs. 6 und Art. 6 Abs. 9 AK vorgegangen werden. Bei Art. 6 Abs. 6 AK ist bei einer Anwendung *mutatis mutandis* zu berücksichtigen, dass neben den unterschiedlichen Öffentlichkeitsbegriffen der Art. 6 und 7 AK auch die aufgeführten Informationen typisch für eine Umweltverträglichkeitsprüfung sind und so insbesondere die Informatio-

53 ACCC/C/2005/12 Albanien, Rn. 74.
54 ACCC/C/2012/70 Tschechische Republik, Rn. 62.
55 ACCC/C/2012/70 Tschechische Republik, Rn. 62. Im entsprechenden Fall befand das Compliance Committee, dass der Staat Art. 7 AK verletzt habe, da trotz der nur knappen zur Verfügung stehenden Zeit keine Notsituation (*emergency situation*) bestanden habe, so dass jedenfalls ein Nachweis darüber hätte erbracht werden können, wie das Ergebnis der Öffentlichkeitsbeteiligung berücksichtigt worden war, Rn. 63.
56 In diesem Sinn *Stec/Casey-Lefkowitz*, The Aarhus Convention – An Implementation Guide, 117.
57 Vgl. *Jendroska*, JEEPL 2009, 495 (513 f.).
58 *Jendroska*, JEEPL 2009, 495 (513).
59 *Jendroska*, JEEPL 2009, 495 (513 f.). Vgl. auch *Ebbesson et al.*, Aarhus Convention Implementation Guide, 179.

nen unter lit. a) zur Beschreibung des Standortes und der Merkmale der Tätigkeit nicht relevant sein dürften.[60]

- Bei **mehrstufigen Verfahren** haben die Vertragsparteien – ähnlich wie im Rahmen des Art. 6 Abs. 4 AK[61] – einen gewissen Spielraum, um je nach ihren Bedürfnissen und dem Thema der zu treffenden Entscheidung zu entscheiden, in welcher Phase welche Optionen zu erörtern sind. Es kann auch mehrere strategische Entscheidungen im Sinne von Art. 7 AK und mehrere individuelle Entscheidungen im Sinne des Art. 6 AK geben, die die grundlegenden Rahmenbedingungen, den Ort, die technischen Eigenschaften und zuletzt die technologischen Spezifikationen in Bezug auf spezielle Umweltstandards festlegen.

  Dabei gilt dem *Compliance Committee* zufolge für jedes dieser Verfahren, dass, wenn eine Öffentlichkeitsbeteiligung erforderlich ist, diese so früh durchgeführt werden muss, dass noch alle Optionen offen stehen, so dass eine effektive Beteiligung stattfinden kann.[62] Wie bereits im Rahmen von Art. 6 Abs. 4 AK festgestellt,[63] ist auch bei einer solchen Reihe von aufeinander folgenden Entscheidungen und Entscheidungsverfahren im Rahmen von Art. 7 AK aufgrund des Kontextes und der rechtlichen Auswirkungen jeder Entscheidung zu prüfen, ob eine Öffentlichkeitsbeteiligung erforderlich ist.[64] Für Pläne, wie zB nationale Aktionspläne für erneuerbare Energie, genügt es daher nicht, wenn eine Öffentlichkeitsbeteiligung für die vorangehende nationale Strategie über erneuerbare Energie (*Renewable Energy Strategy*) stattgefunden hat, die den nationalen Aktionsplan beeinflusst (*informed*) hat.[65]

- **Art. 7 S. 3 AK** sieht ausdrücklich vor, dass die zuständige Behörde die **Öffentlichkeit**, die sich beteiligen kann, unter **Berücksichtigung der Ziele der Konvention zu ermitteln** hat. Damit besteht eine positive Verpflichtung der Behörde, sich zu bemühen herauszufinden, welche Teile der Öffentlichkeit aktiv ermutigt werden sollten, sich zu beteiligen, dies vor dem Hintergrund, dass die Zielsetzungen der Konvention zu berücksichtigen sind, wobei insbesondere das Ziel, „das Bewusstsein einer breiten Öffentlichkeit für Entscheidungen, die Auswirkungen auf die Umwelt und eine nachhaltige Entwicklung haben, zu schärfen sowie deren Beteiligung an diesen Entscheidungen zu unterstützen" (Präambel AK), hervorzuheben ist.[66] Damit kann die zu beteiligende Öffentlichkeit hier zwar im Verhältnis zum allgemeinen Begriff der Öffentlichkeit ggf. eingeschränkt werden; jedoch dürfte in aller Regel eine Einschränkung auf die „betroffene Öffentlichkeit" nicht mit den Vorgaben des Art. 7 AK vereinbar sein, hätten die Vertragsparteien doch andernfalls einfach den begrenzenden Begriff der „betroffenen Öffentlichkeit" verwenden können.[67] Da auch Art. 7 S. 1 AK lediglich von der „Öffentlichkeit" spricht, kann somit auch die „Jedermannöffent-

60 *Jendroska*, JEEPL 2009, 495 (514).
61 Art. 6 Rn. 6, 31.
62 ACCC/C/2006/17 Europäische Gemeinschaft, Rn. 51.
63 Art. 6 Rn. 6, 31.
64 ACCC/C/2008/26 Österreich, Rn. 50.
65 ACCC/C/2012/68 Europäische Union und Vereinigtes Königreich, Rn. 100.
66 *Jendroska*, JEEPL 2009, 495 (514).
67 *Ebbesson et al.*, Aarhus Convention Implementation Guide, 179.

lichkeit“ partizipationsberechtigt sein.[68] Dies schließt jedoch nicht aus, den Personenkreis ggf. gegenüber der allgemeinen Öffentlichkeit einzuschränken, wird der zuständigen Behörde doch die Möglichkeit eröffnet, die Öffentlichkeit zu ermitteln, die sich beteiligen kann.[69] Jedenfalls haben die Vertragsstaaten den Gestaltungsspielraum in Einklang mit den Zielen der Konvention wahrzunehmen.

Das *Compliance Committee* hat hierzu festgehalten, dass es eine Verletzung von Art. 7 iVm Art. 6 Abs. 4 AK darstelle, wenn die Öffentlichkeitsbeteiligung nicht früh genug stattfinde, nämlich zu einem Zeitpunkt, zu dem noch alle Optionen offenstünden.[70] Im Fall waren zwar im betroffenen Energiesektor tätige Interessenvertreter frühzeitig beigezogen worden und konnten ausführlich Stellung beziehen, jedoch war der allgemeinen Öffentlichkeit erst zwei Jahre nach Beginn des Verfahrens zum Verfassen eines Antrages und nur für sieben Tage die Möglichkeit zur Beteiligung gegeben worden.[71] Das *Compliance Committee* entschied, dass Art. 7 S. 3 AK von den Behörden nicht als Mittel genutzt werden solle, um die Öffentlichkeitsbeteiligung einzuschränken, sondern sie im Gegenteil effektiver zu machen. Zwar sei die umfassende Möglichkeit zur Beteiligung für Interessenvertreter des jeweiligen Sektors essentiell und gerechtfertigt gewesen, da diese notwendige technische Details beitragen konnten; jedoch habe die Behörde abgesehen davon ihren Ermessensspielraum im Widerspruch zu den Zielen der Konvention ausgenutzt, indem sie eine effektive Öffentlichkeitsbeteiligung anderer Teile der Öffentlichkeit, wie insbesondere von Umweltschutzorganisationen, tatsächlich verhindert oder zumindest deutlich eingeschränkt (*effectively bar or significantly reduce*) habe. Insbesondere sei die Behörde damit nicht dem Ziel gerecht geworden, „das Bewusstsein einer breiten Öffentlichkeit für Entscheidungen, die Auswirkungen auf die Umwelt und eine nachhaltige Entwicklung haben, zu schärfen sowie deren Beteiligung an diesen Entscheidungen zu unterstützen“ (vgl. Präambel AK).[72]

Auch befand das *Compliance Committee*, dass die Europäische Union dadurch gegen Art. 7 AK verstoßen habe, dass sie in der Erneuerbare-Energien-Richtlinie lediglich einen Pauschalverweis einschließe und nicht durch geeignete Regelungen sicherstelle, dass die Mitgliedstaaten Pläne und Programme erlassen, in Bezug auf welche die Mindestanforderungen von Art. 7 Abs. 3 AK zu beachten sind.[73]

Zusammenfassend kann festgestellt werden, dass trotz der etwas umständlichen Formulierung des Art. 7 AK die Verpflichtungen für die Vertragsparteien bei der Schaffung eines Regelwerks für die Öffentlichkeitsbeteiligung bei der Vorbereitung von Plänen und Programmen recht klar sind und sich auch nicht nur auf reine Postulate beschränken, was insbesondere auch durch die Spruchpraxis des *Compliance Committee* bestätigt wird. So ist die Öffentlichkeit, die sich beteiligen kann, zu ermitteln; angemessene Fristen sind für die verschiedenen Phasen zu gewähren; die Öffentlichkeitsbeteiligung ist frühzeitig zu ermöglichen, wenn alle Optionen noch offen sind 10

68 *Peters*, EurUP 2014, 185 (193).
69 *Bunge*, in Schlacke/Schrader/Bunge, Aarhus-Handbuch, Einleitung, Rn. 30.
70 ACCC/C/2012/70 Tschechische Republik, Rn. 58.
71 ACCC/C/2012/70 Tschechische Republik, Rn. 58.
72 ACCC/C/2012/70 Tschechische Republik, Rn. 59.
73 ACCC/C/2010/54 Europäische Union, Rn. 79. Vgl. auch *Peters*, EurUP 2014, 185 (194).

und eine effektive Beteiligung möglich ist; und die Ergebnisse sind gebührend zu berücksichtigen.[74]

Zu beachten ist bei den durch Art. 7 AK erfassten Plänen und Programmen zudem, dass bestimmte Arten hiervon ergänzend bzw. spezifizierend in dem im Rahmen der UNECE Espoo-Konvention[75] ausgehandelten **Kiev-Protokoll über die strategische Umweltprüfung zum Übereinkommen über die Umweltverträglichkeitsprüfung** vom 21. Mai 2003[76] geregelt werden.[77] Zu berücksichtigende Bestimmungen sind hier Art. 8, 10 Abs. 4, 11 Abs. 2 und Anhang V des Protokolls.

Art. 8 des Protokolls schreibt so frühzeitige, effektive und rechtzeitige Möglichkeiten zur Öffentlichkeitsbeteiligung vor, wenn noch alle Optionen offenstehen; Entwürfe von Plänen und Programmen sowie Umweltberichte sollen mittels elektronischen Medien oder auf andere geeignete Art zugänglich gemacht werden; die betroffene Öffentlichkeit, insbesondere auch nichtstaatliche Organisationen, soll bestimmt werden und muss Gelegenheit haben, binnen angemessener Frist Stellung zu beziehen; bei den zu berücksichtigenden Elementen, die zugänglich zu machen sind, ist Anhang V zu berücksichtigen. Anhang V zählt den vorgeschlagenen Plan oder das vorgeschlagene Programm und seine Art, die für die Annahme zuständige Behörde, das vorgesehene Verfahren einschließlich seines Beginns, die Möglichkeiten zur Beteiligung der Öffentlichkeit, Zeit und Ort von Anhörungen der Behörden, von denen Informationen erhalten werden können bzw. bei denen Einsicht genommen werden kann bzw. bei denen Stellungnahmen und Fragen einzureichen sind, und die Bezeichnung, welche relevanten Informationen bezüglich Umwelt und Gesundheit verfügbar sind, und zuletzt die Angabe, ob der Plan oder das Programm voraussichtlich einer grenzüberschreitenden Umweltprüfung unterliegen wird, auf. Art. 10 Abs. 4 des Protokolls sieht vor, dass für grenzüberschreitende Konsultationen die betroffene Öffentlichkeit und zuständigen Behörden auch des anderen betroffenen Vertragsstaates zu unterrichten sind und zum Entwurf eines Plans oder Programms sowie des Umweltberichts innerhalb einer angemessenen Frist Stellung nehmen können. Art. 11 Abs. 2 legt zuletzt fest, dass nach der Annahme eines Planes oder Programmes die betroffene Öffentlichkeit, die zuständigen Behörden und eventuell zuvor konsultierte Vertragsparteien unterrichtet werden und ihnen der Plan oder das Programm zusammen mit einer Erklärung zugänglich zu machen ist, in der ausgeführt wird, wie umwelt- und gesundheitsbezogene Erwägungen und eingegangene Stellungnahmen berücksichtigt wurden und welche Gründe nach Abwägung der geprüften vernünftigen Alternativen den Ausschlag gaben.

11 Schließlich ist darauf hinzuweisen, dass Vieles – insbesondere die Effektivität der Öffentlichkeitsbeteiligung – dafür spricht, dass eine Verletzung der Vorgaben zur Öffentlichkeitsbeteiligung auch im Rahmen des Art. 7 AK (parallel zur Situation in Bezug auf Art. 6 AK)[78] als **Verfahrensfehler** anzusehen ist, der zu einer erfolgreichen Anfechtung der entsprechenden Entscheidung führen kann bzw. können muss,[79] dies zumindest soweit hierdurch die getroffene Entscheidung beeinflusst wurde.

---

74 *Jendroska*, JEEPL 2005, 12 (17).
75 Vgl. zu dieser bereits oben Einführung Rn. 15 ff.
76 In Kraft getreten am 11. Juli 2010, vgl. für eine Übersicht unter anderem der Vertragsparteien www.unece.org/env/eia/sea_protocol.html.
77 *Bunge*, in: Schlacke/Schrader/Bunge, Aarhus-Handbuch, Einleitung, Rn. 31.
78 S. o. Art. 6 Rn. 57.
79 In diese Richtung *Ebbesson et al.*, Aarhus Convention Implementation Guide, 156.

In diese Richtung geht auch die Rechtsprechung des EuGH in Bezug auf die RL 2001/42 (SUP-Richtlinie): So stellte er in der Rs. C-41/11[80] klar, dass in den Fällen, in denen ein Plan oder ein Programm gemäß den Anforderungen der RL 2001/42 einer SUP zu unterziehen gewesen wäre, dies aber unterblieben ist, die zuständigen Behörden verpflichtet sind, alle (allgemeinen oder besonderen) Maßnahmen zu ergreifen, um dem Unterbleiben einer solchen Prüfung abzuhelfen; dies impliziere insbesondere die Pflicht, die zur Aussetzung oder Aufhebung des entsprechenden Plans oder Programms notwendigen Maßnahmen auf der Grundlage des nationalen Rechts zu ergreifen. Es verstieße nämlich gegen das Hauptziel der RL 2001/42, wenn ein solcher Plan oder ein solches Programm ohne eine entsprechende Umweltprüfung durchgeführt werden könnte. Damit leitet der EuGH letztlich aus der effektiven Wirksamkeit der RL 2001/42 sowie Art. 4 Abs. 3 EUV ab, dass ohne eine Umweltprüfung angenommene Pläne oder Programme (die in den Anwendungsbereich der Richtlinie fallen) nicht durchgeführt werden dürfen, so dass dieser Verfahrensfehler grundsätzlich dazu führen muss, dass der Plan oder das Programm keine Wirkung entfalten kann. In der Regel wird dies deren Aufhebung implizieren. Dieser Ansatz setzt nationalen Vorschriften, die eine Heilung von Verfahrensfehlern vorsehen, enge Grenzen. Allerdings formuliert der Gerichtshof auch eine Ausnahme von diesem Grundsatz: Wenn ein zwingendes Erfordernis im Zusammenhang mit dem Umweltschutz vorliegt, könne das zuständige nationale Gericht ausnahmsweise bestimmte Wirkungen des für nichtig erklärten nationalen Rechtsakts aufrecht erhalten, dies falls eine solche Aufrechterhaltung für die ordnungsgemäße Umsetzung einer anderen Richtlinie notwendig ist, die Verabschiedung und der Erlass eines neuen Rechtsakts die schädigenden Umweltauswirkungen nicht vermeiden könnte, die Nichtigerklärung ein rechtliches Vakuum schüfe, das zu einem noch größeren Schaden an der Umwelt als die Aufrechterhaltung der Wirkungen führte, und diese Aufrechterhaltung der Wirkungen nur für den Zeitraum vorgenommen wird, der für die Verabschiedung eines neuen Rechtsakts benötigt wird.

II. Politiken

Bei umweltbezogenen **Politiken** hat sich jede Vertragspartei – „soweit dies angemessen ist“ – zu bemühen, „Möglichkeiten für eine Öffentlichkeitsbeteiligung bei der Vorbereitung umweltbezogener Politiken zu schaffen“. Eine eigentliche Rechtspflicht zu einem bestimmten Verhalten dürfte sich aus dieser Bestimmung nicht ergeben.[81] 12

Um „Politiken“ zu definieren, schreibt der Umsetzungsleitfaden zur Konvention ihnen in seiner ersten Fassung lediglich zu, typischerweise „weniger konkret“ als Pläne und Programme zu sein.[82] Die spätere Neuauflage des Leitfadens zieht die Wörterbuchdefinition heran, die eine Politik als „Handlungsweise oder -prinzip, die von einer Organisation oder einem Individuum angenommen oder vorgeschlagen wird“, definiert.[83]

Zu berücksichtigen ist im Rahmen des Art. 7 S. 4 AK auch Art. 3 Abs. 7 AK zur Förderung der Anwendung der Grundsätze durch die Vertragsparteien im

80 EuGH, Rs. C-41/11 (Inter-Environnement Wallonie), ECLI:EU:C:2012:103.
81 *Scheyli*, ArchVR 2000, 217 (240).
82 *Stec/Casey-Lefkowitz*, he Aarhus Convention – An Implementation Guide, 118.
83 *Ebbesson et al.*, Aarhus Convention Implementation Guide, 180, mit Verweis auf das *Oxford Dictionary of English* (im Original *a course or principle of action adopted or proposed by an organization or individual*).

Rahmen internationaler umweltbezogener Entscheidungsverfahren und internationaler Organisationen in Umweltangelegenheiten.[84]

Das *Compliance Committee* hat sich soweit ersichtlich noch nicht mit Art. 7 S. 4 AK befasst.

Artikel 8 Öffentlichkeitsbeteiligung während der Vorbereitung exekutiver Vorschriften und/oder allgemein anwendbarer rechtsverbindlicher normativer Instrumente

Jede Vertragspartei bemüht sich, zu einem passenden Zeitpunkt und solange Optionen noch offen sind eine effektive Öffentlichkeitsbeteiligung während der durch Behörden erfolgenden Vorbereitung exekutiver Vorschriften und sonstiger allgemein anwendbarer rechtsverbindlicher Bestimmungen, die eine erhebliche Auswirkung auf die Umwelt haben können, zu fördern. Zu diesem Zweck sollten folgende Maßnahmen ergriffen werden:

a) Für eine effektive Beteiligung ausreichende zeitliche Rahmen sollten festgelegt werden;

b) Vorschriftenentwürfe sollten veröffentlicht oder anderweitig öffentlich zugänglich gemacht werden, und

c) die Öffentlichkeit sollte unmittelbar oder über sie vertretende und beratende Stellen die Möglichkeit zur Stellungnahme erhalten.

Das Ergebnis der Öffentlichkeitsbeteiligung wird so weit wie möglich berücksichtigt.

1 Schließlich erwähnt die Konvention – als dritten Bereich – die **Beteiligung der Öffentlichkeit bei der Vorbereitung bestimmter normativer Vorgänge bzw. in Bezug auf normative Instrumente** (Art. 8 AK). Art. 8 AK geht mit seiner Vorgabe, Informationspflichten auch bei der Entstehung von Rechtsnormen zu schaffen, über die vorher existierenden Informationszugangsrechte hinaus.[1]

Die Präambel lädt in diesem Sinne sogar die gesetzgebenden Körperschaften dazu ein, die Grundsätze der Konvention in ihren Verfahren umzusetzen.[2] Jedoch beschränkt sich die Konvention letztlich vor dem Hintergrund entsprechender Skepsis der Vertragsparteien, den eigenen Parlamenten entsprechende Verpflichtungen aufzuerlegen, primär auf die Rolle der Verwaltung bei der Rechtsetzung.[3]

2 In Bezug auf den **Anwendungsbereich** der Vorschrift ist zunächst die Abgrenzung zum jeweiligen Gegenstand der Öffentlichkeitsbeteiligung der Art. 6, 7 AK von Bedeutung: Wie erwähnt,[4] handelt es sich bei den Entscheidungen über bestimmte Tätigkeiten des Art. 6 AK um individuell-konkrete Hoheitsakte (Verwaltungsakte), während Art. 8 AK die Mitwirkung der Öffentlichkeit bei generell-abstrakten Rechtsnormen (Rechtssätzen)

84 *Ebbesson et al.*, Aarhus Convention Implementation Guide, 180.
1 *Schink*, EurUP 2003, 27 (33). Vgl. auch für einen prägnanten Überblick *Wates*, JEEPL 2005, 2 (6); *Sands/Peel*, Principles of International Law, 653.
2 Erw. 11 der Präambel.
3 *Ebbesson et al.*, Aarhus Convention Implementation Guide, 181.
4 Vor Art. 6–8 Rn. 3.

mit Umweltbezug regelt. Bei der Unterscheidung gegenüber umweltbezogenen Plänen, Programmen und Politiken nach Art. 7 AK dürften schließlich die Merkmale der Außenwirkung und/oder Rechtsverbindlichkeit ausschlaggebend sein. Somit erstreckt sich der Anwendungsbereich der Vorschrift auf exekutive Vorschriften und sonstige allgemein anwendbare rechtsverbindliche Bestimmungen, die erhebliche Auswirkungen auf die Umwelt entfalten können; damit werden sowohl **Rechtsverordnungen als auch Gesetze und Verfassungsbestimmungen** erfasst.[5]

Bewusst wurde ein allgemeiner Begriff gewählt, um der möglichen Vielfalt an Rechtssystemen der Vertragsparteien gerecht zu werden.[6] Zu streng wäre es wohl jedenfalls, die Bestimmung als nur an die exekutive Staatsgewalt gerichtet aufzufassen.[7] In jedem Fall erfasst Art. 8 AK nur klar identifizierbare Vorschriften, deren Einführung bereits gewiss ist. In einem der seltenen Fälle, in denen das *Compliance Committee* mit Art. 8 AK befasst war, beschloss es so, auf das entsprechende Vorbringen nicht einzugehen, da die relevanten Entscheidungen nicht klar identifiziert waren und eine Entscheidung über die Einführung eines 7,5 Tonnen-Limits für Lastkraftwagen auf einer Straße noch ausstand.[8]

Art. 8 AK erfasst auch die Mitarbeit öffentlicher Behörden im Gesetzgebungsverfahren, typischerweise bis hin zu dem Zeitpunkt, in dem ein von der Exekutive vorbereiteter Vorschlag der Legislative überantwortet wird.[9]

Bezüglich des persönlichen Anwendungsbereiches wird nicht zwischen 3
einer betroffenen und der allgemeinen **Öffentlichkeit** unterschieden, so dass von letzterer auszugehen ist.[10]

Der Pflicht zur Öffentlichkeitsbeteiligung in diesem Bereich dürfte aller- 4
dings – wenn überhaupt – nur eine sehr **beschränkte rechtliche Tragweite** zukommen, formuliert Art. 8 AK die den Vertragsstaaten obliegenden Pflichten doch nur auf eine sehr weite und eher unverbindliche Art, so dass Art. 8 AK lediglich in schwacher Form festgehaltene Verpflichtungen für die Vertragsparteien verankert:[11] Sie müssen sich nur „bemühen", eine derartige Beteiligung zu „fördern", und bestimmte Maßnahmen „sollten" nur ergriffen werden, dies immerhin „zu einem passenden Zeitpunkt und solange Optionen noch offen sind". Insgesamt ist also eher von auf Bemühen als auf Ergebnisse ausgerichteten Verpflichtungen auszugehen,[12] und aus dieser Bestimmung dürften sich daher kaum konkretisierbare Verpflichtungen ableiten lassen, allenfalls abgesehen von dem Grundsatz einer irgendwie gearteten Einbeziehung der Öffentlichkeit beim Gesetzgebungsverfah-

5 Vgl. auch *Stec/Casey-Lefkowitz*, The Aarhus Convention – An Implementation Guide, 119 f.; *Bunge*, in Schlacke/Schrader/Bunge, Aarhus-Handbuch, Einleitung, Rn. 33.
6 *Ebbesson et al.*, Aarhus Convention Implementation Guide, 182.
7 So aber *Rodenhoff*, RECIEL 2002, 343 (348).
8 ACCC/C/2008/26 Österreich, Rn. 53.
9 *Ebbesson et al.*, Aarhus Convention Implementation Guide, 182.
10 *Peters*, EurUP 2014, 185 (194).
11 *Scheyli*, ArchVR 2000, 217 (251); *Schink*, EurUP 2003, 27 (33 f.); *von Danwitz*, NVwZ 2004, 272 (276).
12 *Ebbesson et al.*, Aarhus Convention Implementation Guide, 181.

ren. Daher dürfte es sich typischerweise nicht um eine in innerstaatlichen Rechtsordnungen unmittelbar justitiable Bestimmung handeln.[13]

Es lässt sich allerdings eine Bemühungspflicht entnehmen, aufgrund der ein Grundsatz, die Öffentlichkeit beim Gesetzgebungsverfahren in irgendeiner Form einzubeziehen, im nationalen Recht verankert werden sollte.[14] Der Effektivitätsgrundsatz spricht in diesem Zusammenhang dafür, dass insoweit verbindliche Normen zu erlassen sind.[15]

Auch das *Compliance Committee* betont den eher vage gehaltenen Wortlaut der Bestimmung. Die Konvention schreibe die Einzelheiten der erforderlichen Öffentlichkeitsbeteiligung allgemein vor, indem sie auf einige Grundprinzipien und Minimalanforderungen für Öffentlichkeitsbeteiligung der Konvention verweise, wie etwa die Effektivität einer solchen Beteiligung, die frühzeitig vorzusehen sei, wenn alle Optionen offen stehen, die rechtzeitige Veröffentlichung von Entwürfen und ausreichende Fristen für die Öffentlichkeit zur Konsultation eines Entwurfs und zur Ausarbeitung von Stellungnahmen. Jedoch hätten die Vertragsparteien einen gewissen Spielraum bei der Organisation der Öffentlichkeitsbeteiligung im Einzelnen. Die Möglichkeit, bei mehreren Gelegenheiten Stellung zu beziehen, wurde in der konkreten Konstellation als ausreichend angesehen.[16]

5 In dieser eher insgesamt eher offenen Art und Weise erwähnt Art. 8 AK im Einzelnen die folgenden Handlungsweisen bzw. Verpflichtungen, die – wenn auch auf der Grundlage des eher schwachen Verpflichtungsgrades – als **Mindeststandard** zu verstehen sind:[17]

- Die Bemühungen der Vertragsparteien sollen sich auf die Förderung einer wirksamen **Beteiligung der Öffentlichkeit** während der **behördlichen Vorbereitung generell-abstrakter Normen,** die **erhebliche Umweltauswirkungen** entfalten können, richten. Entsprechende Mitwirkungsmöglichkeiten sollten zu einem **angemessenen Zeitpunkt** bestehen, insbesondere solange noch Optionen offen sind (Art. 8 S. 1 AK).
- Zum umschriebenen Zweck der Mitwirkung der Öffentlichkeit sollten **Fristen** festgelegt werden, die eine effektive Beteiligung zulassen (Art. 8 S. 2 lit. a) AK).
- Entwürfe der generell-abstrakten Normen sollten **veröffentlicht** oder zumindest allgemein zugänglich gemacht werden (Art. 8 S. 2 lit. b) AK).

Bezüglich der zur **Verfügung zu stellenden Informationen** entschied das *Compliance Committee*, dass es zwar möglicherweise eine Verletzung des Art. 4 AK darstelle, Rohdaten, die die Basis für die spätere Entscheidung darstellen, nicht verfügbar zu machen; jedoch verstoße dies nicht unbedingt gegen Art. 8 AK. Hingegen betonte das *Compliance Committee*, dass die Daten im noch fortzusetzenden Verfahren der Öffentlichkeit zugänglich gemacht werden „sollten" (*should be made available*).[18]

13 *Scheyli*, ArchVR 2000, 217 (251).
14 *Epiney*, ZUR 2003, 176 (178).
15 Was allerdings umstritten ist, vgl. hierzu *Jendroska*, JEEPL 2005, 12 (17); *Peters*, EurUP 2014, 185 (195).
16 ACCC/C/2010/53 Vereinigtes Königreich, Rn. 84.
17 Vgl. Insoweit auch *Ebbesson et al.*, Aarhus Convention Implementation Guide, 183.
18 ACCC/C/2010/53 Vereinigtes Königreich, Rn. 88.

- Der Öffentlichkeit sollte die Möglichkeit eingeräumt werden, direkt oder durch mit repräsentativer und beratender Funktion ausgestattete Organe **Stellung zu beziehen** (Art. 8 S. 2 lit. c) AK).

  In Art. 8 S. 2 lit. c) AK trifft man – an „versteckter“ Stelle – auf die Unterscheidung zwischen mittelbarer und unmittelbarer Öffentlichkeitsbeteiligung.[19] Dabei obliegt die Wahl zwischen mittelbarer und unmittelbarer Öffentlichkeitsbeteiligung grundsätzlich den Vertragsparteien, wobei sich ein Staat jedoch – vor dem Hintergrund des Effektivitätsprinzips – grundsätzlich von den Vorzügen und Nachteilen der jeweiligen Methode leiten lassen sollte, so dass etwa zu berücksichtigen sei, dass bei einer mittelbaren Beteiligung durch Repräsentanten individuelle Betroffenheiten nur unzulänglich eingebracht werden können und sich eine solche Beteiligung daher eher für vorgelagerte Phasen eigne, in denen „hochaggregierte“ Interessen im Zentrum stehen.[20] Im Übrigen sollen die „vertretenden und beratenden Stellen“ des Art. 8 Satz 2 lit. c) AK nicht eigene Expertise einbringen, sondern die Öffentlichkeit repräsentieren; zu diesem Zweck müssen sie auch über ein transparentes, offenes und unparteiisches Konsultationsverfahren verfügen.[21]

- Die Ergebnisse der öffentlichen Beteiligung sind im Normsetzungsprozess „soweit wie möglich“ zu **berücksichtigen** (Art. 8 S. 3 AK).

  Als Teil der Verpflichtungen aus Art. 8 S. 3 AK befand das *Compliance Committee* auch, dass das entsprechende normative Instrument von einer Erklärung begleitet werden müsse, wie das Verfahren zur Öffentlichkeitsbeteiligung abgelaufen ist und wie die Ergebnisse berücksichtigt wurden.[22] Dies impliziert eine eher hohe Beweislast, die fast mit jener von Art. 6 Abs. 8 AK vergleichbar ist.[23] Die Ablehnung eines Teils der Stellungnahmen der Öffentlichkeit stelle aber jedenfalls keine Verletzung der Verpflichtungen aus der Konvention dar, wenn eine detaillierte Begründung für das Vorgehen erfolgt.[24]

Zuletzt kann man als **Beispiel**, das wohl unter Art. 8 AK fallen würde, die 6 Öffentlichkeitsbeteiligung aufführen, die im Rahmen der Umsetzung des Protokolls über die **Schadstofffreisetzungs- und -verbringungsregister** zu gewährleisten ist.[25]

Art. 13 Abs. 1 des Protokolls sieht vor, dass die Parteien im Rahmen ihres nationalen Rechts „angemessene“ (*appropriate*) Möglichkeiten der Öffentlichkeitsbeteiligung bei der Entwicklung der nationalen Register sicherzustellen haben. Art. 13 Abs. 2 legt fest, dass jede Vertragspartei der Öffentlichkeit die kostenlose Möglichkeit des öffentlichen Zugangs zu Informationen über die geplanten Maßnahmen zum Aufbau des nationalen Registers und die Gelegenheit, jede Form von für den Entscheidungsfindungsprozess relevanten Stellungnahmen, Informationen, Analysen oder Meinungen einzubringen, gewähren muss; die zuständige Behörde muss diese Eingaben der Öffentlichkeit gebührend berücksichtigen (*shall take due account*). Art. 13 Abs. 3 verpflichtet die Vertragsparteien, wenn eine Entscheidung über die Errichtung oder erhebliche Änderung in Bezug auf das eigene Register getroffen wurde, Informatio-

19 *Guckelberger*, VerwArch 2012, 31 (45).
20 *Guckelberger*, VerwArch 2012, 31 (46).
21 *Ebbesson et al.*, Aarhus Convention Implementation Guide, 184.
22 ACCC/C/2010/53 Vereinigtes Königreich, Rn. 86.
23 *Ebbesson et al.*, Aarhus Convention Implementation Guide, 185.
24 ACCC/C/2010/53 Vereinigtes Königreich, Rn. 87.
25 Vgl. bereits zum Protokoll Art. 5 Rn. 10.

nen über die Entscheidung und die Erwägungen, auf denen sie begründet ist, frühzeitig öffentlich zugänglich zu machen.

Artikel 9 Zugang zu Gerichten

(1) Jede Vertragspartei stellt im Rahmen ihrer innerstaatlichen Rechtsvorschriften sicher, dass jede Person, die der Ansicht ist, dass ihr nach Artikel 4 gestellter Antrag auf Informationen nicht beachtet, fälschlicherweise ganz oder teilweise abgelehnt, unzulänglich beantwortet oder auf andere Weise nicht in Übereinstimmung mit dem genannten Artikel bearbeitet worden ist, Zugang zu einem Überprüfungsverfahren vor einem Gericht oder einer anderen auf gesetzlicher Grundlage geschaffenen unabhängigen und unparteiischen Stelle hat.

Für den Fall, dass eine Vertragspartei eine derartige Überprüfung durch ein Gericht vorsieht, stellt sie sicher, dass die betreffende Person auch Zugang zu einem schnellen, gesetzlich festgelegten sowie gebührenfreien oder nicht kostenaufwendigen Überprüfungsverfahren durch eine Behörde oder Zugang zu einer Überprüfung durch eine unabhängige und unparteiische Stelle, die kein Gericht ist, hat.

Nach Absatz 1 getroffene endgültige Entscheidungen sind für die Behörde, die über die Informationen verfügt, verbindlich. Gründe werden in Schriftform dargelegt, zumindest dann, wenn der Zugang zu Informationen nach diesem Absatz abgelehnt wird.

(2) Jede Vertragspartei stellt im Rahmen ihrer innerstaatlichen Rechtsvorschriften sicher, dass Mitglieder der betroffenen Öffentlichkeit,

(a) die ein ausreichendes Interesse haben oder alternativ
(b) eine Rechtsverletzung geltend machen, sofern das Verwaltungsprozessrecht[1] einer Vertragspartei dies als Voraussetzung erfordert,

Zugang zu einem Überprüfungsverfahren vor einem Gericht und/oder einer anderen auf gesetzlicher Grundlage geschaffenen unabhängigen und unparteiischen Stelle haben, um die materiellrechtliche und verfahrensrechtliche Rechtmäßigkeit von Entscheidungen, Handlungen oder Unterlassungen anzufechten, für die Artikel 6 und – sofern dies nach dem jeweiligen innerstaatlichen Recht vorgesehen ist und unbeschadet des Absatzes 3 – sonstige einschlägige Bestimmungen dieses Übereinkommens gelten.

Was als ausreichendes Interesse und als Rechtsverletzung gilt, bestimmt sich nach den Erfordernissen innerstaatlichen Rechts und im Einklang mit dem Ziel, der betroffenen Öffentlichkeit im Rahmen dieses Übereinkommens einen weiten Zugang zu Gerichten zu gewähren. Zu diesem Zweck gilt das Interesse jeder nichtstaatlichen Organisation,[2] welche die in Artikel 2 Nummer 5 genannten Voraussetzungen erfüllt, als ausreichend im Sinne des Buchstaben a. Derartige Organisationen gelten auch als Träger von Rechten, die im Sinne des Buchstaben b verletzt werden können.

1 A: Verwaltungsverfahrensrecht.
2 A: Nichtregierungsorganisation.

Absatz 2 schließt die Möglichkeit eines vorangehenden Überprüfungsverfahrens vor einer Verwaltungsbehörde nicht aus und lässt das Erfordernis der Ausschöpfung verwaltungsbehördlicher Überprüfungsverfahren vor der Einleitung gerichtlicher Überprüfungsverfahren unberührt, sofern ein derartiges Erfordernis nach innerstaatlichem Recht besteht.

(3) Zusätzlich und unbeschadet der in den Absätzen 1 und 2 genannten Überprüfungsverfahren stellt jede Vertragspartei sicher, dass Mitglieder der Öffentlichkeit, sofern sie etwaige in ihrem innerstaatlichen Recht festgelegte Kriterien erfüllen, Zugang zu verwaltungsbehördlichen oder gerichtlichen Verfahren haben, um die von Privatpersonen und Behörden vorgenommenen Handlungen und begangenen Unterlassungen anzufechten, die gegen umweltbezogene Bestimmungen ihres innerstaatlichen Rechts verstoßen.

(4) Zusätzlich und unbeschadet des Absatzes 1 stellen die in den Absätzen 1, 2 und 3 genannten Verfahren angemessenen und effektiven Rechtsschutz und, soweit angemessen, auch vorläufigen Rechtsschutz sicher; diese Verfahren sind fair, gerecht, zügig und nicht übermäßig teuer. Entscheidungen nach diesem Artikel werden in Schriftform getroffen oder festgehalten. Gerichtsentscheidungen und möglichst auch Entscheidungen anderer Stellen sind öffentlich zugänglich.

(5) Um die Effektivität dieses Artikels zu fördern, stellt jede Vertragspartei sicher, dass der Öffentlichkeit Informationen über den Zugang zu verwaltungsbehördlichen und gerichtlichen Überprüfungsverfahren zur Verfügung gestellt werden; ferner prüft jede Vertragspartei die Schaffung angemessener Unterstützungsmechanismen, um Hindernisse finanzieller und anderer Art für den Zugang zu Gerichten zu beseitigen oder zu verringern.

I. Entstehungsgeschichte und Bedeutung 3
II. Zugang zu Überprüfungsverfahren bei Verletzungen von Art. 4 (Abs. 1) 12
III. Zugang zu Überprüfungsverfahren in Bezug auf unter Art. 6 fallende Entscheidungen und auf sonstige, in den Anwendungsbereich der Konvention fallende Vorschriften (Abs. 2) 17
1. Aktivlegitimation 19
2. Klage- bzw. Anspruchsgegenstand 26
3. Kontroll- bzw. Prüfungsumfang 29
4. Spruchkörper 33
IV. Zugang zu Überprüfungsverfahren bei Verletzungen innerstaatlichen Umweltrechts (Abs. 3) 35
V. Allgemeine Anforderungen an die Ausgestaltung des gerichtlichen Zugangs (Abs. 4, 5) 40
1. Effektiver Rechtsschutz .. 41
2. Schriftlichkeit und Öffentlichkeit 43
3. „Flankierende“ Maßnahmen 46

1 Die dritte Säule der Aarhus-Konvention (Art. 9 AK) bezieht sich auf den (innerstaatlichen) **Zugang zu gerichtlichen Verfahren** (oder ähnlichen durch neutrale Instanzen vorgenommene Überprüfungsmechanismen) in bestimmten Umweltbelangen. Letztlich sind die Garantien des Art. 9 AK auch und gerade vor dem Hintergrund zu sehen, dass die in der Konvention etablierten Rechte und Pflichten auch tatsächlich durchgesetzt werden können.

2 Art. 9 AK **unterscheidet** dabei zwischen dem Zugang zu Überprüfungsverfahren im Hinblick auf die Durchsetzung des Anspruchs auf Zugang zu Umweltinformationen nach Art. 4 AK (II.), in Bezug auf in den Anwendungsbereich des Art. 6 AK fallende Entscheidungen und auf Verletzungen weiterer relevanter Vorschriften der Konvention (III.) sowie auf Verstöße gegen innerstaatliches Umweltrecht (IV.). Im Übrigen sind bei allen Überprüfungsverfahren verschiedene allgemeine Grundsätze zu beachten (V.). Im Folgenden sind diese verschiedenen Aspekte im Einzelnen zu erörtern, dies ausgehend von einem kurzen Abriss über die Entstehungsgeschichte und einigen Hinweisen zur Bedeutung des gerichtlichen Zugangs (I.).

Deutlich wird damit, dass Art. 9 Abs. 1, 2 AK spezifische auf die Konvention zugeschnittene Rechtsschutzmöglichkeiten enthalten, während Art. 9 Abs. 3 AK ein generelles Zugangsrecht zu Gerichten in Umweltangelegenheiten vorsieht. Art. 9 Abs. 4, 5 AK formulieren allgemeine, im Wesentlichen verfahrensrechtliche Grundsätze, welche für die ersten drei Absätze zur Anwendung kommen und stellen in diesem Sinne generelle und immer zu beachtende Prinzipien dar, die für sämtliche von Art. 9 AK erfassten Konstellationen zu beachten sind.

I. Entstehungsgeschichte und Bedeutung

3 Angesichts der großen Bedeutung des Rechtsschutzes für die Durchsetzung und damit die effektive Beachtung rechtlicher Vorgaben und von Rechten Einzelnen enthalten zahlreiche **völkerrechtliche Dokumente und Abkommen** Vorgaben betreffend den **Rechtsschutz und Rechtsdurchsetzungsmechanismen,** insbesondere im Hinblick auf eine unabhängige gerichtliche Kontrolle.

So statuiert schon Art. 8 der Allgemeinen Erklärung der Menschenrechte[3] – die zwar kein für die Staaten rechtsverbindliches Instrument darstellt, in ihren zentralen Aspekten jedoch zu Völkergewohnheitsrecht herangereift ist[4] – einen Anspruch auf Rechtsschutz gegen Handlungen, die den Einzelnen in seinen Grundrechten verletzen können.[5] Art. 14 UNO-Pakt II greift diese Bestimmung auf und verankert einen Anspruch, eine strafrechtliche Anklage oder einen zivilrechtlichen Anspruch durch ein Gericht verhandeln und entscheiden zu lassen. Auch Art. 6 Abs. 1 EMRK gewährleistet das Recht einer jeden Person, „dass über Streitigkeiten in Bezug auf ihre zivilrechtlichen Ansprüche und Verpflichtungen oder über eine gegen sie erhobene strafrechtliche Anklage von einem unabhängigen und unparteiischen, auf Gesetz beruhenden Gericht in einem fairen Verfahren [...] verhandelt wird". Dabei ist das Begriffspaar der „zivilrechtlichen Ansprüche und Verpflichtungen" allerdings in

---

3 Art. 8 Allgemeine Erklärung der Menschenrechte: „Jeder Mensch hat Anspruch auf wirksamen Rechtsschutz vor den zuständigen innerstaatlichen Gerichten gegen alle Handlungen, die seine ihm nach der Verfassung oder nach dem Gesetz zustehenden Grundrechte verletzen."

4 Vgl. nur *Hangartner,* AJP 2002, 131 (132). Dabei dürfte *Hangartner* den Anspruch auf Rechtsschutz gemäß Art. 8 Allgemeine Erklärung der Menschenrechte zu diesen zentralen Bestimmungen zählen, die Teil des Völkergewohnheitsrechts darstellen, ohne dies jedoch explizit festzuhalten.

5 Ausgehend von einer weiten Auslegung dieser Bestimmung ist gar ein Verstoß gegen irgendein durch Gesetz oder Verfassung geschütztes Recht ausreichend. Vgl. etwa die Erläuterung zu Art. 8 auf humanrights.ch (einzusehen unter <http://www.humanrights.ch/de/internationale-menschenrechte/aemr/text/artikel-08-aemr-anspruch-rechts-schutz>; zuletzt besucht am 15.8.2017).

einem weiten Sinn zu verstehen, so dass neben privatrechtlichen Ansprüchen unter bestimmten Voraussetzungen auch solche verwaltungsrechtlicher Natur hierunter zu subsumieren sind.[6] In diesem Sinne sind diese Begriffe autonom – ohne Anknüpfung an den innerstaatlichen Begriff des Zivilrechts – auszulegen.[7] Vor diesem Hintergrund ist es denn auch nicht ausgeschlossen, dass ein unter Art. 9 Abs. 1–3 AK fallendes Recht auf gerichtlichen Zugang bereits auf der Grundlage der Art. 6 EMRK, Art. 14 UNO-Pakt II zu gewähren wäre. Da jedoch die Aarhus-Konvention ein eigenes, sehr weitgehendes Recht auf Zugang zu Gerichten vorsieht, kann diese (hypothetische) Frage offen bleiben.[8]

Neben diesen allgemeinen bzw. bereichsübergreifenden Gewährleistungen in Bezug auf den Rechtsschutz waren im Vorfeld der Erarbeitung der Aarhus-Konvention auf völkerrechtlicher Ebene auch spezifische Garantien im Hinblick auf die Sicherstellung und Ausgestaltung des **Rechtsschutzes in Umweltangelegenheiten** zu verzeichnen. 4

Erstmals fand der Zugang zu Gerichten in Umweltangelegenheiten 1992 Eingang in ein völkerrechtliches Instrument, nämlich in die **Erklärung von Rio.**[9] Grundsatz 10 dieser Erklärung hält erstens das allgemeine Zugangsrecht zu Umweltinformationen, zweitens das Recht zur Teilnahme an umweltbezogenen Entscheidungen und drittens den wirksamen Zugang zu Gerichts- und Verwaltungsverfahren fest.[10] Darüber hinaus enthalten auch einige weitere völkerrechtliche Dokumente Vorgaben oder Empfehlungen, die (direkt oder indirekt) den gerichtlichen Zugang in Umweltangelegenheiten betreffen.[11] Hinzuweisen ist in erster Linie auf Art. 235 Abs. 2 Seerechtsübereinkommen, die *OECD Recommendation of the Council on Equal Right of Access in Relation to Transfrontier Pollution*,[12] das Übereinkommen über die Umweltverträglichkeitsprüfung im grenzüberschreitenden Rahmen (Espoo-Konvention)[13] und das Übereinkommen zum Schutz und zur Nutzung grenzüberschreitender Wasserläufe und internationaler Seen von 1992.

Die Ausgestaltung des Zugangs zu Gerichten in der **Aarhus-Konvention** geht jedoch bedeutend **weiter** als die bis dahin existierenden diesbezüglichen Gewährleistungen in Umweltangelegenheiten, dies sowohl bezüglich 5

6 Vgl. im Einzelnen hierzu, mwN, *Kälin/Künzli*, Universeller Menschenrechtsschutz, Rn. 1363 ff.

7 *Hangartner*, AJP 2002, 131 (133). S. auch die Fallbeispiele bei *Kälin/Künzli*, Universeller Menschenrechtsschutz, Rn. 1368.

8 Diese Frage betrifft vor allem jene Staaten, welche nicht Vertragspartei der Aarhus-Konvention sind, aber für die die EMRK anwendbar ist. Dies betrifft neben den Kleinstaaten Andorra, Liechtenstein, Monaco und San Marino einzig Russland und die Türkei.

9 Vgl. *de Sadeleer/Roller/Dross*, Access to Justice, 3.

10 Grundsatz 10 Rio-Erklärung 1992: „Umweltfragen sind am besten auf entsprechender Ebene unter Beteiligung aller betroffenen Bürger zu behandeln. Auf nationaler Ebene erhält jeder Einzelne angemessenen Zugang zu den im Besitz öffentlicher Stellen befindlichen Informationen über die Umwelt, einschließlich Informationen über Gefahrstoffe und gefährliche Tätigkeiten in ihren Gemeinden, sowie die Gelegenheit zur Teilhabe an Entscheidungsprozessen. Die Staaten erleichtern und fördern die öffentliche Bewusstseinsbildung und die Beteiligung der Öffentlichkeit, indem sie Informationen in großem Umfang verfügbar machen. Wirksamer Zugang zu Gerichts- und Verwaltungsverfahren, so auch zu Abhilfe und Wiedergutmachung, wird gewährt."

11 Vgl. hierzu *Kiss/Shelton*, International Environmental Law, 677 f.

12 Vom 11. Mai 1976, C(76)55/FINAL.

13 Zu diesem bereits oben Einführung Rn. 15 ff.

des Anwendungsbereichs als auch der Präzision, ganz abgesehen davon, dass es sich um ein völkerrechtlich bindendes Dokument handelt.

6 Der Rechtsschutz bildete bereits **Teil des ersten Entwurfs** zur Aarhus-Konvention aus dem Jahr 1996.[14] Im Laufe der verschiedenen Beratungen und Anpassungen des Texts der Konvention wurde die Bestimmung – unter Beibehaltung der Grundidee der Gewährleistung gerichtlichen Zugangs – sowohl inhaltlich als auch formell bis hin zur endgültigen Version stark verändert.

Der Kern des heutigen Art. 9 Abs. 1 AK war damals noch in die Bestimmung des ersten Pfeilers integriert („Zugang zu Informationen über die Umwelt", Art. 3 E-AK). Ein wesentlicher Unterschied bestand darin, dass lediglich der Zugang zu einer „administrativen" Beschwerde vorgesehen war. Diese unklare Formulierung wurde durch Art. 6 E-AK dahin gehend präzisiert, als darüber hinaus ein generelles Recht auf Zugang der Öffentlichkeit zu einer (quasi-) rechtsprechenden Behörde im Zusammenhang mit den durch die Aarhus-Konvention eingeräumten Rechten und Pflichten vorgesehen war. Diese nicht ganz klare Zweigleisigkeit wurde dahin gehend aufgelöst, dass die Bestimmung zum Rechtsschutz aus dem ersten Pfeiler extrahiert und in jenen des Rechtsschutzes integriert wurde. Der heute in Art. 9 Abs. 2 AK geregelte Aspekt des gerichtlichen Zugangs war im Entwurf ebenfalls im entsprechenden Pfeiler angesiedelt und zudem nur sehr rudimentär geregelt. Des Weiteren stellte es der Entwurf den Staaten frei, ob für den gerichtlichen Zugang ein irgendwie geartetes Interesse verlangt wird oder nicht.[15] Die sich heute in Art. 9 AK findende Zweistufigkeit, wonach gemäß Art. 9 Abs. 1 AK kein, nach Art. 9 Abs. 2 AK jedoch ein ausreichendes Interesse oder eine Rechtsverletzung dargelegt werden muss bzw. verlangt werden darf, wurde erst im Verlauf der Verhandlungen eingeführt. Im Bericht zur zweiten Session wird von einigen Delegationen erstmals darauf hingewiesen, dass die Öffentlichkeit ein irgendwie geartetes Interesse nachweisen können müsse.[16] Aus dem Bericht geht hervor, dass für jedes Verfahren ein solches Interesse darzulegen sei. An dieser Stelle wurde gleichzeitig auch die Forderung nach einer eigenen Bestimmung für den Rechtsschutz im Zusammenhang mit der Öffentlichkeitsbeteiligung an Entscheidungen über bestimmte Tätigkeiten laut. In diesem Sinne einigte man sich darauf, der Aarhus-Konvention einen dritten Pfeiler hinzuzufügen, der die Bestimmungen über den Zugang zu Gerichten enthalten sollte.[17] Diese zweite Session führte jedoch noch nicht zur gewünschten Klärung vieler Begriffe des Art. 6 E-AK; indes wurden bereits diejenigen identifiziert, die einer näheren Erklärung bedurften. Die in Art. 9 Abs. 4, 5 AK figurierenden allgemeinen Bestimmungen, welche für sämtliche in Art. 9 Abs. 1-3 AK vorgesehenen Rechtsschutzmöglichkeiten maßgeblich sind, waren in Art. 6 Abs. 2-5 E-AK verankert, allerdings in einer nicht sehr übersichtlichen und repetitiven Art und Weise.

14 Art. 6 of the Draft Elements for the Convention on Access to Environmental Information and Public Participation in Environmental Decision Making (CEP/AC.3/R.1).

15 Art. 6 Abs. 5 E-AK; „Where appropriate, each party shall ensure that the public, without having to show an impairment of its own interests, is entitled to make use of judicial [...] proceedings [...]".

16 Report of the second session (CEP/AC.3/4 Annex I), 6.

17 Report of the second session (CEP/AC.3/4 Annex I), 7.

Der Zugang zu Gerichten wurde schwerpunktmäßig im Vorfeld der **fünften Session** und im Rahmen eines informellen Treffens thematisiert.[18] Daraus geht hervor, dass der Zugang zu Gerichten in drei verschiedene Bereiche unterteilt werden sollte: Überprüfungsmöglichkeit für behördliche Entscheidungen über den Zugang zu Umweltinformationen, Überprüfungsmöglichkeiten für umweltrelevante Entscheidungen, welche eine Öffentlichkeitsbeteiligung vorsehen, und Zugang zu Gerichten in Umweltangelegenheiten im Allgemeinen. Damit wurde die später in die Konvention aufgenommene, dreiteilige Gliederung in ihren Grundzügen erstmals auf diese Art konzipiert – wenn auch noch wenig ausdifferenziert. 7

Dabei wurde in einem ersten Schritt gefordert, für behördliche Entscheidungen über den Zugang zu Umweltinformationen eine gerichtliche oder anderweitig unabhängige und unparteiische Überprüfung einzuführen, wobei es den Staaten vorbehalten bleiben sollte, eine Überprüfung des Entscheids durch ein behördliches Gremium vorzuschalten.[19] Des Weiteren kamen die Delegationen zum Schluss, dass ein Überprüfungsverfahren im nationalen Recht offen, transparent, gerecht, zeitnah und nicht übermäßig teuer sein dürfe. Einige Delegationen betonten jedoch, dass auf eine explizite Nennung dieser Merkmale verzichtet werden könne, da diese ohnehin für jedes gerichtliche bzw. administrative Überprüfungsverfahren gelten würden.[20] Daneben wurde auch eine menschenrechtliche Komponente eingebracht, in dem einige Delegationen den Wunsch äußerten, in der Konvention selbst auf die EMRK zu verweisen.[21] Dabei sollte das Recht auf Zugang zu einem Überprüfungsverfahren auf jene Personen beschränkt werden, deren Anfrage auf Zugang zu Umweltinformationen entweder teilweise oder vollständig abgelehnt, ignoriert oder unzulänglich bearbeitet wurde.[22]

In Bezug auf die Öffentlichkeitsbeteiligung bei umweltrelevanten Entscheidungen sollte ebenfalls spezifisch eine Überprüfungsmöglichkeit bei einer gerichtlichen oder einer anderen unabhängigen und unparteiischen Stelle vorgesehen werden. Dabei sollte diese Überprüfung analog zum bereits erwähnten Mechanismus ausgestaltet werden,[23] und eine Verpflichtung zur Gewährung gerichtlichen Zugangs sollte nur für jene Personen vorgesehen werden, für die auch ein Recht auf Beteiligung am Entscheidungsprozess vorgesehen war. Einige Delegationen vermerkten in diesem Zusammenhang, dass eine Person oder Organisation eine Verletzung der ihr zustehenden Rechte geltend machen können müsse.[24]

18 Report of the fifth session (CEP/AC.3/10 Annex III), 10 f.

19 Report of the fifth session (CEP/AC.3/10 Annex III), 10: Russland äußerte sich skeptisch gegenüber diesem Vorhaben, insbesondere solle jegliche Art von Überprüfungsmechanismen dem staatlichen Verfassungs- und Gesetzesrecht nachgehen. Zudem befand Russland, dass die Bestimmungen der Konvention in Bezug auf Überprüfungsmechanismen keinen rechtlich bindenden Charakter aufweisen sollten.

20 Report of the fifth session (CEP/AC.3/10 Annex III), 10.

21 Welche Implikationen dies für die Aarhus-Konvention gehabt hätte, geht aus dem Report (Report of the fifth session (CEP/AC.3/10 Annex III), 10) nicht weiter hervor. Es ist jedoch davon auszugehen, dass jene Parteien, die sich dafür ausgesprochen haben, dem Recht auf Zugang zu Umweltinformationen bzw. dem Recht auf Zugang zu einem Gericht in Umweltangelegenheiten menschenrechtlichen Charakter zusprechen.

22 Report of the fifth session (CEP/AC.3/10 Annex III), 10.

23 Report of the fifth session (CEP/AC.3/10 Annex III), 11.

24 Report of the fifth session (CEP/AC.3/10 Annex III), 11.

Das allgemeine Zugangsrecht zu Gerichten in Umweltangelegenheiten wurde von mehreren Delegationen kritisch aufgenommen, die insoweit das Anliegen äußerten, das Recht auf Zugang zu einem Gericht oder einer gerichtähnlichen Institution auf die ersten beiden Möglichkeiten zu beschränken.[25] Die Einführung eines allgemeinen Zugangsrechts zu Gerichten gehe nämlich über den sachlichen Anwendungsbereich der Konvention hinaus und passe deshalb nicht in ein kohärentes System.

Einig wurde man sich, sämtliche Bestimmungen über den Zugang zu Gerichten in einer Bestimmung zusammenzufassen,[26] und zudem wurde bei dem erwähnten informellen Treffen eine konsolidierte Version der Bestimmung ausgearbeitet.[27] Auf diese geht auch das Anliegen zurück, dass gleichzeitig die Möglichkeit zu einem schnellen, nicht übermäßig teuren und gesetzlich festgelegten administrativen Verfahren gegeben sein soll. Weiter fußt auch der heutige Art. 9 Abs. 2 AK im Wesentlichen auf selbigem Bericht, wobei allerdings in Bezug auf den Anwendungsbereich dieser Bestimmung noch die Voraussetzung der Berechtigung der betreffenden Person oder Organisation, am Entscheidfindungsprozess mitzuwirken, vorgesehen war, was im weiteren Verlauf der Arbeiten durch das Erfordernis des „ausreichenden Interesses“ ersetzt wurde.[28] Auch für diese Möglichkeit wurde bereits in dieser Fassung vorgesehen, dass der jeweilige Staat ein administratives Verfahren vorschalten kann. Das allgemeine Zugangsrecht zu Gerichten in umweltrechtlichen Streitigkeiten wurde – mit wenigen geringfügigen Änderungen – auch in dieser Fassung verankert.[29]

Das Verbandsbeschwerderecht (Art. 9 Abs. 2 Uabs. 3 AK) war im Entwurf jedoch noch nicht explizit vorgesehen.

8 Der Zugang zu Gerichten wurde vollumfänglich ein letztes Mal an der **achten Session**[30] thematisiert. Mit wenigen später hinzugefügten, geringfügigen Änderungen wurde dieser Text vollumfänglich in die Konvention übernommen. Erstmals findet sich hier auch die Bestimmung über das Verbandsbeschwerderecht.[31] Die wohl wichtigste Änderung des Textes zwischen dieser achten Session und dem finalen Konventionstext, stellt die Streichung des Diskriminierungsverbotes dar, welches eigentlich in Art. 9 Abs. 6 vorgesehen war.[32] Allerdings verankert nunmehr Art. 3 Abs. 9 AK

25 Report of the fifth session (CEP/AC.3/10 Annex III), 11.
26 Report of the fifth session (CEP/AC.3/10 Annex III), 11.
27 Vgl. Report of the fifth session (CEP/AC.3/10 Annex V), 15: Abs. 1 Uabs. 1 wurde später praktisch gänzlich so in die Konvention übernommen. Einzig die Wendung „im Rahmen ihrer innerstaatlichen Rechtsvorschriften“ wurde hinzugefügt, da diese in der konsolidierten Version nur auf eine provisorische Weise vorgesehen war.
28 Report of the fifth session (CEP/AC.3/10 Annex V), 15: Die zweite Möglichkeit, den Anwendungsbereich der Bestimmung zu öffnen – die Verletzung eines individuellen Rechtes – wird in der konsolidierten Fassung dieser Bestimmung bereits erwähnt.
29 Report of the fifth session (CEP/AC.3/10 Annex V), 15: Allerdings waren in der konsolidierten Fassung zwei verschiedene Optionen vorgesehen – neben der dargelegten auch eine Option, welche das allgemeine Zugangsrecht auf die Rechte der Konvention beschränken wollte. Erstere hat sich jedoch durchgesetzt. Diese Entscheidung für die breitere Variante hat zur Folge, dass der Anwendungsbereich des Rechts auf Zugang zu Gerichten in Umweltangelegenheiten gemäß Art. 9 Abs. 3 AK sehr umfassend ausgestaltet wurde, vgl. insoweit auch noch Art. 9 Rn. 35 ff.
30 Report of the eighth session (CEP/AC.3/16 Annex I), 8.
31 Report of the eighth session (CEP/AC.3/16 Annex I), 9.
32 Vgl. dazu Report of the eighth session (CEP/AC.3/16 Annex I), 9 und Report of the tenth session (CEP/AC.3/20 Annex), 8.

für alle in der Konvention vorgesehenen Rechte ein Diskriminierungsverbot.[33]

Die **Bedeutung effektiven Rechtsschutzes** ist – auch und gerade im vorliegenden Zusammenhang – kaum zu überschätzen, schmälert doch die fehlende, effektive Durchsetzung eines Rechts bzw. die Möglichkeit zu seiner Durchsetzung dessen Tragweite erheblich. Die Tatsache, dass der Anspruchsgegner genau weiß, dass ein Recht nicht durchgesetzt werden kann, verleitet diesen nämlich zu dessen Nichtbeachtung. Diese Gefahr besteht auch und gerade dann, wenn der Staat als Anspruchsgegner einem Privaten gegenübersteht, der sich nicht gegen die rechtswidrige Ausübung hoheitlicher Kompetenzen zur Wehr setzen kann.[34] Insofern sind „Abstriche am Rechtsschutz (…) Abstriche am Rechtsstaat".[35] 9

Vor diesem Hintergrund ermöglicht der Zugang zu Gerichten in Umweltangelegenheiten zunächst die Kontrolle und Überwachung von Entscheidungen und Handlungen von Behörden, welche sich auf die Umwelt auszuwirken drohen.[36] Sodann kommt aber auch der Funktion, eine Behörde zum Tätigwerden verpflichten zu können, erhebliche Bedeutung zu, da sich häufig gerade das Handeln von Privaten negativ auf die Umwelt auswirken kann und dem Staat hier Schutzpflichten obliegen können.

Speziell im Zusammenhang mit der **Aarhus-Konvention** sollen Art. 9 Abs. 1, 2 AK sicherstellen, dass die durch die Konvention eingeräumten Rechte – und damit sind in erster Linie die ersten beiden Pfeiler, Zugang zu Informationen über die Umwelt (Art. 4) und die Öffentlichkeitsbeteiligung an Entscheidungen über bestimmte Tätigkeiten (Art. 6), gemeint – auch tatsächlich durchgesetzt werden können. Damit wird sichergestellt, dass eine Überprüfung allfälliger **Verletzungen dieser Rechte** erfolgen kann.[37] Sodann wird durch Art. 9 Abs. 3 AK ein sehr weitreichendes, **allgemeines Zugangsrecht zu Gerichten in Umweltangelegenheiten** statuiert. In diesem Sinne sollen die Tätigkeiten sowohl von Privaten als auch von Behörden, welche gegen „umweltbezogene Bestimmungen" verstoßen (können), Anfechtungsgegenstand vor innerstaatlichen Gerichten oder Verwaltungsbehörden sein können. 10

Von erheblicher Bedeutung ist zudem das nach Art. 9 Abs. 2 AK vorzusehende sog Verbandsbeschwerderecht. Demzufolge müssen Nichtregierungsorganisationen kein irgendwie geartetes Interesse nachweisen, damit diese aktiv legitimiert sind, sofern diese die Bedingungen nach Art. 2 Abs. 5 AK erfüllen.[38]

Mit der Einräumung des gerichtlichen Zugangs soll zudem eine Art Gleichberechtigung für die interessierte und/oder betroffene Öffentlichkeit geschaffen werden.[39] Mit anderen Worten sollen in den verschiedenen Vertragsstaaten Rahmenbedingungen gewährleistet werden, die es der Öffentlichkeit erlauben, gegen unrechtmäßiges Verhalten der staatlichen Institutionen in Umwelt-

33 Hierzu Art. 3 Rn. 20.
34 S. in diesem Zusammenhang zB *Errass*, URP 2004, 47 (55), der treffend formuliert: „Recht ohne Rechtsschutz ist unvollständiges Recht".
35 *Hangartner*, AJP 2002, 131.
36 *Schlacke*, in: Schlacke/Schrader/Bunge, Aarhus-Handbuch, § 3, Rn. 1 ff.
37 *Butt*, Ausweitung des Rechts auf Umweltinformation, 63 f.
38 Hierzu noch unten Art. Rn. 23. S. auch schon, zu Art. 2 Abs. 5 AK, oben Art. 2 Rn. 31.
39 *Ebbesson et al.*, Aarhus Convention Implementation Guide, 193.

angelegenheiten vorgehen zu können. So führt die Einführung eines Zugangs zu einem Gericht – wie dies durch die Aarhus-Konvention geschieht – zu einem Mindestmaß an Harmonisierung in diesem Bereich, obwohl die Konvention den Vertragsstaaten sehr weitreichende Spielräume überlässt, was die konkrete Ausgestaltung des Rechtsschutzes betrifft.

Insgesamt wird damit das „Machtmonopol" des Staates abgeschwächt und die Stellung des einzelnen Bürgers bzw. der Nichtregierungsorganisation aufgewertet.

11 Trotz dieser überragenden Bedeutung des Rechtsschutzes und der relativen Präzision der diesbezüglichen Vorgaben in der Konvention ist der **effektive Zugang zu Gerichten in Umweltangelegenheiten** in zahlreichen Vertragsstaaten nach wie vor **eingeschränkt** oder wird **behindert**, so dass – wie teilweise auch noch die folgenden Ausführungen zeigen werden – den Vorgaben der Konvention mitunter nicht Rechnung getragen wird:[40]

- In gewissen Staaten ist es für die Öffentlichkeit und Nichtregierungsorganisationen generell immer noch eher schwierig, Zugang zu Gerichten zu erhalten.
- In vielen Fällen sind die Kosten für die angestrebten gerichtlichen oder gerichtsähnlichen Verfahren zu hoch, so dass die Effektivität des Rechtsschutzes beeinträchtigt ist.[41]
- Hinzu kommt, dass gewisse Entscheidgremien nicht mit der nötigen Kompetenz oder den nötigen Instrumenten ausgestattet sind, um ihre Entscheidungen auch rechtlich verbindlich durchsetzen zu können.

II. Zugang zu Überprüfungsverfahren bei Verletzungen von Art. 4 (Abs. 1)

12 Nach Art. 9 Abs. 1 AK haben die Vertragsparteien innerstaatliche Verfahren einzurichten, die es jeder Person ermöglichen, Verletzungen des Anspruchs auf Informationszugang nach Art. 4 geltend zu machen. Damit muss also ganz allgemein **jede Verletzung der sich aus Art. 4 AK ergebenden Rechte** einem Überprüfungsverfahren nach den Vorgaben des Art. 9 AK unterliegen. Somit bezieht und beschränkt sich der Anwendungsbereich des Art. 9 Abs. 1 AK auf die Folgen eines Antrags gemäß Art. 4 AK bzw. die Überprüfung der diesbezüglichen behördlichen Entscheidungen.

In der Rs. C-71/14[42] stellte der EuGH in Bezug auf die RL 2003/4 klar, dass bei der gerichtlichen Überprüfung die Grundsätze der Äquivalenz und der Effektivität maßgeblich seien. Der Effektivitätsgrundsatz impliziere, dass sich die gerichtliche Überprüfung auf die Frage erstrecken müsse, ob die Vorgaben des Art. 5 Abs. 2 RL 2003/4 (die Anforderungen in Bezug auf die Angemessenheit der Gebühr) eingehalten werden. Eine nur beschränkte gerichtliche Kontrolle der Beurteilung bestimmter tatsächlicher Fragen stehe zwar durchaus mit dem Unionsrecht in Einklang, dies aber nur, soweit die unionsrechtlichen Vorgaben angewandt werden können. Anforderungen des Unionsrechts müssten jedenfalls überprüft werden können (so auch die Frage, welche Be-

40 *Ebbesson et al.*, Aarhus Convention Implementation Guide, 193.
41 S. insoweit auch noch unten Art. 9 Rn. 41 ff. im Zusammenhang mit Art. 9 Abs. 4 AK.
42 EuGH, Rs. C-71/14 (East Sussex County Council), ECLI:EU:C:2015:656.

standteile im Rahmen der Bereitstellung der Umweltinformationen für die Berechnung der Gebühr maßgeblich sind sowie die Gesamthöhe der Gebühr).

Art. 9 Abs. 1 AK zählt einige denkbare **Varianten möglicher Verletzungen des Art. 4 AK** auf, die im Rahmen des Verfahrens nach Art. 9 Abs. 1 AK geltend gemacht werden können, wobei am Ende der Aufzählung ein eigentlicher Auffangtatbestand figuriert: 13

- die gänzliche Ignorierung des Antrags;
- die ganze oder teilweise Ablehnung des Antrags, die fälschlicherweise (also nicht wegen eines der vorgesehenen Ablehnungsgründe, Art. 4 Abs. 3, 4 AK) erfolgte;
- die unzulängliche Beantwortung des Antrags;
- sowie jede andere Bearbeitung des Antrags, die nicht den Bestimmungen des Art. 4 AK gerecht wird (so dass sowohl formelle als auch materielle Aspekte geltend gemacht werden können).[43]

Aktiv legitimiert ist „jede Person“, die eine Verletzung ihres Informationsanspruchs geltend macht, so dass der Zugang zu den Rechtsmitteln insofern voraussetzungslos ist, als er an kein besonderes Interesse geknüpft ist. Damit schließt die Regelung des Zugangs zu Rechtsmitteln denn auch in logischer Weise an die ebenfalls voraussetzungslose Gewährleistung des Anspruchs auf Informationszugang durch Art. 4 Abs. 1 lit. a) AK an. Jedoch ist der gerichtliche Zugang nur für diejenigen Personen zu garantieren, die einen Antrag auf Zugang zu Informationen über die Umwelt im Sinne von Art. 4 AK gestellt haben und dieser muss abgewiesen bzw. nach der Ansicht des Antragsstellers in unbefriedigender Weise beantwortet worden sein. 14

Der Begriff der Person darf denn durch das innerstaatliche Recht auch nicht an die Staatsangehörigkeit, die Volkszugehörigkeit oder den Wohnsitz geknüpft werden. Bei juristischen Personen, insbesondere Nichtregierungsorganisationen, darf demzufolge auch nicht auf den eingetragenen Sitz oder den tatsächlichen Mittelpunkt ihrer Geschäftstätigkeit abgestellt werden, wie sich bereits aus Art. 3 Abs. 9 AK ergibt.[44] Vor dem Hintergrund des menschenrechtlichen Diskriminierungsverbotes kommen zudem noch weitere verpönte Merkmale hinzu, so dass eine Person, welche einen Zugang zu einem Gericht sucht, auf keinen Fall diskriminiert bzw. nicht ohne objektive und sachlich gerechtfertigte Gründe unterschiedlich behandelt werden darf.

Nach Art. 4 Abs. 1 AK kommt der Anspruch auf Zugang zu Informationen über die Umwelt der Öffentlichkeit zu. Diese wird in Art. 2 Abs. 4 AK[45] derart weit definiert, dass sowohl natürliche als auch juristische Personen hierunter fallen. Da Art. 9 Abs. 1 AK den Begriff der Person in dieser Hinsicht nicht präzisiert, ist klar, dass auch juristische Personen einen Anspruch auf Zugang zum Rechtsschutz haben, dies im Gefolge eines nicht in befriedigender Art und Weise beantworteten Antrags. Im Übrigen sprechen auch Sinn und Zweck der Konvention gegen eine Verengung des Kreises der Aktivlegitimierten in Bezug auf den Rechtsschutz.

Das *Compliance Committee* befand in seiner allerersten Empfehlung (ACCC/C/2004/1), eine innerstaatliche Regelung für nicht mit der Aarhus-

---

43 So auch *Ebbesson et al.*, Aarhus Convention Implementation Guide, 199.
44 Zu Art. 3 Abs. 9 AK bereits oben Art. 3 Rn. 20.
45 Zu dieser Bestimmung schon oben Art. 2 Rn. 27 ff.

Konvention vereinbar, welche vorsah, dass Nichtregierungsorganisationen, welche einen Antrag auf Zugang zu Umweltinformationen gestellt hatten, keinen Zugang zu einem Gericht haben.[46] Damit kommt Verbänden eine Beschwerdebefugnis zu, wenn diese nach innerstaatlichem Recht anerkannt sind.[47]

15 **Passiv legitimiert** ist diejenige Behörde,[48] an die der Antrag gerichtet wurde bzw. die die entsprechende Entscheidung getroffen hat. Dritte gehören nicht zum Kreis der Passivlegitimierten.

16 Weiter sind der Konvention einige Vorgaben hinsichtlich der **Ausgestaltung des Verfahrens** zu entnehmen:

- Dieses kann vor einem **ordentlichen Gericht** stattfinden, nach Art. 9 Abs. 1 Uabs. 1 AK aber auch vor einem **anderen Organ**, sofern dieses in seiner Funktion **unabhängig** und **unparteiisch** ist und auf einer innerstaatlichen **Rechtsgrundlage** beruht (Voraussetzungen, die in Bezug auf ein Gericht offenbar als gegeben angesehen werden).

  Die Kategorie des „anderen Organs" ist damit nur ungenau definiert. Die Kriterien der Unabhängigkeit und der Unparteilichkeit dürften aber immerhin in dem Sinne zu verstehen sein, dass in jedem Fall eine unvoreingenommene Überprüfung entsprechender Anspruchsverletzungen im Sinne der Unabhängigkeit der Justiz von wirtschaftlichen (und anderen) Partikularinteressen sowie von staatlichem Einfluss gewährleistet werden muss. Dies impliziert sowohl eine organisatorisch-institutionelle als auch eine personelle Unabhängigkeit, wobei Vieles – insbesondere die grundsätzlich parallele Ausrichtung der Rechtsschutzgarantie – dafür spricht, auch im Rahmen des Art. 9 Abs. 1 AK die im Zusammenhang mit Art. 6 EMRK entwickelten Grundsätze fruchtbar zu machen.[49]

---

46 ACCC/C/2004/1 Kasachstan, Rn. 2, 26. In ACCC/C/2009/36 Spanien, Rn. 2, 46, machten die Beschwerdeführer eine Verletzung von Art. 9 Abs. 1, 5 AK geltend. In Spanien war es kleinen Nichtregierungsorganisationen praktisch unmöglich, unentgeltliche Rechtspflege in Anspruch zu nehmen. Das *Compliance Committee* prüfte diese Beschwer jedoch nicht unter dem Gesichtspunkt von Art. 9 Abs. 1 sondern unter jenem von Art. 9 Abs. 4, 5 AK.

47 Vgl. auch *Radespiel*, Die naturschutzrechtliche Verbandsklage, 380: Hierbei handelt es sich jedoch nicht um eine altruistische Verbandsklage, sondern um die Durchsetzung subjektiver Rechte und in diesem Sinne um die Durchsetzung egoistischer Interessen.

48 Zum Begriff der Behörde oben Art. 2 Rn. 7 ff.

49 So auch *Rodenhoff*, RECIEL 2002, 343 (348); s. in diese Richtung auch schon *Stec/Casey-Lefkowitz*, The Aarhus Convention – An Implementation Guide, 126. Der EGMR hatte sich insbesondere in EGMR, *Cooper gegen Vereinigtes Königreich*, Urteil v. 16.12.2003, Rec. 2003-XII (Application No. 48843/99) mit der Frage nach der Unabhängigkeit und Unparteilichkeit auseinanderzusetzen. In dieser Angelegenheit ging es um die Zusammensetzung eines Strafgerichts im Vereinigten Königreich: Der permanente Gerichtspräsident des Militärgerichts war zugleich ein ranghoher Offizier. Der EGMR stellt bei der Frage nach der Unabhängigkeit eines Gerichts auf die Art und Weise, wie die einzelnen Mitglieder des Gerichts ausgewählt werden, deren Amtszeit, die Möglichkeit der Abwehr externer Einflüsse und das Bestehen des Anscheins der Unabhängigkeit ab. Bei der näheren Bestimmung der Unparteilichkeit hingegen kommen gemäß dem Gerichtshof zwei verschiedene Aspekte zum Tragen: Einerseits muss das Gericht subjektiv frei von persönlichen Vorurteilen sein. Andererseits muss bei einer objektiven Sichtweise sichergestellt werden können, dass keinerlei Zweifel an der Unparteilichkeit des Gerichts oder einzelner Richter aufkommen kann. Allerdings betont der EGMR auch, dass es keine klare Trennlinie zwischen der Unparteilichkeit und der Unabhängigkeit gebe

Dieser Grundsatz ist insbesondere auch dann zu beachten, wenn ein Verfahren, mit dem die Verletzung geltend gemacht werden kann, der verwaltungsinternen Rechtspflege zuzuordnen ist und somit eine Verwaltungsbehörde über das Verhalten einer untergeordneten Behörde urteilt. Die Unabhängigkeit des urteilenden Organs innerhalb der Verwaltungshierarchie muss in diesem Fall durch geeignete institutionelle Vorkehrungen sichergestellt werden.[50]

- Sieht das innerstaatliche Recht eine Überprüfung durch ein ordentliches **Gericht** vor, so muss gemäß Art. 9 Abs. 1 Uabs. 2 AK **zusätzlich** die Möglichkeit gegeben sein, die behauptete Verletzung des Informationsanspruchs durch eine andere neutrale Instanz im erwähnten Sinn oder in einem schnellen, gesetzlich festgelegten und zumindest kostengünstigen verwaltungsinternen Verfahren überprüfen zu lassen. Durch diese zusätzliche Anforderung soll offenbar sichergestellt werden, dass der Anspruch auf ein Überprüfungsverfahren nicht dadurch ineffektiv wird, dass ein gerichtliches Verfahren viel Zeit beansprucht und hohe Kosten verursacht.[51]

Mit der Nennung dieser drei Grundsätze – Zeit, gesetzliche Grundlage und Kosten – stellt sich die Frage, wie Art. 9 Abs. 1 Uabs. 2 AK im Lichte von Art. 9 Abs. 1 Uabs. 1 und Art. 9 Abs. 4 AK auszulegen ist, da diese beiden Bestimmungen – insbesondere Art. 9 Abs. 4 AK – diese Grundsätze bereits allgemein für maßgeblich erklären. Dabei ist Art. 9 Abs. 4 AK bei jedem Verfahren nach Art. 9 AK zu beachten, und damit auch bei Art. 9 Abs. 1 Uabs. 1, 2 AK. Vieles dürfte in diesem Zusammenhang dafür sprechen, dass die konkreten Anforderungen an die Zügigkeit und die Kosten eines Verfahrens bei Gerichtsfahren und Verwaltungsverfahren graduell abgestuft sein dürfen bzw. müssen, so dass an letztere im Rahmen des Art. 9 Abs. 1 Uabs. 2 AK diesbezüglich höhere Anforderungen zu stellen sind (sie also grundsätzlich – je nach Ausgestaltung der Gerichtsverfahren – zügiger und kostengünstiger als Gerichtsverfahren sein müssen). Weiter dürften sich die Anforderungen des Art. 9 Abs. 4 AK in erster Linie auf Gerichtsverfahren beziehen (jedoch nicht auf diese beschränkt sein, so dass sie auch auf Verfahren vor anderen [unabhängigen] Stellen anwendbar sind),[52] während diejenigen des Art. 9 Abs. 1 Uabs. 2 AK gerade andere Überprüfungsverfahren im Blick haben.

- Für die Behörde, in deren Besitz sich jene Information befindet, die Gegenstand des geltend gemachten Anspruchs ist, entfaltet die endgültige (und somit rechtskräftige) Entscheidung **bindende Wirkung** (Art. 9 Abs. 1 Uabs. 3 AK), so dass die Entscheidung gegenüber dieser Behörde auch durchgesetzt werden können muss, wäre doch ansonsten kein effektiver Rechtsschutz gegeben.

---

und diese zum Teil sehr stark ineinander greifen. Daraus geht hervor, dass erstens die beiden Komponenten der Unabhängigkeit und der Unparteilichkeit nicht strikte voneinander abgegrenzt werden können und dass zweitens diese beiden Grundsätze sowohl nach subjektiven als auch nach objektiven Gesichtspunkten zu prüfen sind.

50 *Scheyli*, ArchVR 2000, 217 (243 f.), weist zu Recht darauf hin, dass die Unabhängigkeit und Unparteilichkeit gerade in diesen Fallgestaltungen von besonderer Bedeutung sind.

51 S. schon *Epiney*, in: Fluck/Fischer/Fetzer, Kommentar Aarhus-Konvention, Art. 9, Rn. 7; s. insoweit auch *Ebbesson et al.*, Aarhus Convention Implementation Guide, 200.

52 *Ebbesson et al.*, Aarhus Convention Implementation Guide, 212.

Verbindliche Entscheidungen zu erwirken ist in erster Linie nicht im Zusammenhang mit den Gerichten problematisch, sondern in Bezug auf die in Art. 9 Abs. 1 Uabs. 1, 2 AK genannten „anderen" unparteiischen und unabhängigen Stellen. Vielfach handelt es sich bei diesen Spruchkörpern um Ombudsstellen oder Kommissionen, deren Empfehlungen bzw. Weisungen oftmals nicht bindender, sondern lediglich belehrender bzw. beratender Natur sind.[53] Im Zusammenhang mit dem Anspruch auf Rechtsschutz im Sinne von Art. 9 Abs. 1 AK reicht dies nicht aus, um dessen Anforderungen gerecht zu werden.

Das *Compliance Committee* hielt in ACCC/C/2008/30 fest, dass die Kompetenz einer Behörde, bei der ein Antrag gestellt worden ist, sich nicht an einen Entscheid einer gerichtlichen Rechtsmittelinstanz halten zu müssen, generell Zweifel an der verbindlichen Natur von Gerichtsentscheiden in einem Rechtsstaatssystem aufkommen ließen.[54] Jedenfalls verstoße es gegen die Konvention, wenn sich eine Behörde nicht an den endgültigen Entscheid einer Rechtsmittelinstanz hält und dies vom Vertragsstaat geduldet wird.[55] Vieles spricht aber dafür, dass das *Compliance Committee* (zu Recht) bereits die grundsätzliche Zulässigkeit der Nichtbefolgung eines Urteils als nicht mit der Konvention in Einklang stehend ansieht.

- Die **Gründe**, die zur Entscheidung der überprüfenden Instanz geführt haben, sind jedenfalls dann schriftlich darzulegen, wenn der Zugang zu den verlangten Umweltinformationen abgelehnt wird (Art. 9 Abs. 1 Uabs. 3 AK).

III. Zugang zu Überprüfungsverfahren in Bezug auf unter Art. 6 fallende Entscheidungen und auf sonstige, in den Anwendungsbereich der Konvention fallende Vorschriften (Abs. 2)

17 Nach Art. 9 Abs. 2 AK ist – unter bestimmten Voraussetzungen – ein **Zugang zu ordentlicher gerichtlicher oder anderweitiger unabhängiger Überprüfung** auch in Bezug auf unter **Art. 6 AK** fallende Entscheidungen sowie (soweit dies im innerstaatlichen Recht vorgesehen ist und unbeschadet von Art. 9 Abs. 3 AK) in Bezug auf sonstige einschlägige Bestimmungen des Übereinkommens zu gewährleisten. Die Bestimmung wirft zahlreiche komplexe Fragen auf, die verschiedentlich sowohl Gegenstand von Urteilen des EuGH als auch von Empfehlungen des *Compliance Committee* waren. Auf diese Weise konnte denn auch die rechtliche Tragweite der Bestimmung präzisiert werden.

18 Im Einzelnen ist im Zusammenhang mit Art. 9 Abs. 2 AK zwischen der Aktivlegitimation (1.), dem Klagegegenstand (2.), dem Umfang der (gerichtlichen) Kontrolle (3.) sowie dem Spruchkörper (4.) zu unterscheiden.

1. Aktivlegitimation

19 Im Unterschied zu Art. 9 Abs. 1 AK ist die **Aktivlegitimation** eingeschränkt bzw. kann eingeschränkt werden: Gerichtlicher Zugang muss nur Mitgliedern der **betroffenen Öffentlichkeit** gewährt werden, die darüber hinaus noch **zusätzlichen Anforderungen** unterworfen werden können.

53 *Ebbesson et al.*, Aarhus Convention Implementation Guide, 201.
54 ACCC/C/2008/30 Moldawien, Rn. 35.
55 ACCC/C/2008/30 Moldawien, Rn. 35, 41.

Der **Begriff der „betroffenen Öffentlichkeit"** wird in **Art. 2 Abs. 5 AK** dahin gehend definiert, dass jene natürlichen und juristischen Personen, welche von umweltbezogenen Entscheidungsverfahren betroffen oder wahrscheinlich betroffen sind bzw. sein werden oder jene Personen, die ein Interesse an solchen Entscheidungsverfahren haben, erfasst sind.[56]

Dabei bietet die Konvention den Vertragsstaaten zwei Alternativen an: 20

- Zunächst können die Vertragsstaaten den Zugang zu Überprüfungsverfahren (für Mitglieder der betroffenen Öffentlichkeit) von dem Vorliegen eines **ausreichenden Interesses** abhängig machen (Art. 9 Abs. 2 Uabs. 1 lit. a) AK). Damit wird neben der Beschränkung der Legitimation aufgrund des Erfordernisses, Mitglied der betroffenen Öffentlichkeit im Sinne von Art. 2 Abs. 5 AK zu sein, ein zusätzliches Erfordernis eingeführt. Denn da das ausreichende Interesse eigens aufgeführt wird, ist davon auszugehen, dass der Verfahrenszugang von einem spezifischen Interesse abhängig gemacht werden darf, das nicht zwingend bei allen Mitgliedern der betroffenen Öffentlichkeit vorliegt. Damit muss für den Verfahrenszugang zwar kein rechtlich geschütztes Interesse gegeben sein; jedoch darf eine besondere Schutzwürdigkeit des Interesses gefordert werden.[57]
- Gemäß Art. 9 Abs. 2 Uabs. 1 lit. b) AK dürfen die Mitgliedstaaten den Verfahrenszugang aber alternativ auch von der Geltendmachung einer **Rechtsverletzung** abhängig machen, wenn dies im Verwaltungsprozessrecht der jeweiligen Vertragspartei vorgesehen ist.

  Die **Europäische Union** hat Art. 9 Abs. 2 AK im Rahmen der RL 2011/92 (UVP-Richtlinie) und der RL 2010/75 (IVU- bzw. IE-Richtlinie) umgesetzt, die die Formulierungen der Konvention übernehmen, so dass die Präzisierung der Aktivlegitimation durch die Mitgliedstaaten zu erfolgen hat. Im Übrigen kommt Art. 9 Abs. 2 AK für Handlungen der Unionsorgane selbst keine wirkliche Bedeutung zu, da die unter Art. 6 AK fallenden Entscheidungen auf mitgliedstaatlicher Ebene getroffen werden.

Letztlich bleibt es somit den Vertragsparteien überlassen, für die Legitimation zu den entsprechenden Verfahren ein tatsächliches oder (weitergehend) ein rechtlich geschütztes Interesse zu verlangen. Diese Regelung ist vor dem Hintergrund der **unterschiedlichen Konzeptionen des verwaltungsgerichtlichen Rechtsschutzes** im Allgemeinen und des Rechtsschutzes in Umweltangelegenheiten im Besonderen zu sehen: Einige Rechtsordnungen (insbesondere in Frankreich) gehen davon aus, dass Zweck gerichtlichen Rechtsschutzes in erster Linie die Kontrolle der (objektiven) Rechtmäßigkeit des Verwaltungshandelns ist, so dass der Klage Einzelner im Ergebnis die Funktion der Auslösung einer solchen Überprüfung zukommt, während der Schutz von Rechten Einzelner in den Hintergrund tritt; in der Folge ist der gerichtliche Zugang eher weit ausgestaltet und stellt auf das Vorliegen eines (weit gefassten) Interesses ab. Andere Rechtsordnungen (Prototyp ist hier das deutsche System des verwaltungsgerichtlichen Rechtsschutzes) hingegen zielen darauf ab, den Schutz von Rechten Einzelner sicherzu- 21

56 Vgl. hierzu Art. 2 Rn. 30 ff.

57 S. so schon *Epiney*, in: Fluck/Fischer/Fetzer, Kommentar Aarhus-Konvention, Art. 9, Rn. 14; *Scheyli*, ArchVR 2000, 217 (244 f.); vgl. auch EuGH, Rs. C-570/13 (Gruber), ECLI:EU:C:2015:231, Rn. 32.

stellen, so dass es in erster Linie oder gar ausschließlich darum geht, bestimmte, ggf. gesetzlich definierte Rechte oder Interessen der Bürger effektiv zu schützen. Der gerichtliche Zugang ist entsprechend eher eng ausgestaltet und setzt die Geltendmachung eines rechtlich geschützten und in der Regel eher eng definierten Rechts voraus. Neben diesen beiden „Grundtypen" gibt es freilich eine Reihe von „Zwischenformen".[58] Die Formulierung des Art. 9 Abs. 2 Uabs. 1 AK sollte es den Vertragsstaaten gerade ermöglichen, ihre „traditionellen" Formen verwaltungsgerichtlichen Rechtsschutzes beizubehalten, wenn auch – hierauf wird zurückzukommen sein – gewisse Friktionen angesichts des Anliegens der Konvention, einen weiten gerichtlichen Zugang sicherzustellen, nicht vermieden werden konnten, so dass sich in einigen Staaten auch eine Ausweitung dieses Zugangs als notwendig erwies.

22 Insofern erscheint es konsequent, dass es den Vertragsstaaten im Ergebnis überlassen bleibt, bei der Aktivlegitimation in Bezug auf die entsprechenden Verfahren ein tatsächliches oder (weitergehend) ein rechtlich geschütztes Interesse zu verlangen,[59] wobei aber (immerhin) der Rechtsschutz in den erfassten Umweltbelangen nicht hinter dem in anderen Bereichen zurückbleiben darf. Die den Vertragsstaaten eröffnete Möglichkeit, auf eine „Rechtsverletzung" abzustellen, ermöglicht es ihnen somit im Ergebnis, den gerichtlichen Zugang zu beschränken, obliegt doch die Bestimmung der Voraussetzungen, unter denen ein Recht gegeben ist, dem nationalen Recht. Damit entsprechen auch grundsätzlich sehr enge Zugangsmechanismen – wie etwa die in Deutschland herrschende „Schutznormtheorie"[60] – den Anforderungen der Konvention.[61] Vor diesem Hintergrund ist dann auch **Art. 9 Abs. 2 Uabs. 3 AK** zu sehen, der in Bezug auf die Frage, was

58 S. zu diesen verschiedenen Konzeptionen den Überblick bei *Epiney*, EurUP 2006, 242 ff.; s. sodann ausführlich *Epiney/Reitemeyer*, in: GfU, Dokumentation zur 37. Wissenschaftlichen Fachtagung, 71 ff.; *Epiney*, NVwZ 2014, 465 ff., jeweils mwN,.

59 Womit eine erhebliche Relativierung der Reichweite der Anforderungen der Konvention einhergeht, die nicht zuletzt auf deutsche Initiative zurückgeht. Vgl. *Zschiesche*, ZUR 2001, 177 (181).

60 Hierzu etwa in unserem Zusammenhang die Nachweise in Fn. 1034.

61 AA *Zschiesche*, ZUR 2001, 177 (181 f.), der feststellt, § 42 Abs. 2 VwGO kollidiere mit dem Text der Konvention, wobei unklar bleibt, worin genau diese Kollision besteht, m.a.W., wie die Anforderungen der Aarhus-Konvention in diesem Punkt zu präzisieren sind. Er begründet seinen Ansatz im Wesentlichen mit einem Verweis auf Art. 9 Abs. 2 S. 2 AK, wonach das „Ziel, der betroffenen Öffentlichkeit ... einen weiten Zugang zu Gerichten zu gewähren" zu beachten sei, und auf die allgemeinen Zielsetzungen der Konvention, „möglichst wenig Hürden und Restriktionen des Zugangs der Öffentlichkeit zu Verwaltungsverfahren" bestehen zu lassen. Diese Argumentation trägt jedoch dem systematischen Zusammenhang nicht Rechnung: Angesichts der den Vertragsstaaten ausdrücklich eingeräumten Möglichkeit, auf Modalitäten des innerstaatlichen Rechts abzustellen und deren Präzisierung in Art. 9 Abs. 2 S. 1 AK, kann nicht mit einem Rückgriff auf allgemeine Zielsetzungen eine Relativierung dieser Vorgaben begründet werden. Vielmehr lässt sich aus diesem Hinweis auf das Ziel, der betroffenen Öffentlichkeit einen weiten Zugang zu Gerichten zu gewähren, nur schließen (wie bereits im Text erwähnt), dass die Vertragsparteien unter den in der Konvention vorgesehenen Voraussetzungen einen effektiven Zugang zu einem Überprüfungsverfahren gewährleisten müssen. Darüber hinaus könnte man allenfalls aus dieser Bezugnahme auf die Zielbestimmungen in diesem Zusammenhang noch ableiten, dass die einschlägigen nationalen Bestimmungen (auch) vor dem Hintergrund der Zielsetzungen der Konvention auszulegen

als ausreichendes Interesse sowie als Rechtsverletzung anzusehen ist, auf die Bestimmungen des **nationalen Rechts** verweist (wobei dieses in EU-Mitgliedstaaten freilich die Vorgaben des Unionsrechts zu beachten hat, so dass unionsrechtlich eingeräumte Rechte – in Bezug auf welche eine weite Konzeption im Sinne einer „normativen Interessentenklage“ zum Zuge kommt[62] – jedenfalls geltend gemacht werden können müssen).

Das nationale Recht kann sich auch ändern, und es ist nicht davon auszugehen, dass zB ein Wechsel der Konzeption des verwaltungsgerichtlichen Rechtsschutzes, der zu einer Verengung des gerichtlichen Zugangs führt, *per se* gegen die Konvention verstößt.[63]

Weiter gehen die Anforderungen der Konvention allerdings in Bezug auf **Verbandsklagen:** Hier hält die Konvention ausdrücklich fest, dass – im Hinblick auf die Zielsetzung der Gewährleistung eines möglichst breiten Zugangs zu den fraglichen Überprüfungsverfahren – Nichtregierungsorganisationen, die sich für Umweltschutzbelange einsetzen und allfällige zusätzliche Voraussetzungen des innerstaatlichen Verfahrensrechts erfüllen 23

sind. So auch schon *Stec/Casey-Lefkowitz*, The Aarhus Convention – An Implementation Guide, 129.

62 Hierzu, mwN, *Epiney*, Umweltrecht, 5. Kap., Rn. 132 ff.; s. auch *Wollenschläger*, VVDStRL 75, 187 (224 ff.); *Guckelberger*, in: Verhandlungen des 71. Deutschen Juristentages, 9 (24 ff.), die auch auf die Implikationen für das deutsche Recht hinweist und nach dem Anpassungsbedarf desselben fragt. S. jüngst aus der Rechtsprechung des Gerichtshofs EuGH, Rs. C-243/15 (Lesoochranarske), ECLI:EU:C:2016:838: Hier ging es ua um die Frage, ob Einzelne eine Verletzung des Art. 6 Abs. 3 RL 92/43 (bzw. der nationalen Umsetzungsbestimmung) gerichtlich geltend machen können müssen. Der EuGH betonte, diese Bestimmung (wie auch die RL 92/43 insgesamt) verfolge zwar das Ziel, die natürlichen Lebensräume und wildlebenden Tier- und Pflanzenarten zu bewahren und wiederherzustellen und strebe damit ein hohes Umweltschutzniveau an. Gleichwohl wäre es aber mit der verbindlichen Wirkung der Richtlinie und ihrer praktischen Wirksamkeit im Hinblick auf die Verwirklichung ihrer Zielsetzungen nicht vereinbar, grundsätzlich auszuschließen, dass sich „betroffene Personen“ auf die durch die Richtlinie auferlegte Verpflichtung berufen können, insbesondere um zu prüfen, ob die Genehmigung eines Plans oder Projekts unter Beachtung des Art. 6 Abs. 3 RL 92/43 erfolgt ist. Damit bestätigt der Gerichtshof seinen weiten Ansatz in Bezug auf die Frage, wer welche unionsrechtlichen Vorschriften (oder deren nationale Umsetzungsbestimmungen) gerichtlich geltend machen kann bzw. erweitert ihn gar noch: Denn letztlich leitet der Gerichtshof allein aus der Effektivität des Art. 6 Abs. 3 RL 92/43 ab, dass „betroffene Personen“ die Verletzung der Vorgaben dieser Bestimmung gerichtlich geltend machen können müssen. Ein irgendwie geartetes Interesse wird nicht mehr eigens geprüft, woraus man ableiten kann, dass ein solches Interesse der Einzelnen bei umweltrechtlichen Vorgaben grundsätzlich anzunehmen ist, so dass der Gerichtshof offenbar davon ausgeht, auch nur eher „mittelbare“ Interessen Einzelner reichten aus. Eine andere Frage ist dann diejenige danach, wer als „betroffen“ gilt; jedenfalls dürften dies diejenigen Personen sein, die geltend machen können, in ihrer Lebenssphäre von der jeweiligen Maßnahme betroffen zu sein (wobei es nicht darauf ankommt, wie viele andere Personen noch betroffen sein können). Im Übrigen sind jedenfalls Umweltschutzorganisationen als betroffen anzusehen, dies auch vor dem Hintergrund des Art. 9 Abs. 2 AK, s. insoweit noch sogleich Art. 9 Rn. 23. Ein sehr instruktiver Überblick über die Vorgaben des Unionsrechts in Bezug auf den gerichtlichen Zugang in Umweltangelegenheiten findet sich in der Mitteilung der Kommission vom 28.4.2017 über den Zugang zu Gerichten in Umweltangelegenheiten, KOM (2017) 2616 endg.

63 S. insofern schon Art. 3 Rn. 16 (im Zusammenhang mit Art. 3 Abs. 6 AK). Missverständlich jedoch *Pernice-Warnke*, Effektiver Zugang zu Gericht, 137; *Stec/Casey-Lefkowitz*, The Aarhus Convention – An Implementation Guide, 129.

(im Sinne des Art. 2 Ziff. 5 AK),[64] als potenzielle Trägerinnen der entsprechenden Rechte anzusehen sind, die *per definitionem* sowohl ein ausreichendes (tatsächliches) Interesse als auch eine Rechtsverletzung geltend machen können (Art. 9 Abs. 2 Uabs. 3 AK). Damit geht die Konvention im Ergebnis davon aus, dass die Vertragsstaaten im sachlichen Anwendungsbereich des Art. 9 Abs. 2 AK grundsätzlich eine umweltrechtliche Verbandsklage eröffnen müssen: Denn diese Bestimmung setzt letztlich dem Gestaltungsspielraum der Vertragsstaaten bei der Bestimmung dessen, was ein ausreichendes Interesse ist und was nach innerstaatlichem Recht als Rechtsverletzung anzusehen ist, Grenzen, müssen doch die Verbände als solche grundsätzlich in der Lage sein, diese Voraussetzungen zu erfüllen. Diese Anforderung impliziert aber gerade die (grundsätzliche) Zulässigkeit einer umweltrechtlichen Verbandsklage, dies soweit die Umweltverbände nach Art. 2 Ziff. 5 AK als Teil der betroffenen Öffentlichkeit anzusehen sind.[65] Der Umstand, dass die Umweltorganisationen nur potenziell zur Klage befugt sein müssen, erlaubt es den Vertragsstaaten aber, hier gewisse Einschränkungen vorzusehen, etwa in Bezug auf die Ansässigkeit oder Tätigkeiten der Organisation in bestimmten Gebieten, dies in Anknüpfung an Art. 2 Ziff. 5 AK und unter Beachtung der Grenzen dieser Vorschrift.[66] Hingegen steht ein grundsätzlicher Ausschluss der Klagebefugnis von Verbänden im Gefolge einer entsprechenden (engen) Definition dessen, was als „Rechtsverletzung" oder als „ausreichendes Interesse" anzusehen ist, nicht mit den Vorgaben der Konvention in Einklang.

---

64 Hierzu Art. 2 Rn. 30 ff. S. in diesem Zusammenhang zum Hintergrund von Verbandsklagen mwN *Guckelberger*, in: Verhandlungen des 71. Deutschen Juristentages, 9 (32 ff.).

65 AA aber *Jeder*, UTR 2002, 145 (168), lediglich unter Hinweis auf das Primat des nationalen Gesetzgebers, sowie *Seelig/Gündling*, NVwZ 2002, 1033 (1039 f.). Letztere argumentieren in erster Linie damit, dass in Art. 9 Abs. 2 AK eben gerade die Möglichkeit eingeführt worden sei, auch eine Rechtsverletzung für die Legitimation zu verlangen, was auf eine deutsche Initiative zurückgehe, so dass die Aarhus-Konvention so auszulegen sei, dass bei § 42 Abs. 2 VwGO keine Änderungen erforderlich seien. Sie folgern hieraus, dass die Konvention davon ausgehe, dass „der Mitgliedstaat selbst festlegt, an welche Voraussetzungen er den gerichtlichen Zugang koppelt" (1040). Dieser Ansatz dürfte nicht nur in klarem Widerspruch zum Wortlaut des Art. 9 Abs. 2 Uabs. 3 AK stehen (wo eben deutlich zwischen der Legitimation Einzelner und derjenigen von Verbänden unterschieden wird), sondern auch der Verpflichtung zur Gewährung gerichtlichen Zugangs in Bezug auf unter Art. 6 AK fallende Entscheidungen jegliche praktische Wirksamkeit nehmen: Denn letztlich beschränkte sich bei dieser Auslegung die Tragweite der Konvention darauf zu bestätigen, dass jeder Vertragsstaat die ihm genehmen Regelungen in Bezug auf den gerichtlichen Zugang festlegt. Warum dann eine Regelung in der Konvention notwendig sein soll, bleibt im Dunkeln. Ganz abgesehen davon, steht eine solche „zugangsfeindliche" Auslegung in klarem Widerspruch zu dem in der Präambel und in Art. 9 Abs. 2 Uabs. 2 AK zum Ausdruck gekommenen Ziel, der Öffentlichkeit einen möglichst weiten Zugang einzuräumen. Schließlich sei darauf hingewiesen, dass jedenfalls der Hinweis auf den Willen eines Vertragsstaates nicht in jedem Fall maßgeblich für die Vertragsauslegung sein kann. I. Erg. wie hier schon *Epiney*, in: Fluck/Fischer/Fetzer, Kommentar Aarhus-Konvention, Art. 9, Rn. 16 f., sowie *Zschiesche*, ZUR 2001, 177 (182 f.); *Calliess*, NJW 2003, 97 (99); *Rodenhoff*, RECIEL 2002, 343 (349); *Stec/Casey-Lefkowitz*, The Aarhus Convention – An Implementation Guide, 129. Diese Frage ist inzwischen auch durch die Rechtsprechung des EuGH geklärt, vgl. sogleich im Text.

66 Hierzu Art. 2 Rn. 30 ff.

Dieser, sich klar aus der Konvention ergebende Ansatz wurde inzwischen auch durch die **Rechtsprechung des EuGH** bestätigt: Grundlegend ist hier die Rs. C-115/09,[67] in der es um die genaue Tragweite des Art. 10 a RL 85/337 (der Vorgängerrichtlinie der RL 2011/92) und damit (auch) um diejenige des Art. 9 Abs. 2 AK im Zusammenhang mit der Reichweite des gerichtlichen Zugangs von Nichtregierungsorganisationen ging, dies im Zusammenhang mit der Umsetzung dieser Richtlinienbestimmung durch das Umweltrechtsbehelfsgesetz (UmwRG) in Deutschland. Dieses sah zwar eine Verbandsklage vor, die jedoch insofern akzessorisch ausgestaltet war, als Umweltverbände nur dann klagen konnten, wenn sie die Verletzung von Vorschriften geltend machen, die Rechte Einzelner begründen. In dem Vorlageverfahren vor dem EuGH ging es nun um die Frage, ob aus unionsrechtlicher Sicht der gerichtliche Zugang von Nichtregierungsorganisationen weiter auszugestalten ist, so dass auch die Verletzung von im Allgemeininteresse liegenden Vorschriften gerügt werden können muss, und ob dieser erweiterte Zugang ggf. nur für in Umsetzung unionsrechtlicher Vorschriften erlassene nationale Regelungen oder aber allgemein für das nationale Recht zum Zuge kommen muss. Weiter stand die unmittelbare Wirkung des Art. 10 a RL 85/337 zur Debatte. Der Gerichtshof hielt insbesondere fest, dass die relevanten Bestimmungen der Richtlinie im Lichte der Ziele der Aarhus-Konvention so auszulegen seien, dass Umweltverbänden – unabhängig davon, welches Kriterium für die Zulässigkeit von Rechtsbehelfen in dem jeweiligen Mitgliedstaat zum Zuge kommt (ausreichendes Interesse oder Rechtsverletzung) – jedenfalls ein Recht auf Zugang zu einem Überprüfungsverfahren vor einem Gericht oder einer anderen auf gesetzlicher Grundlage geschaffenen unabhängigen und unparteiischen Stelle zustehen müsse, um die materiellrechtliche und verfahrensrechtliche Rechtmäßigkeit von Entscheidungen, Handlungen oder Unterlassungen geltend zu machen bzw. anzufechten.[68] Eine Beschränkung des gerichtlichen Zugangs auch bei Umweltverbänden auf Konstellationen, in denen subjektive Rechte zur Debatte stehen, führte zur Vereitelung der Zielsetzungen des Art. 10 a Abs. 3 S. 3 RL 85/337. Denn die Zielsetzung sowohl der Aarhus-Konvention als auch des Art. 10 a RL 85/337 gehe dahin, „einen weiten Zugang zu Gerichten“ zu gewähren, und im Übrigen spreche auch der Effektivitätsgrundsatz für diesen Ansatz, da ein Ausschluss der Möglichkeit der Geltendmachung von „nur“ Allgemeininteressen betreffender Vorschriften den Umweltverbänden weitgehend die Möglichkeit nähme, die Beachtung der aus dem Unionsrecht hervorgegangenen Rechtsvorschriften überprüfen zu lassen, seien diese doch in den meisten Fällen auf das allgemeine Interesse und nicht auf den (alleinigen) Schutz von Rechtsgütern Einzelner gerichtet. Vor diesem Hintergrund gehörten zu denjenigen Rechten, deren Verletzung von Umweltverbänden gemäß Art. 10 a Abs. 3 RL 85/337 geltend gemacht werden kann, all diejenigen nationalen Rechtsvorschriften, die die Vorgaben des Unionsrechts im Bereich der Umwelt umsetzen, sowie die unmittelbar anwendbaren Vorschriften des EU-Umweltrechts. Da diese, den gerichtlichen Zugang von Umweltverbänden betreffenden Vorgaben hinreichend präzise und inhaltlich unbedingt seien, seien sie als solche von dem mit der Sache befassten Gericht anzu-

67 EuGH, Rs. C-115/09 (Bund für Umwelt und Naturschutz Deutschland), ECLI:EU:C:2011:289 (Trianel). S. zu diesem Urteil bereits *Epiney*, EurUP 2012, 88 (90 ff.); *Epiney*, AJP 2011, 1505 (1508 ff.), wobei die dortigen Ausführungen nachfolgend teilweise aufgegriffen werden. S. aber auch schon EuGH, Rs. C-263/08 (Djurgarden), ECLI:EU:C:2009:631; zu diesem Urteil *Epiney*, EurUP 2010, 134 (136 f.).

68 S. insoweit auch EuGH, Rs. C-243/15 (Lesoochranarske), ECLI:EU:C:2016:838, wo der Gerichtshof diesen Ansatz bestätigte.

wenden, womit die unmittelbare Wirkung des Art. 10 Abs. 3 S. 2, 3 RL 85/337 bejaht wurde.

Der Ansatz des Gerichtshofs überzeugt: Denn eine Art Akzessorität des gerichtlichen Zugangs von Umweltverbänden mit demjenigen Einzelner nähme der in der Aarhus-Konvention und der UVP-Richtlinie eben auch vorgesehenen Verbandsklage weitgehend jegliche eigenständige Bedeutung, wäre der gerichtliche Zugang von Verbänden doch in keinem Fall weiter ausgestaltet als derjenige Einzelner, ganz abgesehen davon, dass schon der Wortlaut sowohl der Richtlinienbestimmung als auch des Art. 9 Abs. 2 AK klar in diese Richtung gehen.[69]

24 Die erwähnte Maßgeblichkeit des nationalen Rechts darf keinesfalls dazu führen, dass das Ziel, der betroffenen Öffentlichkeit Zugang zu einem Überprüfungsverfahren zu gewähren, beeinträchtigt wird. Schließen kann man daraus nur, dass ein **effektiver Zugang** zu einem derartigen Verfahren unter den in der Konvention vorgesehenen Voraussetzungen gewährleistet werden muss, ein Aspekt, der nicht nur bei Klagen Einzelner, sondern auch bei Verbandsklagen von Bedeutung ist.

Die Frage, welche genauen Anforderungen sich aus dem Gebot der Sicherstellung der Effektivität des gerichtlichen Zugangs ableiten lassen, war bereits verschiedentlich Gegenstand der **Praxis des** *Compliance Committee*, wobei jedoch nicht alle sich hier stellenden Fragen wirklich einer Klärung zugeführt werden konnten.[70]

So ließ das *Compliance Committee* in ACCC/C/2010/48 einige Fragen offen: Hier ging es um eine österreichische Regelung, wonach die betroffene Öffentlichkeit ein rechtliches Interesse nachweisen muss, und Nachbarn ein Bewilligungsverfahren nur dann anfechten können, wenn ihr privates Wohlbefinden oder ihr Grundstück betroffen sein könnten, so dass nur gewisse Rechtsverletzungen geltend gemacht werden können.[71] Das *Compliance Committee* setzte sich mit der Frage auseinander, ob die österreichische Definition des „Nachbarn" mit den Voraussetzungen der Konvention vereinbar ist oder ob eine zu enge Definition gewählt wurde[72] und kam zum Schluss, dass diese Definition der Konvention grundsätzlich nicht zuwiderlaufe. Jedoch sei es möglich, dass jene Personen in ihrem Anspruch auf Zugang zu einem Gericht gemäß Art. 9 Abs. 2 AK beschränkt sein könnten, die sich nur temporär in einem gewissen Gebiet aufhalten (zum Beispiel Arbeitnehmer). Die dargelegten Fakten – insbesondere fehlende Präjudizien – reichten jedoch nicht aus, um von einer Unvereinbarkeit mit der Aarhus-Konvention auszugehen. Das *Compliance Com-*

69 Die Unionsrechtskonformität der einschlägigen Bestimmungen des Umwelt-Rechtsbehelfsgesetzes wurde denn auch in der Literatur mehrheitlich angezweifelt, vgl. nur, mwN, *Schwerdtfeger*, Verwaltungsrechtsschutz, 273 ff.; s. auch schon die entsprechende Auslegung der Aarhus-Konvention bei *Epiney/Sollberger*, Verwaltungsgerichtlicher Rechtsschutz, 168 ff.

70 So ließ das *Compliance Committee* es etwa in mehreren Fällen offen, ob Großbritannien durch eine zu enge Umsetzung des Art. 9 Abs. 2 Uabs. 1 AK gegen die Konvention verstoßen hat, vgl. ACCC/C/2010/45 Vereinigtes Königreich, Rn. 86; ACCC/C/2008/33 Vereinigtes Königreich, Rn. 127. Übermäßig hohe Verfahrenskosten stellen zwar die Effektivität des Zugangs in Frage, sind aber nicht an Art. 9 Abs. 2 AK, sondern an Art. 9 Abs. 4 AK zu messen, vgl. ACCC/C/2011/57 Dänemark, Rn. 41. Zu Art. 9 Abs. 4 AK unten Art. 9 Rn. 41 ff.

71 ACCC/C/2010/48 Österreich, Rn. 32.

72 ACCC/C/2010/48 Österreich, Rn. 60 ff.

mittee fordert die österreichischen Gerichte trotzdem dazu auf, den Begriff relativ weit – und entsprechend den Zielen der Konvention – auszulegen.[73]

In ACCC/C/31 hielt das *Compliance Committee* immerhin fest, ein Vertragsstaat dürfe keine zusätzlich den Zugang zu Gerichten einschränkende Voraussetzungen ins innerstaatliche Recht aufnehmen, was durch das in Deutschland geltende Erfordernis, dass eine Verletzung einer dem Umweltschutz dienenden Bestimmung geltend gemacht werden müsse, geschehen sei. Nach Art. 6 iVm Art. 9 Abs. 2 AK müsse nämlich auch die Verletzung von Bestimmungen gerügt werden können, welche nicht ausschließlich dem Umweltschutz dienen.[74]

Auch läuft es dem Effektivitätsgrundsatz zuwider, eine grundsätzlich in Einklang mit Art. 9 Abs. 2 AK stehende Vorschrift in der Praxis nicht anzuwenden bzw. konventionswidrig auszulegen und zB Nichtregierungsorganisationen keine Aktivlegitimation einzuräumen.[75]

Schließlich ist aus der Praxis des *Compliance Committee* auf ACCC/C/2006/17 hinzuweisen. Hier wurde geltend gemacht, dass ein Zugang zu einem Gericht sinnlos sei, falls mit dem Bau des in Bezug auf die Öffentlichkeitsbeteiligung fraglichen Projekts bereits begonnen wurde. Das *Compliance Committee* hält fest, dass der Zugang zu einem Gericht auch in diesem Falle nicht unbedingt sinnlos sein müsse, dass dieses Vorgehen aber klar gegen das Recht auf Zugang zu einem Gericht nach Art. 9 Abs. 2 AK verstoße.[76] In diesem Sinne muss der Zugang zu einer Überprüfung zu jenem Zeitpunkt gewährt werden, wenn es effektiv möglich ist, den Entscheid, welcher eine Tätigkeit bewilligt, wirksam zu hinterfragen,[77] ein Erfordernis, das sich letztlich aus dem Grundsatz der Effektivität des Rechtsschutzes ergibt.

Hinzuweisen ist sodann auf die **Rechtsprechung des EuGH**, der sich einige weitere Anhaltspunkte für die Tragweite des Effektivitätsgrundsatzes in diesem Zusammenhang entnehmen lassen. Sie lässt im Ergebnis den Schluss zu, dass die mitgliedstaatliche Regelung des gerichtlichen Zugangs angesichts der jedenfalls sicherzustellenden Effektivität des gerichtlichen Zugangs weder dazu führen darf, dass Mitgliedern der betroffenen Öffentlichkeit im Sinn des Art. 2 Ziff. 5 AK grundsätzlich der gerichtliche Zugang verwehrt ist, noch dazu, dass der Beschwerdeführer bei Verfahrensfehlern nachweisen muss, dass diese Auswirkungen auf die letztlich getroffene Entscheidung entfaltet haben. Der Gerichtshof entwickelte diese Grundsätze im Wesentlichen in zwei Urteilen, in denen er sich ua mit Aspekten der Effektivität des gerichtlichen Zugangs auseinanderzusetzen hatte:[78]

- In der Rs. C-570/13[79] stand eine österreichische Regelung zur Debatte, wonach eine Verwaltungsentscheidung, mit der festgestellt wird, dass in Bezug auf ein bestimmtes Projekt keine UVP durchzuführen ist, auch für den Nachbarn des Projekts Bindungswirkung entfaltet, dem jedoch kein

73 ACCC/C/2010/48 Österreich, Rn. 63. Als Ergänzung sei hier hinzugefügt, dass Österreich vorsieht, dass eine Privatperson – sobald einmal die Aktivlegitimation festgestellt wurde – neben ihr Wohlbefinden oder Grundstück betreffenden Eingriffen auch allgemein Verletzungen umweltrechtlicher Vorgaben geltend machen kann (ACCC/C/2010/48 Österreich, Rn. 76).

74 ACCC/C/2008/31 Deutschland, Rn. 78 f.

75 ACCC/C/2011/62 Armenien, Rn. 36 ff.

76 ACCC/C/2006/17 Europäische Union, Rn. 56.

77 ACCC/C/2006/17 Europäische Union, Rn. 56; ACCC/C/2008/24 Spanien, Rn. 112.

78 S. zu diesen Urteilen bereits die Ausführungen bei *Epiney*, EurUP 2016, 2 (6 f.); *Epiney*, EurUP 2014, 53 (55 ff.), die nachfolgend aufgegriffen werden.

79 EuGH, Rs. C-570/13 (Gruber), ECLI:EU:C:2015:231.

Beschwerderecht gegen diese Entscheidung zusteht. Der Gerichtshof hielt diesbezüglich fest, eine solche Regelung stehe nicht in Einklang mit Art. 11 RL 2011/92, sofern der Nachbar zur „betroffenen Öffentlichkeit" im Sinne von Art. 1 Abs. 2 RL 2011/92 gehört und die Kriterien des nationalen Rechts in Bezug auf das „ausreichende Interesse" oder die „Rechtsverletzung" erfüllt. Denn (wobei Art. 11 RL 2011/92 im Sinne der Aarhus-Konvention auszulegen sei, solle die Bestimmung diese doch umsetzen) zwar verfügten die Mitgliedstaaten über einen weiten Wertungsspielraum bei der Bestimmung dessen, was ein „ausreichendes Interesse" oder eine „Rechtsverletzung" darstellt; jedoch finde dieser Spielraum seine Grenzen in der Beachtung des Ziels der Bestimmung, der betroffenen Öffentlichkeit einen weiten gerichtlichen Zugang zu gewähren. Daher könne der nationale Gesetzgeber zwar den gerichtlichen Zugang insofern beschränken, als eine Berufung auf subjektiv-öffentliche Rechte verlangt wird; jedoch dürfe Art. 11 RL 2011/92 nicht grundsätzlich restriktiv ausgelegt werden. Wenn nun eine Bestimmung des nationalen Rechts Personen, die als Nachbarn zur „betroffenen Öffentlichkeit" im Sinne der Richtlinie gehören könnten, grundsätzlich den gerichtlichen Zugang in Bezug auf die Feststellung der Erforderlichkeit einer UVP abspricht und diesen lediglich dem Projektträger, den mitwirkenden Behörden, dem Umweltanwalt und der Standortgemeinde einräumt, werde die betroffene Öffentlichkeit nahezu vollständig vom gerichtlichen Zugang in Bezug auf diese Entscheidungen ausgeschlossen; eine solche Beschränkung der Tragweite des Art. 11 RL 2011/92 sei nicht mit der Richtlinie vereinbar. Die in der Gewerbeordnung vorgesehenen Rechtsbehelfe seien nicht ausreichend, da es hier in erster Linie um dem Schutz des privaten Interesses des Einzelnen gehe, nicht hingegen um spezifische Umweltziele im Interesse der Gesellschaft; auch ermöglichten sie nicht die Einlegung eines Rechtsbehelfs gegen die Entscheidung, keine UVP durchzuführen.

Das Urteil ist illustriert die Grenzen, die dem Unionsrecht (und der Aarhus-Konvention) in Bezug auf die Festlegung des Kreises der Klagebefugten zu entnehmen sind, dies trotz des weiten Wertungsspielraums, den der Verweis auf die Möglichkeit, den gerichtlichen Zugang von der Geltendmachung einer Rechtsverletzung oder eines ausreichenden Interesses nach nationalem Recht abhängig zu machen, impliziert. Es ist geleitet von den auch erwähnten Grundsätzen der Effektivität und der Äquivalenz, denen es entgegensteht, wenn in Bezug auf durch das Unionsrecht eingeräumte Rechte im Ergebnis dann doch fast niemand klagen kann und wenn eine grundsätzlich bestehende (verwaltungsgerichtliche) Klagebefugnis in Bezug auf Klagen nach Art. 11 RL 2011/92 ausgeschlossen wird. Man wird aus dem Urteil aber auch ableiten können, dass die Definition dessen, was nach nationalem Recht als Rechtsverletzung oder ausreichendes Interesse im Sinne der RL 2011/92 anzusehen ist, jedenfalls nicht dazu führen darf, dass die betroffene Öffentlichkeit im Ergebnis weitgehend von der Klageerhebung ausgeschlossen ist. Unter welchen Voraussetzungen eine solche Beeinträchtigung der Effektivität des Art. 11 RL 2011/92 genau anzunehmen ist, ist aber auch aufgrund dieses Urteils noch nicht abschließend geklärt. Die Formulierungen des Gerichtshofs legen die Annahme nahe, dass es um einen nahezu vollständigen Ausschluss der betroffenen Öffentlichkeit gehen muss, eine doch sehr hohe Hürde.

- Auch in der Rs. C-72/12[80] ging es ua[81] um Fragen des gerichtlichen Zugangs, dies im Zusammenhang mit der Relevanz von Verfahrensfehlern. Konkret hatte der Gerichtshof darüber zu befinden, ob der gerichtliche Zugang dann verweigert werden darf, wenn der Verfahrensfehler (also etwa die fehlerhafte Durchführung einer UVP) von vornherein keinen Einfluss auf die letztlich getroffene Entscheidung entfaltete und keine materielle Rechtsposition des Klägers betroffen ist. Der Gerichtshof knüpft zur Beantwortung dieser Frage an die Möglichkeit der Mitgliedstaaten, für den gerichtlichen Zugang (soweit dies dem jeweiligen nationalen Rechtssystem entspricht) auf die Verletzung von Rechten abzustellen, an: Diese könnten durch das nationale Recht bestimmt werden, wobei dadurch jedoch der Zweck der durch die Richtlinie verliehenen Rechte (einen weiten gerichtlichen Zugang zu gewähren, dies im Hinblick auf den Umweltschutz) nicht praktisch verunmöglicht oder übermäßig erschwert werden dürfe. Auf dieser Grundlage beantwortet der Gerichtshof die Frage differenziert: Zunächst hält er fest, dass Verfahrensfehler jedenfalls zu den möglichen Rügegründen gehören müssen, zumal der Überprüfung der Einhaltung von Verfahrensvorgaben im Rahmen der UVP-Richtlinie eine besondere Bedeutung zukomme. Jedoch dürfe ein Mitgliedstaat in denjenigen Konstellationen, in denen ein Verfahrensfehler nachweislich keine Auswirkungen auf die letztlich getroffene Entscheidung entfaltete, eine Rechtsverletzung und damit den gerichtlichen Zugang verneinen, stehe den Mitgliedstaaten doch bei der Bestimmung dessen, was als Rechtsverletzung anzusehen ist, ein beträchtlicher Spielraum zu. Allerdings dürfe dem Beschwerdeführer nicht die Beweislast für die Irrelevanz des Verfahrensfehlers aufgebürdet werden, da dies die Ausübung der ihm durch die Richtlinie verliehenen Rechte übermäßig erschweren könnte. Vielmehr müsse diese Feststellung vom Gericht getroffen werden können, wobei dieses ua die Schwere des geltend gemachten Fehlers zu berücksichtigen und zu prüfen habe, ob dieser Fehler der betroffenen Öffentlichkeit eine der Garantien genommen habe, die ihr den Zugang zu Informationen und die Beteiligung am Entscheidungsprozess ermöglichen sollten.

Die Ausführungen des Gerichtshofs dürften es nahelegen, dass grundsätzlich ein Rechtswidrigkeitszusammenhang in dem Sinn, dass im Rahmen der Begründetheit nur die Verletzung der geltend gemachten Rechte gerügt werden kann, durch das nationale Recht verlangt werden darf, stellt der EuGH doch bereits auf der Zulässigkeitsebene auf eine derartige Rechtsverletzung ab, die sich konsequenterweise dann auch auf der Ebene der Begründetheit wiederfinden können muss. Auf der anderen Seite ergibt sich aus dem Urteil aber auch (nochmals), dass die Mitgliedstaaten bei der Definition dessen, was sie als „Recht“ ansehen, das gerichtlich geltend gemacht werden kann, nicht frei sind, sondern die unionsrechtlich eingeräumten Rechte gerichtlich geltend gemacht werden können müssen. Und zu diesen zählt der Gerichtshof offenbar auch und gerade die der betroffenen Öffentlichkeit eingeräumten Rechte auf Verfahrensbeteiligung, es sei denn, es könne von vornherein ausgeschlossen werden, dass diesbezügliche Fehler Auswirkungen auf die letztlich gefällte Entscheidung entfalteten, was wohl nur selten der Fall sein dürfte (verlangt der Gerichtshof doch eine diesbezügliche Sicherheit). Die in Bezug auf das

80 EuGH, Rs. C-72/12 (Altrip), ECLI:EU:C:2013:712. Zu diesem Urteil zB *Wienhues*, NuR 2013, 875 ff.; *Ekardt*, NVwZ 2014, 393 ff.; *Seifert*, AbfallR 2014, 49 ff.; *Greim*, NuR 2014, 81 ff.

81 Daneben setzte sich der Gerichtshof noch mit der zeitlichen Anwendbarkeit der RL 2011/92 auseinander, hierzu *Epiney*, EurUP 2014, 53 (55 f.), und erörterte den Gegenstand der gerichtlichen Überprüfung, hierzu unten Art. 9 Rn. 26 ff.

deutsche Recht vielfach diskutierten Fragen nach der Zulässigkeit eines Rechtswidrigkeitszusammenhangs und derjenigen der Reichweite der Möglichkeit der Heilung von Verfahrensfehlern behandelt der Gerichtshof damit offenbar (zunächst) unter dem Aspekt der Eröffnung des gerichtlichen Zugangs (wobei dieser, wie erwähnt, selbstredend auch Rückwirkungen auf die Begründetheit entfalten muss) und stellt auf das Vorliegen einer (möglichen) Rechtsverletzung ab, für das er unter dem Gesichtspunkt der Effektivität Zulässigkeitskriterien formuliert.[82]

25 **Präklusionsregelungen** können ebenfalls die Effektivität des gerichtlichen Zugangs beeinträchtigen. So geht denn sowohl die Spruchpraxis des *Compliance Committee* als auch die Rechtsprechung des EuGH davon aus, dass solchen Regelungen enge Grenzen gesetzt sind: Im Ergebnis legen diese den Schluss nahe, dass es grundsätzlich unzulässig ist, eine irgendwie geartete Verbindung zwischen dem gerichtlichen Zugang und der Wahrnehmung oder dem Bestehen vorheriger Möglichkeiten der Verfahrensbeteiligung herzustellen. Auch eine Regelung, wonach der gerichtliche Zugang nur dann gewährt wird, wenn vorherige Möglichkeiten der Verfahrensbeteiligung ausgeschöpft wurden, ist damit grundsätzlich nicht mit den Vorgaben der Konvention zu vereinbaren.

In ACCC/C/2010/50 ging es um eine Regelung in Tschechien, wonach einer Nichtregierungsorganisation nur dann die Aktivlegitimation zustand, wenn diese bereits vor dem Zeitpunkt des Prozesses, der zur Entscheidfindung oder Autorisierung einer Tätigkeit führt, am Verfahren beteiligt gewesen war.[83] Dies führt nach Ansicht des *Compliance Committee* zu einer unzulässigen Einschränkung des Rechts auf Zugang zu Gerichten für Nichtregierungsorganisationen und stehe somit nicht im Einklang mit der Konvention.[84]

Der EuGH hielt in der Rs. C-263/08[85] in Bezug auf Art. 10 a RL 85/337 (UVP-Richtlinie, die Vorgängerregelung der RL 2011/92) fest, der gerichtliche Zugang sei unabhängig davon zu gewähren, ob sich die betroffene Öffentlichkeit am umweltbezogenen Entscheidungsverfahren im Vorfeld der angefochtenen Entscheidung beteiligt hat oder nicht, handle es sich doch bei der Beteiligung einerseits und der gerichtlichen Anfechtung andererseits um Verfahren unterschiedlicher Zielsetzung, so dass die Beteiligung keine Auswirkungen auf die Voraussetzungen für die Ausübung des Anfechtungsrechts entfalten könne.

Diesen Ansatz bestätigte der Gerichtshof in der Rs. C-137/14:[86] Eine Präklusionsregelung (wie sie in § 2 Abs. 3 Umwelt-Rechtsbehelfsgesetz iVm § 73 Abs. 4 VwVfG vorgesehen war), wonach die Klagebefugnis und die gerichtliche Prüfung auf Einwendungen beschränkt ist, die bereits innerhalb der Einwendungsfrist im Verwaltungsverfahren, das zum Erlass des betreffenden Verwaltungsakts geführt hat, eingebracht wurden, sei nicht mit Art. 11 RL 2011/92 und Art. 25 RL 2010/75 vereinbar. Denn eine solche Regelung

82 Zum Rechtswidrigkeitszusammenhang noch Art. 9 Rn. 29 ff.

83 ACCC/C/2010/50 Tschechien, Rn. 78.

84 ACCC/C/2010/50 Tschechien, Rn. 78.

85 EuGH, Rs. C-263/08 (Djurgarden), ECLI:EU:C:2009:631. Zu diesem Urteil bereits *Epiney*, AJP 2011, 1505 (1507).

86 EuGH, Rs. C-137/14 (Kommission/Deutschland), ECLI:EU:C:2015:683. Zu diesem Urteil zB *Skouris*, DVBl. 2016, 937 ff.; *Fellenberg*, NVwZ 2015, 1721 ff.; *Zeissler/Schmitz*, UPR 2016, 1 ff.; *Hofmann*, EuR 2016, 188 ff.; *Mayer*, NuR 2016, 106 ff.; *Berkemann*, DVBl. 2016, 205 ff.; *Beier*, UPR 2016, 48 ff.; *Bunge*, NuR 2016, 11 ff., die jeweils insbesondere auch auf die Präklusion eingehen.

schränke die gerichtliche Kontrolle ein, werden hier doch im Unionsrecht nicht vorgesehene besondere Bedingungen formuliert. Weiter weist der Gerichtshof auf das Ziel des Art. 11 RL 2011/92 und des Art. 25 RL 2010/75, einen möglichst weitreichenden Zugang zu gerichtlicher Überprüfung zu gewährleisten, sowie auf die damit angestrebte umfassende materiellrechtliche und verfahrensrechtliche Kontrolle der Rechtmäßigkeit der angefochtenen Entscheidung hin. Dieser bereits in der Rs. C-115/09[87] zum Ausdruck gekommene Ansatz impliziert, dass die Klagemöglichkeiten und die gerichtliche Kontrolle nach Art. 11 RL 2011/92 und Art. 25 RL 2010/75 grundsätzlich unabhängig von dem vorangegangenen Verwaltungsverfahren zu sehen sind, so dass sie keinesfalls wegen der Nichtbeachtung gewisser Obliegenheiten im Verwaltungsverfahren eingeschränkt werden dürfen; der EuGH weist aber auch darauf hin, dass der nationale Gesetzgeber spezifische Vorschriften vorsehen könne, nach denen zB ein missbräuchliches oder unredliches Vorgehen unzulässig ist, soweit diese geeignete Maßnahmen darstellten, um die Wirksamkeit des gerichtlichen Verfahrens zu gewährleisten. Unklar bleibt, was der EuGH genau hiermit meint bzw. welche nationalen Maßnahmen unter diese „Ausnahme“ fallen können. Vieles – insbesondere die Formulierung des Gerichtshofs und der Zusammenhang mit den vorangegangenen Ausführungen – spricht dafür, dass es sich hier nur um solche Vorgaben handeln darf, welche die Effektivität und die Funktionsfähigkeit der gerichtlichen Kontrolle sicherstellen sollen, so dass jedenfalls ein allgemeiner Ausschluss bestimmter Klagegründe kaum in Betracht kommt und hier wohl in erster Linie an „Obstruktionsverhalten“ zu denken ist.[88]

2. Klage- bzw. Anspruchsgegenstand

Der gerichtliche Zugang muss sich nicht nur auf die **behördlichen Entscheidungen über die in Anhang I AK aufgeführten Tätigkeiten**, sondern auch auf sonstige Tätigkeiten erstrecken, wenn sie gemäß innerstaatlichem Recht **„erhebliche Auswirkungen“ auf die Umwelt** entfalten können (vgl. Art. 6 Abs. 1 lit. b).[89] Im Ergebnis wird den Vertragsstaaten damit vorgegeben, bei allen behördlichen Entscheidungen über Aktivitäten mit potenziell erheblichen umweltrelevanten Konsequenzen den Rechtsweg zu eröffnen, wobei allerdings durch die Bezugnahme auf das innerstaatliche Recht den Vertragsstaaten ein gewisser Gestaltungsspielraum eröffnet sein dürfte, der aber jedenfalls dann überschritten ist, wenn pauschal alle nicht im Anhang I AK erwähnten Tätigkeiten vom Anwendungsbereich des Art. 6 Aarhus-Konvention ausgeschlossen werden. 26

Damit wird der Anspruchsgegenstand aber auch eingeschränkt, so dass nicht bei allen umweltrelevanten Tätigkeiten nach Art. 9 Abs. 2 AK Rechtsschutz zu gewähren ist, wie die Konstellation im Verfahren ACCC/C/2008/26 illustriert: Hier machte der Beschwerdeführer (eine Nichtregierungsorganisation) im Zusammenhang mit einer behördlichen Entscheidung, auf einer bestimm-

87 EuGH, Rs. C-115/09 (Bund für Umwelt und Naturschutz Deutschland), ECLI:EU:C:2011:289 (Trianel).

88 Vgl. spezifisch zu diesem Aspekt des Urteils *Kment/Lorenz*, EurUP 2016, 47 (49 f., 55 ff.); *Berl*, RdU 2016, 9 ff.; *Siegel*, NVwZ 2016, 337 ff.; zur Problematik der Präklusionsregelungen im Zusammenhang mit der Aarhus-Konvention auch *Guckelberger/Geber*, EurUP 2014, 167 ff.; *Hofmann*, EurUP 2015, 266 (273 f.): *Schüren/Kramer*, ZUR 2016, 400 ff.; *Kment*, UPR 2016, 487 ff.; *Kremer*, ZUR 2013, 89 ff.; *Rennert*, DVBl. 2017, 69 (73 ff.).

89 Zur Bedeutung dieser Formulierung oben Art. 2 Rn. 1, Art. 6 Rn. 16.

ten Straße eine Beschränkung des maximalen Gewichts für Lastwagen einzuführen, unter anderem eine Verletzung von Art. 9 Abs. 2 AK geltend und brachte vor, die Beschränkung gehe zu wenig weit, es seien keine Alternativen geprüft worden und sie sei als Verband nicht am Verfahren beteiligt gewesen. Das *Compliance Committee* hielt in seiner Empfehlung fest, dass sich die Nichtregierungsorganisation sowohl in Bezug auf nicht geprüfte Alternativen als auch die eigentliche Beschränkung des Gewichts nicht auf Art. 9 Abs. 2 AK berufen könne, da ihr gar kein Beteiligungsrecht im Sinne von Art. 6 AK zustehen würde, weil es sich nicht um eine bewilligungspflichtige bzw. um eine von Art. 6 AK erfasste Tätigkeit gehandelt habe.[90]

In ACCC/C/2004/8 hielt das *Compliance Committee* fest, dass nur dann (aber auch immer dann) ein Anspruch auf Zugang zu einem Gericht im Sinne von Art. 9 Abs. 2 AK bestehe, wenn Art. 6 AK berührt sei, was *in casu* bejaht worden war.[91]

Auch die Rechtsprechung des EuGH präzisiert den Anspruchsgegenstand in Abhängigkeit von der Anwendbarkeit des Art. 6 AK:[92] So seien Entscheidungen der zuständigen nationalen Behörden im Rahmen des Art. 6 Abs. 3 RL 92/43 (bei dessen Heranziehung sei davon auszugehen, dass auch eine Öffentlichkeitsbeteiligung stattzufinden habe)[93] vollumfänglich vom Anwendungsbereich des Art. 9 Abs. 2 AK erfasst, ob sie sich nun auf einen Antrag auf Beteiligung an dem Genehmigungsverfahren, auf die Beurteilung der Erforderlichkeit einer Prüfung der Umweltverträglichkeit eines Plans oder Projekts in einem Schutzgebiet oder auf die Richtigkeit der aus einer solchen Prüfung gezogenen Schlussfolgerungen in Bezug auf die Risiken des Projekts oder Plans für eine solches Gebiet beziehen; ebensowenig sei relevant, ob sie selbstständig oder in eine Genehmigungsentscheidung integriert sind. Dies stelle eine zwingende Konsequenz daraus dar, dass diese Entscheidungen von Art. 6 Abs. 1 lit. b) AK erfasst werden. Daher müssten von Art. 2 Nr. 5 AK erfasste Umweltschutzorganisationen zwingend die nationalen Rechtsvorschriften, die die Unionsvorschriften im Bereich der Umwelt umsetzen, sowie die unmittelbar anwendbaren unionsrechtlichen Vorschriften geltend machen können. Zu diesen Vorschriften gehörten auch die in Umsetzung des Art. 6 RL 92/43 erlassenen nationalen Bestimmungen. Daher müsse eine solche Umweltschutzorganisation sowohl geltend machen können, dass keine Verträglichkeitsprüfung durchgeführt wurde, als auch dass eine durchgeführte Verträglichkeitsprüfung mit Fehlern behaftet sei. Vor diesem Hintergrund könne nicht davon ausgegangen werden, dass im Falle einer Abweisung eines Antrags auf Beteiligtenstellung und der Erteilung der Genehmigung eines Projekts, ohne dass dieser Antrag im Verlauf dieses Verfahrens geprüft wird, ein effektiver Rechtsschutz gewährleistet sei. Denn auf der Grundlage der einschlägigen nationalen Regelungen hätte es nur die Beteiligtenstellung der Umweltschutzorganisation erlaubt, effektiv am Entscheidungsverfahren teilzunehmen und umfassend ihre Argumente darzulegen. M.a.W. stehe es in einer solchen Konstellation nicht in Einklang mit dem Unionsrecht (und dem Ziel der Gewährung eines weiten Zugangs zu Gerichten im Bereich von Klagen gegen Umweltentscheidungen), wenn die Erhebung einer Klage gegen eine Verwaltungsentscheidung, mit der die Zuerkennung der Stellung eines Beteiligten an einem Genehmigungsverfahren versagt wird, nicht verhindert, dass dieses Genehmigungs-

90 ACCC/C/2008/26 Österreich, Rn. 58 und 62.
91 ACCC/C/2004/8 Armenien, Rn. 35.
92 EuGH, Rs. C-243/15 (Lesoochranarske), ECLI:EU:C:2016:838.
93 S. insoweit oben Art. 6 Rn. 18.

verfahren bestandskräftig beendet wird und diese Klage von Amts wegen und unter allen Umständen abgewiesen wird, sobald die Genehmigung erteilt ist.

Falls das jeweilige innerstaatliche Recht entsprechende Rügemöglichkeiten vorsieht, kann sich der Zugang zu einem gerichtlichen oder anderen Überprüfungsverfahren außerdem auch auf die Rechtmäßigkeit sonstiger in den **Anwendungsbereich des Abkommens fallender Verhaltensweisen** erstrecken (Art. 9 Abs. 2 Uabs. 1 AK). Die Vertragsparteien sind also einerseits frei, entsprechende Möglichkeiten zu schaffen; wenn sie dies tatsächlich tun, so sind sie andererseits an die Mindeststandards von Art. 9 Abs. 2 AK gebunden. In diesem Fall kommen dann die gleichen Modalitäten zum Tragen wie beim Zugang zu Überprüfungsverfahren bei der Geltendmachung der Unrechtmäßigkeit von in den Anwendungsbereich des Art. 6 AK fallenden Entscheidungen. 27

In erster Linie kommen hier wohl jene Bestimmungen in Betracht, die im Rahmen der Öffentlichkeitsbeteiligung zur Anwendung kommen: Dies sind insbesondere Art. 7 AK (Öffentlichkeitsbeteiligung bei umweltbezogenen Plänen, Programmen und Politiken) und Art. 8 AK (Öffentlichkeitsbeteiligung während der Vorbereitung exekutiver Vorschriften und/oder allgemein anwendbarer rechtsverbindlicher normativer Instrumente). Des Weiteren müssten die Vertragsstaaten auch die Bestimmungen in den Art. 3, 5 AK in Betracht ziehen, falls sie sich für einen weitergehenden Rechtsschutz aussprechen, da diese beiden Artikel gewisse Grundregeln enthalten, welche gerade für die Öffentlichkeitsbeteiligung von zentraler Bedeutung sind.[94]

In ACCC/C/2004/8 hielt das *Compliance Committee* (auch) fest, dass im Fall einer (möglichen) Verletzung von Art. 7 AK dann kein gerichtlicher Zugang auf der Grundlage von Art. 9 Abs. 2 AK zu gewähren sei, wenn das innerstaatliche Recht diesbezüglich keinen Rechtsschutz vorsieht.[95]

Die Grundlage für eine Beschwerde bildet dabei entweder eine **Entscheidung, eine Handlung** oder ein **Unterlassen einer Behörde**, die mit dem Recht auf Öffentlichkeitsbeteiligung im Sinne von Art. 6 AK oder aber einer anderen einschlägigen Bestimmung der Aarhus-Konvention im Zusammenhang stehen. Damit kann in diesem Rahmen jegliches Verwaltungshandeln angefochten werden, welches Außenwirkungen entfalten kann. 28

Ein Unterlassen ist zum Beispiel im Falle einer nicht durchgeführten Umweltverträglichkeitsprüfung gegeben, obwohl der jeweilige Staat dazu verpflichtet gewesen wäre.[96]

In ACCC/C/2004/4 sah sich das *Compliance Committee* mit der Frage konfrontiert, ob eine innerstaatliche Regelung, die vorsieht, dass die endgültige Entscheidung über ein Projekt in einem Dekret eines Ministeriums ergeht, gegen Art. 9 Abs. 2 AK verstößt.[97] Das *Compliance Committee* hielt zwar fest, dass dies durchaus zu einer Einschränkung des Anwendungsbereichs von Art. 9 Abs. 2 AK führen könne, dass aber ein derartiges System diese Bestim-

94 *Ebbesson et al.*, Aarhus Convention Implementation Guide, 202.
95 ACCC/C/2004/8 Armenien, Rn. 35. Jedoch hätte ein Rechtsschutz gemäss Art. 9 Abs. 3 AK gewährt werden müssen, auch weil es sich um eine Verletzung innerstaatlichen Rechts handle; vgl. dazu ACCC/C/2004/8 Armenien, Rn. 36. In diesem Sinn wohl auch ACCC/C/2008/32 Europäische Union, Rn. 47 ff., 113 ff.
96 ACCC/C/2011/58 Bulgarien, Rn. 79.
97 ACCC/C/2004/4 Ungarn, Rn. 8 lit. d.

mung nicht notwendigerweise verletze, sofern jener Teil der Entscheidung, welcher sich mit den Fragen der Umwelt(verträglichkeit) auseinandersetzt, trotzdem einer Überprüfung zugänglich sei.[98] Daraus kann geschlossen werden, dass die Wahl des Mittels keinen Einfluss auf die Überprüfbarkeit einer Entscheidung mit Bezug zur Umwelt haben darf.

Darüber hinaus geht das *Compliance Committee* in ACCC/C/2004/8 davon aus, dass es den Vertragsstaaten durchwegs erlaubt sei, gewisse Tätigkeiten der Exekutive von der Rechtsweggarantie auszunehmen, wobei dafür zwingende Gründe sprechen müssen, da ein Vertragsstaat ansonsten gegen die Prinzipien der Konvention verstieße.[99] Was in diesem Zusammenhang als zwingende Gründe anzusehen sind, lässt das *Compliance Committee* leider offen. Konsequenterweise können jedoch wohl nur überwiegende öffentliche Interessen – wie etwa die öffentliche Sicherheit und Ordnung, die Gesundheit oder auch Gründe der nationalen Sicherheit – als Rechtfertigung eines Ausschlusses des Rechtsweges aufgeführt werden.[100]

3. Kontroll- bzw. Prüfungsumfang

29 Die zuzulassenden Rügen – und damit der **Prüfungsumfang** der Gerichte – beziehen sich nicht nur auf die Überprüfung der ordentlichen Durchführung des Beteiligungsverfahrens (so dass jedenfalls alle in Art. 6 AK verankerten Rechte geltend gemacht werden können und zu überprüfen sind), sondern auf die **inhaltliche oder verfahrensrechtliche Rechtmäßigkeit** einer in den Anwendungsbereich des Art. 6 AK fallenden Entscheidung selbst (Art. 9 Abs. 2 Uabs. 1 AK).

Jedenfalls muss – so der EuGH in der Rs. C-72/12[101] – neben einer fehlenden auch eine fehlerhafte Durchführung einer UVP gerügt werden können. Zur Begründung weist der Gerichtshof darauf hin, dass weder Art. 11 RL 2011/92 noch die Aarhus-Konvention die Gründe zur Stützung eines Rechtsbehelfs beschränke, könne doch (umfassend) die materiellrechtliche und verfahrensrechtliche Rechtmäßigkeit geltend gemacht werden. Im Übrigen könne ein anderer Ansatz der Beteiligung der Öffentlichkeit im Rahmen der UVP-Richtlinie (und der Aarhus-Konvention) weitgehend ihre praktische Wirksamkeit nehmen und laufe damit den mit Art. 11 RL 2011/92 verfolgten Zielen zuwider.

In der Rs. C-137/14[102] greift der EuGH diesen Ansatz auf und präzisiert ihn: Der Umstand, dass nach § 46 VwVfG eine Aufhebung von Verwaltungsakten im Zusammenhang mit einer nicht oder fehlerhaft durchgeführten UVP nur dann vorgesehen ist, wenn gar keine UVP oder gar keine Vorprüfung erfolgte (trotz einer entsprechenden Pflicht) oder wenn der Beschwerdeführer nachweist, dass der Verfahrensfehler für das Ergebnis des Verwaltungsaktes kausal war, stehe nicht mit den unionsrechtlichen Vorgaben in Einklang, wobei der Gerichtshof insbesondere auf das Anliegen der effektiven Wirksamkeit der unionsrechtlichen Vorgaben sowie das Ziel der hier relevanten Richtlinienbestimmungen, den Mitgliedern der Öffentlichkeit einen weitreichenden Zugang zu Gerichten zu gewähren, hinweist. Gleichzeitig hält der Gerichtshof aber

98 ACCC/C/2004/4 Ungarn, Rn. 13.
99 ACCC/C/2004/8 Armenien, Rn. 38.
100 S. insoweit auch oben Art. 2 Rn. 2 ff. im Zusammenhang mit dem Anwendungsbereich der Konvention.
101 EuGH, Rs. C-72/12 (Altrip), ECLI:EU:C:2013:712.
102 EuGH, Rs. C-137/14 (Kommission/Deutschland), ECLI:EU:C:2015:683. Zu dem hier interessierenden Aspekt des Urteils etwa *Saxler*, EurUP 2014, 222 ff.

auch fest, eine Rechtsverletzung im Sinne des Art. 11 RL 2011/92 dürfe dann verneint werden (womit dann auch von der Aufhebung des betreffenden Verwaltungsakts abgesehen werden darf), wenn das Gericht oder die zuständige Stelle selbst (ohne dem Beschwerdeführer die Beweislast aufzubürden) feststellt, die Entscheidung wäre ohne den Verfahrensfehler nicht anders ausgefallen. Diese Beschränkung der gerichtlichen Kontrolle – eine Weiterentwicklung der bisherigen Rechtsprechung – ist jedoch keineswegs zwingend, hätte es doch sowohl der Wortlaut der einschlägigen unionsrechtlichen Bestimmungen als auch ihre Zielsetzung (die auch in der Durchsetzung der Einhaltung der unionsrechtlichen Vorgaben zu sehen ist) und der „Selbstzweckcharakter" von Verfahrensrechten im Unionsrecht nahelegen können, im Falle der Verletzung von verfahrensrechtlichen Vorgaben grundsätzlich von einer Pflicht zur Aufhebung der betreffenden Entscheidung auszugehen.[103]

Aufgeworfen wird damit die Frage, ob diese Bestimmung eine **umfassende Legalitätskontrolle und -überprüfung** in dem Sinn verlangt, dass das Gericht alle Rechtmäßigkeitsvoraussetzungen der in Frage stehenden Entscheidung in jedem Fall auch prüfen und die sich daraus ergebenden Konsequenzen ziehen muss; dies implizierte einen denkbar weiten Prüfungsumfang sowohl für Individual- als auch für Verbandsklagen. Im Ergebnis dürfte diese Schlussfolgerung jedoch zu weit gehen: Denn die Aktivlegitimation darf ja – wie erwähnt[104] – an die Geltendmachung eines rechtlich geschützten Interesses geknüpft werden, für dessen Vorliegen dann das nationale Recht maßgeblich ist. Dies aber impliziert offenbar auch die Möglichkeit einer entsprechenden Einschränkung des Prüfungsumfangs, so dass es – trotz des insoweit missverständlichen Wortlauts der Bestimmung (der pauschal auf die materiell- und verfahrensrechtliche Rechtmäßigkeit hinweist) – widersprüchlich sein dürfte, ansonsten in jedem Fall allgemein einen solch weiten Prüfungsmaßstab zugrundezulegen.[105] 30

In der Rs. C-137/14[106] hielt der EuGH denn auch ausdrücklich fest, der in § 113 Abs. 1 VwGO geforderte Rechtswidrigkeitszusammenhang, wonach die Aufhebung eines Verwaltungsakts nur dann erfolgt, wenn der Kläger in seinen Rechten aus § 42 Abs. 2 VwGO verletzt ist, sei mit den unionsrechtlichen Vorgaben vereinbar, dies obwohl Art. 11 RL 2011/92 und Art. 25 RL 2010/75 davon sprechen, dass die materiellrechtliche und die verfahrensrechtliche Rechtmäßigkeit von Entscheidungen geltend gemacht werden kann. Denn wenn ein Mitgliedstaat bestimmen darf, unter welchen Voraussetzungen von einer Verletzung von Rechten Einzelner auszugehen ist und somit auch die (mögliche) Verletzung subjektiver Rechte fordern darf (wie dies der Gerichtshof in der Rs. C-115/09[107] festgestellt hatte), dürfe er auch vorschreiben, dass die Aufhebung der entsprechenden Verwaltungsentscheidung durch das

103 S. insoweit auch die Überlegungen bei *Franzius*, EurUP 2014, 283 (287 ff.), der auch auf die Frage eingeht, ob und inwieweit Verfahrensrechte als „subjektive Rechte" anzusehen sind; zu dieser Problematik auch *Epiney*, FS Scheuing, 309 ff.

104 S. Art. 9 Rn. 19 ff.

105 So aber zB *Giera*, Individualrechte, 142 f.; *Schenderlein*, Rechtsschutz und Partizipation, 208 ff. Wie hier zB, mwN, *Schwerdtfeger*, Verwaltungsrechtsschutz, 237 f.

106 EuGH, Rs. C-137/14 (Kommission/Deutschland), ECLI:EU:C:2015:683. Unklar insofern jedoch ACCC 2010/48 Österreich, insbesondere Rn. 66.

107 EuGH, Rs. C-115/09 (Bund für Umwelt und Naturschutz Deutschland), ECLI:EU:C:2011:289 (Trianel). Zu diesem Urteil bereits oben Art. 9 Rn. 23.

zuständige Gericht die Verletzung eines subjektiven Rechts des Klägers voraussetzt.

31 Damit bleibt aber die Frage, inwieweit sich **Prüfungsmaßstab und -dichte** aus der Konvention ergeben. Vor dem Hintergrund des Regelungsgehalts und der Zielsetzung der Konvention – die sich auf die Modalitäten des gerichtlichen Zugangs konzentrieren – und der als solcher nicht sonderlich präzisen Formulierung des Art. 9 Abs. 2 Uabs. 1 AK sowie der unterschiedlichen diesbezüglichen Konzeptionen in den Unterzeichnerstaaten dürfte sich die Tragweite des Art. 9 Abs. 2 AK darauf beschränken, dass jedenfalls die Überprüfung der Verletzung der nach nationalem Recht zulässigerweise geltend gemachten Rechtsbeeinträchtigungen (im Falle des Art. 9 Abs. 2 Uabs. 1 lit. b AK) möglich sein muss. Ansonsten (dh im Falle des Art. 9 Abs. 2 Uabs. 1 lit. a AK) sowie bei Verbandsklagen) muss die (effektive) Überprüfung der Einhaltung jedenfalls derjenigen materiellen und verfahrensmäßigen Vorgaben, die sich auf den Schutz der Umwelt bzw. die Einbeziehung entsprechender Interessen beziehen, gewährleistet sein. Vieles (insbesondere auch der Zusammenhang mit Art. 9 Abs. 3 AK, der ausdrücklich nur den Umweltschutz betreffende Vorschriften erwähnt, dies im Gegensatz zu der weiteren Formulierung des Art. 9 Abs. 2 AK) spricht im Übrigen dafür, dass bei Klagen von **Umweltverbänden** darüber hinaus **alle Rechtmäßigkeitsvoraussetzungen** einer Entscheidung – also auch von solchen, die nicht (direkt oder indirekt) dem Umweltschutz dienen – einer Überprüfung zugänglich sein müssen.[108] Dies bedeutet immerhin auch, dass die Einhaltung bestimmter materieller und verfahrensmäßiger Anforderungen nicht von vornherein aus dem Anwendungsbereich der Bestimmungen ausgeschlossen werden darf und damit der gerichtliche Zugang ineffektiv wird.

Auch die Praxis des *Compliance Committee* geht in diese Richtung. So hielt es zB fest, es verstoße gegen Art. 9 Abs. 2 AK, wenn das innerstaatliche Recht Nichtregierungsorganisationen bloß erlaubt, die Verletzung des Prozessrechts geltend zu machen.[109] In ACCC/C/2008/31 betonte das *Compliance Committee*, ein Vertragsstaat dürfe keine zusätzlich den Zugang zu Gerichten einschränkenden Voraussetzungen ins innerstaatliche Recht aufnehmen, was durch das in Deutschland geltende Erfordernis, dass eine Verletzung einer dem Umweltschutz dienenden Bestimmung geltend gemacht werden müsse, geschehen sei. Nach Art. 6 iVm Art. 9 Abs. 2 AK müsse nämlich auch die Verletzung von Bestimmungen gerügt werden können, welche nicht ausschließlich dem Umweltschutz dienen.[110]

108 So i. Erg. auch zB *Berkemann*, DVBl. 2015, 389 ff.; *Bunge*, ZUR 2015, 531 (534, 539); *Grunow/Salzborn*, ZUR 2015, 156 ff. Zweifelnd *Rennert*, DVBl. 2017, 69 (71 f.).

109 ACCC/C/2010/50 Tschechien, Rn. 81.

110 ACCC/C/2008/31 Deutschland, Rn. 78 f. Zu dieser Empfehlung etwa *Michl*, NuR 2016, 543 ff.; *Berkemann*, DVBl. 2015, 389 ff.; *Grunow/Salzborn*, ZUR 2015, 156 ff. S. ansonsten zur Praxis des *Compliance Committee* zu dieser Frage *Hofmann*, EurUP 2015, 266 (275 f.). Im Übrigen ist darauf hinzuweisen, dass sich die Tagung der Vertragsparteien diese Sicht zu eigen machte, vgl. hierzu und der Bedeutung eines solchen Beschlusses *Bunge*, ZUR 2015, 531 (534 f.); s. auch *Bunge*, NuR 2014, 605 ff.

Aus der Rechtsprechung des EuGH ist die Rs. C-115/09[111] zu erwähnen: Hier geht der Gerichtshof von einer weiten Auslegung der den gerichtlichen Zugang von Umweltverbänden betreffenden Vorgaben der RL 85/337 sowie der Aarhus-Konvention aus: Umweltverbänden muss grundsätzlich in Bezug auf behördliche Entscheidungen über die erfassten Aktivitäten bzw. Projekte ein umfassender gerichtlicher Zugang gewährt werden, innerhalb desselben sie die Verletzung aller nationalen Umweltrechtsvorschriften, die auf Unionsrecht beruhen, sowie unmittelbar anwendbarer EU-Vorschriften im Bereich des Umweltrechts geltend machen können.[112] Dies impliziert auch, dass die befassten Gerichte die Begründetheit aller zulässigen Rügen prüfen können müssen, so dass der Prüfungsumfang der Gerichte mit den zulässigen Rügen deckungsgleich zu sein hat bzw. kongruent auszugestalten ist; insofern lassen sich dem Urteil auch Aussagen zum Umfang der gerichtlichen Kontrolle, und nicht nur zum gerichtlichen Zugang, entnehmen.

Zwar sind der Konvention keine Aussagen über die **Konsequenzen einer ggf. festgestellten Rechtswidrigkeit der Entscheidung** zu entnehmen; jedoch spricht Vieles – insbesondere die Effektivität des Rechtsschutzes – dafür, dass sie grundsätzlich zu ihrer Aufhebung führen muss.[113] 32

4. Spruchkörper

Die Vorgaben hinsichtlich der grundsätzlichen **Anforderungen an das Überprüfungsorgan** sind – mit Ausnahme des ggf. zusätzlichen Erfordernisses eines verwaltungsinternen oder -externen Prüfungsverfahrens bei der Zuständigkeit eines Gerichts – entsprechend den Garantien für den Fall der Verletzung von Informationsansprüchen ausgestaltet.[114] Auch hier kann also das Überprüfungsverfahren sowohl vor einem ordentlichen Gericht als auch vor einem anderen Organ, das die Kriterien der Unabhängigkeit und der Unparteilichkeit erfüllt und auch eine Verwaltungsbehörde sein kann (Art. 9 Abs. 2 Uabs. 4 AK), stattfinden (Art. 9 Abs. 2 Uabs. 2 AK). Es bleibt den Vertragsstaaten unbenommen, die Ausschöpfung des gemäß dem innerstaatlichen Verfahrensrecht vorgeschriebenen Instanzenzuges im Rahmen der verwaltungsinternen Rechtspflege zu verlangen, bevor ein Zugang zu einem Gerichtsverfahren eröffnet ist (Art. 9 Abs. 2 Uabs. 4 AK). 33

Gleichzeitig räumt Art. 9 Abs. 2 Uabs. 3 AK den Vertragsstaaten die Möglichkeit ein, **vorgängig** ein **Überprüfungsverfahren durch Verwaltungsbehörden** vorzusehen. Die Vertragsstaaten dürfen gemäß dieser Bestimmung sogar vorsehen, dass der verwaltungsrechtliche Instanzenzug auszuschöpfen ist, bevor der betroffenen Öffentlichkeit der Zugang zu einem Gericht zu gewähren ist, dies jedoch nur dann, wenn das innerstaatliche Verfahrensrecht diese Voraussetzung vorsieht. Die Möglichkeit, ein verwaltungsrechtliches Verfahren einzuführen, ersetzt jedoch nicht den Anspruch der betroffenen Öffentlichkeit auf den Zugang zu einem Gericht.[115] 34

---

111 EuGH, Rs. C-115/09 (Bund für Umwelt und Naturschutz Deutschland), ECLI:EU:C:2011:289 (Trianel).

112 Vgl. zu diesem Urteil im Zusammenhang mit Art. 9 Abs. 2 AK bereits oben Art. 9 Rn. 23.

113 S. in diesem Zusammenhang bereits oben Art. 6 Rn. 57 zu Fragen des Fehlerfolgenregimes.

114 S. o. Art. 9 Rn. 16.

115 *Ebbesson et al.*, Aarhus Convention Implementation Guide, 205.

Dieses verwaltungsinterne Verfahren ist im Vergleich zu jenem in Art. 9 Abs. 1 Uabs. 2 AK anders ausgestaltet und verfolgt einen anderen Zweck. Das Verfahren gemäß Art. 9 Abs. 1 AK – wonach eine alternative Möglichkeit zu jener eines Gerichtes gegeben sein muss[116] – bezweckt gerade die Verhinderung der Verschleppung eines Verfahrens und fordert als Alternative zum gerichtlichen Verfahren ein schnelles, gesetzlich festgelegtes sowie gebührenfreies oder nicht kostenaufwendiges Überprüfungsverfahren vor einer Behörde oder einer anderen Stelle (die jedoch kein Gericht sein darf). Dieser Aspekt dürfte im Rahmen des Verfahrens gemäß Art. 9 Abs. 2 Uabs. 3 AK nicht wirklich eine Rolle spielen; vielmehr ging es hier in erster Linie wohl darum, den bereits bestehenden verwaltungsrechtlichen Prozessordnungen der verschiedenen potenziellen Vertragsstaaten Rechnung zu tragen. Gemeinsam ist den beiden Verfahren jedoch, dass es sich hier um Überprüfungsmöglichkeiten handelt, welche – zumindest in erster Instanz – nicht von Gerichten entschieden werden sollen.

Nicht zu verkennen ist aber auch, dass die Voraussetzung wonach die Vertragsstaaten vorsehen können, dass der verwaltungsrechtliche Instanzenzug ausgeschöpft werden muss, im Hinblick auf die Verfahrensdauer problematisch ist und in einem gewissen Spannungsverhältnis zu Art. 9 Abs. 4 AK steht, der gerade ein zügiges Verfahren fordert. Gerade bei einem Verfahren, welches den vollen verwaltungsrechtlichen Instanzenzug durchlaufen muss, besteht die Gefahr der Verschleppung des Verfahrens bei jeder neuen Instanz. Insofern ist die Ausgestaltung dieses zusätzlichen Erfordernisses jeweils auch am Maßstab des Art. 9 Abs. 4 AK zu messen, wobei Verzögerungen jedoch insoweit hinzunehmen sind, wie sie sich zwingend bereits aus dem zusätzlichen Verfahren ergeben.[117]

In diesem Sinn ist – auch für alle Spruchkörper unter Art. 9 Abs. 2 AK – festzuhalten, dass die Fristen, welche der potenziellen betroffenen Öffentlichkeit zur Ergreifung des Rechtsmittel gewährt werden müssen, von den konkreten Umständen des Einzelfalls abhängig sind.[118]

IV. Zugang zu Überprüfungsverfahren bei Verletzungen innerstaatlichen Umweltrechts (Abs. 3)

35 Schließlich nimmt Art. 9 Abs. 3 AK auf die Gewährleistung des Zugangs der Öffentlichkeit zu gerichtlichen oder verwaltungsinternen Überprüfungsverfahren bei **Verstößen gegen innerstaatliches Umweltrecht** Bezug. Diese Möglichkeit muss zusätzlich zu den Verfahren nach Art. 9 Abs. 1 und 2 AK vorhanden sein und darf allfälligen solchen Verfahren nicht zum Nachteil gereichen.

Dabei ist der Anwendungsbereich des Art. 9 Abs. 3 AK von demjenigen des Art. 9 Abs. 2 AK abzugrenzen: Während die letztgenannte Vorschrift (im Wesentlichen) für jene Tätigkeiten, Entscheidungen und Unterlassungen zum Zuge kommt, welche zur Zulassung gewisser spezifischer Aktivitäten die Beteiligung der Öffentlichkeit erfordern und die damit in den Anwendungsbereich von Art. 6 AK fallen,[119] kommt Art. 9 Abs. 3 AK für alle anderen Tätigkeiten, Entscheidungen und Unterlassungen zur Anwendung, wenn geltend gemacht wird, dass Private oder staatliche Stellen gegen nationales Umweltrecht ver-

116 S. o. Art. 9 Rn. 16.
117 Zu Art. 9 Abs. 4 AK noch unten Art. 9 Rn. 41 ff.
118 Vgl. in diesem Sinn ACCC/C/2006/16 Litauen, Rn. 91 lit. a (iv).
119 Vgl. ACCC/C/2005/11 Belgien, Rn. 26 f. S. sodann zum Anwendungsbereich des Art. 9 Abs. 2 AK bzw. zum Klagegegenstand oben Art. 9 Rn. 26 ff.

stoßen. Soweit der Anwendungsbereich des Art. 9 Abs. 2 AK eröffnet ist, wird sich grundsätzlich ein Rückgriff auf Art. 9 Abs. 3 AK erübrigen, da die Vorgaben des Art. 9 Abs. 2 AK erheblich präziser ausgestaltet sind. So sieht Art. 9 Abs. 2 AK auch das Verbandsbeschwerderecht vor.

Bei der Entscheidung, ob eine Tätigkeit, eine Handlung oder eine Unterlassung unter Art. 9 Abs. 2 oder Art. 9 Abs. 3 AK fällt, spielt die Bezeichnung oder die Kategorisierung im jeweiligen nationalen Recht keinerlei Rolle. Vielmehr muss auf die rechtliche Funktion und Wirkung der Entscheidung abgestellt werden, zB ob die Tätigkeit zu einer bewilligungspflichtigen Aktivität im Sinne von Art. 6 AK führen wird oder nicht.[120] Schreibt die in Frage stehende Bestimmung nämlich ein Bewilligungsverfahren vor, ist Art. 9 Abs. 2 AK, und nicht Art. 9 Abs. 3 AK betroffen.[121] Geht aus dem Sachverhalt nicht deutlich hervor, ob das Verfahren nach Art. 9 Abs. 2 oder jenes nach Art. 9 Abs. 3 AK betroffen ist, so zieht das *Compliance Committee* beide Bestimmung als Maßstab für die Überprüfung heran.[122]

Im Verhältnis zu Art. 9 Abs. 1, 2 AK ist Art. 9 Abs. 3 AK komplementär und ergänzend in dem Sinn, dass letztere Bestimmung unbeschadet der Art. 9 Abs. 1, 2 AK – die jedenfalls (und unabhängig von Art. 9 Abs. 3 AK) vollumfänglich maßgeblich sind – zu beachten bzw. umzusetzen ist, so dass über Art. 9 Abs. 1, 2 AK hinausgehende Beschwerdemöglichkeiten bestehen müssen. Deutlich wird vor diesem Hintergrund auch, dass Art. 9 Abs. 3 AK Rechtsschutz in Bereichen betrifft, die über den Anwendungsbereich der materiellrechtlichen Verpflichtungen der Aarhus-Konvention weit hinausgehen, geht es doch gerade nicht um den gerichtlichen Zugang im Falle einer (möglichen) Verletzung von sich aus der Konvention ergebenden Verpflichtungen.

Der Konvention sind aber keine Vorgaben hinsichtlich der konkreten **prozeduralen Ausgestaltung**, insbesondere im Hinblick auf die Aktivlegitimation, zu entnehmen. Vorgegeben ist einzig die **grundsätzliche Pflicht**, derartige Verfahren vorzusehen, die es ermöglichen, „Handlungen und Unterlassungen von Privatpersonen und Behörden, die gegen innerstaatliches Umweltrecht verstoßen, anzufechten". Letztlich ergibt sich damit aus Art. 9 Abs. 3 AK nur (aber immerhin), dass grundsätzlich ein verwaltungsgerichtlicher[123] Rechtsschutz gegen (potenzielle) Verletzungen des innerstaatlichen Umweltrechts eröffnet sein muss. Die Voraussetzungen und Modalitäten aber sollen sich nach innerstaatlichem Recht richten, so dass der Gestaltungsspielraum der Mitgliedstaaten ausgesprochen weit ausfällt. 36

Dieser Gestaltungsspielraum bezieht sich in erster Linie auf die Formulierung der Zugangskriterien. Diese Auslegung des Art. 9 Abs. 3 AK drängt sich auch angesichts seines systematischen Zusammenhangs mit Art. 9 Abs. 1, 2 AK auf: Diese Bestimmungen enthalten einige Präzisierungen, unter welchen Voraussetzungen eine Aktivlegitimation gegeben sein muss, und sie beziehen sich auf in den Anwendungsbereich der Konvention fallende Aspekte. Wenn nun schon in Art. 9 Abs. 2 AK jedenfalls bei Klagen Einzelner im Grundsatz die im nationalen Recht vorgesehenen Zugangsbeschränkungen aufrecht erhalten werden können, erscheint es nicht schlüssig, bei Art. 9 Abs. 3 AK – der ja (nur) ganz allgemein den Zugang zu Überprüfungsverfahren im Falle der Ver-

120 ACCC/C/2005/11 Belgien, Rn. 29.
121 ACCC/C/2010/50 Tschechien, Rn. 86.
122 ACCC/C/2005/11 Belgien, Rn. 32.
123 Aber auch zivilgerichtlicher Rechtsschutz (in Bezug auf das Verhalten von Privatpersonen).

letzung innerstaatlichen Umweltrechts betrifft – von der Existenz weitergehender Vorgaben auszugehen, zumal Art. 9 Abs. 3 AK explizit darauf Bezug nimmt, dass Mitglieder der Öffentlichkeit „etwaige in ihrem innerstaatlichem Recht festgelegte Kriterien erfüllen" müssen.[124]

Vor dem Hintergrund dieses weiten Gestaltungsspielraums überrascht es auch nicht, dass der EuGH die unmittelbare Anwendbarkeit des Art. 9 Abs. 3 AK verneint, da die Bestimmung nicht unbedingt und hinreichend genau sei und daher einer Umsetzung bedürfe.[125] Der Gerichtshof folgert hieraus (im Gegensatz zum Gericht) auch, dass Art. 10 Abs. 1 VO 1367/2006 als sekundärrechtliche Bestimmung nicht am Maßstab des Art. 9 Abs. 3 AK (eine völkervertragsrechtliche Bestimmung) überprüft werden könne. Die Annahme des Gerichts, dies sei gleichwohl möglich, da die Verordnung die völkerrechtliche Verpflichtung umsetzen wolle (eine in der Rechtsprechung anerkannte Ausnahme vom erwähnten Grundsatz),[126] greife nicht: Denn Art. 10 Abs. 1 VO 1367/2006 verweise nicht ausdrücklich auf die Aarhus-Konvention und betreffe auch nicht die Durchführung besonderer Verpflichtungen, da Art. 9 Abs. 3 AK sehr allgemein formuliert sei. Das Urteil nimmt Art. 9 Abs. 3 AK Vieles von seiner Effektivität und erscheint insgesamt wenig schlüssig, insbesondere vor dem Hintergrund des erklärten Ziels der VO 1367/2006, die Aarhus-Konvention umzusetzen.[127]

37 Trotz dieses ausgesprochen weiten Gestaltungsspielraums – der letztlich impliziert, dass die innerstaatlichen Rechtsschutzmöglichkeiten in der Regel den Anforderungen dieser Bestimmung genügen,[128] jedenfalls soweit es um **Klagen Einzelner** geht – können Art. 9 Abs. 3 AK gewisse Minimalstandards entnommen werden:[129]

- In Bezug auf **Verbandsklagen** ist von Bedeutung, dass die Aktivlegitimation zwar durch den Vertragsstaat definiert und eingeschränkt werden darf, was jedoch nichts daran ändert, dass hierbei das Ziel der Konvention, einen weiten Zugang zu Gerichten sicherzustellen, zu be-

124 S. in diesem Sinn auch ACCC/C/2006/18 Dänemark, Rn. 30 f., wo das *Compliance Committee* betont, dass innerstaatliche Recht dürfe durchaus ein rechtlich geschütztes Interesse verlangen.

125 EuGH, verb. Rs. C-401/12-403/12 P (Rat ua/Vereniging Milieudefensie), ECLI:EU:C:2015:4. S. auch das parallel gelagerte Urteil in EuGH, verb. Rs. C-404-405/12 P, (Kommission/Stichting Natuur En Milieu), ECLI:EU:C:2015:5; s. auch schon EuGH, Rs. C-240/09 (Lesoochranarske), ECLI:EU:C:2011:125. Kritisch zu den Urteilen aus dem Jahr 2015 *Berthier*, JEEPL 2015, 207 ff.; wohl auch *Goby*, RdU 2015, 75 ff.

126 S. aus der jüngeren Rechtsprechung zB EuGH, Rs. C-21/14 P (Kommission/Rusal Armenal), ECLI:EU:C:2015:494, wo der Gerichtshof im Zusammenhang mit den WTO-Abkommen diese Ausnahmen aber ebenfalls denkbar eng auslegt.

127 Vgl. zur Kritik bereits *Epiney*, EurUP 2016, 2 (6). Das *Compliance Committee* geht denn auch von der Unvereinbarkeit des Art. 10 Abs. 1 VO 1367/2006 mit Art. 9 Abs. 3 AK aus, vgl. ACCC/C/2008/32 Part II (Europäische Gemeinschaft), Rn. 60 ff.; s. auch noch Art. 9 Rn. 38.

128 So dass dieser Bestimmung insoweit kaum eine eigenständige Bedeutung zukommen dürfte. AA aber offenbar, ohne nähere Begründung, *Butt*, Ausweitung des Rechts auf Umweltinformation, 64 f.; i. Erg. wie hier *Rodenhoff*, RECIEL 2002, 343 (349); wohl auch *Stec/Casey-Lefkowitz*, The Aarhus Convention – An Implementation Guide, 130 ff.

129 Vgl. insoweit ausführlich zu Art. 9 Abs. 3 AK, unter besonderer Berücksichtigung der Umsetzung in Deutschland *Seifert*, ZEuS 2016, 49 ff.

achten ist.[130] Daher darf der innerstaatliche Rechtsschutz nicht so ausgestaltet sein, dass Verbandsklagen praktisch nicht zulässig sind.

Dieser Ansatz ergibt sich sowohl aus der Praxis des *Compliance Committee* als auch aus der Rechtsprechung des EuGH:

- So betonte das *Compliance Committee* in ACCC/C/2008/31, dass das Erfordernis der Verletzung in eigenen Rechten (so wie es der „Schutznormtheorie" in Deutschland entspricht) in vielen Fällen bedeute, dass einer Nichtregierungsorganisation *per se* kein Zugang zum Rechtsschutz gewährt werde, womit gegen die Konvention verstoßen werde.[131] Eine solche Klagemöglichkeit von Verbänden muss somit über die in Art. 9 Abs. 2 AK geregelten Konstellationen hinaus bestehen. Dies ändert freilich nichts daran, dass bestimmte Verbände von der Klagemöglichkeit ausgeschlossen werden dürfen. So hielt das *Compliance Committee* zB fest, das innerstaatliche Recht dürfe Dachverbände von einer Beschwerde ausschließen, dies allerdings nur, soweit die einzelnen Teilverbände, welche unter dem Dachverband vereinigt sind, gerichtlichen Zugang haben können.[132]
- Auch in Bezug auf die Vorgaben des Art. 263 Abs. 4 AEUV schloss das *Compliance Committee* – jedenfalls soweit Verbände betroffen sind – auf eine Unvereinbarkeit mit Art. 9 Abs. 3 AK, dies unter Zugrundelegung der engen Auslegung der Kriterien der unmittelbaren individuellen Betroffenheit durch den EuGH.[133] Denn damit werde Vereinigungen, Organisationen oder Gruppen, deren Zweck allein der Umweltschutz ist, der Zugang zu Überprüfungsverfahren nach Art. 9 Abs. 3 AK im Ergebnis weitgehend verwehrt, woran auch die besonderen Voraussetzungen in Bezug auf Rechtsakte mit Verordnungscharakter nichts änderten. Das *Compliance Committee* wertete somit eine Beschränkung, die einem faktischen Rechtsausschluss gleichsteht, als Ermessensfehlgebrauch.[134]

130 ACCC/C/2008/31 Deutschland, Rn. 92.

131 ACCC/C/2008/31 Deutschland, Rn. 95 ff. S. ähnlich in Bezug auf die Rechtslage in Österreich ACCC/C/2010/48 Österreich, Rn. 71 ff.

132 ACCC/C/2005/11 Belgien, Rn. 39.

133 S. insbesondere EuGH, Rs. C-583/11 P (Inuit Tapiriit Kanatami ua), ECLI:EU:C:2013:625; s. auch EuGH, Rs. C-398/13 P (Inuit Tapiriit Kanatami/EP und Rat), ECLI:EU:C:2015:535. Hierzu *Epiney*, in: Bieber/Epiney/Haag/Kotzur, EU, § 9, Rn. 41 ff., mwN; ausführlich auch – im Zusammenhang mit den Schlussfolgerungen des *Compliance Committee* – *Krämer*, RDUE 2017, 13 (15 ff.).

134 ACCC/C/2008/32 Part II (Europäische Gemeinschaft), Rn. 60 ff. Zu dieser Empfehlung (bzw. dem Entwurf, die Empfehlung wurde verbindlich am 17. März 2017 angenommen), die letztlich eine Desavouierung der Rechtsprechung des EuGH darstellt, und ihre Einordnung *Krämer*, RDUE 2017, 13 ff., der auch auf gewisse Inkonsistenzen in der Rechtsprechung des Gerichtshofs hinweist; s. zum Problemkreis auch *Pirker*, RECIEL 1/16, 81 ff. Die Kommission hat diese Empfehlung des *Compliance Committee* vollumfänglich zurückgewiesen, dies im Wesentlichen mit dem auch in der Rechtsprechung des EuGH im Zusammenhang mit Art. 263 Abs. 4 AEUV immer wieder vorgebrachten Argument, der Vertrag stelle ein in sich stimmiges und vollständiges Rechtsschutzsystem zur Verfügung, und im Falle der Unzulässigkeit einer Klage nach Art. 263 Abs. 4 AEUV könne die Rechtmäßigkeit von Sekundärrechtsakten im Rahmen der Verfahren der Art. 267 AEUV (Vorabentscheidungsverfahren) oder Art. 277 AEUV (inzidente Normenkontrolle) überprüft werden. Vgl. COM(2017) 366 final (Proposal for a Council Decision on the position to be adopted, on behalf of the European Union, at the sixth session oft he Meeting of the Parties to the Aarhus Convention regarding compliance case ACCC/C/2008/32). Die Konferenz der Vertragsparteien wird sich im September 2017 mit dieser Frage befassen.

- Trotz der Verneinung der unmittelbaren Anwendbarkeit des Art. 9 Abs. 3[135] leitete der EuGH in der Rs. C-240/09[136] aus Art. 9 Abs. 3 AK ab, dass ein nationales Gericht dann, wenn eine mit dem Unionsrecht geschützte Art betroffen ist, sein nationales Recht im Hinblick auf die Gewährung eines von Art. 9 Abs. 3 AK intendierten effektiven gerichtlichen Rechtsschutzes in den vom Umweltrecht der Union erfassten Bereichen so auszulegen habe, dass es so weit wie möglich im Einklang mit dieser Bestimmung steht, dies im Hinblick darauf, dass es einer Umweltschutzorganisation wie der im Ausgangsverfahren tätigen ermöglicht wird, eine behördliche Entscheidung, die möglicherweise im Widerspruch zum EU-Umweltrecht steht, gerichtlich anzufechten. Damit wird also die Maßgeblichkeit einer völkerrechtlichen Abkommensbestimmung für die Mitgliedstaaten – immer soweit EU-Recht bzw. entsprechende nationale Umsetzungsvorschriften betroffen sind – auch im Falle der Verneinung ihrer unmittelbaren Wirkung bejaht, dies im Sinne einer Pflicht zu einer abkommenskonformen Auslegung. Im Übrigen deuten die Formulierungen des Gerichtshofs in Bezug auf die Verbandsklage darauf hin, dass zumindest eine allgemeine und grundsätzliche Verneinung des gerichtlichen Zugangs von Umweltverbänden in denjenigen Fallgestaltungen, in denen es um die Beachtung des EU-Umweltrechts geht, als nicht mit den Vorgaben des Art. 9 Abs. 3 AK in Einklang stehend angesehen wird. Dieser Ansatz impliziert, dass Art. 9 Abs. 3 AK die Mitgliedstaaten verpflichtet, in Bezug auf die Verletzung von EU-Umweltrecht bzw. von auf diesem beruhendem nationalen Recht grundsätzlich eine Verbandsklage einzuführen. Eine solche Pflicht geht weit über eine Verbandsklage bezogen auf die Genehmigung bestimmter gefährlicher Tätigkeiten bzw. UVP-pflichtiger Anlagen hinaus, ganz abgesehen davon, dass auf diese Weise letztlich die Umsetzung des Art. 9 Abs. 3 AK durch einen unionsrechtlichen Rechtsakt[137] „ersetzt" wird, jedenfalls soweit der Grundsatz der Einführung einer Verbandsklage für die Geltendmachung der Verletzung von EU-Umweltrecht bzw. nationalen Durchführungsbestimmungen betroffen ist. Aufgrund der doch eher knappen Begründung des EuGH und der nicht in jeder Hinsicht klaren sowie sehr konzisen bzw. kurzen Formulierungen in dem Urteil könnte hier aber das letzte Wort noch nicht gesprochen sein.[138]

■ **Klagegegenstand** sind Handlungen oder Unterlassungen von Privaten oder Behörden, die möglicherweise gegen „umweltbezogene Bestimmungen" des innerstaatlichen Rechts" („national law relating to the environment") verstoßen. Auch vor dem Hintergrund des Ziels der Konvention, einen weiten gerichtlichen Zugang zu gewährleisten, sind damit nicht nur explizit dem Umweltschutz dienende Bestimmungen und Gesetze erfasst, sondern auch jene die sich weiter entfernt oder nur implizit mit Umweltschutz bzw. mit der Umwelt beschäftigen.[139] Denn der Umweltschutz stellt eine Querschnittsmaterie dar, die sehr viele ver-

135 Art. 9 Rn. 36.

136 EuGH, Rs. C-240/09 (Lesoochranarske), ECLI:EU:C:2011:125.

137 S. insoweit noch Art. 9 Rn. 39.

138 Vgl. in diesem Zusammenhang spezifisch zu den Implikationen des Urteils in Deutschland *Klinger*, EurUP 2014, 177 ff.; s. ansonsten zu dem Urteil (und in Bezug auf die angesprochene Frage i.Erg. wie hier) *Berkemann*, DVBl. 2013, 1137 ff.; *Klinger*, EurUP 2013, 95 ff.; *Seifert*, ZEuS 2016, 49 (57 ff.).

139 Vgl. auch *Ebbesson et al.*, Aarhus Convention Implementation Guide, 207: Die Verfasser listen dabei einige Beispiele auf: Planungsrecht, umweltrelevante Steuern, Überwachung von Chemikalien und Abfällen, Ausbeutung natürlicher Res-

schiedene Rechtsgebiete berührt,[140] so dass der Zusammenhang der fraglichen Bestimmung zur Umwelt in einem weiten Sinne zu verstehen und nicht eng auszulegen ist.[141] Deshalb reicht zB bereits der Bezug zur Gesundheit oder zu einer Lärmbestimmung aus, damit der Anwendungsbereich des Art. 9 Abs. 3 AK eröffnet ist.[142] Im Ergebnis muss somit in Bezug auf die Einhaltung aller umweltrechtlicher Vorschriften in diesem Sinn eine irgendwie geartete Klagemöglichkeit bestehen. Insgesamt verlangt Art. 9 Abs. 3 AK damit, dass sich der Rechtsschutz auf jegliches Verwaltungshandeln bezieht, so dass es den Vorgaben der Konvention nicht Rechnung trägt, bestimmte Arten des Verwaltungshandelns oder bestimmte Vorschriften – etwa solche mit „nur" objektiv-rechtlichem Gehalt – von vornherein von der Überprüfung auszuschließen.[143]

So hielt das *Compliance Committee* zB fest, bei der Ausarbeitung von Raumplänen – unabhängig davon, ob sie genereller oder spezifischer Art sind – müsse der Öffentlichkeit der Rechtsweg im Sinne von Art. 9 Abs. 3 AK offen stehen; ansonsten sei ein Verstoß gegen die Konvention zu gewärtigen.[144]

Weiter geht das *Compliance Committee* davon aus, dass auch das EU-Sekundärrecht unter den Begriff des innerstaatlichen Rechts im Sinn des Art. 9 Abs. 3 AK fällt, sofern es in den Mitgliedstaaten anwendbares Recht darstellt. Daher müsse auch eine fehlerhafte Umsetzung einer EU-Richtlinie durch einen Vertragsstaat grundsätzlich gerügt werden können,[145] was aber wohl kein der Öffentlichkeit allgemein offen stehendes abstraktes Normenkontrollverfahren impliziert.

Sodann betont das *Compliance Committee*, der durch Art. 9 Abs. 3 AK den Vertragsstaaten eingeräumte Gestaltungsspielraum beziehe sich lediglich auf die Kriterien, welche die Mitglieder der Öffentlichkeit zu erfüllen haben, um generellen Zugang zum Rechtsweg und somit Parteifähigkeit erhalten zu können, nicht hingegen auf den Anspruchsgegenstand.[146] Daher sah das *Compli-*

---

sourcen und die Verschmutzung durch Schiffe. Wo diese Bereiche genau geregelt sind – ob im Raumplanungsrecht, Steuerrecht oder im Seerecht – spielt letztlich keine Rolle. S. auch ACCC/C/2011/63 Österreich, Rn. 52 ff. und 65, wo das *Compliance Committee* festhält, der Anspruchsgegenstand erstrecke sich auf sämtliches innerstaatliches Recht bzw. auf alle verschiedenen Rechtsgebiete, solange irgendein Zusammenhang zur Umwelt hergestellt werden kann. In diesem Sinne fallen auch Bestimmungen des Verwaltungsstrafrecht und des gewöhnlichen Strafrechts (Schutz von Wildtieren, Handel mit toten Tieren etc) unter diesen Begriff. S. ähnlich ACCC/C/2008/32 Part II (Europäische Gemeinschaft), Rn. 96 ff., wo das *Compliance Committee* betont, eine Beschränkung auf Rechtsakte, die auf einer bestimmten Grundlage erlassen wurden, stehe nicht mit der Konvention in Einklang; vielmehr reiche ein (offenbar weit verstandener) Umweltbezug der betreffenden Vorschrift aus.

140 S. zB *Epiney*, AJP 2011, 1505 (1510).

141 ACCC/C/2010/50 Tschechien, Rn. 84.

142 ACCC/C/2010/50 Tschechien, Rn. 84 f.

143 So auch zB *Bunge*, ZUR 2015, 531 (532).

144 ACCC/C/2011/58 Bulgarien, Rn. 62 ff. und 83. S. ansonsten ACCC/C/2004/6 Kasachstan, Rn. 26 f., wo das *Compliance Committee* eine Verletzung des Art. 9 Abs. 3 AK feststellte, da das nationale Gericht gewisse Teilklagen von vornherein nicht behandelt hatte.

145 ACCC/C/2006/18 Dänemark, Rn. 2, 27. *In casu* ging es um die Umsetzung der RL 79/409 (heute ersetzt durch die RL 2009/147), Vogelschutzrichtlinie.

146 ACCC/C/2008/32 Part II (Europäische Gemeinschaft), Rn. 66, 70, 75.

ance Committee auch die Beschränkung des Art. 10 Abs. 1 VO 1367/2006 auf Verwaltungsakte als nicht mit Art. 9 Abs. 3 AK vereinbar an. Gemäß dieser Bestimmung müsse der bloße Umweltbezug einer behördlichen Handlung oder eines Unterlassens ausreichen. Darüber hinaus stehe den Vertragsparteien kein Ermessen in der Beschränkung des zulässigen Verfahrensgegenstandes zu, da sich das Ermessen lediglich auf die Anforderungen an die Parteifähigkeit von Mitgliedern der Öffentlichkeit beziehe.[147]

- Im Hinblick auf die **gerichtliche Kontrolle** bzw. den Prüfungsumfang verlangt Art. 9 Abs. 3 AK – im Gegensatz zu Art. 9 Abs. 2 AK – nicht explizit, dass die materiellrechtliche und die prozedurale Rechtmäßigkeit umfassend zu überprüfen ist. Jedenfalls in Verbindung mit dem Grundsatz des effektiven Rechtsschutzes ist aber gleichwohl davon auszugehen, dass sowohl materielles als auch formelles Recht überprüft werden können soll, so dass dem umsetzenden Vertragsstaat diesbezüglich kein Ermessensspielraum zur Verfügung steht.[148] Vor diesem Hintergrund spricht Vieles dafür, dass Präklusionsregelungen grundsätzlich – parallel zur Rechtslage nach Art. 9 Abs. 2 AK[149] – nicht mit dieser Vorgabe vereinbar sind.[150] Allerdings gilt auch hier (wie im Rahmen des Art. 9 Abs. 2 AK),[151] dass bei Klagen Einzelner auch die gerichtliche Überprüfung bzw. der Kontrollumfang im selben Maß wie die Aktivlegitimation beschränkt werden darf, so dass ein Rechtswidrigkeitszusammenhang – wie in § 113 VwGO vorgesehen – insoweit mit der Konvention in Einklang steht.
- In Bezug auf den **Spruchkörper** sieht Art. 9 Abs. 3 AK vor, dass der Rechtsweg entweder an eine Verwaltungsbehörde oder an ein Gericht führen muss. Weitergehende Präzisierungen nimmt die Konvention auch hier nicht vor, so dass jedes auf Gesetz beruhende Verwaltungs- oder Gerichtsverfahren den Anforderungen der Konvention entsprechen dürfte. Allerdings sind die Garantien der Art. 9 Abs. 4, 5 AK zu beachten, womit letztlich die Unparteilichkeit und die Unabhängigkeit des bereitgestellten Verfahrens zu gewährleisten ist.

38 Insgesamt ist Art. 9 Abs. 3 AK einerseits durch einen ausgesprochen weiten Anwendungsbereich charakterisiert; andererseits bleibt er aber sehr unspezifisch und unklar, und den Vertragsstaaten wird in verschiedener Hinsicht ein ausgesprochen **weiter Gestaltungsspielraum** eingeräumt. Insbesondere die explizit erwähnte Möglichkeit, die Aktivlegitimation vollumfänglich gemäß den innerstaatlichen Vorgaben auszugestalten, ermöglicht eine weitgehende Beschränkung des gerichtlichen Zugangs.[152] Daraus zu folgern, dass Art. 9 Abs. 3 AK kaum eine eigenständige Bedeutung zukomme bzw. dass dieser Bestimmung nur die allgemeine Pflicht der Vertragsstaaten zu

147 ACCC/C/2008/32 Part II (Europäische Gemeinschaft), Rn. 51 ff., 95. Hierzu auch *Moolenaar/Nobrega*, elni 2/2016, 76 ff., die im Einzelnen auf das Verfahren der Art. 10 ff. VO 1367/2006 eingehen.
148 *Ebbesson et al.*, Aarhus Convention Implementation Guide, 208.
149 Vgl. hierzu Art. 9 Rn. 25.
150 Ebenso etwa *Guckelberger/Geber*, EurUP 2014, 167 (173 f.).
151 S. Art. 9 Rn. 29 ff.
152 S. insoweit aber auch *Bunge*, ZUR 2015, 531 (541), der die Frage aufwirft, ob eine Beschränkung der Aktivlegitimation bei Klagen Einzelner auf Konstellationen, in denen diese ein subjektives Recht geltend machen, nicht zu eng ist.

entnehmen sei, irgendein Verfahren vorzusehen, wonach Verletzungen innerstaatlicher Regelungen mit Bezug zur Umwelt gerügt werden können,[153] geht jedoch zu weit. Denn einerseits können die Vorgaben der Bestimmung durchaus etwas konkretisiert werden (insbesondere in Bezug auf Verbandsklagen), und andererseits sind jedenfalls die Vorgaben des Art. 9 Abs. 4, 5 AK einzuhalten, so dass ein effektiver Rechtsschutz zu gewährleisten ist.

So betonte auch das *Compliance Committee* ausdrücklich, dass in Konstellationen, in denen die Voraussetzungen zur Begründung der Aktivlegitimation derart eingeschränkt werden, dass sowohl für Nichtregierungsorganisationen als auch andere Mitglieder der Öffentlichkeit praktisch kein Zugang zu Überprüfungsverfahren besteht, ein Verstoß gegen Art. 9 Abs. 3, 4 AK zu bejahen ist.[154]

Auch in Bezug auf die Umsetzung des Art. 9 Abs. 3 AK durch die Europäische Union für Handlungen und Unterlassungen der Unionsorgane kam das *Compliance Committee* zum Schluss, dass Art. 9 Abs. 3 AK nicht vollständig umgesetzt worden sei, da die Aktivlegitimation nach Art. 10 Abs. 1 VO 1367/2006 auf Nichtregierungsorganisationen beschränkt sei und der Klagegegenstand zu eng gefasst sei.[155]

In Bezug auf die Umsetzung des Art. 9 Abs. 3 AK durch die **Europäische Union** ist zu unterscheiden: 39

- Soweit es um Handlungen oder Unterlassungen von **Unionsorganen** geht, ist eine Umsetzung einerseits in der VO 1367/2006 erfolgt; andererseits kommen die ordentlichen Verfahren, insbesondere Art. 263 AEUV (Nichtigkeitsklage), zum Zuge. Allerdings stellte das *Compliance Committee* diesbezüglich – wie erwähnt[156] – Lücken bzw. Verstöße gegen Art. 9 Abs. 3 AK fest.
- Soweit es um Handlungen oder Unterlassungen der **Mitgliedstaaten** geht, wurden auf Unionsebene – im Gegensatz zu Art. 9 Abs. 2 AK,

---

153 So noch *Epiney*, in: Fluck/Fischer/Fetzer, Kommentar Aarhus-Konvention, Art. 9, Rn. 20 (und Fn. 8).

154 S. auch ACCC/C/2006/18 Dänemark, Rn. 29: Das *Compliance Committee* hebt an dieser Stelle auch hervor, dass diese Auslegung von der Konferenz der Vertragsparteien unterstützt werde, und dass bei der Ausarbeitung innerstaatlicher Vorschriften dem Ziel der Konvention – einen Rechtsschutz zu gewähren – besonders Rechnung zu tragen ist; ACCC/C/2010/48 Österreich, Rn. 69.

155 ACCC/C/2008/32 Part II (Europäische Gemeinschaft), Rn. 85 f. Der Begriff der Nichtregierungsorganisation finde in diesem Zusammenhang zur Definition der betroffenen Öffentlichkeit nach Art. 2 Nr. 5 AK seine Verwendung in der Aarhus-Konvention, so dass diese als Teil der Öffentlichkeit zu verstehen seien. Da Art. 2 Nr. 4 AK diesen Begriff jedoch nicht in der Definition der Öffentlichkeit verwendet, seien die dort genannten Vereinigungen, Organisationen und Gruppen nicht deckungsgleich mit Nichtregierungsorganisationen zu verstehen. Die Kommission hat diese Empfehlung des *Compliance Committee* vollumfänglich zurückgewiesen, dies im Wesentlichen mit dem Argument, eine entsprechende Ausweitung der Aktivlegitimation und insbesondere des Klagegegenstands in der VO 1367/2006 impliziere letztlich eine Erweiterung des gerichtlichen Zugangs nach Art. 263 Abs. 4 AEUV; Sekundärrecht dürfe jedoch nicht die im Primärrecht verankerten Grundsätze relativieren bzw. gegen diese verstoßen, vgl. COM(2017) 366 final (Proposal for a Council Decision on the position to be adopted, on behalf of the European Union, at the sixth session oft he Meeting of the Parties to the Aarhus Convention regarding compliance case ACCC/C/2008/32). Die Konferenz der Vertragsparteien wird sich im September 2017 mit dieser Frage befassen.

156 Art. 9 Rn. 37 f.

welcher in den entsprechenden Artikeln der RL 2011/92 und der RL 2010/75 aufgegriffen wurde[157] – bislang keine Umsetzungsmaßnahmen ergriffen. Zwar unterbreitete die Kommission bereits 2003 einen Vorschlag für eine Richtlinie über den Zugang zu Gerichten in Umweltangelegenheiten;[158] dieser wurde jedoch inzwischen zurückgezogen,[159] und es ist nicht zu erwarten, dass hier in absehbarer Zeit eine Umsetzung erfolgt.

Aufgeworfen wird damit die Frage, ob die Union dadurch, dass sie in Bezug auf **mitgliedstaatliches Verhalten** Art. 9 Abs. 3 AK nicht umgesetzt hat, gegen ihre **Verpflichtungen aus der Aarhus-Konvention** verstoßen hat. Diese Problemstellung ist auch vor dem Hintergrund zu sehen, dass es sich bei der Aarhus-Konvention um ein gemischtes Abkommen handelt (so dass es jedenfalls auch den Mitgliedstaaten obliegt, ihren sich aus Art. 9 Abs. 3 AK ergebenden Verpflichtungen nachzukommen), und dass auf mitgliedstaatlicher Ebene zu erfüllende Pflichten in Frage stehen. Daraus könnte man *a priori* folgern, die Union treffe von vornherein keine Pflicht zur Umsetzung dieser Bestimmung in Bezug auf mitgliedstaatliches Verhalten. Dieser Schluss greift jedoch wohl zu kurz, wobei zwischen der unionsrechtlichen und der völkerrechtlichen Perspektive zu unterscheiden ist:[160]

- Aus **völkerrechtlicher Sicht** ist zu beachten, dass das Völkerrecht insofern „ergebnisorientiert" ist, als die Vertragsstaaten nur (aber immerhin) verpflichtet sind, die ihnen obliegenden Verpflichtungen einzuhalten, ohne dass ihnen jedoch vorgeschrieben wäre, auf welche Weise sie dies zu tun haben. Insofern lässt sich also aus dem Völkerrecht keine Pflicht der Union ableiten, einen Rechtsakt anzunehmen, der die Mitgliedstaaten verpflichtet, Art. 9 Abs. 3 AK (ggf. nur für die auf Unionsrecht beruhenden nationalen sowie die direkt anwendbaren unionsrechtlichen Vorschriften) umzusetzen; ausreichend ist, dass eine solche Umsetzung in den Mitgliedstaaten im Ergebnis erfolgt. Dies ändert aber nichts daran, dass die Union – so die Umsetzung des Art. 9 Abs. 3 AK in den oder einigen Mitgliedstaaten defizitär ist – grundsätzlich völkerrechtlich verantwortlich ist.[161]
- Aus **unionsrechtlicher Sicht** ist Ausgangspunkt der Überlegungen, dass ein durch die Union abgeschlossener völkerrechtlicher Vertrag für diese bindende Wirkung entfaltet (Art. 216 Abs. 2 AEUV). Diese Bindungswirkung impliziert jedenfalls in denjenigen Konstellationen ggf. (dh, wenn der Vertrag dies verlangt) eine Durchführung durch einen Unionsrechtsakt, wenn – wie im Rahmen der ausschließlichen Kompetenzen – nur die Union tätig werden darf; m.a.W. geht mit einer ausschließlichen Kompetenz quasi als Korrelat auch die Verpflichtung einher, die notwendigen Durchführungsmaßnahmen zu erlassen, können doch die Mitgliedstaaten nicht tätig werden. Geht es jedoch um geteilte Zuständigkeiten, ist uE zu unter-

157 Art. 9 Rn. 20.
158 KOM (2003) 624 endg.
159 ABl. 2014 C 153, 3.
160 Ohne dass diese Problematik hier abschließend erörtert werden kann. Vgl. umfassend, mwN, *Breuer/Riegger*, EurUP 2014, 293 ff.; s. auch schon *Epiney/Gross*, EurUP 2010, 2 (9 ff.).
161 Vgl. zu diesem Grundsatz der umfassenden Bindung (der auch durch Art. 19 Abs. 4 S. 2 AK nicht relativiert wird) nur, mwN, *Breuer/Riegger*, EurUP 2014, 293 (294 ff.).

scheiden:[162] Soweit es um Sachverhalte geht, die bis zum Abschluss des völkerrechtlichen Vertrages allein durch mitgliedstaatliches Recht geregelt sind bzw. waren, dürfte lediglich aus dem Abschluss des völkerrechtlichen Vertrages (auch) durch die Union keine Pflicht abzuleiten sein, hier umfassend für die Durchführung zu sorgen. Die Beteiligung (auch) der Union an einem völkerrechtlichen Vertrag dürfte nämlich grundsätzlich nicht die Frage präjudizieren, wer (Union oder Mitgliedstaaten) in der Union zur Durchführung berechtigt und verpflichtet ist, zumal sich jeweils auch noch die Frage stellt, ob der Union eine entsprechende Kompetenz zukommt und ob die Vorgaben des Subsidiaritätsprinzips eingehalten sind. Sobald jedoch die Union in einem bestimmten Bereich, der auch Aspekte betrifft, die durch den betreffenden völkerrechtlichen Vertrag geregelt sind, tätig wird, ist sie insoweit auch verpflichtet, die Vorgaben des jeweiligen völkerrechtlichen Vertrages zu beachten und in den Rechtsetzungsakten zu berücksichtigen. Denn soweit die Union im Anwendungsbereich von durch sie abgeschlossenen völkerrechtlichen Verträgen tätig wird, muss sie in diesem Maß auch sicherstellen, dass die Vorgaben eingehalten werden (dies selbstverständlich immer nur insofern der Union auch entsprechende Kompetenzen zukommen und unter Beachtung des Subsidiaritätsprinzips). In Bezug auf die Aarhus-Konvention impliziert dieser Ansatz, dass die Union verpflichtet ist, Art. 9 Abs. 3 AK soweit umzusetzen, wie es um die gerichtliche Kontrolle der Einhaltung von auf Unionsrecht beruhendem nationalen Recht oder von direkt anwendbarem Unionsrecht geht, da ihr eine entsprechende Kompetenz zukommt und davon auszugehen ist, dass auch die Voraussetzungen des Subsidiaritätsprinzips erfüllt sind.[163] Dieser Verpflichtung[164] ist die Union bislang noch nicht nachgekommen, und (auch) insofern ist der erwähnte Rückzug des in diese Richtung gehenden Richtlinienvorschlags sehr zu bedauern.

162 Vgl. diesen Ansatz bereits bei *Epiney/Gross*, EurUP 2005, 2 (10 f.); ihm teilweise folgend *Breuer/Riegger*, EurUP 2014, 293 (304 ff.), die jedoch bei der Annahme einer Umsetzungspflicht zurückhaltender sind und lediglich bei „vollständiger Ineffektivität" der mitgliedstaatlichen Umsetzung eine Pflicht der Union bejahen (306).

163 Letzteres jedenfalls auf der Grundlage der Rechtsprechung des Gerichtshofs, der dem Unionsgesetzgeber diesbezüglich einen weiten Spielraum einräumt, vgl. aus der jüngeren Rechtsprechung etwa EuGH, Rs. C-508/13 (Estland/EP und Rat), ECLI:EU:C:2015:403; EuGH, Rs. C-358/14 (Polen/EP und Rat), ECLI:EU:C:2016:323.

164 An welcher auch die Erklärung der Union zu Art. 9 Abs. 3 AK, die dem Genehmigungsbeschluss angefügt wurde und wonach die Union für die Erfüllung der sich aus Art. 9 Abs. 3 AK ergebenden Verpflichtungen insoweit nicht zuständig sei, als sich diese auf verwaltungsbehördliche und gerichtliche Verfahren beziehen, mit denen die von Privatpersonen und mitgliedstaatlichen Einrichtungen vorgenommenen Handlungen und begangenen Unterlassen angefochten werden; hier seien vielmehr die Mitgliedstaaten zuständig, dies jedoch nur, solange die Union keine entsprechenden Rechtsakte angenommen habe, vgl. Genehmigungsbeschluss (2005/370), ABl. 2005 L 124, 1. Diese Erklärung ist letztlich vor dem Hintergrund des Scheiterns des erwähnten Richtlinienvorschlags der Kommission (die übrigens eine gegenteilige Ansicht vertreten hatte) zu sehen; sie vermag selbstverständlich nicht sich aus dem Primärrecht ergebende Verpflichtungen zu relativieren.

V. Allgemeine Anforderungen an die Ausgestaltung des gerichtlichen Zugangs (Abs. 4, 5)

40 Art. 9 Abs. 4, 5 AK formulieren einige **allgemeine Anforderungen an die Ausgestaltung des gerichtlichen Zugangs** für die Fälle, in denen nach den Vorgaben der Konvention ein gerichtlicher Zugang zu gewähren ist, wobei die normative Dichte einiger dieser Pflichten nicht sehr weit geht, so dass sie eher auf einer Postulatsebene verharren. Gemeinsam ist diesen verschiedenen ergänzenden Vorgaben, dass sie die **Effektivität des gerichtlichen Zugangs** gewährleisten sollen. Dabei kann zwischen den Grundsätzen eines angemessenen und effektiven Rechtsschutzes ieS (1.), gewissen formalen Anforderungen (2.) sowie „flankierenden" Maßnahmen (3.) unterschieden werden.

Die Verletzung des Art. 9 Abs. 4 AK kann nur im Zusammenhang mit einer anderen Bestimmung (Art. 9 Abs. 1-3 AK) geltend gemacht werden. M.a.W. muss der Anwendungsbereich der Bestimmung über Art. 9 Abs. 1-3 AK eröffnet sein,[165] so dass es sich um ein akzessorisches Recht handelt.

Falls der Beschwerdeführer mit der Entscheidung eines Gerichtes nicht zufrieden ist, kann dies nicht als Verwehrung des Anspruchs auf Zugang zu einem Gericht angesehen werden,[166] so dass ein Unterliegen vor Gericht als solches keinen Verstoß gegen das Recht auf einen angemessenen und effektiven Rechtsschutz im Sinne von Art. 9 Abs. 4 AK nach sich zieht.

1. Effektiver Rechtsschutz

41 Zunächst muss jedenfalls ein **angemessener und effektiver Rechtsschutz** gewährleistet werden. Dazu gehört auch, soweit dies im konkreten Fall angemessen erscheint, die Möglichkeit eines **vorläufigen Rechtsschutzes** (Art. 9 Abs. 4 S. 1, erster Halbsatz AK). Die Funktionen eines angemessenen und effektiven Rechtsschutzes sind vor allem darin zu sehen, zukünftige Schädigungen zu vermeiden, für entstandenen Schaden Wiedergutmachung zu leisten und die Wiederherstellung des ehemaligen Zustandes zu erwirken.[167] Falls die Möglichkeit besteht, dass eine andauernde Tätigkeit die Umwelt weiter belasten, stören oder Teile davon zerstören könnte, so muss der entscheidenden gerichtlichen Instanz die Kompetenz zukommen, diese Handlungen zu untersagen sowie den gefällten Entscheid auch durchsetzen zu können.[168]

Angemessen ist der Rechtsschutz immer dann, wenn sichergestellt werden kann, dass die angestrebte Wirkung des Überprüfungsverfahrens auch tatsächlich erreicht werden kann.[169] Wenn einmal ein Schaden an der Umwelt oder an der Gesundheit eingetreten ist, ist dieser oft irreversibel, so dass die Angemessenheit auch unter diesem Gesichtspunkt zu beurteilen ist. Daher sollte der Rechtsschutz zu einem möglichst frühen Zeitpunkt eröffnet sein, so dass der Zweck möglichst weitgehend erreicht werden kann.[170] Dieser Ansatz

165 ACCC/C/2008/23 Vereinigtes Königreich, Rn. 43; ACCC/C/2011/63 Österreich, Rn. 48.
166 ACCC/C/2004/2 Kasachstan, Rn. 27.
167 *Ebbesson et al.*, Aarhus Convention Implementation Guide, 209 f.
168 *Ebbesson et al.*, Aarhus Convention Implementation Guide, 210.
169 *Ebbesson et al.*, Aarhus Convention Implementation Guide, 209.
170 *Ebbesson et al.*, Aarhus Convention Implementation Guide, 210: Die Autoren konkretisieren hierbei, dass in gewissen Fällen Kompensationsmaßnahmen

wird auch durch die Praxis des *Compliance Committee* bestätigt: So hielt es in Bezug auf die Frage, zu welchem Verfahrenszeitpunkt einer Entscheidfindung bzw. eines konkreten Projekts Rechtsschutz zu gewähren ist, fest, der Rechtsschutz müsse zu einem Zeitpunkt eröffnet sein, an dem es auch tatsächlich effektiv möglich ist, die Entscheidung, welche ein konkretes Projekt bewilligt, anzufechten.[171] Ist eine derartige Möglichkeit zum entscheidenden Zeitpunkt nicht gegeben, stellt dies eine Verletzung des Anspruchs auf einen angemessenen und effektiven Rechtsschutz dar. Die Voraussetzungen an einen **effektiven** Rechtsschutz sind dann erfüllt, wenn eine reelle und effektive Möglichkeit zur Überprüfung besteht und diese auch durchgesetzt werden kann, wobei potenzielle Hindernisse und Beschränkungen abzubauen sind.[172] In diesem Sinn hielt der EuGH – in Bezug auf Art. 5 Abs. 2 RL 2003/4 bzw. die gerichtliche Überprüfung der Einhaltung der in dieser Bestimmung verankerten Vorgabe, dass eine allfällige Gebühr eine angemessene Höhe nicht überschreiten darf – fest, die gerichtliche Überprüfung müsse so ausgestaltet sein, dass die Einhaltung dieser Anforderungen materiell vollumfänglich überprüft werden kann, was zwar eine beschränkte gerichtliche Kontrolle der Beurteilung bestimmter tatsächlicher Fragen nicht grundsätzlich ausschließe; diese dürfe jedoch nicht zu einer Einschränkung der gerichtlichen Kognition in Bezug auf Rechtsfragen führen.[173] Trotz dieser Präzisierungen ist nicht zu übersehen, dass den Vertragsstaaten in Bezug auf die Frage, unter welchen Voraussetzungen der Rechtsschutz „angemessen" bzw. „effektiv" ist, ein beachtlicher **Gestaltungsspielraum** zukommt.

Die Funktion des **vorläufigen Rechtsschutzes** ist in erster Linie darin zu sehen, dass dem Betroffenen ermöglicht werden soll, rasch und in kürzester Frist handeln zu können. Damit sollen vor allem Gefahren abgewehrt werden können, die sich unmittelbar realisieren und zu Schäden führen können, welche nicht reversibel sind und damit durch das Einschlagen des „gewöhnlichen" Rechtsschutzes die Verwirklichung des Risikos nicht wieder beseitigt bzw. die schädigenden Folgen nicht wieder rückgängig gemacht werden können. Dabei soll möglichst der *status quo* beibehalten oder eine vorher bestehende Situation wieder hergestellt werden, falls dies möglich ist.[174] Allerdings ist der vorläufige Rechtsschutz nur „soweit angemessen" zu gewährleisten, so dass den Vertragsstaaten hier ein beachtlicher **Gestaltungsspielraum** eingeräumt wird; jedenfalls muss aber grundsätzlich die Möglichkeit des vorläufigen Rechtsschutzes bestehen, so dass sich die Angemessenheit im Wesentlichen auf die Voraussetzungen der Gewährung vorläufigen Rechtsschutzes bezieht. Für diesen Ansatz spricht auch die Rechtsprechung des EuGH: So hielt er fest, dass einem Beschwerdeführer im Hinblick auf die Sicherstellung der vollen Wirksamkeit einer späteren Gerichtsentscheidung und der Gewährleistung der Effektivität des Anspruchs auf Zugang zu einem Überprüfungsverfahren die Möglichkeit offenstehen muss, einstweilige Anordnungen zu beantragen, welche den Vollzug von getroffenen Entscheidungen aufschieben können.[175] Damit gehen letztlich weitgehende Vorgaben für das nationale Verwaltungsprozessrecht einher, die insbesondere für diejenigen Staaten von Bedeutung sein dürften, die einem eher objektiven Ansatz des Verwaltungsrechtsschutzes fol-

durchaus Sinn machen können, um beispielsweise die Qualität der Umwelt in einer anderen Gegend zu verbessern.

171 ACCC/C/2006/17 Europäische Union, Rn. 56.

172 *Ebbesson et al.*, Aarhus Convention Implementation Guide, 210.

173 EuGH, Rs. C-71/14 (Fipa Group), ECLI:EU:C:2015:140.

174 *Ebbesson et al.*, Aarhus Convention Implementation Guide, 210.

175 EuGH, Rs. C-416/10 (Krizan), ECLI:EU:C:2013:8, Rn. 105 ff.

gen und in denen vor diesem Hintergrund der vorläufige Rechtsschutz eher wenig weit ausgebaut ist.[176]

Auch das *Compliance Committee* geht in Bezug auf die Vorgaben des Art. 9 Abs. 4 S. 1 erster Halbsatz AK von einem sehr **weiten Gestaltungsspielraum** der Vertragsstaaten aus. So hielt es fest, eine innerstaatliche Verfahrensregel, die vorsah, dass gegen einen Entscheid einer mit Umweltfragen beschäftigten Behörde nur innerhalb derselben Behörde Beschwerde geführt werden kann und keine Suspensivwirkung vorgesehen war, sei mit dem Anspruch auf angemessenen und effektiven Rechtsschutz vereinbar;[177] ebensowenig wurde beanstandet, dass das innerstaatliche Recht ein Interesse des Beschwerdeführers zur Aktivlegitimation verlange.[178] In einer anderen, dem *Compliance Committee* unterbreiteten Konstellation stand die Frage zur Debatte, ob eine Regelung, wonach Unterlassungsklagen nur in seltenen Fällen zugelassen werden, so dass der Rechtsschutz ineffektiv sein könnte, gegen Art. 9 Abs. 4 AK verstößt.[179] Aus der Sicht des Beschwerdeführers – im vorliegenden Fall eine tschechische Umweltrechtorganisation – waren die Anforderungen an eine Unterlassungsklage zu hoch, vor allem weil der Nachweis eines irreparablen Schadens notwendig sei, dem allenfalls in Ausnahmefällen nachgekommen werden könne, so dass er in der Praxis kaum gelinge und für Nichtregierungsorganisationen praktisch nicht möglich sei.[180] Trotz dieser Vorbringen verneinte das *Compliance Committee* einen Verstoß gegen Art. 9 Abs. 4 AK, da der Beschwerdeführer nicht genügend Rechtsprechung habe zitieren können, die sein Anliegen hätten stützen können.[181]

Allerdings gibt es auch Konstellationen, in denen das *Compliance Committee* eine Verletzung des Art. 9 Abs. 4 S. 1 erster Halbsatz AK feststellte, da zu hohe Anforderungen an den Zugang zum Rechtsschutz gestellt wurden. So erachtete es eine nationale Regelung bzw. Praxis, die derart hohe Anforderungen an das darzulegende Interesse stellte, dass es für im Umweltbereich tätige Organisationen in gewissen Bereichen praktisch unmöglich war, an gewissen Entscheidungen teilzunehmen bzw. Rechtsschutz zu erlangen, als nicht mit den Anforderungen der Konvention in Einklang stehend, da kein angemessener und effektiver Rechtsschutz gegeben sei.[182] In einer anderen Konstellation führte die konkrete Ausgestaltung des an sich eröffneten Rechtsschutzes nach Ansicht des *Compliance Committee* zu einem Verstoß gegen die Verpflichtung, angemessenen und effektiven Rechtsschutz zu gewähren: Im spanischen Ausgangsverfahren verlangte der Beschwerdeführer die Aufhebung eines Parzellierungsplans. Das spanische Gericht befand jedoch, dass der Zeitpunkt für diese Klage zu früh gewählt gewesen sei und wies die Klage deswegen ab, insbesondere weil noch keine irreversiblen Einflüsse auf die Umwelt ausgemacht werden konnten, da das Bauen ohnehin noch von weiteren Entscheidungen abhängig gewesen sei.[183] Als das in Frage stehende Projekt schließlich bewil-

176 Vgl. zu den im Ansatz unterschiedlichen Konzepten objektiven und subjektiven Rechtsschutzes sowie ihren Implikationen, mwN, *Epiney/Reitemeyer*, in: GfU, Dokumentation zur 37. Wissenschaftlichen Fachtagung, 71 ff.
177 ACCC/C/2004/4 Ungarn, Rn. 14.
178 ACCC/C/2004/4 Ungarn, Rn. 8 lit. f. und Rn. 14. Das *Compliance Committee* weist aber darauf hin, dass auch eine Kombination bestimmter innerstaatlichen Regeln gegen Art. 9 Abs. 4 AK verstoßen könne, obwohl jede Regel für sich im Einklang mit der Konvention steht.
179 ACCC/C/2010/50 Tschechien, Rn. 3, 55 ff.
180 ACCC/C/2010/50 Tschechien, Rn. 57.
181 ACCC/C/2010/50 Tschechien, Rn. 87.
182 ACCC/C/2005/11 Belgien, Rn. 2, 30, 40.
183 ACCC/C/2008/24 Spanien, Rn. 1 ff.

ligt wurde, beantragte der Beschwerdeführer die Suspendierung des Entscheids, bis die Anhörungen durchgeführt worden sind. Hier kam das Gericht zum Schluss, dass dieses Begehren zu spät gestellt worden sei, da der Parzellierungsplan hätte angefochten werden müssen. Die nächste Instanz schützte diesen Entscheid. Das *Compliance Committee* erachtete dieses Vorgehen als nicht im Einklang mit der Aarhus-Konvention stehend, da in der Theorie zwar Rechtsschutz eröffnet sei, die konkrete Ausgestaltung jedoch dazu führe, dass er in der Praxis dann doch nicht offenstehe, so dass ein Verstoß Art. 9 Abs. 4 AK vorliege.[184] Dasselbe gelte für den Fall, dass die Behörden bzw. die Gerichte in der Praxis Beschwerden im Anwendungsbereich der Art. 9 abs. 1-3 AK systematisch zurückweisen, weil sie offensichtlich unbegründet oder nicht zulässig seien, da sie von minderer Bedeutung seien.[185]

Die Verfahren müssen zudem **„fair, gerecht, zügig** und **nicht übermäßig teuer**" ausgestaltet sein (Art. 9 Abs. 4 S. 1, zweiter Halbsatz AK).[186] 42

Fair und gerecht bedeutet, dass die entscheidende Institution unabhängig und unparteiisch, ohne voreingenommen zu sein bzw. eine Partei zu bevorzugen und ohne eigene Interessen zu berücksichtigen agieren muss; zudem muss eine Rechtsanwendung nach Treu und Glauben erfolgen.[187] Deutlich wird damit auch der enge Zusammenhang mit dem in Art. 3 Abs. 9 AK verankerten Diskriminierungsverbot,[188] wobei Vieles dafür spricht, dass aufgrund der Vorgabe eines fairen Verfahrens auch Diskriminierungen, die an andere Merkmale als die in Art. 3 Abs. 9 AK figurierenden anknüpfen (wie insbesondere Rasse, Hautfarbe, Geschlecht, Sprache, Religion, politische oder sonstige Anschauung, nationale oder soziale Herkunft, Vermögen, Geburt oder der sonstige Status),[189] nicht mit der Konvention in Einklang stehen.

Das *Compliance Committee* hatte sich bereits in einigen Konstellationen mit der Frage zu befassen, ob die Verfahren als fair und gerecht anzusehen waren:

- In einer „Grundsatzempfehlung" (ACCC/C/2008/33) hielt das *Compliance Committee* in Bezug auf die Frage, für wen denn eigentlich das Verfahren fair und gerecht ausgestaltet sein muss, fest, dass der Anspruchsberechtigte bzw. der Beschwerdeführer faire Bedingungen vorfinden müsse und nicht der Anspruchsgegner,[190] wobei sich diese allgemeine Aussage wohl in erster Linie dadurch erklären lässt, dass der Anspruchsgegner häufig eine Behörde sein wird.
- In ACCC/C/2011/57 brachte die beschwerdeführende Partei vor, dass es gegen das Fairnessgebot aus Art. 9 Abs. 4 AK verstoße, wenn Nichtregierungsorganisationen höhere Kosten auferlegt würden.[191] Dänemark hingegen begründete diese unterschiedliche Behandlung mit der erhöhten Solvenz von Nichtregierungsorganisationen, da sich diese oftmals in einer besseren finanziellen Lage befänden als Privatpersonen.[192] Die Kosten für

184 ACCC/C/2008/24 Spanien, Rn. 105 und 112.
185 ACCC/C/2008/31 Deutschland, Rn. 83.
186 Zum Verhältnis dieser Anforderungen zu Art. 9 Abs. 1 Uabs. 2 AK Art. 9 Rn. 16.
187 *Ebbesson et al.*, Aarhus Convention Implementation Guide, 212: Die Autoren betonen hier auch, dass dies ebenso für sämtliche Verfahren vor Verwaltungsbehörden und -gerichten gelte.
188 Zu diesem bereits oben Art. 3 Rn. 20.
189 Diese Aufzählung erfolgt in Anknüpfung an die menschenrechtlich geprägte Diskriminierungsverbote, vgl. insoweit Art. 2 Abs. 1 UNO-Pakt II.
190 ACCC/C/2008/27 Vereinigtes Königreich, Rn. 45; ACCC/C/2008/33 Vereinigtes Königreich, Rn. 135.
191 ACCC/C/2011/57 Dänemark, Rn. 30.
192 ACCC/C/2011/57 Dänemark, Rn. 34 f.

Nichtregierungsorganisationen waren bis zu sechsmal höher als jene für Privatpersonen.[193] Das *Compliance Committee* präzisierte daraufhin den Begriff der Fairness, wie dieser im Sinne von Art. 9 Abs. 4 AK zu verstehen sei: Fair bedeute, dass das Verfahren und der eigentliche Entscheid als Abschluss des Verfahrens durch die entscheidende Institution unparteiisch und frei von Vorurteilen, Bevorzugungen oder Eigeninteressen sein müssten. Dieser Grundsatz sei denn auch für alle Personen gleich anzuwenden, wobei eine Unterscheidung zwischen einer Privatperson und einer juristischen Person nicht zwingendermaßen als unfair einzustufen sei. Demzufolge kommt das *Compliance Committee* zum Schluss, dass dieser Aspekt von Art. 9 Abs. 4 AK nicht verletzt sei und deshalb nicht von einem unfairen Verfahren ausgegangen werden könne.

- In ACCC/C/2004/6 stellt das *Compliance Committee* einen Verstoß Kasachstans gegen das Gebot der Fairness fest, weil der Beginn der Anhörungen nicht genügend kommuniziert worden sei.[194] Weiter habe auch die fehlende Mitteilung der getroffenen Entscheidung an den Beschwerdeführer nicht mit dem Gebot der Fairness und somit Art. 9 Abs. 4 AK in Einklang gestanden.[195]
- Auch die Frage der Art und Weise der Erhebung von Prozesskosten oder deren Aufteilung auf die am Verfahren Beteiligten war unter dem Gesichtspunkt eines fairen und gerechten Verfahrens verschiedentlich Gegenstand von Verfahren vor dem *Compliance Committee*, wobei dieses insbesondere hervorhebt, der Umstand, dass es sich bei der Öffentlichkeitsbeteiligung in Umweltangelegenheiten zumindest auch um ein öffentliches Interesse handelt, müsse in diesem Zusammenhang berücksichtigt werden.[196]
- Weiter verstößt eine innerstaatliche Regelung, welche dazu führt, dass kleineren Nichtregierungsorganisationen durch finanzielle Hindernisse die Wahrnehmung von Rechtsschutz erheblich erschwert wird, nach Ansicht des *Compliance Committee* gegen die Vorgabe der Gewährleistung eines fairen und gerechten Verfahrens.[197] Parallele Grundsätze kämen in Bezug auf den Zugang zu Rechtshilfe für kleinere Nichtregierungsorganisationen zum Zuge: So sah die spanische Regelung vor, dass es kleineren Nichtregierungsorganisationen praktisch nicht möglich war, erfolgreich Rechtshilfe zu beantragen, da die Voraussetzungen dafür viel zu hoch angesetzt waren.[198] Das *Compliance Committee* hielt auch diese Regelung für nicht mit Art. 9 Abs. 4 AK und dem darin statuierten Recht auf ein faires und gerechtes Verfahren vereinbar.
- Schließlich beschäftigte sich das *Compliance Committee* auch mit dem zeitlichen Rahmen in Zusammenhang mit der Fairness: Im Ausgangsverfahren machte der Kläger geltend, eine Frist von drei Monaten für die Ergreifung eines Rechtmittels sei zu kurz, dies auch und gerade deshalb, weil diese Frist nur eine Obergrenze darstelle und ein Rechtsmittel grundsätzlich (*prompt*) direkt ergriffen werden müsse, so dass letztlich kein gerechter bzw. fairer Prozess im Sinne des Art. 9 Abs. 4 AK gewährleistet

193 ACCC/C/2011/57 Dänemark, Rn. 43.
194 ACCC/C/2004/6 Kasachstan, Rn. 28.
195 ACCC/C/2004/6 Kasachstan, Rn. 29 und 35.
196 Vgl. ACCC/C/2008/27 Vereinigtes Königreich, Rn. 45; s. ansonsten zum Problemkreis der Modalitäten der Prozesskostenerhebung sowie ihrer Verteilung ACCC/C/2008/23 Vereinigtes Königreich, Rn. 21, 52; ACCC/C/2008/24 Spanien, Rn. 110.
197 ACCC/C/2009/36 Spanien, Rn. 74.
198 ACCC/C/2009/36 Spanien, Rn. 15, 66.

sei.[199] Nach Ansicht des *Compliance Committee* seien drei Monate grundsätzlich ausreichend, und im Übrigen werde dies in anderen Staaten ähnlich gehandhabt, so dass insgesamt kein Verstoß gegen die Konvention festgestellt werden könne.[200] Hingegen trage es der Vorgabe eines fairen Verfahrens nicht Rechnung, dass den Gerichten ein erheblicher Spielraum zukam, diese dreimonatige Frist zu kürzen und dass zweitens der Beginn der Frist nicht klar festgelegt sei.[201] Denn damit gehe eine große Unsicherheit für die klagende Partei einher, die in Konflikt mit dem Anliegen der Rechtssicherheit stehe (die das *Compliance Committee* offenbar als Bestandteil des Rechts auf ein faires Verfahren ansieht).[202]

Zügig ist ein Verfahren, wenn es nicht ungebührlich in die Länge gezogen wird,[203] wobei sich diese Anforderung auf das Rechtsschutz- bzw. Überprüfungsverfahren beschränkt[204] und sich im Übrigen nicht auf die Beschwerde- oder Klagefrist (die im Rahmen der Anforderung eines fairen und gerechten Verfahrens relevant sind),[205] sondern lediglich auf die Verfahrenslänge als solche bezieht. Zwar steht den Vertragsstaaten angesichts der Unbestimmtheit des Begriffs der Zügigkeit (auch) hier ein gewisser Gestaltungsspielraum zu. Diesem sind jedoch durchaus Grenzen gesetzt, so dass Art. 9 Abs. 4 in Bezug auf die Zügigkeit des Verfahrens trotz des eingeräumten Spielraums gewisse Mindeststandards zu entnehmen sind.[206] Allerdings kann aus dieser Vorgabe auch nach der Spruchpraxis des *Compliance Committee* keine allgemeine Höchstdauer für ein Verfahren abgeleitet werden.[207] Vielmehr legt die Spruchpraxis nahe, dass in Bezug auf die Frage, ob ein Verfahren die Anforderung der Zügigkeit verletzt, die Umstände des Einzelfalls heranzuziehen

199 ACCC/C/2008/33 Vereinigtes Königreich, Rn. 80 ff.
200 ACCC/C/2008/33 Vereinigtes Königreich, Rn. 138.
201 ACCC/C/2008/33 Vereinigtes Königreich, Rn. 138.
202 ACCC/C/2008/33 Vereinigtes Königreich, Rn. 138 und 143.
203 Eine solche ungebührliche Verzögerung liegt nach dem *Compliance Committee* etwa dann vor, wenn eine Entscheidung nicht innerhalb einer eher kurzen Frist den Parteien zugestellt wird, vgl. ACCC/C/2004/6 Kasachstan, Rn. 29. Die Betroffenen beschwerten sich in diesem Verfahren darüber, dass bei der Überprüfung ihrer Beschwerde eine nicht zu rechtfertigende Verzögerung stattgefunden habe, da sie nicht zu den Anhörungen geladen worden waren, so dass die Klagenden gar nicht anwesend waren und dass ihnen die Entscheidung gar nicht mitgeteilt worden sei, vgl. ACCC/C/2004/6 Kasachstan, Rn. 28, 49.
204 So dass es sich nicht auf das Zugangsrecht zu Umweltinformationen bzw. die Öffentlichkeitsbeteiligung nach Art. 4, 6 AK bezieht. Soweit jedoch ein verschlepptes Verfahren gemäß Art. 4, 6 AK einen Einfluss auf den Rechtsschutz und das zügige Verfahren in diesem Zusammenhang entfalten kann, ist der Anwendungsbereich des Art. 9 Abs. 4 AK eröffnet. Vgl. dazu etwa ACCC/C/2010/48 Österreich, Rn. 30 und 58 f.: In diesem Verfahren dauerte es 13 bis 14 Monate bis der negative Entscheid über den Zugang zu Umweltinformationen formell dem Zugangssuchenden mitgeteilt wurde. Da dieser erst zu diesem Zeitpunkt ein Rechtsmittel einlegen konnte, war die Zügigkeit des Verfahrens betroffen, wobei das *Compliance Committee* angesichts dieser Dauer einen Verstoß gegen diese Anforderung feststellte.
205 S. insoweit ACCC/C/2008/33 Vereinigtes Königreich (soeben im Text).
206 ACCC/C/2010/48 Österreich, Rn. 58.
207 Zwar bezog sich ACCC/C/2010/48 Österreich, auf eine Dauer von 13-14 Monaten (die als zu lang erachtet wurde); allerdings stand hier auch die Verzögerung der behördlichen Entscheidung über den Zugang zu Umweltinformationen in Frage, so dass sich hieraus nicht allgemein ableiten lässt, eine länger als ein Jahr dauernde Verfahrensdauer sei grundsätzlich nicht „zügig" im Sinn des Art. 9 Abs. 4 AK. Keine Aussagen hierzu sind auch ACCC/C/2010/51 Rumänien, Rn. 59, zu entnehmen, obwohl die Thematik angesprochen wurde.

sind, so dass keine „starren“ zeitlichen Vorgaben formuliert werden können, sondern eine fallspezifische Betrachtung notwendig ist.[208] Im Übrigen kann bei der Frage nach der hinreichenden Zügigkeit des Verfahrens auch die Rechtsprechung des EGMR zu Art. 6 EMRK herangezogen werden, so insbesondere in Bezug auf die Kriterien, die bei der Frage nach der hinreichenden Zügigkeit eines Verfahrens zu berücksichtigen sind (zB Komplexität der tatsächlichen und rechtlichen Gegebenheiten oder die Bedeutung des Ausgangs des Verfahrens für den Beschwerdeführer).[209]

Die Anforderung, ein Verfahren dürfe nicht **„übermäßig teuer“** sein (eine Vorgabe, die in engem Zusammenhang mit der Anforderung eines angemessenen und gerechten Verfahrens steht), soll in erster Linie dazu dienen, die Öffentlichkeit nicht durch übermäßig hohe Kosten von der Initiierung eines Verfahrens fernzuhalten. Sehr hohe Prozesskosten stellen nämlich in vielen Staaten eines der Haupthindernisse für den gerichtlichen Zugang dar.[210] Auch die Frage, was als „übermäßig teuer“ anzusehen ist, kann nicht generell-abstrakt für alle Verfahren beantwortet werden, und im Übrigen ist den Vertragsstaaten auch bei diesem Kriterium ein gewisser Gestaltungsspielraum einzuräumen, wobei die Vorgabe jedoch gleichzeitig impliziert, dass ein Mindeststandard einzuhalten ist.[211]

Anhaltspunkte für die Präzisierung des hier anzulegenden Maßstabs bzw. derjenigen Kriterien, welche bei der Beantwortung der Frage, ob ein Verfahren „übermäßig teuer“ ist, zu berücksichtigen sind, ergeben sich zunächst aus der Rechtsprechung des EuGH, der diese Vorgabe im Zusammenhang mit ihrer Umsetzung in der RL 2011/92 (UVP-Richtlinie) zu erörtern hatte, wobei er in dem hier wegweisenden Urteil in der Rs. C-260/11[212] ausdrücklich auch auf die Aarhus-Konvention Bezug nahm und insbesondere auf das zu berücksichtigende Anliegen der Konvention, einen weiten gerichtlichen Zugang zu gewähren, hinwies. Im Einzelnen hielt der Gerichtshof insbesondere Folgendes fest:

- Die (auf der Grundlage des Unionsrechts zu beantwortende) Frage danach, ob ein Verfahren „übermäßig teuer“ ist, sei auf der Basis einer Gesamtschau aller der betreffenden Partei anfallenden Kosten (seien doch alle finanziellen Aufwendungen zu berücksichtigen, die durch eine Beteiligung an einem Gerichtsverfahren verursacht werden) zu beantworten.
- Die Kosten dürften nicht so hoch sein, dass Mitglieder der Öffentlichkeit an der Ergreifung von Rechtsmitteln gehindert würden. Die Verurteilung zur Tragung von Kosten (die nicht *per se* unzulässig sei), die Festlegung

208 S. zB ACCC/C/2011/62 Armenien, Rn. 38, wo das *Compliance Committee* festhielt, eine Verfahrensdauer von über einem Jahr vor einem höchstinstanzlichen Gericht stelle keine Seltenheit dar und sei nicht *per se* übermäßig lang. S. auch ACCC/C/2008/24 Spanien, Rn. 112.

209 In diese Richtung ACCC/C/2012/69 Rumänien, Rn. 40 ff.

210 *Ebbesson et al.*, Aarhus Convention Implementation Guide, 214.

211 S. in diesem Zusammenhang *Ebbesson et al.*, Aarhus Convention Implementation Guide, 214, die betonen, dass die Vertragsstaaten in der Wahl der Mittel zur Erreichung des Ziels, übermäßig teure Verfahren zu verhindern, relativ frei seien; ihnen komme hier ein erheblicher Ermessensspielraum zu. Sie seien jedoch an das vorgegebene Ziel gebunden; zwar gebe der bloße Hinweis auf „übermäßige Kosten“ keinen Aufschluss über dessen genauen Gehalt, was nichts daran ändere, dass die Vorgabe aber direkt und unbedingt formuliert sei.

212 EuGH, Rs. C-260/11 (Edwards), ECLI:EU:C:2013:221. S. auch EuGH, Rs. C-530/11 (Kommission/Vereinigtes Königreich), ECLI:EU:C:2014:67, in der die hier interessierenden Aspekte im Wesentlichen bestätigt werden.

derselben oder die Gewährung von Prozesskostenhilfe habe vor diesem Hintergrund zu erfolgen.

- Im Einzelnen seien bei der Beurteilung sowohl objektive als auch subjektive Elemente zu berücksichtigen, da sowohl das Interesse desjenigen, der seine Rechte geltend machen möchte, als auch das mit dem Umweltschutz verbundene Allgemeininteresse relevant seien. Daher dürften die Kosten eines Verfahrens nicht die finanziellen Möglichkeiten des konkret Betroffenen übersteigen (wobei die Lage der betroffenen Parteien, die Erfolgsaussichten, die Bedeutung des Rechtsstreits, die Komplexität der Rechtslage sowie der möglicherweise mutwillige Charakter des Rechtsbehelfs berücksichtigt werden dürften) und in keinem Fall objektiv unangemessen sein. Keine Rolle dürfe es vor dem Hintergrund des Ziels, einen weiten gerichtlichen Zugang zu sichern, spielen, ob die Rechtssache mehrere Instanzen durchlaufen kann, so dass das Erfordernis, dass das gerichtliche Verfahren nicht übermäßig teuer ist, nicht in Abhängigkeit der Instanzen unterschiedlich ausgelegt werden dürfe. Auch dürfe allein die Tatsache, dass der Beschwerdeführer tatsächlich an seiner Klage festhält, nicht dahin gehend ausgelegt werden, dass das Verfahren für ihn monetär tragbar sei.
- Schließlich müsse – wie der EuGH in einem späteren Urteil[213] präzisierte – die Höhe der Kosten vorhersehbar sein.

Zwar bleibt auch auf dieser Grundlage noch ein durchaus beachtlicher Gestaltungsspielraum, sind die Kriterien doch recht offen und weitmaschig formuliert, so etwa, wenn auf die „objektive Unangemessenheit" abgestellt wird. Gleichwohl werden aber zumindest die zu berücksichtigenden Kriterien geklärt. Nicht ausdrücklich beantwortet wird die Frage, ob das Gebot, dass die Verfahren nicht übermäßig teuer sein dürfen, auch impliziert, dass die Mitgliedstaaten ein funktionierendes System der Prozesskostenhilfe vorsehen müssen. Vieles dürfte aber für die Bejahung dieser Frage sprechen: Denn wenn der konkret involvierte Kläger (verlangt der EuGH doch eine Berücksichtigung der Umstände des Einzelfalls) nicht durch zu hohe Kosten von einer Klageerhebung „abgeschreckt" werden darf (wie der Gerichtshof betont), so kann diesem Anliegen nur dadurch Rechnung getragen werden, dass ggf. (dh, wenn der Kläger eben nicht über ausreichende Mittel verfügt) eine Prozesskostenhilfe zur Verfügung steht. Dieser Ansatz wird auch durch Effektivitätserwägungen – auf die auch der Gerichtshof maßgeblich zurückgreift – gestützt.

Auch das *Compliance Committee* hatte sich bereits in einigen Konstellationen mit der genauen Tragweite der Vorgabe, ein Verfahren dürfe nicht übermäßig teuer sein, zu befassen:

- So sah sich das *Compliance Committee* in ACCC/C/2008/24 mit der Frage konfrontiert, ob für ein mehrinstanzliches Verfahren die Kosten von 2'148 EUR alleine dem Beschwerdeführer auferlegt werden dürfen oder ob dies bereits als übermäßig zu qualifizieren ist, dies auch in Anbetracht des Umstands, dass dieser Betrag dem monatlichen Budget einer lokal ansässigen Familie entspreche und deshalb übermäßig sei.[214] Nach Ansicht des *Compliance Committee* erlaubten die dargelegten konkreten Umstände jedoch nicht, auf das Vorliegen übermäßiger Kosten zu schließen.[215] Gleichzeitig betonte das *Compliance Committee*, dass ein Vertragsstaat Maßnahmen treffen müsse, um übermäßig hohe Kosten in Verfahren,

213 EuGH, Rs. C-530/11 (Kommission/Vereinigtes Königreich), ECLI:EU:C:2014:67.
214 ACCC/C/2008/24 Spanien, Rn. 106 f.
215 ACCC/C/2008/24 Spanien, Rn. 107.

welche sowohl eine Behörde des jeweiligen Staates als auch ein die Aarhus-Konvention berührendes Verfahren betreffen, zu verhindern.[216]

- In einem anders gelagerten Fall (ACCC/C/2008/23) entschied das *Compliance Committee*, dass Prozesskosten in der Höhe von 5'130 £ exklusive aufgelaufene Zinsen im vorliegenden Fall nicht übermäßig teuer im Sinne von Art. 9 Abs. 4 AK seien, diese Summe in anderen Fällen jedoch durchaus als übermäßig teuer eingestuft werden könnte.[217] Deutlich wird damit die große Bedeutung der Umstände des Einzelfalls.
- Im Verfahren in ACCC/C/2008/27 ging es um die Summe von 39'454 £, welche als Kosten durch den Beschwerdeführer hätten bezahlt werden müssen. Hier entschied das *Compliance Committee*, dass dieser Betrag als übermäßig einzustufen sei und deshalb ein Verstoß gegen Art. 9 Abs. 4 vorliege, wobei auch die einseitige und unfaire Verteilung der Kosten eine wichtige Rolle spielte.[218]
- In ACCC/C/2008/33 stellte das *Compliance Committee* letztlich deshalb einen Verstoß gegen Art. 9 Abs. 4 AK fest, weil der Ermessensspielraum, welcher den Gerichten in Bezug auf die Auferlegung der Kosten eingeräumt wird, zu einem nicht zu unterschätzenden Maß an Unsicherheiten führe und die Höhe der Kosten daher nicht vorhersehbar sei.[219]
- Gegen Dänemark wurde eine Mitteilung an das *Compliance Committee* gerichtet (ACCC/C/2011/57), in der beklagt wurde, dass Nichtregierungsorganisationen höhere Gebühren zu leisten hätten und diese über die Dauer als übermäßig teuer anzusehen seien.[220] Die Vertreter Dänemarks verneinten dies und begründeten die höheren Kosten mit der Tatsache, dass sie ein einkommensstarkes Land seien.[221] Dieses Argument ist jedoch nach Ansicht des *Compliance Committee* nicht stichhaltig, dies in erster Linie, weil der erwähnte Aspekt keinerlei Einflüsse auf die finanzielle Ausstattung einer Nichtregierungsorganisation entfalte. Bemerkenswert ist hier, dass das *Compliance Committee* einen Vergleich zu den Kosten anderer Verfahren innerhalb der dänischen Rechtsordnung zieht. Als Vergleichsbasis dienten Verfahren bei Rechten von Patienten, Verfahren im Zusammenhang mit den Rechten von Konsumenten, Energieversorgung und Steuerfragen.[222] All diese Verfahren waren entweder kostenfrei oder die Kosten erreichten nie die 3'000 DKK-Marke. Hingegen waren Verfahren in den Bereichen des Wettbewerbsrechts, Patent- und Markenrechts – allesamt kommerzielle Interessen betreffend – teurer.[223] Daraus zog das *Compliance Committee* die Schlussfolgerung, dass 3'000 Dänische Kronen für Nichtregierungsorganisationen für Beschwerden vor dem *Danish Nature and Environmental Appeal Board* als übermäßig teuer anzusehen seien, auch weil in diesem Fall in erster Linie keine kommerziellen Rechte

216 ACCC/C/2008/24 Spanien, Rn. 108.
217 ACCC/C/2008/23 Vereinigtes Königreich, Rn. 41.
218 ACCC/C/2008/27 Vereinigtes Königreich, Rn. 44.
219 ACCC/C/2008/33 Vereinigtes Königreich, insbesondere Rn. 23, 35, 92 f., 129 ff. Ebenso bzw. auf ACCC/C/2008/33 verweisend ACCC/C/2010/45 Vereinigtes Königreich, Rn. 13, 20 lit. b, 86. S. insoweit auch EuGH, Rs. C-530/11 (Kommission/Vereinigtes Königreich), ECLI:EU:C:2014:67, wo der EuGH in Bezug auf eine solche Regelung eine nicht hinreichend klare und bestimmte Umsetzung der unionsrechtlichen Vorgaben feststellte. Zu diesem Urteil insoweit *Epiney*, EurUP 2015. 47 f.
220 ACCC/C/2011/57 Dänemark, Rn. 30.
221 ACCC/C/2011/57 Dänemark, Rn. 31.
222 ACCC/C/2011/57 Dänemark, Rn. 51.
223 ACCC/C/2011/57 Dänemark, Rn. 51.

betroffen seien, die gegebenenfalls höhere Kosten rechtfertigen könnten.[224]

2. Schriftlichkeit und Öffentlichkeit

Die Entscheidungen – wobei sämtliche Verfahren, die in den Anwendungsbereich von Art. 9 Abs. 1-3 AK fallen, erfasst sind – der mit den jeweiligen Verfahren betrauten Organe sind **schriftlich** festzuhalten (Art. 9 Abs. 4 AK). Bemerkenswert ist in diesem Zusammenhang, dass keine schriftliche Zustellung an die Parteien vorgesehen ist. Falls eine Entscheidung den Parteien jedoch gar nicht mitgeteilt wird, verstößt dies gemäß dem *Compliance Committee* wegen der Nichtbeachtung der Gebote der Fairness und des zügigen Verfahrens gegen Art. 9 Abs. 4 AK,[225] wobei unklar bleibt, ob diese Mitteilung an die Parteien schriftlich erfolgen muss. 43

Jedenfalls müssen die Entscheidungen aber **öffentlich zugänglich** sein. Für gerichtliche Entscheidungen gilt dies vorbehaltlos, für Entscheidungen nicht gerichtlicher Organe mit der Einschränkung, wann immer dies möglich ist (Art. 9 Abs. 4 AK). 44

Die Verwendung des Begriffes „möglichst" („whenever possible") indiziert, dass bei nicht gerichtlichen Entscheidungen eine Interessenabwägung vorgenommen werden muss: Falls die Interessen der einen Partei oder auch ein Geheimhaltungsinteresse behördlicherseits klar das öffentliche Interesse überwiegt, kann eine Nichtveröffentlichung eines Entscheides durchaus gerechtfertigt sein.

Eine nur auszugsweise Veröffentlichung der Entscheidungen aus datenschutzrechtlichen Gründen verstößt nach Ansicht des *Compliance Committee* nicht gegen Art. 9 Abs. 4 AK.[226]

Sowohl die Schriftlichkeit als auch die öffentliche Zugänglichkeit der Verfahren bzw. der Entscheidungen nach Art. 9 Abs. 1-3 AK stellen durchaus **zentrale Bestandteile des Rechts auf Zugang zu Gerichten** in Umweltangelegenheiten dar. Einerseits liegt mit der Schriftlichkeit – obwohl die Konvention keine schriftliche Begründung verlangt – ein klares, anfechtbares Objekt vor, womit auch der Rechtssicherheit Vorschub geleistet wird. Andererseits dient die öffentliche Zugänglichkeit gerade auch der Information der interessierten Öffentlichkeit, ein Aspekt, der insbesondere auch für Nichtregierungsorganisationen von großer Bedeutung ist. 45

3. „Flankierende" Maßnahmen

Die **Effektivität** des Zugangs zu gerichtlichen und anderen Überprüfungsverfahren nach Art. 9 soll außerdem durch zweierlei Verpflichtungen bzw. Absichten gefördert werden (Art. 9 Abs. 5 AK): 46

- Die Öffentlichkeit muss über den Zugang zu gerichtlichen und behördlichen Überprüfungsverfahren **informiert** werden.

  Diese Verpflichtung ist im Zusammenhang mit einigen anderen, in eine ähnliche Richtung gehenden Vorgaben der Konvention zu sehen: So bezieht sich die in Art. 3 Abs. 3 AK geregelte Umwelterziehung und die Förderung des

224 ACCC/C/2011/57 Dänemark, Rn. 52.
225 ACCC/C/2004/6 Kasachstan, Rn. 29.
226 ACCC/C/2010/51 Rumänien, insbesondere Rn. 103.

Umweltbewusstsein auch auf den gerichtlichen Zugang, was gewisse Informationspflichten implizieren dürfte.[227] Nach Art. 4 Abs. 7 AK ist im Falle der (teilweisen) Ablehnung eines Antrags auf Zugang zu Umweltinformationen über den Rechtsschutz zu informieren. Art. 5 Abs. 7 lit. b) AK sieht vor, dass die Vertragsparteien der Öffentlichkeit verfügbares erläuterndes Material in Bezug auf vom Anwendungsbereich der Konvention erfasste Angelegenheiten zugänglich machen. In den übrigen Bestimmungen (insbesondere Art. 6, 7, 8 AK) sind solche spezifischen Pflichten nicht enthalten, wobei es den Vertragsparteien aber selbstredend frei steht, entsprechende Informationspflichten vorzusehen.[228] Deutlich wird damit auch, dass die aktive Information durch die Behörde im Rahmen der verschiedenen Bestimmungen der Konvention unterschiedlich ausfallen kann bzw. der Präzisionsgrad variiert.[229] So ist Art. 5 Abs. 7 lit. b) AK um einiges allgemeiner redigiert als Art. 4 Abs. 7 AK. Jedenfalls kommt Art. 9 Abs. 5 AK im Verhältnis zu den genannten Bestimmungen zusätzlich zur Anwendung, ist er doch allgemein gefasst.[230]

- Jede Vertragspartei „erwägt“, **angemessene Unterstützungsmechanismen** zu schaffen, um finanzielle und andere Hindernisse für den Gerichtszugang zu beseitigen oder zu verhindern.

Auch diese Bestimmung weist Bezüge zu anderen Vorgaben der Konvention auf, so insbesondere zu derjenigen in Art. 9 Abs. 4 AK, wonach die Verfahren nicht übermäßig teuer sein dürfen. Darüber hinaus kann auf Art. 9 Abs. 4 AK hingewiesen werden, da ein effektiver und gerechter Rechtsschutz voraussetzt, dass neben diesen finanziellen Hindernissen auch andere Hindernisse beseitigt werden sollen. Zwar wird nicht spezifiziert, was unter „anderen Hindernissen“ zu verstehen ist. Vor dem Hintergrund des Anliegens der Effektivität des Rechtsschutzes ist jedoch davon auszugehen, dass dieser Begriff sehr weit auszulegen ist und in diesem Sinne alle potenziellen Hindernisse beim Zugang zum Rechtsschutz erfasst sind, so ua eine eingeschränkte Aktivlegitimitation, fehlende Informationen in der Öffentlichkeit, Schwierigkeiten, juristischen Rat zu erlangen, keine klaren Überprüfungsverfahren, fehlende Unparteilichkeit und Unabhängigkeit der Spruchkörper, fehlendes Bewusstsein der rechtsprechenden Behörden über die Rechte der Öffentlichkeit aufgrund des Umweltrechts im Allgemeinen und der Konvention im Speziellen, schwache Durchsetzung der Rechtsprechung und schwierige Nachweisbarkeit von Verletzungen des Umweltrechts ohne umweltrechtliche Standards.[231]

Sodann ist an Art. 3 Abs. 2 AK zu erinnern, der die Vertragsstaaten – allerdings in sehr allgemeiner Form – verpflichtet dafür zu sorgen, dass die Behörden die Öffentlichkeit beim Zugang zu Gerichten unterstützen und diesen Zugang erleichtern.[232]

Das *Compliance Committee* befasste sich bislang kaum mit Art. 9 Abs. 5 AK, was auch damit zusammenhängen mag, dass das Anliegen dieser Bestimmung bereits in anderen Vorgaben der Konvention aufgegriffen wird. Hinzuweisen ist aber auf folgende Empfehlungen:

227 Zu Art. 3 Abs. 3 AK Art. 3 Rn. 9 f.
228 S. auch *Ebbesson et al.*, Aarhus Convention Implementation Guide, 217.
229 *Ebbesson et al.*, Aarhus Convention Implementation Guide, 216.
230 Das *Compliance Committee* hatte sich bislang noch nicht eigens mit dieser Vorgabe befasst. In ACCC/C/2010/45 Vereinigtes Königreich, Rn. 60, wurde die Frage zwar aufgeworfen, aber letztlich nicht behandelt.
231 Vgl. dazu auch *Ebbesson et al.*, Aarhus Convention Implementation Guide, 217.
232 Zu dieser Bestimmung Art. 3 Rn. 6 f.

- In ACCC/C/2008/33 hatte sich das *Compliance Committee* mit dem Zugang zum Rechtsschutz im Vereinigten Königreich auseinanderzusetzen. Es hielt hier fest, das in Frage stehende System sei nicht nur übermäßig teuer im Sinn des Art. 9 Abs. 4 AK, sondern verstoße damit auch gegen die Verpflichtung der Staaten, finanzielle und andere Hindernisse beim Zugang zum Rechtsschutz abzubauen. Damit bejahte das *Compliance Committee* im vorliegenden Fall einen Verstoß gegen Art. 9 Abs. 5 AK, gerade weil das System als solches nicht darauf ausgerichtet sei, finanzielle Hindernisse abzubauen.[233] Daraus lässt sich die Schlussfolgerung ziehen, dass ein als übermäßig teuer anzusehendes Verfahren gleichzeitig einen Verstoß gegen Art. 9 Abs. 5 AK impliziert, weil Hindernisse finanzieller Art nicht beseitigt wurden. Darüber hinaus hielt das *Compliance Committee* in ACCC/C/2008/33 fest, dass das System des Rechtsschutzes des Vereinigten Königreichs als Ganzes gegen Art. 9 Abs. 5 AK verstoße, da es nicht darauf ausgerichtet sei, die durch Art. 9 Abs. 5 AK verpönten Hindernisse abzubauen.[234]
- Im Verfahren ACCC/C/2009/36 hatte sich das *Compliance Committee* zu der Frage zu äußern, ob eine innerstaatliche Regelung, wonach Nichtregierungsorganisationen nur von einer Befreiung der Prozesskosten profitieren können, wenn diese nicht mit öffentlichen Geldern unterstützt werden, gegen Art. 9 Abs. 5 AK verstößt.[235] Spanien wies hier darauf hin, es gehe um ein voll funktionsfähiges System, und die Beschwerdeführer hätten zuerst die Möglichkeit, ein Verwaltungsverfahren zu initiieren, welches auf jeden Fall kostenfrei sei.[236] Das *Compliance Committee* hingegen kam auch hier zum Schluss, dass dies nichts daran ändere, dass die rechtlichen und finanziellen Hindernisse nicht beseitigt wurden, so dass die spanische Regelung gegen Art. 9 Abs. 5 AK verstoßen habe.[237] Bei der Einräumung des Rechts auf Prozesskostenhilfe gehe es gerade darum, den finanziell Schwachen zu helfen, womit ihre ungerechtfertigte Verweigerung eine finanzielle Barriere im Sinne von Art. 9 Abs. 5 AK darstelle.
- In einer weiteren Empfehlung stand ein in Dänemark neu eingeführtes Kostensystem für Rechtsmittelverfahren zur Debatte. Dieses stelle – so der Beschwerdeführer – keinen Unterstützungsmechanismus im Sinne des Art. 9 Abs. 5 AK dar; es diene insbesondere nicht der Abschaffung von finanziellen Hindernissen, sondern bewirke gerade das Gegenteil, da es darum gehe, (neue) Gebühren zu erheben, so dass eine Verletzung von Art. 9 Abs. 5 AK vorliege.[238] Das *Compliance Committee* ging jedoch auf diesen Aspekt nicht ein, dies obwohl Dänemark auf den Wortlaut des Art. 9 Abs. 5 AK Bezug nimmt, wonach die Vertragspartei solche Unterstützungsmaßnahmen lediglich zu prüfen habe und nicht verpflichtet sei, diese auch umzusetzen. Denn es liege bereits ein Verstoß gegen Art. 9 Abs. 4 AK vor, so dass sich eine detaillierte Auseinandersetzung mit Art. 9 Abs. 5 erübrige.[239] Diese Zurückhaltung ist sehr zu bedauern, hat das *Compliance Committee* doch eine Gelegenheit verpasst oder bewusst nicht wahrgenommen, den Gehalt von Art. 9 Abs. 5 AK zu erörtern und angesichts der relativ offenen Formulierung zu konkretisieren.

233 ACCC/C/2008/33 Vereinigtes Königreich, Rn. 136.
234 ACCC/C/2008/33 Vereinigtes Königreich, Rn. 136 und 142.
235 ACCC/C/2009/36 Spanien, Rn. 47.
236 ACCC/C/2009/36 Spanien, Rn. 47.
237 ACCC/C/2009/36 Spanien, Rn. 66.
238 ACCC/C/2011/57 Dänemark, Rn. 36.
239 ACCC/C/2011/57 Dänemark, Rn. 53.

47 Insgesamt kommt Art. 9 Abs. 5 AK in der **Praxis keine große Relevanz** zu. Dies hängt wohl einerseits mit der geringen normativen Dichte der Bestimmung zusammen, sind die Verpflichtungen der Vertragsstaaten doch denkbar weitmaschig formuliert. Andererseits befasste sich auch das *Compliance Committee* bislang kaum im Einzelnen mit dieser Bestimmung, was in erster Linie damit zusammenhängen dürfte, dass jeweils auch noch andere, etwas präziser formulierte Vorgaben der Konvention einschlägig waren. Dies schließt jedoch nicht aus, dass Konstellationen denkbar sind, in denen gegen die Vorgaben dieser Bestimmung verstoßen wird. Tatsache ist jedoch, dass Art. 9 Abs. 5 AK wenig präzise ist und die Vertragsparteien eben nicht zu Unterstützungsmaßnahmen, welche Hindernisse (finanzieller oder sonstiger Art) im Hinblick auf einen effektiven Rechtsschutz zu beseitigen oder zu verringern vermögen, verpflichtet. Gerade dies wäre aber im Hinblick auf die Effektivität des Rechtsschutzes in Umweltangelegenheiten – das zentrale Anliegen des gesamten Art. 9 AK – hilfreich.

Artikel 10 Tagung der Vertragsparteien

(1) Die erste Tagung der Vertragsparteien wird spätestens ein Jahr nach Inkrafttreten dieses Übereinkommens einberufen. Danach finden ordentliche Tagungen der Vertragsparteien mindestens alle zwei Jahre statt, es sei denn, die Vertragsparteien haben etwas anderes beschlossen oder eine Vertragspartei ersucht schriftlich um einen früheren Termin; allerdings muss dieses Ersuchen innerhalb von sechs Monaten, nachdem es vom Exekutivsekretär der Wirtschaftskommission der Vereinten Nationen für Europa allen Vertragsparteien mitgeteilt wurde, von mindestens einem Drittel der Vertragsparteien unterstützt werden.

(2) Auf ihren Tagungen überprüfen die Vertragsparteien auf der Grundlage regelmäßiger Berichterstattung durch die Vertragsparteien ständig die Durchführung dieses Übereinkommens; vor diesem Hintergrund

a) überprüfen sie die Politiken sowie rechtliche und methodische Konzepte für den Zugang zu Informationen, für die Öffentlichkeitsbeteiligung an Entscheidungsverfahren und für den Zugang zu Gerichten in Umweltangelegenheiten im Hinblick auf ihre weitere Verbesserung;

b) tauschen sie Informationen über ihre Erfahrungen aus dem Abschluss und der Durchführung zweiseitiger und mehrseitiger Übereinkünfte oder sonstiger Vereinbarungen aus, die für die Zwecke dieses Übereinkommens von Belang sind und deren Vertragsparteien eine oder mehrere von ihnen sind;

c) erbitten sie gegebenenfalls die Dienste der zuständigen ECE-Gremien sowie sonstiger zuständiger internationaler Gremien und Fachausschüsse für alle Fragen im Zusammenhang mit der Erfüllung der Zwecke dieses Übereinkommens;

d) setzen sie, wenn sie dies für notwendig erachten, Nebengremien ein;

e) erarbeiten sie gegebenenfalls Protokolle zu diesem Übereinkommen;

f) prüfen sie nach Artikel 14 Vorschläge zur Änderung dieses Übereinkommens und nehmen sie an;

g) prüfen und treffen sie zusätzliche Maßnahmen, die sich zur Erfüllung des Zwecks dieses Übereinkommens als notwendig erweisen könnten;
h) beraten sie auf ihrer ersten Tagung eine Geschäftsordnung für ihre Tagungen und für die Tagungen von Nebengremien und beschließen sie durch Konsens;
i) überprüfen sie auf ihrer ersten Tagung ihre Erfahrungen bei der Durchführung des Artikels 5 Absatz 9 und prüfen, welche Maßnahmen notwendig sind, um das in dem genannten Absatz erwähnte System unter Berücksichtigung internationaler Vorgänge und Entwicklungen weiterzuentwickeln; dazu gehört die Ausarbeitung eines angemessenen Instruments betreffend Register oder Verzeichnisse zur Erfassung der Umweltverschmutzung, das diesem Übereinkommen als Anhang beigefügt werden könnte.

(3) Die Tagung der Vertragsparteien kann, soweit notwendig, die Schaffung finanzieller Regelungen auf der Grundlage einer Konsensentscheidung prüfen.

(4) Die Vereinten Nationen, deren Sonderorganisationen, die Internationale Atomenergie- Organisation und alle nach Artikel 17 zur Unterzeichnung dieses Übereinkommens berechtigten Staaten oder Organisationen der regionalen Wirtschaftsintegration, die nicht Vertragsparteien dieses Übereinkommens sind, sowie alle zwischenstaatlichen Organisationen, die in den Bereichen, auf die sich dieses Übereinkommen bezieht, qualifiziert sind, haben die Berechtigung, als Beobachter an den Tagungen der Vertragsparteien teilzunehmen.

(5) Jede nichtstaatliche Organisation,[1] die in den Bereichen, auf die sich dieses Übereinkommen bezieht, qualifiziert ist und die den Exekutivsekretär der Wirtschaftskommission der Vereinten Nationen für Europa über ihren Wunsch informiert hat, bei einer Tagung der Vertragsparteien vertreten zu sein, hat die Berechtigung, als Beobachter teilzunehmen, wenn nicht mindestens ein Drittel der auf der Tagung anwesenden Vertragsparteien dagegen Einwände erhebt.

(6) Für die Zwecke der Absätze 4 und 5 sieht die in Absatz 2 Buchstabe h genannte Geschäftsordnung praktische Vorkehrungen für das Zulassungsverfahren sowie andere einschlägige Bestimmungen vor.

Art. 10 AK beinhaltet eine recht ausführliche Bestimmung über die Vertragsstaatenkonferenz („Tagung der Vertragsparteien"). Diese Zusammenkünfte sind im Rahmen der Aarhus-Konvention insbesondere deshalb von Bedeutung, weil hier ggf. bestehende Unsicherheiten über die Auslegung der Bestimmungen der Konvention ausgeräumt werden sollen. Weiter dienen die Tagungen der Vertragsparteien als Forum für einen Austausch über die Implementation der Aarhus-Konvention und möglicher Änderungsvorschläge für den Konventionstext nach Art. 14 AK. Einen wichtigen Faktor für die Umsetzung der Aarhus-Konvention stellen dabei die gemeinsamen Strategieplanungen zur Förderung der Ziele der Aarhus-Konventionen in den jeweiligen Vertragsparteien dar. 1

1 A: Nichtregierungsorganisation.

Die Tagungen der Vertragsparteien sollen nach Art. 10 Abs. 1 AK und Regel 4 Nr. 1 der Verfahrensregeln über die Tagungen der Vertragsparteien[2] im Abstand von zwei Jahren stattfinden, soweit die Vertragsparteien sich nicht auf eine andere Periodizität einigen. In der Praxis wurden seit der ersten Tagung im Oktober 2002 in Lucca/Italien insgesamt fünf ordentliche Tagungen in einem Drei-Jahres-Rhythmus abgehalten.[3] Zusätzlich dazu trafen sich die Vertragsparteien zu zwei außerordentlichen Tagungen in den Jahren 2003[4] und 2011.[5]

2 Die Tagungen der Vertragsparteien sind **öffentlich**.[6] Zusätzlich können Nichtregierungsorganisationen, denen nach der Konvention Rechte verliehen werden, auf Antrag nach Art. 10 Abs. 5 AK an den Exekutivsekretär der UNECE als Beobachter zu den Tagungen der Vertragsparteien zugelassen werden. **Beobachter** der Tagung der Vertragsparteien besitzen zwar kein Stimmrecht,[7] haben jedoch das Recht, sich wie die Vertreter der Vertragsparteien zu den Tagesordnungspunkten zu äußern.[8]

Das Recht für Nichtregierungsorganisationen, als Beobachter zugelassen zu werden, kann jedoch durch Einwände von mindestens einem Drittel der auf der Tagung anwesenden Vertragsparteien eingeschränkt werden. Hingegen kann das Beobachterrecht der UN, ihrer Sonderorganisationen und der IAEA sowie der unterzeichnungsberechtigten Staaten und zwischenstaatlichen Organisationen[9] nach Art. 10 Abs. 4 AK nicht eingeschränkt werden.

Die Einräumung eines Beobachterstatus‘ zieht mehrere (durchaus erwünschte) (Neben-) Effekte nach sich. Zunächst kann insbesondere sowohl gegenüber der Öffentlichkeit in den Vertragsparteien als auch auf internationaler Ebene ein hohes Maß an Glaubwürdigkeit geschaffen werden, indem die Transparenz in Umweltangelegenheiten auch auf die Tagungen der Vertragsparteien erstreckt wird. Gleichzeitig demonstrieren die Vertragsparteien Offenheit für die Aufnahme weiterer Vertragsparteien und geben so das Signal, mehr als ein „europäischer Klub“ zu sein. Zusätzlich können die Vertragsparteien die Erfahrungen bei der Umsetzung und die weitere strategische Ausrichtung über die Grenzen der Vertragsparteien hinaus teilen.

3 Das Verfahren der Tagungen der Vertragsparteien wird durch die **Verfahrensregeln über die Tagungen der Vertragsparteien**[10] genauer geregelt, welche die Vertragsparteien gemäß Art. 10 Abs. 2 lit. h) AK an der ersten Tagung beschlossen haben.

Hervorzuheben ist insbesondere das **Entscheidungsverfahren**, welches in der Regel durch Konsens der anwesenden Vertragsparteien erfolgt.[11] Die Verfahrensregeln über die Tagungen der Vertragsparteien sehen von diesem Grundsatz in Regel 35 Nr. 2 bis Nr. 4 für den Fall Ausnahmen vor, dass kein Kon-

2 ECE/MP.PP/2/Add.2.
3 Die weiteren Treffen fanden 2005 in Almaty/Kasachstan, 2008 in Riga/Lettland, 2011 in Chişinău/Moldawien und 2014 in Maastricht/Niederlande statt.
4 Kiew/Ukraine.
5 Genf/Schweiz.
6 Regel 7 Nr. 1 der Verfahrensregeln über die Tagungen der Vertragsparteien.
7 Regel 6 Nr. 3 der Verfahrensregeln über die Tagungen der Vertragsparteien.
8 S. Regel 27 Nr. 1 der Verfahrensregeln über die Tagungen der Vertragsparteien.
9 So war zum Beispiel die Europäische Union bis zu ihrem Beitritt zur Aarhus-Konvention als zwischenstaatliche Organisation berechtigt, den Tagungen als Beobachterin beizuwohnen.
10 ECE/MP.PP/2/Add.2.
11 Regel 35 Nr. 1 der Verfahrensregeln über die Tagungen der Vertragsparteien.

sens erreicht werden sollte. In solchen Fällen gilt für Tagesordnungspunkte zu formellen Fragen eine einfache Mehrheit der anwesenden und wählenden[12] Vertragsparteien. Entscheidungen über Tagesordnungspunkte zu materiellen Fragen oder zur Änderung der Verfahrensregeln über die Tagungen der Vertragsparteien bedürfen, sollte kein Konsens erreicht werden, einer Dreiviertelmehrheit der anwesenden und wählenden Vertragsparteien.[13]

Artikel 11 Stimmrecht

(1) Jede Vertragspartei dieses Übereinkommens hat eine Stimme, sofern nicht in Absatz 2 etwas anderes bestimmt ist.

(2) Organisationen der regionalen Wirtschaftsintegration üben in Angelegenheiten ihrer Zuständigkeit ihr Stimmrecht mit der Anzahl von Stimmen aus, die der Anzahl ihrer Mitgliedstaaten entspricht, welche Vertragsparteien dieses Übereinkommens sind. Diese Organisationen üben ihr Stimmrecht nicht aus, wenn ihre Mitgliedstaaten ihr Stimmrecht ausüben, und umgekehrt.

Die Stimmrechtsverteilung nach Art. 11 Abs. 1 AK von **einer Stimme je** 1 **Vertragspartei** wiederspiegelt das im Völkerrecht gängige Prinzip der Staatensouveränität und gewährt somit allen Vertragsparteien unabhängig von anderen Faktoren das gleiche Stimmgewicht.

Die Sonderregelung des Art. 11 Abs. 2 AK (in Bezug auf **Organisationen** 2 **der regionalen Wirtschaftsintegration**) bezieht sich in erster Linie auf die Teilnahme der Europäischen Union als Vertragspartei der Aarhus-Konvention, welche für ihr auswärtiges Handeln in sogenannten gemischten Abkommen eigenen Binnenregeln folgt. Mit der Sonderregel, dass solche Organisationen der regionalen Wirtschaftsintegration ihr Stimmrecht mit der Anzahl ihrer Mitgliedstaaten ausüben, wenn diese wiederum ihr Stimmrecht nicht selbst ausüben,[1] lässt die Aarhus-Konvention zum einen Raum für ein organisiertes bzw. abgesprochenes Vorgehen solcher Organisationen sowie deren Mitgliedstaaten, und zum anderen lässt sie die Binnenzuständigkeitsverteilung solcher Organisationen unberührt.[2]

---

12 Soweit sich eine anwesende Vertragspartei der Stimme enthält, gilt sie als nicht wählend und wird für die Mehrheitsbestimmung nicht berücksichtigt, Regel 35 Nr. 5 der Verfahrensregeln über die Tagungen der Vertragsparteien.

13 S. dazu auch das Mehrheitserfordernis zur Änderung des Übereinkommens nach Art. 14 Abs. 3 AK.

1 Gleiches gilt ebenso umgekehrt, dass die Mitgliedstaaten der Organisationen der regionalen Wirtschaftsintegration ihr Stimmrecht nicht ausüben, wenn die Organisation ihrerseits das gemeinsame Stimmrecht ausübt.

2 Ein Aspekt, insbesondere mit Bezug auf die Europäische Union seit dem Gutachten 2/13 des EuGH zum Beitritt der Europäischen Union zur Europäischen Konvention zum Schutz der Menschenrechte und Grundfreiheiten, ECLI:EU:C:2014:2454, vermehrt Aufmerksamkeit gewonnen hat. S. dazu ausführlich statt vieler *Pirker/Reitemeyer*, Cambridge Yearbook of European Legal Studies 2015, 168 ff.

Artikel 12 Sekretariat

Der Exekutivsekretär der Wirtschaftskommission für Europa erfüllt folgende Sekretariatsaufgaben:

a) Er beruft die Tagungen der Vertragsparteien ein und bereitet sie vor;
b) er übermittelt den Vertragsparteien Berichte und sonstige Informationen, die er aufgrund dieses Übereinkommens erhalten hat und
c) er nimmt sonstige ihm von den Vertragsparteien zugewiesene Aufgaben wahr.

1 Art. 12 AK sieht ein **Sekretariat** vor und umschreibt dessen Aufgaben. Diese Bestimmung spiegelt die diesbezügliche gängige völkerrechtliche Praxis wieder.

Artikel 13 Anhänge

Die Anhänge dieses Übereinkommens sind Bestandteil des Übereinkommens.

Artikel 14 Änderungen des Übereinkommens

(1) Jede Vertragspartei kann Änderungen dieses Übereinkommens vorschlagen.

(2) Der Wortlaut einer vorgeschlagenen Änderung dieses Übereinkommens wird dem Exekutivsekretär der Wirtschaftskommission für Europa schriftlich vorgelegt; dieser übermittelt ihn allen Vertragsparteien spätestens neunzig Tage vor der Tagung der Vertragsparteien, auf der er zur Beschlussfassung vorgeschlagen wird.

(3) Die Vertragsparteien unternehmen alle Bemühungen, um über alle vorgeschlagenen Änderungen dieses Übereinkommens eine Einigung durch Konsens zu erzielen. Sind alle Bemühungen, einen Konsens zu erreichen, ausgeschöpft und wurde hierbei keine Einigung erzielt, so wird die Änderung notfalls mit Dreiviertelmehrheit der auf der Tagung anwesenden und abstimmenden Vertragsparteien beschlossen.

(4) Nach Absatz 3 beschlossene Änderungen dieses Übereinkommens übermittelt der Verwahrer allen Vertragsparteien zur Ratifikation, Genehmigung oder Annahme. Änderungen dieses Übereinkommens, bei denen es sich nicht um Änderungen eines Anhangs handelt, treten für die Vertragsparteien, die sie ratifiziert, genehmigt oder angenommen haben, am neunzigsten Tag nach dem Eingang der Notifikation ihrer Ratifikation, Genehmigung oder Annahme durch mindestens drei Viertel dieser Vertragsparteien beim Verwahrer in Kraft. Danach treten sie für jede andere Vertragspartei am neunzigsten Tag nach dem Zeitpunkt in Kraft, zu dem diese Vertragspartei ihre Urkunde über die Ratifikation, Genehmigung oder Annahme der Änderungen hinterlegt hat.

(5) Jede Vertragspartei, die eine Änderung eines Anhangs zu diesem Übereinkommen nicht genehmigen kann, notifiziert dies dem Verwahrer schrift-

lich innerhalb von zwölf Monaten nach dem Tag der Übermittlung des Änderungsbeschlusses. Der Verwahrer notifiziert allen Vertragsparteien unverzüglich den Eingang jeder derartigen Notifikation. Eine Vertragspartei kann jederzeit ihre frühere Notifikation durch eine Annahme ersetzen; für diese Vertragspartei treten die Änderungen dieses Anhangs mit Hinterlegung einer Annahmeurkunde beim Verwahrer in Kraft.

(6) Eine Änderung eines Anhangs tritt zwölf Monate nach ihrer in Absatz 4 vorgesehenen Übermittlung durch den Verwahrer für die Vertragsparteien in Kraft, die dem Verwahrer keine Notifikation nach Absatz 5 vorgelegt haben, sofern nicht mehr als ein Drittel der Vertragsparteien eine derartige Notifikation vorgelegt hat.

(7) Im Sinne dieses Artikels bedeutet "anwesende und abstimmende Vertragsparteien" die Vertragsparteien, die anwesend sind und eine Ja- oder Neinstimme abgeben.

Art. 14 AK legt das **Verfahren** über etwaige **Änderungen zur Aarhus-Konvention** fest und sieht verschiedene Modalitäten für das Inkrafttreten von Änderungen am Konventionstext im engeren Sinn und an den Anhängen (welche nach **Art. 13 AK** integraler **Bestandteil** des Abkommens sind) vor. 1

Den verschiedenen Verfahren gemeinsam ist, dass nach Art. 14 Abs. 1 AK jede Vertragspartei **Vorschläge** für Änderungen unterbreiten kann. Dazu müssen die Vertragsparteien etwaige Vorschläge gemäß Art. 14 Abs. 2 AK dem Exekutivsekretär der UNECE übermitteln, welcher die Vorschläge mindestens 90 Tage vor einer Tagung der Vertragsparteien an die übrigen Vertragsparteien übermittelt. 2

Ein Verstoß gegen diese Vorgaben dürfte in der Regel aber nicht zu einer Unzulässigkeit des Antrags führen. Insofern liegt es in der Hand der Vertragsparteien, auch verspätete Änderungsvorschläge mit auf die Agenda zur Tagung der Vertragsparteien zu nehmen.[1]

Entscheidungen über Änderungen sollen in der Regel durch **Konsens** aller anwesenden Vertragsparteien herbeigeführt werden. Art. 14 Abs. 3 AK sieht dazu ein ernsthaftes Bemühen der Vertragsparteien vor. Die Entscheidungsfindung im Konsens bedeutet daneben auch, dass die Änderungen ohne weitere Vorbehalte der Vertragsparteien angenommen werden sollen.[2] 3

In der Praxis dürften sich die Bemühungen auf eine Diskussion über den Vorschlag erstrecken. Sollte darüber hinaus keine Einigung erzielt werden, sieht Art. 14 Abs. 3 AK neben dem Konsens eine Abstimmung mit einer qualifizierten Mehrheit von drei Vierteln derjenigen anwesenden Vertragsparteien vor, welche sich bei der Abstimmung gemäß Art. 14 Abs. 7 AK nicht der Stimme enthalten.

Für das **Inkrafttreten** von Änderungen sehen Art. 14 Abs. 4-6 AK **verschiedene Modalitäten** für Änderungen an den Anhängen und Änderungen am Konventionstext ieS vor: 4

1 S. dazu auch die Regeln 8 bis 13 der Verfahrensregeln über die Tagungen der Vertragsparteien.

2 *Ebbesson et al.*, Aarhus Convention Implementation Guide, 220.

- Änderungen am **Konventionstext** ieS treten nach Art. 14 Abs. 4 AK 90 Tage nach Eingang der Notifikation über die Ratifikation, Genehmigung oder Annahme durch mindestens drei Viertel der Vertragsparteien in Kraft. Ist die Notifikationsschwelle von drei Vierteln der Vertragsparteien erreicht, treten die Änderungen für die übrigen Vertragsparteien 90 Tage nach der Hinterlegung der jeweiligen Urkunde über die Ratifikation, Genehmigung oder Annahme beim Generalsekretär der UN für die jeweilige Vertragspartei in Kraft.
- Änderungen der **Anhänge** zur Konvention treten nach Art. 14 Abs. 4-6 AK generell zwölf Monate nach Übermittlung durch den Verwahrer[3] der Änderungsbeschlussfassung auf der Tagung der Vertragsparteien[4] in Kraft, wenn nicht mehr als ein Drittel der Vertragsparteien die Notifizierung der Nichtannahme der Änderung beim Verwahrer hinterlegt haben.[5] Es ist daher nicht nötig, dass die Vertragsparteien Änderungen der Anhänge gesondert ratifizieren, annehmen oder genehmigen müssen.

Sofern eine Vertragspartei die Änderung eines Anhangs nicht genehmigen kann bzw. will, hat sie dies innerhalb von zwölf Monaten dem Generalsekretär der Vereinten Nationen[6] zu notifizieren. Nach Ablauf dieser Frist hat eine Notifizierung der Nichtannahme keine Rechtswirkungen mehr.

Von einer Notifikation der Nichtannahme bleibt das Recht der Vertragsparteien unberührt, die Annahme der Änderung gegenüber dem Generalsekretär der Vereinten Nationen zu erklären.[7] In solchen Fällen tritt die Änderung eines Anhangs für diese Vertragspartei mit der Hinterlegung der Annahme in Kraft, frühestens jedoch nach Ablauf der zwölfmonatigen Notifizierungsfrist gemäß Art. 14 Abs. 5, 6 AK.[8] M.a.W. treten Vertragsparteien, die eine Notifizierung vornehmen, (zunächst) in den „Warteraum" mit den anderen Vertragsparteien zurück, welche (noch) keine Notifizierung hinterlegt haben. Anderenfalls könnte es zu der Situation kommen, dass eine Vertragspartei die Notifizierung vor Ablauf der zwölfmonatigen Notifizierungsfrist vornimmt und an die Änderung gebunden ist, danach dann mehr als ein Drittel der Vertragsparteien die Notifizierung der Nichtannahme hinterlegen. Die Folge wäre, dass dann nur eine Vertragspartei an die Änderung gebunden wäre, die ansonsten keine weitere Vertragspartei bände. Dies widerspräche aber dem Sinn des Art. 14 Abs. 6 AK, wonach Änderungen erst nach Ablauf der Notifizierungsfrist eintreten. Daneben stünde einer solchen Auslegung auch der Geist des Art. 20 AK entgegen, wonach für das Inkrafttreten der Konvention mindestens 16 Ratifizierungsurkunden beim Verwahrer hinterlegt sein müssen. Darüber hinaus sieht die Konvention keinen Fall vor, der lediglich eine einzelne Vertragspartei bindet.

---

3 S. Art. 18 AK.
4 Vgl. Art. 10 Abs. 2 lit. f.) und Art. 14 Abs. 3 AK.
5 Art. 14 Abs. 6 AK, s. dazu sogleich.
6 S. Art. 18 AK.
7 S. Art. 14 Abs. 5 Satz 3 AK.
8 Offenbar abweichend, wenn auch nicht ganz klar, *Ebbesson et al.*, Aarhus Convention Implementation Guide, 221.

Artikel 15 Überprüfung der Einhaltung der Bestimmungen des Übereinkommens

Die Tagung der Vertragsparteien trifft durch Konsensentscheidung Regelungen über eine freiwillige, nichtstreitig angelegte, außergerichtliche und auf Konsultationen beruhende Überprüfung der Einhaltung der Bestimmungen dieses Übereinkommens. Diese Regelungen lassen eine angemessene Einbeziehung der Öffentlichkeit zu und können die Möglichkeit beinhalten, Stellungnahmen von Mitgliedern der Öffentlichkeit zu Angelegenheiten im Zusammenhang mit diesem Übereinkommen zu prüfen.

Der Verpflichtung nach Art. 15 AK, einen freiwilligen, nichtstreitig ange- 1
legten, außergerichtlichen und auf Konsultationen beruhenden **Mechanismus zur Überprüfung der Einhaltung der Bestimmungen der Aarhus-Konvention** vorzusehen, sind die Vertragsparteien mit der Schaffung des *Compliance Committee* nach *Decision* I/7[1] auf der ersten Tagung der Vertragsparteien nachgekommen. *Decision* I/7 legt dazu die Struktur des *Compliance Committees* fest und bestimmt das Verfahren zur Vorlage an das *Compliance Committee* und Entscheidungen desselben.

Das *Compliance Committee*[2] besteht aus **neun**[3] **Angehörigen** der Vertrags- 2
parteien oder Unterzeichnern der Aarhus-Konvention, wovon – nach interner Wahl – eine Person den Vorsitz und eine weitere Person den stellvertretenden Vorsitz übernehmen.

Der **Wahl** der Mitglieder des *Compliance Committee* erfolgt in geheimer Wahl mit einfacher Mehrheit, wenn nicht vorab Konsens auf der Tagung der Vertragsparteien über die Zusammensetzung des *Compliance Committee* erreicht wird. Bemerkenswert ist im Zusammenhang mit dem Wahlverfahren insbesondere, dass nicht nur die Vertragsparteien und die Unterzeichner der Aarhus-Konvention ein Vorschlagsrecht für die Mitglieder des *Compliance Committee* haben, sondern auch Nichtregierungsorganisationen nach Art. 10 Abs. 5 AK.[4]

Die **Amtsdauer** der gewählten Mitglieder beginnt am Ende der Tagung der Vertragsparteien, auf welcher sie gewählt wurden, bis zur übernächsten Tagung der Vertragsparteien, wobei die Wiederwahl einmal möglich ist. Im Falle eines Ausscheidens vor Ende der Amtsdauer, ernennt das Büro der Tagung der Vertragsparteien einen Ersatz für die restliche Amtsdauer.

Die von der Tagung der Vertragsparteien übertragenen **Aufgaben** des *Com-* 3
pliance Committee bestehen zunächst in der Bearbeitung der Vorlagen der Vertragsparteien, des Exekutivsekretärs der Wirtschaftskommission für Europa und von Eingaben über die Einhaltung der Konventionsbestimmungen durch Mitglieder der Öffentlichkeit.[5] Daneben hat das *Compli-*

1 ECE/MP.PP/2/Add.8 vom 2. April 2004.
2 Für einen Überblick zur Arbeit des *Compliance Committee* s. auch *Pitea*, in: Non-Complinace Procedures and Mechanisms a, 221 ff.; *Jendroska*, JEEPL 2011, 301 ff.; *Koester*, JEEPL 2005, 31 ff.; *Kravchenko*, YEEL 2007, 1 (6 ff.); *Morgera*, RECIEL 2005, 138 (140 ff.).
3 S. dazu die Änderung von Nr. 1 *Decision* I/7 durch Nr. 12 *Decision* II/5.
4 S. zu Art. 10 Abs. 5 AK oben, Art. 10 Rn. 2.
5 Bezüglich der Bearbeitung von Eingaben durch Privatpersonen, besteht für neue Vertragsparteien die Möglichkeit innerhalb von zwölf Monaten dem Verwahrer zu noti-

ance Committee im Auftrag der Tagung der Vertragsparteien Berichte über die Einhaltung oder Umsetzung der Konventionsbestimmungen durch die Vertragsparteien anzufertigen. Darüber hinaus ist dem *Compliance Committee* ausdrücklich die Aufgabe übertragen, die Berichterstattung der Vertragsparteien zur Tagung der Vertragsparteien nach Art. 10 Abs. 2 AK zu überprüfen und zu bewerten. Soweit angemessen, kann das *Compliance Committee* auch selbstständig tätig werden, hat dabei aber insgesamt den nichtstreitigen Charakter des *Compliance*-Verfahrens zu beachten.[6]

Die Aufgaben des *Compliance Committee* sind darüber hinaus ohne Auswirkungen auf etwaige Verfahren der Streitbeilegung nach Art. 16 AK.[7]

4 Die Natur der Überprüfung bzw. des **Verfahrens** ist nach Art. 15 AK **nicht streitig** und auf **Konsultation** und **Konsens** mit den betreffenden Vertragsparteien ausgerichtet. *Decision* I/7 sieht verschiedene Verfahren für die Vorlagen von Vertragsparteien, vom Exekutivsekretär der Wirtschaftskommission für Europa oder von Mitgliedern der Öffentlichkeit vor.

Untersuchungen durch das *Compliance Committee* können von Vertragsparteien oder Mitgliedern der Öffentlichkeit durch schriftliche[8] Mitteilung an den Exekutivsekretär der Wirtschaftskommission für Europa eingeleitet werden.

Sofern die Untersuchung durch eine Vertragspartei gegen eine andere Vertragspartei eingeleitet wird, leitet das Büro des Exekutivsekretärs der Wirtschaftskommission für Europa die Kommunikation mit der betroffenen Vertragspartei und räumt dieser die Möglichkeit zur Stellungnahme ein. Die Stellungnahme soll in der Regel binnen drei Monaten erfolgen, wobei die Frist in Ausnahmefällen auf sechs Monate verlängert werden kann. Nach Abschluss der Kommunikation übergibt der Exekutivsekretär der Wirtschaftskommission für Europa diese dem *Compliance Committee*. Der Exekutivsekretär der Wirtschaftskommission für Europa nimmt in diesen Fällen die Rolle eines Vermittlers ein, was sich aus der Stellung als Sekretär nach dem Abkommen ergibt. Das *Compliance Committee* ist im Vergleich zum Sekretär kein in der Aarhus-Konvention direkt vorgesehenes Organ, so dass Anfragen bezüglich Stellungnahmen über die Einhaltung des Abkommens mehr Gewicht verliehen werden kann.

Vertragsparteien können sich aber auch mit Blick auf die eigene Einhaltung der Konventionsbestimmungen über den Exekutivsekretär der Wirtschaftskommission für Europa an das *Compliance Committee* wenden. Auf diese Weise besteht für die Vertragsparteien die Möglichkeit, einer „Anklage“ durch andere Vertragsparteien oder Mitglieder der Öffentlichkeit zu vorzukommen.

Mitglieder der Öffentlichkeit können sich an das *Compliance Committee* wenden, soweit der Antrag nicht anonym, rechtsmissbräuchlich, unbegründet oder mit der Konvention unvereinbar ist.[9]

---

fizieren, dass gegenüber dieser Vertragspartei keine Eingaben durch Mitglieder der Öffentlichkeit bearbeitet werden sollen.

6 Zum Charakter des Verfahrens, s. sogleich Art. 15 Rn. 4 ff.

7 Zu Art. 16 unten Art. 16 Rn. 1 ff.

8 Mitglieder der Öffentlichkeit können eine Untersuchung auch durch eine elektronische Mitteilung einleiten.

9 S. *Decision* I/7 Nr. 18 bis 24.

Daneben kann auch der Exekutivsekretär der Wirtschaftskommission für Europa von sich aus Untersuchungen durch das *Compliance Committee* einleiten, indem er die jeweilige Vertragspartei auffordert, zu bestimmten Fragen der Vereinbarkeit nationaler Regeln oder Praktiken mit der Konvention Stellung zu nehmen. Sofern die Vertragspartei nicht innerhalb von drei Monaten Stellung bezieht oder die Frage über die Vereinbarkeit zwischen dem Exekutivsekretär der Wirtschaftskommission für Europa und der jeweiligen Vertragspartei ungeklärt bleibt, befasst sich das *Compliance Committee* mit der Frage der Vereinbarkeit.

Informationen über die Überprüfungen und Arbeit des *Compliance Committee* sind grundsätzlich **öffentlich**, soweit dem nicht Ausschlussgründe nach Art. 4 Abs. 3 lit. c) und Abs. 4 AK oder der Persönlichkeitsschutz von Einzelpersonen entgegensteht. Daneben besteht für Vertreter der Vertragsparteien sowie Mitglieder der Öffentlichkeit, die an einer Überprüfung beteiligt sind, die Möglichkeit, an den jeweiligen Sitzungen des *Compliance Committee* teilzunehmen. 5

Für den Fall, dass das *Compliance Committee* die **Nichteinhaltung von Konventionsbestimmungen** feststellt, bestehen neben dem obligatorischen Bericht an die Tagung der Vertragsparteien **zwei Handlungsmöglichkeiten** für das *Compliance Committee:* 6

- Zunächst kann das *Compliance Committee* in Konsultation mit der betreffenden Vertragspartei Ratschläge für eine Verbesserung des Umsetzungsprozesses geben, um diesen zu erleichtern.
- Daneben kann das *Compliance Committee* nach Zustimmung der jeweiligen Vertragspartei Empfehlungen und Vorschläge für die Umsetzung der Aarhus-Konvention unterbreiten sowie eine Umsetzungsstrategie samt Zeitrahmen verlangen.

Das *Compliance Committee* kann somit nur in **Absprache mit der jeweiligen Vertragspartei** Maßnahmen ergreifen,[10] was den nach Art. 15 AK vorgegebenen Charakter der Freiwilligkeit und Nichtstreitigkeit unterstreicht. Sofern sich die jeweilige Vertragspartei Absprachen widersetzt oder gänzlich verwehrt, besteht für das *Compliance Committee* die Möglichkeit, der **Tagung der Vertragsparteien** mögliche Maßnahmen zur Einhaltung der Konvention durch die jeweilige Vertragspartei zu empfehlen. Der Tagung der Vertragsparteien stehen dazu nach Nr. 37 *Decision* I/7 Möglichkeiten zur Maßnahmenergreifung **ohne vorherige Absprache mit der jeweiligen Vertragspartei** zu bzw. es kann Empfehlungen des *Compliance Committee* annehmen, welche dann den Status einer autoritativen Auslegung der Abkommensvorgaben erlangen und damit zumindest quasi verbindlich für die Vertragsparteien und die Konventionsorgane sind (vgl. Nr. 37 *Decision* I/7). 7

Artikel 16 Beilegung von Streitigkeiten

(1) Entsteht eine Streitigkeit zwischen zwei oder mehreren Vertragsparteien über die Auslegung oder Anwendung dieses Übereinkommens, so bemühen

10 S. *Decision* I/7 Nr. 36 und 37.

sich diese, durch Verhandlung oder andere für die Streitparteien annehmbare Mittel der Streitbeilegung eine Lösung herbeizuführen.

(2) Bei der Unterzeichnung, der Ratifikation, der Annahme oder der Genehmigung dieses Übereinkommens oder beim Beitritt zu ihm oder jederzeit danach kann eine Vertragspartei dem Verwahrer schriftlich erklären, dass sie für eine nicht nach Absatz 1 beigelegte Streitigkeit eines der folgenden Mittel der Streitbeilegung oder beide gegenüber jeder anderen Vertragspartei, welche dieselbe Verpflichtung übernimmt, als obligatorisch anerkennt:

a) die Vorlage der Streitigkeit beim Internationalen Gerichtshof;
b) ein Schiedsverfahren nach dem in Anhang II festgelegten Verfahren.

(3) Haben die Streitparteien beide in Absatz 2 genannten Mittel der Streitbeilegung anerkannt, so darf die Streitigkeit nur dem Internationalen Gerichtshof vorgelegt werden, sofern die Parteien nichts anderes vereinbaren.

1 Art. 16 AK regelt die **Grundsätze der Streitbeilegung unter den Vertragsparteien** über Fragen zur Auslegung oder Anwendung des Abkommens. Dabei wird keine Unterscheidung zwischen der Anzahl der involvierten Vertragsparteien getroffen. Mögliche Fälle für Streitigkeiten können sich insbesondere im Zusammenhang mit der Überprüfung der Einhaltung der Bestimmungen des Übereinkommens nach Art. 15 AK ergeben. Hier bestehen – wie erwähnt[1] – zwei mögliche Hauptszenarien: eine Vertragspartei leitet eine Überprüfung nach Nr. 15 der Decision I/7 ein oder die Tagung der Vertragsparteien unternimmt Maßnahmen nach Nr. 37 der Decision I/7.

2 Art. 16 Abs. 1 AK verankert den **Grundsatz der einvernehmlichen Streitbeilegung**, sofern Streitigkeiten über die Auslegung oder Anwendbarkeit des Abkommens zwischen Vertragsparteien vorliegen. Die Vertragsparteien sind somit zunächst verpflichtet, zumutbare Formen der einvernehmlichen Streitbeilegung zu wählen, wozu insbesondere Verhandlungen oder Mediation gehören.[2] Konfrontative Streitbeilegungsmechanismen sind somit erst als *ultima ratio* heranzuziehen.

3 Den Vertragsparteien stehen für die Streitbeilegung im Weiteren mit der Wahl zwischen der Vorlage an den Internationalen Gerichtshof oder der Aufnahme eines Schiedsverfahrens nach Anhang II zur Aarhus-Konvention **zwei mögliche Mittel zur Streitbeilegung** zur Verfügung. Die Anerkennung eines oder beider Streitbeilegungsmittel als obligatorisch nach Abs. 2 führt zu einer Selbstbindung der Vertragspartei, das anerkannte Mittel, sollte es durch eine andere Vertragspartei innerhalb einer Streitigkeit gewählt werden, als Mittel zur Streitbeilegung zu akzeptieren, wenn auch die andere Vertragspartei dieses Mittel als obligatorisch anerkannt hat. Gleichzeitig steht es den Vertragsparteien frei, keines der aufgeführten Mittel als obligatorisch anzuerkennen. Sofern eine Vertragspartei keines der Streitbeilegungsmittel als obligatorisch anerkannt hat, haben sich die streitenden Vertragsparteien vor der Streitschlichtung auf ein Mittel zu einigen.

1 S. o. Art. 15 Rn. 6 f.
2 *Ebbesson et al.*, Aarhus Convention Implementation Guide, 225.

Für den Fall, dass die in einer Streitigkeit beteiligten Vertragsparteien jeweils beide Streitbeilegungsmittel als obligatorisch anerkennen, sieht Art. 16 Abs. 3 AK eine Vorlage an den **Internationalen Gerichtshof** vor, dies jedoch nur, soweit sich die Vertragsparteien nicht auf ein Schiedsgerichtsverfahren nach Anhang II einigen. Die Aarhus-Konvention gewährt der Vorlage an den Internationalen Gerichtshof somit grundsätzlich den Vorzug vor schiedsgerichtlichen Verfahren nach Anhang II. 4

In diesem Zusammenhang ist darauf hinzuweisen, dass der Wortlaut des Art. 16 Abs. 3 AK aus systematischen Gesichtspunkten einschränkend auszulegen ist. Zwar ließe der Wortlaut „sofern die Parteien nichts anderes vereinbaren" auch zu, ein drittes Mittel der Streitbelegung zu wählen. Dies stünde jedoch im Widerspruch zur obligatorischen Anerkennung der Streitbeilegungsmittel nach Abs. 2, wenn Vertragsparteien nach der Anerkennung, sich auf die aufgeführten Streitschlichtungsmittel zu beschränken, frei wären, ein drittes Mittel außerhalb von Art. 16 AK zu wählen.

Artikel 17 Unterzeichnung

Dieses Übereinkommen liegt am 25. Juni 1998 in Aarhus (Dänemark) und danach bis zum 21. Dezember 1998 am Sitz der Vereinten Nationen in New York für die Mitgliedstaaten der Wirtschaftskommission für Europa, für Staaten, die nach den Nummern 8 und 11 der Entschließung 36 (IV) des Wirtschafts- und Sozialrats vom 28. März 1947 bei der Wirtschaftskommission für Europa beratenden Status haben, und für Organisationen der regionalen Wirtschaftsintegration, die aus souveränen Staaten, welche Mitglieder der Wirtschaftskommission für Europa sind, gebildet werden und denen ihre Mitgliedstaaten die Zuständigkeit für die von dem Übereinkommen erfassten Angelegenheiten, einschließlich der Zuständigkeit, über diese Angelegenheiten Verträge zu schließen, übertragen haben, zur Unterzeichnung auf.

Artikel 18 Verwahrer[1]

Der Generalsekretär der Vereinten Nationen nimmt die Aufgaben des Verwahrers[2] dieses Übereinkommens wahr.

Artikel 19 Ratifikation, Annahme, Genehmigung und Beitritt

(1) Dieses Übereinkommen bedarf der Ratifikation, Annahme oder Genehmigung durch die Unterzeichnerstaaten und die Organisationen der regionalen Wirtschaftsintegration.

(2) Dieses Übereinkommen steht vom 22. Dezember 1998 an für die in Artikel 17 genannten Staaten und Organisationen der regionalen Wirtschaftsintegration zum Beitritt offen.

1 CH: Depositar.
2 CH: Depositars.

(3) Jeder nicht in Absatz 2 genannte Staat, der Mitglied der Vereinten Nationen ist, kann dem Übereinkommen mit Genehmigung der Tagung der Vertragsparteien beitreten.

(4) Jede in Artikel 17 genannte Organisation, die Vertragspartei dieses Übereinkommens wird, ohne dass einer ihrer Mitgliedstaaten Vertragspartei ist, ist durch alle Verpflichtungen aus dem Übereinkommen gebunden. Ist ein Mitgliedstaat oder sind mehrere Mitgliedstaaten einer solchen Organisation Vertragspartei des Übereinkommens, so entscheiden die Organisation und ihre Mitgliedstaaten über ihre jeweiligen Verantwortlichkeiten hinsichtlich der Erfüllung ihrer Verpflichtungen aus dem Übereinkommen. In diesen Fällen sind die Organisation und die Mitgliedstaaten nicht berechtigt, die Rechte aus dem Übereinkommen gleichzeitig auszuüben.

(5) In ihren Ratifikations-, Annahme-, Genehmigungs- oder Beitrittsurkunden erklären die in Artikel 17 genannten Organisationen der regionalen Wirtschaftsintegration den Umfang ihrer Zuständigkeiten in Bezug auf die durch dieses Übereinkommen erfassten Angelegenheiten. Diese Organisationen teilen dem Verwahrer[1] auch jede wesentliche Änderung des Umfangs ihrer Zuständigkeiten mit.

Artikel 20 Inkrafttreten

(1) Dieses Übereinkommen tritt am neunzigsten Tag nach dem Tag der Hinterlegung der sechzehnten Ratifikations-, Annahme-, Genehmigungs- oder Beitrittsurkunde in Kraft.

(2) Für die Zwecke des Absatzes 1 zählt eine von einer Organisation der regionalen Wirtschaftsintegration hinterlegte Urkunde nicht als zusätzliche Urkunde zu den von den Mitgliedstaaten der Organisation hinterlegten Urkunden.

(3) Für alle in Artikel 17 bezeichneten Staaten oder Organisationen, die nach Hinterlegung der sechzehnten Ratifikations-, Annahme-, Genehmigungs- oder Beitrittsurkunde dieses Übereinkommen ratifizieren, annehmen oder genehmigen oder ihm beitreten, tritt das Übereinkommen am neunzigsten Tag nach dem Tag der Hinterlegung der Ratifikations-, Annahme-, Genehmigungs- oder Beitrittsurkunde durch den Staat oder die Organisation in Kraft.

Artikel 21 Rücktritt

Eine Vertragspartei kann jederzeit nach Ablauf von drei Jahren nach dem Tag, an dem dieses Übereinkommen für sie in Kraft getreten ist, durch eine an den Verwahrer[1] gerichtete schriftliche Notifikation von dem Übereinkommen zurücktreten. Der Rücktritt wird am neunzigsten Tag nach dem Tag des Eingangs der Notifikation beim Verwahrer[2] wirksam.

1 CH: Depositar.
1 CH: Depositar.
2 CH: Depositar.

Artikel 22 Verbindliche Wortlaute

Die Urschrift dieses Übereinkommens, dessen englischer, französischer und russischer Wortlaut gleichermaßen verbindlich ist, wird beim Generalsekretär der Vereinten Nationen hinterlegt.

Art. 17 AK beschreibt **drei Verfahrensregelungen für die Unterzeichnung** des Abkommens. Erstens benennt es den Zeitraum innerhalb dessen die Konvention unterzeichnet werden konnte. Dieser Zeitraum erstreckte sich vom 25. Juni 1998 bis zum 21. Dezember 1998. Zweitens benennt Art. 17 die Orte, an dem die Konvention zur Zeichnung auslag. Diese waren für den 25. Juni 1998 die Stadt Aarhus in Dänemark und danach der Sitz der Vereinten Nationen in New York in den Vereinigten Staaten von Amerika. Drittens beschreibt Art. 17 AK den Kreis der möglichen Vertragsparteien, welche die Konvention zeichnen konnten. Zu diesem Kreis gehörten zum einen die Mitgliedstaaten der UNECE, Staaten mit Beraterstatus bei der UNECE und Organisationen der regionalen Wirtschaftsintegration.[1] 1

Zur Annahme der Aarhus-Konvention am 25. Juni 1998 wurde diese von 35 Vertragsparteien unterzeichnet. Weitere vier Staaten unterzeichneten die Aarhus-Konvention bis zum 21. Dezember 1998, so dass insgesamt 49 Vertragsparteien zu den Unterzeichnern gehören.[2]

Die Unterzeichnung der Aarhus-Konvention entfaltet nach Art. 19 Abs. 1 AK in Verbindung mit Art. 14 WVRK keine Bindung an das Abkommen. In diesem Zusammenhang ist jedoch Art. 18 lit. a) WVRK zu beachten, wonach die Unterzeichnerstaaten Ziel und Zweck des Abkommens nicht vereiteln dürfen.[3]

Praktische Bedeutung bekommt Art. 17 AK, da die Frist zur Unterzeichnung abgelaufen ist, nur in Zusammenhang mit Art. 19 Abs. 2-5 AK für den Kreis derjenigen Staaten und Organisationen, welche der Aarhus-Konvention beitreten können, zu.[4]

Die Aufgaben des **Verwahrers (Art. 18 AK)** ergeben sich in erster Linie aus Art. 76 ff. und insbesondere aus Art. 77 Abs. 1 und Art. 16 lit. b) WVRK. Die Hauptaufgaben des Verwahrers sind demnach die Aufbewahrung der Urschrift der Konvention und die Entgegennahme der Ratifizierungs- und Beitrittsurkunden sowie die Vertragsparteien von Notifizierungen und weiteren Mitteilungen durch Vertragsstaaten oder Beitrittskandidaten zu unterrichten. 2

In Übereinstimmung mit Art. 14 der WVRK sieht **Art. 19 Abs. 1 AK** die **Ratifikation, Annahme oder Genehmigung** durch die Unterzeichner für die **Bindung an die Aarhus-Konvention** vor. 3

Mitgliedstaaten und Staaten mit Beobachterstatus der UNECE können in Übereinstimmung mit Art. 15, 16 der WVRK ihren Beitritt gegenüber dem Verwahrer durch Hinterlegung einer Beitrittsurkunde erklären. Der Beitritt

1 Wie zum Beispiel die Europäische Union.
2 S. auch *Ebbesson et al.*, Aarhus Convention Implementation Guide, 226, die jedoch (wohl unzutreffend) von 36 Unterzeichnern ausgehen.
3 So auch *Ebbesson et al.*, Aarhus Convention Implementation Guide, 226 f.
4 S. dazu unten Art. 17–22 Rn. 3 ff.

einer dieser Staaten bedarf keiner weiteren Zustimmung durch die bisherigen Vertragsparteien.

4 Die in Art. 17 AK genannten **Organisationen der regionalen Wirtschaftsintegration** können ebenfalls gemäß **Art. 19 Abs. 2 AK** beitreten, indem sie die Beitrittsurkunde beim Verwahrer hinterlegen. Soweit Mitgliedstaaten einer solchen Organisation Vertragspartei der Aarhus-Konvention sind, hat die Organisation nach **Art. 19 Abs. 4 AK** in ihrer Beitrittsurkunde zu erklären, wie die Verantwortlichkeiten für die Verpflichtungen aus der Aarhus-Konvention durch die Organisation und ihre Mitgliedstaaten aufgeteilt werden. Dabei bezieht sich diese Bestimmung nicht auf den Umfang der völkerrechtlichen Bindung, sondern nur (aber immerhin) auf die Frage, wer konkret **Anspruchsgegner** ist, wobei im Falle einer fehlenden Einigung die Organisation und ihre Mitgliedstaaten gemeinsam haften.[5]

Die Organisationen der regionalen Wirtschaftsintegration sind in diesem Zusammenhang gemäß **Art. 19 Abs. 5 AK** ebenfalls verpflichtet, dem Verwahrer Änderungen in der internen Zuständigkeitsverteilung, zwischen der Organisation und den Mitgliedstaaten, zu erklären.[6]

5 Der **Beitritt** zur Aarhus-Konvention steht auch Staaten offen, die **nicht Mitgliedsstaaten der UNECE** sind oder **Beobachterstatus zur UNECE** besitzen (**Art. 19 Abs. 3 AK**). Voraussetzung für einen Beitritt solcher Staaten ist jedoch, dass sie Mitglied der Vereinten Nationen sind und die Tagung der Vertragsparteien einen solchen Beitritt genehmigt.

Die Genehmigung durch die Tagung der Vertragsparteien soll nach *Decision* II/9[7] jedoch keine tiefgehende Überprüfung des Rechts- und Verwaltungssystems des an einem Beitritt interessierten Staats darstellen, sondern der Verbreitung der Ziele der Aarhus-Konvention dienen und die souveräne Entscheidung eines Staates zum Beitritt berücksichtigen.

Dennoch sollten allfällig interessierte Staaten gemäß *Decision* IV/5[8] über ein gewisses (verwaltungs-)rechtliches und technisches Mindestniveau verfügen, so dass die nötigen Voraussetzungen zur Implementierung der Aarhus-Konvention bei Inkrafttreten der Konvention vorliegen.

Das **Verfahren** für einen Beitritt ist durch *Decision* IV/5 formalisiert und verlangt zunächst, dass Staaten Kontakt mit dem Exekutivsekretär der Wirtschaftskommission für Europa als Sekretär der Aarhus-Konvention aufnehmen und ihr Interesse an einem Beitritt bekunden. Der Sekretär teilt dies der Arbeitsgruppe und der Tagung der Vertragsparteien mit und führt die Kommunikation mit dem interessierten Staat über die Vorbereitung des formellen Beitrittsgesuchs und gewährt im Rahmen dieses Prozesses Unterstützung, soweit der interessierte Staat Unterstützung erbittet und dies innerhalb der Kapazitäten des Exekutivsekretärs der Wirtschaftskommission für Europa liegt. Das formelle Beitrittsgesuch ist dann mindestens acht Monate vor der nächsten Tagung der Vertragsparteien über den Exekutivsekretär der Wirtschaftskommission für Europa zu übermitteln. Unterdessen erarbeitet die Arbeitsgruppe der Vertragsparteien eine Entscheidungsempfehlung für die Tagung

5 *Breuer/Riegger*, EurUP 2014, 293 (296), mwN Zur umfassenden völkerrechtlichen Bindung auch der Union an die Aarhus-Konvention oben Rn. 327.
6 S. die Erklärungen der Union im Genehmigungsbeschluss (2005/370), ABl. 2005 L 124, 1.
7 ECE/MP.PP/2005/2/Add.13.
8 ECE/MP.PP/2011/L.5.

der Vertragsparteien. Auf dessen Grundlage berät schlussendlich die Tagung der Vertragsparteien unter Anwesenheit eines Vertreters des beitrittswilligen Staates über die Genehmigung eines Beitritts.

Art. 20 AK regelt die zeitlichen Modalitäten für das **Inkrafttreten** der Aarhus-Konvention, wobei lediglich Art. 20 Abs. 3 AK noch von praktischer Relevanz ist. Im Fall eines Beitritts neuer Vertragsparteien gemäß Art. 19 Abs. 2 oder 3 AK, regelt Art. 20 Abs. 3 AK, dass die Aarhus-Konvention 90 Tage nach der Hinterlegung der Beitrittsurkunde beim Exekutivsekretär der Wirtschaftskommission für Europa für den betreffenden Staat in Kraft tritt und er somit zur Vertragspartei wird. 6

Art. 20 Abs. 1, 2 AK beziehen sich lediglich auf das Inkrafttreten der Aarhus-Konvention am 30. Oktober 2001 nach der Hinterlegung der sechzehnten Ratifikations-, Annahme- und Genehmigungsurkunde durch die Unterzeichner.[9]

Der **Rücktritt** von der Aarhus-Konvention steht den Vertragsparteien über **Art. 21 AK** offen, nach dem eine Vertragspartei von der Aarhus-Konvention zurücktreten kann, wenn sie eine schriftliche Notifikation an den Generalsekretär der Vereinten Nationen richtet. Voraussetzung dafür ist, dass die Aarhus-Konvention für diese Vertragspartei seit mindestens drei Jahren in Kraft ist.[10] Soweit diese Voraussetzung vorliegt, ist der Rücktritt 90 Tage nach dem Eingang der Notifikation beim Verwahrer in Kraft. 7

Fraglich ist allerdings, ob eine Rücktrittsnotifikation auch wirksam ist, wenn sie vor Ablauf der Frist von drei Jahren beim Verwahrer eingeht. Der deutsche Wortlaut des Art. 21 AK ist in diesem Zusammenhang nicht ganz eindeutig, da er auch die Lesart gestattet, dass der Rücktritt erst nach Ablauf der Dreijahresfrist gegenüber dem Verwahrer erklärt werden kann. Die verbindliche englisch-sprachige Fassung[11] ist in diesem Zusammenhang genauer und lässt auch zu, dass eine Vertragspartei vor Ablauf der Dreijahresfrist die schriftliche Notifikation an den Verwahrer richtet, um zum Ablauf der Dreijahresfrist nicht mehr an die Aarhus-Konvention gebunden zu sein. Zu beachten bliebe in diesem Zusammenhang lediglich, dass nach Art. 21 S. 2 AK die Rechtswirkung der Notifikation erst am neunzigsten Tag nach Eingang beim Verwahrer Rechtswirkung entfaltet. Soweit eine Notifikation mehr als 90 Tage vor Ablauf der in Satz 1 genannten Dreijahresfrist einginge, entstünde die Rechtswirkung der Rücktrittsnotifikation erst mit Ablauf der Dreijahresfrist.

Neben der in Art. 21 AK bestehenden Rücktrittsmöglichkeit, besteht für die Vertragsparteien ebenfalls die Möglichkeit des mit allen übrigen Vertragsparteien einvernehmlichen Rücktritts nach Art. 54 lit. b) WVRK.

Schließlich ist auf **Art. 22 AK** hinzuweisen, nach dem der **englische, französische und russische Wortlaut** gleichermaßen **verbindlich** ist. 8

9 Vgl. *Ebbesson et al.*, Aarhus Convention Implementation Guide, 231.
10 Zum Zeitpunkt des Inkrafttretens s. Art. 20 AK.
11 *„At any time after three years from the date on which this Convention has come into force with respect to a Party, that Party may withdraw from the Convention by giving written notification to the Depositary."*

Stichwortverzeichnis

Änderungen der AK Art. 14, Rn. 1 ff.

Anerkennung und Unterstützung von Umweltorganisationen Art. 3, Rn. 10 ff.

Auslegung
- Grundsätze Einführung, Rn. 27
- der Aarhus-Konvention Einführung, Rn. 33 ff.
- durch das Compliance Committee Einführung, Rn. 34 ff.
- durch nationale Gerichte Einführung, Rn. 39 ff.

Begriffsbestimmungen der Aarhus-Konvention Art. 2, Rn. 1 ff.

Behörde Art. 2, Rn. 7 ff.

Beilegung von Streitigkeiten, s. Streitbeilegung

Beitritt zur AK Art. 17–22, Rn. 3 ff.

Benachteiligungsverbot Art. 3, Rn. 19

Beteiligung der Öffentlichkeit, s. Öffentlichkeitsbeteiligung

Compliance Committee Art. 15, Rn. 1 ff.

Diskriminierungsverbot Art. 3, Rn. 20

Effektive Durchführung Art. 3, Rn. 4 f.

Effektiver Rechtsschutz Art. 9, Rn. 41 f.

Entstehungsgeschichte, s. geschichtlicher Kontext

Espoo-Konvention Einführung, Rn. 15 ff.

Fortbestand bestehender Rechte Art. 3, Rn. 16

Gentechnisch veränderte Organismen Art. 6, Rn. 21 ff.

Geschichtlicher Kontext Einführung, Rn. 6

Informationen über die Umwelt Art. 2, Rn. 23 ff.

Informationserhebungspflichten Art. 5, Rn. 3 ff.

Informationszugangsrecht Einführung, Rn. 5; Art. 4, Rn. 1 ff.
- Modalitäten Art. 4, Rn. 8 ff.
- Ausnahmen Art. 4, Rn. 21 ff.

Kiewer Protokoll zur Espoo-Konvention Einführung, Rn. 19 ff.

Öffentlichkeit Art. 2, Rn. 27 ff.
- betroffene Öffentlichkeit Art. 2, Rn. 30 ff.

Öffentlichkeitsbeteiligung Einführung, Rn. 5; Vor Art. 6-8, Rn. 1 ff.;
- bei Entscheidungen über bestimmte Projekte Art. 6, Rn. 1 ff.
- bei Plänen, Programmen und Politiken Art. 7, Rn. 1 ff.
- bei Vorbereitung normativer Vorgänge Art. 8, Rn. 1 ff.

Pflicht zur aktiven Information Art. 5, Rn. 13 ff.

Präambel der Aarhus-Konvention Art. 1, Rn. 2 ff.

Recht auf Zugang zu Informationen, s. Informationszugangsrecht

Rücktritt von der AK Art. 17–22, Rn. 7

Stimmrecht Art. 11, Rn. 1 f.

Streitbeilegung Art. 16, Rn. 1 ff.

Systematik der Aarhus-Konvention Einführung, Rn. 4

Tätigkeiten mit erheblichen Umweltauswirkungen Art. 6, Rn. 16 ff.

Tagung der Vertragsparteien, s. Vertragsstaatenkonferenz

Überprüfung der Einhaltung der AK, s. Compliance Committee

Umwelterziehung und Umweltbewusstsein Art. 3, Rn. 8 f.

Umweltverträglichkeitsprüfung
- Vorgaben für die Durchführung Einführung, Rn. 16;
- Verfahren Einführung, Rn. 16;
- follow-up-Prozedere Einführung, Rn. 16;
- Untersuchungsverfahren Einführung, Rn. 16;

Unterstützung durch Behörden Art. 3, Rn. 6 f.
Unterzeichnung Art. 17–22, Rn. 1
Verbindliche Wortlaute Art. 17–22, Rn. 8
Vertragspartei Art. 2, Rn. 3 ff.
Vertragsstaatenkonferenz Art. 10, Rn. 1 ff.
Verwahrer Art. 17–22, Rn. 2
Weitergehende Rechte der Öffentlichkeit Art. 3, Rn. 15
Zielsetzung der Aarhus-Konvention Art. 1, Rn. 1 ff.
Zugang zu gerichtlichen Verfahren Einführung, Rn. 5; Art. 9, Rn. 1 ff.
- allgemeine Anforderungen Art. 9, Rn. 40 ff.
- bei Verletzungen von Art. 4 Art. 9, Rn. 12 ff.
- bei Verletzungen von Art. 6 und sonstigen Vorschriften der AK Art. 9, Rn. 17 ff.
- bei Verletzungen innerstaatlichen Umweltrechts Art. 9, Rn. 35 ff.
- Aktivlegitimation Art. 9, Rn. 14, 19 ff.
- Passivlegitimation Art. 9, Rn. 15
Zugang zu Umweltinformationen, s. Informationszugangsrecht
Zugang zu Überprüfungsverfahren, s. Zugang zu gerichtlichen Verfahren

FSC
www.fsc.org
MIX
Papier | Fördert gute Waldnutzung
FSC® C083411

Kolibri 360 GmbH
Ferdinand-Jühlke-Straße 7
99095 Erfurt, Deutschland
produktsicherheit@kolibri360.de